Herbergen der Christenheit

Sonderband 31

Herbergen der Christenheit

Jahrbuch für deutsche Kirchengeschichte

Herausgeber und Redaktionsbeirat:

Markus Cottin, Stefan Michel und Alexander Wieckowski
mit Susanne Böhm, Jan Brademann, Volker Gummelt, Markus Hein,
Wolfgang Krogel und Margit Scholz

Sonderband

31

Herausgefordert
Die anhaltische Landeskirche 1945 bis 1969

im Auftrag der
Kirchengeschichtlichen Kammer für Anhalt
herausgegeben von
Jan Brademann, Lambrecht Kuhn
und Joachim Liebig

EVANGELISCHE VERLAGSANSTALT
Leipzig

Die Drucklegung erfolgte mit Unterstützung aus Mitteln
der Stiftung Evangelisches Anhalt.

Bibliographische Information der Deutschen Nationalbibliothek
Die Deutsche Nationalbibliothek verzeichnet diese Publikation in der Deutschen
Nationalbibliographie; detaillierte bibliographische Daten
sind im Internet über http://dnb.dnb.de abrufbar.

© 2024 by Evangelische Verlagsanstalt GmbH • Leipzig
Printed in Germany

Das Werk einschließlich aller seiner Teile ist urheberrechtlich geschützt.
Jede Verwertung außerhalb der Grenzen des Urheberrechtsgesetzes ist ohne
Zustimmung des Verlags unzulässig und strafbar. Das gilt insbesondere für
Vervielfältigungen, Übersetzungen, Mikroverfilmungen und die Einspeicherung
und Verbreitung in elektroischen Systemen.

Das Buch wurde auf alterungsbeständigem Papier gedruckt.

Cover: Zacharias Bähring, Leipzig
Coverbild: Kirchentagsversammlung vor dem Mausoleum Dessau 1955. AELKA.
Layout: Institut für Kirchengeschichte der Theologischen Fakultät Leipzig
Satz: Felicia Hein, Leipzig
Druck und Binden: BELTZ Grafische Betriebe GmbH, Bad Langensalza

ISBN 978-3-374-07707-6 // eISBN (PDF) 978-3-374-07708-3
www.eva-leipzig.de

Inhalt

Prolegomena

7 Vorwort der Herausgeber

9 *Jan Brademann*
Von einer Diktatur zur nächsten
Herausforderungen für die Evangelische Landeskirche Anhalts und ihre Geschichte 1945 bis 1969

Neustart mit Altlasten – bis 1949

29 *Jürgen Kampmann*
Zukunftskonzeptionen und Kirchenpolitik der Alliierten
Schnittmengen und Reibungen 1945 bis 1949

75 *Lambrecht Kuhn*
Die Entnazifizierung der anhaltischen Pfarrerschaft nach dem Zusammenbruch des Dritten Reiches
Eine Archivstudie

133 *Claudia Drese*
Wiederaufbau in »Brüderlichkeit«
Der Anhaltische Pfarrerverein 1945 bis 1948

143 *Manfred Seifert*
Über den Neubeginn in den anhaltischen Gemeinden nach 1945

Im SED-Staat

169 *Klaus Fitschen*
Ein enger Rahmen
Die SED-Diktatur und die Kirchen bis zur Gründung des Kirchenbundes

183 *Helge Klassohn*
Kirchenleitendes Handeln in Anhalt 1949 bis 1969

213 *Günter Preckel*
»Wer die Jugend hat, hat die Zukunft!«
Zur Auseinandersetzung um Jugendweihe und Konfirmation

225 *Dietrich Bungeroth*
Die Militarisierung der Gesellschaft und das Friedenszeugnis der Kirche

241 *Joachim Liebig*
Auf der Suche nach einem neuen Selbstverständnis?
Die anhaltischen Kirchentage 1952 bis 1966

Inhalt

Übergreifende und spezielle Aspekte

251 *Cornelia Schlarb*
Die Theologinnenfrage
Anhalt in vergleichender Perspektive

265 *Andreas Lischke*
Innere Mission und Hilfswerk
Die Diakonie in Anhalt 1945 bis 1969

283 *Ulrich A. Wien*
Annäherungen und Einsichten
Partnerschaften zwischen pfälzischen und anhaltischen evangelischen
Ortskirchengemeinden nach dem Zweiten Weltkrieg bis 1969

305 *Reinhard Grütz*
Katholische Kirche in der SBZ und der DDR (bis 1969)
Pastorale Leitbilder – theologische Deutungen – lebensweltliche Praxis

321 *Marius Stachowski*
IM »Hans Werner«
Oberkirchenrat Hans Werner Kars (1909-1977)
und das Ministerium für Staatssicherheit

Anhang

343 Autorenverzeichnis

345 Abbildungsverzeichnis

347 Abkürzungsverzeichnis

349 Personenregister

Vorwort

Vom 14. bis 16. März 2023 fand in der Kanzler von Pfau'schen Stiftung Bernburg eine Tagung unter dem Titel »Herausgefordert. Die anhaltische Kirche in den beiden ersten Nachkriegsjahrzehnten (bis 1969)« statt. Ausrichter war die Kirchengeschichtliche Kammer der Evangelischen Landeskirche Anhalts. Im vorliegenden Buch sind die damals gehaltenen Vorträge, zum Teil in überarbeiteter und erweiterter Form, verschriftlicht.

Über 30 Jahre nach der »Wende« hat die Erforschung der ostdeutschen Kirchengeschichte an Brisanz verloren. Bis heute bildet jedoch die DDR-Zeit einen wichtigen Erinnerungsort von Kirche. Dies gilt auch für die anhaltische Landeskirche. Forschungen zu dieser Phase ihrer Geschichte fehlen. Zugleich ist heute eine gesamtdeutsche Perspektive auf die DDR-Kirchengeschichte notwendiger denn je. Die Tagung führte Referentinnen und Referenten von innerhalb und außerhalb Anhalts, Menschen mit und ohne DDR-Erfahrung, Historiker und Theologen zusammen. Fast alle griffen auf ›neue‹ Quellen, vornehmlich aus dem landeskirchlichen Archiv in Dessau, zurück.

Die Tagung sollte einen Beitrag zur Selbstidentifikation der Landeskirche leisten. Ihre Existenz ist immer wieder angefragt, nicht zuletzt weil in Zeiten der Präponderanz des Ökonomischen Kleinheit als Makel angesehen ist. Vor allem aber sollte Anhalt als Fallbeispiel in den Blick genommen werden: Die Kirche trug an ihrer Vergangenheit als Organisation, die das NS-System gestützt hatte; zugleich wurde sie mit dem von atheistischen Zielvorstellungen geprägten Herrschaftsanspruch der sowjetischen Besatzer und schließlich der SED konfrontiert.

Herzlich zu danken ist den Autorinnen und Autoren sowie der Kanzler von Pfau'schen Stiftung, die es uns an nichts fehlen ließ. Genannt seien hier stellvertretend Direktorin Daniela Schieke und Ralf Köbernick. Zu danken ist auch Thomas Freitag (Leipzig), der das Tagungsbüro ehrenamtlich betreute. Den Herbergen der Christenheit, allen voran PD Dr. Stefan Michel, sagen wir Dank für die Unterstützung unseres Vorhabens. Es kann insofern als ungewöhnlich gelten, als hier zum ersten Mal ein Sonderband ›aus Anhalt‹ vorliegt. Abschließend sei Felicia Zs. Hein für den Satz und Dr. Annette Weidhas von der EVA (beide Leipzig) für die gute Zusammenarbeit gedankt.

Dessau und Bernburg,   Die Herausgeber, im Namen
am Weißen Sonntag 2024   der Kirchengeschichtlichen Kammer

Von einer Diktatur zur nächsten

Herausforderungen für die Evangelische Landeskirche Anhalts und ihre Geschichte 1945 bis 1969

Von Jan Brademann

»Unser liebes Anhaltland […] ist heute eine der kränksten und innerlich gefährdetsten Stellen im Vaterland. Hier, und gerade hier in Dessau, haust der geistige Bolschewismus, das Antichristentum. […] Ihr alten Soldaten, in diesem Geisterkampf laßt uns alle treue Kameraden sein. Wird dieser Feind nicht geworfen, so gehen wir unter im geistigen Bolschewismus. […] Klare Fronten! Dort die reine Diesseitigkeit – hier das in der Ewigkeit verankerte Leben. Dort der durch Terror und Unglauben gezüchtete Massenmensch – hier der aus Freiheit und Glauben geborene Gottesmensch. Dort Menschenmacherei, Internationale – hier Gottesschöpfung des deutschen Volkstums, heilige Erbwerte.«[1]

Diese Worte stammen aus der Predigt des Dessauer Hofpredigers Richard Bindemann in der Marienkirche Dessau während eines Gottesdienstes beim Wiedersehenstag des Anhaltischen Infanterieregiments 93 im September 1927. Bindemann stellte sich das ideale Gemeinwesen als eine homogene christliche Gemeinschaft in einem autoritären Staat vor und lehnte daher die Weimarer Republik ebenso ab wie ihre sich religiös und weltanschaulich pluralisierende Gesellschaft. Mit dem Feindbild des »geistigen Bolschewismus« zielte er nicht nur auf Kommunisten und Freidenker, sondern auch auf die liberaldemokratischen Stützen der Republik.

Diesem Zitat sei ein zweites an die Seite gestellt. Es datiert auf das Jahr 1971:

»Daß in einer Gesellschaftsordnung, die auf dem Boden des historisch-dialektischen Materialismus steht, Christen und Kirchen, von ihren Glaubensvoraussetzungen her lebend, ihren Platz haben und behalten, ist zurückliegend von Männern des Staates und auch der Kirchen wiederholt gesagt worden. Achtung und Respekt vor der Überzeugung Andersdenkender erwachsen aus der Lebendigkeit einer gemeinsam bejahten Verantwortung. Es ist mein Wunsch, daß die mit dem 14. November neu beginnende politische Arbeit auf allen Ebenen des gesellschaftlichen Lebens Christen und Marxisten in der Arbeit an den uns gemeinsam gestellten Aufgaben vereint.«[2]

---

1 Festpredigt von Hofprediger Bindemann gehalten am 4. September 1927 zum Wiedersehenstag der vereinigten ehemaligen 93er in der Schloß- und Stadtkirche St. Marien in Dessau, Dessau 1927; siehe die Edition in: ›IM KAMPF FÜR GOTTES VOLK‹? Nationalismus in der anhaltischen Kirche 1918 bis 1945, hrsg. von Jan Brademann, (Landesgeschichtliche Beiträge; 2), Halle (Saale) 2023, 439-451, hier: 443. – Es handelt sich um den mit den nötigsten Nachweisen versehenen, leicht überarbeiteten Einleitungsvortrag des Verfassers.
2 Eberhard NATHO: Gute Bilanz – Richtiger Kurs. In: Neue Zeit. Zentralorgan der Christlich Demokratischen Union Deutschlands 27 (1971), Nr. 263 (7.11.), Titelseite. Dort auch das folgende Zitat.

Eberhard Natho, der Ende 2022 gestorben ist, war von 1970 bis 1994 Kirchenpräsident der Evangelischen Landeskirche Anhalts. Seine Ausführungen stammen aus einem Artikel, den er wenige Tage vor der Volkskammerwahl am 14. November in der Tageszeitung der CDU, *Neue Zeit*, veröffentlichte. Natho warb dafür, dass sich Christen und Marxisten gemeinsam für die »Friedenssicherung« und den »Aufbau einer wirtschaftsstarken und sozialen Gesellschaftsordnung« engagierten. Dass der dieser Gesellschaft von der SED verordneten Ideologie das Ziel einer Überwindung von Religion und Kirchen inhärent war,[3] blendete Natho dabei aus.

Beide Zitate veranschaulichen einen tiefgreifenden Wandel im Umgang der Kirche mit Säkularisierung und Säkularismus: Hatte der Dessauer Hofprediger 1927 die knapp neun Jahre zuvor entstandene liberale Demokratie als Vorstufe zur Sowjetisierung Deutschlands perhorresziert, so wurden durch den Kirchenpräsidenten 44 Jahre später die Lebensbedingungen für die Kirche in einer in der Tat atheistischen Diktatur betont positiv beschrieben. Diese Gegenüberstellung ist plakativ. Solche Texte formulierten Ansprüche, folgten Interessen, waren in Diskurse eingebettet und reflektierten Machtverhältnisse. Sie müssen interpretiert werden. Die Repräsentativität beider Sprecher wäre dabei ein wichtiger Gesichtspunkt. Ähnlich wichtig wäre der Kontext ihres Sprechens: Bindemanns Tiraden erfolgten – auch wenn er dies in seiner verschwörungsideologischen Perspektive verneint hätte – in politischer Freiheit.[4] Natho hingegen agierte in einem System, in dem die Möglichkeiten des Sprechens extrem beschnitten waren; die offensichtliche Beschönigung der Verhältnisse folgte einem bestimmten, nicht direkt einsichtigen Kalkül.

Durch beide Zitate öffnet sich uns eine Kluft – oder besser: Es öffnen sich uns zwei Klüfte. Wir werden zum einen auf jene geschichtliche Distanz zwischen der nationalistisch-kulturkämpferischen Volkskirche der 1920er und der an die Verhältnisse im sozialistischen Staat angepassten Minderheitskirche der 1970er Jahre gestoßen. Zum anderen werden wir des großen kulturellen Abstandes gewahr, der zwischen diesen Vergangenheiten und uns selbst liegt. Beide Klüfte zu verstehen, hilft uns, unseren eigenen Sehepunkt auf die Vergangenheit zu verorten und damit eine der Grundbedingungen von Geschichtsforschung zu erfüllen.

---

3 Alfred HOFFMANN: ›Mit Gott einfach fertig‹. Untersuchungen zu Theorie und Praxis des Atheismus im Marxismus-Leninismus der Deutschen Demokratischen Republik (Erfurter theologische Studien; 79), Leipzig 2000.
4 Zu Bindemann vgl. Bernd G. ULBRICH: Frontalangriff auf die Moderne: Richard Bindemann (1870-1929). In: Brademann: Nationalismus (wie Anm. 1), 123-150.

I Verschwiegen und verschleppt: Über landeskirchengeschichtliche Wissenslücken

Bindemanns Tiraden waren rhetorische Ausnahmen, aber die von ihm propagierte Volksgemeinschaftsideologie war in kirchennahen bürgerlichen Kreisen tief eingewurzelt, und die antibolschewistische Rhetorik rechtsradikaler Kräfte verfing hier in besonderer Weise.⁵ Dies ist heute nahezu vergessen, und kaum jemand weiß folglich, welche kulturellen Anpassungen nach dem Krieg in der Kirche und in dem Milieu der sie tragenden Schichten sich vollzogen haben müssen. Die anhaltische Landeskirchengeschichte der Zeit zwischen 1918 und 1945 ist kaum erforscht; gleiches gilt für die folgenden beiden Jahrzehnte. Wir haben es (nicht nur) in Anhalt mit einer verschleppten Aufarbeitung derjenigen Phasen der jüngeren Geschichte zu tun, die sich nicht affirmativ-identifikatorisch darstellen lassen, sondern kritisch aufzuklären sind, gegebenenfalls unter Betonung der ethischen, politischen und theologischen Distanz zu ihren Betrachtern. Sicher ist dies auch ein Symptom für die heute vorherrschende »Wohlfühlerinnerungskultur«, die, so Jens-Christian Wagner, von »Entlastungsdiskursen« getragen und von der Identifikation mit den Opfern geprägt ist, aber nicht genügend nach den Tätern und den Bedingungen für deren Taten fragt, weil dies unter Umständen zu schmerzlichen Erkenntnissen führt.⁶ Die Verschleppung der Aufarbeitung dürfte sich aber auch als Folge ostdeutscher Handlungszwänge darstellen und mit der Kleinheit der Landeskirche zusammenhängen.

Eine Geschichtsforschung zu den Kirchen in der DDR gibt es erst seit 1990. Innerhalb kürzester Zeit hat dieser Forschungszweig, gefördert von Stiftungen, von Staat und Kirchen, eine kaum überschaubare Masse an Publikationen produziert. Es gibt Quelleneditionen, biographische Texte sowie Sammelbände und Qualifikationsarbeiten, die sich einzelnen Themen nähern, aber auch zahlreiche Gesamtdarstellungen.⁷ Längst ist diese Forschung stagniert, und wir müssen

---

5 Vgl. Brademann: Nationalismus (wie Anm. 1).
6 Vgl. Alexander BUDDE: Erinnerungskultur als Wohlfühloase. Online unter: URL: <https://www.deutschlandfunk.de/afd-kulturkaempfe-erinnerungskultur-als-wohlfuehloase-100.html> (12.2.2024).
7 Claudia LEPP: Christen und Kirchen in der DDR. Eine Nachlese (1990-2014). In: Theologische Rundschau 81 (2016), 48-73; Abgeschlossen? Stand und Folgen der Aufarbeitung der Geschichte der Kirchen in der DDR (EPD-Dokumentation; 40), Frankfurt a.M. 2015; Claudia LEPP: Ausgeforscht? Überlegungen zu Stand und Perspektiven der Forschung zur Kirchengeschichte der DDR. In: Mitteilungen der Evangelischen Arbeitsgemeinschaft für Kirchliche Zeitgeschichte 24 (2006), 93-101; DIES.: 15 Jahre kirchengeschichtliche DDR-Forschung im wiedervereinigten Deutschland – ein Rückblick und Ausblick. In: Theologische Rundschau 70 (2005), 455-503; Rudolf MAU: Die Evangelische Kirche in der DDR. Zur Forschung seit 1989/90. In: Staat und Kirchen in der DDR. Zum Stand der zeithistorischen und sozialwissenschaftlichen Forschung, hrsg. von Horst Dähn; Joachim Heise, Frankfurt a.M. 2003, 141-149;

feststellen, dass sie an Anhalt vorbei gegangen ist. Immerhin konnte man schon bei Gerhard Besier und Stephan Wolf 1992 etwas über die versuchte Unterwanderung der Landessynode seit Ende der 1960er durch die Staatssicherheit lesen.[8] Besier und Wolf informierten ebenfalls darüber, wie Eberhard Natho, damals auch Stadtverordneter von Güsten, früh durch Loyalitätsbekundungen dem Staat gegenüber aufgefallen war.[9] Und auch auf die Tatsache, dass die SED die Landeskirche und ihren Leiter im Herbst 1989 als »progressiv« einschätzte, wurde 1992 schon aufmerksam gemacht.[10]

Das waren gewiss nur erste Streiflichter, aber sie boten doch Anfänge, die zum Weiterforschen einluden. Doch weder beteiligte sich die Landeskirche an Forschungsverbünden, noch unternahm sie selbst Anstrengungen in diese Richtung. Lässt sich für die ostdeutschen Kirchen und ihre Neuordnung nach dem Krieg insgesamt eine »gute« Forschungslage konstatieren,[11] so fällt Anhalt hier heraus. Es gibt immerhin einige Veröffentlichungen zur Gemeindegeschichte, die die Zeit ab 1945 einbeziehen, sowie Publikationen zur Spätzeit der DDR, die aber, chronikalisch oder memoirenhaft geprägt oder als Edition von Zeitdokumenten, den Charakter von Quellen besitzen.[12] Über die Kirchenge-

---

Robert GOECKEL: Die Beziehungen zwischen Staat und Kirche in der DDR: Zehn Jahre angloamerikanische Studien. In: Ebd., 203-218.

8 Vgl. Bericht über Erfüllung der Verpflichtungen der Mitarbeiter der Hauptabteilung XX/4 zu Ehren des 20. Jahrestages der Deutschen Demokratischen Republik, abgedruckt in: ›Pfarrer, Christen und Katholiken‹. Das Ministerium für Staatssicherheit der ehemaligen DDR und die Kirchen, hrsg. von Gerhard Besier; Stephan Wolf, 2. Aufl., Neuenkirchen-Vluyn 1992, 284-295, hier: 287.

9 Ebd., 27 f.

10 Ebd., 67 f: Natho, um eine »straffe innerkirchliche Disziplinierung« bemüht, habe sich mit positiven Äußerungen zum Staat hervorgetan und gleichzeitig die Aktivitäten des Neuen Forums zu behindern versucht. Die Gesamteinschätzung der Abteilung Kirchenfragen des Rates der SED in Halle lautete: »Wie gegenwärtig in wohl keiner anderen Landeskirche der DDR ist die überwiegende Mehrheit der Amtsträger zielgerichtet darum bemüht, einen Standort der Kirche in unserer Gesellschaft auszufüllen, der sich positiv zu den sozialistischen Idealen bekennt (und) politischen Belastungen im Verhältnis zu staatlichen Organen ausweicht« (17.10.1989). Vgl. ferner Gerhard BESIER: Der SED-Staat und die Kirche 1969 – 1990. Die Vision vom ›Dritten Weg‹, Berlin/Frankfurt a.M. 1995, passim, bes. 578 f zur Ehrenpromotion Nathos, für deren Begründung dessen Bild als »Pionier der positiven Zusammenarbeit von Kirche und Staat in den Lebensfragen unserer Gesellschaft« (Friedrich de Boor, Direktor der theologischen Sektion der MLU) wichtig war.

11 Christine KOCH-HALLAS: Die Evangelisch-Lutherische Kirche in Thüringen in der SBZ und Frühzeit der DDR (1945-1961), Leipzig 2009, 13.

12 Zu nennen sind etwa: Dokumente zum konziliaren Prozeß in der Evangelischen Landeskirche Anhalts, hrsg. vom Synodalausschuss für Kirche und Gesellschaft, Heft 1, Dessau 1996; Heft 2, Dessau 1999; MOBIL OHNE AUTO. Eine Dokumentation 1981-1997, hrsg. vom Amt für Jugendarbeit der Evangelischen Landeskirche Anhalts, Dessau 1997; CYRIAKUSHEIM. Jugendbegegnungsstätte und Tagungshaus der Ev. Landeskirche Anhalts, hrsg. vom Amt für Jugendarbeit der Evangelischen Landeskir-

schichte Anhalts bis 1969 lassen sich letztlich nur zwei kürzere quellenbasierte Arbeiten nachweisen: ein Aufsatz des vormaligen Ballenstedter Kreisoberpfarrers Christoph Schröter von 1997 über die anhaltische Pfarrerschaft nach 1945 und ein Artikel des damaligen Kirchenpräsidenten Helge Klassohn über die kirchenleitende Tätigkeit seines Vorvorgängers Dr. Martin Müller von 2003. Während Klassohns Text in einer aus Anlass von Müllers 100. Geburtstag entstandenen Broschüre zu finden ist,[13] so ging Schröters Text auf eine Tagung zurück, die die kirchengeschichtlichen Vereinigungen in Ostdeutschland 1995 unter Leitung des Leipziger Kirchengeschichtsprofessors Günter Wartenberg veranstaltet hatten. Er blieb der einzige Aufsatz über ein anhaltisches Thema in zahlreichen solcher Sammelbände.[14]

Ein klares Manko besteht damit auch hinsichtlich der Verstrickungen der Kirche mit der Staatssicherheit. Wie die anderen Ost-Kirchen auch hatte Anhalt seit 1991 Überprüfungsverfahren auf den Weg gebracht, in deren Ergebnis Stasikontakte auf disziplinatorische Relevanz untersucht wurden – mit dienstrechtlichen Folgen für einige Mitarbeiter. Zu weitergehenden Forschungen, mit dem Ziel der Versöhnung von Menschen, die durch das Fehlverhalten der Kirche benachteiligt oder beschädigt wurden, ist es hier jedoch nicht gekommen.[15]

Die heute kleinste Landeskirche hatte nie eine eigene Fakultät und damit einen, wenn es gut läuft, »kurzen Draht« zu einem Lehrstuhl für Kirchengeschichte. Die Pflege von Geschichtskultur ist natürlich eine Frage der Ressour-

---

che Anhalts, Dessau 1997; GEBET UND AUFBRUCH. KIRCHENGEMEINDEN IN ANHALT IM HERBST 1989 – authentische Zeugnisse und Berichte, gesammelt und kommentiert von der Kirchengeschichtlichen Kammer für Anhalt, Dessau 1999; 2. Aufl., Dessau 2009; 3. Aufl., Dessau 2019; Alfred RADELOFF: Die friedliche Revolution in Dessau vom Herbst 1989 bis zur Wiedervereinigung Deutschlands am 3. Oktober nach den Mitteilungen des Evangelischen Kreisoberpfarramts Dessau, Dessau 1999.

13 Helge KLASSOHN: Kirchenleitung als Dienst unter dem Wort. Martins Müllers kirchenleitendes Wirken – eine zeitgeschichtliche Würdigung. In: Dr. Martin Müller (1903-1989). Pfarrer und Kirchenpräsident in Anhalt zum 100. Geburtstag am 24. März 2003, hrsg. von der Kirchengeschichtlichen Kammer für Anhalt, Dessau 2003, 14-44.

14 Christoph SCHRÖTER: Die (innere) Situation der Pfarrerschaft unmittelbar nach 1945 in Anhalt. In: Herbergen der Christenheit 20 (1996/97), 77-86. Zur Tagung und ihren Beiträgen siehe den Band der Herbergen der Christenheit 1997 sowie Lepp: 15 Jahre (wie Anm. 7), 498 f.

15 ÜBERPRÜFUNGEN AUF STASIKONTAKTE IN DEN ÖSTLICHEN GLIEDKIRCHEN DER EKD. Dokumentation und Kommentar, hrsg. von Ludwig Große; Harald Schultze; Friedrich Winter (Die Zeichen der Zeit; Beiheft 1), Leipzig 1997. In der Kirche der Provinz Sachsen veröffentlichte der synodale Überprüfungsausschuss bereits 1995 einen 36-seitigen Zwischenbericht: Harald SCHULTZE: Stasi-Überwachung der Evangelischen Kirche der Kirchenprovinz Sachsen. Zwischenbemerkungen aus der Sicht der Forschung (Beilage zum Amtsblatt 1/96 der Ev. Kirche der Kirchenprovinz Sachsen), Magdeburg 1996. Die Evangelische Kirche in Mitteldeutschland hat 2022 die Entschädigung von Opfern kirchlichen Handelns, das durch die DDR-Behörden, unter anderem die Stasi, beeinflusst worden ist, beschlossen.

cen, die hier knapper sind als anderswo. Doch diese Beobachtungen würden als Erklärung zu kurz greifen. Verschleppt wurde bereits die Betrachtung der NS-Zeit nach 1945: Anhalt hatte zu den von den Deutschen Christen »zerstörten« Kirchen gehört. Ab 1945 verband sich die Pfarrerschaft zu einer Schweigegemeinschaft: Man übte sich hinter Kirchenmauern in Introspektion, Neukonditionierung und Vergebung, nach außen drang indes nichts, und erforscht wurde auch nichts.[16]

Das größte Hindernis für die Kirchen, sich mit der eigenen Mittäterschaft zu beschäftigen, bildete die »Erinnerung an die eigene[n] Bedrohungs- und Verfolgungserfahrungen im Dritten Reich«, wie Kurt Nowak es einmal auf den Punkt gebracht hat.[17] Und der mit der kirchenfeindlichen Politik der SED und der Entkirchlichung der Gesellschaft zunehmende Legitimationsdruck für die Kirche führte auch jene zusammen, die sich im Kirchenkampf entzweit hatten.[18] Dass die NS-Vergangenheit nicht, wie im Westen, seit den 1960er Jahren »zu einem bleibenden Thema« wurde,[19] hatte ferner auch Gründe, die in den totalitären Strukturen des DDR-Staates lagen: Nicht-Aufarbeitung gehörte nachgerade zu den Kennzeichen auch des SED-Staates, durch dessen Selbstbild als antifaschistischer Staat der Nationalsozialismus gleichsam zu einer westdeutschen Angelegenheit stilisiert wurde: »Die selbstkritische Auseinan-

---

16 Siehe hierzu Jan BRADEMANN: Auch diese Kirche stand rechts. Einleitende Bemerkungen zu einem schwierigen Thema. In: Brademann: Nationalismus (wie Anm. 1), 11-55.

17 Kurt NOWAK: Vergangenheit und Schuld. Kommentar zum Beitrag von Dan Diner. In: Evangelische Kirche im geteilten Deutschland (1949-1989), hrsg. von Claudia Lepp; dems., Göttingen 2001, 117-134, hier: 124.

18 Ein zentrales Motiv, das von Pfarrern, die Deutsche Christen gewesen waren, für ihr Engagement angeführt wurde, bildete der Kampf gegen den Atheismus; vor dem Hintergrund gemeinsamer Erfahrungen im Kulturkampf der 1920er und frühen 1930er Jahre, die jetzt in gewisser Weise erneuert wurden, war dieses Motiv für BK-Pfarrer, die nun die Führung übernahmen, durchaus nachvollziehbar. Im Westen als Argument gegen die Anerkennung einer »sittlichen Schuld« der Pfarrerschaft angeführt (Clemens VOLLNHALS: Im Schatten der Stuttgarter Schulderklärung. Die Erblast des Nationalprotestantismus. In: Nationalprotestantische Mentalitäten in Deutschland [1870-1970]. Konturen, Entwicklungslinien und Umbrüche eines Weltbildes, hrsg. von Manfred Gailus; Hartmut Lehmann, Göttingen 2005, 379-431, hier: 236f), hat vielleicht gerade diese Argumentation – in den vertraulichen Erklärungen ehemaliger DC-Pfarrer ist sie greifbar – im Angesicht der SED-Diktatur eine gruppenbildende Kraft entfaltet. Zu den Erklärungen siehe den Beitrag von Lambrecht KUHN in diesem Band; als Beispiel siehe: Gutes gewollt und schlechtes getan? Brief und Erklärung des Pfarrers und Kirchenrats Max Liebau über seine DC-Vergangenheit (November 1945), abgedruckt in: Brademann: Nationalismus (wie Anm. 1), 499-504.

19 Claudia LEPP: Entwicklungsetappen der Evangelischen Kirche. In: Evangelische Kirche im geteilten Deutschland (wie Anm. 17), 46-93, hier: 60.

dersetzung mit Schuld und Verantwortung blieb der ostdeutschen Gesellschaft weithin erspart und leistete Verdrängung Vorschub.«[20]

Dass sich die pastorale Schweigegemeinschaft in Anhalt dann deutlicher als anderswo auch transgenerationell fortsetzte, dürfte mit einem typischen Merkmal kleiner Organisationen zusammenhängen.[21] Sie sind aus Sicht der Soziologie zur Selbststabilisierung in existenzieller Weise auf Konfliktprävention angewiesen; Interessensgegensätze sind durch Konsenspolitik zu lösen. Für die Geschichte folgt daraus eine Aussparung heikler Themen auf der Basis stiller Agreements, womöglich aber auch eine Steuerung der Deutungsarbeit. Ein Interesse daran, dass jemand ›von außen‹ auf die Landeskirchengeschichte blickt, hat in Anhalt nicht bestanden. Wenn »Aufarbeitungsgeschichte« immer auch eine »Geschichte des Anspruchs auf Repräsentation« ist,[22] dann dürfte es für eine Kirche umso schwieriger sein, mit differenten Ansprüchen umzugehen, je mehr sie auf Eintracht angewiesen ist.

Man kommt entsprechenden Mechanismen nicht leicht auf die Spur, weil sie weder verordnet, noch schriftlich expliziert wurden. Möglicherweise hülfe es weiter, Zeitzeugen nach ihren Erfahrungen zu Loyalitätsstrukturen zu befragen. Der Zeitzeugenschaft kam indes für die Produktion der Aufarbeitungsgeschichte eine steuernde Funktion zu: Christoph Schröter, der nur in einigen Fußnoten Namen nannte und auf die materiellen und emotionalen Zwänge der Pfarrerschaft fokussierte, ging in seinem Referat 1995 letztlich nicht über eine Affirmation der irenischen Politik des Landeskirchenrats nach Kriegsende hinaus. Seinen historiographischen Auftrag leitete er aus der Tatsache her, dass er »als Letzter in dieser Landeskirche« die Akteure noch gekannt habe und schreiben müsse, bevor »Spuren verwischen und die Perspektive zu undeutlich wird«. Seine Leserschaft imaginierte Schröter als Erfahrungsgemeinschaft. Er appellierte an die Lebenden, sich mit negativen Werturteilen über die »damals Verantwortlichen« zurückzuhalten sowie »den Dank [an diese] für das Hindurchgetragenwerden nicht zu vergessen«.[23] Seinem Repräsentationsanspruch lag also die Vorstellung einer generationenübergreifenden Gemeinschaft der Pfarrer zugrunde, für die zeitgeschichtliche Erkenntnisse moralische Bewertungen implizierten und für deren Zusammenhalt Deutungsdifferenzen zu vermeiden waren – auch zwischen den Generationen. In seiner auch heute noch verbreiteten Sicht besaßen Zeitzeugen die höchste – vielleicht sogar ein-

---

20 Clemens VOLLNHALS: Die ›doppelte‹ Vergangenheitsbewältigung in Deutschland – ein Vergleich. In: Politisch motivierte Verfolgung: Opfer von SED-Unrecht, hrsg. von Ulrich Baumann; Helmut Kury, Freiburg i.Br. 1998, 343-366, hier: 353.
21 Hans GESER: Kleine Sozialsysteme: Strukturmerkmale und Leistungskapazitäten. In: Kölner Zeitschrift für Soziologie und Sozialpsychologie 32 (1980), 205-239, hier: 221 f.
22 Friedemann STENGEL: Kirchen-DDR-Geschichte zwischen Gedächtnispolitik und Erinnern. In: Stand und Folgen der Aufarbeitung (wie Anm. 7), 4-13.
23 Schröter: Pfarrerschaft (wie Anm. 14), 78, 86.

zige – Autorität für die Zeitgeschichte. Schröter sah seine Aufgabe darin, den Nachgeborenen Hilfestellungen für das empathische, kontinuitätsverbürgende Sich-Hineinversetzen in die verstorbenen Mitglieder der Gruppe zu geben.[24]

Neben solchen apologetischen Appellen dürften auch Machtsprüche zur geschichtspolitischen Erzeugung von Gruppenkohäsion gehört haben. So war es in Anhalt noch vor wenigen Jahren – eben aus Gründen des inneren Kirchenfriedens – nicht ohne weiteres möglich, öffentlich ein kritisches Bild über das Verhalten des Landeskirchenrats und die Rolle Eberhard Nathos in der Wendezeit 1989 zu werfen.[25]

II Annäherungen an Anhalt und eine Epoche

Um Missverständnissen vorzubeugen: Es geht hier nicht um Schuld, auch nicht um die Frage, ob der Weg, den die Kirche in geschichtspolitischer Hinsicht gegangen ist, falsch war. Vielmehr interessiert, warum wir so wenig und was wir bisher überhaupt wissen. Indem wir uns dem noch sehr verschwommenen Bild nähern, das in der Literatur über Anhalt bisher gezeichnet wird, nehmen wir die erstgenannte, kirchengeschichtliche Kluft in den Blick.

Mit einer milden, von einer freiwilligen Kooperation mit der Staatsmacht und hoher personaler Kontinuität geprägten »Entdeutschchristlichung«[26] als Selbstreinigungsprozess zielte die von Vertretern der Bekennenden Kirche besetzte Kirchenleitung in den Jahren nach dem Krieg auf Selbststabilisierung in einem feindlichen Umfeld. Jürgen Seidel betont in seiner Studie über

---

24 Auch Schröters Reflex, es sei »abwegig, der Landeskirche [...] eine Geneigtheit zur Staatshörigkeit anzulasten« (ebd., 84), weil viele Pfarrer nach 1945 in die CDU eingetreten seien, deutet in diese Richtung. – Zugleich lässt sich Schröters Text als eine Apologie seines Vaters lesen: Kirchenpräsident Waldemar Schröter, 1960 unter bislang ungeklärten Umständen auf eine Pfarrstelle in der Mittelmark abgeschoben, hatte nach dem Krieg den mit Verdrängen und Verschweigen verbundenen Umgang mit der Vergangenheit mitbestimmt.

25 Noch 2009, als Pfarrer Albrecht Lindemann auf einer vom Verein für Kirchengeschichte der Kirchenprovinz Sachsen und der Kirchengeschichtlichen Kammer für Anhalt veranstalteten Tagung sich der oben referierten Einschätzung Eberhard Nathos annahm und sich kritisch mit dessen Rolle in der Wendezeit auseinandersetzte, musste er auf Dienstanweisung hin seinen Text für die Veröffentlichung zurückhalten; Auskunft Albrecht Lindemanns vom 20.9.2023. Die Tagung trug den Titel »Gewaltlos in die Wende. Die Rolle der Evangelischen Kirchen im Raum Sachsen-Anhalt auf dem Weg zur friedlichen Revolution 1989« und fand am 10. Oktober 2009 in Dessau statt. Der Text wurde erst zehn Jahre später veröffentlicht: Albrecht LINDEMANN: Anhalt – Ereignisse im Jahr 1989. In: ›Gebet und Aufbruch‹. Kirchengemeinden in Anhalt im Herbst 1989. Einordnungen, authentische Zeugnisse und Berichte, gesammelt und kommentiert von der Kirchengeschichtlichen Kammer für Anhalt, 3. Aufl., Dessau 2019, 15-30.

26 Luke FENWICK: The Protestant Churches in Saxony-Anhalt in the Shadow of the German Christian Movement and National Socialism 1945-1949. In: Church History 82 (2013), 877-903 (»De-German-Christianization«).

»Personellen Wiederaufbau und Entnazifizierung in der SBZ«, dass bei der anhaltischen Pfarrerschaft kein Schuld- oder Verantwortungsbewusstsein erkennbar geworden sei.[27]

Schauen wir auf die Einschätzung der Literatur zum weiteren Verlauf der 1950er und 1960er Jahre, wird eine Mischung aus Resistenz und Distanz deutlich: Einerseits plädierte Anhalt als einzige Kirche neben Thüringen früh für die Vereinbarkeit von Jugendweihe und Konfirmation. Andererseits aber seien aus dem Landeskirchenrat wie aus der Pfarrerschaft kritische Töne zu vernehmen gewesen – so zum Verfassungsentwurf 1968 und zum Prager Frühling.[28] Insgesamt betonte man Ende der 1960er Jahre staatlicherseits den Willen und die Möglichkeit, die unbedeutende Landeskirche »auf den ›Thüringer Weg‹ hin zu orientieren«[29]. Das von Besier und anderen konstatierte »intensive Streben nach einer exklusiven Staatsnähe der Kirchenleitung«[30] – ein möglicher Indikator für den Erfolg dieser »Orientierung« – bezieht sich dann schon auf die 1970er und 1980er Jahre.

An dieser Stelle werfen wir einen Blick auf den Bericht des Landeskirchenrats auf der Frühjahrssynode 1964.[31] Kirchenpräsident Martin Müller, der ihn vortrug, nahm darin Bezug darauf, dass er im Herbst über die *Zehn Artikel über Freiheit und Dienst der Kirche* referiert und sie den kirchen- und gemeindeleitenden Gremien zugesandt habe.[32] Müller betonte nicht nur, dass die Artikel ihre bekenntnishafte Gültigkeit behalten würden, auch wenn nun mit den *Sieben Sätzen* des Weißenseer Arbeitskreises ein »Diskussionsbeitrag zu ihrer Auslegung« vorläge.[33] Vielmehr schärfte er seinen Zuhörern ein, dass das Beharren der Kirche auf ihren Überzeugungen die einzige adäquate Antwort darauf sei, dass die SED ihrerseits »jede ideologische Koexistenz mit anderen philosophischen und mit religiösen Auffassungen erneut abgelehnt« habe. Dies entspreche, so Müller, auch dem

> »christlichen Selbstverständnis. Auch wir meinen, die Erfahrung zu machen, dass wir uns in den Gesprächen mit politischen Stellen am besten verständigen, wo allem ideologischen

---

27 J. Jürgen SEIDEL: Aus den Trümmern 1945. Personeller Wiederaufbau und Entnazifizierung in der evangelischen Kirche der Sowjetischen Besatzungszone Deutschlands. Einführung und Dokumente, Göttingen 1996, 67-93; 397-404.
28 Cornelia RUTHENDORF-PRZEWOSKI: Der Prager Frühling und die evangelischen Kirchen in der DDR (Arbeiten zur kirchlichen Zeitgeschichte; B 60), Göttingen 2015, 218-223.
29 Ebd., 219.
30 Veronika ALBRECHT-BIRKNER: Freiheit in Grenzen. Protestantismus in der DDR (Christentum und Zeitgeschichte; 2), Leipzig 2018, 127.
31 Bericht des LKR vor der Synode (17.4.1964), in: AELKA, B 3, Nr. 27, Bd. I, 30-38, hier: 37f.
32 Siehe dazu Bericht des LKR vor der Synode (15.11.1963), in: ebd., Nr. 26, 3-13, hier: 11f.
33 Bericht des LKR (wie Anm. 31), 37.

> Kompromißlertum gewehrt wird, und wir uns von unseren verschiedenen Voraussetzungen her in der gemeinsamen Sorge und Verantwortung für den Menschen begegnen«.[34]

Die vom Öffentlichkeitsausschuss der EKU in Abstimmung mit dem Theologischen Sonderausschuss der EKD erarbeiteten *Zehn Artikel* waren am 8. März 1963 von der KKL, der auch Müller angehörte, verabschiedet und »in den Rang eines kirchlichen Lehrdokuments erhoben« worden.[35] Der kirchenintern verbreitete Text bekennt, dass christliches Leben in der SED-Diktatur möglich sei und Gottes Willen entspreche. In seiner Theologie stehen christlicher Gehorsam und christliche Freiheit in einem dialektischen Verhältnis: Das Gottesgeschenk des Glaubens befreit die Christen; zugleich aber verpflichtet es sie zur Verkündigung des Evangeliums sowie zum Dienst am Nächsten – und damit auch im Staat als von Gott gestifteter Institution der Friedenswahrung:

> »In der Freiheit unseres Glaubens dürfen wir nicht von vornherein darauf verzichten, in der sozialistischen Gesellschaftsordnung zu unterscheiden zwischen dem gebotenen Dienst an der Erhaltung des Lebens und der gebotenen Verweigerung der atheistischen Bindung«.[36]

Insofern also die Freiheit des Christenmenschen, die auf seiner Gottesbeziehung beruht, nicht nur als Voraussetzung, sondern auch als Begrenzung seiner Dienstbarkeit angesehen wird,[37] werden dem Gehorsam zum Staat klare Grenzen gezogen.[38]

Besonders hierin unterschieden sich die *Zehn Artikel*, die entsprechend von der SED-Führung als »Kampfansage an den ostdeutschen Staat« interpretiert wurden,[39] von den *Sieben Sätzen*, von denen sich Martin Müller abgrenzte. In diesem mit staatlichen Stellen abgestimmten Papier war die »Dialektik von Freiheit und Dienst« aufgegeben zugunsten einer »Freiheit der Kirche *zum* Dienen«. Das Christentum sollte seinen Glauben in einem selbstloser Liebe entspringenden Dienen bezeugen. Statt dafür Grenzen zum Staat hin zu formulieren, schärfte der Text der Kirche ein, sie unterscheide sich gerade durch ihre »Selbstverleugnung« von der Welt und könne daher auch dann furchtlos ihren Weg gehen,

---

34 Ebd., 38.
35 Andreas STEGMANN: Johannes Hamel und die Diskussion um das christliche Leben in der DDR Ende der 1950er und Anfang der 1960er Jahre. Ein Beitrag zur Vorgeschichte der Zehn Artikel über Freiheit und Dienst der Kirche von 1963. In: Christliches Leben in der DDR. Diskussionen im ostdeutschen Protestantismus von den 1950er bis zu den 1980er Jahren, hrsg. von dems.; Henning Theißen, Leipzig 2018, 25-89, hier: 78.
36 Zehn Artikel über Freiheit und Dienst der Kirche. Vom 8. März 1963. In: Kirchliches Jahrbuch für die evangelische Kirche in Deutschland 90 (1963), 181-185, hier: 182.
37 Stegmann: Hamel (wie Anm. 35), 85.
38 Einzelne Ideologeme des Sozialismus wie die »Weltrevolution« oder »der neue Mensch« werden von ihnen explizit zurückwiesen. Sie schärfen die institutionelle Selbsterhaltung der Kirche als Maßnahme zur Verteidigung der »Freiheit der Verkündigung und des Dienstes« ein; Zehn Artikel (wie Anm. 36), 185.
39 Rudolf MAU: Der Protestantismus im Osten Deutschlands (1945–1990) (Kirchengeschichte in Einzeldarstellungen; IV/3), Leipzig 2005, 83.

wenn der Staat ihren Einfluss begrenzt und ihre Rechte bestreitet.[40] Zugespitzt gesagt, wurde hier der Dienst der Kirche an der Welt mit der Preisgabe ihrer Freiheit identifiziert.[41]

Erst in zweiter Linie geht es mir darum, die Rezeption und Gutheißung der *Zehn Artikel* durch die anhaltische Kirchenleitung als ein Indiz für deren staats- und ideologiekritische Distanz zu werten, die sich von der Idealisierung des Miteinanders von Christen und Marxisten, wie sie Eberhard Natho 1971 vorlegte, klar unterschied. In erster Linie möchte ich darauf hinaus, dass beide Texte, auf die sich Martin Müller bezog, etwas entscheidendes gemeinsam hatten: In ihnen waren die Folgen des Krieges für Deutschland akzeptiert. In ihnen versuchten Theologen in sehr reflektierter Weise, die Gestalt und die Ansprüche von Kirche auf eine politische Situation auszurichten, die sie ablehnten, aber doch zu akzeptieren hatten.[42] Statt einer aporetischen Nichtanerkennung des kommunistischen Staates oder eines Rückzugs auf Gottesdienst und Hausandacht ging es hier um das spannungsreiche »Sich-Einlassen«: Christlicher Zeugendienst sollte in der Gesellschaft realisiert werden, obschon sein Ganzheitsanspruch mit dem der SED, dem mächtigsten Akteur dieser Gesellschaft, inkompatibel war.[43] Dieser »Mittelweg« wurde nicht zentral vorgegeben, sondern entwickelte sich an vielen Stellen in akteurs- und kontextabhängigen Konflikten und Lernprozessen – in der Theologie und im Verhältnis von Kirchenleitungen und staatlichen Organen, aber auch in der kirchlichen und

---

40 Von der Freiheit der Kirche zum Dienen. Theologische Sätze des Weißenseer Arbeitskreises. In: Kirchliches Jahrbuch für die evangelische Kirche in Deutschland 90 (1963), 194-198, hier: 195: »Im Glaubensgehorsam widersteht die Kirche der Versuchung, Gottes Wort schützen zu wollen. Unbesorgt um sich selbst, kann sie furchtlos nach neuen Wegen suchen, wenn ihr Einfluss begrenzt und ihre Rechte bestritten werden; sie wird das Leiden weder suchen noch scheuen«.

41 So pointiert Stegmann: Hamel (wie Anm. 35), 85.

42 Es wäre falsch, jene politisch-theologischen Bemühungen der Kirche, bei denen weltanschauliche Konfliktpunkte bewusst ausgeblendet wurden und der Kirche Bescheidenheit im Hinblick auf ihre Macht und Ansprüche verordnet wurde, als »theologische Verklärung der kirchlichen Not« abzutun, als reine »Transzendierung« der politischen Situation, die »wirkte [...] wie ein Tranquilizer, der die Christen der harten Realität enthob« (Detlef POLLACK; Hedwig RICHTER: Widerstand und Ergebung: Theologische Wurzeln politischer Standortbestimmungen in den evangelischen Kirchen in der DDR. In: Spurenlese: Kulturelle Wirkungen der Reformation, hrsg. von der Reformationsgeschichtlichen Sozietät der Martin-Luther-Universität Halle-Wittenberg, Leipzig 2013, 397-427, hier: 404f und 410). Auch die Gleichsetzung der sich in den *Sieben Sätzen* anbahnenden Formel »Kirche im Sozialismus« mit einer Parteinahme für den Sozialismus, wie sie für eine frühe Phase der DDR-Kirchengeschichtsschreibung typisch war, griffe zu kurz. Dazu Stengel, Kirchen-DDR-Geschichte (wie Anm. 22), 5.

43 Andreas STEGMANN: Die Kirchen in der DDR. Von der sowjetischen Besatzung bis zur Friedlichen Revolution, München 2021, 13; Henning THEISSEN; Andreas STEGMANN: Reflexionsfelder christlichen Lebens in der DDR. In: Christliches Leben (wie Anm. 35), 9-24, hier: 15-20.

diakonischen Praxis. Mit Andreas Stegmann dürfen wir daher annehmen, dass er dauerhaft »zwischen konfliktbereiter Distanzierung und staatsloyaler Anpassung hin und her mäanderte«.[44]

III Die Beiträge des Bandes

Zwei Problemfelder sind also für die uns hier interessierende Phase der DDR-Kirchengeschichte besonders bedeutsam: Erstens der Umgang mit der Schuld und den kulturellen Prägungen der vorangehenden Epoche, zweitens das »Sich-Einlassen« auf die DDR, sprich: die Konflikte, die sich aus dem Aufeinandertreffen der unterschiedlichen Geltungsansprüche von Staat, Kirche und Gesellschaft ergaben, und die Lernprozesse der Beteiligten. Dem Tagungsprogramm folgend, sind die Beiträge des Bandes chronologisch – vor und nach Gründung der DDR – und thematisch angeordnet.

Die Aufsätze von Jürgen Kampmann und Klaus Fitschen nähern sich den Konjunkturen der Diskriminierung und Repression der Kirche aus einer überregionalen Perspektive. Dabei zeigt Kampmann, der die Sicht der Siegermächte auf die Kirche miteinander vergleicht, wie die Sowjetische Militäradministration bemüht war, ihre antireligiösen Zielsetzungen, die von Beginn an einen zentralen Aspekt der angestrebten »volksdemokratischen Revolution« bildeten, zu verschleiern, um bei den Kirchen eine prosowjetische Grundstimmung zu erzeugen. Fitschen schildert, wie ab 1949 der Rahmen für kirchliches Handeln immer enger gezogen wurde und das Vorgehen der SED 1952/53 in einem »Zweiten Kirchenkampf« eskalierte. Der Staat – auch er lernte hinzu – verwarf jedoch ab Mitte der 1950er Jahre sein »Eliminierungskonzept«.[45] Der stärker von der Theologie der Bekennenden Kirche her argumentierende Beitrag von Helge Klassohn mit seinem Blick auf die Etablierung einer bruderrätlichen Kirchenleitung, die liturgische und theologische Neuorientierung, aber eben auch auf die Gegenwehr der Kirche dem Staat gegenüber unterfüttert diese Perspektiven mit anhaltischen Beispielen.

Das den Kirchen 1958 eingeräumte Existenzrecht war vordergründig: Sowohl das entgegenkommende Verhalten gegenüber »progressiven« Christen (mit dem Ziel der inneren »Differenzierung« der Kirche), als auch die Bekenntnisse zu einem friedlichen Miteinander konnten nicht über die Motiviertheit politischer Maßnahmen hinwegtäuschen, die weiterhin die Verdrängung der Kirche bezweckten. Auch die anhaltische Landeskirche wehrte sich immer wieder gegen Aktionen einer vor allem auf dem Gebiet der Kinder- und Jugendarbeit repressiven Politik. In dem Maße, wie die DDR sich als eigenständige Nation selbst erfand und den sozialistischen Menschen sowie die sozialistische

---

44 Stegmann: Kirchen in der DDR (wie Anm. 43), 48.
45 Albrecht-Birkner: Freiheit (wie Anm. 30), 32.

Gesellschaft als umfassende Zielvorstellung ausformulierte, musste sie sich aber zunehmend dem Machtanspruch der SED beugen. Zu den entsprechenden Lernprozessen gehörte auch die Erfahrung eines drastischen Rückgangs der Kirchenmitgliedschaft – von 80 auf 60 Prozent zwischen 1950 und 1964, nicht allein infolge staatlicher Repression, sondern auch auf der Grundlage eines »säkularen Habitus« weiter Bevölkerungskreise: Die Politik der SED traf auf weit verbreitete Vorstellungen »religionsloser Modernität«, für die Religion als vormodernes Relikt durch Wissenschaft zu überwinden sei.[46]

Das Nachwirken der NS-Zeit spielte vor allem in den Jahren bis 1949 eine Rolle: Lambrecht Kuhn nimmt sich des Themas »Entnazifizierung« unter Nutzung neuer Quellen an. Zum einen bestätigt er, dass die Mitgliedschaft in der NSDAP im Vergleich zur DC-Zugehörigkeit der Pfarrer keine Rolle spielte. Im Fokus der Bemühungen des Landeskirchenrats standen die rassenideologische Überformung der Kirche durch die Deutschen Christen und die daraus resultierende Kirchenspaltung, nicht das Verhältnis der Kirche zum Nationalsozialismus. Zum anderen betont Kuhn das mentale und soziale Erneuerungspotenzial der intensiven, auf innere Fehler- und Schuldeinsicht fokussierenden Bemühungen. Dass auch der von der Kirchenleitung unabhängige Pfarrerverein in diesem Kontext bemüht war, indem er gerade auf die zuvor nicht in ihm organisierten, vormaligen DC-Pfarrer zuging, macht Claudia Drese deutlich. In ihrem Durchgang durch die Überlieferung bis 1947 wird aber auch klar, wie nachhaltig die »brüderliche« Standesgemeinschaft der Pfarrer durch die Erfahrungen des Kirchenkampfes gestört war.

Manfred Seifert widmet sich dem Neuanfang in den Gemeinden. Kriegsfolgen in Gestalt von zerstörten Kirchen und Pfarrhäusern sowie unterzubringenden Flüchtlingen banden Ressourcen. Hinzu kam die Bedrängung durch die neuen Machthaber. Hier ragt die Ablösung des Religionsunterrichts durch die gemeindlich verantwortete »Christenlehre« hervor. Den Schwerpunkt der Reformbemühungen bildete aber auch in den Gemeinden die Überwindung der Folgen der Gleichschaltung für Lehre, Liturgie und die pastorale Dienstgemeinschaft seit 1933. Die »Säuberung« der Gemeindekirchenräte lässt dabei einen hohen Anteil von NSDAP-Mitgliedern erkennen. Das Verhältnis zwischen Kirche und Nationalsozialismus, wohl mehr noch die spätere Bewertung der

---

46 Monika WOHLRAB-SAHR; Uta KARSTEIN; Thomas SCHMIDT-LUX: Forcierte Säkularität: Die Dauerhaftigkeit des erzwungenen Eigenen im Osten Deutschlands. In: Vorgänge. Zeitschrift für Bürgerrechte und Gesellschaftspolitik 48 (2009), H. 3, 109-117; DIES.: Forcierte Säkularität: Religiöser Wandel und Generationendynamik im Osten Deutschlands. Frankfurt a.M./New York 2009; Kurt NOWAK: Staat ohne Kirche? Überlegungen zur Entkirchlichung der evangelischen Bevölkerung im Staatsgebiet der DDR. In: Christen, Staat und Gesellschaft in der DDR, hrsg. von Gert Kaiser; Ewald Frie, Frankfurt a.M. 1996, 23-44.

Parteizugehörigkeit von GKR-Mitgliedern in Abhängigkeit vom Grad ihrer Aktivität hing von lokalen Konstellationen und variablen Wertmaßstäben ab.

Dass das Schweigen über die Fehlentwicklungen 1933 bis 1945 – bzw. die dahinter stehenden Agreements – den Aufstieg ehemaliger DC- und NSDAP-Mitglieder nach dem Krieg begünstigte, steht außer Frage: So wurde mit Friedrich Natho ein Mann, der in den 1920er Jahren durch militaristische, »antibolschewistische« Rhetorik aufgefallen und Mitglied der Deutschen Christen wie der SA geworden war (und in Mitgliederlisten des »Entjudungsinstituts« Eisenach erscheint), 1958 Kreisoberpfarrer in Bernburg.[47] Ein zweites Beispiel führt uns Marius Stachowski vor Augen: Er nähert sich in Hans-Werner Kars einem ehemaligen Nationalsozialisten, der nach 1945 nicht nur Pfarrer blieb, sondern 1964 als Oberkirchenrat Mitglied des Landeskirchenrats wurde. Drei Jahre zuvor war er von der Staatssicherheit als IM geworben worden.

Die Kirche hatte einem christlich-autoritären (nationalistischen) Staats- und Gesellschaftsideal angehangen und war dem Lebensstil und den Wertvorstellungen ihrer Amtsträger und aktiven Mitglieder nach keine plurale Veranstaltung, sondern bürgerlich und patriarchalisch geprägt, und nationalistische, militaristische und antikommunistische (sowie auch antisemitische) Haltungen wurden folglich nach 1945 nur langsam überwunden.[48] Soweit zu erkennen, kam es bei den ostdeutschen Kirchenleitungen, die kurz nach dem Krieg »dezidiert antitotalitäre und auch demokratisch-freiheitliche Positionen« vertraten,[49] sehr schnell zu einem schockerfahrungsbedingten Gesinnungswandel. Zwei anderen Paradigmenwechseln spüren die Beiträge von Dietrich Bungeroth und Cornelia Schlarb nach. Um Wehrdienstverweigerer zu unterstützen und zu motivieren, musste man nicht nur den Willen und die Kraft zur Konfrontation mit der SED haben, die 1956 die Nationale Volksarmee gründete und 1962 die Wehrpflicht einführte: Die Erfahrungen des Krieges delegitimierten den Militarismus auch innerhalb des Protestantismus; zur geschichtstheologischen Begründung der Entmilitarisierung Deutschlands kam das konfrontative Verhältnis zum neuen Staat als Motiv dafür hinzu, sich als Promotor der Wehrdienstverweigerung zu engagieren. Die pazifistische Prägung des Protestantismus, wie sie in den Friedensinitiativen der 1970er und 1980er Jahre zum Ausdruck kam, hat aus

---

47 Zu ihm siehe Brademann: Einleitende Bemerkungen (wie Anm. 16), 17 Anm. 20, sowie den Beitrag von Lambrecht KUHN im vorliegenden Buch.
48 Vollnhals: Erblast (wie Anm. 18); Lepp: Entwicklungsetappen (wie Anm. 19), 48. Zur Kontinuität des politischen Denkens im Protestantismus siehe auch Gotthard JASPER: Vom christlichen Obrigkeitsstaat zur säkularen Demokratie: von den Schwierigkeiten der deutschen Lutheraner im 20. Jahrhundert, die Politik zu verstehen. In: Spurenlese – die kulturellen Wirkungen der Reformation, hrsg. von Wolfgang Flügel, Leipzig 2013, 379-396.
49 Claudia LEPP: Protestantismus und Politik. In: Kirchliche Zeitgeschichte_evangelisch, Bd. 3: Protestantismus in der Nachkriegszeit, hrsg. von Siegfried Hermle; Harry Oelke (Christentum und Zeitgeschichte; 9), Leipzig 2021, 34-55, hier: 48.

den Auseinandersetzungen um Wehrpflicht, Ersatzdienst und Totalverweigerung der 1960er Jahre wichtige Impulse erhalten.[50]

Ein erheblicher Mentalitätswandel war auch nötig, damit Frauen ins Pfarramt gelangten, angefangen bei der theologischen Begründung, über die Gestaltung und Benennung bis hin zur Bezahlung dieses Amtes: In einer Zeit, in der der überwiegende Teil der (ausschließlich von Männern besetzten) Kirchenleitungen und theologischen Fakultäten der Meinung war, dass nur Männer ein vollgültiges Pfarramt ausüben dürften, gehörte Anhalt zusammen mit der Pfalz und Lübeck zu den Wegbereitern der diesbezüglichen Gleichberechtigung von Frauen, indem die Ordination zur Pastorin und die Ausübung eines Gemeindepfarramts für Pastorinnen 1958 gesetzlich geregelt wurden. Bereits fünf Jahre später setzte Anhalt als erste Landeskirche überhaupt die gesetzliche Gleichstellung von Männern und Frauen im Pfarramt durch.

Die Kirche trat der DDR aus einer Kultur heraus entgegen, zu der auch das Ideal der deutschen Volkskirche konstitutiv gehörte. Von beiden Hauptbedeutungen dieses Begriffes (volksumspannend und gesamtdeutsch) als Zielvorstellung musste sie ablassen: Die Idee, eine eigenständige, ostdeutsche Kirchenorganisation zu entwickeln, bedeutete nicht nur, gegenüber der SED und deren Trennungsbemühungen nachzugeben. Vielmehr musste man sich von der Erfahrung einer gesamtdeutschen Konsolidierung des Protestantismus nach 1945 verabschieden und begreifen, dass es besser sei, der SED im Osten mit einer Stimme entgegenzutreten. Auch eine Rechristianisierung erwies sich als utopisch. Inwiefern sich der Prozess der Anpassung von Geltungsansprüchen auch auf der Ebene symbolischer Kommunikation widerspiegelte, darüber unterrichtet uns mit Blick auf die Kirchentage in Anhalt Joachim Liebig. Deutlich wird dabei, wie vollständig und nachhaltig der nationalistisch-kulturhegemoniale Anspruch, wie er beim ersten Anhaltischen Kirchentag 1925 artikuliert worden war, zugunsten von Bemühungen im Grunde unpolitischer, rein binnenkirchlicher Selbstvergewisserungs- und -bestärkungsbemühungen verdrängt war.

Das Jahr 1969 wurde als Endpunkt für unsere Tagung gewählt. Die 1968 verabschiedete neue DDR-Verfassung war den realen, geänderten Verhältnissen näher. Sie verlor über die Rechtsposition der Kirche kein Wort und erhob zugleich die Vorstellung, dass die Kirchen sich »in die sozialistische Gesellschaftsordnung einzupassen« hatten, zu einem politischen Axiom.[51] Mit der Trennung der Vereinigten Evangelisch-Lutherischen Kirche der DDR von der VELKD 1968, des Bundes der Evangelischen Kirchen in der DDR (BEK) von der EKD 1969 sowie schließlich des Bereichs Ost vom Bereich West der EKU

---

50 Siehe dazu Anke SILOMON: Verantwortung für den Frieden. In: Lepp; Nowak: Evangelische Kirche (wie Anm. 19), 135-160.
51 Klaus FITSCHEN: Die evangelische Kirche in der DDR. In: Handbuch der Religionen, hrsg. von Michael Klöcker; Udo Tworuschka, Bamberg 2018, Kap. I-14.2.1, 16.

1972 trat auch die organisatorische Verselbständigung der Ostkirchen in eine neue Phase.[52]

Zu den wichtigsten Lernprozessen, die insbesondere Pfarrer und Kirchenleitungen machen mussten, gehörte die Einsicht in das unüberwindliche Autoritätsgefälle zwischen ihnen und dem Staat.[53] Er besaß und kontrollierte den größten Teil der ökonomischen Ressourcen und brauchte keine Rücksicht auf die Justiz zu nehmen. Die Loyalität der Kirchenmitglieder hielt einer Konfrontation mit staatlicher Repression kaum stand; dies wurde nirgends so deutlich wie bei der Einführung der Jugendweihe 1955: Dort, wo die Kirche die Jugendweihe zu einem Ausschlusskriterium für die Konfirmation erklärte, liefen ihr die Mitglieder davon. In Anhalt wurde sehr schnell gesehen, in welche seelischen und sozialen Zwänge die Jugendlichen und ihre Eltern gerieten, wenn die Kirche sie vor diese Alternative stellte. Dieser Aspekt wird von Günter Preckel betont, der in seinem Aufsatz die entsprechenden Aushandlungsprozesse minutiös nachvollzieht und deutlich macht, wie die Pfarrkonvente in die Herstellung einer entsprechenden Position eingebunden waren.

Ein kirchliches Handlungsfeld, auf dem diese Kraftprobe besonders konflikt- und anpassungsreiche Folgen hatte, war die Diakonie. Über die Geschichte ihrer vielfältigen und weitverzweigten Institutionen in Anhalt ist bis heute nur sehr wenig bekannt. Bereits die NS-Zeit hatte die Tendenz zur »Verkirchlichung« begünstigt; von der ursprünglich ausgeprägten Distanz zwischen der Inneren Mission und der verfassten Kirche war (wenn sie im Kleinstaat Anhalt jemals so existiert hat[54]) nach 1945 nichts zu spüren.[55] Das Bemühen der SED, den sozialen Protestantismus auf unprofitable Arbeitsfelder wie die Behindertenfürsorge zu beschränken, kam in mannigfachen Eingriffen in einzelne Einrichtungen zum

---

52 Weitere Indizien, wie ein Generationswechsel in den bis dato von BK-Mitgliedern geprägten Kirchenleitungen, ließen sich hinzufügen, die die späten 1960er Jahre zu einem Einschnitt in der modernen Kirchengeschichte machen; vgl. Siegfried HERMLE: Periodisierungsfragen der Kirchlichen Zeitgeschichte aus evangelischer Perspektive. In: Kirchliche Zeitgeschichte. Bilanz – Fragen – Perspektiven, hrsg. von Thomas Brechenmacher; Frank Kleinehagenbrock; Claudia Lepp; Harry Oelke (Arbeiten zur Kirchlichen Zeitgeschichte; B 83), Göttingen 2021, 53-74, hier: 63-66.

53 Instruktiv dazu: Hagen FINDEIS; Detlef POLLACK: Einleitung der Herausgeber. In: Selbstbewahrung oder Selbstverlust. Bischöfe und Repräsentanten der evangelischen Kirchen in der DDR über ihr Leben. 17 Interviews, hrsg. von dens., Berlin 1999, 9-37, hier: 30-32.

54 Siehe als Beispiel für eine landesumfassende, staatskirchlich dominierte Diakonie Jan BRADEMANN: Ein Haus – drei Zeiten. Mutterhausdiakonie in Anhalt zwischen 1894 und 1945. In: Weibliche Diakonie in Anhalt. Zur Geschichte der Anhaltischen Diakonissenanstalt Dessau, hrsg. von dems., Halle (Saale) 2019, 62-123.

55 Jochen-Christoph KAISER: Diakonie in der Diktatur. Anmerkungen zur Geschichte der Inneren Mission zwischen 1933 und 1989. In: Diakonie im geteilten Deutschland. Zur diakonischen Arbeit unter den Bedingungen der DDR und der Teilung Deutschlands, hrsg. von Ingolf Hübner; dems., Stuttgart 1999, 62-76.

Ausdruck. Andreas Lischke nähert sich diesem Themenfeld und zeigt, wie die Angriffe zum Teil abgewehrt werden konnten. Deutlich wird auch, wie eng in Anhalt das Hilfswerk, von der EKD 1945 auch gegründet, um die protestantischen Wohlfahrtseinrichtungen stärker unter die Aufsicht der Kirche zu bringen, und der Landesverband der Inneren Mission zusammenarbeiteten, bevor sie dann ab 1963 organisatorisch zusammenwuchsen.

Das Hilfswerk der EKD, aber auch die Landeskirchen und Pfarrvereine spielten ebenfalls eine zentrale Rolle bei der Inauguration der vielen Patenschaftsverhältnisse zwischen der pfälzischen und der anhaltischen Landeskirche schon seit 1949, in die Ulrich A. Wien erstmals Einblicke gewährt. Vor allem auf der Ebene der Pfarrhäuser- und Pfarrfamilien ermöglichten diese Patenschaften den Transfer von Hilfsgütern von West nach Ost. Trotz der eingeschränkten Begegnungsmöglichkeiten mit viel Engagement vorangebracht, bildeten sie eine Vorstufe zu den dann (zum Teil bis heute bestehenden) Gemeindepartnerschaften der 1970er und 1980er Jahre.

Die Kirche war, auch dies gehörte zu ihren wichtigsten Lerneffekten, darauf angewiesen, ein gutes Verhältnis zum Staat zu pflegen, um ihre Handlungsfähigkeit zu bewahren. In der Rückschau auf die 1960er Jahre führte Eberhard Natho 1995 aus:

> »Ich kann nicht zum Rat des Bezirkes gehen und sagen: Ich möchte von Ihnen, dass Sie mir das Posaunenfest genehmigen, im übrigen möchte ich Ihnen mal sagen, ich anerkenne Sie überhaupt nicht. [...] Daß einem das heute in den Verdacht rückt, zu freundlich, gar unterwürfig gewesen zu sein, oder, um ein Schimpfwort neuester Zeit zu gebrauchen, der Kumpanei verdächtig macht, muß man aushalten«.[56]

In diesem Zitat, das mit dem Begriff der »Kumpanei« bereits die Forschungen Gerhard Besiers reflektierte, die bei ostdeutschen Kirchen kurz nach der Wende auf Widerspruch gestoßen waren, spiegelt sich zugleich das Problem wider, das aus der Strategie freiwilliger Kooperation mit der überlegenen Macht vor dem Hintergrund von deren ideologischer Feindseligkeit resultierte. Die VELKD hatte 1960 noch klar verkündet, man könne das Leben in einem atheistischen Staat nur »hinnehmen und erleiden, aber nicht durch eigene politische Aktivität anerkennen und fördern«, eben weil »die DDR die atheistische Weltanschauung von der Verwirklichung ihrer gesellschaftlichpolitischen Ziele nicht trennt, sondern immer zugleich [...] die Menschen zu Gottesleugnern erziehen will«[57]. Die *Zehn Punkte* von 1963 kannten das Verbot

---

56 Vgl. das kommentierte Interview von Eberhard NATHO: Kirchenpräsident der Evangelischen Landeskirche Anhalts. »Wir müssen den Mut haben, uns die Finger dreckig zu machen«. In: Selbstbewahrung oder Selbstverlust. Bischöfe und Repräsentanten der evangelischen Kirchen in der DDR über ihr Leben. 17 Interviews, hrsg. von Hagen Findeis; Detlef Pollack, Berlin 1999, 496-545, hier: 510.

57 Der Christ in der Deutschen Demokratischen Republik. Handreichung der VELKD vom 3. November 1960. In: KJ 87 (1960), 238-255, hier: 247.

politischer Aktivität nicht mehr; die *Sieben Sätze* forderten gar explizit zu ihr auf: Auch für die atheistische Obrigkeit sollte gebetet werden. Christen sollten ihr »bei der Erfüllung ihrer Aufgabe helfen [und] uns selber in unserem politischen Handeln allein von der Sorge um Recht und Frieden [...] leiten lassen«; die politische Ordnung des Staates solle weder gefürchtet noch geliebt werden, aber Christen sollten sich »bei der Erfüllung seiner von Gott angeordneten Aufgaben beteiligen«.[58] Der daraus folgende politische Weg erforderte fortwährende Reflexionen darüber, wie und wo politisches und soziales Handeln zur Realisierung von christlichen Glaubensprinzipien genutzt werden konnte oder letztlich zu deren Negierung führte. Anders formuliert: Wo konnten der Gesellschaft christliche Werte vermittelt und wo mussten die Kirche und der Glaube vor dem Zugriff des Staates geschützt werden?

Auch die katholische Kirche, die nach 1945 vom Zuzug (und Weiterzug) von Flüchtlingen geprägt war, führte diese Diskussionen: Hatten, wie Reinhard Grütz zeigt, zunächst konfessionell und kulturell bedingte Fremdheitserfahrungen eine verstärkte »Theologisierung der Minderheitssituation« begünstigt, so wurde hier ab 1966 intensiv über die Legitimität des »Engagements« von Katholiken im Staat diskutiert. Die weiterhin restriktiveren gesinnungsethischen Grenzen, die die katholische Theologie hinsichtlich einer Anpassung an das System zog, bargen in erster Linie für diejenigen Gemeindeglieder Konfliktpotential, die sich um einen sozialen Aufstieg bemühten.

Einen Kriterienkatalog für die legitimen Formen der Kooperation von Christen mit dem atheistischen Staat gab es nicht. Immer wieder führte die Praxis an die Grenze dessen – und oft auch darüber hinaus –, was als systemloyale Anpassung, als Nachgeben gegenüber totalitären Prätensionen oder gar als politisches Instrumentalisiertwerden verstanden werden konnte. Diese Fragen wurden individuell unterschiedlich beantwortet; Außen- und Selbstwahrnehmung differierten, Intentionen und Folgen von Handeln deckten sich nicht. In diesem Zusammenhang ist der Beitrag von Marius Stachowski nochmals zu nennen, der erstmals das Thema Kirche und Stasi in Anhalt näher betrachtet. Obschon als sehr zuverlässig eingestuft und in der Tat mit Informationen freigebig, dürfte IM Hans-Werner dem Staat insgesamt wenig genützt und der Kirche letztlich nur bedingt geschadet haben. Das ändert freilich nichts an der Tatsache, dass Kars sich hat instrumentalisieren lassen. Neben begrenzter persönlicher Vorteilnahme lag dem Engagement des schon dem NS-System gegenüber aufgeschlossenen Zerbster Kreisoberpfarrers die Überzeugung zugrunde, dass der Kirche vor allem ein »gutes und möglichst nahes Verhältnis« zum Staat nütze.

---

58 Freiheit der Kirche (wie Anm. 40), 197.

IV Schluss

Protestanten in Ostdeutschland sind eine Minderheit, und diejenigen, die sich mit Kirchengeschichte befassen, bilden eine marginale Gruppe. Das Fatale an der Verschleppung von historischen Themen liegt darin, dass auch die Konjunkturen ihres Interesses verpasst werden. Um Geschichte zu schreiben, muss man ja den eigenen Sehepunkt auf die Vergangenheit nicht nur reflektieren, sondern ihn überhaupt einnehmen. Warum also ist es auch heute wichtig, dass wir den hier aufgeworfenen Themen nachgehen? Ich will abschließend vier Punkte nennen:

1. Ich meine, dass es gut ist, über die frühe DDR-Zeit zu sprechen und noch weiter zu gehen, als wir es heute tun, weil es der Glaubwürdigkeit und dem Ansehen von Kirche nützt. Es mag Menschen geben, die Erkenntnisse über Diktaturverstrickungen zur Bestätigung ihrer kirchenkritischen Weltanschauung nutzen. Das muss die Kirche aushalten. Der überwiegende Teil der Öffentlichkeit wird ihre Bemühungen honorieren. Fakt ist ja zugleich, dass die Kirche letztlich die einzige Organisation in der DDR war, die nicht gleichgeschaltet wurde. In ihr blieb »eine gewisse Resistenz gegenüber dem Totalitätsanspruch der marxistischen Ideologie möglich«. Von der in ihr kultivierten evangelischen Freiheit aus ließ sich – mit erheblichen Folgen für das Jahr 1989 – auch eine kritische Mitgestaltung gesellschaftlichen Lebens ermöglichen.[59]
2. Die Erforschung der DDR-Kirchengeschichte kann einen Anstoß dazu geben, die Anstrengungen auch zu einer juristischen, moralischen und sozialpsychologischen Aufarbeitung des Unrechts, das während der Diktatur in der Kirche und durch die Kirche geschehen ist, zu intensivieren. Wenn ich in die Berichte der Beauftragten des Landes Sachsen-Anhalt zur Aufarbeitung der SED-Diktatur schaue und darin die Bemühungen unserer Nachbarkirche, aber auch anderer Organisationen und Gruppen sehe,[60] so ist dies m.E. auch in Anhalt dringend geboten.
3. In den letzten Jahren macht sich mehr und mehr Ostalgie breit. Die DDR wird aufgrund von wiederum sehr komplexen Identitätsbedürfnissen zunehmend positiv konnotiert und erinnert.[61] Das mag menschlich ver-

---

59 Vgl. Fitschen: Kirche (wie Anm. 51) (Zitat: 1), und Albrecht-Birkner: Freiheit in Grenzen (wie Anm. 30).
60 Siehe die Tätigkeitsberichte auf den Seiten der Behörde unter URL: <https://aufarbeitung.sachsen-anhalt.de/service/dokumente> (12.2.2024).
61 Vorläufiger historiographischer Tiefpunkt ist das als methodisch unzulänglich und geschichtsrevisionistisch einzuschätzende Buch von Katja HOYER: Diesseits der Mauer. Eine neue Geschichte der DDR 1949-1990, Hamburg 2023, das eher als ein »subjektives Lesebuch einer Vertreterin der ›Dritten Generation Ost‹ auszuweisen [ist], die sich bemüht, sich das Leben ihrer Elterngeneration anzueignen«; Jens GIESEKE: Rezension zu: Hoyer, Katja: Diesseits der Mauer. Eine neue Geschichte der

ständlich sein; in jedem Fall ist es geschichtsvergessen. Kirchengeschichte wirkt dem entgegen, denn sie macht auch Opfer und Unrecht deutlich und trägt so zu einer stärkeren Profilierung des »Diktaturgedächtnisses« bei.
4. Damit in engem Zusammenhang steht die Identität der Kirche. Wie alle Menschen und Gruppen sehnen sich auch Christen nach Kontinuität und möchten in der Vergangenheit vor allem das Gleichartige, zur Identifikation Einladende, aufspüren, nicht das Fremde, Abstoßende. Das Selbstverständnis der Kirche ist heute in besonderer Weise vom Eintreten für Glaubens- und Gewissensfreiheit, für Demokratie und Pluralismus geprägt. Diese Wertvorstellungen aber sind, das muss immer wieder erinnert werden, einstmals an der Kirche vorbei und gegen sie erstritten worden. Ihre Option für Freiheit und Gleichheit ist erst das Ergebnis der jüngeren Geschichte. Es reicht also nicht, über die russisch-orthodoxe Kirche und ihre Haltung zum Ukraine-Krieg ostentativ den Kopf zu schütteln. Wir müssen uns unserer eigenen diktatorischen Vergangenheiten vergewissern, um uns nicht in Sicherheit zu wiegen und unser heutiges Verhältnis zu Politik und Gesellschaft als überzeitlich oder gar gottgegeben misszuverstehen.

DDR 1949-1990. Hamburg 2023. In: H-Soz-Kult, 31.08.2023, URL: <www.hsozkult.de/publicationreview/id/reb-135972> (28.9.2023).

Zukunftskonzeptionen und Kirchenpolitik der Alliierten
Schnittmengen und Reibungen 1945 bis 1949

Von Jürgen Kampmann

I Neustart mit Altlasten – ohne »Stunde Null« und hoffnungserfüllte Befreiungserfahrung, aber voller Schuldproblematik

Die für die Sektion I dieser Tagung gewählte Überschrift »Neustart mit Altlasten« reizt dazu und rechtfertigt es auch zugleich, die erste Aufmerksamkeit genau darauf zu richten: Auf den »Neustart« für die evangelischen Landeskirchen in Deutschland nach der Kapitulation der deutschen Wehrmacht am 8. Mai 1945 und dem damit verbundenen endgültigen Aus für die nationalsozialistische Diktatur. »Endgültig«, weil in vielen Teilen des Großdeutschen Reiches die nationalsozialistische Herrschaft bereits Monate und Wochen zuvor faktisch ein Ende gefunden hatte, weil Truppen der Alliierten von Osten und von Westen bereits in Teile des Reichsgebiets einmarschiert waren und dort die Kontrolle ausübten – in Ostpreußen seit dem 16. Oktober 1944, im Raum Aachen seit dem 21. Oktober.[1] Das besetzte Gebiet weitete sich östlich der Oder mehr und mehr besonders seit dem Jahreswechsel 1944/1945 aus, im Westen am linken Niederrhein seit Februar 1945; an der Weser standen westalliierte Truppen Anfang April 1945.[2] Das Ende der Kampfhandlungen und der nationalsozialistischen Herrschaft erlebte die Bevölkerung in Deutschland also regional zeitlich versetzt und damit ungleichzeitig. Sich das zu vergegenwärtigen macht klar, dass es eine »Stunde Null«, von der dann sehr bald mit Blick auf das Ende der nationalsozialistischen Herrschaft die Rede war,[3] selbstverständlich

---

1 So Martin ONNASCH: Die Situation der Kirchen in der sowjetischen Besatzungszone 1945-1949. In: Kirchliche Zeitgeschichte 2 (1989), 210-220, hier: 210. Zum Verlauf der Kampfhandlungen in der Rheinprovinz und die Auswirkungen auf die Wahrnehmung der dortigen Leitung in der Provinzialkirche s. Holger WEITENHAGEN: 1939-1945 – Der Zweite Weltkrieg. In: Krise und Neuordnung im Zeitalter der Weltkriege: 1914-1948, hrsg. von Thomas Martin Schneider (Evangelische Kirchengeschichte im Rheinland; 4), Bonn 2013, 104-175, hier: 162-173.

2 Werner HILGEMANN: Atlas zur deutschen Zeitgeschichte 1918-1968. Ende des Kaiserreichs 1918. Weimarer Republik 1919-1933. »Drittes Reich« 1933-1945. Deutschland unter den Besatzungsmächten 1945-1949. Bundesrepublik Deutschland und DDR 1949-1968. Kartografie: Jürgen Taufmann, München/Zürich 1984, 157.

3 S. z. B. die Titel einschlägiger Veröffentlichungen: Wolfgang TREES u.a.: Stunde Null in Deutschland. Die westlichen Besatzungszonen 1945-1948. Ein Bild/Text-Band, Bindlach 1989; DERS./Charles WHITING/Thomas OMANSEN: Drei Jahre nach Null. Geschichte der britischen Besatzungszone 1945-1948. Ein Bild/Text-Band. Son-

nicht gegeben hat – weder für die Alliierten, die im Land nun militärisch, wirtschaftlich und politisch gesellschaftsprägend die Herrschaft übernahmen, noch für die Soldaten der deutschen Wehrmacht, die sich den alliierten Angreifern entgegenstellten, bis das Anfang Mai 1945 aussichtslos wurde, noch für die in Deutschland lebenden Menschen, die ja nicht etwa nun als Neugeborene neu das Licht der Welt erblickten, sondern durch und durch ihrem bisherigen Leben verhaftet waren, ihr Leben erhalten wollten und mussten, ganz gleich, ob sie durch die Jahre der nationalsozialistischen Diktatur und des Krieges einigermaßen ohne Beeinträchtigung hindurchgekommen waren oder aber schlimmen Schaden erlitten hatten – am Eigentum, das zerstört worden war oder das flüchtend hatte verlassen werden müssen, am Leib durch erlittene Verletzungen oder am Leben durch Verlust naher Angehöriger, Freunde und Nachbarn. Und für die Kirchen gab es ebensowenig eine »Stunde Null« – ihre Arbeit in Verkündigung, Seelsorge und diakonischem Dienst war nach der Übernahme der Herrschaft der Alliierten nicht weniger nötig als zuvor unter dem nationalsozialistischen Regime. Dies so zu betonen, ist nötig, um dem sonst durch Verwendung des Begriffs »Stunde Null« wie von selbst sich einstellenden Eindruck zu wehren, im Jahr 1945 einem völligen Neuanfang zu begegnen – so etwas wie einem zuvor noch nicht bestellten, frisch gepflügten Acker. Dem war nicht so, und das war zeitgenössisch auch allen Beteiligten vollkommen bewusst. Dennoch war der Terminus »Stunde Null« ein gängiges, breit und gern aufgenommenes Narrativ, weil es die Loslösung und damit zugleich auch eine Distanzierung vom zuvor Gewesenen wenn nicht leicht machte, so doch erleichterte – und zugleich noch ermöglichte, den emotionalen Faktor der nun einmal nötigen Solidarisierung, Hilfestellung und langfristigen Unterstützung in Anspruch nehmen zu können für diejenigen, die von »Null«, von Nichts aus etwas Neues zu beginnen und aufzubauen haben.[4]

Der erforderliche – eben unumgänglich mit einem sich auftürmenden Berg von »Altlasten« verbundene – »Neustart« war auch (jedenfalls zunächst) für ganz weite Teile der deutschen Bevölkerung durchaus kein hoffnungsfroher.[5] Man begegnete den Truppen der Alliierten und der Ausübung ihrer Besatzungsherrschaft mit großer Skepsis. Was sollte man von ihnen 1945 an Gutem erwarten?

---

derausgabe, Bindlach 1989; Jochen THIES/Kurt VON DAAK: Südwestdeutschland Stunde Null. Die Geschichte der französischen Besatzungszone 1945-1948. Ein Bild/Text-Band, Düsseldorf 1979, Sonderausgabe Bindlach 1989.

4 S. dazu auch Michael GEHLER: Deutschland. Von der Teilung bis zur Einigung. 1945 bis heute, Wien/Köln/Weimar 2010, 54.

5 Vgl. dazu auch Markus HEIN: Die sächsische Landeskirche nach dem Ende des Zweiten Weltkrieges (1945-1948). Neubildung der Kirchenleitung und Selbstreinigung der Pfarrerschaft (Herbergen der Christenheit; Sonderband 6), Leipzig 2002, 27.

Auch aus dem evangelisch-kirchlichen Bereich sind zeitgenössisch so gut wie keine Bekundungen zu finden, dass der 8. Mai 1945 und mit ihm die Niederlage der deutschen Wehrmacht und das Ende der nationalsozialistischen Herrschaft im Wesentlichen als »Tag der Befreiung«[6] erlebt oder interpretiert worden wäre.[7] Diese Deutung, die Bundespräsident Richard von Weizsäcker[8] im Mai 1985 aus Anlass des 40. Jahrestages der Kapitulation prominent verwendet hat und die seitdem zu einem Standardnarrativ der deutschen politischen Geschichtsinterpretation geworden ist, trifft ohne Frage auf die nationalsozialistisch politisch und rassisch Verfemten und Verfolgten, Inhaftierten und Gequälten zu, auch für die zu Zwangsarbeit Verpflichteten – aber für den Großteil der deutschen Wohnbevölkerung stellte es sich nicht so dar: Je stärker man sich in den zurückliegenden Jahren mit Ideologie und Praxis nationalsozialistischer Herrschaftsausübung identifiziert, arrangiert und diese gestützt hatte, umso mehr sorgte man sich, welche Konsequenzen das haben werde – inwieweit und inwiefern nun Strafmaßnahmen der Alliierten greifen würden und man sich auch persönlich dem ausgesetzt sehen werde.[9] Anders als nach dem Ende des verlorenen Ersten Weltkriegs, bei dem der größte Teil Deutschlands von unmittelbaren Kriegshandlungen nicht betroffen worden war, stand man nun

---

6 S. Richard WEIZSÄCKER (1985): [Rede] bei der Gedenkveranstaltung im Plenarsaal des Deutschen Bundestages zum 40. Jahrestag des Endes des Zweiten Weltkrieges in Europa am 8. Mai 1985 in Bonn, Berlin, 2; s. https://www.bundespraesident.de/SharedDocs/Downloads/DE/Reden/2015/02/150202-RvW-Rede-8-Mai-1985.pdf;jsessionid=7F3E18D3419C7EAF709CD9793853C996.2_cid370?__blob=publicationFile (09.06.2022, 22:29).

7 Als nur ein Beispiel aus dem Herbst 1947 sei aus einer von Kriegszerstörungen nur relativ wenig betroffenen Region genannt: [Friedrich KRESSEL]: Bericht des Superintendenten. In: Verhandlungen der Kreissynode Wittgenstein in ihrer Versammlung am 6. November 1947 in Erndtebrück, Berleburg o. J. [1948], 5-9, hier: 5: »Zweieinhalb Jahre sind vergangen, seit auf unseren heimatlichen Fluren der Kriegslärm verstummt ist. Wir hatten gedacht, daß damit das Schlimmste für unser Volk überstanden wäre, aber unsere Lage ist immer schwerer und dunkler geworden. [...] Wenn wir schon nach dem vorigen Kriege von einem Friedens-›Diktat‹ sprachen, so müssen wir uns nach diesem Kriege erst recht damit abfinden, daß von den Siegern nur diktiert wird.« Kressel verwies auf die enormen Probleme bei der Ernährung und Versorgung der Bevölkerung und resümierte schließlich (ebd., 6): »Bei diesen Verhältnissen ist es nicht verwunderlich, daß die Moral in unserm Volke immer tiefer sinkt. Besonders der ›Schwarze Markt‹ und Diebstähle sind an der Tagesordnung. Das Wesen des natürlichen Menschen tritt immer unverhüllter zu Tage. [...] Der Mensch denkt nur noch an sein eigenes Ich. Der Nächste wird rücksichtslos beiseitegeschoben, ja unter die Füße getreten. [...] Wenn unser Volk verhungern soll, will ich jedenfalls der Letzte sein, der verhungert«.

8 Zu Person und Wirken s. Elke SEEFRIED: Art. Weizsäcker, Freiherren v., 4) Richard Karl. In: Neue Deutsche Biographie 27, Berlin 2020, 11.

9 S. dazu z. B. Klaus-Jörg RUHL: Die amerikanische Besatzungszone. In: Trees, Stunde Null in Deutschland (wie Anm. 3), 134-145.

bei Ende der Kampfhandlungen des Zweiten Weltkriegs im wahrsten Sinne des Wortes vor riesigen Schutthaufen massiver Zerstörungen in sehr vielen Städten[10] – und einer Vielzahl von Evakuierten, von vor den heranrückenden Truppen Geflüchteten und einer großen, ja anschwellenden Anzahl von aufzunehmenden Deportierten und Zwangsausgesiedelten bei erheblichen Problemen schon bei der Sicherstellung der Ernährung und unvermeidlichen Zwangseinquartierungen.[11] Eine positive Zukunftsperspektive, wie sie in dem Terminus »Befreiung« für unsere heutigen Ohren mitschwingt, vermochte sich angesichts dessen nur schwerlich einzustellen.

Tiefes Misstrauen und Skepsis gegenüber den Siegermächten waren nicht nur eine (kaum überraschende) Folge der jahrelang erlebten nationalsozialistischen Feindpropaganda,[12] sondern fanden auch Nahrung in Berichten von gewalttätigen Übergriffen auf deutsche Zivilisten, von Diebstahl, Raub, Totschlag und Mord durch vagabundierend umherziehende Displaced Persons – die selbst auch keine Zukunftsperspektive hatten und fürchten mussten, bei Rückkehr in ihre jeweiligen Heimatländer dort als Kollaborateure mit dem deutschen Feind verfolgt und mit schwersten Strafen belegt zu werden.[13] Da es zudem auch keinerlei kollektive Vorerfahrung in der Bevölkerung gab, wie sich Leben unter

---

10 Eindrücklich geschildert von Manfred OVERESCH: Das besetzte Deutschland 1945-1947. Eine Tageschronik der Politik, Wirtschaft, Kultur. Unter Mitarbeit von Jork Artelt, Augsburg 1992, 7 f; s. ebd., 15, auch eine kartographische Übersicht über die Zerstörungen deutscher Städte.

11 S. ebd., 57 f., zwei Übersichten über die Anzahl der in den vier Besatzungszonen bis 1950 aufzunehmenden Flüchtlinge und Vertriebenen sowie deren Verteilung auf die Länder. Zur »Verengung des Nahrungsraumes in Deutschland« s. den tabellarischen Vergleich für die Jahre 1938 und 1946 ebd., 240. Zur Ernährungslage im Winter 1945/1946 s. Wolfgang TREES/Charles WHITING/Thomas OMANSEN: Die Britische Besatzungszone. In: Trees, Stunde Null in Deutschland (wie Anm. 3), 119-131.

12 S. dazu die grundlegende Untersuchung und Dokumentation von Bernd SÖSEMANN: Propaganda. Medien und Öffentlichkeit in der NS-Diktatur. Eine Dokumentation und Edition von Gesetzen, Führerbefehlen und sonstigen Anordnungen sowie propagandistischen Bild- und Textüberlieferungen im kommunikationshistorischen Kontext und in der Wahrnehmung des Publikums. Mit 57 Organigrammen, 100 Statistiken und Übersichten sowie einer Chronologie und Spezialbibliographie. In Zusammenarbeit mit Marius Lange (Beiträge zur Kommunikationsgeschichte; 25), Stuttgart 2011.

13 S. dazu z. B. Michael PEGEL: Fremdarbeiter, displaced persons, heimatlose Ausländer. Konstanten eines Randgruppenschicksals in Deutschland nach 1945 (Anglistische Forschungen; 1), Münster 1997. Vgl. Holger KÖHN: Die Lage der Lager. Displaced Persons-Lager in der amerikanischen Besatzungszone Deutschlands. Essen 2012. Mit Blick auf Westfalen s. Jürgen KAMPMANN: Von der altpreußischen Provinzial- zur westfälischen Landeskirche (1945-1953). Die Verselbständigung und Neuordnung der Evangelischen Kirche von Westfalen (Beiträge zur Westfälischen Kirchengeschichte; 14), Bielefeld 1998, 97-100. – Zu den Befürchtungen in der Bevölkerung der Sowjetischen Besatzungszone s. J. Jürgen SEIDEL: »Neubeginn« in der Kirche? Die evangelischen Landes- und Provinzialkirchen in der SBZ/DDR im gesellschaftlichen Kontext der Nachkriegszeit (1945-1953), Göttingen 1989, 30 f.

den Bedingungen einer militärischen Besatzung darstellt, und weil sich zunächst auch keine irgendwie ersprießlich erscheinende politische und ökonomische Zukunftsperspektive abzeichnete, war eine depressive Grundstimmung nach der Kapitulation weithin bestimmend.[14] Auch das kann nicht verwundern, weil im persönlichen Lebensbereich ganz vieler Menschen Ungewissheit herrschte über vermisste oder in Kriegsgefangenschaft oder in Internierungshaft befindliche Angehörige, wegen des Verlustes des Arbeitsplatzes und damit der Möglichkeit, durch Arbeit ein Einkommen zu erzielen und den Lebensunterhalt zu sichern, wegen des Verlustes von Eigentum und sozialen Zusammenhalts; dabei erlebte man auf der anderen Seite auch, wie manche aus dem eigenen Volk aus dieser Situation Gewinn für sich selbst herauszuschlagen verstanden – wie es zuvor »Kriegsgewinnler« gegeben hatte, so gab es nun auch »Krisengewinnler«.[15]

Das alles spielte sich auch nicht gesellschaftlich abseits der Kirchen ab. Zu dieser Zeit gehörten weit mehr als 90 Prozent aller Einwohner einer der beiden großen Konfessionskirchen, der katholischen oder der evangelischen, an.[16] Für die Jahre 1945 bis 1949 kann man daher noch ganz ohne Vorbehalte davon sprechen, dass die Kirchen »Volkskirchen« waren, insofern die ganz große Breite der Bevölkerung – zumindest formal – ihnen zugehörte.[17] So kam dem Agieren der Kirchen in dieser Situation ganz selbstverständlich große Aufmerksamkeit zu – lokal, regional und dann auch deutschlandweit.

Mit welcher Skepsis man den alliierten Besatzungstruppen begegnete, sei deutlich gemacht an einem Aufruf aus dem Bereich des Westens Deutschlands, wo britische und kanadische Truppen bereits ab Anfang April 1945 die Kontrolle ausübten – und es natürlich unvermeidlich auch zu Kontakten zwischen Besatzungstruppen und Wohnbevölkerung kam.[18] Ende April wandte sich die evangelische Pfarrerschaft der Stadt Bielefeld mit einem per Flugblatt verbreiteten Aufruf an die Einwohner, in dem es unter anderem hieß:

> »*An die Bürger unserer Stadt.* | In dieser Stunde, da unser Volk von allen Freunden verlassen ist, da die Feinde tief im Lande stehen und triumphieren, tritt zu uns Deutschen noch einmal Jesus Christus herzu und lädt uns ein: ›Kommt her zu mir, folgt mir nach, ich will euch

---

14 S. dazu Trees/Whiting/Omansen: Britische Besatzungszone (wie Anm. 11), 116-118, 132-139, 143, mit voneinander abweichenden Wahrnehmungen der Gegebenheiten aus deutscher und britischer Sicht.
15 Zu den Auswüchsen des Schwarzmarktes und dessen Bekämpfung s. z. B. Timm ERHARDT: Löhne und Lebenshaltungskosten von Arbeiterfamilien in Schleswig-Holstein 1945-1948, Diss. Kiel 2003, 84-91. Vgl. auch Gabriele STÜBER: Der Kampf gegen den Hunger 1945-1950. Die Ernährungslage in der britischen Zone Deutschlands, insbesondere in Schleswig-Holstein und Hamburg (Studien zur Wirtschafts- und Sozialgeschichte Schleswig-Holsteins; 6), Neumünster 1984, 579 f.
16 S. Andreas STEGMANN: Die Kirchen in der DDR. Von der sowjetischen Besatzung bis zur Friedlichen Revolution, München 2021, 23.
17 Das betont Onnasch: Situation (wie Anm. 1), 215, mit Recht auch für den Bereich der SBZ.
18 S. dazu z. B. Kampmann: Provinzialkirche (wie Anm. 13), 100-107.

helfen‹. | In dieser Stunde, da unsägliches Leid auf uns allen lastet, da die Trauer und Sorge um Millionen gefallener und vermißter Väter und Söhne unser Herz zerreißt und der Hunger vor der Tür steht, klopft Jesus Christus bei uns an und ruft: ›Kommt her zu mir alle, ich will euch erquicken, ich will euer Tröster und Retter sein, ich will euch satt machen‹. | Und er fährt fort: ›Ihr seid meiner Einladung nicht gefolgt, da ihr grosse Hoffnungen hattet, da ihr euch reich dünktet, da ihr Macht hattet und von Sieg zu Sieg eiltet. Kommt jetzt herzu, da ihr mühselig und beladen, da ihr heimatlos, hungrig und verzagt seid. Die Mächtigen dieser Welt haben von euch Leben, Gesundheit, Heimat und Eigentum gefordert, und ihr habt sie ihnen gegeben. Schenkt nun mir eure Trauer, eure Schwachheit, eure Heimatlosigkeit, Armut und Hoffnungslosigkeit. Ich will sie mit euch tragen.‹ | Weil Jesus Christus uns noch ruft, brauchen wir nicht zu verzagen: | Niemand werfe sein Leben weg, weil ihm die Ziele zerschlagen, der Sinn seines Lebens zerbrochen ist und er sich zu schwach fühlt, noch einmal von vorne anzufangen. Gott hat das Leben gegeben, er gibt ihm auch einen neuen Inhalt, wenn wir uns Ihm schenken. | Niemand verfalle dem Geist der Rache, der Wut der Vergeltung und dem Blutrausch des Richtens gegenüber denen, die er für schuldig hält. Wer wäre frei von Schuld? Größer als die gerechteste Rache ist die Vergebung. Sie allein erbaut. | Niemand werfe sein Vertrauen weg, nachdem er an den Menschen irre geworden ist, von denen er alles erwartete. Niemand werfe sich dem Gegner in irrigen Hoffnungen an den Hals. Schlägt doch bei uns Deutschen so leicht die Überheblichkeit in Würdelosigkeit und Selbstpreisgabe um. Laßt uns nicht auf Menschen, sondern auf Gott unsere Hoffnung setzen. | Niemand ergebe sich, um die Katastrophe und das Leid zu vergessen[,] dem gierigen Lebensgenuß in Vergnügungen und Ausschweifungen, wie nach dem vorigen Krieg. Dadurch werden die Toten verunehrt und ein echter Wiederaufbau gehindert. Durch all das würden den bereits erfolgten Katastrophen nur noch weitere Katastrophen hinzugefügt. | Was sollen wir tun? | Wir müssen zunächst einmal innehalten und stille werden vor Gottes Angesicht und müssen klar und nüchtern erkennen: die furchtbare Katastrophe dieser Monate ist nicht nur politisch, militärisch, wirtschaftlich oder persönlich begründet. Die Schuld liegt tiefer. Unser Volk hatte den lebendigen Gott verlassen. Es hatte Gottes Gebote nicht mehr ernst genommen, es hat Jesus Christus den Gekreuzigten vergessen, es hat die Bibel als ein Judenbuch beiseitegelegt und hat in den weitesten Kreisen aufgehört, zu Gott in Demut zu beten. Es hat zwar von Gott weiter geredet, aber sich einen Gott zurecht gemacht, wie es ihm selbst gefiel, und von Menschen das Heil erwartet, das allein von Jesus Christus kommen kann. In diesem Irreglauben [!] ist unser Volk vermessen und blind geworden und es sind in dieser Verblendung Verbrechen geschehen an Menschen anderer Rassen und Völker und selbst an hilflosen Kranken und Schwachen unseres eigenen Volkes, deren Blut zu Gott schreit und uns von Gott trennt. So fehlte unserem Einsatz Gottes Segen. | Darum müssen wir erst einmal umkehren zu dem lebendigen Gott, uns in Demut vor ihm beugen und ihn bitten, uns alle Schuld um Christi willen zu vergeben. Wir müssen wieder gemeinsam unter sein Wort treten, uns aus ihm Weisungen holen für unseren Weg und die Gemeinschaft mit Jesus Christus suchen, der sich im heiligen Abendmahl uns schenkt. Ohne Buße empfangen wir nicht Gottes Segen und ohne Christus haben wir nicht Gott zum Vater. | In dieser Gottesfurcht wollen wir dann inmitten der Ruinen unserer Stadt an die Arbeit gehen und ganz unverzagt noch einmal von vorne anfangen: ganz arm und klein, aber anständig, ehrlich und sauber. Dabei trage einer des anderen Last. Was kannst du dafür, daß deine Wohnung noch steht, während dein Nachbar sie verlor, daß deine Kinder noch leben, während [!] sie deinem Nachbarn an der Front oder in der Bombardierung der Heimat genommen wurden? Was kannst du dafür, daß du noch Wäsche und Kleidung, Geschirr und Möbel hast? | Ein jeder beginne den Wiederaufbau in dem Wissen, daß er vor Gott und den Menschen nur auf das Nötigste, was er zum Leben gebraucht, ein Anrecht hat. Mit dem übrigen hilf deinem Nächsten. | Ein jeder beginne in dem Wissen, daß wir auch nach dieser Kriegskatastrophe in Dankesschuld bleiben gegenüber denen, die ihre Männer und Söhne oder auch ihre Gesundheit dem Vaterlande geopfert haben. Der Kriegswitwen und -waisen und der Kriegsversehrten haben wir uns vor allem anderen anzunehmen. | Ein jeder beginne in dem Wissen um die große Gefahr, daß der Krieg zwischen den Völkern seine Fortsetzung findet im Kriege aller gegen alle inmitten unseres eigenen Volkes. Nicht durch den Gebrauch der Ellenbogen und durch Niedertreten der Schwächeren, sondern allein durch Selbstlosigkeit und Liebe kann unser Volk durch die gegenwärtige und kommende große Not hindurch erhalten werden. | ›Die Liebe ist langmütig und freundlich, die Liebe eifert nicht, die Liebe treibt nicht Mutwillen, sie bläht sich nicht, sie suchet nicht das Ihre, sie läßt sich nicht erbittern, sie rechnet das Böse nicht zu‹ (1. Kor[inther] 13,4f). | Die Pfarrer der evangelischen Kirche zu Bielefeld«.[19]

»Noch einmal von vorne anfangen« – unter dem Gesichtspunkt des Erkennens und Bekennens von Schuld, unter dem Gesichtspunkt von Buße –, ein solcher »geistlicher Neustart«, das wird hier angeraten, aber ganz unzweifelhaft werden als Gegenüber die »Feinde« genannt, die »tief im Lande stehen und triumphieren.«[20] Und nicht diesen gegenüber wird Dank (etwa für bewirkte »Befreiung«) ausgesprochen, sondern denen gegenüber, »die ihre Männer und Söhne oder auch ihre Gesundheit dem Vaterlande geopfert haben«.[21] Verfasst hat diesen Text kein Geringerer als Edmund Schlink,[22] später Professor für Systematische Theologie in Heidelberg, zu dieser Zeit aber Pfarrer der Neustädter Mariengemeinde in Bielefeld, seitdem die Theologische Schule im benachbarten Bethel im März 1939 geschlossen worden war.[23]

Und das Festhalten an der nationalen Identität trotz der erlebten Niederlage ist ein Phänomen, das durchaus nicht singulär in Bielefeld zu beobachten war. Der als französischer Militärgeistlicher tätige, aus dem Elsass stammende reformierte Pfarrer Marcel Sturm[24] resümierte nach einer im Juli 1945 unternommenen Reise durch Baden und Württemberg:

»Wir haben nirgendwo eine Haltung gefunden, die wirklich frei ist von beschränktem Nationalismus, und zwar bewußt oder unbewußt, außer bei einigen württembergischen Pfarrern, die von Karl Barth beeinflußt sind. Mit ihnen konnte man schnell die gleiche Sprache sprechen und sich auf der gleichen Ebene bewegen. Bei den meisten anderen gab es einen offenkundigen Widerspruch zwischen der verbalen Ablehnung von jeglichem beschränktem Nationalismus und seiner praktischen Bekundung im Gespräch zuvor.«[25]

---

19 Entwurf [?] des [Edmund SCHLINK]: An die Bürger unserer Stadt. [Bielefeld], ca. Ende April 1945. In: Hauptarchiv Bethel 2/33-445. Mit Eingangsstempel: Hauptkanzlei Bethel, 1. Mai 1945.
20 Ebd.
21 Ebd.
22 Zu Person und Wirken s. Friedrich Wilhelm BAUKS: Die evangelischen Pfarrer in Westfalen von der Reformationszeit bis 1945 (Beiträge zur Westfälischen Kirchengeschichte; 4), Bielefeld 1980, 439, Nr. 5439; vgl. Notger SLENCZKA: Art. Schlink, Edmund. In: RGG, 4. Aufl., Bd. 7 (2004), 924.
23 S. dazu Kurt MEIER: Die theologischen Fakultäten im Dritten Reich, Berlin/New York 1996, 92, 218-220.
24 Zu dessen Person und Wirken s. Armin BOYENS: Die Kirchenpolitik der amerikanischen Besatzungsmacht in Deutschland von 1944 bis 1946. In: ders. u.a.: Kirchen in der Nachkriegszeit. Vier zeitgeschichtliche Beiträge (Arbeiten zur Kirchlichen Zeitgeschichte; B 8), Göttingen 1979, [7]-57, hier: 28f Anm. 78.
25 Zitiert bei: Jörg THIERFELDER: Die Kirchenpolitik der Besatzungsmacht Frankreich und die Situation der evangelischen Kirche in der französischen Zone. In: Kirchliche Zeitgeschichte 2,1 (1989), 221-238, hier: 228 (samt Anm. 50).

Aus der Kurmark und damit aus dem Bereich der sowjetischen Besatzung berichtete Anfang Oktober 1945 der in Angermünde tätige Propst Walther Borrmann von der »unheiligen Dreieinigkeit, die da heisst Unsicherheit, Hunger, und in seinem Gefolge Seuche«, und beschrieb dies in den Auswirkungen auf die Bevölkerung:

> »Wir haben in Angermünde seit Beginn der Besatzung keine Butter und keinen Zucker mehr gesehen, seit 14 Wochen auch kein Fett. Mehrfach bin ich als Sprecher der Gemeinde bei dem Kommandanten wegen Besserung der Ernährungslage vorstellig geworden, die gegebenen Versprechungen wurden nur zum kleinsten Teil gehalten. [...] Auf den Dörfern ist es verschieden. Neben Dörfern, die noch Kühe haben, gibt es andere, die nicht einmal ein Huhn mehr ihr eigen nennen. [...] Die Landbevölkerung, fast überall kurz vor dem Russeneinbruch, von der SS und der Wehrmacht mit der Pistole auf den Treck getrieben, hat auf ihm meist fast alles Mitgenommene verloren, und als sie wiederkamen, war auch zu Hause alles leer. Bei der dadurch bedingten Unterernährung ist die Zahl der Todesfälle rapide gestiegen, und zwar ist sie bei alten Frauen und Kindern besonders hoch.«[26]

Borrmann benannte dazu aus Angermünde, dass bei sonst jährlich durchschnittlich 120 Todesfällen nun bereits im ersten Dreivierteljahr 1945 die Zahl auf 934 (davon 204 im August) gestiegen sei; aus Schwedt würden bei 5000 Einwohnern je Woche 70 Beerdigungen gemeldet, »vorwiegend Frauen, die meisten sterben an Hungertyphus. Bis Weihnachten müssen alle Frauen schlafen, sagen dort die Russen.«[27] Auch hätten Pfarrer teilweise ihre Pfarrstellen verlassen; als Ausnahme könne er nur den Kirchenkreis Wittenberge nennen: »Und gerade für sie war die Versuchung, über die so nahe Elbe zum Engländer zu gehen, besonders groß.«[28]

Und noch ein Jahr später berichtete eine Delegation britischer »Churchmen« unter Leitung von Bischof George Bell[29] von einer Reise durch die Britische Besatzungszone dem »Control Office for Germany and Austria«:

> »The devastation and destruction, notably in the cities and industrial areas, made a deep impression on the delegation throughout their journey. It is impossible to obtain any adequate idea of the general ruin of Germany without actually seeing it with one's own eyes. The distress of the general population was still further increased by the influx of nearly two million persons expelled from the East. Overriding everything else was the fear of starvation. Indeed the problem of physical survival is a predominant problem for all Germans, and is naturally a main preoccupation for churchmen. Further, in addition to the lack of food, of coal, of housing, of clothes, schools and transport, the lack of any tolerable and discernible future, and the haunting fear of arrest or re-arrest on an unspecified charge of Nazi activities in the past, are said to have produced widespread despair and an attitude of cynical indiffer-

---

26 Bericht des Propstes Borrmann [an den altpreußischen EOK]: Die kirchliche Lage in der Provinz Brandenburg, O. O. [Angermünde], 2.10.1945, in: Evangelisches Zentralarchiv in Berlin, 7/11294.
27 Ebd.
28 Ebd., 3.
29 Zu Person und Wirken George Bells s. Edwin ROBERTSON: Art. Bell, George Kennedy Allen. In: RGG, 4. Aufl., Bd. 1 (1998), Sp. 1285; ausführlich s. Andrew CHANDLER: George Bell, Bishop of Chichester. Church, State, and Resistance in the Age of Dictatorship, Grand Rapids 2016.

ence to all moral considerations. Germans are acutely aware of their misery. Lacking contact with the outer world, they are aware of little else.«[30]

Dem korrespondiert die Skizze der Situation, die der württembergische Landesbischof Theophil Wurm[31] in einer Predigt Mitte November 1946 in Stuttgart-Bad Cannstatt entwarf:

»Wahrlich, es ist zu verstehen, wenn angesichts des riesigen Trümmerfelds, angesichts der Aussichtslosigkeit auf dem wirtschaftlichen Gebiet und in den Berufsverhältnissen jede Freudigkeit, jeder Lebensmut dahinschwindet. Wer aber darauf verzichtet, den Ursachen der Katastrophe nachzugehen, und wer insbesondere bei sich selbst keinen Grund findet, sich einer Schuld anzuklagen, der bleibt hängen an der Beobachtung, daß die, die das Gericht Gottes an uns vollzogen haben, auch keine Engel sind und daß von all den schönen Versprechungen von Friede, Freiheit und Brot noch nichts erfüllt ist. Wie oft hört man ein bitteres Lachen über die großen Worte, die in der Zeitung stehen und die an der Wirklichkeit genau so vorbeigehen wie die Worte, die die früheren Machthaber gebraucht haben, um unser Volk zu beruhigen oder aufzuputschen.«[32]

Aus diesen Berichten und Einschätzungen geht einhellig hervor, dass jedenfalls nicht eine »Befreiungserfahrung« durch die Alliierten zu Beginn der Besatzungszeit für die allermeisten in Deutschland im Vordergrund gestanden hat, sondern vielmehr die Sorge vor einer ganz ungewissen Zukunft – nicht nur wegen der ausgesprochen unsicher erscheinenden Versorgungslage, sondern auch deswegen, dass »Altlasten« aus der nationalsozialistischen Zeit und deswegen verhängte Strafen die eigene Person bzw. Familie erreichen könnten.

---

30 The Task of the Churches in Germany. Being a Report from a Delegation of British Churchmen after a visit to the British Zone October 16th-30th, 1946, Presented to the Control Office for Germany and Austria. London 1947, 6 (»Die Verwüstung und Zerstörung, vor allem in den Städten und Industriegebieten, hat die Delegation während ihrer gesamten Reise tief beeindruckt. Es ist unmöglich, sich ein angemessenes Bild von der allgemeinen Zerstörung Deutschlands zu machen, ohne sie mit eigenen Augen zu sehen. Die Not der Bevölkerung wurde durch den Zustrom von fast zwei Millionen aus dem Osten vertriebenen Menschen noch verstärkt. Über allem schwebte die Angst vor dem Hungertod. In der Tat ist das Problem des physischen Überlebens ein vorherrschendes Problem für alle Deutschen, und natürlich eine Hauptbeschäftigung für Kirchenleute. Neben dem Mangel an Lebensmitteln, Kohle, Wohnungen, Kleidung, Schulen und Verkehrsmitteln haben auch das Fehlen einer erträglichen und erkennbaren Zukunft und die quälende Angst vor Verhaftung oder erneuter Verhaftung wegen unbestimmter Naziaktivitäten in der Vergangenheit zu einer weit verbreiteten Verzweiflung und einer Haltung zynischer Gleichgültigkeit gegenüber allen moralischen Erwägungen geführt. Die Deutschen sind sich ihres Elends sehr wohl bewusst. Da sie keinen Kontakt zur Außenwelt haben, nehmen sie kaum etwas anderes wahr«).
31 S. zu Person und Wirken Carsten NICOLAISEN: Art. Wurm, Theophil. In: RGG, 4. Aufl., Bd. 8 (2005), Sp. 1739f – Vgl. auch die Autobiographie: Theophil WURM: Erinnerungen aus meinem Leben, Stuttgart, 2. Aufl., 1953.
32 So Theophil WURM: Zweierlei Trauer. Predigt bei dem Kirchenbezirkstag in Cannstatt am 17. November 1946. In: Zeitwende 18 (1947), 521-525, Zitat 524.

Die Schuldfrage war offenkundig unabweisbar – nach innen mit Blick auf die Frage nach dem Fehlverhalten im und am eigenen Volk, aber auch mit Blick nach außen hinsichtlich der bisherigen Kriegsgegner, also: »die Feinde«. Sich in der evangelischen Kirche der Schuldfrage zu stellen,[33] wurde im Herbst 1945 dann unmittelbar dringlich dadurch, dass eine Delegation des Ökumenischen Rates in Genf nur kurz vorher angemeldet zu der ersten Sitzung des vorläufig gebildeten Rates der EKD am 18./19. Oktober 1945 in Stuttgart erschien.[34] Bekannt ist die von den Ratsmitgliedern unterzeichnete, an sich nicht für die Öffentlichkeit bestimmte Erklärung, die den Delegierten mitgegeben wurde[35] und seitdem auch immer wieder zitiert worden ist. Sie löste, als sie in der deutschen Öffentlichkeit bekannt wurde,[36] vielfache heftige Kritik aus, weil sie als ein im politischen Sinn zu deutendes deutsches Schuldeingeständnis am Krieg verstanden bzw. interpretiert wurde –[37] von dem schlimmste politische Folgen befürchtet wurden, weil man darin eine sich anbahnende Entwicklung hin zu einer Parallele zum Friedensschluss von Versailles 1919 sah – mit den darin seinerzeit auferlegten Abtretungen von Territorium des Deutschen Reiches an benachbarte Staaten und sehr hohen Reparationsleistungen, verbunden mit der Erinnerung daran, dass im Versailler Vertrag auch die Anerkennung der alleinigen Schuld des Deutschen Reiches am Ausbruch des Ersten Weltkrieges eingefordert worden war.[38] Das aber hatte man in Deutschland so gut wie

---

33 Zur öffentlich wenig beachteten Erklärung der katholischen Fuldaer Bischofskonferenz vom 23. August 1945 zur Schuldfrage s. Thomas BRECHENMACHER: Im Sog der Säkularisierung. Die deutschen Kirchen in Politik und Gesellschaft (1945-1990), Berlin-Brandenburg 2021. Sonderausgabe (Schriftenreihe [der Bundeszentrale für politische Bildung]; 10795), Bonn 2022, 36. Zu den (nicht öffentlich werdenden) Überlegungen der katholischen Bischöfe im Westen Deutschlands zwischen Juni und August 1945 zur Schuldfrage s. Jörg SEILER: Die katholische Kirche und die Entwicklung der evangelischen Kirche im Rheinland 1914-1948. In: Krise und Neuordnung im Zeitalter der Weltkriege: 1914-1948, hrsg. von Thomas Martin Schneider (Evangelische Kirchengeschichte im Rheinland; 4), Bonn 2013, 392-436, hier: 432f.

34 Dazu Näheres bei Gerhard BESIER: Zur Geschichte der Stuttgarter Schulderklärung vom 18./19. Oktober 1945. In: DERS., Gerhard SAUTER: Wie Christen ihre Schuld bekennen. Die Stuttgarter Erklärung 1945. Mit 5 Abb., Göttingen 1985, 9-61, hier: 23-28.

35 Eine Fotografie des George Bell ausgehändigten Originals ist als Abb. 5 zu finden ebd., vor 9.

36 Der »Umweg« der Publikation der Erklärung in der Presse in Deutschland über die Presse in Großbritannien ist neuerdings präzise nachgezeichnet von Siegfried HERMLE: Aussage der nationalen Entwürdigung oder Akt der Versöhnung? Publikation und Rezeption der Stuttgarter Erklärung vom Oktober 1945. In: Blätter für württembergische Kirchengeschichte 122 (2022), 35-55, hier: 37-41.

37 Diese Befürchtung hatte Theophil Wurm bereits gegenüber den in Stuttgart anwesenden Gästen aus der Ökumene ausgesprochen; s. Besier: Geschichte (wie Anm. 34), 33.

38 Dazu ebd., 56 Anm. 128; genauer bei Hermle: Aussage (wie Anm. 36), 41-47, insbesondere S. 41 f.

einhellig als massives, dem Unterlegenen aufgebürdetes Unrecht verstanden.[39] Der Abschluss des Versailler Vertrags lag 1945 gerade 26 Jahre zurück und war zeitgenössisch damit längst nicht vergessen – angesichts dessen gewann die Äußerung des Rates der EKD ein halbes Jahr nach der deutschen Kapitulation eine immense Bedeutung.[40] Die Stuttgarter Erklärung hat dann später aus ganz anderem Blickwinkel heftige Kritik erfahren – bei Gelegenheit des 75-Jahr-Gedenkens an die Erklärung im Jahr 2020 hat sie etwa Arnd Henze als kirchliche »Entschuldungserklärung« angegriffen, lasse sie doch wesentliche Aspekte der Schuld (etwa das kirchliche Versagen mit Blick auf die nationalsozialistisch aus rassischen Gründen Verfolgten) ganz unerwähnt und habe der durchsichtigen kirchenpolitischen Abzweckung einer Befriedung im Kontakt mit den Kirchen im Ausland gedient.[41]

Dies kann hier nicht näher untersucht werden, aber um einen Zugang zum Verstehenshorizont im Jahr nach der deutschen Kapitulation zu gewinnen, ist es ausgesprochen aufschlussreich, aus dem Mund von Martin Niemöller,[42] der ja über viele Jahre im Konzentrationslager in Dachau inhaftiert gewesen war und nur durch glückliche Umstände bei der Auflösung des Lagers nicht wie viele andere ums Leben kam,[43] zu hören, wie er die Schuldfrage in der Öffentlichkeit thematisiert hat. In Erinnerung zu rufen ist dabei, dass Martin Niemöller als ebenso in Deutschland wie auch international bekannte Persönlichkeit der Bekennenden Kirche dem Ende August 1945 bei der Kirchenversammlung in Treysa gebildeten Rat der EKD angehörte und die Schulderklärung mit unterzeichnet hat.[44] Was für diese Situation, aber auch darüber hinaus für das

---

39 Hierzu lassen sich zahllose Belege sowohl aus den Jahren der Weimarer Republik als auch aus denen der nationalsozialistischen Diktatur beibringen – als Beispiel für die alsbald einsetzende emotionale Aufladung der Thematik s. Was wir verloren haben. Entrissenes, doch nie vergessenes deutsches Land. Zeichnungen von Wilhelm Thiele. Mit einem Geleitwort von Generalfeldmarschall von Hindenburg. Unter Mitarbeit von Friedrich Lienhard u. a. hg. vom Verleger, 2. Aufl., Berlin 1920.

40 Zu positiven Reaktionen auf die Stuttgarter Erklärung in Deutschland s. Hermle: Aussage (wie Anm. 36), 47-51.

41 S. Arnd HENZE: Eine Entschuldungserklärung. Vor 75 Jahren veröffentlichte die EKD die zwiespältige »Stuttgarter Schulderklärung«. In: Zeitzeichen 2020, Nr. 10, 12-15. – Zu den weiteren Zusammenhängen s. Brechenmacher: Sog (wie Anm. 33) 36-38.

42 Biographische Angaben s. Bauks: Pfarrer (wie Anm. 22), 361 f Nr. 4508; eine ausführlichere Charakterisierung bietet Martin GRESCHAT: Martin Niemöller – Repräsentant des deutschen Protestantismus im 20. Jahrhundert. In: Martin Niemöller – glauben und glaubwürdig handeln. Studientag aus Anlaß des 100 Geburtstages am 14. Januar 1992, Münster 1992, 11-27.

43 S. die Schilderung bei Dietmar SCHMIDT: Martin Niemöller, 2. Aufl., Hamburg 1960, 165-170.

44 S. IM ZEICHEN DER SCHULD. 40 Jahre Stuttgarter Schuldbekenntnis. Eine Dokumentation. Mit einem Geleitwort von Wolfgang Huber, hrsg. von Martin Greschat, Neukirchen-Vluyn 1985, 45 f; hier: 46.

Verständnis der zeitgenössischen deutschen Wahrnehmung der Christen im Ausland und der Alliierten Besatzungsmächte charakteristisch ist, das lässt sich einem Vortrag entnehmen, den er am 3. Juli 1946 gehalten hat – im Rahmen einer Vortragsreihe »Besinnung« unter dem Titel »Der Weg ins Freie«.[45] Darin stellt Niemöller gleich eingangs klar, dass dieser Titel stillschweigend voraussetzt, »daß wir noch nicht hindurchgedrungen sind bis ins Freie«.[46] Und er entfaltet dann, wie selbst er, der aus jahrlanger KZ-Haft Freigekommene, bis dato nicht im von der nationalsozialistischen Vergangenheit Freien angekommen ist:[47]

> »Und von daher, meine lieben Brüder und Schwestern, mögen Sie dann auch verstehen, was hier im Oktober vorigen Jahres sich in Stuttgart ereignet hat, jenes sogenannte Schuldbekenntnis der evangelischen Kirche, von dem Leute, die es nie gelesen haben, alles mögliche gefolgert haben. Die evangelische Kirche soll von der Alleinschuld Deutschlands am Krieg ein Bekenntnis abgelegt haben und ähnlichen Unsinn mehr.
> Was ist damals in Stuttgart gesagt worden von der Kirche? Was mußte damals von ihr gesagt werden? Ich weiß den Satz und zitiere ihn aus dem Kopf: ›Wir wissen mit uns mit unserem deutschen Volk nicht nur in der großen Gemeinschaft des Leidens, sondern zugleich in der Solidarität der Schuld!‹[48] Das bestreite ja niemand, und wenn er es bestreiten wollte: es hilft ihm ja nichts: wir alle müssen die Schuld bezahlen. Die 6 Millionen Judenmorde werden uns nicht geschenkt, sondern hier geht es nach der alttestamentlichen Regel des Lamech oder des Kain: ›Kain soll siebenmal gerochen werden, Lamech soll siebenmal siebenzigmal gerächt werden.‹ Und mit 6 Millionen Toten bezahlen wir die 6 Millionen Judenmorde auf höheren Befehl nicht. Wir müssen alle daran bezahlen. Es wird sich keiner drücken können, und ein Pfui über den, der's versucht. – ›Aber wir als evangelische Christenheit wissen uns mit unserem Volk nicht nur in der großen Gemeinschaft des Leides, sondern zugleich in der Solidarität der Schuld eins‹, d[as] h[eißt] wir tragen nicht widerwillig und mit dem Gedanken: ›Eigentlich hätte ich das ja gar nicht nötig[,]‹ an dieser Schuldbezahlung mitzuwirken‹, unser Leid, den Teil, den wir nun einmal tragen müssen oder schon getragen haben, sondern wir stellen uns unter die Solidarität der Schuld, d[as] h[eißt] wir geben dieses unheimliche Kreisspiel auf. Wir schieben nicht mehr das Schuldpaket dem Nächsten weiter: ›Sieh du zu, wie du damit fertig wirst; ich will nichts mehr damit zu tun haben, wenigstens innerlich nicht.‹ Nein! Ich weiß es und wir Christen sollten es wissen, und wenn wir es noch nicht wissen, sollten wir es sehen lernen, daß wir keine Ursache haben, uns als die Gerechten vor [!] den Brüdern, die in Schuld gefallen sind, zu distanzieren. Matthäus 25, ich sage es noch einmal: Unter denen, die in die Verdammnis wandern, unter denen, die zur Linken des Herrn Christus stehen beim Jüngsten Gericht, wie er es dort malt, ist keiner, der um seiner bösen Taten willen verdammt wird. Sie alle gehen ins Verderben und in die Verdammnis um des Urteilsspruchs willen: ›Was ihr *versäumt* habt an einem unter diesen Geringsten, das habt ihr an mir versäumt.‹ Die *versäumte* Verantwortung, die Verantwortung, daß wir nicht haben sehen wollen und nicht haben wahr haben wollen, das ist es, was vor Gott wider uns zeugt und uns in seinen Augen unnütz macht, daß er keinen anderen Raum dafür hat als die Verdammnis und die Hölle.

---

45 Martin NIEMÖLLER: Der Weg ins Freie. Vortrag, gehalten am 3. Juli 1946 im Rahmen der Vortragsreihe »Besinnung«, veranstaltet vom Innenministerium für Württemberg und Baden, Stuttgart o. J. [1946].
46 Ebd., 5.
47 Ebd., 16-21.
48 Genau lautet das Zitat allerdings: »Wir sind für diesen Besuch um so dankbarer, als wir uns mit unserem Volk nicht nur in einer grossen Gemeinschaft der Leiden wissen, sondern auch in einer Solidarität der Schuld«; s. Greschat: Zeichen (wie Anm. 44), 45.

Dieses Schuldbekenntnis der evangelischen Kirche in Stuttgart meint, daß die evangelische Kirche wenigstens in ihrer Leitung sich selbst wieder als verantwortlich proklamiert: Wir drücken uns nicht mehr um unsere Schuld; wir erkennen die Verantwortung an, die wir versäumt haben, und erkennen damit zugleich die Verantwortung an, der wir nun wieder gerecht werden möchten. Die Stimme Gottes, die in den Menschen, der auf dem Wege steht oder über unsern Weg geht, zu uns kommt – wollen wir jetzt nicht wieder die Antwort schuldig bleiben. Das Wort von Stuttgart ist die Freiheits-Charter der Evangelischen Kirche. Wir haben uns mit diesem Schuldbekenntnis wieder zur Verantwortung bekannt, zur Verantwortung für gestern, damit aber auch zur Verantwortung für heute und morgen. Und wenn da ein Zwischenruf war: ›Und heute?‹ – verehrte Anwesende, Sie dürfen glauben, daß die evangelische Kirche in ihren leitenden Körperschaften von morgens bis abends an der Verantwortung für heute und morgen arbeitet. [...]

Ich weiß es, mit was für Gefühlen im Herzen ich im Juni v[origen] J[ahres] nach Hause kam. Ich sah all die Zerstörung und habe immer wieder gedacht: Oh, dieser verdammte Adolf Hitler, diese verfluchte SS! und kann doch heute so nicht mehr sprechen. Verbrechen werden gesühnt. Natürlich sollen sie es auch. Unser Volk braucht die Säuberung, aber nicht eine Säuberung, die irgendwie noch bestimmt ist von dem Gedanken: ›Wenn ich nur jetzt mein Mütchen kühlen kann‹, – sondern die Säuberung, die unter der Verantwortung der Freiheit steht, die Säuberung, in der die Menschen, die sie durchführen müssen, hören den Ruf Gottes, der sie fragt aus dem Schicksal und Leben des Menschen, der vor sie hintritt. [...]

Man kann heute nicht – weltlich gesprochen – etwa sagen: Die Ärmel aufgekrempelt, die Hosen hoch und voran! Wir liegen drin im Abgrund, und der Ruf zur Buße ist der Ruf, der uns von dem Abgrund weg im letzten Augenblick, der uns vielleicht geschenkt ist, zurückruft zu dem Gott, der uns bei sich wieder haben will, der uns heimruft.

Das ist der Dienst, den heute die evangelische Kirche unserem Volk zu leisten hat, damit der Weg ins Freie wieder gefunden wird. Und dieser Weg, der den alten Adam sehr sauer ankommt, ist ungeachtet dessen der selige Weg, der gute und rechte und einzige Weg. Und dieser Weg, der mit der Verantwortung die Bruderschaft wieder herstellt, ist der Weg, der nun auch die ersten Tore hinein in die Freiheit, in die Weite wieder aufgetan hat.

Es ist bekannt, daß jenes Schuldbekenntnis von Stuttgart in einem ganz besonders geschichtlichen Augenblick gesprochen wurde. Weshalb gerade in dem Augenblick, möchte ich gerne klar machen. Der Rat der evangelischen Kirche in Deutschland wollte sich am 18. Oktober v[origen] J[ahres] hier in Stuttgart zu einer ersten Sitzung versammeln, und wir hatten vorgehabt, Fragen der evangelischen Kirche, wie wir sie nun weiter ordnen wollten, in dieser Sitzung zu behandeln. Da kommt kurz vor dieser Tagung – ich weiß nicht, ein oder zwei Tage vorher oder war es gar erst bei der Ankunft hier in Stuttgart – die Nachricht an, daß hier in Stuttgart Vertreter der christlichen Kirchen aus Amerika, England, Holland, Frankreich, aus der Schweiz angekommen waren. Ein Däne sollte noch kommen. Sie tagten mit uns und wollten mit der Leitung der evangelischen Kirche in Deutschland die Fühlung wieder aufnehmen. Ich weiß heute noch, was ich in dem Moment für einen Schrecken bekommen habe. Ich kann es vielleicht deutlich machen, was dieser Schrecken meint, wenn ich ein kleines Erlebnis, das ich dann drei Wochen später in Berlin hatte, berichte. Es tut sich die Türe meines Studierzimmers auf; ein Herr wird hereingeführt, ein Name genannt, den ich nicht recht höre. Ich sitze am Schreibtisch. Ich schreibe den Satz zu Ende und drehe mich um, stehe auf, um dem Herrn entgegenzugehen[,] und bleibe plötzlich stehen. Denn es war mir zumute, als hätte mir jemand mit einem schweren Brett über den Kopf geschlagen. Der Mann, der vor mir stand, war ein jüdischer Christ aus meiner Gemeinde, den ich 1936/37 zuletzt gesehen hatte und von dem ich wußte, daß meine Frau mir erzählt hatte, daß seine Eltern in Theresienstadt verhungert und seine Schwester vergast worden waren. Der Mann ist wie durch ein Wunder von seiner ganzen Sippe herausgekommen. Und da stand nun ich, und da stand der Mann. Was tut man in einer solchen Situation? Die Frage Gottes! Was darauf antworten? Ich bin auf den Mann zugegangen und habe gesagt: ›Lieber Bruder,‹ – ehe ich ihm die Hand gab – ›ich weiß, was ich und mein Volk an Dir und den Deinen gesündigt haben[,] und ich bitte Dich, wenn du kannst, um Gottes und um Christi willen, vergib!‹ Und dann haben wir uns die Hand gegeben.

Ich sage, etwas Ähnliches war es mir, als ich hier in Stuttgart hörte, ich solle dem Vertreter der Christenheit aus Holland und Dänemark, aus Frankreich und noch einigen andern Ländern hier entgegentreten. Auch die Frage Gottes! Was hast du diesen Menschen eigentlich zu antworten, die im Namen ihrer Kirche hierher kommen und die Fühlung wieder herstellen wollen? Und da haben wir vor diesen Brüdern im Angesicht Gottes gesagt: ›Wir Christenmenschen, wir, die evangelische Kirche in Deutschland, wir stehen mit unserem deutschen Volk nicht nur in der großen Gemeinsamkeit des Leidens, sondern auch in der Solidarität der Schuld. Denn wir klagen uns an, daß wir nicht mutig genug bekannt und nicht treu genug gebetet und nicht fröhlich genug geglaubt und nicht brennend genug geliebt haben!‹[49] Das sind die beiden entscheidenden Sätze aus dem Schuldbekenntnis von Stuttgart.

Wir haben die Antwort auf Gottes Frage ins Blaue hinein gesprochen und mußten es Gott überlassen, was er daraus machte[,] und haben die Antwort zu derselbigen Stunde bekommen, die Antwort, die uns den Weg ins Freie zeigt; als nämlich der holländische Kirchenvertreter, ein Professor der Theologie aus Leyden [!], antwortete und sprach: ›Liebe Brüder, mit dem Wort, das Ihr hier vor Gottes Angesicht und vor unseren Ohren gesprochen habt, ist mir gewiß geworden, daß wir in Jesus Christus Brüder sind und geblieben sind und bleiben werden.‹ Er war aber noch nicht zu Ende, sondern er fuhr fort: ›In Eurem Wort hat aber Gott auch mit mir persönlich noch ein Wort gesprochen. Das habt Ihr nicht gesprochen. Gott hat mich nämlich gefragt: Wo liegt denn *deine* Sünde und wo liegt denn die Schuld *deiner* Kirche und wo liegt denn die Schuld *deines* Volkes, daß es im christlichen Abendland dahin hat kommen können, wohin es gekommen ist?‹ Ob das ein Weg ins Freie ist, meine verehrten Anwesenden, daß ein Holländer so sprach als Antwort darauf, daß die evangelische Kirche sich mit der Schuld ihres Volkes solidarisch erklärt, ob da etwas von freier Verantwortung neu ans Licht getreten ist?

Und Ähnliches antwortete ein anderer nach einer ganz anderen Richtung hin; ein Amerikaner sagte auch zunächst: ›Liebe Brüder, was wir da gehört haben, das zeigt uns, daß wir als Christen Brüder sind. Ich habe aber noch etwas anderes in diesem Augenblick erfahren. Ich weiß jetzt, daß das Band, mit dem Gott uns zusammenbindet, Euch und mich, ein festeres Band ist und stärker bindet als irgendein Band sonst auf der Welt.‹

Der Weg ins Freie! Menschen, die um die Verantwortung vor Gott wissen, nicht als Phrase, sondern um die Verantwortung, die im lebendigen Mitmenschen ihnen gegenübertritt, die bereit sind, auf diese Frage nach bestem Wissen und Gewissen Gott die Antwort nicht schuldig zu bleiben, diese Menschen finden zueinander. Da braucht es kein permit und keinen Paß. Da braucht es keine Staatsverträge und irgend etwas Derartiges. Wo Menschen wieder darum wissen, daß Gott als der fragende Gott im Mitmenschen lebendig ist, wer auch immer dieser Mitmensch sein mag, da wird der Weg frei, nicht nur der Weg, auf dem wir aus unserer Qual wieder herausfinden, sondern der Weg, auf dem wir aus unserem Gefängnis und unserer Isolierung wieder hinüberfinden zum Bruder Mensch.

Am Tage nach der Stuttgarter Erklärung haben diese Vertreter der Ökumene, der Weltchristenheit, uns die Einladung überbracht, daß bei der ersten Zusammenkunft des Weltrats der Kirchen in Genf im Frühjahr d[iesen] J[ahres] doch auch die evangelische Christenheit in Deutschland vertreten sein möge. Landesbischof Wurm und ich wurden dazu ausgewählt und hingeschickt, in einer Zeit damals noch, da im ganzen Internationalen Roten Kreuz, dieser humanitären Weltorganisation, in der ungefähr jeder größere Negerstamm vertreten ist, kein Platz für einen deutschen Delegierten war, ganz zu schweigen von der UNO, wo kein Stehplätzchen für einen deutschen Beobachter übrig ist, wenn 350 Sessel gestellt werden. Aber 50 Vertreter der Christenheit kommen in Genf im Frühjahr 1946 zusammen, und sie wollen die Vertreter der Christenheit in Deutschland unter sich haben und meinen, anders ginge das nicht.«[50]

---

49 In der Quelle ist eigentlich komparativisch formuliert »aber wir klagen uns an, daß wir nicht mutiger bekannt, nicht treuer gebetet, nicht fröhlicher geglaubt und nicht brennender geliebt haben«. S. ebd.
50 Niemöller: Weg (wie Anm. 45), 21-30.

Die theologische Dimension der Erklärung des Rates der EKD vom 18./19. Oktober 1945, die Martin Niemöller hier im Gegenüber zu deren Rezeption durch die in Stuttgart anwesenden kirchlichen Vertreter aus den ausländischen Kirchen so anschaulich und eindrücklich hervorhebt, zeigt, dass diese Erklärung zeitgenössisch eine bedeutende Ausstrahlung über Deutschland hinaus hatte und kirchlich Entspannung wirkte.[51] Willem Visser t'Hooft hat das im November 1946 beschrieben:

> »Ich denke daran, wie eigentlich zu keiner Zeit die Fäden, die die Bekennende Kirche in Deutschland mit der Ökumene verbunden haben, abgerissen sind; im Gegenteil, daß es in merkwürdiger Weise immer wieder möglich gewesen ist, daß Botschaften von beiden Seiten durchgegeben wurden. Es war oft eine einfache Sache, wenn man sagte: Wir denken aneinander, wir beten füreinander, damit in dem schrecklichen Auseinandergerissensein auch das andere zum Ausdruck kam: und doch gehören wir zusammen im Namen Jesu Christi. Darum war es auch möglich, daß wir im Jahre 1945 wieder zusammensaßen, daß wir vor etwas mehr als einem Jahr in Stuttgart zusammenkamen. […] jetzt möchte ich nur feststellen, daß die Art und Weise, wie wir in Stuttgart zusammengekommen sind, doch etwas ganz anderes war als das, was geschehen ist nach dem ersten Weltkrieg, wo es noch in Stockholm [1925], ja auch nach Stockholm nicht zu einem wirklichen Zusammensein zwischen Christen aus Deutschland und Christen aus den Ländern, die im ersten Weltkrieg Deutschland gegenübergestanden haben, gekommen ist.«[52]

---

51 Zu positiven Aufnahme der Stuttgarter Erklärung in der Ökumene s. Hermle: Aussage (wie Anm. 36), 51-54; vgl. BESIER, Geschichte (wie Anm. 34), 33f.

52 So W[illem] A. VISSER T'HOOFT: Der Dienst der Kirche in den großen Entscheidungen der Welt. Vortrag auf der Pressetagung der Evangelischen Akademie in Bad Boll am 19. November 1946. In: Zeitwende 18 (1947), [515]-521; Zitat 516f. – Hinzuweisen ist in diesem Zusammenhang auch auf eine in der Sache ähnliche Wahrnehmung des Verhältnisses unter Christen über die nationalen Grenzen hinaus, wie sie 1948 der Ökumenische Studienkreis in der Berlin-Brandenburgischen Kirche zum Ausdruck brachte: »Der Friede, den Jesus Christus den Seinen schenkt, muß das Geschenk sein, das die Kirche der friedlosen Welt gibt. Eine große Hilfe in dieser Haltung sind uns solche Christen aus anderen Völkern innerhalb und außerhalb der Besatzungsbehörden geworden, die über ihren amtlichen Dienst hinaus die brüderliche Gemeinschaft mit den Christen unseres Volkes suchen und betätigen. So ist es zu ökumenischen Arbeitszirkeln gekommen, in denen die Fragen der Welt offen und brüderlich unter dem Wort Gottes miteinander besprochen werden. So kam es zu ökumenischen Gottesdiensten, in denen Vertreter der verschiedenen Nationen gemeinsam das Zeugnis ablegten und sogar gemeinsam das Abendmahl abhielten. Und wenn gar ein Vertreter einer Besatzungsmacht in unseren Gemeinden im Gottesdienst oder in der Gemeindeversammlung oder beim Besuch der evangelischen Jugend, in Verkündigung und Vortrag die Gemeinsamkeit unseres christlichen Glaubens bezeugt hat, so wird durch solches Handeln in unserem so skeptisch gewordenen Volke am allerbesten vor Augen geführt, daß es in der Kirche Jesu Christi noch eine Stätte hat, in der der Geist der Versöhnung und der Bruderliebe weht.« S. Die Kirche zwischen Ost und West. Ein Beitrag des Ökumenischen Studienkreises von Berlin-Brandenburg zum Thema der Amsterdamer Konferenz: »Die Kirche und die internationalen Angelegenheiten«. In: Die Zeichen der Zeit 1948, Heft 5, 164-170; Zitat: 167. – Zur anscheinend besonders großen Zurückhaltung zur Aufnahme der Stuttgarter Erklärung und 1947 des Darm-

II Zum vereinbarten religionspolitischen Kurs der Alliierten

Wesentliche Weichenstellungen für den Kurs der Alliierten für die Ausübung einer Besatzungsherrschaft in Deutschland sind in den Tagen vom 4. bis 11. Februar 1945 bei der sogenannten »Krim-Konferenz« bzw. der Konferenz von Jalta vorgenommen worden.[53] An dieser nahmen Franklin D. Roosevelt (USA), Winston Churchill (Großbritannien) und Josef Stalin (Sowjetunion) teil –[54] Frankreich war noch nicht vertreten, sondern wurde erst in Jalta dazu eingeladen, auch die Verantwortung für eine Besatzungszone in Deutschland zu übernehmen.[55] Das ist insofern für unsere Fragestellung von Bedeutung, als es deswegen in Frankreich kaum eine Vorlaufzeit gab, sich spezifisch auf die Fragen des Umgangs mit den Fragen von Religion und Kirchen in Deutschland einzurichten – und die alliierten Ziele eben auch ohne französische Mitwirkung abgesteckt wurden.

In Jalta kam man diesbezüglich über Folgendes überein:

> »Es ist unser unbeugsamer Wille, den deutschen Militarismus und Nationalsozialismus zu zerstören und dafür Sorge zu tragen, daß Deutschland nie wieder imstande ist, den Weltfrieden zu stören. Wir sind entschlossen, alle deutschen Streitkräfte zu entwaffnen und aufzulösen; den deutschen Generalstab, der wiederholt die Wiederaufrichtung des deutschen Militarismus zuwege gebracht hat, für alle Zeiten zu zerschlagen; sämtliche deutschen militärischen Einrichtungen zu entfernen oder zu zerstören; die gesamte deutsche Industrie, die für militärische Produktion benutzt werden könnte, zu beseitigen oder unter Kontrolle zu stellen; alle Kriegsverbrecher vor Gericht zu bringen und einer schnellen Bestrafung zuzuführen, sowie eine im gleichen Umfang erfolgende Wiedergutmachung der von den Deutschen verursachten Zerstörungen zu bewirken; die Nationalsozialistische Partei, die nationalsozialistischen Gesetze, Organisationen und Einrichtungen zu beseitigen, alle nationalsozialistischen und militärischen Einflüsse aus den öffentlichen Dienststellen sowie dem kulturellen und wirtschaftlichen Leben des deutschen Volkes auszuschalten und in Übereinstimmung miteinander solche Maßnahmen in Deutschland zu ergreifen, die für den zukünftigen Frieden und die Sicherheit der Welt notwendig sind.«[56]

Das »Säuberungsziel«, alle nationalsozialistischen Einflüsse für die Zukunft aus den öffentlichen Dienststellen sowie aus dem kulturellen Leben in Deutschland ausschließen zu wollen, tangierte alle Lebensbereiche – und nahm den Bereich der Kirchen nicht davon aus.

---

städter Wortes in den in der SBZ gelegenen Landeskirchen s. Onnasch: Situation (wie Anm. 1), 219 f.

53 S. Manfred REXIN: Die Jahre 1945-1949. Sonderdruck Staatsbürgerliche Bildungsstelle Nordrhein-Westfalen (Hefte zum Zeitgeschehen; 8), Hannover 1962, 5 f.

54 Zu den genannten Personen und deren Wirken s. Robin EDMONDS: Die großen Drei: Churchill, Roosevelt, Stalin. Aus dem Englischen von Helmut Ettinger. Vollständige Taschenbuchausgabe, Berlin 1999.

55 So Hilgemann: Atlas (wie Anm. 2), 159.

56 Abkommen von Jalta (Bericht über die Krimkonferenz vom 3. bis 11. Februar 1945). In: VÖLKERRECHTLICHE URKUNDEN ZUR EUROPÄISCHEN FRIEDENSORDNUNG SEIT 1945, hrsg. von Herbert Kraus; Kurt Heinze, Bonn 1953, Dokument Nr. 1.

Nicht die Vernichtung des deutschen Volkes, aber die Ausrottung von Nationalsozialismus und Militarismus wurde proklamiert, dazu »für Recht befunden, daß Deutschland in größtmöglichem Umfange verpflichtet wird, in gleicher Form Ersatz für den verursachten Schaden zu leisten.«[57] Das Thema von deutscherseits zu erbringenden – gewaltigen – Reparationen war damit gesetzt.[58]

Nähere Ausformung der alliierten Besatzungsherrschaft wurde dann bei der Konferenz in Potsdam beschlossen, die in den Tagen vom 17. Juli bis 2. August 1945 stattfand;[59] das Potsdamer Abkommen[60] kam aber nur ganz generell auf das Thema »Religion« zu sprechen: Zum einen mit Blick darauf, dass alle Gesetze, die eine Diskriminierung auf Grund der Rasse, Religion oder politischer Überzeugung darstellten, abzuschaffen seien, und zum anderen mit Blick auf eine eingeschränkte Zusicherung von Religionsfreiheit: »Unter Berücksichtigung der Notwendigkeit zur Erhaltung der militärischen Sicherheit wird die Freiheit der Rede, der Presse und der Religion gewährt.«[61] Hinzugefügt war noch explizit: »Die religiösen Einrichtungen sollen respektiert werden.«[62]

Diese institutionelle nicht an Vorbehalte geknüpfte Bestandsgarantie insbesondere für die verfassten Kirchen ist keine solche Selbstverständlichkeit, wie es aus heutiger Sicht vielleicht den Anschein hat. Denn zu berücksichtigen ist, dass die alliierten Siegermächte ja je für sich ganz unterschiedliche Konzeptionen von Religionsverfassungsrecht kannten – nirgends aber das in Deutschland durch die Weimarer Reichsverfassung und durch weitere abgeschlossene Konkordate und Kirchenverträge etablierte kooperierende, auf gegenseitige Anerkennung und gegenseitige partielle Förderung angelegte System von Körperschaften öffentlichen Rechts mit wechselseitigen Rechten und Pflichten von Seiten der Länder und der Kirchen etabliert war.[63] Auch für die praktische Umsetzung der Begegnung der jeweiligen Siegermacht in der ihr zugewiesenen

---

57 Ebd.
58 Zu schon im September 1944 seitens der USA und Großbritanniens diesbezüglich angestellten Überlegungen s. Rexin: Jahre (wie Anm. 53), 5; so sollten Metall-, Elektro- und chemische Industrie in Deutschland demontiert werden mit der Zukunftskonzeption, Deutschland solle fortan in erster Linie von Ackerbau und Weidewirtschaft geprägt sein.
59 Knappe Skizze dazu bei Hilgemann: Atlas (wie Anm. 2), 159; vgl. auch Rexin: Jahre (wie Anm. 53), 6-10. – Vgl. auch Hein: Landeskirche (wie Anm. 5), 25 f.
60 Zur genauen Aufteilung Deutschlands in Besatzungszonen s. die Übersicht bei Rexin: Jahre (wie Anm. 53), 10-15.
61 Mitteilung über die Dreimächtekonferenz von Berlin. In: Amtsblatt des Kontrollrats in Deutschland, Ergänzungsblatt Nr. 1, 1946, 13-20, Zitat 15.
62 Ebd.
63 Zum Charakter des Religionsverfassungsrechtes in der Weimarer Reichsverfassung s. Michael DROEGE: Verfassungsgebung auf unsicherem Grund. Zur Zuordnung von Kirchen und Staat im kirchenpolitischen System der Weimarer Verfassung. In: 100 Jahre Kirchenverfassung der Evangelischen Landeskirche in Württemberg, hrsg. von Martin Greschat in Verbindung mit Michael Frisch; Norbert Haag; Jürgen Kampmann

Besatzungszone sollte dies von Bedeutung sein – dass man in Großbritannien staatlicherseits durch die bestehende unmittelbare Verknüpfung der Monarchie mit der anglikanischen Kirche vertraut war mit einem gegenseitig wahrgenommenen engen Benehmen,[64] dass man in den USA bei unverkennbar christlicher Prägung dennoch eine große institutionelle Unabhängigkeit aller Kirchen und Religionsgemeinschaften von staatlichen Institutionen stets gewahrt hatte und als selbstverständlich betrachtete,[65] dass in Frankreich – abgesehen vom Sonderfall Elsass-Lothringen –[66] das Prinzip des Laizismus seit 1905 als ein elementares Moment der Staatsraison begriffen und genau darauf gesehen wurde, dass es nicht zu wechselseitigen staatlich-kirchlichen Einflussnahmen oder gar »Beziehungsgeflechten« kam,[67] und dass in der Sowjetunion aufgrund der staatstragenden kommunistischen Ideologie keinerlei staatliche Förderung von Religion intendiert war und durch das Religionsverfassungsrecht das Wirken der Kirchen strikt auf den liturgisch-seelsorglichen Bereich beschränkt war.[68]

Die mit dem Potsdamer Abkommen eingerichtete gemeinsame Administration für alle vier Besatzungszonen in Form des Alliierten Kontrollrats stand damit für den Religionsbereich vor einer besonderen Herausforderung. Der Kontrollrat sollte die oberste Regierungsgewalt für Deutschland als Ganzes ausüben. Er war besetzt mit den Oberbefehlshabern der vier Besatzungszonen. Ein Koordinierungsausschuss, der für die Ausführung der Beschlüsse sorgen sollte, bestand aus ihren Stellvertretern.[69] Als Aufgaben des Kontrollrates waren

---

(Untersuchungen über Recht und Religion; 1), Tübingen 2021, 23-45, dort besonders 38-42.

64 S. John D. McClean: Kirche und Staat im Vereinigten Königreich. In: Die Trennung von Staat und Kirche. Modelle und Wirklichkeit in Europa. [40. Essener Gespräch am 28. Februar und am 1. März 2005] (Essener Gespräche zum Thema Staat und Kirche), Münster 2007, 13-26.

65 S. Robert P. Ericksen: The Understanding of Religious Freedom in the United States. In: Die Religionsfreiheit und das Staat-Kirche-Verhältnis in Europa und den USA/Religious freedom and state-church-relations in Europe and the USA, red. von Danny Schäfer; Corinna Schwarzer (Religion, Staat, Gesellschaft; 14, 2013,1), Berlin/Münster 2013, 147-166.

66 Dazu ausführlich Anna Imhof: Das staatskirchenrechtliche Regime Elsass-Lothringens in rechtsvergleichender Perspektive. Le droit local des cultes en Alsace-Moselle (Staatskirchenrechtliche Abhandlungen; 60), Berlin 2022.

67 S. Jean-Paul Durand: Das französische Trennungsgesetz von 1905 und seine Folgen. In: Die Trennung von Staat und Kirche. Modelle und Wirklichkeit in Europa. [40. Essener Gespräch am 28. Februar und am 1. März 2005] (Essener Gespräche zum Thema Staat und Kirche), Münster 2007, 5-12.

68 Zur Entwicklung des Religionsverfassungsrechts in der Sowjetunion nach 1918 bzw. 1929 im Einzelnen s. Gerhard Simon: Das neue sowjetische Religionsgesetz. In: Osteuropa 27 (1977), No. 1, Januar 1977, 3-19, dort insbesondere 10-12.

69 S. Abkommen über Kontrolleinrichtungen in Deutschland vom 14. November 1944. Inkrafttreten: 6. Februar 1945. In: Die Gesamtverfassung Deutschlands. Nationale und internationale Texte zur Rechtslage Deutschlands. Mit einer einleitenden Darstellung

in Art. 3 des Abkommens über Kontrolleinrichtungen in Deutschland unter anderem bezeichnet:

> »I. die angemessene Einheitlichkeit des Vorgehens der Oberbefehlshaber in ihren jeweiligen Besatzungszonen sicherzustellen;
> II. Pläne aufzustellen und im gegenseitigen Einvernehmen Entscheidungen zu treffen über die wesentlichen Deutschland als Ganzes betreffenden militärischen, politischen, wirtschaftlichen und sonstigen Fragen, und zwar gemäß den jedem Oberbefehlshaber von seiner Regierung erteilten Weisungen;
> III. die deutsche Zentralverwaltung zu überwachen, die nach Anweisungen des Kontrollrates tätig und diesem für die Sicherstellung der Erfüllung des Geforderten verantwortlich sein sollte«.[70]

Für die die Religion betreffenden Fragen wurde das Allied Religious Affairs Committee (ARAC) gebildet, das sich am 31. August 1945 konstituierte.[71] Der tatsächliche Einfluss, den das ARAC zonenübergreifend auszuüben vermochte, wird man aber als nicht besonders weitgehend zu beschreiben haben, war es doch gegenüber den Militärregierungen der einzelnen Zonen nicht weisungsberechtigt.[72]

So kann eigentlich nicht überraschen, dass die generelle Regelung des Potsdamer Abkommens, dass die religiösen Einrichtungen »respektiert« werden sollten, in unterschiedlicher Weise ausgelegt wurde.[73] Respektiert wurde so gut wie ohne Ausnahme, dass sonn- und feiertägliche Gottesdienste wie auch Kasualgottesdienste durchgeführt werden durften und dass die kirchlichen Körperschaften als solche anerkannt blieben – auch in ihrer besonderen Rechtsform der Körperschaften öffentlichen Rechts. Doch was darüber hinaus unter

---

der Rechtslage Deutschlands von Herbert Krüger, bearb. von Dietrich Rauschning (Die Staatsverfassungen der Welt in Einzelausgaben; 1 = dtv; 5552 Ausgabe 1985), Frankfurt (Main) [u.a.] 1962, 83-85, dort § 1 und § 4. Mitglieder des Koordinierungsrates waren Lucius D. Clay für die USA, Brian H. Robertson für Großbritannien, Wassili Sokolowski für die UdSSR und Louis Koeltz für Frankreich. Zu Clays besonders einflussreicher Stellung s. Boyens: Kirchenpolitik (wie Anm. 24), 35.

70 S. Abkommen über Kontrolleinrichtungen in Deutschland (wie Anm. 69), § 3.
71 So Gerhard BESIER: Selbstreinigung unter britischer Besatzungsherrschaft. Die Evangelisch-lutherische Landeskirche Hannovers und ihr Landesbischof Marahrens 1945-1947 (Schriften zur Kirchengeschichte Niedersachsens; 27), Göttingen 1986, 37 f.
72 Mit Besier, der ebd., 38, begründet zu dieser Einschätzung gelangt. Anders Jörg THIERFELDER: Die Kirchenpolitik der vier Besatzungsmächte und die evangelische Kirche nach der Kapitulation 1945. In: Geschichte und Gesellschaft 18 (1992), 5-21, hier: 6, der den vereinheitlichenden Einfluss der ARAC stärker gewichtet. Die im Oktober 1946 von der ARAC verabschiedeten »Principles to be applied in matters of Religious Affairs« beschreiben (so Besier: Selbstreinigung [wie Anm. 71], 39-41) eine britisch-amerikanische Dominanz unter den Alliierten in der ARAC.
73 Zu der unter den Alliierten strittigen Frage der Entnazifizierung der kirchlichen Amtsträger s. Besier, ebd., 39.

zu respektierenden religiösen Einrichtungen zu verstehen war, das wich nicht unerheblich voneinander ab.[74]

III Zur Umsetzung in der Französischen Besatzungszone

In der Französischen Besatzungszone stand man zu Beginn der Besatzungsherrschaft auch hinsichtlich der Frage einer Verhältnisbestimmung zu den Kirchen in Deutschland ohne spezifische eigene Vorbereitung da. So folgte man im Grundzug dem allgemein aufgestellten alliierten Konzept der Gewährung freier Religionsausübung und Nichteinmischung in die kirchlichen Angelegenheiten, jedenfalls soweit diese nicht zu eigenen französischen Zielsetzungen konträr waren.[75] In der Militärverwaltung wurde eine spezielle Abteilung für die Kirchenpolitik eingerichtet (die *Direction de l'Interieur et des Cultes*).[76] Doch gewannen für die tatsächliche Umsetzung der Besatzungspolitik die seitens der französischen Militärregierung berufenen obersten Geistlichen der verschiedenen Konfessionen als sogenannte *Aumôniers généraux* (»Allgemeine Seelsorger«) größere Bedeutung, weil diese als unmittelbare Berater des Militärgouverneurs – des Katholiken Marie-Pierre Koenig[77] – wirkten.[78] Er sah die Möglichkeiten zu einer Demokratisierung Deutschlands ausgesprochen skeptisch – so äußerte er etwa in einem Zeitungsinterview im September 1946 die Überzeugung, dass für den Fall, dass die Besatzungsmächte Deutschland umgehend wieder verlassen würden, alle Antifaschisten sofort ihr Bündel schnüren müssten, wenn sie »nicht in Gefahr laufen wollten, innerhalb von 24 Stunden aufgehängt zu werden.«[79] Für die evangelische Kirche fungierte als *Aumôniers généraux* der bereits erwähnte, aus dem Elsass stammende Militärpfarrer Marcel Sturm.[80] Für das Saargebiet, das französischerseits aus politischen Erwägungen

---

74 So auch Annemarie SMITH-VON OSTEN: Von Treysa 1945 bis Eisenach 1948. Zur Geschichte der Grundordnung der Evangelischen Kirche in Deutschland (Arbeiten zur Kirchlichen Zeitgeschichte; B 9), Göttingen 1980, 20, mit Blick auf die die Religionsangelegenheiten betreffenden Aussagen im Potsdamer Abkommen: »Die Bestimmungen sind so allgemein gehalten, daß der konkrete Freiheitsraum [hier: der Kirchen] völlig abhängig ist von der Toleranzbreite des ihm vorgeordneten Prinzips.«
75 So Thierfelder: Kirchenpolitik (wie Anm. 72), 14.
76 S. Christophe BAGINSKI: Frankreichs Kirchenpolitik im besetzten Deutschland 1945-1949 (Quellen und Abhandlungen zur mittelrheinischen Kirchengeschichte; 87), Mainz 2001, 12, 46-48.
77 Zum Wirken Koenigs in der Französischen Besatzungszone s. Alain LATTARD: Zielkonflikte französischer Besatzungspolitik in Deutschland. Der Streit Laffon – Koenig 1945-1947. In: Vierteljahrshefte für Zeitgeschichte 39 (1991), 1-35.
78 Dazu Näheres bei Baginski: Kirchenpolitik (wie Anm. 76), 48 f.
79 S. »Die Deutschen wollen, daß man sie kommandiert!«; Der französische Oberkommandierende, General König, über die deutsche Geistesverfassung. Paris, 13. September [1946]. In: Weltpresse 2 (1946), Nr. 211, 13. September 1946, 1.
80 S. Baginski: Kirchenpolitik (wie Anm. 76), 51-53.

heraus von der übrigen Besatzungszone separiert wurde, bestellte man den Saarbrücker Superintendenten Otto Wehr,[81] der auch von der rheinischen Kirchenleitung als Bevollmächtigter bei der Militärregierung berufen wurde – mit der Zielsetzung, auch für die Zukunft die Anbindung der saarländischen Gemeinden an die Rheinische Kirche zu sichern.[82] Das stand indes quer zur französischen Absicht, das Saarland Frankreich anzugliedern – und führte in der französischen Militärverwaltung zu Kontroversen über Wehrs Person.[83] Doch auf Intervention Sturms beließ man Wehr auf seiner Position.[84] Zu einem Konflikt kam es mit der Pfälzischen Landeskirche, wo zwar gleich mit dem dortigen Einmarsch zunächst amerikanischer Truppen der deutschchristliche Landesbischof Ludwig Diehl[85] zurücktrat, dem dann aber dessen Stellvertreter Hans Stichter[86] nachfolgte.[87] Nach französischer Einschätzung konnte unter solcher Leitung eine Entnazifizierung der Pfarrerschaft nicht gelingen – aber alles französische Drängen auf eine interne kirchliche Ablösung Stichters führte auch bis zum Juli 1946 nicht zum Erfolg; man hielt dem das Argument entgegen, die Kirche könne sich ihr Handeln nicht von außen vorschreiben lassen. Seitens der französischen Militärregierung ließ man sich – insbesondere auf Drängen Marcel Sturms – aber nicht beirren und drohte schlimme Konsequenzen an, falls Stichter sowie auch dessen Stellvertreter Eugen Roland[88] nicht alsbald abgelöst würden. Ob die mündliche Überlieferung zutrifft, dass die Verweigerung der Freigabe von Wein für Abendmahlsfeiern aus den allgemein beschlagnahmten Lebensmittelbeständen in der Französischen Zone zu den Drohmitteln gehört hat, die von der französischen Besatzungsmacht ins Spiel gebracht worden seien, sei dahingestellt.[89] Die Ablösung Stichters und

---

81 Zu Person und Wirken s. Hans-Walter HERRMANN: Otto Wehr. In: Saarländische Lebensbilder. Bd. 4. Saarbrücken 1989, 223-249.
82 Clemens VOLLNHALS: Alliierte Kirchenpolitik und ökumenische Kontakte. In: Die evangelische Kirche nach dem Zusammenbruch. Berichte ausländischer Beobachter, bearb. von dems. (Arbeiten zur Kirchlichen Zeitgeschichte; A 3), Göttingen 1988, XIII-XLIII, hier: XV f.
83 Ebd., XV. – Vgl. auch Thierfelder: Frankreich (wie Anm. 25), 235 f.
84 Zur distanzierten Haltung auf katholischer Seite im Bistum Trier zu den französischen Besatzungsbehörden s. Seiler: Kirche (wie Anm. 33), 435.
85 Zu Person und Wirken s. Hans L. REICHRATH: Ludwig Diehl, 1894-1982. Kreuz und Hakenkreuz im Leben eines Pfälzer Pfarrers und Landesbischofs, 2. Aufl., Speyer 1996. Vgl. Ernst KLEE: Das Personenlexikon zum Dritten Reich. Wer war was vor und nach 1945 (Fischer Taschenbuch; 16048), 2. Aufl., Frankfurt a.M. 2005, 108.
86 Zu Person und Wirken s. Bernhard H. BONKHOFF: Geschichte der Vereinigten Protestantisch-Evangelisch-Christlichen Kirche der Pfalz 1918-1978, St. Ingbert 2016, 13, 138, 152-154, 175.
87 S. Thierfelder: Frankreich (wie Anm. 25), 232.
88 Zu Person und Wirken s. Bonkhoff: Geschichte 1918-1978 (wie Anm. 86), 155.
89 So ebd., 176 samt Anm. 90. – Zu den erheblichen Querelen um die Zuteilung von Wein für Abendmahlsfeiern s. detailliert Baginski: Kirchenpolitik (wie Anm. 76), 58-63.

Rolands geschah jedenfalls alsbald durch eine Synode Ende August 1946, die Hans Stempel[90] zum Präses wählte.[91]

In der Frage der Wiedereinführung des in der NS-Zeit abgeschafften konfessionellen Schulwesens in Württemberg-Hohenzollern, für das sich besonders die katholische Kirche einsetzte, lässt sich keine geradlinige Haltung der französischen Militärregierung beschreiben.[92] Sie präferierte zunächst das aus Frankreich vertraute Modell von Simultanschulen bei gleichzeitig bestehenden konfessionellen Privatschulen, unterstützte das auch vom Evangelischen Oberkirchenrat in Stuttgart befürwortete Modell von christlichen Gemeinschaftsschulen – und ließ sich nach klarer katholischer Positionierung zugunsten konfessioneller Bekenntnisschulen dann doch auf den Kompromiss ein, zwar nominell »christliche Gemeinschaftsschulen« einzurichten, den Eltern aber freie Wahl der konfessionellen Prägung dieser Schulen zu belassen, so dass in den fast 1000 Kommunalgemeinden mehr als 60 Prozent katholische und mehr als 30 Prozent evangelische Bekenntnisschulen entstanden.[93]

IV   Zur Umsetzung in der Amerikanischen Besatzungszone

Vor Beginn der Besatzung hatten Amerikaner und Briten auf Ebene des gemeinsamen *Supreme Headquarters Allied Expeditory Forces* (SHAEF) Planungen für die gemeinsame Wahrnehmung der Besatzungsaufgaben angestellt und auch eine *Religious Affairs Section* gebildet, in der man von dem Grundgedanken ausging, keine direkte Kontrolle über die religiöse Praxis ausüben zu wollen, sondern mit denjenigen kirchlichen Kräften zusammenarbeiten zu wollen, die schon in der Zeit der Weimarer Republik kirchenleitend tätig gewesen waren (und also nicht ab 1933 deutschchristlich bestimmt in kirchenleitende Funktionen hineingekommen waren), und ansonsten das durch die Weimarer Reichsverfassung konturierte Staat-Kirche-Verhältnis fortbestehen zu lassen – bzw. Korrekturen daran den Deutschen zu überlassen.[94] Diese ausgesprochen zurückhaltende Herangehensweise sollte sich im finanziellen Bereich auch auf die Fortsetzung der Staatsleistungen an die Kirchen beziehen und sich auch auf die konfessionellen Volksschulen (Bekenntnisschulen) erstrecken. Dieser Kurs führte dazu, dass nach dem Einmarsch der Alliierten es in der Amerikanischen und Britischen Zone dazu kam, dass eine Reihe von prägenden Personen, die

---

90   Zu Person und Wirken s. Klee: Personenlexikon (wie Anm. 85), 601.
91   Thierfelder: Frankreich (wie Anm. 25), 233 f.
92   S. dazu detailliert Baginski: Kirchenpolitik (wie Anm. 76), 222-241.
93   Thierfelder: Frankreich (wie Anm. 25), 237 f.
94   S. dementsprechend auch den Richtlinienentwurf der amerikanischen Delegation der European Advisory Commission. London: 5. Oktober 1944, in: Boyens: Kirchenpolitik (wie Anm. 24), Dokument 4, 66-67, sowie den Richtlinienentwurf der amerikanischen Delegation der European Advisory Commission. [London], 24. November 1944. In: Boyens: Kirchenpolitik (wie Anm. 24), Dokument 5, 68-69.

kirchenleitend vor 1933 tätig gewesen waren, ihre Ämter fortführten bzw. wieder aufnahmen, manchmal obwohl sie bereits das Ruhestandsalter erreicht hatten – zu nennen sind hier der württembergische Landesbischof Theophil Wurm, der bayerische Landesbischof Hans Meiser,[95] der rheinische Generalsuperintendent Ernst Stoltenhoff,[96] der westfälische Präses Karl Koch,[97] der lippische Landessuperintendent Wilhelm Neuser[98] und nicht zuletzt (auch wenn als politisch belastet geltend) der hannoversche Landesbischof August Marahrens.[99] Weithin der »alten« Generation wuchs damit die Aufgabe zu, die Weichen für die kirchliche Zukunft nach der NS-Zeit zu stellen – ohne dass erkennbar wäre, dass dies seitens der Alliierten den Betroffenen kommuniziert worden wäre. Briten und US-Amerikaner sahen sich der Umsetzung des Gedankens der freien Religionsausübung (»freedom of worship«) konsequent verpflichtet – bis dahin, dass sie schon in dem im Februar 1945 durch die SHAEF erstellten Handbuch für die Umsetzung der Besatzungsherrschaft im Bildungsbereich und im Feld der Religion festlegten, dass auch Angehörige der Glaubensbewegung Deutsche Christen sich weiter zu Gottesdiensten versammeln dürften, sofern diese das nicht für politische oder gar militärische Avancen gegen die Alliierten benutzten – ein Kurs, der sich dann auch in entsprechenden Beschlüssen

---

95 Zu Person und Wirken s. Hannelore BRAUN: Hans Meiser. In: Profile des Luthertums. Biographien zum 20. Jahrhundert, hrsg. von Wolf-Dieter Hauschild, Gütersloh 1998, 529-539; vgl. Nora Andrea SCHULZE: Hans Meiser. Lutheraner – Untertan – Opponent. Eine Biographie (Arbeiten zur kirchlichen Zeitgeschichte; B 81), Göttingen 2021.

96 Zu Person und Wirken s. Andreas MÜHLING: Ernst Stoltenhoff. In: Zwischen Bekenntnis und Ideologie. 100 Lebensbilder des rheinischen Protestantismus im 20. Jahrhundert, hrsg. von Thomas Martin Schneider; Joachim Conrad; Stefan Flesch, Leipzig 2018, [82]-84.

97 Zur Person s. Werner DANIELSMEYER: Präses D. Karl Koch (Materialien für den Dienst in der Evangelischen Kirche von Westfalen; A 5), Bielefeld 1976; zum Wirken Kochs nach dem Ende der nationalsozialistischen Diktatur Jürgen KAMPMANN: Abendzeit – Erntezeit des Lebens: Karl Kochs Weichenstellungen nach dem Zweiten Weltkrieg. In: Karl Koch. Pfarrer, Superintendent und Präses aus dem Kirchenkreis Vlotho. Dankgabe des Kreissynodalvorstandes des Kirchenkreises Vlotho zur Verabschiedung von Christof Windhorst aus dem Amt des Superintendenten am 15. Oktober 2004, hrsg. vom dems. (Theologische Beiträge aus dem Kirchenkreis Vlotho; 15). Bad Oeynhausen 2004, 91-118.

98 Biogramm s. DIE PROTOKOLLE DES RATES DER EVANGELISCHEN KIRCHE IN DEUTSCHLAND. Bd. 1: 1945/46. Im Auftrag der Ev. Arbeitsgemeinschaft für Kirchliche Zeitgeschichte und des Ev. Zentralarchivs in Berlin bearbeitet von Carsten Nicolaisen und Nora Andrea Schulze mit einer Einleitung von Wolf-Dieter Hauschild (Arbeiten zur Kirchlichen Zeitgeschichte; A 5), Göttingen 1995, 921.

99 Zu Person und Wirken s. Inge MAGER: August Marahrens (1875-1950), der erste hannoversche Bischof. In: Bewahren ohne Bekennen? Die hannoversche Landeskirche im Nationalsozialismus, hrsg. von Heinrich Grosse; Hans Otte; Joachim Perels, Hannover 1996, 135-151; sowie Hans OTTE: Ein Bischof im Zwielicht. August Marahrens (1875-1950). In: ebd., 179-221.

des *Allied Religious Affairs Committee* (ARAC) niederschlug, aber unter den Siegermächten doch umstritten blieb.[100] Dass tatsächlich an manchen Orten Deutsche Christen sich zu besonderen Gottesdiensten versammelten und ihnen zu diesem Zweck dann auch die Nutzung von Räumen in öffentlichen Gebäuden wie Schulen von den Besatzungsbehörden gestattet wurde, stieß bei den nach der Kapitulation gebildeten, bekenntniskirchlich überzeugten evangelischen Kirchenleitungen auf völliges Unverständnis – und wurde in der Britischen Zone von der dort zuständigen *Religious Affairs Branch* dennoch kalt und energisch mit dem Hinweis zurückgewiesen, dass Religionsfreiheit auch die Praxis anderer, als irrig erscheinender Überzeugungen mit umfasse – im Übrigen seien doch die Deutschen Christen in den evangelischen Landeskirchen nicht einmal als Häretiker aus der Kirche ausgeschlossen worden und gehörten den Landeskirchen nach wie vor an.[101]

Diese Argumentation belegt, dass die tatsächliche Realisierung demokratischer Grundfreiheiten – hier von Meinungs-, Presse- und Religionsfreiheit – bei Amerikanern und Briten unstreitig als politisch-gesellschaftliche Zielsetzung für die gesellschaftliche Entwicklung in Deutschland im Vordergrund stand – und nicht die Furcht vor einem Revival nationalsozialistischer Ideologie in christlichem Gewand. »Reeducation« war ein Konzept, das sich nicht in einem plumpen Sinne auf Entnazifizierung und damit auf einen Reinigungseffekt beschränkte und auch nicht allein die auf die Bildungsarbeit an den Schulen und damit vornehmlich auf Kinder, Jugendliche und Lehrkräfte beschränkt war,[102] sondern viele weitere Lebensbereiche umfasste, auch den der religiösen Praxis. Sie stand gegebenenfalls auch quer zur Konzeption in der Bekennenden Kirche, die – aufgrund ihres Formierungsprozesses 1933/1934 in Auseinandersetzung mit der deutschchristlichen Bewegung und ihres Machtwillens nur zu verständlich – nun, 1945, die Stunde gekommen sah, deutschchristlichem Denken keinerlei Raum in der Kirche mehr zu geben und im kirchlichen Dienst stehenden, entsprechend denkenden Personen schnellstmöglich deren Ämter zu entziehen – wobei den betreffenden Personen insbesondere deren deutschchristliches Denken und Agieren zur Last gelegt wurde, nicht aber eine (formale) Mitgliedschaft in der NSDAP und deren Gruppierungen. Hier setzten

---

100 S. dazu Rainer LÄCHELE: Religionsfreiheit und Vergangenheitsbewältigung. Die Deutschen Christen und die Besatzungsmächte nach 1945. In: Evangelische Theologie 51 (1991), 131-154, hier: 134-138. Lächele verweist ebd., 138-152, aufschlussreich auf den in den vier Besatzungszonen deutlich unterschiedlichen Umgang mit dort nach Kriegsende weiterhin bestehenden, von deutschchristlichem Gedankengut geprägten Gruppierungen.
101 S. dazu Kampmann: Provinzialkirche (wie Anm. 13), 497-501.
102 Zur Konzeption der Erziehungspolitik aus amerikanischer Perspektive s. Karl-Heinz FÜSSL: Erziehung im Umbruch. Die Erziehungspolitik und das Jugendprogramm der USA in der deutschen Nachkriegsgeschichte. In: Zeitschrift für Pädagogik 41 (1995), [225]-244.

Amerikaner und Briten die Prioritäten gerade andersherum, als das in den bekenntniskirchlich bestimmten Kirchenleitungen in Deutschland geschah.[103]

Jedenfalls zerstoben gehegte Hoffnungen auch sehr bald auf dem Boden der Tatsachen. Zu diesen gehörte, dass sich die ursprüngliche alliierte Konzeption, auch im Bereich der Kirchen solche Personen, die nationalsozialistischen Organisationen angehört hatten, aus dem Dienst zu entlassen, als undurchführbar erwies, ergaben doch die Fragebogen zur Entnazifizierung, dass an die 30 Prozent der evangelischen Pfarrerschaft der NSDAP oder einer nationalsozialistischen Organisation angehört hatte, während dies nur auf etwa zwei Prozent der katholischen Kleriker zutraf.[104] Letzteres war eine Folge des 1933 von Hitler mit dem Vatikan geschlossenen Reichskonkordats, das eine politische Betätigung (wie sie bis dahin bei katholischen Klerikern etwa für das Zentrum oft anzutreffen gewesen war), fortan ausgeschlossen hatte.[105] Nun erschien es aber der Militärregierung in der Bevölkerung aus Gründen der konfessionellen Parität einfach nicht vermittelbar, wenn 30 Prozent der evangelischen Pfarrerschaft entlassen würde, nur aber zwei Prozent der katholischen. So scheiterte die ursprünglich ins Auge gefasste Konzeption – zumal sich evangelische Kirchenleitungen unisono auch massiv gegen jegliche staatliche Einmischung in die Pfarrdienstverhältnisse wehrten – mit der Begründung, dass man solches ja nun gerade in den Jahren der nationalsozialistischen Diktatur unter Missachtung der den Kirchen und Religionsgesellschaften in der Weimarer Reichsverfassung zugesicherten Rechte auf das Leidvollste erfahren habe – wie könnten sich nun die Alliierten in vergleichbarer Weise verhalten?[106] Die Argumentation verfing – die Kirchen konnten schließlich 1946 erreichen, dass sie die Entnazifizierungsverfahren für die Pfarrerschaft in eigener Regie – also: mittels kirchlich eingesetzter besonderer Spruchkammern – durchführen konnten.[107] Dabei kam es zu landeskirchlich verschieden durchgeführten Verfahren – teilweise wurden das vorgeschriebene politische Verfahren zur Entnazifizierung von eigens dafür eingerichteten Spruchkammern bearbeitet, teilweise aber auch verquickt mit den kirchlich nach besonderer kirchlicher Gesetzgebung stattfindenden Verfahren »zur Wiederherstellung eines an Schrift

---

103 Das setzt auch Fragezeichen an die in der Literatur immer wieder betonte pauschale Deutung, dass die Alliierten die Kirchen nach der deutschen Kapitulation besonders gefördert hätten.
104 S. dazu Kampmann: Provinzialkirche (wie Anm. 13), 551.
105 S. dazu Kurt NOWAK: Die Evangelische Kirche im Jahr 1945. In: Herbergen der Christenheit 20 (1996) [= Beiträge zu deutschen Kirchengeschichte 21], 26-39, hier: 37: »Laut Artikel 32 des Reichskonkordats vom 20. Juli 1933 war die Mitgliedschaft von katholischen Geistlichen in politischen Parteien, mithin auch der NSDAP, ausgeschlossen. 1945 hieß das: Die katholische Kirche war von der Entnazifizierung ungleich weniger betroffen als die evangelische Kirche.«
106 S. dazu im Einzelnen Kampmann: Provinzialkirche (wie Anm. 13), 553 f.
107 Ebd., 556 f.

und Bekenntnis gebundenen Pfarrerstandes«.[108] Die kirchliche Interessenlage war jedenfalls bei der Entnazifizierung keineswegs einfach mit der der alliierten Besatzungsmächte kongruent.[109]

In der Amerikanischen Besatzungszone wurde eine *Religious Affairs Branch* eingerichtet, die bis 1947 unter Leitung von Major Marshall M. Knappen[110] stand – der zwar Theologie studiert hatte, aber als Zivilist eine Professur für Geschichte und Politikwissenschaft bekleidete.[111] Er lehnte die Mitarbeit von Ordinierten (konkret: amerikanischen Militärpfarrern) in dieser Abteilung ab – wohl um einer auf diesem Wege denkbaren zu starken kirchlich geprägten Einflussnahme auf die *Religious Affairs Branch* vorzubeugen.[112] Dem korrespondierte – bildlich gesprochen als andere Seite der Medaille – seine Betonung der Nichteinflussnahme auf interne kirchliche Vorgänge durch die Abteilung.[113] Das heißt aber nicht, dass nicht grundlegende Weichenstellungen besonders in der ersten Phase der Besatzungsherrschaft betrieben wurden: So wurde von Knappen nach einem Gespräch bereits am 21. Mai 1945 mit dem württembergischen Landesbischof Wurm in Stuttgart dessen Ansatz als aussichtsreich aufgenommen, die Möglichkeiten zur Einberufung einer deutschlandweiten Kirchenversammlung zur Neuordnung der DEK auszuloten,[114] und dann das Vorhaben in Rückkopplung mit dem politischen Berater von General Dwight

---

108 S. z. B. zum Verfahren in Westfalen ebd., 557 f, 561-565, zum Verfahren in der Hannoverschen (lutherischen) Landeskirche Besier: Selbstreinigung (wie Anm. 71), 66-99.
109 S. dazu beispielsweise bereits im Juli 1945 die gemeinsame Eingabe des Erzbischofs von München und Freising und des Landesbischofs der Evangelisch-lutherischen Kirche in Bayern r. d. Rh. an die amerikanische Militärregierung. München, 20. Juli 1945. In: Boyens: Kirchenpolitik (wie Anm. 24), Dokument 11, 97-99, ebd., 97: »Die Vertreter der beiden christlichen Bekenntnisse in Bayern halte es für ihre Pflicht, bei der Besatzungsbehörde vorstellig zu werden mit der Bitte, in den Strafgerichten über das System des Unheils die Grundsätze der Gerechtigkeit und Menschlichkeit walten zu lassen und die Schuld der einzelnen durch persönliche Überprüfung, also nicht pauschal, zu bemessen. Die geistige Umschulung unseres Volkes von den nat[iona]s[ozialistischen] Irrtümern zu den Grundsätzen der christlichen Moral, die Wiederaufrichtung der sozialen Ordnung im Geiste des Christentums, der wirtschaftliche und kulturelle Aufbau, zu dem wir alle beitragen wollen, dürfen nicht durch vermeidbare Härten in der Rechtspflege gestört werden«.
110 Zu Person und Wirken s. John A. PERKINS: Marshall M. Knappen. In: American Political Science Review 60 (1966), Nr. 2, Juni 1966, 486-487.
111 Zur frühzeitigen Beteiligung Knappens an den Planungen für eine US-Militärregierung in Deutschland s. Boyens: Kirchenpolitik (wie Anm. 24), 10.
112 So Boyens, ebd., 24-27.
113 S. dazu Thierfelder: Kirchenpolitik (wie Anm. 72), 7.
114 S. Jörg THIERFELDER: Einleitung. In: Kirche nach der Kapitulation. Bd. 1. Die Allianz zwischen Genf, Stuttgart und Bethel, hrsg. von Gerhard Besier; Jörg Thierfelder; Ralf Tyra, Stuttgart/Berlin/Köln 1989, 8-50, hier: 36.

D. Eisenhower,[115] Robert Murphy,[116] unter Einschaltung auch des in England wirkenden, durch frühere ökumenische Kontakte mit Deutschland bekannten Bischofs von Chichester, George Bell, weiterverfolgt.[117] Aus dieser Initiative ging dann die Treysaer Kirchenkonferenz von Ende August 1945 mit ihrer Neuordnung der DEK und der Bildung eines vorläufigen Rates der EKD unter Theophil Wurms Vorsitz hervor.[118] Knappens intern entwickelte, aber nicht in nach außen kommunizierten Dokumenten offengelegte Vorstellung, für die evangelisch-landeskirchliche Zukunft in etwa einen Horizont abzustecken, der sich im Rahmen des von Wurm angeregten Kirchlichen Einigungswerkes[119] bewegte – also Bildung von Kirchenleitungen unter Einbeziehung der verschiedenen kirchenpolitischen Gruppen unter Einschluss auch der kirchenpolitisch Neutralen, allerdings ohne Deutsche Christen –, gewann so Gestalt. Dem korrespondierte, dass in Thüringen der dortige deutschchristlich-nationalkirchliche Kirchenpräsident Hugo Rönck[120] bereits am 30. April 1945 verhaftet[121] und ebenso in Dessau der deutschchristlich-nationalkirchliche Landeskirchenrat Anhalts entmachtet wurde; der dort seit 1944 unumschränkt als Kirchenpräsident wirkende Jurist Dr. Rudolf Wilkendorf,[122] NSDAP-Mitglied seit 1931,

---

115 Zu Person und Wirken s. Herman-Josef RUPIEPER: Dwight D. Eisenhower (1953-1961): Kriegsheld und Präsident. In: Die amerikanischen Präsidenten. 44 historische Portraits von George Washington bis Barack Obama, hrsg. von Christof Mauch, 6. Aufl., München 2013, 335-345.
116 Biogramm bei Besier: Selbstreinigung (wie Anm. 71), 441.
117 S. Thierfelder: Kirchenpolitik (wie Anm. 72), 10. Vgl. auch Thierfelder: Einleitung (wie Anm. 114), 47 f.
118 S. dazu ausführlich Smith-von Osten: Treysa (wie Anm. 74), 25-140. Vgl. auch Jürgen KAMPMANN: Von Treysa nach Eisenach. Landesbischof Theophil Wurm und die Gründung der EKD. In: Blätter für württembergische Kirchengeschichte 122 (2022), 57-78.
119 Zum Kirchlichen Einigungswerk s. die ausführliche Untersuchung von Jörg THIERFELDER: Das Kirchliche Einigungswerk des württembergischen Landesbischofs Theophil Wurm (Arbeiten zur Kirchlichen Zeitgeschichte; B 1), Göttingen 1975.
120 Biogramm bei Besier: Selbstreinigung (wie Anm. 71), 443. Näheres bei Walter WEISPFENNIG: Die Entnazifizierung der Thüringer Ev. Pfarrerschaft nach 1945 gemäß dem Reinigungsgesetz (Schriften des Thüringer Pfarrvereins; 1/2018), Steinach/Quedlinburg 2018, 115-130.
121 Kurt MEIER: Der evangelische Kirchenkampf. Bd. 3. Im Zeichen des zweiten Weltkrieges, Göttingen 1984, 493.
122 Kurze Angaben zu dessen Diensttätigkeit s. bei Dokumente zur Kirchenpolitik des Dritten Reiches. Bd. IV. 1937-1939. Vom Wahlerlaß Hitlers bis zur Bildung des Geistlichen Vertrauensrates (Februar 1937 - August 1939) bearb. von Gertraud Grünzinger; Carsten Nicolaisen (Dokumente zur Kirchenpolitik des Dritten Reiches; 4), Gütersloh 2000, 459.

wurde auf amerikanisches Verlangen am 26. Mai 1945 seiner Befugnisse enthoben und bis 1947 interniert.[123]

Auf amerikanischer Seite verdichtete sich dann mehr und mehr der Eindruck, dass die diversen kirchenleitenden Persönlichkeiten, mit denen man im Austausch stand (nicht zuletzt auch Martin Niemöller), allesamt nicht gerade demokratieaffin eingestellt waren –[124] und besonders von evangelischer Seite auch nur wenige nationalsozialistisch unbelastete Personen für Aufgaben in der zivilen Verwaltung empfohlen zu werden vermochten.[125]

> »Conservations such as this did little to weaken the feeling, that the element in control of the reorganized German Evangelical Church, while demonstrably anti-Nazi, was nationalistic and Junker-monarchical rather than international and liberal-democratic in its political outlook«,

hielt Knappen 1947 rückblickend fest.[126] Das deckt sich mit der Beobachtung, dass in den Fragen der Durchführung der Entnazifizierung ein permanenter Dissens zwischen Kirchenleitungen und den damit befassten Dienststellen der Militärregierung in der Amerikanischen Besatzungszone bestand – weil der Rahmen für die Entlassung aus öffentlichen Ämtern ja zunächst weit gesteckt war: Betroffen sein sollten unter anderem nicht nur alle Mitglieder von Gestapo, SS und NSDAP vor dem 1. Mai 1937, sondern auch unabhängig von der Parteimitgliedschaft die Verwaltungsführungen auf allen Ebenen des staatlichen Aufbaus.[127] Und für die Kirchen sollte nach der Direktive verfahren werden:

> »You will remove from ecclesiastical office (normally through the established ecclesiastical authorities) all churchmen who are proved by investigation to have been active Nazis. New officials will not be appointed by you, ecclesiastical authorities will fill their own vacancies.

---

123 Meier: Kirchenkampf 3 (wie Anm. 121), 374. Vgl. Die Verfolgung und Ermordung der europäischen Juden durch das nationalsozialistische Deutschland 1933-1945, Bd. 6: Deutsches Reich und Protektorat Böhmen und Mähren Oktober 1941-März 1943, bearb. von Susanne Heim unter Mitarbeit von Maria Wilke, Berlin 2019, Dok. 54 (Vertreter evangelischer Landeskirchen halten am 17. Dezember 1941 die Schuld der Juden am Krieg für erwiesen und fordern den Ausschluss getaufter »Nichtarier« aus der Kirche), hier: 227 Anm. 9.
124 S. dazu Boyens: Kirchenpolitik (wie Anm. 24), 25 f Anm. 69, sowie ebd., 40.
125 S. Clemens VOLLNHALS: Evangelische Kirche und Entnazifizierung 1945-1949. Die Last der nationalsozialistischen Vergangenheit (Studien zur Zeitgeschichte; 36), München 1989, 11.
126 So Marshall M. KNAPPEN: And Call it Peace, Chicago 1947, 101; in deutscher Übersetzung: »Unterredungen wie diese trugen wenig dazu bei, den Eindruck zu zerstreuen, dass das Element, das die reorganisierte deutsche evangelische Kirche beherrschte, zwar nachweislich antinazistisch, aber eher nationalistisch und junkermonarchisch als international und liberal-demokratisch in seiner politischen Einstellung war«.
127 Clemens VOLLNHALS: Entnazifizierung und Selbstreinigung im Urteil der evangelischen Kirche. Dokumente und Reflexionen 1945-1949 (Studienbücher zur kirchlichen Zeitgeschichte; 8), München 1989, 46.

You will, however, ensure that such appointees have not been active Nazis. Ecclesiastical institutions must not be permitted to propagate Nazi ideology in any form.«[128]

Die Auseinandersetzungen zwischen den Leitungen der Landeskirchen und der Administration der Amerikanischen Besatzungszone zogen sich über die gesamte Zeit bis zur Gründung der Bundesrepublik Deutschland hin – es kam nicht nur zu heftigen Dissensen, sondern auch dazu, dass seitens der Kirchen in dem ihnen zugestandenen Zuständigkeitsbereich an sich nach geltender Rechtslage erforderliche Entnazifizierungsentscheidungen und -maßnahmen systematisch unterlaufen wurden. Das wurde auf amerikanischer Seite auch durchaus bemerkt, es konnte aber spätestens ab 1947 nicht mehr nennenswert gegengesteuert werden, weil die bisherige Entnazifizierungsstrategie in den USA nicht mehr von einer Mehrheit im Kongress gestützt wurde.[129] So liefen die begonnenen Verfahren mehr und mehr ins Leere und blieben für die Allermeisten am Ende ohne nachhaltig wirkende Konsequenzen – was aber zu Beginn der Entnazifizierung (in den Jahren 1945 und 1946) nicht abzusehen war. Das Ansehen der Kirchenleitungen[130] erlitt bei der Militärregierung für die Amerikanische Zone indes deutliche Kratzer.

V Zur Umsetzung in der Britischen Besatzungszone

Trotz der engen amerikanisch-britischen Zusammenarbeit schon bei der Vorbereitung der Besatzung, die dann auch auf wichtigen Feldern vertieft wurde – etwa durch den Zusammenschluss beider Zonen zur sogenannten Bizone ab 1. Januar 1947 –[131], beschritten beide Zonenverwaltungen aber mit Blick auf den Umgang mit den Kirchen unterschiedliche Wege.[132]

---

[128] Ebd., 47; in deutscher Übersetzung: »Sie werden (in der Regel durch die etablierten kirchlichen Behörden) alle Kirchenleute aus ihren Ämtern entfernen, denen durch Untersuchungen nachgewiesen wird, dass sie aktive Nazis waren. Neue Beamte werden nicht von Ihnen ernannt, die kirchlichen Behörden besetzen ihre freien Stellen selbst. Sie werden sich jedoch vergewissern, dass die ernannten Personen keine aktiven Nazis waren. Kirchliche Einrichtungen dürfen keine Nazi-Ideologie in irgendeiner Form verbreiten.«

[129] Ebd., 102 f.

[130] Greschats pauschale Darstellung, dass von allen größeren Vereinigungen und Verbänden im Nachkriegsdeutschland allein die Organisation der Kirchen »nicht zerschlagen und nicht politisch diskreditiert« gewesen sei, charakterisiert den tatsächlich gegebenen Sachverhalt nicht präzise und bedarf einer Differenzierung; s. Martin GRESCHAT: Kirche und Öffentlichkeit in der deutschen Nachkriegszeit (1945-1949). In: Kirchen in der Nachkriegszeit. Vier zeitgeschichtliche Beiträge, hrsg. von Armen Boyens u. a. (Arbeiten zur Kirchlichen Zeitgeschichte; B 8), Göttingen 1979, [100]-124, hier: 105.

[131] S. zur Bildung der Bizone Rexin: Jahre (wie Anm. 53), 30-34.

[132] Dem korrespondiert die Wahrnehmung Hans Asmussens aus dessen Tätigkeit in der Kirchenkanzlei der EKD im Jahr 1946 über die in der Amerikanischen und Britischen Besatzungszone ebenfalls nicht gleichförmige Entwicklung der Landeskirchen: »Am

In der Britischen Zone wurde William Tindal, anglikanischer Militärpfarrer beim Stab der 21. britischen Armee,[133] im Juli 1945 beauftragt, einen Bericht über die Lage der Kirchen in Deutschland zu erstellen mit Vorschlägen für ein politisches Konzept.[134] Tindal reiste durch die Britische Zone und suchte Gespräche mit zahlreichen Personen, die nun im Sinne der Bekennenden Kirche kirchenleitende Ämter ausübten.[135] Der Erzbischof von Canterbury, Geoffrey Fisher,[136] griff Tindals Eindrücke und Überlegungen auf und plädierte beim britischen Außenministerium Ende August 1945 nachdrücklich dafür, mit vertrauenswürdigen Personen in den Leitungen der deutschen evangelischen Landeskirchen in Verbindung zu treten, ihnen Außenperspektiven auf Deutschland zu vermitteln und ihnen so zu ermöglichen, das christliche Denken außerhalb Mitteleuropas kennenzulernen und zu reflektieren.[137] Auch fortan blieb eine enge Abstimmung zwischen Anglikanischer Kirche, britischer Regierung und britischer Militärregierung in Deutschland für die britische Religionspolitik charakteristisch.[138]

Anfänglich wurden die Angelegenheiten der Kirchen in der Abteilung für Erziehungs- und Religionsangelegenheiten (ERAB) bearbeitet, also einer der sechs Abteilungen der Abteilung für innere Angelegenheiten und Kommunikation (IA&C) der Kontrollkommission für Deutschland, Britisches Element (CCG/BE); eine eigenständige Abteilung für religiöse Angelegenheiten wurde im Januar 1946 eingerichtet, die *Religious Affairs Branch* mit Sitz in Bünde (Westfalen).[139]

Bewusst setzte man in der britischen *Religious Affairs Branch* auf ein enges Zusammenwirken mit den Kirchen – in England insbesondere mit der Anglikanischen Kirche, in Deutschland mit einem Netzwerk von Gesprächspartnern in den verschiedenen Kirchen.[140] Durch diese gezielt gesuchte enge Verbindung

---

wenigsten Schwierigkeiten bereitet das Verhältnis der Kirchen in der englischen und der amerikanischen Zone. Zwar sind auch dort gewisse Unterschiede vorhanden. Man kann aber sagen, daß es gelungen ist, diese Unterschiede so zu neutralisieren, daß sie der Einheit der EKD nicht gefährlich werden können.« S. Hans ASMUSSEN: Bericht von der EKD (Schriftendienst der Kanzlei der Evangelischen Kirche in Deutschland; 3/4), Schwäbisch Gmünd 1946, 16.

133 Zu Person und Wirken s. den Überblick bei Besier: Selbstreinigung (wie Anm. 71), 448.
134 Ebd., 29-31.
135 Ebd., 34.
136 Zu Person und Wirken s. David GOODHEW: Art. Fisher, Geoffrey Francis. In: RGG, 4. Aufl., Bd. 3 (2000), Sp. 149.
137 Besier: Selbstreinigung (wie Anm. 71), 35f.
138 So Besier, ebd., 37.
139 Zur Entwicklung der Verwaltungsstrukturen in der Britischen Militärregierung, die mit der Wahrnehmung der Religionsangelegenheiten betraut waren, ebd., 41-53.
140 Dafür plädierte auch noch einmal mit Nachdruck die Delegation britischer Kirchenvertreter, die im Oktober 1946 die Britische Zone bereiste: »The Religious Affairs

mit den Landeskirchen entwickelte sich bei im Grundzug ja nicht anders gelagerten Problemen als in der Amerikanischen Zone doch auf Seiten der britischen Militärregierung eine weitaus größere Vertrautheit mit der Situation der Kirchen in ihrer Besatzungszone –[141] und dann auch ein ganz allmählich zunehmendes Vertrauensverhältnis.

Dafür verantwortlich war gewiss die schon von vornherein positive Einschätzung der Rolle der Kirchen auf amerikanischer und britischer Seite, dass diese »in dem Ruf [standen], dem NS-Staat gegenüber Widerstand geleistet zu haben. [...] Außerdem waren die Kirchen bei Kriegsende die einzigen wichtigen Institutionen, die erhalten geblieben waren und darüber hinaus das Vertrauen der Bevölkerung genossen.«[142] Darum zählte man auf die Kirchen als Träger der Erneuerung und als Partner des erhofften Neuanfangs. Erheblichen Einfluss auf die Entwicklung auf britischer Seite hatte das außerordentliche Engagement George Bells,[143] der sich nicht nur in Großbritannien fortwährend öffentlich und im politischen Bereich für die Anliegen der Kirchen in der Britischen Besatzungszone engagierte: Er platzierte bereits am 15. Juli 1945 im *Sunday Observer* einen Artikel »The Work of the Churches«, in dem er betonte:

> »Today Hitler is destroyed, and the Church goes on. There is both a great spiritual vacuum in Germany, and the danger of a grave material breakdown. In the last resort the true recovery of German life can come only through native forces. It may be fairly claimed that the Catholic Church and the German Evangelical Church, as the only institutions covering the whole country left intact, have a special opportunity and responsibility, if permitted, towards the right kind of recovery. They have suffered much in the war. But they have supreme spiritual contribution in the faith which they offer.«

Branch of the Control Commission should be the instrument for providing every possible assistance to the Churches for their work. The Branch should be regarded as having an exceedingly important place in the whole set-up of the Control Commission. Great care should therefore be taken, not only at Headquarters, but at Advance Headquarters in Berlin and in the Regions, to ensure that as officers to the Branch there should continue to be appointed men of real sympathy with the work of the Churches, willing and able in their solution, and also in a position to secure the interest and co-operation of the leaders of the Churches in Great Britain.« [Die Abteilung für religiöse Angelegenheiten der Kontrollkommission sollte das Instrument sein, das den Kirchen jede mögliche Unterstützung für ihre Arbeit bietet. Die Abteilung sollte als ein äußerst wichtiger Teil des gesamten Aufbaus der Kontrollkommission angesehen werden. Es sollte daher nicht nur in der Zentrale, sondern auch in der vorgeordneten Zentrale in Berlin und in den Regionen darauf geachtet werden, dass für die Leitung der Abteilung weiterhin Männer ernannt werden, die mit der Arbeit der Kirchen wirklich sympathisieren, die bereit und in der Lage sind, Lösungen zu finden, und die auch in der Lage sind, das Interesse und die Zusammenarbeit der Leiter der Kirchen in Großbritannien sicherzustellen.«] The Task (wie Anm. 30), 10.

141 Dazu im Einzelnen Boyens: Kirchenpolitik (wie Anm. 24), 27f. Vgl. Thierfelder: Kirchenpolitik (wie Anm. 72), 11-14.
142 So Thierfelder: Einleitung (wie Anm. 114), 11.
143 Zu dessen Initiativen schon während des Zweiten Weltkriegs s. Edwin H. ROBERTSON: George Bell's Peace Initiatives. In: Kirchliche Zeitgeschichte 4 (1991), 153-177.

Und er hob hervor: »the Confessing Church has been in the very forefront of the fight against Hitler«.[144] Auch wenn wir heute mit guten Gründen in der kirchenhistorischen Forschung überzeugt sind, dass die Bekennende Kirche nicht als eine Organisation des politischen Widerstands gegen den Nationalsozialismus zu verstehen ist (und sich auch selbst nicht so verstanden hat),[145] so ändert das aber doch nichts an der in Bells Formulierung im Sommer 1945 begegnenden Außenwahrnehmung – und deren politischer Wirkmächtigkeit.

Hinzu kommt, dass Bell sich alsbald mehrfach auf ausgedehnte Reisen nach Deutschland begab. So erschien er im Oktober 1945 in Stuttgart und empfing dort die Stuttgarter Erklärung des Rates der EKD –[146] er schloss dann aber sogleich eine Reise mit mehreren Stationen in Westfalen an. Dabei konnte er an persönliche gute Beziehungen zum westfälischen Präses Karl Koch anknüpfen.[147] Der gewählte Stil der Begegnung war offen – es kam nicht nur zu persönlichen Unterredungen, sondern sogleich auch zu mehrstündigen Begegnungen bei extra einberufenen regionalen Pfarrkonferenzen in Münster und Bielefeld – bei denen Bell nicht nur die Stuttgarter Erklärung positiv würdigte, sondern auch ein Bekenntnis englischer Schuld mündlich formulierte.[148] Alles fand selbstverständlich in Begleitung durch die britische *Religious Affairs Branch* statt – über die Bell auch die Stuttgarter Erklärung nach London weitergab, wo sie dann veröffentlicht wurde – und über diesen Umweg dann auch in die deutsche Presse in der Britischen Zone zuerst in Kiel zur Veröffentlichung kam.[149]

Unverkennbar setzte man auf Kooperation mit den deutschen Kirchen – in Bells Formulierung: »Es gibt gewisse Dinge, die kein Ausländer für andere tun kann. Einiges muss von innen kommen, z[um] B[eispiel] die Reinigung

---

144 [George BELL]: The Work of the Churches. In: Sunday Observer vom 15.7.1945. Zeitungsausschnitt in Public Record Office [künftig: PRO] London, FO 1049/94.
145 S. dazu z. B. die differenzierende Darstellung von Harry OELKE: Gesamtschau: Protestantismus und Nationalsozialismus. In: Kirchliche Zeitgeschichte_evangelisch, Bd. 2: Protestantismus und Nationalsozialismus (1933-1945), hrsg. von Siegfried Hermle; Harry Oelke (Christentum und Zeitgeschichte; 7), Leipzig 2020, 11-32, hier: 27-30; sowie Claudia LEPP: Protestantismus und Politik. In: Ebd., Leipzig 2020, 33-52.
146 S. dazu Besier: Geschichte (wie Anm. 34), 32 f.
147 S. Schreiben des George Bell an Karl Koch, Chichester, 25.7.1945, in: Lambeth Palace Library London, Bell 44, fol. 255.
148 S. Bericht über den Besuch des Bischofs von Chichester im Altstädter Gemeindehaus [Bielefeld], 24.10.1945, in: Archiv des Diakonischen Werkes der EKD, ADW AD 1, in Kopie in: Hauptarchiv Bethel, 2/38-240.
149 Ob man wie Brechenmacher: Sog (wie Anm. 33), 37, von einer »Indiskretion« sprechen kann, durch die die Erklärung zur Veröffentlichung kam, sei mit Fragezeichen versehen – von einer entsprechenden Auflage des Rates der EKD an Bell, den Text geheim zu halten, ist nirgends die Rede, und Bell hat schon im Verlauf seiner weiteren Deutschlandreise über die Stuttgarter Erklärung in Pfarrerversammlungen berichtet. S. dazu auch Hermle: Aussage (wie Anm. 36), 38 f.

von Nazieinflüssen, die Erneuerung des christlichen Geistes durch deutsche Kirchen.«[150]

Auf evangelischer kirchlicher Seite kam es dann kurz darauf zu einer ersten informellen Zusammenkunft von Vertretern der Kirchenleitungen aller evangelischen Landeskirchen in der Britischen Zone, der »Konferenz der evangelischen Kirchen in der Britischen Zone«, kurz genannt »Betheler Konferenz«, weil man sich fortan immer dort im Abstand von vier bis sechs Wochen zu in der Regel zweitägigen Beratungen zusammenfand.[151] Alle kirchlichen Anliegen wurden so regelmäßig koordiniert und gegenüber der Britischen Militärregierung und später dann auch gegenüber den eingerichteten Landesregierungen vertreten. Die Betheler Konferenz verfügte über keinerlei Statut und wurde – obwohl doch ganz informell – dennoch zu einer ausgesprochen wirkmächtigen kirchlichen Interessenvertretung in der Britischen Zone.

Prägend offensichtlich für beide Seiten war, dass bei Begegnungen bewusst auch eine geistliche Dimension durch gemeinsames Gebet und ökumenische Gottesdienste Gestalt gewann – so etwa am 21. Juli 1946 in der Bielefelder Jakobuskirche,[152] bei dem der anglikanische Reverend Arthur Cotter,[153] tätig in der *Control Commission for Germany British Element* (CCG.BE), in einer Predigt über die Einheit der Kirche die Frage stellte:

> »Tun wir alle Buße, die in diesem Kriege siegreichen und besiegten Nationen, für die Schäden, welche wir einander verursacht haben? [...] Beweinen wir wirklich unsere Sünden, unsere persönlichen Sünden, unsere sozialen Sünden, unsere nationalen und internationalen Sünden? Es ist nicht leicht, Buße zu tun und zu sagen: ›Herr, erbarme dich über uns elende Sünder!‹ Darin aber liegt der einzige Weg zur Rettung und zur Vergebung, und diesen Weg müssen wir alle gehen.«[154]

---

150 S. Bericht über den Besuch des Bischofs von Chichester im Altstädter Gemeindehaus, [Bielefeld,] 24.10.1945, in: Archiv des Diakonischen Werkes der EKD, ADW AD 1, in Kopie in: Hauptarchiv Bethel 2/38-240.
151 S. dazu zur Arbeit dieser Konferenz Jürgen K AMPMANN: Von Koordination, Kooperation und Lobbyismus. Die Konferenz der evangelischen Kirchen in der Britischen Zone 1945-1949. In: Sprache in der Geschichte. Evangelische Forschungsakademie. Vorträge der 121. Tagung. 9.-12. Mai 2008. Evangelisches Zentrum Drübeck, hrsg. von Christian Ammer, Hannover 2008, 106-132.
152 An der Bielefelder Jakobuskirche wirkte als Pfarrer Wilhelm Niemöller (Martin Niemöllers Bruder); s. zu dessen Person und Wirken Jürgen K AMPMANN: Bekenntnispfarrer, Archivar und Geschichtsschreiber. Wilhelm Niemöller zwischen Weltwirtschaftskrise und Wirtschaftswunder. In: Fiat voluntas tua. Theologe und Historiker – Priester und Professor. Festschrift zum 65. Geburtstag von Harm Klueting am 23. März 2014, hrsg. von Reimund Haas, Münster 2014, 467-485.
153 Biogramm s. Protokolle Rat EKD 1945/46 (wie Anm. 98), 882.
154 S. Arthur COTTER: Die Einheit der Kirche. In: Die eine, heilige, allgemeine, christliche Kirche. Oekumenischer Gottesdienst in der Jakobuskirche zu Bielefeld. 21. Juli 1946, Bielefeld 1946, 4-6; Zitat: 5.

Im Oktober 1946 kam es dann zu einem Besuch einer großen britischen Delegation unter Beteiligung mehrerer Bischöfe zuerst für zwei Tage im Rheinland in Düsseldorf,[155] dann weiter zu einer dreitägigen Ökumenischen Begegnung in Herford, auch mit öffentlichem Gottesdienst.[156] Bei dieser Gelegenheit fand der Herforder CDU-Oberbürgermeister Dr. Friedrich Holzapfel[157] in einem Memorandum sogar zu der – von der Realität der Wahrnehmung in der Bevölkerung aber wohl doch nicht wirklich gedeckten – Formulierung: »Vor eineinhalb Jahren hat das deutsche Volk die alliierten Truppen begrüßt. Noch nie hat ein Volk den Truppen der Sieger so viel Hoffnung und guten Willen entgegengebracht wie 1945 das deutsche.«[158] Er verband das mit der Bitte: »Helft uns, daß wir den Glauben an eine bessere Menschheit unserem armen deutschen Volke beibringen können, so rufen wir aus christlicher Verantwortung allen Christen der Welt zu.«[159] Ob es sich wirklich generell so verhielt, wie es Holzapfel abschließend beschrieb, wird man mit guten Gründen bezweifeln können – aber es spiegelt dennoch eine zu diesem Zeitpunkt ganz große Erwartung wider: »Wenn ein Volk so geschlagen ist, wie das deutsche, dann sucht es nach einem neuen inneren Halt. Es hat ihn gefunden in der Besinnung auf die Lehren des Christentums, in dem Bekenntnis zur Demokratie und zur Zusammenarbeit aller Völker.«[160] Nach der Reise, die auch noch nach Hamburg und Berlin führte, warb George Bell vor dem britischen Oberhaus intensiv für eine »Wiederherstellung des Vertrauens«.[161]

---

155 Zur Planung des Programms im Rheinland s. Schreiben des HQ MIL LAND NORTH RHINE-WESTPHALIA DÜSSELDORF (714 HQ CCG) Baor an 808 (L/R) Det. Mil. Gov., Düsseldorf, 5.10.1946, in: PRO London, FO 1013/2120, fol. 23: »On Friday 18th Oct. there is a Joint Conference of all denominations, and on Saturday 19th Oct. there are two separate Conferences – one Catholic and one Protestant«.
156 S. dazu Udo TIELKING: Ökumenische Kirchenkonferenz am 21./22. Oktober 1946 im kriegszerstörten Herford. Besuch hochrangiger britischer und deutscher Kirchenführer. In: Historisches Jahrbuch für den Kreis Herford 23 (2016), 9-23. Die ebd., 12, zu lesende Klage über fehlende archivalische Berichte über diese Konferenz ist nicht gerechtfertigt – zahlreiche Unterlagen dazu finden sich im Archiv der Evangelisch-Lutherischen Kirche in Oldenburg (in Oldenburg; OKR 321-0) sowie in London (in der dortigen Lambeth Palace Library, Bell 46 und Bell 284).
157 Zu Person und Wirken s. Christopher BECKMANN: Friedrich Holzapfel (1900-1969). Stellvertretender Vorsitzender der CDU. In: Christliche Demokraten gegen Hitler. Aus Verfolgung und Widerstand zur Union, hrsg. von Günter Buchstab; Brigitte Kaff; Hans-Otto Kleinmann, Freiburg 2004, 286-294.
158 Friedrich HOLZAPFEL: Der Weg in die Zukunft. Memorandum, den englischen Bischöfen bei ihrem Besuch in Herford am 21. Okt. 1946 überreicht, [Herford] [1946], Zitat: 2.
159 Ebd.
160 Ebd.
161 S. Zeitungsausschnitt: [George BELL]: Rede des Lord-Bischofs von Chichester im Oberhaus am Mittwoch, 6. November 1946, [5], in: Landeskirchliches Archiv Bielefeld, 4.53–1,9.

Das beschriebene Geschehen bedeutet nicht, dass es nicht auch in der Britischen Zone kirchlich zu Reibungen an und Konflikten mit der Militärregierung und der Religious Affairs Branch gekommen wäre – auch und gerade hinsichtlich der Durchführung der Entnazifizierung von kirchlichen Amtsträgern.[162] Doch wie ungebrochen das Wohlwollen bei der britischen *Religious Affairs Branch* gegenüber den Kirchen war, geht etwa aus deren im Juni 1948 geäußerten Vorschlag im internen Schriftwechsel mit der Militärregierung hervor, dass zu beobachten sei, dass kommunale deutsche Behörden bei schlechter Versorgungslage die Bedürfnisse der Kirchen ganz nachrangig einstuften:

»This line of passive opposition has, of course, political roots«.[163] Dem müsse durch entsprechende Anweisungen an die Regional Commissioners entgegengewirkt werden, »to ensure that the practical requirements of the Churches are sympathetically considered and, so far as may be possible, met.«[164]

1948 bereiste dann sogar der Erzbischof von Canterbury, Geoffrey Fisher, die Britische Zone – und betonte die kirchlichen britisch-deutschen Gemeinsamkeiten bei den Herausforderungen in der Auseinandersetzung mit Vertretern atheistischen Gedankenguts.[165]

VI Zur Umsetzung in der Sowjetischen Besatzungszone

Zur Klarstellung sei vorangestellt, dass das Agieren der sowjetischen Besatzungsmacht in den östlich der Oder-Neiße-Linie gelegenen Gebieten, für die auf alliierter Seite vereinbart worden war, dass sie entweder von der Sowjetunion annektiert oder aber dem westwärts verschobenen polnischen Staatsgebiet zugeordnet werden sollten, hier nicht mit in Betracht gezogen wird.[166]

---

162 S. dazu Kampmann: Provinzialkirche (wie Anm. 13), 541-554.
163 Schreiben des RAF an C. E. Steel, Political Division, CCG (BE), Bünde, 10.6.1948, in: PRO London, FO 1013/2130.
164 Ebd.
165 S. dazu die Aktennotiz über die Zusammenkunft in Hannover anlässlich des Besuches des Erzbischofs von Canterbury. [Hannover], 26. November 1948, in: OKR Oldenburg OKR A LVI-114[II].
166 Zur Verschiebung des polnischen Territoriums s. Zwangsumsiedlung, Flucht und Vertreibung 1939-1959. Atlas zur Geschichte Ostmitteleuropas (Schriftenreihe [der Bundeszentrale für politische Bildung]; 1015), Bonn 2009, 84-105; zu den sowjetischen Annexionszielen und dem administrativen Handeln in den ab 1944 besetzten Territorien östlich von Oder und Neiße s. Nikita W. P e t r o w : Die sowjetische Besatzungsverwaltung und die Sowjetisierung Ostdeutschlands. In: Sowjetische Kommandanturen und deutsche Verwaltung in der SBZ und frühen DDR. Dokumente, hrsg. von Jan Foitzik (Texte und Materialien zur Zeitgeschichte; 19), Berlin/München/Boston 2015, [33]-97, hier: 35. Zur Durchführung der Westverschiebung Polens und der damit einhergehenden polnischen und alliierten Maßnahmen zur Umsetzung einer zwangsweisen Aussiedlung der deutschen Wohnbevölkerung in den Gebieten östlich von Oder und Neiße s. detailliert Manfred W o l f : Operation Swallow. Der

In der Sowjetischen Besatzungszone (SBZ) westlich der Oder-Neiße-Linie unterschied sich die Entwicklung von derjenigen in den drei Westzonen schnell deutlich. Westalliierte Truppen waren bis an die Elbe vorgerückt und übten damit zunächst die Kontrolle über Teile Mecklenburgs, der Provinz Sachsen, Anhalts, Thüringens und Sachsens aus; sie zogen sich dann aber zum 1. Juli 1945 aus diesen Bereichen zurück.[167]

Für die Bevölkerung in der Sowjetischen Zone besonders nachhaltig wirkte sich die sofort begonnene Umsetzung der Reparationspolitik der sowjetischen Besatzungsmacht aus, die gleich nach Kriegsende mit Demontagen einsetzte.[168] Gesellschaftlich sollte eine »antifaschistisch-demokratische Umwälzung«[169] mit Ziel einer »Volksdemokratischen Revolution«[170] in der SBZ verwirklicht

---

Weg von Schlesien nach Westfalen im Jahre 1946. Britische Quellen und persönliche Erfahrungen der Vertreibung. In: Deutsche Ostflüchtlinge und Ostvertriebene in Westfalen und Lippe nach 1945. Beiträge zu ihrer Geschichte und zur deutsch-polnischen Verständigung hrsg. von Paul Leidinger (Quellen und Forschungen zur Geschichte des Kreises Warendorf; 46), Münster 2011, 42-66, hier: 43-53.

167 S. Hein: Landeskirche (wie Anm. 5), 27 f, mit Hinweis auf die einschneidende Bedeutung des amerikanischen Rückzugs für die folgenden Jahrzehnte. – Detailliert beschrieben ist die Phase der amerikanischen Besatzung und deren dann erfolgte Übergabe in sowjetische Verantwortung in ihrer Auswirkung für die Thüringer evangelische Kirche bei Thomas A. SEIDEL: Im Übergang der Diktaturen. Eine Untersuchung zur kirchlichen Neuordnung in Thüringen 1945-1951 (Konfession und Gesellschaft; 29), Stuttgart 2003, [61]-105. – Zur politischen Gliederung des besetzten Deutschlands insgesamt s. Rexin: Jahre (wie Anm. 53), 10-15. Eine präzise kartographische Darstellung des Verlaufs der Demarkationslinien der Sowjetischen Besatzungszone im Jahr 1945 findet sich bei Dieter ZIMMER: »Auferstanden aus Ruinen …«. Von der SBZ zur DDR. In Zusammenarbeit mit Carl-Ludwig Paeschke, Stuttgart 1989, 6.

168 Dazu Petrow: Besatzungsverwaltung (wie Anm. 166), 86: »Die konkreten Ziele der sowjetischen Besatzungspolitik in Deutschland formulierte der Oberste Chef der SMAD Marschall Schukow recht offen am 16. August 1945 in einer Rede vor Vertretern der SMA-Verwaltungen der Länder und Provinzen. Nachdem er mit der Erklärung begonnen hatte, dass ›wir hier keine ewigen Gäste sind‹, führte er aus: ›Wir müssen so schnell wie möglich alles abtransportieren, was nötig ist, um die Kosten des Krieges zu decken‹, und erklärte dies mit dem günstigen psychologischen Moment, solange die Deutschen noch ›vom Ende des Krieges verblüfft‹ seien.« Zur sowjetischen Demontagepolitik s. auch Matthias JUDT: Aufstieg und Niedergang der »Trabi-Wirtschaft«. In: DDR-Geschichte in Dokumenten. Beschlüsse, Berichte, interne Materialien und Alltagszeugnisse, hrsg. von dems., Berlin 1997, 87-164, hier: 89 f.

169 So die Formulierung in der späteren Geschichtsschreibung der DDR; s. Rolf BADSTÜBNER [u.a.]: Geschichte der Deutschen Demokratischen Republik von einem Autorenkollektiv unter Leitung von Rolf Badstübner. Mit 61 Abbildungen und 6 Karten, hrsg. vom Wissenschaftlichen Beirat für Geschichtswissenschaft beim Ministerium für Hoch- und Fachschulwesen unter Leitung von Manfred Kossok, Berlin 1981, 21. Dgl. In: GESCHICHTE IN ÜBERSICHTEN. Wissensspeicher für den Unterricht, 4. Aufl., Berlin 1988, 432.

170 Ebd., 430: »Sie stellte einen einheitlichen revolutionären Prozeß dar, in dem von der | – Lösung antifaschistischer, antifeudaler, antiimperialistischer und allgemeindemo-

werden. In deren öffentlichem Dienst wurde 1945 das Berufsbeamtentum abgeschafft,[171] bei einer Justizreform 1945/1946 wohl mehr als 80 Prozent der Richter und Staatsanwälte im Zuge der Entnazifizierung entlassen und durch in Schnellverfahren ausgebildete »Volksrichter« ersetzt.[172] Der KPD[173] wurde beherrschender Einfluss in den im Juli 1945 von der sowjetischen Militärregierung gebildeten Zentralverwaltungen (für Volksbildung, Finanzen, Arbeit und Sozialfürsorge sowie für Landwirtschaft) zugestanden.[174] Ab September 1945 wurde Großgrundbesitz unter dem Motto »Junkerland in Bauernhand« enteignet; die Bodenreform betraf 35 Prozent der landwirtschaftlichen Nutzfläche.[175] Schon am 21./22. April 1946 wurden KPD und SPD zur SED vereinigt, im August 1948 trat auch der Freie Deutsche Gewerkschaftsbund dem »Antifa-Block« aus SED, Nationaldemokratischer Partei (NDPD) und Deutscher Bauernpartei Deutschlands (DBD) bei.[176]

Nur schlagwortartig sei dies erwähnt, weil vor dem Hintergrund dieser Entwicklung sich umso mehr abhebt, dass die ansonsten straff regierende Sowjetische Militäradministration (SMAD)[177] gegenüber den Kirchen zunächst

kratischer Aufgaben zur | – Lösung sozialistischer Aufgaben übergegangen wurde. In diesem Prozeß errichteten die Werktätigen direkt oder über die Zwischenstufe der *revolutionär-demokratischen Diktatur der Arbeiter und Bauern* die *Diktatur des Proletariats.*«

171 S. dazu: Die Gesetzgebung in der sowjetischen Besatzungszone. In: Süddeutsche Juristen-Zeitung 2 (1947), Nr. 1, Januar 1947, Sp. 46-54, dort Sp. 47.

172 S. dazu ebd., Sp. 49, sowie Badstübner: Geschichte (wie Anm. 169), 43, der den Vorwurf erhebt: »Sie [die deutsche Justiz] war kadermäßig ein Hort der Reaktion.« S. die sachliche Beschreibung bei: VOLKSRICHTER IN DER SBZ/DDR 1945 BIS 1952. Eine Dokumentation, hrsg. von Hermann Wentker (Schriftenreihe der Vierteljahrshefte für Zeitgeschichte; 74), München 1997, 9f. – Zum Umfang der ausgesprochenen Entlassungen im Zuge der Entnazifizierung in der SBZ insgesamt s. Onnasch: Situation (wie Anm. 1), 213f.

173 Zum unterschiedlich verlaufenden Prozess der Bildung von Parteien in den westlichen Zonen und in der Sowjetischen Besatzungszone nach Ende der nationalsozialistischen Herrschaft s. Rexin: Jahre (wie Anm. 53), 15-20, zur Zwangsverschmelzung von SPD und KPD zur SED in der Sowjetischen Besatzungszone ebd., 25f.

174 S. Siegfried SUCKUT: Parteien in der SBZ/DDR 1945-1952 (Deutsche Zeit-Bilder), Bonn 2000, 5-13. Vgl. damit aus Perspektive der DDR-Geschichtsschreibung Badstübner: Geschichte (wie Anm. 169), 35 f.

175 Zitat s. ebd., 434. Vgl. Badstübner: Geschichte (wie Anm. 169), 47-52. – Detailliert dazu »JUNKERLAND IN BAUERNHAND«? Durchführung, Auswirkungen und Stellenwert der Bodenreform in der Sowjetischen Besatzungszone, hrsg. von Arnd Bauerkämper (Historische Mitteilungen; Beiheft 20), Stuttgart 1996.

176 S. dazu Andreas MALYCHA; Peter Jochen WINTERS: Geschichte der SED. Von der Gründung bis zur Linkspartei (Schriftenreihe [der Bundeszentrale für politische Bildung]; 1010), Bonn 2009, 24f. – Zum Vorgang der Bildung der Einheitspartei SED s. ebd., 28-37.

177 Zu deren Aufbau und Umsetzung des Verwaltungshandelns s. die detaillierte Nachzeichnung von Jan FOITZIK: Sowjetische Ordnungspolitik und deutsche Ordnungs-

keinen massiv repressiv wirkenden Kurs einschlug: Die Durchführung von Gottesdiensten und anderen kirchlichen Veranstaltungen wurde in aller Regel nicht behindert.[178] Eindrücklich aus eigener sowjetischer Perspektive hat indes der vom Chef der SMAD, dem sowjetischen Marschall Georgi Konstantinowitsch Žukov,[179] im August 1945 nach Berlin geholte, über gute Deutschkenntnisse verfügende Oberst Sergej Iwanowitsch Tjuľpanov,[180] ein Wirtschafts- und Gesellschaftswissenschaftler, nach dreijähriger dortiger Tätigkeit einen umfassenden Bericht abgefasst, in dem er auch die gegenüber den Kirchen verfolgte Strategie charakterisiert hat.[181]

Tjuľpanov beschrieb in seinem Bericht die katholische Kirche als durchweg reaktionär, die evangelische als in einigen Fällen »demokratischen Maßnahmen« zugänglich – die Pfarrerschaft tendiere aber im Allgemeinen zu einer politischen Orientierung am Westen.[182] Angesichts dessen habe man einerseits

---

ambition. Rechtsvollmachten, Aufstellung und Arbeitsmethoden der Besatzungsmacht. In: Sowjetische Kommandanturen und deutsche Verwaltung in der SBZ und frühen DDR. Dokumente, hrsg. von dems. (Texte und Materialien zur Zeitgeschichte; 19), Berlin/München/Boston 2015, [99]-254.

178 S. Thierfelder: Kirchenpolitik (wie Anm. 72), 18 f. – Zu den in der KPD während der nationalsozialistischen Diktatur entwickelten Vorstellungen zur Religionsfreiheit und zur Rolle der Kirchen s. Tim MÖHLENBROCK: Kirche und Bodenreform in der Sowjetischen Besatzungszone Deutschlands (SBZ) 1945-1949. Eine Untersuchung über das Verhalten der Evangelischen Landeskirchen und der Katholischen Kirche während der »demokratischen Bodenreform« in der SBZ unter Berücksichtigung der Auswirkungen der Bodenreform auf das kirchliche Vermögen (Europäische Hochschulschriften; II, 2206), Frankfurt a.M. 1997, 74 f. Aufschlussreich ist auch die Beobachtung, dass es anscheinend auf Ebene der Verwaltungsspitzen eher zu einem freundlichen, kooperativ erscheinenden Umgang mit kirchlichen Anliegen kam als auf lokaler Ebene; so Seidel: Übergang (wie Anm. 167), 102 f.

179 Zu Person und Wirken s. J[an] F[OITZIK]: Art. Shukow, Georgi Konstantinowitsch. In: Wer war wer in der DDR? Ein biographisches Lexikon, hrsg. von Helmut Müller-Enbergs; Jan Wiegohs; Dieter Hoffmann unter Mitarbeit von Olaf W. Reimann und Bernd-Rainer Barth, Genehmigte Lizenzausgabe, Augsburg 2003, 796 f.

180 Zu dessen Werdegang s. J[an] F[OITZIK]: Art. Tjulpanow, Sergej Iwanowitsch. In: Wer war wer in der DDR? (wie Anm. 179), 858. Vgl. auch den Hinweis bei Seidel: Neubeginn (wie Anm. 13), 75 (samt Anm. 30), auf die persönliche Bekanntschaft Otto Dilschneiders mit Tjulpanow, den er unter anderem als »Lutherkenner« beschrieben hat.

181 S. DER TJUĽPANOV-BERICHT. Sowjetische Besatzungspolitik in Deutschland nach dem Zweiten Weltkrieg, hrsg. von Gerhard Wettig (Berichte und Studien/Hannah-Arendt-Institut für Totalitarismusforschung e.V. an der TU Dresden; 63), Göttingen 2012. – Zur prägenden Rolle Tjuľpanovs bei der stalinistischen Ausrichtung der SED 1948 s. Malycha; Winters: Geschichte (wie Anm. 176), 65. Näheres zum Wirken Tjuľpanovs in der SMAD bei Bernd BONWETSCH; Gennadij BORDJUGOV: Die Affäre Tjuľpanov. Die Propagandaverwaltung der Sowjetischen Militäradministration im Kreuzfeuer der Kritik 1945-1949. In: Deutsche Studien 31 (1994), 247-272.

182 Wettig: Tjuľpanov-Bericht (wie Anm. 181), 372. – Otto Dibelius wurde ebd. als der »einflussreichste Akteur der evangelischen Kirche in der [Sowjetischen] Zone« und

versucht, die Kirchen durch Gewährung von Freiheit der religiösen Praxis und Belassen ihrer institutionellen Selbstbestimmung »politisch zu neutralisieren«, sei aber zugleich bestrebt gewesen, den »mächtigen Propaganda-Apparat der Kirche im Interesse der Demokratisierung Deutschlands zu benutzen.«[183] Nur Sekten und Religionsgemeinschaften mit faschistischem und rassistischem Charakter habe man nicht zugelassen.[184] Durch die Gewährung von Freiheit für die Kirchen auch zur Durchführung der Ausbildung an Theologischen Fakultäten sowie zu diakonischer und katechetischer Arbeit sei schon in den ersten Monaten der SMAD-Tätigkeit ein Bild entstanden, »das sich grundlegend von der Situation unterschied, in der sich die Kirchen und die religiösen Organisationen während der Nazizeit befunden hatten.«[185] Das habe für die Kirchen »einen erheblichen Teil des antisowjetischen Propaganda-Arsenals unbrauchbar« gemacht – um so über sie Kontrolle und Einflussmöglichkeit zu behalten: »Doch diese Maßnahmen waren nur ein Teil unserer Politik auf dem Gebiet der Kirche. Außerordentlich wichtig war es, während der Kirche breit Möglichkeiten für ihre Tätigkeit eingeräumt wurden, die Kontrolle über sie und die Möglichkeit unseres Einflusses zu wahren.«[186] Durch die Erlaubnis von Kirchenpresse und Rundfunksendungen sei die Möglichkeit zu deren Nutzung in einem antisowjetischen Sinne stark eingeschränkt gewesen. Lizenzen und Genehmigungen in diesem Sektor seien nur an fortschrittliche Leute im Bereich der Kirchen[187] vergeben worden – namentlich genannt werden Propst Heinrich Grüber[188] und Friedrich-Wilhelm Krummacher[189]. Unter Vermeidung öffentlichen Drucks

---

    als »Musterbeispiel eines Kirchendiplomaten« charakterisiert, »der die Beziehungen zu allen Besatzungsmächten aufrecht zu erhalten sucht und zugleich durch Stellungnahmen für die Freiheit der Persönlichkeit und den Rechtsstaat um Popularität bei der Bevölkerung bemüht ist«.
183 Ebd., 372f, Zitat: 373.
184 Ebd.
185 Ebd.
186 Ebd.
187 S. dazu Peter ZILLMANN: Überblick zur Geschichte der Ev. Kirchen in der DDR. Resignatio – Kirche im Sozialismus, 3. Ausgabe mit neuem Anhang, Berlin 2020, 29f.
188 Zu Person und Wirken s. Carsten NICOLAISEN: Art. Grüber, Heinrich. In: RGG, 4. Aufl., Bd. 3 (2000), 1305.
189 Zu Person und Wirken s. Protokolle Rat EKD 1945/46 (wie Anm. 98), 910, insbesondere aber Friedrich WINTER: Friedrich-Wilhelm Krummacher (1946-1955) und Fritz Führ (1956-1963). Zwei Generalsuperintendenten im Sprengel II von Berlin. In: Jahrbuch für Berlin-Brandenburgische Kirchengeschichte 65 (2005), 214-242, hier: 214-229. – Krummacher hatte (so Winter, ebd., 216 samt Anm. 10) in der Zeit seiner Kriegsgefangenschaft ab November 1943 im Nationalkomitee »Freies Deutschland« mitgearbeitet und für die Sowjets Berichte geschrieben über die kirchlichen Verhältnisse in Deutschland. Bei Winter fehlt indes der Hinweis, dass Krummacher seit April 1946 mit dem NKWD zusammengearbeitet und diesem bis 1954 in regelmäßigen Abständen gegen Bezahlung Informationen aus der Kirchenkanzlei der Evangelischen Kirche der (altpreußischen) Union geliefert hat; so Stefanie SIEDEK-STRUNK: Evangeli-

auf Kirchenleute habe die SMAD normalerweise reaktionäre religiöse Projekte und Absichten zunichte gemacht und durch fortschrittliche Kräfte innerhalb der Kirchen selbst dort notwendige Entscheidungen herbeigeführt.[190] So seien bei der Durchführung der Bodenreform in der Sowjetischen Besatzungszone im Herbst 1945 in manchen Kirchengemeinden Dankgottesdienste vollzogen worden, und es sei gar kirchlicherseits eine ausdrückliche Befürwortung der Bodenreform erfolgt.[191] Bei den Kommunalwahlen im September 1946 habe sich die Kirche offiziell neutral verhalten, was zu einem geringeren Stimmenanteil der CDU geführt habe.[192] Und bei der im Juli 1948 in Eisenach durchgeführten Kirchenversammlung der Evangelischen Kirche in Deutschland[193] sei mit der dort angenommenen Grundordnung der Beginn der Organisation einer einheitlichen evangelischen Kirche in Deutschland gelegt worden.[194] 1947/1948 habe es allerdings parallel zur Verschärfung der politischen Lage und eines zunehmenden Drucks aus dem Westen auch eine »Zuspitzung der Beziehungen« zu »den reaktionären Kirchenleuten und Sektierern« gegeben.[195] Als Zukunftsperspektive skizzierte Tjulpanov eine »Ausdehnung der wissenschaftlich aufklärenden Propaganda unter den Volksmassen« als Ausgangspunkt

---

sche Gefängnisseelsorge in der SBZ und den frühen Jahren der DDR (1945 bis 1959) (Arbeiten zur kirchlichen Zeitgeschichte; 84), Göttingen [2022], 93 f.
190 Wettig: Tjulpanov-Bericht (wie Anm. 181), 374.
191 S. zu den einschlägigen Äußerungen seitens der Sächsischen Landeskirche Meier: Kirchenkampf 3 (wie Anm. 121), 536 f. Kirchengemeinden waren auch selbst von der Bodenreform betroffen. Zu den komplexen Zusammenhängen und der Wahrnehmung der (rechtlichen) kirchlichen Interessen s. Möhlenbrock: Kirche (wie Anm. 178), 83-321; zu Anhalt s. ebd., 301 f.
192 Wettig: Tjulpanov-Bericht (wie Anm. 181), 374. – Zur Einflussnahme der SMAD auf die Wahlen s. Stefan Creuzberger: »Der SED zum Sieg verhelfen«. Die sowjetische Besatzungsmacht und erste Wahlen in der SBZ. In: Osteuropa 47 (1997), Nr. 10/11, Oktober/November 1997, 1118-1126. - Zu Tjulpanovs Schlussfolgerungen aus dem für die SED unbefriedigenden Wahlergebnis für die Ausrichtung der weiteren sowjetischen Besatzungspolitik s. Petrow: Besatzungsverwaltung (wie Anm. 166), 71: »Tjulpanow vermerkte, dass die ›bürgerlichen Parteien‹ die Hälfte der Sitze in den Kreis- und Landtagen erhielten[,] und, da ihm klar war, dass der bevorstehende Winter unvermeidlich Versorgungsschwierigkeiten mit sich bringen würde, machte er einen hinterhältigen Schachzug. Er schlug vor, die Taktik gegenüber den politischen Konkurrenten der SED zu ändern: ›Diese Parteien sind stärker für die Zusammenarbeit mit den Organen der SMAD zu gewinnen, und es sind ihnen mehr Posten in denjenigen Verwaltungen der Provinzen, Bezirke und Kreise zur Verfügung zu stellen, die im Zusammenhang mit der Versorgung der Bevölkerung stehen.‹ Auf diese Weise sollten die Gegner der Sowjetisierung politisch diskreditiert und geschwächt werden, indem man die Unzufriedenheit und den Zorn der Bevölkerung gegen sie richtete«.
193 Dazu s. ausführlich Smith-von Osten: Treysa (wie Anm. 74), 364-381. – Zu den Spannungen in der EKD vor und nach der Kirchenversammlung in Eisenach s. Kampmann: Treysa (wie Anm. 118), 57-78.
194 Wettig: Tjulpanov-Bericht (wie Anm. 181), 374.
195 Ebd., 375.

für »die künftige antireligiöse Arbeit in Deutschland«.[196] Man versuche, die Kirchenpolitik der SMAD durch Gespräche mit Kirchenleitungsmitgliedern zu fördern und die Autorität fortschrittlicher Kräfte in kirchlichen Kreisen zu festigen durch Genehmigung von durch diese Personen initiierte kirchliche Aktivitäten; zudem hätten auch Empfänge für Mitglieder von Kirchenleitungen und Teilnahme von Vertretern der SMAD an kirchlichen Konferenzen positiv gewirkt, weil sie die Möglichkeit eröffnet hätten, »dort die uns interessierenden Fragen zur Diskussion zu stellen.«[197]

In der Summe lief Tjuĺpanovs Charakterisierung also darauf hinaus, gegenüber den Kirchen in geschickter Weise eine Verschleierung der letztlich antireligiösen sowjetischen Zielsetzungen zu betreiben und mittels des Erzeugens einer prosowjetischen Grundstimmung einem sonst zu befürchtenden kirchlichen Gegenwirken den Wind aus den Segeln zu nehmen – in der Hoffnung auf ein in der Zukunft mehr und mehr gelingendes Gewinnen der Bevölkerung für die sowjetischen ideologischen Ziele. Die Verstellung ging bis dahin, dass Tjulpanow im Zusammenhang einer gemeinsamen Beschwerde aller Landesbischöfe im Bereich der SBZ im Mai 1948 gegen eine Nötigung, sich politisch zu positionieren, beteuerte, es sei nicht im Sinne der Obersten Militärbehörde, »die Freiheit der kirchlichen Entscheidungen zu beeinflussen« – die Kirche habe »volle Freiheit der Entschließung [...], ob und wann und wie sie zu Fragen des politischen Lebens Stellung nehme.«[198]

Bezeichnend ist, dass zuletzt und damit als exponierter Punkt der aus Tjuĺpanovs Bericht gezogenen Schlussfolgerungen für die Arbeit der SMAD betont wurde:

> »Wir nutzen unsere propagandistischen Möglichkeiten – das betrifft das System der SMA insgesamt – [nur] zu 10-15 Prozent. Es ist notwendig, die Arbeit so einzurichten, dass sich unser Einfluss auf die Bevölkerung verzehnfacht. Wir haben ein Interesse daran, dass uns in dem gestern noch feindlichen Land die Bevölkerung nicht feindlich, sondern freundschaftlich gesinnt ist.«[199]

---

196 Ebd.
197 Ebd., 376.
198 Zitat bei Seidel: Neubeginn (wie Anm. 13), 92.
199 Wettig: Tjuĺpanov-Bericht (wie Anm. 181), 400. – Dies deckt sich auch mit der von Tjulpanow in dessen Erinnerungen beschriebenen Perspektive, es habe die Notwendigkeit bestanden, »eine solche Lage zu schaffen, daß uns die Deutschen (die demokratischen Kräfte und die breiten Schichten der werktätigen Bevölkerung insgesamt) vertrauen«; s. Sergej TJULPANOW: Deutschland nach dem Kriege (1945-1949). Erinnerungen eines Offiziers der Sowjetarmee, hrsg. von Stefan Doernberg, Berlin 1986, 40. Bezeichnend ist auch Tjuĺpanows rückschauende Einschätzung ebd., 241, »daß während der antifaschistisch-demokratischen Umwälzung die Haltung der evangelisch-lutherischen Geistlichen in der Regel keinerlei Komplikationen bereitete.« – Vgl. zu der langfristigen, zunächst auf Täuschung der Bevölkerung angelegten Strategie der sowjetischen Besatzungspolitik auch die bereits aus der Perspektive der frühen 1950er Jahre unternommene Analyse von Martin DRAHT: Verfassungsrecht

Das Wohlwollen gegenüber den Kirchen, das in der Sowjetischen Besatzungszone seitens der Militäradministration nach außen gezeigt wurde,[200] war also nach eigenem Bekunden nur eine vorübergehend zur Schau gestellte Fassade, die letztlich aber gerade nicht einer Förderung der Kirchen dienen sollte.[201] Bei der SMAD wurde ebenfalls ein Referat für kirchliche Angelegen-

---

und Verfassungswirklichkeit in der Sowjetischen Besatzungszone. Untersuchungen über Legalität, Loyalität und Legitimität. Mit einem Anhang: Verfassung der »DDR« im Wortlaut, Bonn 1954, 50 f: »Daß es sich um die Einbeziehung der Sowjetzone in eine *fremde* […] revolutionäre Politik handelt, läßt sich aber besonders deutlich an folgendem ablesen: Diese Einbeziehung ist nicht vollständig. Sie entbehrt der Konsequenz, die die Machtlage an sich gestatten würde. Sie ist ›gedämpft‹. Das beweist schon die nur schrittweise Proletarisierung der mittelständischen Schichten […] So viel auch geschehen war, so war doch nicht *alles* geschehen, was möglich gewesen wäre. Sogar Führer der SED sind mehr als einmal ›gebremst‹ worden. […] Kein Zweifel kann darüber bestehen, daß es sich dabei um eine bewußte Lenkung, um eine *Funktionalisierung der Revolution* handelt; denn unüberwindliche Hindernisse lagen für die Besatzungsmacht sicher nicht in den internationalen Abkommen über Deutschlands Behandlung; sie lagen auch nicht darin, daß weitergehende Maßnahmen etwa außenpolitische Gefahren heraufbeschworen oder vergrößert hätten. Nichts hiergegen besagt das *umgekehrte* Argument, warum man denn mehr als geschehen hätte tun sollen, da doch die Machtlage *jederzeit* alles gestatte, was jeweils zweckmäßig erscheinen könnte. Das Problem ist gerade, *weshalb* man es *bisher nicht* als zweckmäßig angesehen hat. So müssen wir bei dieser Taktik an innere Zweckmäßigkeiten der eigentlichen Herrscher selbst, also der Besatzungsmacht denken. Sie können nur liegen in den weiteren Absichten oder Möglichkeiten nicht *gegenüber* und *in* der Sowjetzone, sondern *mit* ihr. Sie sollte und soll die *Brücke nach draußen* nicht abbrechen lassen. Gerade die Beibehaltung der Terminologie und des Schleiers von Verfassungsrecht und Legalität […] spricht hierfür, nicht zuletzt auch die Tatsache, daß der ›Alltag der Zone‹ Täuschungen im Zonen*innern* längst ausschließt. […] Jedenfalls aber war die bisherige Entwicklung und wird die zukünftige bleiben eine Entwicklung nach Gesichtspunkten der Sicherung und Fortentwicklung der *sowjetrussischen* Revolution und *ihres* Staates.« – Zur schwierigen Durchschaubarkeit der Ziele der sowjetischen Religionspolitik in ihrer Besatzungszone und Tjulpanows auch aus römisch-katholischer Sicht s. Wolfgang KNAUFT: Katholische Kirche in der DDR. Gemeinden in der Bewährung 1945-1980, Mainz 1980, 19.

200 So z. B. Ehrhardt NEUBERT: Kirchenpolitik. In: DDR-Geschichte in Dokumenten. Beschlüsse, Berichte, interne Materialien und Alltagszeugnisse, hrsg. von Matthias Judt, Berlin 1997, 361-430, hier: 364 f: »Die Kommunisten [in der SBZ] machten aus ihrem geschichtlich bedingten Antiklerikalismus keinen Hehl, behinderten aber gemäß den Weisungen aus Moskau die Kirchen nicht«.

201 Gegen die partiell verharmlosende Darstellung bei Thierfelder: Kirchenpolitik (wie Anm. 72), 18 f (samt S. 19 Anm. 92). Seinen Hinweis ebd., 19 f, auf die fördernde Rolle Tjulpanows bei der Installation von Hugo Hahn (zur Person s. Boyens: Kirchenpolitik [wie Anm. 24], Dokument 10b, 92-97, hier: 94 Anm. 2) als Landesbischof der Sächsischen Landeskirche wird man unter Berücksichtigung der politischen Konturen, die Tjulpanows Bericht erkennen lässt, auch unter dem Gesichtspunkt sehen müssen, inwieweit Hahn aus Sicht des SMAD als »fortschrittlich« galt. Vgl. zu dem Vorgang auch Meier: Kirchenkampf 3 (wie Anm. 121), 535 f. – Seidel: Neubeginn (wie Anm. 13), 73-

heiten eingerichtet, zuständig war Oberstleutnant Wsewoljod Alexandrowitsch Jermolajew, im Zivilberuf Dozent für Geschichte.[202] Inwieweit deren deutsche kirchliche Gesprächspartner wie Propst Heinrich Grüber und Pfarrer Otto Dilschneider[203] in Berlin über die tatsächlichen Ziele in der SMAD getäuscht wurden und sich auch getäuscht haben, wird man zu fragen haben.[204] Für den in Thüringen wirkenden Landesbischof Moritz Mitzenheim[205] im Gegenüber zum dortigen Chef der Sowjetischen Militäradministration Iwan Sosonowitsch Kolesnitschenko[206] wird dies jedenfalls formuliert:

> »Das Verhältnis der beiden ›Führernaturen‹ Mitzenheim und Koletnitschenko hatte im Laufe der Jahre einen beinahe freundschaftlichen Charakter angenommen. [...] Mitzenheim vermochte es offenbar nicht, die machtpolitische Taktik und ›Bauernschläue‹ des stalinistischen Funktionärs zu durchschauen.«[207]

Spürbaren Eintrag im Bildungsbereich mussten die Kirchen dadurch hinnehmen, dass an staatlichen Schulen in der SBZ nicht wieder der nach der Weimarer Reichsverfassung eigentlich garantierte konfessionelle Religionsunterricht eingeführt wurde.[208] Und der Durchführung kirchlicher Kinder- und Jugendarbeit wurde regional auch hemmend entgegengetreten.[209]

92, zeichnet ein facettenreiches Bild des sowjetischen Auftretens gegenüber kirchlicher Arbeit und kirchlichen Amtsträgern. Er weist ebd., 78 Anm. 39, ausdrücklich darauf hin, dass sowjetischerseits offenbar ein auf vorab gewonnenen Informationen beruhendes Wissen über einzelne kirchliche Amtsträger bei Beginn der Besatzungsherrschaft vorhanden war und ein dementsprechend geplantes Vorgehen stattfand.

202 So Seidel: Neubeginn (wie Anm. 13), 68 f; vgl. Iwan A. BEJWIN: Die Russen in Deutschland. Auszüge aus meinen Erinnerungen. In: Hochschuloffiziere und Wiederaufbau des Hochschulwesens in Deutschland 1945-1949. Die Sowjetische Besatzungszone, hrsg. von Manfred Heinemann, Berlin 2001, [11]-34, hier: 13 Anm. 4.

203 Der in Berlin-Zehlendorf wirkende Pfarrer und spätere Professor an der Kirchlichen Hochschule in Berlin Otto Dilschneider wurde im Juni 1945 in den Beirat zur Unterstützung der in Berlin verbliebenen Mitglieder des Evangelischen Oberkirchenrats und dann im August 1945 auch in die (vorläufige) Kirchenleitung der Evangelischen Kirche der altpreußischen Union (für die östlichen Provinzen) berufen; s. Meier: Kirchenkampf 3 (wie Anm. 121), 218 f; vgl. auch Handbuch der deutschen evangelischen Kirchen 1918 bis 1949. Organe – Ämter – Verbände – Personen, Bd. 1: Überregionale Einrichtungen, bearb. von Heinz BOBERACH; Carsten NICOLAISEN; Ruth PABST (Arbeiten zur Kirchlichen Zeitgeschichte; A 18), Göttingen 2010, 240 f. Er gehörte dann auch der ab November 1945 wirkenden altpreußischen Kirchenleitung (für die östlichen Gliedkirchen) an (so ebd., 242).

204 S. Seidel: Neubeginn (wie Anm. 13), 71.78.

205 Zu Person und Wirken s. Herbert von HINTZENSTERN: Art. Mitzenheim, Moritz. In: Neue Deutsche Biographie 17 (1994), 592-593; vgl. Claudia LEPP: Art. Mitzenheim, Moritz. In: RGG, 4. Aufl., Bd. 5 (2002), 1362.

206 Biogramm bei Seidel: Übergang (wie Anm. 167), 344.

207 So ebd., 103.

208 S. dazu Thierfelder: Kirchenpolitik (wie Anm. 72), 20. Vgl. Onnasch: Situation (wie Anm. 1), 216 f, sowie auch Stegmann: Kirchen (wie Anm. 16), 24 f.

209 S. Beispiele bei Seidel: Neubeginn (wie Anm. 13), 85 f, 89 f.

Zu einer Verbindung der Kirchen in der SBZ wuchs die »Kirchliche Ostkonferenz«, die sich immer wieder mit Problemen für das kirchliche Leben unter den gesellschaftspolitischen Rahmenbedingungen der Sowjetischen Besatzungszone und später der DDR befassen musste.[210] Dem näher nachzugehen, wird die gegenwärtige Tagung Gelegenheit bieten.

VII Die Umsetzung von Zukunftskonzeptionen und Kirchenpolitiken in den Besatzungszonen im Vergleich

Stellt man die Zukunftskonzeptionen und Kirchenpolitiken, mit denen die vier alliierten Besatzungsmächte von 1945 bis 1949 in Deutschland im Rahmen der von ihnen ausgeübten Militärregierung auftraten, nebeneinander, so wird deutlich, dass diese alles andere als deckungsgleich waren:

Französischerseits ging es vorrangig um die Wahrung der eigenen politischen Interessen auch im Raum der Kirchen, die man durch Einflussnahme durch prägende Persönlichkeiten zu erreichen suchte, – doch ohne wirklich erkennbares Interesse an der von den Kirchen in deren Sinne ausgerichteten Arbeit.

Amerikanischerseits versuchte man auf hernach sich als weniger gut gelingend erweisendem Wege, die Ziele einer Re-Education nach Säuberung der Bevölkerung durch Entnazifizierungsverfahren zu erreichen – und scheiterte daran in vielen Aspekten, weil schon der erste Schritt, die planmäßige breitenwirksame Entnazifizierung, nicht wirklich gelang; die Kirchenleitungen in der Amerikanischen Zone solidarisierten sich unverkennbar mit den von den Verfahren betroffenen Gemeindegliedern, und es gelang nicht, ein auf Vertrauen basierendes Zusammenwirken zwischen Militärregierung und den Kirchenleitungen zu etablieren.

Britischerseits unternahm man es, eine Vertrauensbasis zwischen den Kirchen in England – wesentlich getragen von der unlöslich mit der dortigen Monarchie verknüpften Anglikanischen Kirche – und den Kirchen in der Britischen Besatzungszone aufzubauen: Durch intensive Kontakte auf kirchenleitender Ebene mit bewusst auch geistlicher Dimension und einer engen Verzahnung dieser Bemühungen mit denen der staatlichen *Religious Affairs Branch*.

Und *sowjetischerseits* entschied man sich aus rein taktischem politischem Kalkül, die Kirchen zunächst nicht massiv in ihrem Wirken einzuschränken, um so Widerstände gegen eine langfristige gesellschaftliche Umgestaltung zu minimieren, die aber einer Entfaltung von kirchlicher Arbeit nicht im Geringsten zugeneigt war und sich einer solchen nicht verpflichtet sah.[211]

---

210 S. ebd., 189-195; vgl. auch (mit Hinweis auf die prägende Rolle von Otto Dibelius) Brechenmacher: Sog (wie Anm. 33), 23.

211 Als nachträgliche Bestätigung der beschriebenen Zielsetzung, die Kirchen mit ihrem Einfluss aus dem öffentlichen Bereich möglichst neutralisieren, ja am liebsten einfach vergessen machen zu wollen, kann auf die DDR-Geschichtsschreibung über die Ge-

Dass aber selbst bei den Briten die Skepsis nicht ausgeräumt war, ob das Engagement zu einer Umprägung der deutschen Gesellschaft im Sinne demokratischer und christlicher Überzeugungen gelingen werde und ob die Kirchen dazu in der Lage seien, den ihnen dabei zugedachten Beitrag zu liefern, sei abschließend angezeigt mittels der Einschätzung der kirchlichen Situation in Deutschland, die Iain Wilson, Referent für die Religionsfragen bei der britischen Abteilung Control Commission of Germany,[212] 1947 in einer schottischen Kirchenzeitung publizierte; er charakterisierte das Agieren der deutschen Kirchen so:

»Die deutsche Kirche hält sich trotz der bitteren Erfahrungen unter den Nazis auch heute noch fern von sozialen und politischen Fragen und übt keinen unmittelbaren Einfluß auf sie aus. Wenigstens behauptet sie dieses, während man vermuten kann, daß sie auch weiterhin nationale Loyalität und Konservativismus auf jedem Gebiet des Lebens bejaht. Die Kirche ist noch immer scharf getrennt von den Sozialdemokraten. Der lutherische Klerus stellt immer wieder fest, daß die SPD nicht die christlichen Grundlagen wie unsere Labour-Party hat; bisweilen findet sich eine gewisse Annäherung, aber im allgemeinen sieht der Klerus mit Mißbilligung auf die linksgerichteten Politiker – und die deutsche Kirche ist charakteristischerweise eine Kirche des Klerus. Was die Kirche auch sonst heute in Deutschland tut, sie geht nicht richtig in die augenblickliche traurige soziale, politische oder wirtschaftliche Lage hinein. Außer gelegentlichen Protesten gegen die alliierte Politik gegenüber Flüchtlingen, Entnazifizierung, Wohnraum, Kriegsgefangenen usw. bleiben die Kirchen schweigsam. Sie geben weder den Alliierten noch dem deutschen Volk positiven Rat, und auf politischem Gebiet erwarten sie weder noch erhalten sie das Vertrauen der Besatzungsmächte oder des Volkes. – Das Anliegen der Kirche ist Konzentrierung auf speziell religiösen Einfluß, und dieses besonders bei der Jugend [...] Die Kirche sieht sich als ›besonderes Volk‹ an und trachtet nur danach, ihre Mitgliederzahl durch sorgsame und unauffällige Methoden zu erweitern. Die Kirchen sind der Ansicht, daß sie durch inneres Leben der Verehrung und des Glaubens, durch hohen Bildungsstand ihrer Mitglieder und den Verzicht auf billige Popularitätserfolge am besten ihre göttliche Sendung erfüllen.«[213]

---

schehnisse in der Zeit zwischen 1945 und 1949 verwiesen werden, in der die Kirchen als gesellschaftliche Größe dann nicht einmal mehr auch eine nur beiläufige Erwähnung gefunden haben; s. z. B. Badstübner: Geschichte (wie Anm. 169), 9-112; auch in dem für den Geschichtsunterricht in den Klassen 5 bis 10 konzipierten, im Verlag »Volk und Wissen« erschienenen Lehrbuch werden die Kirchen einfach ausgeblendet; s. Geschichte in Übersichten (wie Anm. 169), 431-446.

212 Wilson beschrieb seine Funktionen später so: »During those years I functioned in three successive capacities: first, as staff chaplain at the Herford HQ of the BACR, where my main task was to gather information through our chaplains as to the condition of the churches in their respective areas, and to transmit such information to the military authorities and to the British Council of Churches; secondly, as adviser on Lutheran, Reformed and United Churches on the staff of the RA Branch of CCG in Bünde; thirdly, succeeding Steward Herman as Secretary for Germany in the WCC's Departement of Reconstruction and Inter-Church Aid. Thus, I served originally as a Christian employee of the British Government, and subsequently as a servant of the Oekume.« So Iain WILSON: Church Reconstruction in Germany 1945-48 – some recollections. In: Kirchliche Zeitgeschichte 2 (1989), [53]-58; Zitat: 53.

213 S. Ein ökumenisches Urteil über die innere Lage der deutschen Kirchen. In: Die Zeichen der Zeit 1 (1948), 15.

Der Kirche fehle es aber an allem, um große Kampagnen zur Erzielung eines größeren Einflusses auf das öffentliche Leben durchzuführen, und auch der Klerus selbst sei durch Entbehrungen usw. so erschöpft, dass dies allein schon deshalb – ganz abgesehen von den übrigen Mangelerscheinungen – nicht möglich gewesen sei.[214] Diese die Realitäten nüchtern benennende, durchwachsene Perspektive mag am Schluss stehen, um nicht den Eindruck aufkommen zu lassen, als ob die Gegebenheiten in Kirche und Gesellschaft vor nunmehr einem dreiviertel Jahrhundert zu besonderer Hoffnung Anlass gegeben hätten.[215]

---

214 Ebd.
215 Dies korrespondiert mit der späteren Analyse Greschats zu den Tendenzen der gesellschaftlichen Entwicklung in den Jahren 1945 bis 1949: Es begegne »in der politischen Diskussion der Nachkriegszeit [...] immer wieder ein ›konstitutionell-konservatives‹ Demokratieverständnis, das die moderne Massengesellschaft als Bedrohung empfand, als Krise, als die Auflösung aller gewachsenen Ordnungen. Daraus folgte dann für Liberale und Neoliberale, für Christdemokraten, Katholiken und Protestanten ein entschiedener Pessimismus im Blick auf die Zukunft. Denn gefordert war ja nichts weniger als die Erneuerung des Menschen, wozu entscheidend seine Herauslösung aus den säkularen Gegebenheiten gehörte.« S. Greschat: Kirche (wie Anm. 130), 118.

Die Entnazifizierung der anhaltischen Pfarrerschaft nach dem Zusammenbruch des Dritten Reiches
Eine Archivstudie

Von Lambrecht Kuhn

Nach Ende des Dritten Reiches wurde auch in der Evangelischen Landeskirche Anhalts ein Umbruch vollzogen, der sich in personellen Änderungen niederschlug.[1] Welche Maßnahmen zur Entnazifizierung[2] zunächst durch alliierte Vorgaben, später dann durch solche der nun kirchenleitend tätigen Personen durchgeführt wurden, hat einerseits der Zeitzeuge Christoph Schröter in seinem Aufsatz zur Situation der anhaltischen Pfarrerschaft vor und nach 1945[3] dargestellt. Andererseits hat selbiges Jürgen Seidel in seiner Studie *Aus den Trümmern* 1945[4] getan, der damit das Agieren in der Landeskirche Anhalts in größerem Rahmen betrachtet, nämlich im Vergleich mit den anderen deutschen Landeskirchen in der Sowjetischen Besatzungszone und ihrem mehr oder weniger starken Bemühen, eine systematische Entnazifizierung in den Reihen der eigenen Amtsbrüder zu vollziehen. Dazu sind andere Arbeiten hilfreich, wie die von Helge Klassohn über Martin Müller[5] oder das ältere Werk von Kurt Meier zum Kirchenkampf.[6] Hatte schon Fritz Schröter 1947 die Entnazifizierungspraxis des Landeskirchenrats als »völlig unzureichend«

---

1 Erweiterte Fassung des Vortrages »Die Entnazifizierung der anhaltischen Pfarrerschaft als ein Aspekt kirchenleitenden Handelns unter besonderer Berücksichtigung des Wirkens von OKR Georg Fiedler«, gehalten am 15.3.2023 bei der Tagung in Bernburg.
2 Entnazifizierung ist als umfassender Begriff gängig. Zuweilen handelte es sich im kirchlichen Bereich konkreter um eine »Ent-Deutschchristlichung« (Luke Fenwick), also eine eher ekklesiologische bzw. theologische Kategorie vor dem Hintergrund des die Evangelischen Kirchen gespalten habenden Kirchenkampfes, vgl. unten die Zusammenfassung dieses Beitrags.
3 Christoph SCHRÖTER: Die Situation der anhaltischen Pfarrerschaft vor und nach 1945. In: Amtsblatt der Evangelischen Landeskirche Anhalts Nr. 3/1996, 17-21.
4 J. Jürgen SEIDEL: Aus den Trümmern 1945. Personeller Wiederaufbau und Entnazifizierung in der evangelischen Kirche der Sowjetischen Besatzungszone Deutschlands. Einführung und Dokumente, Göttingen 1996.
5 Helge KLASSOHN: Kirchenleitung als Dienst unter dem Wort. Martin Müllers kirchenleitendes Wirken in der Evangelischen Kirche Anhalts – Eine zeitgeschichtliche Würdigung. In: Dr. Martin Müller (1903-1989). Pfarrer und Kirchenpräsident in Anhalt – zum 100. Geburtstag am 24. März 2003, hrsg. von der Kirchengeschichtlichen Kammer für Anhalt, Dessau 2003, 15-44.
6 Kurt MEIER: Der evangelische Kirchenkampf, 3 Bde., Halle (Saale) 1975f. Für die Thüringer Landeskirche ist auf die minutiöse Studie Weispfennigs hinzuweisen: Walter WEISPFENNIG: Die Entnazifizierung der Thüringer Ev. Pfarrerschaft nach 1945 gemäß dem Reinigungsgesetz, Quedlinburg 2018.

kritisiert, so folgten ihm darin zuletzt Luke Fenwick 2013, Veronika Albrecht Birkner 2018 und Klaus Fitschen 2023 aus einer vergleichenden Perspektive.[7]

Über diese Beiträge hinaus soll hier noch einmal vertiefend gefragt werden: Wie haben die sich zu ihrer Vergangenheit als Deutsche Christen Erklärenden auf die Aufforderung, ihre Haltung als DC zu überdenken, reagiert? Gab es Argumentationsmuster, Verteidigungsstrategien oder als typisch zu bezeichnende Ausflüchte? Wie reagierte die neue Kirchenleitung auf die Erklärungen der Einzelnen? Lässt sich erkennen, welcher Geist in dieser Situation in der vormals DC-nahen Pfarrerschaft der Landeskirche herrschte? In welcher Weise hatten die Erklärungen Folgen für die Betroffenen?

Konkretere Antworten auf diese Fragen habe ich in erster Linie in den erhaltenen schriftlichen Erklärungen der DC-Pfarrer gesucht. Sie sind in einer Akte im landeskirchlichen Archiv erhalten. Darüber hinaus wurde nach weiteren Anhaltspunkten in ebenfalls dort überlieferten Protokollen des Landeskirchenrates sowie – soweit vorhanden – in den Personalakten der jeweiligen Pfarrer gesucht. Andere Archivalien, wie Rundschreiben oder Akten des Landeskirchentags, wurden hinzugezogen, ebenfalls aus dem landeskirchlichen Archiv. Vorliegendes Ergebnis ist als ein Beitrag zur frühen Nachkriegsgeschichte der Landeskirche Anhalts zu verstehen, als eine Studie zu einem begrenzten Aspekt damaligen kirchlichen Lebens.

I Die Leitung der Landeskirche

Die Leitung der Landeskirche bestand noch im April 1945 aus dem Juristen und Präsidenten des Landeskirchenrats, Oberkirchenrat Rudolf Wilkendorf, seinem Stellvertreter und theologischem Leiter, KR Pfarrer August Körner, dem Juristen und Verwaltungsleiter Dr. Richard Koch, dazu als Referenten die Kirchenräte Pfarrer Max Liebau (nominell, da er 1939-45 bei der Wehrmacht war)[8]

---

[7] Vgl. Luke FENWICK: The Protestant Churches in Saxony-Anhalt in the Shadow of the German Christian Movement and National Socialism, 1945-1949. In: Church History 82 (2013), 877-903, hier: 880; Veronika ALBRECHT-BIRKNER: Freiheit in Grenzen. Protestantismus in der DDR (Christentum und Zeitgeschichte; 2), Leipzig 2018, 125, die sich v.a. auf Seidel: Wiederaufbau (wie Anm. 4) bezieht; Klaus FITSCHEN: Die bekennende Kirche in Anhalt. In: »Im Kampf für Gottes Volk«? Nationalismus in der anhaltischen Kirche 1918-1945, hrsg. von Jan Brademann (Landesgeschichtliche Beiträge; 2), Halle (Saale) 2023, 359-396, hier: 396.

[8] Körner wurde dann aus dem Dienst der Landeskirche entlassen, war später Pfarrer und Superintendent in Thüringen. KR Liebau wurde nach Straguth/KK Zerbst versetzt, KR Loose blieb Pfarrer in Groß-Weißandt, Lindau blieb Pfarrer in Dessau, seit 1949 in Amesdorf/KK Bernburg, Notar Wilkendorf schied aus dem Dienst der Landeskirche aus, vgl. Klassohn: Kirchenleitung (wie Anm. 5), 20f. Anm. 21.

und Pfarrer Rudolf Loose. KOP Franz Lindau war aufgrund des am 29.6.1944 erlassenen Gesetzes Nr. 12 aus der Kirchenleitung ausgeschieden.[9] Mit diesem Gesetz war das Führerprinzip auch in der Evangelischen Landeskirche Anhalts durchgesetzt worden.

Im Mai 1945 wurden mit der Leitung der Landeskirche durch den Kommandanten der amerikanischen Militärbehörden in Dessau Rechtsanwalt Dr. Udo Müller sowie als Mitglied des Landeskirchenrats Pfarrer Georg Fiedler beauftragt, diese beriefen Rechtsanwalt Friedrich Körmigk sowie Pfarrer Hermann Fischer, später Pfarrer Lic. Martin Müller zu weiteren Mitgliedern. Erste Notizen von Beschlüssen dieses neuen Gremiums, noch auf Zetteln kurz notiert, liegen ab dem 10. August 1945 vor. Das Protokollbuch als solches beginnt mit handschriftlichen Ergebnisprotokollen am 12. Oktober 1945.[10]

Der Landeskirchenrat begann unter erschwerten Bedingungen seine Arbeit. Das Landeskirchenamt war am 7.3.1945 im Bombenhagel zerstört worden. Da die neuen leitenden Personen auf Initiative der amerikanischen Besatzungsmacht ihre Arbeit aufnahmen, waren sie zwar zum Teil als Mitglieder des Landesbruderrates[11] der Bekennenden Kirche bekannt und aus diesem Grunde als geeignet angesehen, jedoch noch nicht kirchlich legitimiert. Dies geschah auf der ersten Landeskirchenkonferenz (Synode) nach dem Kriege am 19./20. Februar 1946. Bis dahin waren jedoch schon etliche Dinge zu regeln und in der Not der Zeit ein geordnetes kirchliches Leben nach Möglichkeit wieder aufzubauen. War die geistliche Versorgung der Gemeinden vor allem in den mittleren 1930er Jahren durch den Kirchenkampf zum Teil belastet, in den Kriegsjahren dann durch die Zahl der zum Heeresdienst einberufenen Pfarrer nur stark eingeschränkt möglich gewesen, so stand nun nach Kriegsende die Aufgabe, die ideelle Neuausrichtung der Landeskirche ohne zu gravierende neue Einschnitte in der geistlichen Betreuung der Gemeinden zu realisieren. Um dabei handlungsfähig zu werden, wurde am 23.11.1945 eine Verordnung erlassen, die das Gemeindewahlrecht zur Pfarrstellenbesetzung außer Kraft setzte (s. u.). In seiner kirchenleitenden Funktion hatte der Landeskirchenrat ein Fülle unterschiedlicher Belange zu bearbeiten, von der innerkirchlichen Informationsweitergabe, Verhandlungen mit öffentlichen Stellen (Kommunen, amerikanische, dann sowjetische Besatzungsmacht), den Auswirkungen von

---

9 Ob hinsichtlich Lindaus eine Rolle spielte, dass dieser im Laufe der Jahre immer stärker als theologischer Gegenspieler Körners im LKR fungierte und von diesem Lindaus Verdrängung betrieben worden war, ist nicht belegt, aber aufgrund von Ausführungen in der DC-Erklärung Lindaus vom 31.3.1946 durchaus möglich, vgl. AELKA, B 6, Nr. 1201 (Erklärungen der Geistlichen über ihre Mitgliedschaft bei den Deutschen Christen), fol. 15.

10 AELKA, B 6, L 12, Nr. 32, Bd. 1, Nr. 1992 (Protokolle des Landeskirchenrats 1945-1948).

11 Vgl. Martin MÜLLER: Kurze Chronik des Kirchenkampfes in der Evangelischen Landeskirche Anhalts von 1933-1945. In: Martin Müller (wie Anm. 5), 55-59.

Boden- und Währungsreform, strategischen Überlegungen hinsichtlich der sich herausbildenden neuen politischen Machtkonstellationen,[12] Umgang mit Kriegerdenkmalen,[13] Fragen dienstrechtlicher Art,[14] bis hin zu Dingen wie einer in einer verlassenen sowjetischen Stellung aufgefundenen, nicht zuordnbaren Abendmahlskanne.[15] Einen nicht geringzuschätzenden Anteil hatte jedoch die Problematik der inneren Einheit resp. Versöhnung der in der Kirche bestehenden Meinungsverschiedenheiten, nicht zuletzt in der Pfarrerschaft.

In der mittleren Führungsebene stand den fünf Kirchenkreisen Anhalts jeweils ein Kreisoberpfarrer vor. Bis zum Zusammenbruch des Dritten Reiches waren das (seit 1939): Wilhelm Ritter in Zerbst, Franz Lindau in Dessau, Max Weyhe bis 1942, dann 1942 bis 1945 Hans Georg Walch in Köthen, Friedrich Natho in Bernburg sowie Hermann Ehrhard in Ballenstedt.

Der neue Landeskirchenrat nahm auch hier personelle Veränderungen vor. Die neuen Kreisoberpfarrer waren Robert Gärtner in Zerbst, Werner Lange in Dessau, Karl Windschild jun. in Köthen, Ernst Kluge (wie schon 1932 bis 1938) in Bernburg sowie Max Weyhe in Ballenstedt (er war 1932 bis 1942 bereits Kreisoberpfarrer in Köthen gewesen). Jedoch sind diese Personalveränderungen nicht in jedem Fall aufgrund der kirchenpolitischen Einstellung der bisherigen Amtsinhaber vorgenommen worden: KOP Wilhelm Ritter (Zerbst) war zwar als Deutscher Christ bekannt und musste demzufolge eine Erklärung vorlegen. Jedoch geht aus einem Brief KR Fiedlers an Ritter vom 25. Juli 1945 hervor, dass der Landeskirchenrat diesen aus gesundheitlichen Gründen vom Amt als Kreisoberpfarrer zu entbinden beabsichtige.[16]

Wie das brüderliche Miteinander in dieser Phase des Neuanfanges auch in dieser Ebene versucht wurde, erhellt beispielhaft ein Brief KOP Langes an die Pfarrer des Kirchenkreises Dessau, in welchem er ausdrücklich »meinem lieben Amtsvorgänger für die gerechte und vornehme Führung seines Amtes« Dank sagt.[17] Dies erweisen auch, auf die gesamte Pfarrerschaft bezogen, viele Reaktionen des für die Personalführung verantwortlichen (O)KRs Fiedler, wie im Folgenden dargestellt wird.

---

12 So findet sich die bemerkenswerte Notiz: »6. Die FDJ erhält für ihre Weihnachtsfeiern in Dessau auf ihre Bitte hin 100 RM«; Protokolle des LKR (wie Anm. 10), zum 20.12.1946.
13 Vgl. Rundschreiben des LKR vom 16.9.1946, in: AELKA, B 6, Nr. 1944 (Allgemeine Verfügungen des Landeskirchenrats), Tgb.Nr. 2740.
14 So z. B. wie mit den bisher nicht aus dem Kriege heimgekehrten Pfarrern umzugehen sei. Es wurden einige Pfarrer vorerst in den Ruhestand versetzt, u. a. auch am 29.7.1947 die Brüder Ehrig (Dröbel) und Rochholz (Gröna), von denen erst später bekannt wurde, dass sie gefallen waren. Vgl. Protokolle LKR (wie Anm. 10), zum 13.7.1947 sowie 29.7.1947.
15 Rundschreiben vom 29.6.1946, in: AELKA, B 6, Nr. 1944, Tgb.Nr. 1817.
16 Vgl. AELKA, B 30, Nr. 451 (PA Ritter), fol. 121. Ritter war lange herzkrank.
17 Brief vom 15.8.1945.

II Regelungen zum Umgang mit belasteten Pfarrern

Die Frage des Umgangs mit den Pfarrern, die sich der Glaubensbewegung Deutsche Christen angeschlossen hatten, war nach dem Zusammenbruch des Nationalsozialistischen Staates virulent. Durch die Besetzung der kirchenleitenden Stellen mit Angehörigen der Bruderräte war es für diese eine Herausforderung, mit den bisherigen innerkirchlichen Gegnern nunmehr einerseits brüderlich, andererseits konsequent im Sinne des geistlichen Auftrages zugunsten der Menschen in den Gemeinden umzugehen. Fiedler führt dazu aus:

> »Allerdings ist die Leitung der Anhaltischen Kirche eindeutig aus den Händen der D.C. genommen. Es sei mir erlassen, in diesem Zusammenhange ein Urteil über die vorangehende Epoche abzugeben. Wie überall in der EKD hat die B.K. u. die zur Einigungsaktion von D.Wurm stehende Pfarrerschaft die Führung übernommen, und dazu haben diese Kreise auch ein inneres Recht. Denn die DCliche Linie ist nicht bloß äußerlich unmöglich geworden, sondern auch innerlich gescheitert. Und das Verdienst der B.K. im Kirchenkampfe wird heute wohl allgemein anerkannt. So muß auch der Ertrag des Kirchenkampfes in der Führung und Art der Kirche sichtbar werden.«[18]

Ziel war es, einen »hochwertigen Pfarrerstand in den Gemeinden zu haben«, weshalb auf theologische Fort- und Weiterbildung Wert zu legen sei. Hier sei durch Kriegsdienst und praktische Arbeitsüberlastung durch kriegsbedingte Vertretungsdienste ein offensichtlicher Mangel entstanden.[19] Aufgrund der allgemeinen Not und der Engpässe bei der geistlichen Versorgung der Gemeinden etc. sollte kein allzu rigider Kurs mit den belasteten Amtsbrüdern gefahren werden. Die Mehrheit der Mitglieder des Landeskirchentags sprach sich auf der Tagung am 12./13. November 1946 »für die Fortsetzung der Bemühungen aus, die früheren D C innerlich zu gewinnen und in unsere Landeskirche einzuschmelzen.«[20] Vereinzelt gab es zwar Kritik an dieser Linie, z. B. des Köthener KOPs Karl Windschild, der an den Landeskirchentag im Juni 1947 sich beschwerend schrieb und eine Erklärung des Landeskirchenrats vor dem Landeskirchentag beantragte, warum »ehemalige führende ›Deutsche Christen‹ in wichtige Ämter der Landeskirche versetzt werden«, was umso weniger zu verantworten sei, »als von einer Umkehr der Betreffenden nicht gesprochen werden könne«[21] (s. u.).

---

18 Bericht auf dem Landeskirchentag am 19.2.1946, AELKA, B 3, Nr. 1, fol. 60v bis 61r, hier: 61v.
19 Ebd., fol. 61r.
20 Martin Müller: 4. Rundbrief an die anhaltischen BK-Pfarrer und die Mitglieder des Landesbruderrates, 14.12.1946, AELKA, B 60, Nr. 23, Rundschreiben 1946.
21 AELKA, B 3, Nr. 1, fol. 98. Dieses Schreiben trägt neben der Windschilds vier weitere Unterschriften. Windschild gehörte zu den prononcierten Vertretern der anhaltischen Bekennenden Kirche, die in der Kirchenkampfzeit jede Zusammenarbeit mit den DC-Brüdern ablehnten. Auch nach dem Krieg versuchte er mehrfach, ehemalige DC aus seinem Kirchenkreis herauszuhalten, (s. u.).

Wie wurde verfahren? Anhand der wenigen überlieferten Akten können wir feststellen: Am 6. September 1945 hatte der Präsident der Provinz Sachsen, Dr. Erhard Hübener, die »Verordnung über die Säuberung der Verwaltung« erlassen.[22] In ihr wurde bestimmt, Naziverbrecher und Aktivistische Nazis sofort aus ihren Ämtern zu entfernen. Dieser staatlichen Regelung folgend, erließ der Landeskirchenrat am 26. Oktober 1945 »Grundsätze über die Säuberung der Verwaltung und des Pfarrerstandes der Evangelischen Landeskirche Anhalts«. Damit sollte einerseits klargestellt sein, dass die Kirche selbst die Frage entscheidet, »wer in der Kirche ein Amt bekleiden[23], Angestellter oder Arbeiter sein kann«. Denn »diese Entscheidung ist unter kirchlichen Gesichtspunkten zu treffen, die staatspolitisch wichtigen Fragen jedoch unter Anwendung staatlicher Grundsätze.«[24]

Um die Schwere der Belastung einschätzen zu können, wurde ein landeskirchlicher Ausschuss gebildet: »Die nach Ziffer VIII der Richtlinien zu bildende Überprüfungskommission besteht aus vier Mitgliedern des Landeskirchenrats und je einem kirchlich gesinnten Vertreter der vier politischen Parteien.«[25] Konkret legte der Landeskirchenrat sich ein halbes Jahr später auf folgende Mitglieder fest: Pfarrer Lic. Fritz Schröter, Wörbzig; Pfarrer Walter Koch, Nienburg/Saale; Diplomingenieur Albrecht Schneider, Roßlau.[26] Der Ausschuss – wir können ihn als die erste Entnazifizierungskommission der Landeskirche ansehen – nahm seine Beratungen auf; damit war die ELA recht zügig tätig geworden.

Kriterien der Belastung sollten v. a. der Grad der Tätigkeit bei den Deutschen Christen und der Nationalkirchlichen Einung sein:

> 1. »a) Aus dem Dienst der Landeskirche zu entlassen sind diejenigen Geistlichen, die eine besonders führende Stellung innegehabt haben.
> b) Diejenigen, die in geringerem Maße propagandistisch hervorgetreten sind, sollen, soweit ihnen nicht der Rat zu geben ist, sich außerhalb der Landeskirche um ein Amt zu bemühen, tunlichst in ein anders Pfarramt versetzt werden, nachdem sie dem Landeskirchenrat eine

---

22 Auszugsweise veröffentlicht im Gesetzblatt der Ev. Landeskirche Anhalts, 8/386-1945.
23 Das betraf nicht nur die Geistlichen, sondern auch z. B. die Vorsitzenden der Gemeindekirchenräte. So beschloß der LKR auch die Säuberung der Gemeindekirchenräte, vgl. das Anschreiben an sämtliche Gemeindekirchenräte der Landeskirche vom 29.10.1945, in: AELKA, B 6, Nr. 1944, Tgb.Nr. 2418.
24 Grundsätze über die Säuberung der Verwaltung und des Pfarrerstandes der Evangelischen Landeskirche Anhalts vom 26. Oktober 1945, vgl. Gesetzblatt der Ev. Landeskirche Anhalts, 7/386 – 1945.
25 Ebd.
26 Protokolle LKR (wie Anm. 10), zum 19.3.1946. Lic. Fritz Schröter und Albrecht Schneider waren aktive Mitglieder der Bekennenden Kirche gewesen. Zu Schneider vgl. Peter RAUCH: Albrecht Schneider – Mehrere Leben zugleich gelebt. In: Die Evangelische Landeskirche Anhalts in der Zeit des Nationalsozialismus (1933 bis 1945), hrsg. von der Kirchengeschichtlichen Kammer für Anhalt, Dessau 2019, 147-152.

überzeugende und glaubwürdige Erklärung abgegeben haben daß sie sich innerlich völlig von der 'Nationalkirchlichen Einung' getrennt haben.

c) Diejenigen, die nur dem Namen nach zu den ›Deutschen Christen‹ gehört haben können in ihrem Amt belassen werden, wenn sie eine entsprechende Erklärung wie unter b) abgegeben haben.

2. Die Überprüfung und Entscheidung erfolgt durch den Landeskirchenrat. Dieser ist berechtigt, einen besonderen Ausschuß einzusetzen und in diesen Ausschuß kirchlich und staatspolitisch bewährte Personen zu berufen. Alle getroffenen Entscheidungen sind der Landessynode zur Bestätigung vorzulegen.«[27]

Das geschah auch. Fiedler bezieht sich in seinen Korrespondenzen gelegentlich auf Sitzungen des Ausschusses bzw. *der* Ausschüsse. [28] Also gab es zwei Ausschüsse! Erst im Januar 1946 erließ der Alliierte Kontrollrat seine Direktive Nr. 24 zur »Entfernung von Nationalsozialisten und Personen, die den Bestrebungen der Alliierten feindlich gegenüberstehen, aus Ämtern und verantwortlichen Stellungen«. Aus ihr gingen konkrete Kriterien für eine Belastung hervor, die - zwangsweise – unter Punkt 10 zur Entfernung und Ausschluss führen, unter Punkt 12 zur Entlassung oder Ausschluss nach Ermessen. Diese Vorgaben wurden seitens der Landesregierung Sachsen-Anhalts mit Durchführungsrichtlinien versehen, die auch in der Anhaltischen Landeskirche Beachtung fanden.

Es hat zwischen der Landesregierung und der Landeskirche in der Folge Gespräche gegeben, die zur Bildung einer neuen, zweiten Entnazifizierungskommission geführt haben. Deren Arbeit wird aus einem Aktenkonvolut des landeskirchlichen Archivs deutlicher erkennbar. In der ersten Sitzung machte

»Oberkirchenrat Dr. Müller [...] als Vorsitzender des Ausschusses grundsätzliche Ausführungen zur Direktive Nr. 24 und über die Zusammenberufung und Arbeitsweise des Ausschusses. Er trug vor, dass die Evangelische Landeskirche bereits im Herbst 1945 auf Grund besonderer, vom Kirchentag beschlossener, gesetzlicher Bestimmungen eine politische Säuberung durchgeführt habe, dass jetzt nach Erlass der Direktive 24 aber die Notwendigkeit zu einer nochmaligen Überprüfung bejaht werden müsse. Durch Verhandlungen mit der Landesregierung sei den Kirchen das Recht zugestanden worden, die Ausschüsse nach Direktive 24 selbst zu bestimmen. Es sei lediglich zur Bedingung gemacht worden, dass Vertreter der Blockparteien in dem Ausschuss mitwirken müssen«.[29]

Dieser Ausschuss tagte sechsmal.[30] Waren in der ersten Kommission die Pfarrer Schröter und Koch sowie Ingenieur Schneider tätig, so in der nunmehrigen Kommission die Herren OKR Dr. Müller, KR Fiedler, Heide, Schmidt, Gärtnermeister Grothe als Vertreter der CDU, Bürgermeister Richter als Ver-

---

27 Protokolle LKR (wie Anm. 10), zum 19.3.1946.
28 »Ausführlich wurde über die Tätigkeit des Ausschusses für die politische Säuberung sowie des kirchlichen Ausschusses für die Reinigung des Pfarrerstandes berichtet. Die Entscheidungen wurden einhellig gutgeheißen.« Bericht über die 7. Sitzung des Landeskirchentages der Evangelischen Landeskirche Anhalts in Dessau vom 10.-11. November 1947, in: AELKA, B 3, Nr. 1, fol. 2; Müller: Rundbrief (wie Anm. 20).
29 Protokoll der Sitzung vom 9. Mai 1947, in: AELKA, B 60, Nr. 1.
30 9.5., 23.5., 29.5., 25.7., 19.9. sowie 26.9.1947.

treter der LDP sowie Verwaltungsangestellter Merten für den FDGB. Ab der 2. Sitzung war zusätzlich eine Frau Hornig als Vertreterin der SED anwesend. Die Zusammensetzung änderte sich grundsätzlich nicht. Die Ergebnisse wurden in zwei unterschiedlichen Protokollen festgehalten: Einerseits eine etwas summarischere Ausführung, die wohl zur Einreichung bei der Landesregierung diente, sowie eine bei den persönlichen Angaben der Betroffenen etwas ausführlicher gehaltene, die vermutlich zum innerkirchlichen Dienstgebrauch gedacht war. Als Arbeitsgrundlage für den Ausschuss wurden seitens des Landeskirchenamtes zahlreiche Listen mit bei der Landeskirche als Pfarrer, Beamte oder angestellt Tätigen erstellt, die sich in der Akte finden.

Bei der dritten Sitzung der (zweiten) Entnazifizierungskommission wird festgehalten, dass den Einzelnen »bevor die endgültige Entscheidung gefällt wird [...] möglichst Gelegenheit gegeben werden soll, sich persönlich noch zur Sache zu äussern und weiteres Entlastungsmaterial beizubringen.«[31] Aufmerken lässt eine Festlegung zur Ungleichbehandlung: »Die Anhänger der Bekennenden Kirche sollen eine gesonderte Behandlung erfahren,«[32] es gab offenbar solche Pfarrer, die sowohl zur Bekennenden Kirche zählten, als auch in NS-Institutionen zu finden und nun zu überprüfen waren.

Die zweite Kommission urteilte über Kirchenbeamte, Pfarrer und Angestellte sowie über Religionslehrer. Im Folgenden wird der Fokus auf die Pfarrerschaft gelegt. Beraten wurde von der zweiten Säuberungskommission über 24 Pfarrer, die (zum Teil nach persönlicher Rücksprache mit ihnen) alle als tragbar eingestuft wurden. Das Kriterium für die Befassung in dieser Kommission war die Mitgliedschaft der Pfarrer in der NSDAP[33] oder ihr nahestehender Organisationen, wie der SA oder dem Nationalsozialistischen Kraftfahrerkorps, nicht jedoch bei den Deutschen Christen, was Arbeitsgrundlage für die erste Kommission gewesen war. Dazu fehlen zu viele der belasteten DC-Pfarrer, die sich persönlich erklären mussten. Wiederum gibt eine Liste für die Kommission Namen als unter Punkt 10 oder 12 der Direktive 24 fallend an, die sich nicht unter den zu DC-Erklärungen Verpflichteten und auch nicht unter den letztendlich von der Kommission Untersuchten finden. Waren diese möglicherweise BK-Mitglieder gewesen und damit »gesondert zu behandeln«?[34]

Welche Folgen konnten sich aus der Einschätzung der Kommission(en) ergeben?

---

31 Protokoll zur 3. Sitzung am 29.5.1947, in: AELKA, B 60, Nr. 1.
32 Ebd.
33 Eine Liste vom 3.7.1947 für die zweite Entnazifizierungskommission zählt 18 Pfarrer auf, die Mitglied der NSDAP waren, vgl. AELKA, B 60, Nr. 1.
34 Hüllweck, Kunert, Bahn, Wagner, Laudien, Henke, Fredenhagen, Rieger, Fritz. Zumindest bei Kunert ist das nach der Aussage Fiedlers unwahrscheinlich (s. u.).

1 Entlassung

Regelrecht entlassen wurde aus der Landeskirche (neben zwei Dessauer Beamten[35]) nur der geistliche Leiter im Landeskirchenrat bis 1945, August Körner (s. o.). Er war als Gaugemeindeleiter der Deutschen Christen, ab 1940 als theologischer Kirchenrat im Landeskirchenamt, seit 1944 als Mitglied im Landeskirchenrat, als Theologischer Dezernent und damit leitender Geistlicher sowie stellvertretender Kirchenpräsident der Landeskirche Anhalts für die Verschärfung des Umgangs mit Mitgliedern der Bekennenden Kirche in Anhalt verantwortlich gewesen und als Exponent der Deutschen Christen in der Landeskirche nicht mehr tragbar.[36] Seine Entlassung stand offenbar fest, bevor überhaupt eine Entnazifizierungskommission zusammentrat.

In den Protokollen des Landeskirchenrats findet sich unter dem 17. August 1945 die Notiz: »W[olfgang] Sachs hat gelogen: Mitglied der NSDAP und SA seit 1932! Fristlos entlassen«,[37] und einen Monat später: »Sachs – Gnadengesuch abgelehnt«.[38] Dieser Fall ist speziell, da es sich hier um den Sohn des aufgrund der nationalsozialistischen Rassegesetzgebung aus dem Amt gedrängten Max Sachs handelt.[39] Wolfgang Sachs hatte sich intensiv bemüht, den Nachweis nichtjüdischer Abstammung zu führen, und sich durch Mitgliedschaft in der NSDAP, SA sowie bei den Deutschen Christen deutlich positioniert.[40] Er wurde als sogenannter »Vierteljude« 1939 von der Landeskirche entlassen, 1944

---

35 Es handelte sich um die Oberinspektoren Harm und Schneider, vgl. Protokoll zum 23.5.1947, in: AELKA, B 60, Nr. 1.
36 Vgl. Meier: Kirchenkampf (wie Anm. 6), Bd. II, 246; Bd. III, 73 f.
37 Protokolle LKR (wie Anm. 10), zum 17.8.1945. Hintergrund scheint die Tatsache zu sein, dass Sachs seine Mitgliedschaften terminlich unwahr angegeben hat: Er erklärt die Vordatierung dieser auf 1932 (vor der Machtübernahme der Nationalsozialisten) damit, dass er so als »Alter Kämpfer« gegolten und Gerüchten über seine Abstammung besser entgegenwirken gekonnt habe, vgl. AELKA, B 30, Nr. 457 (PA Wolfgang Sachs), fol. 195.
38 Protokolle LKR (wie Anm. 10), zum 21.9.1945. Sachs war als Hilfsprediger in Gröna jedoch schon 1939 aus dem Dienst der Landeskirche ausgeschieden, vgl. Gesetz- und Verordnungsblatt der Evangelischen Landeskirche Anhalts 8/1939, 66, wohl aus eben dem genannten Grund seiner Abstammung: eine seiner Urgroßmütter ist jüdisch gewesen, vgl. Abschrift der Geburtsurkunde vom 11.4.1877, Schreiben der Gestapo vom 30.5.1939, in: AELKA, B 30, Nr. 457.
39 Zu diesem vgl. Christoph WERNER: Ein Stolperstein für den Pfarrer Max Sachs aus Dessau? In: Zeit des Nationalsozialismus (wie Anm. 26), 153-160; Joachim DIESTELKAMP: Was ging in Max Sachs vor? Sieben sich zum Teil widersprechende Thesen. In: ebd., 161-164.
40 Er war im Sommersemester 1933 Geschäftsführer des NS-Studentenbundes Hogru an der Universität Königsberg, Oktober 1932 bis April 1933 Blockwart des NSDAP Ortsgruppe Dessau-Friederikenplatz, begegnet im SA-Hochschulamt Berlin im Wintersemester 1933/34, er trat 1937 den Thüringer DC bei, vgl. AELKA, B 30, Nr. 457, fol. 59, 61 f, 196.

mit der Begründung »irrtümlich einberufen« auch aus der Wehrmacht. KOP Windschild setzte sich nach dem Krieg mehrfach für seine Wiederaufnahme in den Pfarrdienst ein, bat darum, dass sich die (erste) Entnazifizierungskommission mit ihm befasse, wurde aber vom Landeskirchenrat deutlich abschlägig beschieden.[41] Die Nichtanstellung wurde ausdrücklich nicht mit den NS-Mitgliedschaften begründet, sondern mit Falschangaben zum Eintritt in diese Organisationen, also Falschaussagen. Später wird Sachs dann doch als Pfarrer eingesetzt und amtiert ab 1949 in Schortewitz.[42] Ob dafür eine dezidierte DC-Erklärung seinerseits noch vonnöten war, ist nicht ersichtlich. Auch von Hans Müller ist bekannt, dass er im November 1945 zunächst entlassen wurde, eine Entscheidung, die im Februar 1946 wieder annulliert und auch nicht in eine Versetzung abgemildert worden ist (s. u.).

Einer Entlassung ist gleichzusetzen, dass drei Pfarrer nach der Rückkehr aus dem Felde (in einem Fall: vorerst) nicht wieder in den regulären Dienst der Landeskirche übernommen wurden.[43] Es handelt sich um eben diesen Wolfgang Sachs sowie um Hans Wolzendorf[44] und Erich Bergmann.[45] Am 16. Oktober 1945 ist die Entlassung eines Pfarrers Balgendorf festgehalten.[46] Darüber hinaus scheint es Pfarrer gegeben zu haben, die gar nicht mehr nach Anhalt zurückwollten, wie Paul Krause, bis 1938 in Zerbst-Ankuhn tätig, der in diesem Jahr in die Wehrmacht eintrat und von 1946 an als Pfarrer in Ham-

---

41 Es gibt Eingaben zugunsten Sachs', u. a. vom Pfarrkonvent. Der LKR reagiert (v.a. wegen des Umstandes unwahrer Aussagen Sachs' und damit »sittlicher« Untragbarkeit, wie KR Fiedler es der Mutter Sachs' gegenüber am 23.10.1945 bezeichnet) ablehnend und schreibt an Windschild am 11.6.1946: »Wir erwarten vielmehr, daß nun die Anfragen und Eingaben zugunsten von Herrn Sachs ein für allemal ein Ende haben.«, vgl. AELKA, B 30, Nr. 457, fol. 188, 204.
42 Vgl. Schreiben KOP Windschilds an den LKR vom 15.8.1949, in: ebd., fol. 188 II; Hermann GRAF: Anhaltisches Pfarrerbuch, Dessau 1996, 405.
43 Vgl. den Bericht Fiedlers auf dem Landeskirchentag am 19.2.1946, ALKEA, B 3, Nr. 1, fol. 61r.
44 Entlassungsbeschluss vom 16.10.1945, vgl. AELKA, B 30, Nr. 541 (PA Hans Wolzendorf), fol. 1. Er war von Februar 1932 bis Oktober 1934 Mitglied (bzw. zumindest: Anwärter) der SS und seit 1939 Mitglied der Deutschen Christen / Nationalkirchlichen Einung bis 1.4.1945. Es gab einen Briefwechsel mit KR Fiedler, doch die Entlassung wurde nicht zurückgenommen. Wolzendorf war 1946 als Pfarrer in Thüringen tätig.
45 Bergmann kam 1937 aus Schlesien nach Anhalt und ist im Vorbereitungsdienst in Plötzkau tätig, ab September 1937 jedoch für mehrere Jahre beurlaubt zum Dienst bei den Deutschen Christen in Württemberg. Im Krieg war er bei der Wehrmacht und im Range eines Leutnants 1944 NS-Führungsoffizier in einer Stabsverwendung. Nach Kriegsgefangenschaft und Lager- sowie Lazarettpfarrer bemühte er sich um Wiedereinstellung, doch machte ihm KR Fiedler u. a. mit Hinweis auf die Kontrollratsdirektive 24 dahingehend keine Hoffnung, vgl. AELKA, B 30, Nr. 13 (PA Erich Bergmann), fol. 10, 18, 51, 59.
46 Protokolle LKR (wie Anm. 10) zum 21.9.1945. Ein Pfarrer Balgendorf ist ansonsten nicht bekannt.

burg begegnet;⁴⁷ sowie möglicherweise Willy Friedrich, der als DC-Pfarrer in Erscheinung getreten war und 1946 in Hildesheim tätig ist.⁴⁸

Zunächst sollte schließlich Prof. Dr. Ottomar Wichmann »aus politischen Gründen« nicht in den Dienst der Landeskirche Anhalts übernommen werden, so der Beschluss des Landeskirchenrats.⁴⁹ Offenbar erforderte die Notsituation dann doch, ihn anzustellen: »5. Prof. Dr. Wichmann – Dessau, Vikar ab 1.12.46«.⁵⁰ Die zweite Entnazifizierungskommission führt ihn als »tragbar«.⁵¹

2 Versetzung

Dass es notwendig sein könnte, Pfarrer um eines Neuanfangs willen in eine andere Pfarrstelle zu versetzen, war schnell klar. Die oben genannte Verordnung bezüglich des Außerkraftsetzens des Gemeindewahlrechtes bot dazu eine Handhabe. Gleichwohl sollte dieses Instrument bewusst maßvoll angewendet werden. In seinem Bericht vor dem Landeskirchentag am 19.2.1946 führte KR Fiedler dazu aus:

> »Versetzungen finden nur in den dringendsten Fällen statt wegen der Wohnungsnöte, Transportschwierigkeiten und Geldkosten. Allerdings sind auch eine Reihe von Wünschen auf Versetzung an uns herangetragen worden. Um auf diesem Gebiete freiere Hand zu haben und vor allem schneller arbeiten zu können, - denn je mehr Instanzen befragt werden müssen, um so schwieriger und langdauernder ist eine Stellenbesetzung! – wurde das Pfarrerwahlgesetz bis zum 1.10.1947 (§ 32 Abs. 1 der Verfassung) außer Kraft gesetzt (…) Wir sehen darin einen für die Zeit der Neuordnung notwendigen Zwischenzustand. (…) Augenblicklich ist so eine Gemeindewahl überhaupt undenkbar. Wir haben in jedem Falle mit betreffenden Gemeindekirchenräten Fühlung genommen, sodaß mehrfach Vorschläge des Landeskirchenrates geändert oder Beschlüsse wieder aufgehoben sind«.

Fiedler fügte noch die Bemerkung an: »– ein Zeichen dafür, daß es sich nicht um eine Willkürherrschaft des Landeskirchenrates handelt.«⁵²

Versetzungen gab es u. a. von Hans-Werner Kars, der nach Steutz musste (s. u.), Martin Pfennigsdorf, der nach Ilberstedt ging,⁵³ Friedrich Kloos, der

---

47 Vgl. Graf: Pfarrerbuch (wie Anm. 42), 323; DC-Erklärung KOP a.D. Ritters vom 25.3.1946, in: AELKA, B 6, Nr. 1201, fol. 72 f.
48 Zu ihm vgl. Michael ROHLEDER: Die Evangelische Landeskirche Anhalts im Spiegel der Tagespresse 1932 bis Juni 1933. In: Die Evangelische Landeskirche Anhalts in der Zeit des Nationalsozialismus (wie Anm. 26), 32 f; Meier: Kirchenkampf (wie Anm. 6), Bd. I, 329, sowie zuletzt ausführlich Daniel BOHSE: Evangelische Kirche und Stahlhelm in Anhalt. In: »Im Kampf für Gottes Volk«? (wie Anm. 7), 175-217 und Christoph WERNER: Der anhaltische Kirchentag 1925, in: ebd, 219-235.
49 Vgl. Protokolle LKR (wie Anm. 10), zum 24.10.1945.
50 Vgl. Protokolle LKR (wie Anm. 10), zum 6.12.1946. Wichmann wird dann Pfarrverwalter von Grimme, ab 1.7.1948, Pfarrer auf Lebenszeit, vgl. ebd., zum 17.5.1947, sowie 28.6.1948. Laut Graf: Pfarrerbuch (wie Anm. 42), 467, war er Pfarrer in Eichholz.
51 Vgl. Protokoll zur 4. Sitzung am 24.7.1947, in: AELKA, B 60, Nr. 1.
52 Bericht auf dem Landeskirchentag am 19.II.1946, in: AELKA, B 3, Nr. 1, fol 61v.
53 Fischers Tätigkeitsbericht des LKR auf dem Landeskirchentag am 10. November 1947, in: AELKA, B 3, Nr. 2, Tgb. Nr. 5205, fol. 3.

nach Wertlau versetzt wurde (s. u.), Max Liebau nach Straguth[54], Hellmut Tunkel nach Preußlitz,[55] und Roland Henke nach Coswig.[56] Insgesamt 14 Pfarrer wurden »in vakante Dorfstellen« versetzt.[57] Von denen, die eine DC-Erklärung abgeben mußten, war das etwa ein Viertel. In der erwähnten Beschwerde KOP Windschilds ging es um Wilhelm Kersten-Thiele, der nach Sandersleben versetzt wurde[58], Roland Henke und um das Angebot an Pfarrer Hermann Kunert, nach Nienburg versetzt zu werden.[59]

Einige Pfarrer verließen Anhalt im Laufe der nächsten Jahre, um in anderen Landeskirchen tätig zu werden, so der eben genannte Kersten-Thiele, der 1947 nach Hannover ging[60], Alfred Kuhlendahl, der 1948 nach Thüringen ging[61] oder der ebenfalls schon erwähnte Kunert, der 1949 nach Hannover wechselte.[62] Gelegentlich finden sich Hinweise darauf, dass ihnen seitens der Landeskirche geraten worden war, die Landeskirche zu wechseln.

An dem Beispiel Kunerts wird erkennbar, dass eine Versetzung zusätzlich mit einer Bewährungszeit versehen werden konnte. Das geht zwar nicht aus LKR-Beschlüssen hervor, jedoch aus einem Schreiben des Landeskirchenrats an die Landeskirche Hannovers. Hier heißt es über den »einflussreichen DC« Kunert und seine Versetzung nach Dröbel rückblickend:

> »Sein Fall wurde im Ausschuss und in der dem Bericht des Vorsitzenden vor der Synode folgenden Aussprache besonders ernsthaft erwogen. Seine exponierte kirchenpolitische Stellung und die Art, mit der er eigenmächtig bestimmte Anweisungen seiner vorgesetzten Behörde nicht beachtete, legte es nahe, seine Entlassung aus unserem Kirchendienst in Erwägung zu

---

54 Vgl. Graf: Pfarrerbuch (wie Anm. 42), 336.
55 Vgl. Protokolle LKR (wie Anm. 10), zum 20.11.1945.
56 Vgl. AELKA, B 30, Nr. 171 (PA Roland Henke). KOP Windschild hatte am 8.6.1946, bereits vor Rückkehr Henkes aus Kriegsgefangenschaft und nachfolgender Lazarettseelsorgetätigkeit, an den LKR geschrieben mit der Frage, ob nicht eine umgehende Versetzung zu vollziehen möglich sei, am 5.7. noch deutlicher: er könne sich nicht entschließen, Henke im Kirchenkreis Köthen amtieren zu lassen. Vgl. ebd., fol. 103, 106. Henke ging 1952 bis 1965 als Auslandspfarrer nach Chile und war anschließend Pfarrer in der Pfalz.
57 Vgl. Schröter: Pfarrerschaft (wie Anm. 3), 19.
58 Ebd.
59 AELKA, B 3, Nr. 1, fol. 98. Hintergrund ist, dass Henke und Kunert (sowie der dann gefallene Gehrke), die mit Windschild zusammen in Köthen tätig waren, diesen beim LKR angezeigt hatten, was auf Körners Betreiben hin dann über die Gestapo zu einem Verfahren des Oberstaatsanwaltes wegen Verstoßes gegen das Heimtückegesetz geführt hatte, vgl. AELKA, B 30, Nr. 536 (PA Karl Windschild [geb. 1899]), fol. 252 f.
60 Fischers Tätigkeitsbericht des LKR auf dem Landeskirchentag am 10. November 1947; Protokolle LKR (wie Anm. 10), zum 27.2.1948.
61 Vgl. Protokolle LKR (wie Anm. 10), zum 20.4.1948.
62 Vgl. AELKA, B 30, Nr. 230 (PA Hermann Kunert), darin siehe u.a. Schreiben des Patrons von Burgdorf/Hannover, von Mandelsloh, vom 15.6.1950 sowie den anschließenden Schriftwechsel.

ziehen [...] Dennoch wurde ihm nach eingehender seelsorglicher Aussprache eine Bewährung gewährt [...] Nach einem Jahre wurde die Bewährungsfrist aufgehoben.«[63]

3 Belassung

Die Anhaltische Landeskirche kam mit ihren Bemühungen um eine Entnazifizierung ihres Pfarrerstandes relativ zügig voran. Nachdem die grundsätzlichen Regelungen getroffen waren, gaben etliche der belasteten Pfarrer ihre Erklärungen ab. Fiedler hob bereits auf dem ersten Landeskirchentag nach dem Kriege Anfang 1946 hervor:

> »Durch die in unserer kleinen Landeskirche mögliche persönliche Berührung zwischen Kirchenleitung und Pfarrerschaft wird dabei, so hoffen wir, manches ausgeglichen, was wir den größeren Kirchen aus Mangel an Kräften und Mitteln nicht gleichtun können. Außerdem wird dadurch vielleicht die Geschlossenheit und der Gemeinschaftsgeist eher erweckt, die der Pfarrerschaft oft so schwer fallen, aber in dieser Zeit um so nötiger sind.«[64]

In einem Rundbrief an die BK-Pfarrer hob ebenfalls Anfang 1946 Müller hervor:

> »Die Lösung der Frage der ehemaligen DC erfordert in unserem stark überfremdeten Anhalt viel geistliche Kraft. Die ›Erklärungen‹ die die einstigen DC haben abgeben müssen, sind sehr unterschiedlich ausgefallen. Sie bedeuten nur ein erstes Ins-Gespräch-Kommen. Ähnlich wie in anderen Landeskirchen sollen theologische Kurse folgen. Jeder Fall muß seelsorgerlich besonders behandelt werden. Wir müssen mit Jahren bis zur inneren Bereinigung dieser schweren Frage rechnen.«[65]

Hier wird deutlich, wie Müller seinen in der Kirchenkampfzeit seitens mancher BK-Brüder scharf kritisierten[66] ausgleichenden Weg fortführte. Dass er darin mit Fiedler übereinstimmte, wird noch geschildert.

Von den zur Abgabe einer DC-Erklärung verpflichteten Pfarrern (von den 45, von denen diese in der entsprechenden Akte erhalten sind) waren es 33, die in ihrer Stelle belassen wurden, etwa Dreiviertel. Das ist ein relativ hoher Anteil, was jedoch kein Ausdruck von Ignoranz oder fehlendem Problembewusstsein

---

63 Schreiben Schröters an den Landeskirchenrat der Ev. Lutherischen Landeskirche Hannovers vom 22.5.1950. In: ebd. Einen anderen Hinweis auf seelsorgliche Aussprache mit Kunert liefert Kersten-Thiele in einem Schreiben zugunsten Kunerts an Herrn von Mandelsloh, den Patron von Burgdorf/Hannover. Dieser habe zwei Jahre lang nach seiner Entlassung aus russischer Kriegsgefangenschaft in Köthen segensreich gewirkt, gegen den Widerstand von KOP Windschild: »Um den fortgesetzt von dieser Seite gegen ihn erzeugten Schwierigkeiten aus dem Wege zu gehen, holte Kunert sich den seelsorgerlichen Rat des [...] geistlichen Leiters der Landeskirche, Oberkirchenrat Fiedlers, ein. Seine Bemühungen, die Spannungen auszugleichen, waren erfolglos. Als Pastor Kunert dann von sich aus um seine Versetzung bat, wurde diesem Wunsch erst nach längerer Zeit entsprochen«, zitiert in: Schreiben der Landeskirche Hannovers an den LKR der Evangelischen Landeskirche Anhalts, eingegangen am 15.4.1950, in: ebd.
64 Bericht auf dem Landeskirchentag am 19.2.1946, AELKA, B 3, Nr. 1, fol. 61r.
65 Rundbrief Müllers vom 28. Februar 1946, in: AELKA, B 6, Nr. 1944.
66 Vgl. Fitschen, Bekennende Kirche (wie Anm. 7), 359f..

war, sondern abwägender kirchenleitender Verantwortung in der gegebenen Situation der Landeskirche und dem oben aufgeführten Handlungsgrundsatz entsprach.

Für die Pfarrer, die weiterhin in der Landeskirche ihren Dienst tun durften, wurden theologische Rüstzeiten angeboten. Um den Grad der theologischen Kenntnisse bei den jungen Pfarrern zu überprüfen, die überdies größtenteils jahrelang im Heer gedient hatten, legte der Landeskirchenrat fest, dass »alle Pfarrer mit weniger als 10 Dienstjahren [...] bis zum 30. Sept[ember] 1946 eine theologische Arbeit und eine Katechese an den LKR einzureichen« haben.[67]

Exkurs: Die Theologenrüstzeiten

An dieser Stelle soll der Blick auf die ersten vier dieser Theologenrüstzeiten gelenkt werden. Im Herbst 1946 wendet sich KR Fiedler als Personaldezernent an die Kirchliche Hochschule Berlin mit der Frage, ob diese Dozenten für eine Rüstzeit von Pfarrern Anhalts benennen könne. Als eine solche Liste eingeht, antwortet er:

> »Da die anh[altische] Pfarrerschaft zu 50 % nationalkirchlich eingestellt war, so handelt es sich in erster Linie um die Vertiefung und Ausrichtung der früheren DC. So wird auch deutlich, warum wir diese Arbeit nicht allein vornehmen können. Die provinzialsächsische Nachbarkirche aber hat mit sich selbst genug zu tun. Somit ist uns Ihre Hilfe geradezu eine Notwendigkeit«.[68]

Die erste Rüstzeit sollte im Heinrichshaus Großpaschleben stattfinden, wurde dann aber aufgrund des strengen Winters im Haus Wartburg in Stecklenberg im Harz durchgeführt.[69] Es nahmen vom 27. bis 31. Januar 1947 20 Personen teil, darunter ein Lektor. In seinem Bericht schreibt Fiedler über die Tage und den Referenten, Pfarrer Lic. Dilschneider: »Er verband mit einem klaren B.K.-Standpunkt eine Aufgeschlossenheit für zukünftige Entwicklungen – Ablehnung eines starren Konfessionalismus wie einer Barthschen Orthodoxie – die gerade bei der Zusammensetzung der Zuhörerschaft auflockernd und fördernd wirkte«. Und weiter:

> »Bei der Einladung waren mit Absicht keine Einschränkungen oder Unterschiede gemacht. So waren sowohl BK – wie DC-Pfarrer wie ›Neutrale‹ erschienen. Der Zweck dieser ersten Rüstzeit nach dem Neuanfang war ja nicht nur der allgemeine, unserer Pfarrer theologisch

---

67 Protokolle LKR (wie Anm. 10), zum 25.6.1946. Diese Arbeiten sind im AELKA vorhanden.
68 Brief Fiedlers an Pfarrer Martin Fischer vom 13.11.1946, in: AELKA, B 6, Nr. 1199 (Rüstzeiten der Geistlichen 1946-1955), fol. 1.
69 Vgl. Rundschreiben Fiedlers vom 3.1.1947, in: AELKA, B 6, Nr. 1944 (Tgb.Nr. 3837). In der Einladung vom 3.1.1947 schreibt Fiedler, mitzubringen seien neben dem griechischen Neuen Testament »1 Wolldecke, (...), je 1-2 Brikettsteine und *entweder* Reisemarken für Brot und Nährmittel, dazu 1 kg Kartoffeln, Zucker, Kaffee und Aufstrich, *oder* alles in natura«, AELKA, B 6, Nr. 1199, fol. 7.

weiterzubilden, besonders mit Rücksicht auf die Kriegszeit, die die wissenschaftliche Arbeit unmöglich machte, sondern auch der besondere, die früheren D.C. in die Theologie der BK. einzuführen (Barmen!) und dadurch zu tieferer Erfassung ihres Irrweges zu bringen. Und dies auf dem Wege brüderlicher Aussprache und Gemeinschaft. Dies Letzte war nicht zum wenigsten ein erwünschter Erfolg der Rüstzeit, daß wir uns alle menschlich-amtsbrüderlich näher kamen, auch wenn das Zusammenleben nur 3 Tage außer An- und Abreisetag dauerte.«[70]

Von den anhand der Selbstauskünfte als DC-belastet einzuordnenden Pfarrern nahmen an dieser Rüstzeit elf teil: Hecht, Henke, Kunert, Lohse, Pulmer, W. Müller, Ritter, Sachse, Saschek, Schröer sowie Voigtländer, welcher auch einen ausführlichen Bericht über die Rüstzeit anfertigte. In diesem finden sich als ein Resultat, auf das sich die Teilnehmenden für ihre künftige Arbeit verständigt hatten, vier zu beachtende Punkte: »1. Ernsthafte theologische Arbeit, 2. Daß der Christus präsens bei uns und unserer Gemeinde spürbar werde, 3. Arbeit der Volksmission und Evangelisation, 4. Arbeit der »Ökumene« als lebendige Wirklichkeit in unserer Zeit.«[71]

Die zweite Rüstzeit fand vom 3. bis 7. Februar 1948 am gleichen Ort statt, wobei der 4. bis 6. Februar die Arbeitstage waren. Ein Tagesordnungspunkt war diesmal das Referat von Pfarrer Johannes Hoffmann aus Dessau über »Bruderliebe unter Amtsbrüdern«. Aus dem Rüstzeitbericht von Roland Menke gehen zu diesem Thema vier Gedanken hervor: »1. Christlich leben heißt herzlich lieben, 2. das häufige Fehlen der Amtsbruderliebe, 3. die Überwindung unserer Not, 4. der Segen der Bruderliebe für die Gemeinde.«[72]

In der Aussprache wurde von den Teilnehmenden angeregt, regelmäßig Konvente zu bilden, was zuvor offenbar nicht der Fall war, heute aber zur Selbstverständlichkeit geworden ist.

25 Personen fuhren zu dieser Rüstzeit. Von den als DC-belastet einzuordnenden Pfarrern nahmen dieses Mal zehn teil: Drebes, Gille, Giese, Henke, Herbst, Kunert, Müller, Stein, Tunkel und Walch. In seinem Bericht über die Rüstzeit hob OKR Fiedler als Ergebnis die brüderliche Verbundenheit der Teilnehmer hervor: »Auch die früheren DC-Brüder haben diese innere Verbundenheit nach ihren Äußerungen dankbar anerkannt«. Weiter schreibt er: »Nebenbei konnte der Unterzeichnete in brüderlichem Gespräch mit Einzelnen Verschiedenes klären.«[73] Das ist offensichtlich der Grund, warum die Akten der DC-Pfarrer heute oftmals als unvollständig erscheinen – vieles wurde mündlich geregelt. Auch die DC-Akten enthalten häufig den Hinweis, dass die Angelegenheiten durch mündliche Aussprache geklärt und erledigt sind.

Die dritte Theologenrüstzeit wurde vom 31. Januar bis 5. Februar 1949 im Erholungsheim »Rotkäppchen« in Stolberg im Harz durchgeführt. Von 20 Per-

---

70 Bericht vom 8.3.1947, in: ebd., fol. 8.
71 Ebd., fol. 17.
72 Ebd., fol. 69.
73 Ebd., fol. 70.

sonen finden sich acht Pfarrer wieder, die in den Akten als Deutsche Christen verzeichnet sind: Hecht, Ehrig, Kunert, Walter Müller, Pforte, Ritter, Sachse, Voigtländer. Inzwischen waren diese Zusammenkünfte als gute Möglichkeit des Austausches anerkannt, und das Beispiel machte Schule: So führte auch die Kirchenprovinz Sachsen im November 1947, April sowie September 1948 drei solche Pfarrerkonferenzen, ebenfalls in Stolberg, durch.[74]

In der Landeskirche Anhalts wurde die vierte Theologenrüstzeit dann im Januar 1950 veranstaltet, nunmehr in Gernrode, das fortan zum traditionellen Ort der Zusammenkünfte wurde. Von dieser Rüstzeit liegt durch Pfarrer Donath ein Bericht vor. Es nahmen 28 Personen teil, darunter 25 Gemeindepfarrer, von den DC-belasteten waren es 10: Drebes, Ehrig, Giese, Dr. Kars, Walter Müller, Natho, Gottfried Pfennigsdorf, Sachse, Saschek, Voigtländer, aber auch zwei ehemalige NSDAP-Mitglieder: Berenbruch und Theer[75]. Inhaltlich wurde u. a. ausführlich das Buch von Otto Dibelius *Die Grenzen des Staates* thematisiert, auch im Hinblick auf den totalitären Staat. Ob sich die daran anschließenden Diskussionen auch auf die mittlerweile gegründete DDR bezogen, muss offen bleiben. Deren im Laufe der Jahre sich ausprägender Charakter lag den Anwesenden sicher noch nicht klar vor Augen. Die Haltung einiger Amtsbrüder im Dritten Reich wird besprochen worden sein, denn im »weiteren Verlauf kommt es zu einer brüderlichen Aussprache mit den ehemaligen Deutschen Christen in Verbindung mit einer durchaus positiven Wertung der Theologie des vorigen Jahrhunderts.«[76]

Wenn es bei den Rüstzeiten einerseits um theologische Arbeit, andererseits aber um Aussöhnung zwischen den ehemaligen Lagern gerade hinsichtlich der DC-belasteten Amtsbrüder ging, so ist letzteres sicher zum Teil gelungen. An den vier hier betrachteten Rüstzeiten nahmen 23 der als DC-belastet anzusehenden Pfarrer teil, einige mehrfach, so Walter Müller an allen vier und Kunert, Sachse sowie Voigtländer an drei, sieben andere an zwei Rüstzeiten. Die Mehrzahl der als belastet eingestuften Pfarrer nahm diese Möglichkeit des theologischen Austausches in den hier betrachteten Jahren jedoch nicht wahr.

---

74 Ebd., fol. 72.
75 Siehe Anm. 86.
76 AELKA, B 6, Nr. 1199, fol. 189, Seite 7 des Berichts.

III Belastete Geistliche in der Landeskirche

Ab 1937 hatte der Landeskirchenrat freiwerdende Stellen in der Landeskirche nur noch mit Bewerbern besetzt, die sich der Nationalkirchlichen Einung anschlossen,[77] »was zur Übernahme von fast 30 Pfarrern und Kandidaten aus anderen Landeskirchen führte.«[78]

Mit Erlass der Direktive 24 des Alliierten Kontrollrates im Januar 1946 gab es zur Einstufung folgende Ausführungen: Unter den ins Ermessen der überprüfenden Gremien gestellten zu Überprüfenden gehörten

> »m) Mitglieder der Deutschen Christenbewegung. Diese Organisation bestand vorwiegend aus Nationalsozialisten, die behaupten, protestantische Christen zu sein, und die es mit Hilfe der NSDAP erreichten, eine Mehrheitskontrolle des Verwaltungsapparates der deutschen Evangelischen Kirche zu gewinnen. Mitgliedschaft in dieser Organisation deutet auf nationalsozialistische Einstellung hin. n) Mitglieder der Deutschen Glaubensbewegung. Diese Organisation bestand aus Anhängern der Nationalsozialistischen Partei, die den nicht in Einklang zu bringenden Widerspruch zwischen Nationalsozialismus und Christentum offen bekannten. Mitglieder dieser Organisation sind einer nationalsozialistischen Einstellung sehr verdächtig.«[79]

Die zweite Überprüfungskommission scheint sich an dieser Maßgabe orientiert zu haben, wie aus den Protokollen ersichtlich ist. In der Akte mit den DC-Erklärungen sind von 45 Geistlichen der Landeskirche die geforderten Texte vorhanden. Zumindest diese 45 können als diejenigen gelten, die nach dem

---

77 So auch die Angabe OKR Wilkendorfs in einem Schreiben an den Staatssekretär im Reichskirchenministerium, Dr. Muhs, im Jahr 1942, vgl. Arno SAMES: Selbstgleichschaltung oder Selbstbehauptung? Rudolf Wilkendorf und August Körner über den Weg der Evangelischen Landeskirche Anhalts in der Zeit des Nationalsozialismus. In: Zeit des Nationalsozialismus (wie Anm. 26), 115-140, hier: 118 f. Körner berichtet nach dem Krieg von den beiden Pfarrern Dr. Udo Fichtner (Scheuder) und Ludwig Perner (Schackstedt), die Mitglieder der NSDAP (Perner bereits seit 1923) sowie der Deutschen Christen waren und aufgrund von Dienstvernachlässigungen ihr Amt aufgeben mussten, vgl. ebd., 132. Körner hatte in der Tat den von ihm selbst in höherem Alter in Anhalt angestellten Perner 1941 aus den Deutschen Christen ausgeschlossen, da er sich »in unglaublich würdeloser Weise gegen die Einung und gegen die Kameradschaft vergangen« und »gegenüber verschiedenen Stellen bis hin zur Gauleitung die Nationalkirchliche Einung als Gegenbewegung zur Partei hingestellt« habe, vgl. das Schreiben Körners als Leiter der Landesgemeinde an den LKR vom 24.7.1941, in: AELKA, B 30, Nr. 711 (PA Ludwig Perner). Er bezichtigt den vom Katholizismus zum Protestantismus konvertierten, aus Wien stammenden Perner »völliger Unfähigkeit«, er habe auch katholische und BK-Ansichten im Konfirmandenunterricht und in Predigten vertreten. Perner trat im Februar 1944 aus der evangelischen Kirche aus und bezeichnete sich fortan als »gottgläubig«, vgl. ebd., fol. 20, 132, 134.
78 Schröter: Pfarrerschaft (wie Anm. 3), 18; Meier: Kirchenkampf (wie Anm. 6), Bd. II, 246.
79 Vgl. Kontrollratsdirektive Nr. 24, in: Amtsblatt des Kontrollrats in Deutschland (vom 12.1.1946).

Krieg (noch⁸⁰) als DC-nah angesehen wurden.⁸¹ Jedoch gibt es Hinweise, dass noch weitere Amtsbrüder als den Deutschen Christen zugehörend angesehen wurden, z. B. Hermann Kunert, der u. a. von Fiedler ausdrücklich den Deutschen Christen zugerechnet wurde⁸² und in Köthen als DC-Kreisgemeindeleiter fungierte. Seine DC-Erklärung vom 1. Dezember 1945 ist in Anhalt nicht mehr vorhanden, da sie 1950 nach Hannover übersandt wurde.⁸³

Dass von dem umgehend entlassenen August Körner keine DC-Erklärung vorliegt, nimmt nicht wunder – er konnte ohnehin nicht mehr in Anhalt tätig werden. Auch von Willy Friedrich, der schon 1946 in Hildesheim tätig war, liegt keine Erklärung vor. Von den 1937 als DC-Kreisgemeindeleiter fungierenden Pfarrern Dr. Hans-Werner Kars (Dessau), Friedrich Kloos (Bernburg), Hermann Kunert (Köthen), Otwien Hoppe (Zerbst) und Hugo Mieth (Ballenstedt)

---

80 Kurt Görner etwa, Mitglied des Nationalsozialistischen Fliegerkorps (aktiver Flieger 1933-1935), gehörte nach seiner Selbstauskunft von 1937-39 zu den Deutschen Christen /Nationale Einung, geriet danach in Konflikt mit KR Körner, titulierte diesen aber noch 1941 als »Kamerad«. Er wurde nach dem Krieg Bürgermeister von Siptenfelde, vgl. AELKA, B 30, Nr. 1039 (PA Kurt Görner), fol. 15, 42, 82. 1934/35 sind in einem Rundbrief des DC-Provinzleiters der Kirchenprovinz Sachsen und Anhalts, Sannemann, auch die Pfarrer Eschebach, Hausicke und Matthiae als Förderer der Deutschen Christen genannt, vgl. das Rundschreiben vom 4.2.1935, in: Archiv der Martinsgemeinde Bernburg, Schriftgut der DC 1934 - 1937. Nur bei letztem findet sich ein Anhaltspunkt: Matthiae habe auf einem Fragebogen der Landeskirche angegeben, 1933 bis 34 Mitglied der Deutschen Christen gewesen zu sein; »der Grund der kurzen Zugehörigkeit bedarf keiner weiteren Erläuterung«, schrieb er am 8.8.45. Es findet sich nur der Kurzvermerk Fiedlers darauf: 16.8.45 gelesen, zu den Akten, vgl. ALKEA, B 30, Nr. 383 (PA Karl Matthiae), 96.

81 Leider geben die eingesehenen Akten keinen belastbaren Hinweis darauf, welche Kriterien für diese »Auswahl« zugrundgelegt wurden: Öffentliches Auftreten im Sinne der Deutschen Christen? Leumund? Hinweise von BK-Geistlichen? Möglicherweise Denunziationen? Mitgliedschaftslisten? Mitgliedschaft in der NSDAP oder der SA? Angaben auf einem Personalfragebogen (s.u. bei Voigtländer)? »Ich persönlich urteile nur nach unbestreitbaren Urkunden in den Akten oder nach persönlicher Ohrenzeugenschaft«, so KR Fiedler in einem Brief an Pfarrer Müller (s. u.). Es ist auch nicht erkennbar, wer genau den Kreis derer absteckte, die sich zu erklären hatten – die Säuberungskommission selbst? Schröter: Pfarrerschaft (wie Anm. 3), 18, schreibt von »bis zu 50 Mitgliedern und Sympathisanten«. Der »Nationalkirchlichen Einung« gehörten 1938 nach Auskunft des LKR ca. 4.200 eingeschriebene Mitglieder in Anhalt an, über die Hälfte der Pfarrer seien Deutschen Christen gewesen, vgl. Meier: Kirchenkampf (wie Anm. 6), Bd. III, 371. In den für die zweite Entnazifizierungskommission erstellten Personallisten sind immerhin Listen mit NSDAP-Mitgliedern, sowie Angaben zur SA-Mitgliedschaft, militärischen Rängen usw. aufgestellt worden, nicht aber zu Mitgliedern der Deutschen Christen o.ä.

82 Dies geht aus dem Brief Fiedlers an die westfälische Landeskirche bezüglich Kersten-Thieles hervor, s.u. bei diesem, sowie aus verschiedenen Schreiben des LKR nach Hannover, vgl. Personalakte Kunert, passim.

83 Vgl. Schreiben des Vorsitzenden des LKR an das Landeskirchenamt der Ev. Lutherischen Kirche Hannovers vom 22.5.1950, in: AELKA, B 30, Nr. 230.

sind nur von den beiden Erstgenannten die Erklärungen in der Akte zu finden, obwohl Kunert 1947 von Baasdorf nach Dröbel versetzt worden war und erst 1949 nach Hannover ging und es eine Erklärung gegeben hat (s. o.), Mieth von 1947 bis 1956 in den Wartestand versetzt wurde. Hoppe war bereits seit 1939 in der KPS tätig. Über die genannte Akte hinaus gibt es weitere DC-Erklärungen, die sich in Personalakten finden, wie von Roland Henke oder Gottfried Pfennigsdorf – zwei Zufallsfunde, die hier mit betrachtet werden.

Nimmt man einmal 1933 als das Jahr der Nationalsozialistischen Machtübernahme in Augenschein, so waren in diesem Jahr von diesen 47 DC-Pfarrern drei (= 6%) älter als 58 Jahre, 13 (= 28 %) im Alter von 43 bis 58 Jahren, ebenso viele (28 %) 33 bis 43 Jahre alt und mit 18 die meisten (= 38 %) im Alter von 23 bis 33 Jahren. Letztere gehören damit zu der gelegentlich als »verlorene Generation« bezeichneten Gruppe, die den Ersten Weltkrieg nur mittelbar als Kinder, seine Folgen und die Wirren der Weimarer Republik hingegen sehr bewusst erlebt hat.[84] 29 der 47 DC-Geistlichen hatten im Zweiten Weltkrieg als Soldaten zu dienen (= 62 %), elf waren Veteranen des Ersten Weltkrieges (= 24 %), 14 waren Deutsche Christen, aber nicht beim Militär (= 30 %).[85] Von den als NSDAP-Mitgliedern bekannten Pfarrern finden sich sechs nicht unter denen, die DC-Erklärungen abgegeben haben,[86] was wiederum den Schluss nahe legt, dass Pfarrer zwar der Partei an-, aber dennoch nicht zum Lager der Deutschen Christen gehören konnten.[87]

---

84 Schröter: Pfarrerschaft (wie Anm. 3), 18, schreibt, dass 1936 von 114 amtierenden Pfarrern Anhalts 62 zwischen 1885 und 1910 geboren wurden und zwischen 1920 und 1934 ins Amt gekommen waren.

85 Der Landeskirchenrat gab gegenüber der Militärbehörde am 10.10.1943 an, dass 55 Prozent der Geistlichen eingezogen seien (bei ca. 120 Pfarrern also ca. 65). Graf: Pfarrerbuch (wie Anm. 42), 29, 38 f, gibt für den Ersten Weltkrieg zwei Gefallene bei 22 im Heer Stehenden an, für den Zweiten Weltkrieg zwölf Gefallene; 55 von 123 Pfarrern seien eingezogen gewesen. Hinzu kommen drei weitere Geistliche, die erst kurz vor ihrem Heeresdienst aus Anhalt weggingen, sowie vier der elf BK-Kandidaten, die nicht in Anhalt angestellt wurden; vgl. ebd., 485. Schröter: Pfarrerschaft (wie Anm. 3), 18, schreibt, dass insgesamt »etwa 50« anhaltische Pfarrer zur Wehrmacht einberufen waren.

86 18 Geistliche sind im Juli 1947 als NSDAP-Mitglieder bekannt, von denen einer (Prof. Dr. Ottomar Wichmann) erst nach dem Kriege nach Anhalt kam. Keine DC-Erklärungen sind bekannt von den Parteimitgliedern Wilhelm Berenbruch, Max Bachmann, Karl Mittelstraß, Karl Unger und Bernhard Theer, die alle schon vor dem Kriege in Anhalt tätig waren, vgl. Aufstellung der Mitglieder der NSDAP vom 3.7.1947, sowie Beamte und Angestellte des höheren Dienstes der Evangelischen Landeskirche Anhalts, Stand 1.11.1947, in: AELKA, B 60, Nr. 1. Berenbruch und Mittelstraß sind in o.g. Rundschreiben Sannemanns als Förderer der Deutschen Christen aufgeführt; vgl. Anm. 80.

87 Aus der umfassenden Analyse der Pfarrerschaft der Kirche Schleswig-Holsteins im Dritten Reich ergibt sich, dass 40 Prozent der Pfarrerschaft in der NSDAP, SA oder SS waren, 33 Prozent als Deutschen Christen galten, ca. 50 Prozent zur Bekennenden

Weder wurden, so ist zur Aussagekraft der Aktenlage zu resümieren, von allen denkbaren DC-Mitgliedern Erklärungen eingefordert, noch sind sie systematisch registriert und überliefert worden, und durch den Fokus auf die Deutschen Christen und die entsprechende Gleichschaltung der Kirche (»Ent-Deutschchristlichung«) bleibt die Aussagefähigkeit des Verfahrens über das Verhältnis der Pfarrer zum Nationalsozialismus insgesamt begrenzt. An dieser Stelle sollen daher exemplarisch einige der DC-Pfarrer betrachtet werden, über deren Leben aus den Akten einiges gesagt werden kann. Ziel der folgenden Darstellung ist dabei, einerseits ihre eigene rückblickende Positionierung im Hinblick auf die kirchenpolitische Situation in der NS-Zeit zu erhellen, andererseits mögliche Prägungen aufgrund ihres persönlichen Werdegangs (z.B. beim Militär) mit zu erfassen.

Baumgärtner, Erich (Jahrgang 1894)

geb. 18.7.1894 Bromberg, gest. 24.10.1986 Mühlheim/Ruhr
1921 Bezirksjugendwart Leipzig, 1941 ebendort Bezirks-Pfarrverwalter,
1944 Pfarrverwalter Leopoldshall, 1945 dort Pfarrer, 1951 Jeßnitz

Baumgärtner war Kriegsteilnehmer von 1914 bis 1916 sowie ab 1940 im Zweiten Weltkrieg, 1940 war er erst zum Unteroffizier, dann zum Feldwebel befördert. Neben dem Eisernen Kreuz (künftig: EK) II erhielt er das Verwundetenabzeichen und das Ehrenkreuz für Frontkämpfer. Er war als Diakon in Leipzig tätig, wurde dort 1943 ausgebombt und wechselte in die Landeskirche Anhalts, ist als Pfarrverwalter in Leopoldshall eingesetzt und dort u. a. als Lazarettpfarrer tätig gewesen. In seiner Personalakte finden sich keine Hinweise auf ein Engagement als Deutscher Christ. In der Sammlung der Erklärungen der DC-Pfarrer ist sein Text vom 1. Februar 1946 erhalten. Darin gab er an, dass er in der Inneren Mission verwurzelt gewesen sei, dem »heillos gewordenen Volk« mit Gottes Wort dienen wollte und heute bedauern würde, den Deutschen Christen beigetreten zu sein. In Leopoldshall hätte er die lange vor seiner Zeit aufgekommene Gottesfeierordnung »lange vor dem Zusammenbruch« wieder abgeschafft.[88] Fiedler merkte daraufhin an: »In mündlicher Aussprache ist B. auf das Unzureichende seiner Erklärung hingewiesen, er soll eine neue Erklärung einreichen.«[89] Diese verfasste Baumgärtner am 1. April 1946. Er fühle sich »als ehemaliges DC-Mitglied mitschuldig an dem Zerwürfnis, unter dem die

---

Kirche gehörten.«Jeder dritte BK-Pastor war Mitglied in der NSDAP, und/oder der SA beziehungsweise SS. Etliche übernahmen NS-Ideologie in den Raum der Kirche und propagierten sie von der Kanzel oder im Konfirmandenunterricht, priesen den ›Führer‹ und schworen ihre Gemeinde auf das Hitlerregime ein.«, so Helge-Fabian HERTZ: Tragende Säule der Nazis. Ein Fallbeispiel: Die Evangelische Kirche Schleswig-Holsteins im Nationalsozialismus. In: Zeitzeichen 6/2022, 44-50, hier: 46.

88 AELKA, B 6, Nr. 1201 (Erklärungen der Geistlichen), fol. 110.
89 Ebd.

ev. Christenheit seit 1933 gelitten hat«. Er entschuldige sich nicht damit, nicht aktiv gewesen zu sein, keine Verbindung zu der Bewegung gesucht oder unterhalten zu haben, das »wären nur Ausflüchte, mit denen ich meine Mitschuld zu verkleinern« suchen würde.[90] Weiteres ist nicht aktenkundig. Er konnte die nächsten Jahre weiter in Leopoldshall wirken.

Elster, Erich (Jahrgang 1890)

geb. 17.1.1890 Zerbst, gest. 22.8.1967 Dessau
1919 Hilfsprediger Dessau, 1922 Diakon Dessau, 1925 Pfarrer Dessau

Elster war im Ersten Weltkrieg vom 6. November 1914 bis 9. November 1918 Soldat und wurde verwundet. Er erhielt EK II und I, das Anhaltische Friedrichskreuz sowie das Kriegsehrenkreuz (für Frontkämpfer) mit Schwertern, war Leutnant der Reserve und vom 1. September 1939 bis 1. Mai 1945 Standortpfarrer von Dessau. Von 18. Mai 1922 bis 17. Februar 1934 gehörte er der Dessauer Freimaurerloge »Ensiko zum aufgehenden Lichte« an, trat dort 1926 bis 1933 immer wieder als Redner »in religiöser und nationaler Beziehung« hervor und bekleidete zuletzt den Grad eines Meisters vom Stuhl mit IV. Schottengrad. Er schied durch die erzwungene Auflösung der Loge aus.[91]

Elster reichte am 23. Oktober 1933 der NSDAP ein »deutsches Gebet« (nach der Melodie des »Niederländischen Dankgebetes«) ein, wofür diese sich bedankte. In seiner Personalakte findet sich ein Brief eines Herrn Kraetzel, worin dieser sich über einen Artikel Elsters beschwert, in welchem dieser Kraetzel als »nicht artbewußt« beschimpft habe. Der Präsident des Reichspresseamtes bescheinigt Elster am 29. Dezember 1936 politische Zuverlässigkeit. Elster war Schriftwalter des »Christentums der Tat«,[92] womit ihn der Landeskirchenrat am 7.3.1938 beauftragt hatte, darüber hinaus auch Hauptschriftleiter für die Zeitschriften »Die Brücke«, »Nationalkirche« und »Deutsches Christentum«. Am 26. März 1941 berichtete Elster dem Landeskirchenrat über ein Gestapo-Verhör. Weil öfter anhaltische Geistliche solchen Verhören ausgesetzt waren, bat der Landeskirchenrat diese Behörde um Übersendung der gesetzlichen Grundlage für solche Verhöre, woraufhin die Gestapo nur mit Verweis auf das Reichssicherheitshauptamt reagierte, man möge sich dorthin wenden, was die Landeskirche auch tat. Eine Antwort von dort ist nicht in den Akten erhalten.

---

90 Ebd., fol. 112.
91 Vgl. für dieses und das Folgende AELKA, B 30, Nr. 105 (PA Erich Elster).
92 Vgl. dazu Benedikt BRUNNER: Vom liberalen Kirchenblatt zum deutschchristlichen Kampforgan: Die anhaltische Kirchenzeitung zwischen 1920 und 1941, In: »Im Kampf für Gottes Volk«? (wie Anm. 7), 267-293.

Nicht nur aus dem Jahr 1942 ist ein Kirchweihspiel von ihm erhalten: er hat viele Spiele zur Aufführung in der Kirche verfaßt. Dabei kam ihm sicher zugute, dass er nicht nur Theologie, sondern auch Dramaturgie studiert hatte.[93]

Schulze erkannte bei Elster ab 1941 eine Wandlung seiner Einstellungen, verbunden mit Nachdenklichkeit darüber, was im Dritten Reich auch hinsichtlich des zunehmend härteren Kurses gegenüber der Kirche vonstatten gegangen ist.[94] Anlässlich seines 25jährigen Ordinationsjubiläums gratulierte Fiedler ihm dann sehr freundlich in einem Brief.[95] Darin berichtete er von einer Sitzung der (ersten) »Säuberungskommission«, die die Eigenart Elsters gewürdigt habe, ein »fröhliches Christentum« auszustrahlen, was schon »manchen Gebeugten getröstet« habe; er möge aber seinen »Subjektivismus in den Gottesdiensten« und »seine Vorliebe für militärische Dinge« zügeln. Elster brachte seinen Dank mit einem Advents-Altarspiel zum Ausdruck.

Seine DC-Erklärung vom 14. November 1945 war zunächst recht kurz gehalten. Er sah »keinen Hinderungsgrund mehr, mich innerlich von der n[ationalkirchlichen] E[inung] zu trennen«. Fiedler notierte am Rande, dass er durch einen persönlichen Brief Elster auf die Unzulänglichkeit seiner Erklärung hingewiesen habe.[96] Daraufhin schrieb dieser am 12. März 1946 eine neue Erklärung, dass seine Beweggründe religiöse Erneuerung sowie die kirchliche Einigung gewesen seien. Der innere und äußere Zusammenbruch des Volkes hätte auch als ein Gericht Gottes die Deutschen Christen betroffen. Von anderer Hand (Müllers?) ist an diese Erklärung geschrieben worden, dass unklar bliebe, welche Rolle der Zusammenbruch der Nazis mit seiner Trennung von der Nationalkirchlichen Einung spiele.[97] Weitere Korrespondenz zu diesem Thema ist nicht erhalten. Elster blieb in seiner Pfarrstelle und galt damit wohl als entlastet.[98]

Dass er sich für Soldaten verantwortlich fühlte, wurde auch in seinem Engagement für Kriegsgräber offenbar. So legte er im April 1945 in Eigeninitiative direkt vor der Auferstehungskirche solche für Gefallene an.[99] Am 9. September

---

93 Vgl. Siegfried SCHULZE: Erich Elster und Egon Bitzmann. Die ersten Pfarrer der Auferstehungsgemeinde. Vortragsmanuskript, vorhanden in: AELKA, B 59 (Kirchengeschichtliche Sammlung), Nr. 1, S. 2; Dietrich BUNGEROTH: Die Kirchenwahlen vom 23. Juli 1933 in der Auferstehungsgemeinde in Dessau. In: Zeit des Nationalsozialismus (wie Anm. 26), 59-74, hier: 60. Zur kritischen Würdigung der Person Elsters vgl. zuletzt Bernd G. ULBRICH: Deutsches Christentum und soldatischer Geist: Erich Elster (1890-1967). In: ›Im Kampf für Gottes Volk‹? (wie Anm. 7), 333-357.
94 Schulze: Auferstehungsgemeinde (wie Anm. 93), S. 6f.
95 Vgl. AELKA, B 30, Nr. 105, darin: Brief vom 12.11.1945.
96 AELKA, B 6, Nr. 1201 (Erklärungen der Geistlichen), fol. 13.
97 Ebd., fol. 12.
98 Der Gemeindekirchenrat hatte sich einstimmig für das Verbleiben Elsters in der Gemeinde ausgesprochen und die entsprechende Bitte dem Landeskirchenrat am 8.10.1945 mitgeteilt, vgl. Bungeroth: Kirchenwahlen (wie Anm. 93), 71f.
99 Es handelte sich um 19 an den Junkers-Werken gefallene Soldaten, vgl. Schulze: Auferstehungsgemeinde (wie Anm. 93), 9.

1952 wird er von der EKD als Vertrauensmann der Anhaltischen Landeskirche für den Volksbund Deutsche Kriegsgräberfürsorge anerkannt.[100]

Heinemann, Heinrich (Jahrgang 1885)

geb. 29.8.1885 Magdeburg, (Sterbedatum und -ort unbekannt) 1909 Hilfsprediger Streckau, 1910 Diakon Alsleben, 1915 Pfarrer Vatterode, 1921 Oberpfarrer Alsleben, 1925 Superintendent Mücheln, 1930 Weißenfels, 1931 Oberkonsistorialrat Magdeburg, 1943 Pfarrer Oranienbaum, 1951 Gernrode

Heinrich Heinemann war nicht beim Militär, wurde nur 1944 als kriegsdienstverwendungsfähig für den Landsturm gemustert. 1933 bis 45 war er Mitglied der NSDAP.[101] Am 23. November 1945 schickte er seine erste DC-Erklärung an den Landeskirchenrat und legte das Rundschreiben Fiedlers bei, da es erklärungswürdig sei: welche der DC-Grundsätze würden dem Evangelium widersprechen? Wenn die Zeitverhältnisse eine »Säuberung« notwendig machen würden, so erfordere die Bereinigung des innerkirchlichen Lebens eine endgültige Liquidierung des Kirchenstreites. Dies könne nur durch offene, brüderliche Aussprache zwischen ehemaligen Deutschen Christen und Angehörigen der Bekennenden Kirche geschehen und schließe das Abrücken von BK-Brüdern von falschen Auffassungen und unchristlichen kirchenpolitischen Methoden des Kirchenkampfes ein, wie es jetzt von ehemaligen DC-Pfarrern gefordert würde (er zählte etliche Erfahrungen auf). Sein tiefstes Bemühen um Einigung der Pfarrerschaft sei gescheitert. Er habe aber auch gute Erfahrungen mit BK-Brüdern gemacht.

Heinemann trat 1933 den Deutschen Christen bei und habe ein positives Christentum gegen liberale Verkürzung oder völkische Verdrängung der Botschaft vertreten. Er sei gegen den Zwang des Gebrauchs altertümlicher Formen und Fremdwörter sowie des Apostolicums als ausschließlichem Bekenntnis aufgetreten und sah die Gottesfeier als ernsthaften Versuch einer liturgischen Reform an. Fiedler bemerkte auf dieser Erklärung einerseits: »vorliegende Erklärung ungenügend«, andererseits »durch persönliche Aussprache erledigt«.[102] Heinemann lieferte mit Datum 7. Januar 1946 noch eine zweite, förmliche Erklärung.[103] Da er bis 1951 in Oranienbaum tätig bleiben konnte, galt er damit wohl als entlastet. Die zweite Entnazifizierungskommission stufte ihn als »tragbar« ein.[104]

---

100 Vgl. AELKA, B 30, Nr. 105 (PA Erich Elster), fol. 287, 312. Dabei mag eine Rolle gespielt haben, dass sein einziger Sohn kurz vor Kriegsende gefallen war. Zum Volksbund Deutsche Kriegsgräberfürsorge vgl. hier auch Ulbrich: Erich Elster (wie Anm. 93), 340, 354.
101 Vgl. AELKA, B 30, Nr. 734 (PA Heinrich Heinemann).
102 AELKA, B 6, Nr. 1201 (Erklärungen der Geistlichen), fol. 3.
103 Ebd., fol. 2.
104 Vgl. Protokoll zur 2. Sitzung am 23.5.1947, in: AELKA, B 60, Nr. 1.

Kars, Lic. theol., Dr. phil. Hans Werner (Jahrgang 1909)
geb. 2.10.1909 Wernigerode, gest. 13.5.1977 Roßlau
1937 Hilfsprediger Dessau, 1939 Pfarrer Dessau, 1946 Steutz, 1953 KOP, 1955 Pfarrer Roßlau, 1964 OKR

Hans-Werner Kars war von 1940 an Soldat, 1941 Unteroffizier, 1943 Leutnant. Träger des Panzerkampfabzeichens und der Verwundetenmedaille in Silber. Laut Selbstauskunft als »Wehrmachtspfarrer« wirkend. Er geriet in englische Kriegsgefangenschaft, aus der er im Juli 1945 entlassen wurde.[105] Von 1933 bis 45 war er Mitglied der NSDAP sowie bei den Deutschen Christen. Auf eine entsprechende innere Überzeugung lässt sich durch mehrere Indizien rückschließen: 1938 gab es seitens des Gemeindekirchenrates der Petrusgemeinde Kritik an ihm, da er Gottesdienste als Gottesfeiern bezeichnet und über jüdische Einflüsse debattiert hätte. Er war landeskirchlicher Referent des »Instituts zur Erforschung und Beseitigung des jüdischen Einflusses auf das deutsche kirchliche Leben«, schrieb dort im Auftrag des Institutsleiters, Professor Walter Grundmann, eine wissenschaftliche Arbeit über »arisches Sündenverständnis«, wofür er den Landeskirchenrat um einen Zuschuss bat.[106]

Seine DC-Erklärung vom 27.10.1945 bot keine erhellenden Aussagen über seine Beweggründe. Eine Anmerkung Fiedlers ist an ihr nicht zu finden, doch ist ein vermutlich in diesem Zusammenhang geschriebener Brief von ihm erhalten. In ihm schrieb er, dass bei der Sitzung des (ersten) Säuberungsausschusses »heftige Angriffe auf Ihre Amtsführung laut geworden sind«, deshalb solle Kars »in Ihrem eigenen Interesse« bis auf weiteres nicht in Dessau predigen.[107] Zum April 1946 war seine Versetzung nach Hecklingen geplant, doch gab es in der dortigen Gemeinde Vorbehalte gegen ihn (»Nazipfarrer«), deshalb wurde er ab 7. Mai 1946 nach Steutz versetzt.[108] Die zweite Säuberungskommission stufte ihn dann als »tragbar« ein.[109]

Kars arrangierte sich mit den neuen Gegebenheiten. Von 1953 an fungierte er als Kreisoberpfarrer des Kirchenkreises Zerbst. Doch agierte er nun in anderer Hinsicht linientreu, indem er sich dem Ministerium für Staatssicherheit verdingte.[110] 1965 konnte er im kapitalistischen Ausland als Kurpastor in Hermagor in Kärnten tätig sein.[111]

---

105 Vgl. AELKA, B 30, Nr. 206 (PA Hans-Werner Kars).
106 Ebd., fol. 61. Diese Arbeit und weiteres dazu findet sich nicht in der Personalakte.
107 Ebd., fol. 91, Brief Fiedlers vom 14.11.1945.
108 Ebd., fol. 94.
109 Vgl. Protokoll zur 2. Sitzung am 23.5.1947, in: AELKA, B 60, Nr. 1.
110 Siehe den Beitrag von Marius STACHOWSKI im vorliegenden Buch.
111 Vgl. AELKA, B 30, Nr. 206, fol. 227, 253.

Kersten-Thiele, Lic. Wilhelm (Jahrgang 1913)
>geb. 12.9.1913 Dortmund, gest. 8.12.1988 ebenda
>1939 Hilfsprediger Dessau, 1940 Pfarrer Köthen, 1945 Sandersleben,
>1948 Grone bei Göttingen, 1954 Düsseldorf, 1968-73 Sereetz

Wilhelm Kersten-Thiele war 1933 bis 1935 Mitglied der SA. Aus dieser trat er nach eigener Auskunft wieder aus, da er als Theologiestudent dort nicht tragbar gewesen sei. Er gehörte dem NS-Studentenbund sowie als zahlendes Mitglied dem NS-Altherrenbund an. In die Partei trat er nicht ein. 1938 bewarb er sich aus der KPS um Übernahme in den Dienst der Landeskirche Anhalts, trat den Deutschen Christen bei und engagierte sich bei der Nationalkirchlichen Einung, bis 1941. Er amtierte zunächst in Dessau (St. Georg), dann von 1940 an bis zu seiner Einberufung als Pfarrer an der Köthener Martinskirche. 1936/37 wurde gegen ihn ein Untersuchungsverfahren der Gestapo in Halle eingeleitet, 1941 ein weiteres der Gestapo Dessau.[112] Er wurde zur Wehrmacht Anfang 1942 eingezogen und diente dort im Range eines Oberleutnants der Reserve. Er erhielt die Kriegsverdienstkreuze 1. und 2. Klasse mit Schwertern. Seine Kriegsgefangenschaft dauerte bis August 1945.

Bei Kersten-Thiele wird deutlich, dass es im Hinblick auf die einzelne Person unterschiedliche Einschätzungen hinsichtlich ihrer Haltung als Deutscher Christ geben kann. So hat sich ein Brief Waldemar Schröters an die westfälische Landeskirche von 1953 erhalten, in dem der damalige Kirchenpräsident Schröter Kersten-Thiele als »prononcierten Vertreter der DC« bezeichnet.[113] Anders klang es sechs Jahre früher in einem Brief KR Fiedlers an die Landeskirche Hannovers, in dem er Kersten-Thieles Eintritt in die Nationalkirchliche Bewegung damit begründete, dass in dieser Zeit nur Deutsche Christen als Pfarrer in der Anhaltischen Landeskirche eingestellt wurden. Zwar habe es dann in seiner Dessauer (BK-orientierten) Gemeinde Schwierigkeiten gegeben, da er den damals von der Kirchenbehörde gewünschten DC-Kurs gefahren habe. »Die Ursache war also weniger persönlicher Radikalismus als der Wunsch, sich der Kirchenleitung gefällig zu erweisen.« Es könne nicht entschieden werden,

>»inwieweit die Umstellung eine in die Tiefe gehende ist [...] Die Verteidigung seines früheren D.C.-Kameraden Pfarrer Kunert ist nicht von der Hand zu weisen: Theologisch ist Pfarrer Lic.Kersten-Thiele zu solide gebildet, als daß er in dieser Hinsicht 100-prozentig die nationalkirchliche Ideologie sich hätte zu eigen machen können. [...] So ist es auch Tatsache, daß durch den Unterzeichneten der anfangs erteilte Rat, die Anhaltische Landeskirche zu verlassen, auf Grund der günstigen Erfahrungen zurückgenommen wurde.«[114]

---

112 Brief Kersten-Thieles vom 1.12.1945 an den LKR, in: AELKA, B 30, Nr. 208 (PA Wilhelm Kersten-Thiele), fol. 1.
113 Brief Schröters vom 2.4.1953 an die Kirche Westfalens, in: ebd., fol. 38.
114 Brief Fiedlers vom 13.11.1947 an Landeskirche Hannovers, in: ebd., fol. 3.

Blicken wir auf die wenigen erhaltenen eigenen Bekundungen, so zeigt sich folgendes: Mit Datum 15. November 1945 findet sich in den Erklärungen der DC-Pfarrer die kurze Aussage Kersten-Thieles: Die DC-Bewegung habe einen »Consensus« mit dem Nationalsozialismus zur Voraussetzung gehabt. »Da jedoch diese Weltanschauung abgewirtschaftet hat, nicht ohne unser Volk in einen Zustand tiefsten Leides hineinzuführen, fällt das kirchenpolitische Ziel der ›N[ationalkirchlichen] E[inung]‹ in sich zusammen und wird dadurch gegenstandslos.«[115] Auf diese kurze Ausführung hin finden sich an der Erklärung auffälligerweise keinerlei Notizen oder Anmerkungen der Mitglieder des neuen Landeskirchenrats. Es muß aber zumindest Gespräche gegeben haben, wenn nicht sogar eine (nicht nachweisbare) Aufforderung, sich genauer zu erklären, denn so war das übliche Procedere Fiedlers als zuständigem Kirchenrat, wie aus ähnlichen Fällen ersichtlich ist. Schlussfolgern können wir das auch, da sich in der Personalakte ein Brief Kersten-Thieles aus dem Jahr 1947 erhalten hat. Darin führte er aus, dass er nie »aktiver oder aktivistischer« Deutscher Christ gewesen sei. Er sei wegen der Übernahme in die Landeskirche Anhalts der Nationalkirchlichen Einung beigetreten, auch weil in Anhalt ein kürzerer Vorbereitungsdienst üblich war als in anderen Kirchen der Altpreußischen Union und er so schneller ins Amt zu gelangen gehofft habe. Er habe bei den Deutschen Christen kein Amt inne gehabt, sei zweieinhalb Jahre aktiv, dann (als Soldat) nur noch passiv dabei gewesen. Beweggrund sei für ihn auch gewesen, dass es bei den Deutschen Christen eine volksmissionarische Tendenz bei gegenwartsnaher Evangeliumsverkündigung gegeben habe.

Neben diesen persönlichen Beweggründen erhob Kersten-Thiele nun jedoch auch Vorwürfe gegen die Praxis der neuen Kirchenleitung: Der derzeitige Landeskirchenrat habe keinen Einblick in die innere Struktur der Nationalkirchlichen Einung. Keine Kirchenleitung dürfe Geistliche in einen bestimmten kirchenpolitischen Kurs zwingen, auch nicht: zur BK. Auch heute werde das Fortkommen eines Geistlichen wieder von seiner kirchenpolitischen Gesinnung abhängig gemacht.[116]

Kersten-Thiele wurde auf Beschluss des Landeskirchenrats 1945 nach Sandersleben versetzt.[117] 1948 verließ er Anhalt und ging auf eigenen Wunsch in die Landeskirche Hannovers.[118]

---

115 AELKA, B 6, Nr. 1201 (Erklärungen der Geistlichen), fol. 98.
116 Brief Kersten-Thieles vom 1.11.1947 an den LKR, in: AELKA, B 30, Nr. 208, fol. 1. Zu seinem Brief an den Vorsitzenden des Pfarrervereins vom 28.12.1946, in welchem er ähnliches formuliert, siehe den Beitrag Dreses in diesem Band.
117 Protokolle LKR (wie Anm. 10), Beschluss Nr. 2 vom 20.11.1945.
118 Protokolle LKR (wie Anm. 10), Beschluss vom 27.02.1948.

Kloos, Friedrich (Jahrgang 1894)

geb. 22.12.1894 Bernburg, gest. ebenda 24.11.1966
1934 Pfarrverwalter Schackstedt, dann Altenburg, 1934 dort Pfarrer, zugleich Pfarrverwalter Bernburg Nikolai, 1938 Pfarrer Waldau, 1947 Pfarrer Wertlau-Bone

Friedrich Kloos war Teilnehmer am Ersten Weltkrieg, zum Schluss im Rang eines Leutnants der Reserve. In der Zwischenkriegszeit engagierte er sich als Freimaurer und war 1921 bis 1926 Meister vom Stuhl der Bernburger Loge »Alexius zur Beständigkeit«. Aus dieser trat er wieder aus, da ihm der Logengedanke »überholt schien«.[119] Er war nach dem Krieg als Kaufmann im Malergeschäft seines verstorbenen Vaters tätig,[120] nahm erst 1927 sein mit Ausbruch des Ersten Weltkrieges unterbrochenes Theologiestudium wieder auf. Aus der Zeit des 1926 geschlossenen Malergeschäftes belasteten ihn noch längere Zeit finanzielle Forderungen. 1936 hatte er sich als Schiffsgeistlicher beworben, was der Landeskirchenrat unterstützt, die Deutsche Evangelische Kirche jedoch abgelehnt hat. 1937 war er Vertrauensmann für kirchliche Kunst.

Er erhielt im Ersten Weltkrieg das Anhaltische Friedrichskreuz, EK II und I, das Ehrenkreuz für Frontkämpfer sowie das Verwundetenabzeichen in Silber (für zweimalige Verwundung). Im Zweiten Weltkrieg folgten noch das Kriegsverdienstkreuz II. Klasse mit Schwertern sowie die Ostmedaille.

1932 fungierte er auf Weisung KOP Ernst Kluges als Berater des Männerkampfbundes »Gruppe Bergstadt« und leitete alle vierzehn Tage die Abende. 1933 war er Mitglied der SA. 1935 bat er um Aufnahme in das Offizierskorps. Er nahm in der Reichswehr an verdeckten Offiziersübungen teil. 1937 wirkte er im Bernburger Fliegerhorst als Spanischlehrer für Piloten.[121] Vom militärischen Rang her war er 1940 Leutnant, 1941 Oberleutnant und im gleichen Jahr Hauptmann der Luftwaffe.

Im folgenden Jahr gab es ein Verfahren gegen ihn, dem die sofortige Dienstenthebung durch den Landeskirchenrat folgte. Das Verfahren wurde jedoch neu untersucht und endete mit Kloos' Rehabilitierung, woraufhin er alle Dienstbezüge nachgezahlt bekommen sollte,[122] was er aber aus Enttäuschung

---

119 AELKA, B 30, Nr. 218 (PA Friedrich Kloos), fol. 75.
120 Auskunft seiner Schwiegertochter nach der Familienchronik an den Verfasser vom 26.5.2021.
121 AELKA, B 30, Nr. 218, fol. 109. Möglicherweise hat das mit den Einsätzen der Piloten im Rahmen der Legion Condor zu tun. Da Kloos' Bruder in Spanien lebte, könnten seine Spanischkenntnisse auch darin ihren Grund gehabthaben. Auskunft seiner Schwiegertochter an den Verfasser vom 25.01.2023.
122 Hierüber ist eine extra Akte erhalten. Er meldete dem LKR am 7.9.1942, dass er zu zehn Monaten Haft und Rangverlust verurteilt worden sei. Er sitze im Militärgefängnis Graudenz. Der Vorwurf lautete Untreue und militärische Unterschlagung, d.h. Plünderung, da er in seiner Dienststelle in Krasnogwardejsk aus einem Depot einen

über das Mißtrauen der Kirche ihm gegenüber abgelehnt habe.[123] Er blieb bis März 1946 in englischer Kriegsgefangenschaft. Anschließend in Ludwigsburg tätig, meldete Kloos sich am 2. Juli 1947 in der Anhaltischen Landeskirche zurück. Es fand ein Gespräch mit Fiedler statt, worüber dieser notiert: 1. August 1947 mündliche Aussprache, »nicht mehr amtieren in Waldau, kein Redeverbot, Versetzung später auf Grund des ›Säuberungsgesetzes‹, DC-Erklärung gefordert. Entnazifizierung eingeleitet. Neuanfang nötig.«[124] In den Protokollen des Landeskirchenrats wurde für die Sitzung am 15. August 1947 lediglich vermerkt: »2. Pfarrer Kloos/Bernburg, Disziplinarverfahren«, ohne dass ersichtlich würde, was sich hinter dieser Bemerkung verbirgt.[125] Kloos wurde im Juli in den einstweiligen Ruhestand und zum 1. Oktober des Jahres als Pfarrer nach Bone-Wertlau versetzt.[126]

Im Oktober 1947 gab Kloos eine ausführliche Erklärung bezüglich seiner DC-Mitgliedschaft ab. Hintergrund sei für ihn die Entkirchlichung der Bevölkerung nach dem Ersten Weltkrieg gewesen. In den Deutschen Christen sah er einen Ausweg. Wichtig sei ihm auch jetzt noch die Reform der Liturgie. Es sei ihm aber auch die Stärkung der Stellung der Kirche im Vaterland wichtig gewesen, die aufgrund der Zersplitterung eingetreten war. Dadurch sei sie anfällig für neue Strömungen gewesen, wogegen er Abhilfe in der neuen Reichskirche gesehen habe. Die wirtschaftliche Stärkung Deutschlands habe er auch als richtig angesehen, weil sie sich günstig auf die Kirche ausgewirkt habe. Rassefragen hätte er mit großer Skepsis gegenübergestanden und er hätte vieles erst aus dem Rundbrief des Landeskirchenrats erkannt. Da er Ränkespiele innerhalb der Deutschen Christen ablehnte, sei es zur Entfremdung mit der DC-Leitung in Anhalt gekommen, auch da er eine Militarisierung der Kirche als lächerlich und geschmacklos abgelehnt habe, denn dafür hätte »gewisse Vorbedingungen« gefehlt, wie wahrer Geist und Kameradschaft. Eine *ecclesia militans* widerspreche protestantischem Wesen und den Zielen von Kirche. Weiter führte er aus, dass Gewaltmethoden und Ranküne nicht nur bei den Deutschen Christen vorgekommen seien, wobei er aus Anhalt keine Beispiele kenne. Durch seinen Dienst in der Wehrmacht im Felde habe er eine Verschärfung der Lage der

---

Wolfspelzmantel an sich genommen habe. Dieser wurde von ihm jedoch bezahlt. Deshalb wurde das Urteil in der Revision als Fehlurteil erkannt und Kloos im März 1945 vollständig rehabilitiert, in der Folge auch vom LKR, vgl. AELKA, B 30, Nr. 701. In der Familienchronik wird als vermutlicher Grund Verletzung der Aufsichtspflicht genannt, so die Auskunft seiner Schwiegertochter nach der Familienchronik an den Verfasser vom 26.5.2021.

123 Auskunft seiner Schwiegertochter nach der Familienchronik an den Verfasser vom 26.5.2021.
124 AELKA, B 30, Nr. 219 (PA Friedrich Kloos), fol. 4.
125 Protokolle LKR (wie Anm. 10), zum 15.8.1947.
126 AELKA, B 30, Nr. 219, fol. 15.

Deutschen Christen durch Maßnahmen der Partei nicht mitbekommen.[127] Auf dieser Erklärung sind (unleserliche) Bemerkungen – wohl nicht von der Hand Fiedlers – zu erkennen. Die zweite Entnazifizierungskommission stufte ihn als »tragbar« ein.[128]

Liebau, Max (Jahrgang 1900)

geb.3.7.1900 Coswig, gest. 8.3.1987 Ansbach
1926 Ballenstedt Vikar, 1927 Steutz Pfarrvikar, 1927 Plötzkau Pfarrer, 1933-45 Mitglied des LKR, 1946 Straguth, 1958 Lindau

Max Liebau diente im Ersten Weltkrieg als Musketier und erhielt das Ehrenkreuz für Kriegsteilnehmer. Er war Mitglied der SA und bekam das SA-Sportabzeichen in Bronze. Da 1936 der Gemeindekirchenrat Plötzkau einen Brief an OKR Wilkendorf schrieb und um Auskunft bat, warum Liebau aus Partei und SA entlassen worden sei, war er offensichtlich auch in der NSDAP: Aus der Antwort ging hervor, dass er nicht aus der Partei ausgeschlossen worden sei und Liebau gegen die Entlassung aus der SA Widerspruch eingelegt habe, über welchen noch nicht entschieden worden sei – es handele sich hier um »Gerüchtemacherei«.[129]

Liebau wurde zur Flak beordert und nahm 1938 an Luftwaffenübungen teil. Er wurde Gefreiter, am 1.10.1939 zum Unteroffizier befördert, erhielt die Sudetenmedaille und war demnach schon an der Besetzung des Sudetenlandes als Soldat beteiligt. Seit 14. August 1939 sei er erneut einberufen und derzeit in Ostpreußen stationiert, schrieb er am 25. August an den Landeskirchenrat.[130] Nach seiner Auskunft habe er das SA-Sportabzeichen 1938 freiwillig zurückgegeben, da die Wiederholungsprüfungen sonntags stattfanden, was mit seinem Pfarrdienst kollidiert wäre.[131] Liebau dankte Anfang 1941 dem Landeskirchenrat für eine Weihnachtssendung, wurde im Mai 1942 zum Feldwebel befördert, war seit Oktober 1943 im Flugmeldedienst tätig und geriet später in amerikanische Kriegsgefangenschaft, aus der er am 15.6.1945 entlassen wurde.[132]

In einer ersten DC-Erklärung schrieb Liebau, dass er nach seiner Selbstbezeichnung ein »Nazi« gewesen, anfangs begeistert »mit viel Liebe« dabei gewesen sei und sich seiner Beweggründe nicht schäme: sein Ziel sei die Nationalkirche gewesen. Jedoch war er 1939 bis 1945 im Feld (und dann in Kriegsgefangenschaft), was ihn und seine Anschauungen grundlegend verändert habe, »Soldatsein ist die sinnloseste Form menschlichen Daseins«. Er sei

---

127 AELKA, B 6, Nr. 1201 (Erklärungen der Geistlichen), fol. 113f.
128 Vgl. Protokoll zur 6. Sitzung, 26.9.1947, in: AELKA, B 60, Nr. 1.
129 Vgl. AELKA, B 30, Nr. 371 (PA Max Liebau), fol. 160.
130 Vgl. ebd., fol. 121.
131 Vgl. ebd., fol. 123.
132 Vgl. ebd., fol. 127.

nun ein überzeugter Pazifist. Er fühle sich jetzt vor seinem Gewissen und seiner Gemeinde »wie ein Verbrecher dastehen«, was ein bitterer Schmerz sei, wobei er aber doch andere zu trösten habe und sich nichts anmerken lassen dürfe, was eine harte Strafe sei. Er halte sich aber vor, dass das nicht ohne Gottes gnädige Absicht geschähe.[133] Er wäre bedrückt ob all des Schlimmen, das nun bekannt worden sei, z. B. über die Konzentrationslager.

Offensichtlich hat es daraufhin eine (nicht erhaltene) Reaktion Fiedlers gegeben, denn am 12. November 1945 schrieb Liebau erneut und gab an, dass er in den Deutschen Christen eine romfreie Kirche für alle habe sehen wollen. Er bekannte, nicht den »Mut zur klaren Absage« gefunden zu haben, als er »die Unwahrhaftigkeit des NS erkannt hatte«.[134] Am 12. Dezember 1946 schrieb Liebau bezüglich der Verhandlungen des (ersten) Säuberungsausschusses der Landeskirche an den Landeskirchenrat und übersandte diesem ein Entlastungsschreiben seines Einheitsführers aus dem Rheinland.[135] Müller, der neue Vorsitzende des Landeskirchenrats, teilte Liebau mit, dass er ihn des Postens eines Kirchenrates enthebe.[136] Bereits Anfang 1946 wurde er nach Straguth versetzt. Die zweite Entnazifizierungskommission stufte ihn als »tragbar« ein.[137] Liebau trat 1947 in die CDU ein und aus dieser 1951 wieder aus.[138]

Müller, Hans (Jahrgang 1890)

geb. 23.10.1890 Mainz, gest. 13.4.1949 Raguhn
1925 Pastor Hannover-Kleefeld, 1940 Pfarrverwalter Leopoldshall,
1940-49 Pfarrer Raguhn

Hans Müller war als einjährig Freiwilliger gemustert, ist im Ersten Weltkrieg schwer verwundet worden (Gasopfer), war Träger des EK II und EK I sowie des Hessischen Allgemeinen Ehrenzeichens, hatte den Rang eines Leutnants der Reserve inne. 1922/23 ist er Erzieher in einem Lehrlingswohnheim im Stephansstift Hannover, 1925 Heimleiter, dann Anstaltsleiter und Pfarrer. In einer Einschätzung aus Hannover wird seine Stimme nicht so laut eingeschätzt, als dass sie große Kirchen ausfüllen könnte, ein ärztliches Gutachten bescheinigt ihm später aber stimmliche Eignung.

Am 2. Januar 1934 teilte er seiner hannoverschen Landeskirche mit, zur SA-Reserve zu gehören und bisher im Stahlhelm Dienst getan zu haben.[139] Er bewarb sich am 28.9.1939 als Feldgeistlicher, was umgehend vom Feldbischof

---

133 Vgl. AELKA, B 6, Nr. 1201, fol. 54.
134 Vgl. ebd., fol. 58.
135 Vgl. AELKA, B 30, Nr. 371, fol. 170.
136 Vgl. Ebd., fol. 154.
137 Vgl. Protokoll zur 3. Sitzung, 29.5.1947, in: AELKA, B 60, Nr. 1.
138 Vgl. AELKA, B 30, Nr. 371, fol. 172.
139 Vgl. AELKA, B 30, Nr. 396 (PA Hans Müller), auch für das Folgende.

wegen zu vieler Bewerber[140] abgelehnt wurde. Müller war Mitglied der NSDAP, Walter der Nationalsozialistischen Volkswohlfahrt und Ortsgruppenschulungsleiter sowie SA-Scharführer, seit 1933 Mitglied der Deutschen Christen und hatte in der Landesgemeindeleitung Hannover das Amt für Feiergestaltung inne. Auch seine Frau, Emilie Müller-Zadow, war (propagandistisch aktive) NS-Funktionärin. Er wechselte in die Landeskirche Anhalts und wurde Hilfsprediger zunächst in Leopoldshall, da die beiden dortigen Gemeindepfarrer einberufen worden waren. Kurz danach wurde er Pfarrer in Raguhn, wenngleich sich der dortige GKR noch im April 1941 gegen ihn als zu sehr DC-orientiert wehrte. Es gab aber auch etliche ihn unterstützende Schreiben.

Müller wurde am 16. November 1945 aus dem Pfarrdienst entlassen, nach einer Sitzung der (ersten) Säuberungskommission wurde diese Entlassung zurückgenommen.[141] Erklären musste er sich jedoch – diese Erklärung lag bei der genannten Kommissionssitzung noch nicht vor. Sie datierte auf den 1.3.1946. In ihr schrieb er, dass er jetzt »keine Beziehung mehr zur N.E.« hätte. Fiedler bemerkte dazu am Rande nur kurz: »ungenügend«[142] und antwortete Müller am 5. März 1946 mit einem Brief. Darin führte er an, dass Müller schon bei seiner Bewerbung zur Übernahme nach Anhalt all die Punkte herausgehoben hätte, die ihn und seine Frau als echte Nazis erscheinen ließen, was auffällig gewesen sei. Nun zähle er alles auf, was ihn als Gegner des NS hinstelle.

> »Wir haben nun nicht vor, das einzelne mit Zeugenvernehmungen zu untersuchen, da wir ja nicht wie die sächsische Provinzialkirche ein Verfahren gegen sämtliche Nationalkirchler einleiten. Ich persönlich urteile nur nach unbestreitbaren Urkunden in den Akten oder nach persönlicher Ohrenzeugenschaft. Da kann ich nur sagen, daß Sie stets in den Versammlungen als Gefolgsmann von Pfarrer Körner aufgetreten sind [...] kurz, Sie haben nicht im Entferntesten eine Differenz zur nationalkirchlichen Leitung ahnen lassen.«[143]

Müllers Reaktion ist ebenfalls erhalten. Er gab an, bei der Bewerbung deshalb die nationalsozialistische Haltung so betont zu haben, da er keine andere Möglichkeit gesehen habe, in ein Pfarramt zu kommen: Hannover hätte keine DCler genommen, die Leitung der Deutschen Christen in Hannover »hat mir aus verschiedenen Gründen auch keine Anstellung vermittelt.« Er habe »die zumal in der Anhaltischen DC-Kirchenleitung vertretene und betonte Rassenlehre radikal verworfen«.[144] Die zweite Entnazifizierungskommission stufte ihn als »tragbar« ein.[145] Müller konnte in Raguhn bleiben und verstarb drei Jahre später.

---

140 Es gilt jedoch auch als erwiesen, dass der Feldbischof Dorpmüller unter seinen Feldgeistlichen keine DC-Pfarrer haben wollte, vgl. Dieter BEESE: Seelsorger in Uniform. Evangelische Militärseelsorge im Zweiten Weltkrieg. Aufgabe, Leitung, Predigt, Hannover 1995, 156-160.
141 Schreiben des LKR vom 9.2.1946, vgl. AELKA, B 30, Nr. 396, fol. 78.
142 Vgl. AELKA, B 6, Nr. 1201 (Erklärungen der Geistlichen), fol. 9.
143 Ebd., fol. 10.
144 Ebd., fol. 11.
145 Vgl. Protokoll zur 5. Sitzung, 19.9.1947, in: AELKA, B 60, Nr. 1.

Natho, Friedrich (Jahrgang 1894)

geb.17.5.1894 Zerbst, gest. 13.8.1989 Bernburg. 1922 Hilfsprediger Dessau, 1923 Pfarrer Dessau, 1929 Zerbst, 1936 stellvertretender KOP, 1939 KOP Bernburg, 1945 Zerbst, 1958 KOP Bernburg

Friedrich Natho diente als Soldat bereits im Ersten Weltkrieg. Vom 22. Oktober 1914 bis 10. April 1919 war er als Musketier, später zum Leutnant befördert, dabei. In Zerbst ist er 1936 bis 1939 Standortpfarrer gewesen. 1938 wurde er als Leutnant der Landwehr geführt. Ab 1. Juli 1939 war er Kreisoberpfarrer des Kirchenkreises Bernburg, wobei seine Familie in Zerbst wohnen blieb. Vom 2. Januar 1940 bis 20. April 1945 war er dann im Range eines Hauptmanns der Landwehr wieder als Soldat tätig. Dabei ist für Juli ein Aufenthalt in einem Magdeburger Reservelazarett belegt. Er wurde mit dem EK II, dem Anhaltischen Friedrichskreuz, der Altenburger Tapferkeitsmedaille, dem Frontkämpfer-Ehrenkreuz ausgezeichnet, erhielt das Verwundetenabzeichen in Silber (er wurde dreimal verwundet), 1940 dann das EK I, die Spange zum EK II und 1944 das Kriegsverdienstkreuz II. Klasse mit Schwertern. Natho trat 1934 in den »Stahlhelm. Bund der Frontsoldaten« ein, wurde mit diesem dann der SA angeschlossen. Aus dieser wird er 1936 entlassen, wogegen er Berufung einlegte. Die SA bestimmte Obersturmbannführer Rudolf Wilkendorf – zu diesem Zeitpunkt als (juristischer) Oberkirchenrat Nathos Vorgesetzter – »als Rechtsberater der Brigade und [...] zuständiger OKR« an der Aussprache teilzunehmen.[146]

Aus den erhaltenen Unterlagen geht nicht allzuviel über die Haltung Nathos zu den Deutschen Christen hervor. In einem Dankesschreiben an den Landeskirchenrat berichtete er Anfang 1940, dass er in den zurückliegenden Weihnachtstagen

> »gern [...] von meinem zuständigen Divisionspfarrer den Auftrag übernommen [habe], für meine Kompanie in der Kirche eine Christvesper zu halten. Überhaupt haben wir deutsch-christlichen Pfarrer mancherlei Gelegenheiten, unsere Ideen zu vertreten. Nicht selten komme ich gerade hier in der katholischen Gegend mit Menschen in Berührung, die der Kirche in ihrer alten Form den Rücken gekehrt haben. Sie sind stets freudig überrascht, von unseren deutsch-christlichen Bestrebungen zu hören. Die Menschen brauchen wieder eine religiöse Verankerung. Wir deutschen Christen haben in dieser Hinsicht eine große Zukunftsaufgabe. Auch bin ich für das Vorwärtsdringen unserer Ideen voll freudigster Hoffnung. Unsere Zeit kommt! Gott stärke jeden, der die Front draußen und in der Heimat stärkten hilft! Gott schütze Deutschland und den Führer!«[147]

Im Dezember 1940 veranlasste er den Druck eines Weihnachtsbriefes aus dem Felde an alle Pfarrer und Pfarrfrauen des Kirchenkreises Bernburg. Er befände sich an der »Nordküste Frankreichs«, und wisse sich beteiligt wie

---

146 AELKA, B 30, Nr. 406 (PA Friedrich Natho), fol. 110 f.
147 Brief Nathos vom 31.1.1940 an den LKR, in: ebd., fol. 157.

andere im Felde stehende Brüder »am Weiterausbau unserer Wehrmacht unseres Volkes, um den Endsieg und damit den Frieden erringen zu können.« Er verwies auf die anstehende große Aufgabe der »gewaltigen Friedensarbeit und fragte: »Ist auch unsere Kirche dabei, sich auf die kommende Friedensarbeit im neuen großdeutschen Reich einzustellen? Ich verhehle nicht, daß mir bange wird bei dieser Frage«, so schrieb er mit Blick auf den »Zustand unserer Kirche«. Er schloss: »Möge uns das große Erleben dieser einzigartigen Zeit nicht allzu klein sehen! Alles was wir tun, geschehe aus der Liebe zu unserm Volk! Es lebe Deutschland! [...]«[148]

Am 4. Januar 1941 dankte er dem Landeskirchenrat für die Weihnachts- und Neujahrswünsche und schrieb:

> »Dem Landeskirchenrat gelten meine besten Segenswünsche für die Arbeit im Jahr 1941. Das kommende Jahr wird den Endsieg bringen. Möge unsere Kirche, ganz besonders in Anhalt, gerüstet sein, den Weg zu gehen, der im neuen großdeutschen Reich allein gangbar ist: den Weg deutschen Christentums in der Nationalkirchlichen Einung!«[149]

Ein Briefwechsel ist vorhanden, in dem eine Auseinandersetzung innerhalb der Bernburger Ägidiengemeinde erkennbar wird. Der dortige Gemeindekirchenrat warf Natho vor, am 3. Oktober 1943 eine Gottesfeier abhalten zu wollen, wogegen er sich verwahrte. Sein Ansinnen sei es vielmehr, als zuständiger erster Pfarrer der Gemeinde und Kreisoberpfarrer einen festlichen Erntedankgottesdienst zu feiern. Natho sah den Anwurf des Gemeindekirchenrates als »sehr unfreundlichen Akt« an. Der Landeskirchenrat entschied, dass die Ansetzung des Erntedankgottesdienstes mit Natho bestehen bleiben solle und vertraute auf die Einsicht des Gemeindekirchenrates, den der Kreisoberpfarrer informieren möge.[150] Daraufhin gab es ein nächstens Schreiben der Gemeinde. Sein Amtsbruder Pfarrer Kindscher argumentierte, dass solche Hilfe des Kreisoberpfarrers derzeit nicht nötig sei, da außergewöhnlicher Weise an St. Ägidien noch alle Pfarrer im Dienst seien; Natho sich dann in die Gottesdienstpläne einreihen solle. Außerdem breche Natho sein bei seiner Einführung gegebenes Versprechen, die »an der Schloßkirche übliche und vorgeschriebene Form des Gottesdienstes« zu wahren, so habe er am 29. August eine deutschchristliche Gottesfeier gehalten. Diese werde in der Gemeinde abgelehnt, es seien zwar 139 Besucher anwesend gewesen, davon aber trotz Werbung nur 13 aus der eigenen Gemeinde. Bei den darauffolgenden Gottesdiensten ohne Werbung hingegen 215 bzw. 152 aus der eigenen Gemeinde.[151]

Auf die Aufforderung zur Erklärung hinsichtlich seiner Haltung zu den Deutschen Christen gab Natho am 10. November 1945 eine Mitteilung. Darin

---
148 Brief vom 10.12.1940, in: Archiv der Martinsgemeinde Bernburg, Akte »Die Kirche im Staat«.
149 Brief Nathos vom 4.1.1941 an den LKR, in: AELKA, B 30, Nr. 406, fol. 151.
150 Schreiben des LKR (Körner) an KOP Natho vom 20.9.1943, in: ebd., fol. 171.
151 Abschrift vom Schreiben Kindschers vom 24.9.1943 für den KOP, in: ebd., fol. 172.

ging es zunächst um die Mitgliedschaft in der SA. Aus dieser sei er wegen seiner Haltung (u. a. gegenüber Rosenberg) ausgeschlossen worden, nach seinem Protest wieder aufgenommen, dann 1937 aber auf eigenen Wunsch hin ausgetreten. Als Gründe für sein Engagement bei den Deutschen Christen gab er die Konfessionsüberwindung und wünschenswerte Einheit an, dieses Ziel sei auch »nicht erledigt«. Ebenso sei für ihn das Alte dem Neuen Testament nachzuordnen; er befürworte die Neuübersetzung des NT als »Botschaft Gottes« (woran Fiedler ein Ausrufezeichen setzte). Ebenso sei die Neuordnung des Gottesdienstes »nicht erledigt«. Da er von 1939 (sic!) – 1945 im Heeresdienst gewesen sei, wisse er nichts von Terrormethoden in der Anhaltischen Landeskirche. Er habe in dieser Zeit u. a. in Goslar eine verwaiste DC-Gemeinde betreuen können, wogegen er von seiten der Hannoverschen Landeskirche Widerstand erfahren habe. Er bemängelte, dass sich einige BK-Pfarrer »unbrüderlich« schlagartig von ihm abgewandt hatten, als er sich zu den Deutschen Christen bekannt habe. Er wende sich dagegen, dass im Kirchenstreit nur diese die Übeltäter gewesen seien und sie jetzt einseitig als diejenigen anzusehen sind, »die als reumütige Sünder wiederaufzunehmen sind«, das sei »unbiblischer Richtegeist«. Der Landeskirchenrat habe ihn als Kreisoberpfarrer des Kirchenkreises Bernburg suspendiert.[152]

Fiedler merkte dem Schreiben an: »Diese Erklärung genügt mir nicht«, was die anderen Mitglieder des Landeskirchenrats bestätigten. Der daraufhin von Fiedler an Natho geschriebene Brief vom 23. November 1945 ist nicht erhalten, jedoch dessen Ergänzungserklärung vom 5. Juni 1946. In ihr führte Natho kurz aus, dass der Totalitätsanspruch des Rasseprinzips und die enge Anlehnung an die NS-Weltanschauung ein Irrtum gewesen seien. Daran merkte Fiedler an: »kurz, aber genügend – persönliche Aussprache hat stattgefunden.«[153] Ab 1. August 1945 wirkte Natho als Pfarrer wieder in Zerbst (St. Bartholomäi); einen offiziellen Vorgang (Beschluss) dazu enthalten weder die Akten des Landeskirchenrats, noch die Personalakte. Natho war im Dritten Reich nicht Mitglied der NSDAP. 1945 trat er in die CDU ein.

Anläßlich seines 25-jährigen Dienstjubiläums schrieb Fiedler im Herbst 1947 Natho einen warmherzigen Brief. Darin heißt es:

> »Mannigfache Gefühle werden Ihr Herz beim Rückblick durchziehen, es war wahrlich eine bewegte Zeit, persönlich und amtlich! [...] Wir freuen uns, daß Sie in alter Frische und geistiger Beweglichkeit Ihren in Zerbst so nötigen Dienst tun können – und darüber hinaus, wie wir uns erst kürzlich überzeugen konnten. (Die Zuhörer waren von Ihren aufmunternden Worten sehr angetan und innerlich gestärkt.) Auch aus den Um- und Irrwegen, die hinter Ihnen liegen, werden Sie innerlich gelernt haben; jedenfalls habe ich die Empfindung, daß jetzt nichts Trennendes mehr zwischen uns steht, nicht theologisch und schon gar nicht persönlich. Ich darf Ihnen bezeugen, daß gerade die Empfindung, mit den tätigen Amtsbrüdern

---

152 AELKA, B 6, Nr. 1201 (Erklärungen der Geistlichen), fol. 92.
153 Ebd., fol. 95.

unserer Landeskirche in verständnisvollem Konnex zu stehen, mich in meinem schweren Amte unterstützt.
Und nun blicken wir in die Zukunft. Möchte Gottes starke Hand Sie und alle Ihre Lieben auch fernerhin durch alle Nöte sicher geleiten! Möchte Ihnen die Kraft geschenkt werden, noch recht lange verantwortlich an dem inneren Wiederaufbau unseres Volkes mitzuwirken! Leicht wird es uns in keiner Hinsicht gemacht werden. So lassen Sie uns treulich zusammenstehen«.[154]

Pforte, Walter (Jahrgang 1908)

geb. 2.8.1908 Prosigk, gest. 28.9.1988 Großbadegast 1931 in Magdeburg Vikar, 1933 Hilfsprediger in Bertingen, 1935 Pfarrer in Prosigk, 1964 stellvertretender KOP

Walter Pforte trat 1935 in die SA ein, erhielt deren Sportabzeichen in Bronze. Er war seit 1939 beim Militär, 1940 Unteroffizier, Feldwebel und schließlich Leutnant, blieb zwei Jahre in russischer Kriegsgefangenschaft. Er bedankte sich nach Weihnachten 1940 beim Landeskirchenrat über einen erhaltenen Weihnachtsgruß:

»Wenn es auch für uns fern der Heimat nicht leicht war, das Weihnachtsfest fern der Heimat zu verleben, so hielt uns doch das Bewußtsein, als Soldat im Schicksalskampf unseres Volkes in vorderer Front zu stehen, in guter Stimmung. Im Vertrauen werden wir an die kommenden Aufgaben herangehen und wünschen der Heimat, daß sie auch in Treue ihre Pflicht tut.«[155]

Es gab während dieser Zeit eine Anfrage des Feldbischofs an den Landeskirchenrat wegen seiner Person. KR Körner gratulierte Pforte zum EK I, zur Beförderung zum Feldwebel sowie zum Leutnant. 1942 war er Oberleutnant. Er erhielt die Ostmedaille. Als Pforte sich in russischer Kriegsgefangenschaft befand, setzte sich der Prosigker Antifablock und die SED Ortsgruppe 1947 für seine Entlassung ein. In dem Schreiben hieß es:

»Walter Pforte war Seelsorger unserer Gemeinde. Er hat sich in früherer Zeit politisch nicht betätigt und sich streng an die Gesetze der Kirche gehalten. Er genießt das unbeschränkte Vertrauen der Gemeindebehörden und der Einwohnerschaft. [...] Wir erklären Walter Pforte als einen ehrlichen, aufrichtigen Diener seiner Gemeinde und als einwandfreien anständigen Menschen. Aufgrund dieser Angaben hoffen wir, daß unserer Bitte Gehör geschenkt und daß er uns freigegeben wird.«[156]

Offenbar wurde der Bitte entsprochen, da er im gleichen Jahr wieder in Prosigk amtieren konnte. Nach seiner Rückkehr wurde auch er aufgefordert, sich wegen seiner DC-Haltung zu erklären. Er begründete darin seinen Eintritt in die SA damit, dass diese der einzig noch gestattete Jugendverband gewesen sei und damit die Möglichkeit geboten habe, mit der Dorfjugend in Verbindung zu treten. Aufgrund der Schulungen und den dort postulierten Rassekriterien sei er 1936 wieder ausgetreten, was ihm Anzeigen und Anfeindungen eingebracht

---

154 Brief Fiedlers vom 30.9.1947 an Natho, in: AELKA, B 30, Nr. 406, fol. 193.
155 Vgl. AELKA, B 30, Nr. 427 (PA Walter Pforte), am 15.1.1941 von Körner in den Umlauf gegeben.
156 Vgl. ebd., fol. 82.

habe. Den Deutschen Christen sei er beigetreten, um nationalsozialistisch orientierte Menschen »von der Rosenberg-Richtung zum christlichen Glauben zu bringen«.[157]

Fiedler schrieb ihm daraufhin und bemängelte bei Pforte fehlendes Schuldbewußtsein. Er versicherte ihm, »daß wir die D.C.-brüder nicht als minderwertig oder 2. Klasse ansehen. Nur liegt uns allerdings daran, daß sie (und Sie!) ihren Irrtum erkennen und innerlich davon abrücken.« Er böte auch eine persönliche Aussprache an, hielte das aber selbst nicht für nötig.[158] Die Reaktion Pfortes enthielt dann auch keinerlei Anmerkungen Fiedlers mehr und wurde offenbar als ausreichend erachtet.[159] Die zweite Entnazifizierungskommission stufte ihn als »tragbar« ein.[160] Pforte konnte damit als nicht kompromittiert gelten, da er bis zu seinem Ruhestand 1973 in der Gemeinde tätig bleiben durfte.

Ritter, Wilhelm (Jahrgang 1889)

geb. 26.12.1889 Ballenstedt, gest. 12.3.1957 Zerbst
1914 Kreispfarrvikar Ballenstedt, 1916 Hilfsprediger Köthen, 1917 Kreispfarrvikar dort,
1919 Pfarrer Dessau, 1936 Kreisoberpfarrer Zerbst (bis 1945)

Wilhelm Ritter war in Zerbst Standortpfarrer und Herausgeber der anhaltischen Kirchenzeitung *Christentum der Tat*. 1943 und 1944 wurde er zum Landsturm verwendungsfähig gemustert.[161] Nach dem Krieg schrieb er an den Landeskirchenrat und berichtete über die Lage im Kirchenkreis Zerbst. Die Antwort Fiedlers enthielt die Ankündigung, dass Ritter aus gesundheitlichen Gründen (er war lange herzkrank) vom Amt des Kreisoberpfarrers entbunden werden solle.[162] Am 25. März 1946 gibt Ritter seine DC-Erklärung ab. Darin führt er aus, sein Amt als Schriftleiter des *Christentum der Tat* nach einem Verweis des Propagandaministeriums niedergelegt zu haben. Konsistorialrat a.D. Oskar Pfennigsdorf habe ihn aufgefordert, in die NSDAP einzutreten, was er abgelehnt habe. Den Deutschen Christen trat er bei, zog sich 1935 aber wieder zurück. Dass er 1936 Kreisoberpfarrer im Kirchenkreis Zerbst geworden sei, wäre gegen seinen Willen geschehen. Pfennigsdorf sei es dann auch gewesen, der ihn zum Beitritt zur Thüringer Richtung der Deutschen Christen gedrängt habe. Ritter schrieb weiterhin von diversen Unstimmigkeiten bezüglich Personalfragen zwischen ihm und dem Landeskirchenrat. Fiedlers Anmerkung zu dieser Erklärung lautete: »Man vermißt eine sachliche Stellungnahme!« Deshalb antwortete er Ritter am 18. April 1946 schriftlich. In diesem Brief widersprach

---

157 AELKA, B 6, Nr. 1201, fol. 48, vom 25.8.1947.
158 Ebd., fol. 47, vom 30.8.1947.
159 Ebd., fol. 46, vom 26.9.1947.
160 Vgl. Protokoll zur 6. Sitzung, 26.9.1947, in: AELKA, B 60, Nr. 1.
161 Vgl. AELKA, B 30, Nr. 451 (PA Wilhelm Ritter), fol. 92.
162 Vgl. ebd., fol. 105.

Fiedler Ritter, der sich als Antifaschist und Antinationalkirchler sehe; er habe schon in Dessau, zum Beispiel 1933, in einem Bericht an den Landeskirchenrat anders geklungen. Außerdem sei er als Kreisoberpfarrer Exponent der Deutschen Christen gewesen und sei von diesen präsentiert worden, er habe Gottesdienste der BK in der Bartholomäikirche verhindert, etc.

Daraufhin schrieb Ritter am 10. Juli 1946 eine weitere Stellungnahme. Er habe sich 1938 wieder den Deutschen Christen angeschlossen, was inkonsequent gewesen sei, habe aber dort als Außenseiter gegolten. In diesem Brief setzte er sich mit verschiedenen DC-Themen auseinander. Er betonte seine Belastung durch Krankheit und Arbeit. Eine Reaktion Fiedlers darauf ist nicht bekannt. Ritter nahm bereits an der ersten Theologenrüstzeit 1947 teil und konnte bis zum Schluss in Zerbst weiter amtieren.

Roth, Dr. Alfred (Jahrgang 1884)

geb. 12.12.1884 Hermannstadt/Siebenbürgen, gest. 2.2.1953 Prödel
1914 Studienassessor Hermannstadt, 1919 Studienrat, 1923 Pfarrer Seiburg, 1929
Nieder-Eidisch, 1932 Pfarrverwalter Deetz, 1933 dort Pfarrer, 1951 Dornburg

Dr. Alfred Roths Leben war von Schicksalsschlägen überschattet: Anfang 1943 fiel sein Sohn Kuno, Ende des Jahres beging seine Tochter Erika Suizid, 1944 fiel sein Sohn Ulrich. Roth selbst wurde 1953 wie seine Tochter zehn Jahre zuvor von einem Zug überfahren. Es sind persönliche Anschreiben an Roth erhalten, sowohl von KR Körner wegen der ersten Todesfälle, als auch OKR Wilkendorfs wegen des Todes des Sohnes Ulrich und zum 60. Geburtstag Roths im Jahr 1944.[163] Er engagierte sich nach dem Krieg in der Nationalen Front und im Landfriedenskomitee und zwar offenbar so stark, dass KOP Windschild es ablehnte, ihn in seinen Kirchenkreis Köthen aufzunehmen.

Die DC-Erklärung Roths vom Februar 1946 ist 13 Seiten lang und handschriftlich verfasst. Er habe erst zur Berliner Richtung der Deutschen Christen gehört, nach deren »Zusammenbruch« habe er sich der N.E. angeschlossen. Er habe zunehmend kritisch gepredigt, so dass Frau und Tochter in Angst gewesen seien, er käme deshalb ins KZ. Er habe mit allen drei Zerbster Kreisleitern heftige Auseinandersetzungen gehabt und nur widerwillig an der Parteizeremonie für den älteren seiner beiden gefallenen Söhne teilgenommen. Bei der Zeremonie für den jüngeren Sohn habe er sich dazu nicht mehr überreden lassen. Er habe den Nationalsozialismus gehasst »wohl stärker, als irgendein BK-Pfarrer«. In Gesprächen mit anderen DC-Pfarrern habe er aber auch nie eine »vorbehaltlose« Anerkennung der NS-Weltanschauung feststellen können, er fühlte sich also unter diesen offensichtlich nicht ganz fehl am Platze. Er habe die Rassegedanken auch nie als »Dominante« der Deutschen Christen in The-

---

163 AELKA, B 30, Nr. 453 (PA Alfred Roth), fol. 90 f.

orie und Praxis erlebt. Er habe Körner sofort »als selbstgefälligen, ehrgeizigen Streber« erkannt,

> »so daß ich es [nicht] verstehen konnte wie der sonst so klare, nüchterne und ehrliche Wilkendorf sich von der schillernden Beredsamkeit Körners so hat gefangen nehmen lassen, daß er jene Eigenschaften Körners offenbar übersah oder leicht nahm und gerade ihm immer größere Macht einräumte.«

Roth sei »aber nicht nur dem Namen nach D.C.«, sondern unterstützte einige Punkte und sei darin wegen seines volkskirchlichen Interesses, dem Liberalismus in der Theologie, den liturgischen Reformen sowie wegen des Verhaltens einiger BK-Pfarrer geblieben (er führt diese Punkte einzeln aus). Er finde es richtig, dass Christus der Todfeind des Judentums (als Religionstypus) sei. Dazu notierte Fiedler [?]: »R. steht also nach wie vor zum Hauptdogma der DC.« Roth: »Es ist mir absolut unbegreiflich, wie jemand grundsätzlich für die Beibehaltung von Judaismen im deutschen Gottesdienst sein kann. Diese Frage hat mit dem ns. Rassewahn gar nichts zu tun.« Nach Meinung Roths habe die »BK-Säuberung jetzt« die gleiche Legitimation, wie zuvor LKR-Entscheidungen vor 1945 (z. B. in Fragen der Stellenbesetzungen).[164] Weitere Anmerkungen oder weitere Korrespondenzen dazu sind nicht erhalten. Roth konnte die nächsten fünf Jahre Pfarrer in Deetz bleiben.

Sachse, Wolfgang Friedrich (Jahrgang 1910)

geb. 3.12.1910 Dessau, gest. 4.2.1961 Köthen
1936 Hilfsprediger Schackstedt und Leopoldshall, 1938 Pfarrverwalter Reinstedt, 1939 Pfarrer Reinstedt, 1941 Güsten, 1942 Coswig, 1945 Thurau, 1952-60 Köthen

Wolfgang Friedrich Sachse war seit 1928 Mitglied im Stahlhelm und trat am 25.1.1939 der Nationalkirchlichen Einung bei. Für seine Anstellung als Pfarrer in Leopoldshall wurde eine Unterschriftenaktion mit 800 Unterschriften organisiert.[165] In einer Zeit akuten Pfarrermangels wurde er 1942 auch mit der Erteilung des Konfirmandenunterrichts an St. Nikolai Bernburg beauftragt. Das führte zu Problemen: Der an der St. Ägidienkirche tätige Pfarrer Waldemar Schröter hätte ihm Konfirmanden abspenstig gemacht, worüber sich Sachse beim Landeskirchenrat beschwerte. KR Körner notierte, dass es weitere, gleiche Klagen über Schröter gäbe und wollte diesen vorladen. Nach dieser Aussprache ist eine Reaktion Schröters erhalten: Deutsche Christen der Bernburger Talstadt hätten veranlasst, dass Sachse den Konfirmandenunterricht an der Nikolaikirche übernehmen solle, obwohl Schröter damit beauftragt gewesen wäre. Dass durch die Deutschen Christen Stimmung gegen ihn (und Pfarrer

---

164 AELKA, B 6, Nr. 1201 (Erklärungen der Geistlichen), fol. 63.
165 Vgl. auch für das Folgende AELKA, B 30, Nr. 458 (PA Wolfgang Friedrich Sachse), fol. 201 f.

Henneberg, der die Mädchen unterrichtete) gemacht würde, sei bekannt.[166] Schröter schlägt eine klare Trennung der DC- und BK-Gemeindeglieder vor, was der Landeskirchenrat wegen der zu starken Spaltung abgelehnt habe, oder Sachse möge die volle Pfarramtsvertretung übernehmen. Laut Schröter gehörte Sachse früher zur BK, er selbst hätte als Assistent bei seiner Ordination fungiert, jetzt grüße dieser ihn nicht einmal mehr. Hier wird der Gegensatz zwischen den Deutschen Christen und eher in der »Mitte« zu verordnenden Pfarrern (die Genannten waren keine Mitglieder der BK) deutlich.

Sachse blieb weiter in St. Nikolai sowie St. Stephanus Waldau tätig, führte dort das DC-Gesangbuch ein, indem er – gegen den stellvertretenden Kreisoberpfarrer und für Waldau zuständigen Dr. Friedrich Heine – den Gemeindekirchenrat beeinflusste. Es gab viele Differenzen und gegenseitige Klagen beider übereinander.[167] Sachse verließ, obwohl als Pfarrer für seine Gemeinde in Coswig zuständig, diese mit seiner Familie am 2. Mai 1945 über Elbe und Mulde nach Westen, um seine Frau und Mutter vor Vergewaltigungen durch sowjetische Soldaten zu schützen sowie um Insulin zu bekommen. Außerdem hätten sich im Coswiger Pfarrhaus einige von ihm verfaßte Schriften (gegen die Sowjets und ihre Kirchenpolitik) befunden, die ihn bei den Russen belastet hätten. Er meldete sich im Landeskirchenamt, kehrte aber (wegen der Unpassierbarkeit von Mulde und Elbe) nicht zurück, was ihm der neue Landeskirchenrat vorwarf.[168] Es gab Beschwerden von Gemeindegliedern über ihn, u.a. habe er sich bei seiner Flucht als Arzt ausgegeben.[169] Am 7. November 1945 schrieb er an den Landeskirchenrat, er sähe jetzt vieles anders, bat um Erläuterung was unter »innerlich völlig von der Nationalkirchlichen Einung gelöst« gemeint sei, wozu Fiedler anmerkte, dass diese Frage durch »Rundschreiben an DC-Pfarrer erledigt« sei.[170]

In seiner ersten DC-Erklärung vom 7. Dezember 1945 schrieb er dann, dass es ihm um die Überwindung der konfessionellen Spaltung in der Kirche gegangen sei, politische Gründe hätten ihm ferngelegen. Er habe sich gegen die »freiwillige« Überführung des »Stahlhelms« in die SA gewehrt. Es sei ihm um die »*una sancta*« gegangen, wozu Fiedler anmerkte: »Ich habe ja gerade in m[einem] Rundbrief nachzuweisen versucht, daß ›una sancta‹ und ›Nationalkirche‹ etwas ganz unterschiedliches sind!« Sachse hat sich seit 1927 im »ostdeutschen evangelischen Jungmännerwerk« als Amtsträger engagiert und im »Ostwerk-Verlag« geschrieben. Anmerkung Fiedlers: »Um so unverständlicher, daß dieser kirchl[iche] Pressemann auf die N.E. hereinfiel!« Sachse: Die weltanschauliche Übereinstimmung der Nationalkirchlichen Einung mit der NSDAP

---

166 Ebd., fol. 206.
167 Ebd., fol. 223.
168 Schreiben vom 19.7.1945, vgl. ebd., fol. 295f.
169 Ebd., fol. 303f.
170 Ebd., fol. 306.

sei ihm »in dieser Kraßheit« nie zum Bewußtsein gekommen, was Fiedler zu der Anmerkung veranlaßte: »Das ist aber die Schuld, die nicht verharmlost werden darf!« Dann folgte eine weitere Anmerkung: »Wegen Unleserlichkeit *nicht* gelesen«, und: »Die Erkl[ärung] hat mich innerlich nicht befriedigen können! Manches ist unleserlich«, »Unklar. Bedarf der mündl[ichen] Besprechung.«[171]

Es muss daraufhin ein Gespräch zwischen beiden stattgefunden haben. Sachse befand sich zwischenzeitlich im Krankenhaus, wohin ihm Fiedler schrieb, wofür sich Sachse am 9. Februar 1946 bedankte. Dieser wiederum honorierte den Dank am gleichen Tag mit einem langen Brief. Darin führte er aus, dass Sachses Gesuch um Stellenwechsel nach Großpaschleben eingegangen sei, er aus allen (sic!) seinen Gemeinden einen nicht erfreulichen Abgang gehabt habe (mit Bleistift durchgestrichen: »Auch Ihre jetzigen Gemeinden wünschen nicht, Sie zu behalten«). Er bescheinigte ihm »gerne«, dass in seinen Artikeln »keine dc-liche Tendenz« zu spüren war, aber »hier in Anhalt waren Sie zur gleichen Zeit aktiver Nationalkirchler, soviel ich weiß, eine Art ›Kreisleiter‹. So haben Sie, wie ich von Güstenern erfahren habe, dort rege Propaganda für die DC entfaltet.« Wenn ihm die weltanschauliche Nähe der Nationalkirchlichen Einung zum Nationalsozialismus nicht bewußt gewesen sei, so sei das »für einen Theologen eine erstaunliche Harmlosigkeit.«[172] Sachse reagierte am 20. März 1946, ging auf diverse Punkte ein und bekannte seinen Irrtum, »im Übrigen will ich meine neue Stellung nicht so sehr mit Worten als mit der Tat beweisen.«[173]

Sachse erhielt eine neue Pfarrstelle in Thurau. 1945/46 war er Mitglied der LDP. Er nahm bis 1950 an drei Theologenrüstzeiten teil. 1949 bewarb er sich nach Thüringen, später beim Außenamt der EKD, jedoch zerschlug sich das wegen seines Gesundheitszustandes. 1957 unternahm er eine eigenmächtige Urlaubsreise in die Sowjetunion, was zu einem Disziplinarverfahren seitens der Landeskirche führte.

Stein, Harry Walter (Jahrgang 1907)

geb.27.6.1907, (Sterbedatum und -ort unbekannt)
1934 Pfarrverwalter, 1935 Pfarrer in Siptenfelde, 1938 in Niederlepte, 1955 Quellendorf

Harry Walter Stein war vom 14. September 1939 an als Soldat (zuletzt im Range eines Gefreiten) im Krieg, geriet in englische Kriegsgefangenschaft, aus der er am 2. September 1947 zurückkehrte. Fiedler schrieb ihm daraufhin, dass er sich mit ihm und seinen Lieben darüber freue und bat um einen gelegentlichen Besuch im Landeskirchenamt.[174] Im März teilte Fiedler kurz mit, dass noch

---

171 AELKA, B 6, Nr. 1201, fol. 21. Hervorhebung im Original.
172 Ebd., fol. 19f.
173 Ebd., fol. 23.
174 Brief Fiedlers vom 11.2.1947 an Stein, in: AELKA, B 30, Nr. 484 (PA Harry Stein), fol. 123.

die Erklärung zur DC-Mitgliedschaft vonnöten sei.¹⁷⁵ Im April reagierte Stein entsprechend. Er gab an, dass es in seinem ersten Arbeitsort Siptenfelde (seit 1934) Auseinandersetzungen innerhalb des Gemeindekirchenrates gegeben habe. In Niederlepte, wo er seit 1938 tätig gewesen sei, wäre zuvor Pfarrer Körner im Amt gewesen, der die Gemeinde geprägt habe. Deshalb wollte der Gemeindekirchenrat dort auch einen »neuzeitlich eingestellten Pfarrer« haben. Um nicht solche Auseinandersetzungen wie in Siptenfelde zu haben, sei er, Stein den Deutschen Christen beigetreten. Erstrebenswert sei ihm deren Hauptziel erschienen, die Konfessionen zu überwinden und evangelische und katholische Kirche zusammenzuführen. Jedoch habe er sich zurückgehalten, was ihm KR Körner vorgeworfen hätte. Stein begrüße ein Gesetz, das die Mitgliedschaft von Pfarrern in politischen Parteien verbieten würde, eine Aussage, die Fiedler mit einem Ausrufezeichen versah.¹⁷⁶ Weitere Anhaltspunkte gibt es zu Steins Haltung nicht. Eine Versetzung Steins wegen einer problematischen Haltung im Dritten Reich wurde offensichtlich nicht erwogen; er blieb in Niederlepte, bevor er 1955 Pfarrer in Quellendorf wurde.¹⁷⁷

Thieß, Herbert (Jahrgang 1887)

geb. Berlin 10.4.1887, gest. Dessau 9.8.1957
1925 Hilfsprediger in Berlin, Landesposaunenwart beider Mecklenburg,
1928 im kirchlichen Verwaltungsdienst in Halle/Saale, 1939 Diakon in Bobbau,
1940-57 Pfarrer in Jeßnitz und Bobbau

Herbert Thieß war 1910 Stadtmissionar in Berlin, 1913 kirchlicher Jugendpfleger im thüringischen Arnstadt, 1914 in Neustrelitz Leiter eines Erziehungsheimes. Im Ersten Weltkrieg diente er als Kanonier. Vom 7. Dezember 1923 bis 1. Januar 1929 gehörte er der Freimaurerloge »Georg zur wahren Treue« Neustrelitz an, wenngleich er in der geforderten Erklärung angab, nur den Grad eines Lehrlings besessen und selten an den Logenarbeiten teilgenommen zu haben.¹⁷⁸ Er bewarb sich nach einem Gespräch mit KR Körner um Übernahme in die Anhaltische Landeskirche. Er war seit 1933 bei den Deutschen Christen, seit 1. Oktober 1936 in der Nationalkirchlichen Einung, seit 1. Oktober 1937 gehörte er der Deutschen Pfarrgemeinde an. Er fungierte als Gauwart der Deutschen Diakonenschaft, am 1. März 1933 wurde er Mitglied der NSDAP, später Leiter der Marktgemeinde Halle der Deutschen Christen; seit 1. April 1938 war er Fördermitglied der SS.

In seiner Personalakte findet sich ein Eigenbericht über eine polizeiliche Vernehmung: Er hatte bei einer Gottesfeier einige junge Ukrainerinnen als

---
175 Notiz Fiedlers vom 28.3.1947, in: ebd., fol. 125.
176 AELKA, B 6, Nr. 1201 (Erklärungen der Geistlichen), fol. 96.
177 Graf: Pfarrerbuch (wie Anm. 42), 438.
178 Vgl. AELKA, B 30, Nr. 484 (PA Herbert Thieß), fol. 5, 7, 45.

Teilnehmerinnen und die Tochter des Kirchendieners angewiesen, ihnen Gesangbücher auszuhändigen, was eine Anzeige des SA-Scharführers und Lehrers Naumann zur Folge hatte. Laut einer Notiz Körners klärte dieser die Angelegenheit durch ein persönliches Gespräch mit der Dessauer Gestapo.[179]

Die kurze DC-Erklärung datiert auf den 18. März 1946. Thieß betonte in ihr, wie »ungemein wohltuend« es auf ihn wirke, den brüderlichen Geist der Nicht-DC-Brüder zu erleben. Am 31. März 1947 schrieb Fiedler Thieß in einem sachlichen, zugleich aber auch herzlichen Brief zum 60. Geburtstag, dass der Jubilar sicher »beim Irrwege der DC volksmissionarische Beweggründe gehabt habe«. Die zweite Entnazifizierungskommission stufte ihn als »tragbar« ein.[180] Er konnte in seiner Pfarrstelle bleiben.

Tunkel, Hellmut (Jahrgang 1909)

geb. 26.9.1909 Karthaus/Westpreußen, (Sterbedatum und -ort unbekannt)
1935 Vikar in Spittal/Drau (Österreich), 1937 Hilfsprediger Jeßnitz,
im gleichen Jahr Pfarrverwalter Sandersleben, 1938 dort Pfarrer,
1946 Merzin und Köthen, 1949 Pißdorf, 1957 Pfarrer Dortmund

Über Hellmut (Helmut) Tunkel ist hier nicht viel bekannt, seine Personalakte umfaßt nur die Zeit bis zu seinem Weggang ins Rheinland. Kirchenpräsident Waldemar Schröter schickte dorthin 1956 einen Brief, in welchem er Tunkel zwar als Deutschen Christen beschreibt, der 1945 versetzt worden sei, seine DC-Tätigkeit habe aber keinen Anlaß gegeben, ihn darüber hinaus zu maßregeln.[181]

Seine DC-Erklärung ist zunächst auffallend kurz gehalten.[182] Fiedler schrieb ihm das und betonte, dass das nicht ausreichend wäre, denn es seien ihm einige bemerkenswerte Handlungen Tunkels bekannt geworden, u. a. sein Auftreten bei der Einführung Pfarrer Leopold Voigtländers oder das Weglegen der Bibel vom Sandersleber Altar.[183] Tunkel erklärte sich daraufhin ausführlicher und ging auf die Vorhaltungen ein: Er sei den Deutschen Christen beigetreten, weil er damit erst »kirchlich zuverlässig« geworden sei und in Anhalt habe arbeiten können. Das sei aber nicht die Hauptsache gewesen, denn in Sandersleben habe es in kurzer Zeit weit über 200 DC-Mitglieder gegeben, obwohl er sich gegen eine DC-Gemeindegründung dort gesträubt habe. Er habe jedoch die Gefahr einer Gemeindespaltung befürchtet. Tunkel gab zu, »in den ersten Jahren in der Meinung, vor Gott und unserem Volk es richtig zu machen, den Bogen wohl überspannt« zu haben. Er habe für die Nationalkirchliche Einung bei der Einführung Voigtländers im Auftrag des Landesgemeindeleiters ein Gruß-

---

179 Vgl. ebd., fol. 87.
180 Vgl. Protokoll zur 5. Sitzung, 19.9.1947, in: AELKA, B 60, Nr. 1.
181 Vgl. AELKA, B 30, Nr. 509 (PA Hellmut Tunkel), fol. 14.
182 AELKA, B 6, Nr. 1201, fol. 45, vom 20.10.1945.
183 Ebd., fol. 46, vom 11.3.1946.

wort gesprochen, da er sich nach seinem Beitritt »natürlich dazu bekannte«, Voigtländer »zu uns gehörte« und »da ich ja nur noch der einzige Vertreter im Bernburger Kirchenkreis war«. Mit dem Wegnehmen der Bibel vom Altar folgte er ebenfalls dem Beispiel des Landesgemeindeleiters. Er sah die Nationale Einung als Kampfbewegung für die Kirche an.[184]

Ulrich, Paul (Jahrgang 1878)

geb. 11.2.1878 Mötzlich, gest. 26.8.1967 Köthen
1905 Hilfsprediger Bockwitz, 1909 ebendort Pfarrer, 1913 Bornum, 1926 Reinsdorf

Paul Ulrich hatte einen Sohn Helmut, der Theologie studierte. Dieser erkrankte jedoch, wurde in das psychatrische Krankenhaus Bernburg eingeliefert, war in Hoym aktenkundig und starb am 25. Februar 1942 in Arnsdorf/Sachsen, nahe Pirna/Sonnenstein.[185] Zu diesem Todesfall bekundete KR Körner Ulrich sein Beileid.[186]

Ulrichs Personalakte enthält keine Hinweise auf eine aktive Rolle innerhalb der Deutschen Christen, jedoch mußte er sich als Deutscher Christ erklären. Darin gibt er an, dass er dem »Nationalsozialismus [und] anfangs selbstverständlich den DC beigetreten« sei. Er hatte nationalsozialistisch eingestellte Menschen für das Christentum gewinnen und auch rassebewußten deutschen Menschen das Evangelium nahebringen wollen. Doch hätten ihn sowohl die DC-Lieder, da sie zu einseitig gewesen seien, als auch die Stellung der Deutschen Christen zum Judentum und Mischlingen und schließlich die Gottesfeiern gestört. BK-Pfarrer seien ihm mit Mißtrauen begegnet, er habe aber dennoch brüderliche Gemeinschaft gehalten. Er danke andersdenkenden Brüdern für ihr jetziges Entgegenkommen, wodurch er eine Überbrückung der Kluft zwischen ihnen und den Deutschen Christen in der Pfarrerschaft sehe.[187] Es gab keine Anmerkungen Fiedlers dazu.

---

184 Ebd., fol. 41, vom 27.3.1946.
185 Vgl. AELKA, B 30, Nr. 507 (PA Paul Ulrich). Meine Nachforschungen bei der Gedenkstätte der Euthanasieanstalt Bernburg und der Gedenkstätte Sonnenstein ergaben, dass Helmut Ulrich dann auch in der Heilanstalt Haldensleben lebte, von wo aus er nach Hoym verlegt wurde, nach einer weiteren Station schließlich im Oktober 1941 nach Arnsdorf bei Pirna/Sonnenstein kam, wo er am 25.2.1942 verstarb. Als Todesursache ist auf einer Karteikarte Lungentuberkulose vermerkt. Es ist aufgrund der Kenntnis der Vorgänge im Zusammenhang des Euthanasie-Vernichtungsprogramms T4 bei den beteiligten Vernichtungsanstalten zwar einerseits denkbar, dass dieser Todesfall in diesem Zusammenhang steht, wobei jedoch der Arnsteiner Anstaltsleiter gezielten Tötungen ablehnend gegenübergestanden habe. Da jedoch nur die Karteikarte (mit dem Erkrankungsvermerk Schizophrenie), aber keine ausführliche Kranken- oder andere Akte vorhanden ist, ist diese Vermutung hypothetisch und nicht verifizierbar.
186 Ebd., fol. 82, vom 6.3.1942.
187 AELKA, B 6, Nr. 1201 (Erklärungen der Geistlichen), fol. 38, vom 21.3.1946.

Voigtländer, Leopold (Jahrgang 1908)

geb. 21.7.1908 Jeßnitz, gest. 6.4.1985 Dessau
1933 Hilfsprediger Ballenstedt, im gleichen Jahr Dessau, 1934 Coswig und Griebo, dort
1935 Pfarrer, 1942 Güsten, 1951 Dessau, 1962 Kreisoberpfarrer Dessau

Leopold Voigtländer war vom 1. Dezember 1939 bis 30. September 1942 der verantwortliche Geistliche des Strafgefangenenlagers Griebo. Seit September 1944 war er als Helfer des Deutschen Roten Kreuzes in Güsten aktiv.[188] Im gleichen Jahr fungiert er als Schriftführer des Anhaltischen Pfarrvereins.

Er begegnet in der DC-Erklärung Tunkels, welcher bei Voigtländers Einführung in Güsten eine Rolle spielte. Voigtländer wird in der Akte der 45 DC-Pfarrer geführt, von denen eine Erklärung vorhanden ist. In ihr schrieb er jedoch, dass er gar keine Erklärung hätte abgeben wollen, da er auf dem Personalfragebogen 1945 eine Zugehörigkeit zu den Deutschen Christen verneint habe, was ihm nach Gesprächen mit den Pfarrern Heide (Bernburg), Müller (Hecklingen) und Reuß (Amesdorf) legitim erschienen sei. Körner habe ihn zum Eintritt in die Deutschen Christen drängen wollen, was er aber abgelehnt habe. Dennoch sei er zu den DC-Tagungen eingeladen worden. Er habe protestiert, als er als »Pfarrerkamerad« bezeichnet wurde. In Coswig habe er die Einführung der »Gottesfeier« sowie des DC-Gesangbuches verhindert; dies geschah dann sofort, nachdem er nach Güsten versetzt worden sei.[189] Eine Korrespondenz wegen dieser Erklärung ist nicht vorhanden.

Da Voigtländer weitere fünf Jahre in Güsten tätig sein konnte, wird er als entlastet angesehen worden sein. An seinem Beispiel wird jedoch die Frage virulent, aufgrund welcher Kriterien eine Zuordnung der Pfarrer als Deutscher Christ, als belastet und damit zur Abgabe einer DC-Erklärung verpflichtet, erfolgte.

Walch, Hansgeorg (Jahrgang 1896)

geb. 15.4.1896 Bernburg, gest. 15.2.1979 Oranienbaum
1925 Kreispfarrvikar Köthen, 1927 Hilfsprediger Köthen, 1928 Hecklingen,
1932 Pfarrer Oranienbaum, 1943 Kreisoberpfarrer Köthen, 1945 Dornburg,
1946 Cörmigk, 1950 Dessau

Als Hilfsprediger an der Köthener St. Agnuskirche erklärte sich Hansgeorg Walch in einer Predigt 1926 gegen Sonnenwendfeiern der Völkischen, weswegen es eine Beschwerde des Waldauer Rittergutsbesitzers Schliebitz beim Landeskirchenrat gab, auf die hin Walch eine Erklärung abzugeben aufgefordert wurde. Er amtierte seit 1932 als Pfarrer in Oranienbaum, vom 1. November 1943 als Kreisoberpfarrer an St. Jakob in Köthen. Die Einführung fand am 6. Februar

---

188 Vgl. AELKA, B 30, Nr. 545 (PA Leopold Voigtländer).
189 AELKA, B 6, Nr. 1201, fol. 107f, vom 17./18.3.1946.

1944 während eines Heimaturlaubs statt, um den der Landeskirchenrat lange gekämpft hatte.[190]

Pfarrer Walch war einer der höchstdekorierten und ranghöchsten Militärangehörigen[191] unter der anhaltischen Pfarrerschaft. Bereits im Ersten Weltkrieg diente er vom 1. Juni 1915 bis 1. Januar 1919 als Soldat. Er wurde mit dem EK II, dem Ehrenkreuz für Frontkämpfer sowie dem Kriegsverdienstkreuz 2. Klasse mit Schwertern ausgezeichnet. Im Zweiten Weltkrieg wurde er bereits am 1. August 1939 einberufen und blieb dann bis zum 30. September 1945 (Kriegsgefangenschaft). 1937 Oberleutnant der Reserve, nahm er an verschiedenen Wehrübungen 1937 und 38 teil, wurde 1939 Hauptmann der Reserve und war 1940 Batteriechef. In einem ausführlichen Dankschreiben an den Landeskirchenrat auf einen erhaltenen Weihnachtsgruß hin führte er aus:

»Aus dem Grußwort [...] spüren wir mit dankbarer Freude die Wärme und Herzlichkeit des Gedenkens, sodaß wir uns nicht von ›der Behörde‹ angesprochen fühlen, sondern etwas merken von der Arbeitsverbundenheit, der Schicksals- und Kampfgemeinschaft, in der wir zusammenstehen. (...) Möchte es dem Evangelischen Landeskirchenrat wie bisher gelingen, ruhig und besonnen und in hohem Gerechtigkeitssinn die Landeskirche auch mit ihren widerstrebenden Teilen zu führen und letztere immer mehr dafür zu gewinnen, auf dem als richtig erkannten Wege der Führung zu folgen. Immer, wenn in den letzten Jahren die Pfarrerschaft den Eindruck eines undisziplinierten Haufens machte, habe ich mich als Soldat ihrer geschämt. Darum hoffe ich, daß die junge Generation sich hiervon abheben wird, wenn wir einst in unser so schweres Amt zurückkehren dürfen. Vorerst bin ich persönlich sehr glücklich, meinem Volk und Führer als Soldat dienen und meiner Gemeinde zeigen zu können, daß es mir ernst damit ist, als guter Haushalter der mancherlei Gnade Gottes mit all den Gaben einzustehen, die mir Gott mitgab ins Leben. Dazu gehört auch die Anlage zum soldatischen Führer, denke ich. Daß mir meine Stellung als Batteriechef oft Gelegenheit zu geradezu seelsorgerlichem Tun gibt, ist mir eine besondere Freude. Ich glaube, daß unser schlichter Einsatz doch [...] eine Revision ihres Urteils über ›die Pfaffen‹ bewirken wird.«[192]

Walch wurde 1942 zum Major der Reserve befördert. Er erhielt ein Jahr später das Kriegsverdienstkreuz 1. Klasse mit Schwertern verliehen. Hierzu gratulierte KR Körner, wofür sich Walch bedankte:

»Aufrichtigen und herzlichen Dank für die Glückwünsche zur Auszeichnung! Es ist mir eine Genugtuung, mit vielen D.C. Kameraden zusammen im Kampf gegen die das ganze Abendland bedrohende Gefahr des Bolschewismus mich restlos einsetzen zu können. An das zähe Durchhalten der kirchlichen Heimatfront mit zahlenmäßig geringen Kräften denke ich oft mit vielen guten Wünschen.«[193]

In einem Schreiben vom 27. Januar 1941 dankte er dem Landeskirchenrat für den Weihnachtsgruß mit Büchern: »Als Pfarrersoldat hat mich das herzliche

---

190 In einem diesbezüglichen Schreiben des LKR vom 11.10.1943 gab dieser gegenüber der Militärbehörde an, dass 55 Prozent der Geistlichen der Anhaltischen Landeskirche unter Waffen stünden; vgl. AELKA, B 30, Nr. 519 (PA Hansgeorg Walch), fol. 174.
191 Majore waren auch Fritz Günther/Osternienburg, Rudolf Günther/Leopoldshall sowie Willy (Wilhelm) Friedrich/Dessau, vgl. Gesetz- und Verordnungsblatt der Evangelischen Landeskirche Anhalts, 3/1943, 28, 4/1943, 43.
192 Brief Walchs vom 3.1.1940, in: AELKA, B 30, Nr. 519.
193 Brief Walchs vom 30.6.1943 an den LKR, in: ebd., fol. 138.

Grußwort besonders erfreut, weil es echter kameradschaftlicher Verbundenheit entsprang.« Er

>hatte sogar die Freude, in Vertretung für den Standortpfarrer am 1. Weihnachtsfeiertag in einer großen Stadt am Bug den Wehrmachtsgottesdienst halten zu dürfen, von dem Standortältesten, einem sehr für (sic!) die kirchliche Betreuung interessierten General, persönlich dazu ermächtigt.«[194]

In gleichem Schreiben hieß es dann: »Möge das Jahr 1944 uns dem Endsieg näherbringen und damit der Möglichkeit, in der heimatlichen Landeskirche unter zielbewusster deutsch-christlicher Führung unsern Dienst für Führer und Volk in friedlichem Wirken fortsetzen zu können!« Walch befand sich mit seiner Batterie zu dieser Zeit seit längerem auf dem Rückzug.

Nach fünfmonatiger Kriegsgefangenschaft bekam er einerseits die Aufforderung, sich über die Deutschen Christen bzw. Nationalkirchliche Einung zu erklären. Am 17. Oktober 1945 tat er das zunächst nur kurz, indem er schrieb, dass Punkt 6 des DC-Programms (Gefolgschaft zum Führer, NS-Weltanschauung, Totalität des Deutschen Lebens, Dienst am Volk ist Gottesdienst) für ihn hinfällig sei. Daraufhin schrieb im Fiedler einen (nicht erhaltenen) Brief. Am 1. März 1946 erklärte sich Walch dann ausführlich. Er dankte zunächst für seine Wiederverwendung als nach langen Jahren Zurückgekehrter in der Landeskirche. Er sei 1933 bei der Reichsbewegung der Deutschen Christen (Berliner Richtung) gewesen, bereue das aber, da es dort nur um Gleichschaltung der Kirche gegangen sei. In Hoffnung auf eine Erneuerung der Kirche (weniger um volksmissionarischer Aspekte willen) sei er 1938 der Nationalkirchlichen Einung beigetreten. Er werfe sich nicht den Beitritt, wohl aber seinen Nicht-Wiederaustritt vor. Wie so viele tausende Deutsche Christen habe er nie »vorbehaltlos« zur NS-Weltanschauung gestanden, dem Programm der Deutschen Christen als Ganzem aber zugestimmt. »Wir DC haben die Gefahren des überspitzten Rasseprinzips und dessen Totalitätsanspruches nicht erkannt«, was in der Tat eine Übertretung des ersten Gebotes gewesen sei. So schrieb Walch, und einer der Leser dieser Erklärung vermerkte am Rand: »Also nicht das Rasseprinzip überhaupt?«[195] Damit scheint die Angelegenheit aber erledigt gewesen zu sein.

Nicht erledigt war zuvor der Umgang mit seiner Berufung als Köthener Kreisoberpfarrer. Fiedler schrieb ihm am 2. November 1945, dass es »ein eigentümlich Ding mit Ihrer Entbindung vom Amte des Kreisoberpfarrers [sei]. Diese hat die Militärbehörde ausgesprochen. Aber dafür haben wir keinen Beleg in der Hand.« Der Landeskirchenrat schlug der Einfachheit halber vor, dass Walch seinen Verzicht erklären möge vom 1. September 1945 an, denn von diesem Zeitpunkt an sei auch Karl Windschild als Köthener Kreisoberpfarrer

---

194 Brief Walchs vom 30.12.1943 an den LKR, in: ebd., fol. 176.
195 AELKA, B 6, Nr. 1201, fol. 32.

eingesetzt, freilich »ebenfalls nicht durch uns!«[196] Da Walch die Verzichtserklärung offenbar nicht abgab, enthob ihn der Landeskirchenrat per Beschluss Nr. 3 vom 16. November 1945 seines Amtes.[197] Walch war dann vom 1. Dezember 1945 an in Dornburg und vom 22. September 1946 an in Cörmigk Pfarrer, worüber keine Beschlüsse des Landeskirchenrats nachweisbar sind.

Zum 50. Geburtstag am 15. April 1946 schrieb ihm OKR Fiedler einen warmherzigen Brief. In ihm betonte er die wertvollen Dienste, die Walch geleistet habe, erinnerte an die Arbeit mit der weiblichen Jugend und dachte an manches »schöne, gemeinsame Fest«. Weiter schrieb er:

> »Fast könnte der Evangelische Landeskirchenrat im Augenblick als undankbar erscheinen – aber es ist tatsächlich nur der Schein [...] noch sind Sie in den Winkel [gemeint: Dornburg, L.K.] gestellt, aber das ist nichts Endgiltiges, und wir hätten Sie gern schon auf einen anderen Ihren Gaben angemessenen Platz gerufen, wenn gewisse Befürchtungen nicht eine Rolle bei der Besetzung mitspielten. Ich bin gewiß, daß in absehbarer Zeit ein passender Ruf an Sie ergehen wird. Sie [...] werden ganz gewiß von uns nicht vergessen oder gar absichtlich gedrückt werden. Nur muß erst die passende Gelegenheit da sein. Bis dahin müssen Sie und Ihre Lieben durchhalten. Nichts ist von ungefähr. Nehmen Sie auch Ihre jetzige schwierige Lage aus Gottes Hand und bitten Sie ihn, er möge zur rechten Zeit die Türen öffnen und uns und Ihnen Möglichkeiten zeigen«.[198]

Wilhelm, Friedrich (Jahrgang 1888)

geb. 4.7.1888 Köthen, gest. 22.8.1967 Thurau
1911 Lehrer Bensheim am Rhein, 1916 Hilfsprediger Dessau, 1916 Pastor Köselitz, 1930 Rieder, 1939 Roßlau, 1953 Pfarrer Thurau

Friedrich Wilhelm gab am 18. März 1946 seine erste DC-Erklärung ab. Nach dem Zusammenbruch des nationalsozialistischen Staates, des Volkes und der Partei wäre

> »jede kirchliche Arbeit, die glaubte, um des Volkes willen ›Rücksicht‹ auf die innere Haltung des rassebewußten deutschen Menschen nehmen zu müssen, heute unnötig und unmöglich [...] War schon durch das engmaschige System von Vorschriften der Einfluß der Kirchen praktisch ausgeschaltet, so erwies sich die fast feindselige Haltung der Organe der Partei bis in die Zellen hinein immer offener als solche. Es ist mir darum mit der Zeit immer schwerer geworden, als Kirchenmann unserem Volke und dem Führer, dem ich vertraute, zu dienen. Aber Volk und Kirche im Gegensatz zu wissen, ohne den Versuch zur Rettung zu machen, schien mir unmöglich.«[199]

Am Rand dieser Erklärung findet sich die Bemerkung: »doch wohl kaum genügend!« sowie:

> »Es muß deutlicher herausgestellt werden, daß die sog. Rücksichtnahme auf den rassebewußten deutschen Menschen nicht nur heute unmöglich ist, weil es im Bereich der kirchl.

---

196 Schreiben Fiedlers an Walch vom 2.11.1945, AELKA, B 30, Nr. 519, fol. 191.
197 Protokolle LKR (wie Anm. 10); AELKA, B 30, Nr. 519.
198 Schreiben Fiedlers an Walch vom 10.4.1946, in: ebd., fol. 196.
199 AELKA, B 6, Nr. 1201, fol. 70.

Verkündigung zu einer Verkürzung und Entstellung [?] des Evangeliums geführt hat, die gerade den Dienst Wilhelms sehr unglaubwürdig gemacht hat.«[200]

Diese Bemerkung stammt wohl nicht von Georg Fiedler, sondern von Herman Fischer (?). Fiedler notiert nur, dass er Wilhelm am 28. März 1946 zu einer neuen Erklärung aufgefordert habe. Am 3. Juni 1946 folgte diese. Der Verfasser versicherte darin, dass er »als deutscher Christ« »allerdings 12 kurze Sätze« nach den Prüfungen der Konfirmanden 1945 habe lernen und sagen lassen, aber nicht, um die 10 Gebote fallen und verdrängen zu lassen, sondern »um diese besser verstehen zu können. Ich habe in jedem Jahr die 10 Gebote mit Erklärungen lernen lassen.« Er erkenne an,

»daß ›die Substanz der Kirche‹ gegenüber der Rücksicht auf den rassebewußten deutschen Menschen angetastet wurde, daß der Begriff ›heiliges Volk vor Gott‹, der die ecclesia visibilis und invisibilis ersetzen sollte nicht von der Offenbarung in Evangelium und Sakrament her lebte und Sünde und Gnade verflachte. […] Wenn Gott jetzt unser ›Volk‹ als solches so tief gedemütigt hat, aber zugleich die Tür der Kirche für dieses gedemütigte Volk so wunderbar weit aufgetan hat, so erkenne ich damit auch sein Gericht über eine Glaubenshaltung, die sich mehr auf die Seite des Volkes als der Kirche stellte.«[201]

Hierauf finden sich keine weiteren Anmerkungen. Die zweite Entnazifizierungskommission stufte ihn als »tragbar« ein.[202] Wilhelm blieb die nächsten Jahre in der Roßlauer Pfarrstelle.

IV Einsichten und Motive in der Rückschau der DC-Erklärungen

Die hier exemplarisch näher vorgestellten Pfarrer haben unterschiedlich argumentiert, warum sie sich den Deutschen Christen angeschlossen haben. In die nun folgende Analyse werden auch die anderen erhaltenen Erklärungen einbezogen, um ein möglichst fundiertes und differenziertes Bild zu erreichen. Neben solchen, die als ungenügend seitens Fiedlers und ggf. weiterer Mitglieder des Landeskirchenrats erachtet und aufgrund derer Reaktionen erneut, meistens ausführlichere Erklärungen nachgereicht wurden, finden sich solche, deren Verfasser sich einsichtig zeigen und aus denen ehrliche Reue über einen falschen Weg erkennbar ist.

Im Hinblick auf die Art der Argumentation lassen sich folgende Muster erkennen; sie sind nach der Häufigkeit geordnet. Dabei ist es in vielen Fällen schwierig, klare systematische Zuordnungen vorzunehmen, da innerhalb eines Argumentationsmusters viele Nuancen vorkommen, Überschneidungen und Vermischungen. Trotz dieser Einschränkungen können wir feststellen, dass es den Pfarrern ihrer Selbstauskunft gemäß gegangen sei:

---

200 Ebd.
201 Ebd., fol. 71.
202 Vgl. Protokoll zur 4. Sitzung, 25.7.1947, in: AELKA, B 60, Nr. 1.

- um volksmissionarische Beweggründe (20), wozu noch der ausdrückliche Wunsch des Kampfes gegen den Bolschewismus zu zählen wäre (1),
- um die Überwindung der konfessionellen Spaltung, wozu gelegentlich die Schaffung einer Nationalkirche genannt wurde (15),
- um eine als wünschenswert oder notwendig erachtete Liturgiereform (7),
- um das Rasseprinzip als akzeptable weltanschauliche Sichtweise (7),[203]
- Gründe, zu denen ausdrücklich nicht das Rasseprinzip gehörte (5),
- darum, überhaupt ins Pfarramt zu kommen (4)[204] oder schließlich
- darum, den Geist der Kameradschaft zu pflegen, der bei den Deutschen Christen spürbar gewesen sei (1).

Darüber hinaus enthalten die Erklärungen auch Vorwürfe gegen BK-Pfarrer (5), andere erklärten, sich zuerst zur Bekennenden Kirche gehalten, dann zu den Deutschen Christen gewechselt zu sein (5),[205] oder sich umgekehrt nach kurzer Zeit inhaltlich wieder von den Deutschen Christen abgewandt zu haben und ausgetreten zu sein (1). Die Spaltung Deutsche Christen versus Bekennde Kirche bemängelten wenige ausdrücklich (2). Einige opponierten gegen die Pflicht, sich jetzt erklären zu müssen (4).

Dass die Beurteilung des Wertes der Erklärungen innerhalb des Kollegiums des Landeskirchenrats nicht immer einstimmig ausfiel, wird gelegentlich an den Randbemerkungen deutlich. So im Falle des Bobbauer Pfarrers Thieß. Fiedler notiert auf der kurzen Erklärung: »nicht eingehend auf das Rundschreiben«, während Fischer anmerkt: »Ich glaube, daß der Geist, der aus dem Schriftsatz spricht, doch dem unserer Forderung entspricht.«[206] Leider sind nach derzeitigem Kenntnisstand nur Akten von Sitzungen der zweiten Entnazifizierungs-

---

203 Es sollte die vielfältige Nutzung des Rassebegriffs in der Zeit vor- und während des Nationalsozialismus nicht außer Acht gelassen werden, die sich keineswegs nur auf die Deutschen Christen beschränkte. Ist doch z. B. bei dem ansonsten als keineswegs nationalsozialistischen Gedankengutes verdächtigen Pfarrers Heide aus Bernburg in seinem Vorstellungsschreiben an den Vorsitzenden des GKR der Martinsgemeinde zu lesen, dass er religiöser Sozialist sei, »der Sozialdemokratie« beigetreten sei, sich auch als Volkserzieher sähe, der die »sozialen und volksgesundheitlichen Schäden und Nöte [...] kennen und bekämpfen [muß]. Ich bin seit vielen Jahren [...] Anhänger der Rassenhygiene«. Er habe manche innere Nöte durch die politische Entwicklung, stehe aber als Staatsbürger hinter der NS-Regierung, vgl. Schreiben vom 1.5.1934 an den GKR-Vorsitzenden Schreiber, in: Archiv der Martinsgemeinde Bernburg, Akte »Pfarrstellen« 1934-36. Zu Heide vgl. Lambrecht KUHN: Die Bernburger Martinsgemeinde und ihre Geistlichen in der Zeit des Dritten Reiches. In: Zeit des Nationalsozialismus (wie Anm. 26), 83-114, hier: 86-90.
204 Auch Helmhart Giese, der angab, dass zugleich seine Frau und seine jüngere Schwester viele Jahre BK-Mitglieder waren; vgl. AELKA, B 6, Nr. 1201 (Erklärungen der Geistlichen), fol. 101.
205 So Ernst-Joachim Zürch, der aus der Bekennenden Kirche austrat, weil der Bruderrat von ihm verlangt hatte, sich vom LKR zu distanzieren, vgl. ebd., fol. 104.
206 Ebd., fol. 14.

kommission erhalten, nicht jedoch Unterlagen über die Bewertung v. a. der anderen belasteten Pfarrer, z. B. im Kollegium des Landeskirchenrats, so dass wir über den Klärungsprozess unter den verantwortlichen Entscheidungsträgern hinsichtlich einzelner Personen über die genannten Randnotizen hinaus kaum etwas wissen.[207]

Die frühesten DC-Erklärungen entsprachen der Intention einer inhaltlichen und theologisch fundierten Auseinandersetzung oft nicht. Aus diesem Grund schrieb Fiedler am 27. November 1945 einen ausführlichen Rundbrief an die DC-Pfarrer, zugleich aber auch an alle anderen Geistlichen der Landeskirche. Ziel war gewiss, eine einheitliche Gesprächsgrundlage für alle Amtsbrüder zu bieten, aufgrund derer der Versöhnungsprozess in der Landeskirche vorangetrieben werden möge. Der Ton dieses Briefes stellt das deutlichste Kennzeichen für die um brüderlichen Ausgleich werbende Art der Entnazifizierungsbemühungen in Anhalt dar. An dieser Stelle nur einige Auszüge daraus:[208]

>»Es liegt uns daran, daß Sie für eine künftige Zusammenarbeit zu erkennen geben, daß Sie sich innerlich von der nationalkirchlichen Einung, ihrem Programm und ihren Methoden gelöst haben. […]
> I. Das Programm. Selbstverständlich ist nicht alles daran verwerflich. Es ist mir auch psychologisch durchaus verständlich, warum Sie den D.C. beigetreten sind. Sie wollten ›das Volk‹ für das Evangelium gewinnen. […] Es ist das eine Parallele der Zeit um die Jahrhundertwende. Damals [… wurde] die christliche Botschaft […] verkürzt, […] – der ›moderne Mensch‹ – wurde nicht gewonnen, […] Heute galt es nun wieder, den `modernen Menschen´ für das Evangelium zu erwärmen, das war der rassebewußte deutsche Mensch unserer Tage. Hier liegt – bewußt oder unbewußt – das Motiv aller D.C.lichen Bemühungen. Alles einzelne, z.B. Überwindung der Konfessionen, Führerprinzip, ›Botschaft Gottes‹, ›Gottesfeier‹, Judengesetz usw. hängt ursächlich damit zusammen, selbst wenn es eine theologische Begründung gefunden hat. Das aber haben Sie scheinbar noch nicht gesehen: Das Rasseprinzip des N.S. ist die Dominante der D.C.lichen Theologie und Praxis.
> So handelt es sich garnicht [sic!] um die Überwindung der Konfessionen als Fernziel; dem könnte man wohl zustimmen, das will ja auch die una sancta, sondern um die `Nationalkirche´, das heißt die juden- und romfreie deutsche Einheitskirche […], deren Notwendigkeit aus der nationalen Einheit Deutschlands begründet wird, also in erster Linie völkisch, nicht biblisch-theologisch. […] Die Bewertung des Alten Testaments bei den D.C. kommt ja nicht in erster Linie von der historischen Kritik, das wäre auch nichts Neues gewesen, sondern vom Rassischen her. […] Für die ›Gottesfeier‹ sind ja nicht liturgische Reformgedanken bestimmend (obwohl die mit hineinspielen und wohl zu erwägen sind), sondern die Befriedigung der ›feiernden deutschen Seele‹. […] All das Rankenwerk, daß die D.C. bei ihrer Feiergestaltung um die Amtshandlungen geschlungen haben, ist um des rassebestimmten Menschen willen eingefügt und verdeckt nur die biblische Botschaft (Anrufung der Sippe usw.).
> So könnte ich die Grundsätze der nationalkirchlichen Einung Schritt für Schritt durchgehen, immer ist die – offene oder geheime – Wurzel, die alles trägt, das Rasseprinzip. Darum aber ist Punkt 6 des Programms grundlegend mit seiner `vorbehaltlosen´ Zustimmung zur nationalsozialistischen Weltanschauung. Dies kann nicht verharmlost werden. […] Und haben

---

207 Die Protokolle des LKR halten nur Ergebnisse fest, wenn z. B. Pfarrstellenwechsel beschlossen wurden, jedoch keine Gründe dafür. Über die Protokolle der zweiten Entnazifizierungskommission siehe oben.
208 AELKA, B 6, Nr. 1941, fol. 57 II. Abgedruckt bei Seidel: Entnazifizierung (wie Anm. 4), 444.

Sie sich nicht selbst einmal die Frage vorgelegt: Was hat die Kirche nach einem siegreichen Kriege vom N.S. zu erwarten?

Dabei ist es nicht ausschlaggebend, daß im Laufe der Zeit die D.C. als zwischen zwei Fronten stehend, auch in steigendem Maße von der Partei angegriffen wurden. Ich weiß das wohl. Aber es wirkt offen gestanden einigermaßen sonderbar, wie viele sich jetzt als ›Opfer des Faschismus‹ vorkommen, die früher ihre Segel von diesem Zeitwinde willig haben schwellen lassen. Wenn man sagt, daß die D.C. seien keine von der Partei begünstigte Organisation gewesen, so vergißt man ganz, daß im Juli 1933 Adolf Hitler im Rundfunk vor der ganzen Welt die Liste der D.C. empfohlen hat. Nein, die D.C.Bewegung entstand in erster Linie nicht aus kirchlichen, sondern aus völkischen Motiven und ist eine Frucht des N.S. auf kirchlichem Gebiete. (Nebenbei kann ich darüber wohl urteilen, weil ich die erste große Reichstagung der D.C. mitgemacht habe.)

So hat sich nun die Sehnsucht der D.C. nicht erfüllt. [...] Sie aber haben der N.S.-Weltanschauung ›vorbehaltlos‹ zugestimmt! Das ist doch ›Farbenblindheit‹, über die Sie hinterher erschrecken müssen. Dabei haben viele Gemeindeglieder gedacht: Es muß doch richtig (mindestens nicht so schlimm!) sein, wenn auch unser Pfarrer, den wir als einen wackeren Mann kennen, da mitmacht! In Wirklichkeit haben Sie jedoch mit dem Beitritt zu einem solchen Programm eine bewußt kirchenfeindliche und antichristliche Weltanschauung unterstützt. Ist das nicht eine schwere Schuld? Muß das nicht offen bekannt werden? Ich weiß – von manchem D.C., der sich gedrungen gefühlt hat, es auch feierlich vor seiner Gemeinde zu bekennen. Wir wollen auch gar kein Ketzergericht abhalten, aber wir möchten die D.C.-Brüder gern dahin bringen, daß sie ihren Irrweg klar erkennen.

Ich will gern noch einmal betonen, daß nicht alle Elemente der D.C.-Theologie Irrlehre waren, keineswegs! Viele D.C. haben sich zum gekreuzigten und auferstandenen Christus bekannt, andere allerdings wärmten ziemlich deutlich den theologischen Liberalismus (›Wunderkritik, Jesus als Held, jüdische Sündenbocktheorie‹ usw.) wieder auf. [...] Jemand hat es mit einem treffenden Vergleich so dargestellt: Wenn ein Schiff normal dahinfährt, sind alle verstauten Fässer und Ballen in richtiger Gleichgewichtslage. Wenn nun das Schiff Schlagseite bekommt, indem ein Übergewicht auf einer Seite entsteht, dann bleibt zwar die Ladung noch die gleiche wie vorher. (Wenn man nicht etwa einen Teil in der Verlegenheit über Bord wirft!). Aber alles kommt ins Gleiten und nimmt an der Schieflage teil, auch die Besatzung. So mögen Einzelheiten der D.C.-Theologie – im besten Falle! – noch biblisch gewesen sein, aber die Gesamtschau und Gesamtbestimmtheit war schief geworden, das völkische Schwergewicht hatte alles ins Abgleiten gebracht.«

Fiedler zählt im zweiten Teil des Briefes einige Punkte deutschchristlicher Praxis von Mitgliedern der Deutschen Christen (namentlich Körners) auf, die von Mitgliedern der Bekennenden Kirche (vor dem Kriege, da während dieses »einigermaßen Burgfriede« geherrscht habe) als Gewalttätigkeiten empfunden wurden:

»Es handelt sich bei diesen Ausführungen ja nicht um beliebige Entgleisungen einzelner – da hätte ich noch manches Material! – sondern alles sind Schritte oder Äußerungen der leitenden D.C. Solch ein ›Sündenregister‹ ist keine erfreuliche Arbeit. Aber verstehen Sie nun, was wir als ´Gewaltmethoden´ empfunden haben? Und warum wir ein Abrücken der Brüder von diesen Methoden erwarten, damit die Brücken eben nicht mehr abgebrochen sind? Ist das wirklich zu viel verlangt? [...]

Die Methoden sind ja aber auch kein Zufall, sondern beweisen wieder den engen Zusammenhang der D.C. mit den N.S., denn sie sind von den politischen Methoden nachgebildet, es ist dieselbe Ebene, z.T. erinnert der Wortlaut unmittelbar an Aufrufe der Partei. Deshalb ist es auch kein Wunder, daß der Zusammenbruch des N.S. den der Nationalkirchlichen Einung mit sich brachte. Zu eng waren beide verknüpft. [...] Aber es ist doch nicht bloß so, daß durch äußere Gewalt die aussichtsreiche und blühende D.C.-Bewegung zum Stillstand gekommen sei, sondern sie ist auch innerlich gescheitert. Trotz erfolgreicher Tätigkeit einzelner Pfarrer in ihren Gemeinden ist das Anliegen der D.C., den rassischen Menschen unserer Tage zu gewinnen, gescheitert, ihre Anlehnung an die N.S.-Weltanschauung hat sich als Irrweg herausgestellt, der Totalitätsanspruch des Rasseprinzips hat sich als Übertretung des ersten Gebotes erwiesen. Also der innerliche Zusammenbruch ist mit dem äußeren offenbar geworden. Das eben gilt [es] als klar zu erkennen. Wir müssen Sie also bitten, das Material gründlich zu durchdenken und hoffen, daß Sie dann eine befriedigende Erklärung abgeben können. Wir lassen Ihnen dazu Zeit.

Das Anliegen freilich, das Evangelium zeitnah zu verkündigen, bleibt zu allen Zeiten. Das ist auch heute unsere Aufgabe. Die volle biblische Botschaft hinein in die Nöte unserer Tage! Darin möchten wir Hand in Hand arbeiten auch mit unseren D.C.-Amtsbrüdern aufgrund unseres Ordinationsgelübdes. Auch die obigen Ausführungen sollen kein selbstgerechtes Aburteilen darstellen, sondern eine brüderliche Aufforderung zur Selbstbesinnung. Wir wollen alle miteinander wetteifern in unserer Arbeit für Christus.«

Mit diesem einerseits theologisch klaren, andererseits werbenden Schreiben rückt nun dieser verantwortliche Geistliche, Georg Fiedler, selbst ins Blickfeld. Ihm sei das letzte Kapitel gewidmet.

V   Georg Fiedler und sein kirchen leitendes Handeln

Georg Fiedler

geb. 19.2.1888 Oranienbaum, gest. 19.2.1949 Dessau
1912 Kreispfarrvikar Zerbst,
1913 Diakon Güsten und Pfarrverwalter Osmarsleben, 1926 Pfarrer Zerbst,
1927 stellvertretender Kreisoberpfarrer, 1929 Dessau, 1945 Kirchenrat,
1947 Oberkirchenrat

Georg Fiedler [Abb. 1] scheint ein rühriger und umtriebiger Mann gewesen zu sein, mit dessen Gesundheit es nicht zum besten stand: Häufig mussten Erholungskuren beantragt werden.[209] Im Ersten Weltkrieg wurde Fiedler nicht eingezogen, er habe laut Selbstauskunft vom 9. August 1929 »weder gedient« noch sei er »im Kriege irgendwie militärisch tätig« gewesen.[210] Gegen Ende des Zweiten Weltkrieges (in dem sein Sohn Wolfgang 1943 zur Marine eingezogen wurde) wurde Fiedler am 6. März 1944 als »kriegsverwendungsfähig – Landsturm I« gemustert.[211] Durch den Bombenangriff am 7. März 1945 wurde auch Fiedlers Dienstwohnung zerstört.

---

209 So im Mai 1927, als ein Kurantrag damit begründet wurde, dass Fiedler »dringend der Stärkung bedürftig« sei, was durch ein Votum des leitenden Arztes des Zerbster Krankenhauses, Sanitätsrat Dr. Fiedler, bekräftigt wird, Fiedler sei »körperlich elend und [...] erschöpft«, vgl. AELKA, B 30, Nr. 118 (PA Georg Fiedler), fol. 30-32. Ein anderer der Kuranträge wird 1931 durch Sanitätsrat Dr. Berenbruch unterstützt, da Fiedler seit mehreren Wochen an einer Rippenfellentzündung leide, vgl. ebd., fol. 54.
210 Vgl. ebd., fol. 50.
211 Vgl. seine Mitteilung an den LKR vom 9.3.1944, in: ebd., fol. 101. Die Landeskirche hatte auch für ihn (wie 13 andere Pfarrer) zwei Tage zuvor einen UK-Antrag gestellt, vgl. ebd., fol. 99.

Fiedler war nach Ausweis der Akten vielseitig theologisch interessiert. Dabei ist er zunächst als politisch wie theologisch eher konservativ orientiert zu bezeichnen, da er nicht nur Mitglied der Positiven Union ist, sondern als deren Exponent in der Zeit nach dem Zusammenbruch des Kaiserreiches im Kirchenkreis Bernburg gelten kann.[212] Diese in Anhalt 1905 gegründete, eher biblizistisch und bekenntnisorientierte Kirchenpartei galt bis zum Umbruch 1918 als monarchistisch und pastorenkirchlich. Sie war der Gegenpol zu den Liberalen, die sich in Anhalt in der Kirchenpartei Freunde der Evangelischen Freiheit organisierten. Fiedler verfasste 1919 im Auftrag der Positiven Union eine Denkschrift, die vom Vorstand als Richtlinie im anstehenden Umbau der Kirche anerkannt und empfohlen wurde.[213]

Abb. 1: *Georg Fiedler um 1947. Als ranghöchster Geistlicher der Landeskirche trägt er das Amtskreuz.*
AELKA.

In den 1920er Jahren bleibt Fiedler theologisch unauffällig, wir wissen über seine Positionen in dieser Zeit wenig. 1930 nimmt er an Tagungen des »Bundes Haus und Schule« sowie des Verbandes für Volksmission teil.[214] 1933 fungiert er als anhaltischer Vertreter bei einer Studientagung des Evangelischen Reichsbundes weiblicher Jugend in Berlin-Dahlem.[215] Diese konnte er jedoch erst

---

212 Vgl. hierzu und für das Folgende: Jan BRADEMANN: Freiheit und Bekenntnis. Die Anhaltische Kirchenverfassung von 1920, Dessau-Roßlau 2021, passim.

213 Ein weiterer der Partei nahestehender Geistlicher war der ehemalige Generalsuperintendent und nachmalige Oberkirchenrat Franz Hoffmann, der bei der Ausbildung der neuen Landeskirche Anhalts nach dem Zusammenbruch des Kaiserreiches eine herausragende Rolle spielte. Diesem ausgleichenden und in seinen Ansichten wandlungs-, also entwicklungsfähigen Mann setzte der ihm verbundene Fiedler am 21. April 1941 ein würdiges Denkmal mit seiner Grabrede. In dieser bezeichnete er das Ende des Kaiserreiches (fast ein viertel Jahrhundert danach) als »Umsturz« und »Niederbruch Deutschlands«, durch den »wir alle hindurch mußten«, Ansprache bei der Abschiedsfeier für D. Franz Hoffmann, AELKA, Dienstbibliothek, Mc 1135, 401/96. Zu Hoffmann vgl. Brademann: Bekenntnis (wie Anm. 212), 96-98; EVANGELISCHE KIRCHE IM FREISTAAT ANHALT. Erinnerungen von Oberkirchenrat Franz Hoffmann an die Jahre 1918 bis 1923, hrsg. von Jan Brademann, Halle (Saale) 2021.

214 Vgl. AELKA, B 30, Nr. 118, fol. 51.

215 Vgl. ebd., fol. 61.

verspätet erreichen, da er zuvor am 28. April 1933 an einer großen anhaltischen Pfarrversammlung in Köthen teilzunehmen hatte. Am 7. Mai berichtete er dem Landeskirchenrat über die Berliner Tagung und führte u. a. aus:

> »Wie ein Nachklang der großen Volksfeier am 1. Mai war der Vortrag von Pfarrer Wieneke-Soldin über die ›Deutschen Christen‹. In sympathischer Weise legte er deren Ziele dar, ohne doch – wie die Aussprache bereits bei der Mehrzahl der jugendlichen Pastoren [...] Zustimmung zu finden [...] Am fruchtbarsten waren für mich die biblischen Auslegungen«.[216]

Fiedler setzte sich offenbar unvoreingenommen mit der Theologie der Deutschen Christen auseinander (nahm an einer DC-Tagung teil, wie er im oben angeführten Brief schrieb), war aber zu diesem Zeitpunkt bereits Mitglied des Pfarrernotbundes in Anhalt, aus dem die Bekennende Kirche hervorging.[217] Er kümmerte sich 1937 mit um die Ausbildung der bekenntnistreuen Kandidaten,[218] indem er als Leiter für einen »besonderen Predigerseminarskurs« sorgte. Im Landesbruderrat war er für das theologische Amt[219] bzw. Schulfragen zuständig.[220] Als 1937 eine Oxforder Erklärung der Weltkirchenkonferenz kritisch über die kirchlichen Verhältnisse in Deutschland urteilte, was den Landeskirchenrat zu einer öffentlichen Verurteilung dieser Erklärung veranlasste, verteidigte Fiedler als Mitglied des Landesbruderrates den Oxforder Text. Daraufhin warf ihm der Landeskirchenrat »nationale Würdelosigkeit und volksverräterische Beziehungen« vor. Ein disziplinarisches Vorgehen u.a. gegen Fiedler, welches der Landeskirchenrat beim Reichskirchenministerium angeregt hatte, wurde von diesem zwar nicht abgelehnt, unterblieb jedoch »aus taktischen Gründen«.[221]

Wenn Fiedler sich als Mitglied der Positiven Union auf biblischer Grundlage konservativ positioniert hatte, so ist das kein Widerspruch zu seiner Haltung im Dritten Reich als Mitglied der Bekennenden Kirche. Vielmehr ist auch hier der Bezug zu dem Bekenntnis, Christus als Richtschnur des Handelns zu bewahren, evident. Aus den Jahren 1935 bis 1943 sind theologische Vorträge erhalten,

---

216 Vgl. ebd., fol. 62. Es war offenbar usus, solche Berichte über besuchte Tagungen, Weiterbildungen etc. bei der Landeskirche einzureichen, denn sie finden sich in vielen Personalakten. Auch die bereits erwähnten Berichte der Theologenrüstzeiten sprechen für diese Praxis.
217 Siehe Peter RAUCH: Dr. theol. Martin Müller (Eine biographische Skizze). In: MVAL 12 (2003), 60-92, hier: 73.
218 Vgl. Fitschen: Bekennende Kirche (wie Anm. 7), 377.
219 Vgl. Müller: Chronik (wie Anm. 11), 58. Das durch die Bekennenden Kirche in Dessau eingerichtete Predigerseminar musste im November 1937 wieder aufgelöst werden, vgl. Meier: Kirchenkampf (wie Anm. 6), Bd. III, 371.
220 Vgl. Klassohn: Kirchenleitung (wie Anm. 5), 16.
221 So eine Mitteilung Wilkendorfs, vgl. zu dem ganzen Vorgang Meier: Kirchenkampf (wie Anm. 6), Bd. II, 246.

die Fiedler in Dessauer Kirchen hielt und anschließend veröffentlichte.²²² In ihnen widmete er sich 1938 dem Vergleich von Bibel und Edda, 1939 wurde das Beten thematisiert (»auch Bismarck und Hindenburg waren Beter«), 1940 ging es um Religionen (es könne in der Religionsgeschichte keinen Pazifismus geben: »Nicht Toleranz, sondern Kampf [natürlich mit geistigen Mitteln!] wird auch in Zukunft herrschen, nämlich der Kampf um den wahren Gott, um die rechte Religion. Stehen wir nicht mitten in diesem Ringen?«), 1943 behandelte er im Zusammenhang mit der Gottheit Christi die Frage der Seelenwanderung (sie sei gerade in »Zeiten großen Sterbens« aktuell, aber aus etlichen Gründen abzulehnen, u.a. werde sie als »undeutsch« empfunden, »vgl. Luther«).

Nach dem Krieg wurde Fiedler an die Spitze der Landeskirche gerufen. Der Dessauer Oberbürgermeister schrieb an den Präsidenten des Landeskirchenrats, Dr. Udo Müller, der Kommandant der Militärregierung habe ihm gegenüber den Wunsch geäußert, dass »Sie umgehend Antrag an ihn einreichen mögen, die Einreise Pastor Fiedlers nach Dessau zu erwirken.«²²³ Die geforderte schriftliche Begründung ist ebenfalls erhalten: Müller erklärte in ihr, dass er durch die amerikanische Militärregierung mit dem Neuaufbau der Landeskirche beauftragt worden sei, und Fiedler sei »derjenige der Anhaltischen Geistlichen, der in erster Linie die umfangreichen und schwierigen Aufgaben des Neuaufbaus erfüllen kann.«²²⁴

Dieser Aufgabe widmete er sich mit ganzer Kraft. Um die innere Aussöhnung der Pfarrerschaft zu fördern und diese mit gemeinsamer theologischer Arbeit zu fundieren, organisierte er die ersten der dann viele Jahre zu einer anhaltischen Institution werdenden Theologenrüstzeiten (s. o.). Er amtierte als Personalreferent der Landeskirche, stand als solcher in der Verantwortung für das persönliche Wohl der Mitarbeitenden. Er kommunizierte mit den Pfarrern u. a. über theologische Positionen, bewertete die DC-Erklärungen und war als Mitglied der zweiten Entnazifizierungskommission von entscheidender Bedeutung bei der Einstufung der infragestehenden Brüder. Es ist an einer Stelle eine härtere Haltung Fiedlers zu erkennen, als er in der Causa Wolfgang Sachs (siehe oben) kompromisslos agierte und sich sogar zynisch geäußert haben soll.²²⁵

Was qualifizierte Fiedler – neben seiner kirchenpolitischen Haltung auf Seiten der Bekennenden Kirche – für das Amt des Personalreferenten, der in

---

222 Vgl. Apologetische Vorträge 1935 f, AELKA, Dienstbibliothek, Mc 1115. Für 1944 ist lediglich die Einladung zu den Vorträgen erhalten.
223 Vgl. AELKA, B 30, Nr. 118, fol. 108.
224 Vgl. ebd., fol. 109.
225 Wolfgang Sachs gab 1946 an, Fiedler habe vor Zeugen ihm gegenüber erwidert, er müsse sich bezüglich des ihm angetanen Unrechts (der Entlassung aufgrund des Arierparagraphen, L.K.) und einer Wiedergutmachung seitens der Landeskirche an den damaligen LKR wenden (der jedoch abgesetzt war!), vgl. AELKA, B 30, Nr. 457 (PA Wolfgang Sachs), fol. 200.

erster Linie mit der Aufarbeitung der Vergangenheit, konkret mit der Haltung der zu den Deutschen Christen sich haltenden Amtsbrüder, befasst war? Einzelne Aussagen in den Akten lassen sich für diese Frage heranziehen. Um den Jahreswechsel 1925/26 hatte er sich offenbar um eine Pfarrstelle in einer anderen Landeskirche bemüht. Auf eine Anfrage zur Einschätzung Fiedlers aus Arolsen antwortet der damalige OKR Hinze, er sei

> »einer unserer tüchtigsten und fähigsten Geistlichen [...] wissenschaftlich tüchtig, ein fesselnder Prediger und eifriger Seelsorger [...] Auch ist er vermöge seiner Abstammung und Erziehung – sein Vater war Superintendent – sehr wohl in der Lage, in den besten Kreisen zu verkehren«.[226]

Im Rückblick bescheinigte ihm der Präsident des Landeskirchenrats, Dr. Müller, dass Fiedler »mit der ihm eigenen Klarheit und Besonnenheit [...] als tief in der Schrift gegründeter Theologe [...] in Predigten, Vorträgen und als Seelsorger der Pfarrer wegweisend gewirkt (habe)«, er betonte seine Zuverlässigkeit, Gewissenhaftigkeit und freudige Hingabe an den Dienst.[227] Er sei wegen seiner »großen Klarheit des Geistes und im Kirchenkampf bewiesener Bewährung« besonders zur Leitung der Kirche berufen gewesen, so schreibt der Landeskirchenrat der Witwe.[228] Wie sehr das der Fall ist, geht m.E. sehr deutlich aus dem o. g. Brief bezüglich der geforderten DC-Erklärungen hervor, der als bleibendes pastoraltheologisches Zeugnis Fiedlers angesehen werden darf.

Fiedler sagte anlässlich der Beerdigung Franz Hoffmanns 1941: »Für die meisten von uns bedeutet der Ruhestand am Lebensabend einen Abstieg«[229], für den weiterhin interessierten und aktiven Hoffmann sei das anders gewesen. Dem ebenfalls umtriebigen Georg Fiedler war es nicht vergönnt, den Ruhestand überhaupt zu erreichen. Am 9. September 1948 teilte der Dessauer Kreisoberpfarrer dem Landeskirchenrat die Erkrankung Fiedlers mit, Ursache sei seine Erschöpfung. Fiedler musste ins Krankenhaus. Auf eine Nachfrage KOP Windschilds nach seinem Befinden wurde diesem von der Kanzlei des Landeskirchenrats am 10. Oktober 1948 mitgeteilt, dass Fiedler zwar aus dem Krankenhaus entlassen, aber hinfällig sei und die nächsten Wochen dienstunfähig bleibe.[230] Er erholte sich nicht mehr und verstarb am 19. Februar 1949, seinem 61. Geburtstag.[231]

VI Fazit

Zur Entnazifizierung der Pfarrerschaft der Anhaltischen Landeskirche ist abschließend zu resümieren:

---

226 Schreiben Hinzes vom 11.1.1926, vgl. AELKA, B 30, Nr. 118, fol. 29.
227 Nachruf, vgl. ebd., fol. 130.
228 23.2.1949, vgl. ebd., fol. 131.
229 Ebd.
230 Vgl. ebd., fol. 122.
231 Vgl. ebd., fol. 129.

1. Im Hinblick auf die Anhänger der Deutschen Christen bzw. der Nationalen Einung wurde sie vollzogen mittels persönlicher Erklärungen und Gespräche, woraus die Entscheidung über Belassung oder Versetzung in andere Pfarrstellen folgte; hierzu wurde bereits im Herbst 1945 eine Kommission gebildet. Durch sie wurde eine theologische Klärung bei den betroffenen Pfarrern beabsichtigt, es ging nicht per se um Bestrafung. In dieser Hinsicht kann man vom Ziel einer »Ent-Deutschchristlichung« als einem Aspekt der Entnazifizierung sprechen. Etwa ein Viertel der betroffenen Pfarrer wurde versetzt, die anderen in ihren Pfarrstellen belassen. Diese Aufarbeitung vollzog sich im innerkirchlichen Rahmen und wurde grundsätzlich nicht nach außen kommuniziert.
2. Im Hinblick auf Parteimitgliedschaft, Mitgliedschaft in NS-Organisationen usw. wurde analog zu staatlichen Vorgaben verfahren. Dazu wurde 1946 eine weitere Kommission gebildet. Hier wurde eher formell »Entnazifizierung« betrieben, wobei schließlich alle untersuchten Pfarrer als tragbar eingestuft worden sind. Nicht als tragbar anzusehende, wie Körner, Bergmann oder Wolzendorf, hatten Anhalt bereits verlassen bzw. waren nicht weiter angestellt worden. Diese Untersuchungsergebnisse wurden über die Kirchen hinaus auch offiziell Behörden mitgeteilt. Eine Verstrickung von Pfarrern der Bekennenden Kirche mit Institutionen des NS-Staates wurde durch diese Kommission expressis verbis angenommen, aber nicht untersucht; die Bearbeitung dieses Themas bleibt für Anhalt vorerst Desiderat.
3. Die Motivationen der deutschchristlichen-Pfarrer für ihren Kurs im Dritten Reich waren vielfältig, zum Teil nachvollziehbar, zum Teil in sich widersprüchlich. Eine Anzahl von ihnen war u. a. militärisch sozialisiert und hierarchischem Denken verhaftet, so dass sie zum Beispiel das Führerprinzip auch in der Kirche nicht hinterfragten. Etliche erkannten während ihres Dienstes in der Wehrmacht bereits ihren Irrweg. Nur wenige hielten nach dem Zusammenbruch des Dritten Reiches an ihren damaligen Überzeugungen fest; sie verließen dann meist Anhalt.
4. Georg Fiedler war eine Persönlichkeit, in der sich klare theologische Standpunkte mit einem offenen, seelsorglich sensiblen emphatischen Wesen verbanden. Die Aufgabe der Aussöhnung der bisher sich zum Teil unleidlich gegenüberstehenden Pfarrkollegen innerhalb der Landeskirche ist unter den seit 1945 kirchenleitenden Personen Konsens gewesen. Die persönlichen klärenden Gespräche fanden auch bei den Rüstzeiten für Theologen statt, welche seit Anfang 1947 angeboten wurden und die (O)KR Fiedler initiiert und maßgeblich gestaltet hat.
5. Dass es in der Anhaltischen Landeskirche - wie v. a. retrospektiv oft kritisiert - eine nur unzureichende Auseinandersetzung und »Aufarbeitung« der NS-Vergangenheit belasteter Pfarrer gegeben habe, ist m.

E. ein zu hartes Urteil, das dem Wirken und ehrlichen Bestreben der in der Zeit zwischen den Staaten Drittes Reich und DDR mit der Leitung der Landeskirche Befassten nicht gerecht wird. Vielmehr ist – gerade bei Georg Fiedler – das deutliche Bemühen, bei klarer theologischer Positionierung seelsorglich sensibel und grundsätzlich fehlerfreundlich zu agieren, zu erkennen. Das war nach den Auseinandersetzungen der vergangenen Jahre weder selbstverständlich noch erwartbar. So könnte nur hinsichtlich der Darstellung des internen Prozesses der »Ent-Deutschchristlichung« in der Öffentlichkeit von einem »Aussitzen des Problems« und einer »pastoralen Schweigegemeinschaft« innerhalb der Landeskirche (so pointiert Brademann) gesprochen werden. Die Entnazifizierung war im Großen und Ganzen bis Ende 1948 erfolgt und die neuen gesellschaftlichen Herausforderungen wurden nun für alle Beteiligten immer gravierender und damit relevanter.

Wiederaufbau in »Brüderlichkeit«

Der Anhaltische Pfarrerverein 1945 bis 1948

Von Claudia Drese

Am 23. September des Jahres 1895 finden sich im Güstener Schützenhaus auf Einladung und Initiative der Güstener Bezirkskonferenz[1] die Geistlichen der Landeskirche des Herzogtums Anhalts zum ersten Mal zu einer »zwanglosen anhaltischen Pastoralversammlung« ein, der Keimzelle des späteren Anhalter Pfarrervereins. Die Anwesenheitsliste verzeichnete 101 Pfarrer.

So »zwanglos« wie das Wort suggeriert, ist die Versammlung allerdings nicht. Dieses erste Zusammentreffen ist, seinem Wesen nach, eine konstituierende Sitzung. Das Protokoll verzeichnet die auf Zuruf erfolgte Wahl eines Vorstandes mit Beisitzern, dem Vertreter der fünf Kirchenkreise angehören und eine Debatte über den ersten Vortrag, in dem Friedrich Grohmann (Osmarsleben) Sinn und Zweck dieser Versammlung beschreibt. Diese Zusammenkunft soll laut dieser Beschreibung vor allem dazu dienen, dass die Geistlichen der gesamten Landeskirche sich kennenlernen, also eine Möglichkeit zum Netzwerken schaffen und sich theologisch-geistlich erbauen, wozu in jährlichen Sitzungen ein oder zwei Vorträge gehört werden sollen.

Das Ideal einer landeskirchenweiten »Bruderschaft« ist von Beginn an ein Hauptziel der Organisation. Das zweite Hauptziel ist die theologische Erbauung bzw. Weiterbildung. Aber von Anfang an sind auch deutliche Abgrenzungsbestrebungen erkennbar. Es gibt zu der Zeit noch kein Mitgliedschaftsmodell, aber man will »unter sich« bleiben – man verzichtet bewusst auf öffentliche, große Gottesdienste als Teil der Versammlungen, gerade um eben nicht in der Öffentlichkeit präsent zu sein. Zum anderen wird dezidiert beschlossen, das Protokoll nicht an das herzogliche Konsistorium zu schicken, sondern allerhöchstens Mitglieder des Konsistoriums zu Sitzungen einzuladen, wenn nötig.[2] Es beginnt eine Gratwanderung zwischen der als »Behörde« wahrgenommenen und auch so bezeichneten Kirchenleitung und dem Dasein als Pfarrer innerhalb der kirchlichen Organisation, die sich durch die Geschichte des Pfarrervereins ziehen wird. Auffällig abwesend zu dieser Zeit – weil offenbar nicht nötig – ist ein irgendwie gearteter sozialer Aufgabenbereich dieses Zusammenschlusses.

Der so konstituierte Pfarrerverein erlebt in den darauffolgenden Jahren natürliche Höhen und Tiefen, und entwickelt sich vor allem in den 20er Jah-

---

[1] Die Kirchenkreise unterteilten sich in Bezirke, die sich in eigenen Konventen organisierten.
[2] Vgl. das Protokoll der Gründungssitzung, Güsten 23.09.1895, in: AAPV, Akte 1895-1920.

ren des 20. Jahrhunderts zu einer Standesvertretung, die die Interessen seiner Mitglieder gegenüber der Kirchenleitung vertritt. Dabei rücken neben ausführlichen Diskussionen um die entstehende Verfassung der Landeskirche, gerade zu der Zeit wirtschaftliche und soziale Fragen der Pfarrerschaft immer weiter in den Mittelpunkt. Das, was ich ihnen im Folgenden präsentiere, stützt sich auf die Akten des Anhalter Pfarrervereins und wird somit einen schlaglichtartigen Einblick in das Alltagsgeschäft des Pfarrervereins für die Jahre nach 1945 geben.

Die kirchenpolitischen Konflikte der 1930er Jahre hatten sich auch im Pfarrerverein niedergeschlagen. Einige Mitglieder waren aus Gewissensgründen ausgetreten. 1937 hatte Walter Koch aus Nienburg Paul Günther aus Zerbst in einer konfliktreichen Wahl als Vorsitzenden abgelöst. Letzterer trat danach aus dem Verein aus.[3] Die Arbeit des Pfarrervereins ist während der NS-Zeit und vor allem auch während des Krieges zwar zurückgefahren, aber nicht vollständig zum Erliegen gekommen. Die zu der Zeit etablierten zweimal pro Jahr stattfindenden Sitzungen fanden nach Möglichkeit statt, auch wenn die Anreise von Referenten nicht mehr gewährleistet war.

Am 12. Juli 1944 – acht Tage vor dem Attentat Stauffenbergs auf Hitler – trifft man sich, wie immer, im Konfirmandenzimmer der Martinsgemeinde Bernburg in der Martinstraße 5. Zwanzig Mitglieder waren anwesend, die eingeladenen Referenten hatten beide kurzfristig abgesagt, aber die Anwesenden beschäftigten sich mit der neuen »Seelsorgetätigkeitsverfügung« des Landeskirchenrats, die u. a. die Einführung des zweijährigen Konfirmandenunterrichts vorsah. In der Diskussion bildet sich der Kriegsverlauf insofern ab, als dass mehrere Teilnehmer von ihren Erfahrungen mit Konfirmanden aus Flüchtlingsfamilien berichten. Leopold Voigtländer, zu der Zeit Schriftführer des Vereins und Pfarrer in Güsten berichtet dabei über Schwierigkeiten mit Konfirmanden, »die gegen das Christentum beeinflußt« seien, und spricht sich explizit gegen das Tragen der Uniform anstelle des Talars vor allem bei Taufgottesdiensten aus.[4]

Die letzte erhaltene Akte vor Kriegsende ist eine Mitteilung vom 1. August 1944 darüber, dass Pfarrer Angermann, der Leiter des Pfarrhausarchives in Wittenberg, eine Arbeit über »D[eu]t[sche] Pfarrerstöchter« fertig habe, die er gern in der Herbstsitzung des Vereins vorstellen würde.[5] Da wird also noch von einer gewissen Normalplanung für das Jahr ausgegangen, aber die Herbstsitzung findet dann wohl nicht mehr statt, oder: Wenn sie stattgefunden hat, hat sich davon keine Niederschrift erhalten. In den Akten folgt danach eine

---

3 Austrittserklärung Paul Günthers, Osternienburg 20.11.1937, in: AAPV, Akte 1934-1937.
4 Vgl. Protokoll der Pfarrervereinssitzung, Bernburg 12.07.1944, in: AAPV, Akte 1938-1946.
5 Brief Paul Ehrhardt an Walter Koch, Köthen 01.08.1944, in: AAPV, Akte 1938-1946.

knapp einjährige Pause, und sie setzen im Oktober 1945 wieder ein mit dem Aufruf, sich an der Suchaktion für Geflüchtete zu beteiligen, was auch passiert.[6]

Die Akten der direkten Nachkriegszeit zeigen vor allem das Bestreben, zerstörte Infrastruktur wiederherzustellen vor allem im Bereich von Transportmöglichkeiten und Kommunikation, und auch innerhalb des Vereins die gewohnte Arbeit wieder aufzunehmen. Der Verein sieht sich aber offenbar auch in der Pflicht, größere soziale Hilfsleistungen zu organisieren. Kurz vor Ende 1945 ergeht unter Erinnerung an die »Brüderlichkeit« ein Aufruf zu einer »Weihnachtsgabe«, die vor allem Bombengeschädigten helfen soll.[7] Bis Februar 1946 werden Angebote und Wunschlisten in vier Kategorien gesammelt: 1. Bücher/Theologische Literatur, 2. Möbel, 3. Wäsche, 4. Haushaltsdinge. Dabei finden sich auch einige Briefe von Pfarrfrauen, deren Männer in Gefangenschaft sind[8]. Insgesamt gab es mehr Nachfrage-Briefe als Angebote.

Der Verein ist zwar der Initiator dieser Aktion, kann aber letztendlich vor allem in Gestalt von Leopold Voigtländer nur als Vermittler fungieren. Der Transport bleibt dabei den Spendern und Empfängern überlassen, was zu Problemen führt. Für den Vorsitzenden Walter Koch bleibt die Aktion hinter seinen Erwartungen zurück und damit in dieser umfassenden Form auch einmalig. Relativ schnell wieder aufgenommen werden die für den Verein seit seiner Gründung konstitutiven Frühjahrs- und Herbstversammlungen. Ende 1945 ergeht die Einladung zur Frühjahrsversammlung am 6. Februar 1946.[9] Man trifft sich wiederum in Bernburg im Konfirmandenzimmer der Martinsgemeinde. Anwesend sind gut 25 Mitglieder. Als Gäste sind anwesend die Kirchenräte Fiedler und Fischer als Vertreter der Kirchenleitung und der Neutestamentler Prof. Albrecht Oepke[10] aus Leipzig, der anlässlich des 400. Todestages Martin Luthers einen Vortrag zu »Luther und sein Werk« hält, aber auch zur Diskussion um die Entnazifizierung seine Erfahrungen aus Sachsen beisteuert.

Diese erste Sitzung nach Ende des Nationalsozialismus muss aus Historikersicht sehr spannend gewesen sein, und ich kann an der Stelle nur mit Bedauern sagen, dass das reine Ergebnisprotokoll der Versammlung so gut wie keine Informationen zu den einzelnen Haltungen oder Diskussionsbeiträgen der Teilnehmenden enthält. Walter Koch berichtet als Vorsitzender, dass der

---

6 Walter Koch: Mitteilung an die Vereinsmitglieder, Nienburg 03.10.1945, in: AAPV, Akte 1938-1946.
7 Vgl. Aufruf zur Weihnachtsgabe, in: AAPV, Akte 1938-1946.
8 Briefe Eva Blume an LKR, Mildensee 31.12.1945 und Ruth Thea Pforte an LKR, Prosigk 02.01.1946, in: AAPV, Akte 1938-1946.
9 Für alles Folgende zur Frühjahrssitzung vgl. Protokoll der Pfarrervereinssitzung, Bernburg 06.02.1946, in: AAPV, Akte 1938-1946.
10 Art. Albrecht Ubbo Paulus Anton Oepke. In: Professorenkatalog der Universität Leipzig, hrsg. vom Lehrstuhl für Neuere und Neueste Geschichte, Historisches Seminar der Universität Leipzig, online verfügbar unter URL: <https://research.uni-leipzig.de/catalogus-professorum-lipsiensium/leipzig/Oepke_285> (12.02.2024).

Dachverband der Pfarrervereine wiederhergestellt sei und seine Arbeit aufgenommen habe. Er informiert weiterhin zur Lage der DEK, zur Behandlung der Parteigenossen und DC-Pfarrer in den Landeskirchen und zur Frage, wie und in welcher Höhe die Pfarrgehälter ausgezahlt werden. Zudem wird festgehalten, dass die kommende Schulzeitverlängerung[11] keine Auswirkungen auf den Konfirmandenunterricht oder das Konfirmationsdatum haben werde. Georg Fiedler berichtet für die Kirchenleitung über die Finanzen der Landeskirche, die Aufgaben der neugewählten Synode und die Entnazifizierung. Das Protokoll setzt den Begriff dabei dezidiert in Anführungsstriche, wobei ich nur spekulieren könnte warum. Hermann Fischer schließt dann den Bericht aus der Kirchleitung mit Informationen zum Religionsunterricht, der vollständig in die Handhabung der Kirche übergeht, und zur kirchlichen Presse.

Ebenfalls noch im Februar des Jahres 1946 erfolgt durch den Ballenstedter Kreisoberpfarrer und Präses der Landessynode Max Weyhe die Bitte, über den Verein für das neugebildete Disziplinargericht die Wahl für die Berufsgruppe der Pfarrer zu organisieren. Walter Koch selbst wird zeitgleich zum Mitglied des Landeskirchengerichts gewählt. Dabei dringt Weyhe darauf, die Angelegenheit nicht allzu lang hinauszuzögern, »da ein paar unerledigte Disziplinarfälle aus der Zeit vor 1945 vorliegen, die aufgeräumt werden müssen.«[12] Obwohl man sich nicht ganz darüber im Klaren gewesen ist, inwiefern die Kontrollratsdirektive 24 vom Januar 1946[13] auf die Kirchen Anwendung finden würde bzw. sollte, zeigen sich in den Akten doch Bemühungen, möglichst schnell zu reagieren und die offenen Fälle zu schließen. Wertungen oder Haltungen einzelner sind aus den Akten – wie schon angedeutet – nicht zu ersehen.

Die Herbstsitzung findet am 16. Oktober 1946 statt und versammelt 32 Teilnehmer wiederum in Bernburg.[14] Hier taucht zum ersten Mal das Problem der »Pfarrhausmiete« auf, was sich bis 1949 zu einem größeren Konflikt zwischen Kirchenleitung und Pfarrerverein ausweiten wird. Dabei geht es 1946 vor allem noch um die Untermieten, die die in Pfarrhäusern aufgenommenen Flüchtlinge zahlen und die Frage, an welche Kasse diese abgeführt werden.

Im April 1946 wendet sich der in Edderitz eingesetzte Pfarrverwalter Wilhelm Wagner mit der Bitte an den Verein, eine Ausgleichskasse für kinderreiche Familien einzuführen, da er nach dem Wegfall staatlicher Hilfen vor allem die

---

11 Vgl. Gesetz zur Demokratisierung der deutschen Schule, Mai/Juni 1946 für die SBZ.
12 Brief Max Weyhe an Walter Koch, Ballenstedt 22.02.1946, in: AAPV, Akte 1938-1946.
13 Vgl. Kontrollratsdirektive Nr. 24, Entfernung von Nationalsozialisten und Personen, die den Bestrebungen der Alliierten feindlich gegenüberstehen, aus Ämtern und verantwortlichen Stellungen, 12.01.1946, online unter: URL: <https://www.verfassungen.de/de45-49/kr-direktive24.htm> (12.02.2024).
14 Vgl. auch für das Folgende: Protokoll der Pfarrervereinssitzung, Bernburg 16.10.1946, in: AAPV, Akte 1938-1946.

Fahrtkosten auf dem Land kaum aufbringen könne.[15] Auch diese Frage wird auf der Herbstsitzung verhandelt und einstimmig beschlossen, diese Beihilfen wieder auszuzahlen. Ein Beschluss über den Antrag, die anderen unierten Kirchen zu bitten, die kirchlichen Organisationen doch im Moment so zu belassen, wie sie sind, wird vertagt.

Ob dieser spezielle Antrag durch die Neuordnung der Perikopenordnung oder durch die vom »Vorläufigen gottesdienstlichen Ausschuss der Ev. Kirche in Deutschland empfohlene Gottesdienstordnung« angeregt worden ist, lässt sich aus dem Protokoll nicht ersehen. Beides spielt auf der Herbstsitzung aber eine größere Rolle. Unter Leitung von Walther Müller (Gernrode), der auch den entsprechenden Vortrag hält, feiern die Versammelten in der Martinskirche einen Gottesdienst nach dem Formular zu Luthers Deutscher Messe. Die anschließende Diskussion darüber ergibt keine enthusiastischen Restaurationsbestrebungen. Man ist zwar ganz für die Notwendigkeit fester Formen im Gottesdienst, will aber keine »Repristination alter Formen« und keine »Überforderung des Gegenwartsmenschen«.

Der Eindruck, dass man auch im Pfarrerverein eher bemüht war, in die Zukunft zu schauen, als die Vergangenheit aufzuarbeiten, verstärkt sich noch mit dem letzten Beschluss dieser Sitzung, wo man einstimmig entschied, doch bald die jüngeren Amtsbrüder für den Verein zu mobilisieren, was Koch mit einem Schreiben am 9. November auch versucht.[16] Bei diesen »jüngeren« Amtsbrüdern handelt es sich vor allem auch um diejenigen, die vor 1945 zu den »Deutschen Christen« zählten und damit nicht in den etablierten Pfarrervereinen organisiert waren, sondern in der Reichspfarrergemeinde.

Wilhelm Kersten-Thiele hat am 28. Dezember 1946 auf dieses Werbeschreiben reagiert und sein längerer Brief ist im Archiv erhalten geblieben.[17] Kersten-Thiele[18] war 1913 geboren, wurde 1939 Hilfsprediger an St. Georg in Dessau und 1940 Zweiter Pfarrer an der Köthener Martinskirche. 1945 wird der vormalige Deutsche Christ nach Sandersleben versetzt – in seinen Augen eine Strafversetzung aufs Dorf. Ich will ihnen den sechsseitigen Brief hier nicht im Detail präsentieren, weil er letztlich wenig mit dem Pfarrerverein zu tun hat – aber er ist als Reaktion auf die Bestrebungen und Maßnahmen von Landeskirche und Verein ganz interessant.[19]

---

15 Brief Wilhelm Wagner an LKR, Edderitz 08.04.1946, in: AAPV, Akte 1938-1946.

16 Mitteilung W. Koch an alle Pfarrer der Landeskirche, Nienburg 09.11.1946, in: AAPV, Akte 1938-1946.

17 Brief Wilhelm Kersten-Thiele an Walter Koch, Sandersleben 28.12.1946, in: AAPV, Akte 1938-1946. Folgende Darstellung und Zitate aus dieser Quelle.

18 Vgl. Hermann GRAF: Anhaltisches Pfarrerbuch. Die anhaltinischen Pfarrer seit der Reformation, Dessau 1996, 306. Ferner siehe im Beitrag von Lambrecht KUHN im vorliegenden Buch.

19 Das Folgende nach dem in Anm. 17 zitierten Brief.

Kersten-Thiele wird nicht in den Pfarrerverein eintreten, obwohl er gleich zu Beginn versichert, dass er seit einiger Zeit überlegt, einer berufsständischen Vertretung beizutreten. Er nennt dezidiert die »Sparte Geistesarbeiter und Psychologen« innerhalb des FDGB. Er möchte aber vor allem deswegen nicht in den Pfarrerverein eintreten, weil er Befürchtungen und Erfahrungen hat, die ihn davon abhalten, wobei ungefähr zwei Drittel des Briefes in der ersten Person Plural gehalten sind. Ob Kersten-Thiele das als eine Art Schutzmechanismus einsetzt oder ob er tatsächlich für mehrere Pfarrer spricht, lässt sich an der Stelle nicht sagen. Er befürchtet »Umerziehung« und »Machtausübung« und nicht auf einer Stufe zu stehen mit denen, die mit seinen Worten »auf der richtigen Seite« gestanden haben, obwohl doch auch diese den Eid auf den »Führer« geleistet hatten. Die Deutschen Christen scheinen für ihn – oder zumindest ist das hier seine Argumentation – eben eine theologische oder kirchenpolitische Richtung unter anderen gewesen zu sein: »es ist eine mehr oder weniger unbrüderliche Diskriminierung, uns als protestantische Nazis hinzustellen; sie beweist nur, daß man nie ernstlich den Versuch gemacht hat, unser theologisches Anliegen einer gerechten Würdigung zu unterziehen.« Kersten-Thiele glaubt nicht, dass der Pfarrerverein die Macht oder auch nur den Willen habe, die »Brüderlichkeit« zwischen denjenigen, die nach seiner Erfahrung der Meinung sind, die Maßnahmen des Landeskirchenrats im Hinblick auf die Entnazifizierung[20] seien nicht hart genug ausgefallen, und denen, die sich »geirrt« hätten, wiederherzustellen.

Eine Antwort aus den Reihen des Pfarrervereins findet sich in den Akten leider nicht und auch eine Debatte um das Ideal der »Brüderlichkeit«, welches ja seit Gründung als Zweck und Ziel ganz oben steht, stößt der Brief Kersten-Thieles zu dieser Zeit nicht an. Allerdings wird an dieser Stelle noch einmal deutlich, wie groß der Riss durch die Pfarrerschaft gewesen ist. Da reichte die Erinnerung an die »brüderliche Standesgemeinschaft« als identitätsstiftendes Mittel oder Merkmal nicht mehr aus, um eine Einigung herbeizuführen. Kersten-Thiele verlässt denn auch bald die Landeskirche in Richtung Westen, 1948 ist er Pfarrer in Grone bei Göttingen und 1954 in Düsseldorf. Auf längere Sicht scheint das aber für den Pfarrerverein doch ein Einzelfall gewesen zu sein, was die Werbung der Jüngeren anbelangt, in den unmittelbar folgenden Jahren zeigt sich Koch sehr zufrieden mit der Mitgliederentwicklung.

Im Oktober, kurz nach der Herbstsitzung, findet in Berlin die Sitzung zur Gründung des »Bundes der Pfarrerbruderschaften der ev. Kirchen in der russischen Zone« statt, auf der Walter Koch dabei ist und von der er am 30. Oktober 1946 an Voigtländer berichtet.[21] Neben der Verständigung darüber,

---
20 Siehe im Beitrag von Lambrecht KUHN im vorliegenden Buch.
21 Brief Walter Koch an Leopold Voigtländer, Nienburg 30.10.1946, in: AAPV, Akte 1938-1946.

wer für die Nothilfe zuständig ist und der Festlegung des Mitgliedsbeitrages auf eine Mark pro Vereinsmitglied, betrifft die größte Veränderung, die Koch aus Berlin mitbringt, den Namen seiner Organisation. Der Pfarrerverein darf nicht mehr »Verein« genannt werden und man einigt sich auf die Bezeichnung »Pfarrerbruderschaft« – um auch hier wieder das Ideal und den Zweck der »Brüderlichkeit« zu betonen. Das trifft aber nicht bei allen auf uneingeschränkte Gegenliebe, Martin Müller z. B. moniert die Benennung in einem Brief an Walter Koch vom 2. Dezember 1946[22], da die Bezeichnung »Bruderschaft« zu sehr an die Bekennende Kirche und ihre Bruderräte erinnern würde. Er hätte sich lieber »Pfarrerschaft« gewünscht. Das mag an der Bestrebung gelegen haben, die Risse, wie sie oben angeklungen sind, nicht zu vertiefen. Am 9. November 1946 verschickt Koch im Namen des Vereins ein Schreiben an alle Pfarrer der Landeskirche, welches ich schon einmal als Werbeschreiben vor allem für die jüngeren Pfarrer, erwähnt habe.[23]

Darin teilt er den neuen Namen mit und listet noch einmal die jetzt sechs Zwecke und Ziele des Pfarrervereins auf: 1. die amtsbrüderliche Gemeinschaft, 2. die Förderung theologischer und geistlicher Gesinnung, 3. Mitarbeit an kirchlichen Aufgaben, 4. die Standesvertretung, 5. die Wohlfahrt für die Mitglieder und 6. die Herausgabe bzw. Verteilung des Deutschen Pfarrerblattes. Der Mitgliedsbeitrag beträgt zwölf Mark pro Jahr für aktive Pfarrer. Zum Abschluss bemängelt Koch noch einmal die etwas enttäuschende Weihnachtsspende des Jahres 1945 und bittet jetzt vor allem um Bücher. Dies scheint diesmal etwas erfolgreicher – auf der Frühjahrssitzung am 16. April 1947[24], auf der sich »etwa 30« Mitglieder in Bernburg zusammenfinden, verzeichnet das Protokoll rund 270 Bücher, die gespendet und verteilt worden sind. Für die Pfarrerbruderschaften der SBZ sind zu diesem Zeitpunkt neue Satzungen erarbeitet worden, deren Besprechung aber vertagt wird, wobei jedoch als wichtig vermerkt wird, dass die Bruderschaften Teil des »Evangelischen Bundes evangelischer Pfarrervereine Deutschlands« bleiben und damit einen Draht über die SBZ hinaus behalten.

Die Nothilfe versorgt zu diesem Zeitpunkt zwei Empfänger. Der emeritierte Propst Schilling in Dessau erhält 50 RM und Frau Franke und ihre vier Kinder, ebenfalls in Dessau, jeweils 100 RM zu Weihnachten und zu Ostern. Die Mitgliederentwicklung wird positiv gesehen, der Verein hat im Frühjahr 1947 88 aktive Pfarrer und 19 Ruheständler in der Mitgliederliste. Als Gastreferent ist Pfarrer Nitzschke aus Spandau anwesend, der über den »evang. Pfarrer in der geistigen Situation der Gegenwart« spricht.

Im Jahr 1947 rückt die schlechte Versorgungslage, vor allem der Stadtpfarrer, sehr in den Mittelpunkt und veranlasst Walter Koch im Namen des Pfarrerver-

---

22 Brief Martin Müller an Walter Koch, Dessau 02.12.1946, in: AAPV, Akte 1938-1946.
23 S. Anm. 16.
24 Auch für das Folgende: Protokoll der Pfarrervereinssitzung, Bernburg 16./17.04.1947, in: AAPV, Akte 1947-1952.

eins am 1. Juli eine Art Gutachten an den Landeskirchenrat zu schicken. Darin beklagt er sich über unlebendige Gemeinden, die sich für ihre Pfarrer nicht verantwortlich fühlen, bittet besonders aber darum, die Erträge der Pfarräcker für die unmittelbare Versorgung der Pfarrer zugänglich zu machen.[25] Das geschieht offenbar ohne Rücksprache mit dem Verein und wird im Folgenden kritisiert. Der Landeskirchenrat lehnt das dann auch nicht nur aus organisatorischen und rechtlichen Gründen ab, sondern bezieht sich zudem auf einen in der *Freiheit* gedruckten Artikel mit dem etwas sarkastischen Titel »Wer möchte da nicht Pfarrer sein?!«, der auf eine entsprechende Magdeburger Konsistorialverfügung hin erschienen war. Es scheint dem Landeskirchenrat geraten, gerade auch vor dem Hintergrund der Bodenreform nicht den Eindruck zu erwecken, Pfarrer hätten unendlich Land zu ihrer persönlichen Verfügung.[26] Auf der Herbstsitzung am 17. September 1947[27] ist diese Frage von staatlicher Seite beantwortet, da die Bauern ihren Ernteüberschuss nicht mehr frei verkaufen dürfen, womit das Problem der Versorgung zwar nicht gelöst ist, aber auch von kirchlicher Seite nicht mehr über die verpachteten Pfarräcker gelöst werden kann.

Auf dieser Sitzung wird die überarbeitete Satzung mit wenigen, aber doch signifikanten Änderungen beschlossen: Die Zwecke des Vereins bleiben unangetastet, doch nennt man sich wieder »Pfarrerverein«, es wird keine Eintragung in das Vereinsregister geben und es wird kein »Sitz« festgelegt.

In den darauffolgenden Jahren wird man sich vor allem mit den Problemen der Währungsreform und der Pfarrhausmieten auseinandersetzen und den Fokus der sozialen Tätigkeit und finanziellen Unterstützung auf Pfarrerskinder richten, die studieren wollen, um »die Proletarisierung der Kinder« zu vermeiden.

Die Art, wie das geschieht, ändert sich nicht mehr. 1946/47 ist der Verein organisatorisch so weit wiederhergestellt, dass er ein arbeitsfähiger Zusammenschluss von Pfarrern ist, der zuallererst soziale Aufgaben wahrnimmt und dann schnell auch wieder die Aufgaben einer genuinen Standesvertretung gegenüber der Kirchenleitung übernimmt. Dabei schwebt über allem seit der Gründung der Begriff der »Brüderlichkeit«. Heute würde man »Geschwisterlichkeit« sagen, aber der Begriff begleitet ja auch uns. Er fungiert als Motivation, Mobilisierungsstrategie und dient zur Identitätsstiftung. Dabei findet sich aber in den Akten des Pfarrervereins keine Definition, keine Diskussion, keine biblische Begründung dessen, war darunter eigentlich konkret verstanden wird. Am einfachsten ersichtlich ist es wohl noch im diakonisch-sozialen Handeln, vor allem in Notzeiten wie der Nachkriegszeit, aber darüber hinaus wird es schwieriger.

---

25 Brief Walter Koch an LKR, Nienburg 01.07.1947, in: AAPV, Akte 1947-1952.
26 Vgl. LKR an Walter Koch, Dessau 07.08.1947, in: AAPV, Akte 1947-1952.
27 Vgl. Protokoll der Pfarrervereinssitzung, Bernburg 17.09.1947, in: AAPV, Akte 1947-1952.

Im Pfarrerverein scheint es allen lange klar: Die Mitglieder des Berufsstandes »Pfarrer« in seiner ordinierten Berufung zur Verkündigung des Evangeliums verbindet ein besonderes Band. Doch gerade die Jahre 1946/47 zeigen auch die tiefen Risse: Nach den Erfahrungen des Kirchenkampfes ergab sich Brüderlichkeit nicht mehr automatisch aus dem Berufsstand. Zum ersten Mal erschienen unterschiedliche Interpretationen dieser besonderen Verbindung.

Über den Neubeginn in den anhaltischen Gemeinden nach 1945

Von Manfred Seifert

Die folgende Betrachtung des Neubeginns in den Gemeinden nach 1945 umfasst im Wesentlichen fünf Jahre, also die Zeit von 1945 bis 1950, und erhebt keinerlei Anspruch auf Vollständigkeit. Die Entwicklung der kirchlichen Arbeit nach Gründung der DDR müsste noch gesondert dargestellt werden. Inhaltlich habe ich meine Darstellung in fünf Kapitel eingeteilt: 1. Soziale und gesellschaftliche Herausforderungen, 2. Wiedergewinnung der Zeugnis- und Dienstgemeinschaft in der Pfarrerschaft, 3. Institutioneller Neuaufbau – Gemeindekirchenräte, 4. Christliche Unterweisung nach Jahren der nationalsozialistischen Indoktrination – Christenlehre – Konfirmandenunterricht, sowie 5. Erneuerung des Gottesdienstes. Ich beziehe mich in allem weitestgehend auf Dokumente, die mir im Landeskirchlichen Archiv zugänglich gemacht wurden. Dokumente, die in den Archiven der Kirchengemeinden möglicherweise noch zu finden sind, konnten somit nicht in die Betrachtung einfließen.

I Soziale und gesellschaftliche Herausforderungen

Die Kriegsschäden, vor denen die Gemeinden standen und natürlich auch die Gemeindeglieder, waren in einzelnen Orten und Regionen sehr unterschiedlich in Größe und Umfang. Dessau und Zerbst zum Beispiel waren fast vollkommen zerstört und damit auch viele Kirchen, Pfarrhäuser, Gemeindehäuser und kirchliche Einrichtungen, ganz abgesehen von der zerstörten Infrastruktur, den Wohnhäusern, Geschäften und Betrieben. Demgegenüber hat es auch Dörfer und kleinere Städte gegeben, die vor derartigen Kriegsschäden bewahrt worden sind. Dessen ungeachtet war das Leid und Entsetzen flächendeckend vorhanden. Da waren einerseits die Ausgebombten, die bei Verwandten oder fremden Menschen Unterkunft fanden - entweder freiwillig aufgenommen oder notgedrungen per Einweisung. Dann kamen die Vertriebenen hinzu, was die Situation nochmals deutlich verschärft hat. Wobei auch zu sehen ist, dass sie, anders als die Ausgebombten, oftmals überhaupt nicht willkommen geheißen worden sind. Kurz und prägnant schildert KR Georg Fiedler, Gemeindepfarrer an St. Marien in Dessau, die Situation seiner Gemeinde 1945/46 im September 1946 in einem Bericht an den Kreisoberpfarrer wie folgt:

»Vom 1. Januar bis 7. März wurden Gottesdienste und zum Teil auch Amtshandlungen in der St. Georgenkirche abgehalten. Dort fand auch 3 Tage vor dem Angriff die Konfirmation statt. Am 7. März wurde die Kirche, sowie beide Pfarrhäusern und das Küsterhaus durch Fliegerangriff zerstört, ebenso fielen viele Häuser des Gemeindebezirks dem Angriff zum

Opfer; von 614 zur Mariengemeinde gehörigen Häusern sind 226 bewohnbar geblieben. Der 1. Gottesdienst verbunden mit hl. Abendmahl fand erst wieder am 30. September, dem Erntedankfest, in der Alexandraschule statt, wo auch der wiederaufgenommene Kindergarten nach leidlich beseitigten Gebäudeschäden zum 1. Oktober begonnen wurde. Die Christvesper wurde verschönt durch das mit Grammophon wiedergegebene Glockengeläut von Sankt Marien und Gesangsvorträgen des ehemaligen Kirchenchores unter Leitung des verewigten Professors Gerhard Preitz. Für Ausschmückung und Zurechtmachen des Raumes sorgte die Kindergartenleiterin Frl. Bilsing zusammen mit der Gemeindeschwester Agnes Schmidt sonntäglich. Auch der Kindergottesdienst ist wieder aufgeblüht. Die Gottesdienste und Amtshandlungen werden von dem unterzeichneten gehalten, soweit nicht Vertretung wegen anderweitiger Inanspruchnahme nötig war.«[1]

Etwas detaillierter beschreibt Pfarrer Franz Lindau namens des dortigen Gemeindekirchenrats die Auswirkungen der zwei Bombenangriffe am 16. Januar und am 7. März auf den Bereich der St. Paulus-Gemeinde in Dessau. In diesem Bericht werden nicht nur anschaulich die vielfältigen materiellen Schäden geschildert, sondern auch die geistlichen Schäden, die durch die Nazi-Ideologie gerade auch unter den Jugendlichen angerichtet worden sind. Hier ein kurzer Auszug aus dem Bericht an den Kreisoberpfarrer.

»Da die Einwohner des zerstörten Stadtteils hatten flüchten müssen, waren die Einwirkungen auf das kirchliche Gemeindeleben natürlich spürbar. Es blieb jedoch noch eine kleine Kerngemeinde erhalten, die sich nach der Freigabe der Gottesdienste durch die amerikanische Besatzung langsam wieder zu ihren Gottesdiensten in dem für ihre Feierstunden notdürftig wieder hergerichteten Kirchensaal sammelte, der uns glücklicherweise erhalten geblieben war, obwohl auch in ihm zwei ausgebrannte Stabbrandbomben aufgefunden wurden. Bedauerlicherweise wurde von dunklen Elementen bei den aufgesprengten Kirchentüren auch ein großer Teil der Einrichtung der Nebenräume gestohlen, sodass wir eine ganze Reihe von Schränken, Tischen, Stühlen u.s.w. als Verlust zu beklagen haben. Einen erfreulichen Aufschwung nahm der Besuch des Kindergottesdienstes im Sommer. Dagegen gab der Besuch des Konfirmandenunterrichts sowohl bei Knaben wie Mädchen, die durch die Kriegsverhältnisse den Sinn für regelmäßige Ordnung und durch Beeinflussung in ihren damaligen Jugendorganisationen für religiöse Fragen vollständig verloren hatten. Auch der mangelnde Einfluss des Elternhauses wirkte sich dabei recht spürbar aus.«[2]

Ich möchte noch einen dritten Bericht aus den Gemeinden im Kirchenkreis Dessau zitieren. In ihm spricht Lic. Martin Müller von den Kriegsschäden an der Kirche und am Pfarrhaus sehr zurückhaltend. Als wesentlich bedeutsamer wird in seinem Bericht der Pfarrer-Wechsel nach dem »Zusammenbruch im April« dargestellt. Am 26. August 1945 verabschiedete sich Pfarrer August Körner, der als Leiter der Nationalkirchlichen Einigung die Anhaltische Landeskirche verlassen musste. An dessen Stelle wurde Müller durch den Landeskirchenrat zunächst mit der Verwaltung der Pfarrstelle beauftragt und schließlich nach Zustimmung des Gemeindekirchenrats am Reformationssonntag, dem

---

1 Gemeinde-Bericht von Sankt Marien 1945 von KR Fiedler an KOP Dessau, 24. September 1946 Tagebuch-Nr. (Tgb.-Nr.) 3045, in: AELKA, B 57, Nr. 286 (»Das Jahr 1945 im Kirchenkreis Dessau«).
2 Gemeinde-Bericht von St. Pauli in Dessau 1945 von Pfarrer Lindau vom 15. November 1946 an KOP, AELKA, B 57, Nr. 286.

4. November 1945, als Pfarrer von Dessau-Ziebigk eingeführt. Zugleich mit dem neuen Pfarrer wurden der ergänzte Gemeindekirchenrat und eine neue Gemeindehelferin auf ihr Amt verpflichtet. Der Pfarrerwechsel war auch die Voraussetzung dafür, dass wieder eine evangelische Gottesdienstordnung in Gestalt der Anhaltischen Agende Einzug halten könnte.

»Die Bibel, die vorher vom Altar entfernt worden war, erhielt wieder ihren Ehrenplatz auf dem Altar. Spontan sprach die Gemeinde vom 9. September ab das Glaubensbekenntnis und das Vaterunser laut mit und schuf damit eine neue gottesdienstliche Sitte.«[3]

Die Frauenhilfe, der Hausbibelkreis, die Jugendgruppe, bestehend aus den konfirmierten männlichen Jugendlichen - im Jungmännerkreis zusammengefasst, werden wiederbelebt. Diese waren unter der Gleichschaltung während der Nazizeit zum Erliegen gekommen. Neben dem Frauenchor wurde ein Jugendchor gegründet, der besonders das Choralsingen in der Gemeinde zu fördern hatte, da auch das Gesangbuch der Deutschen Christen *Großer Gott wir loben Dich* außer Gebrauch genommen wurde und die Gemeinde wieder an die evangelische Choraltradition heranzuführen war.

Aus der Bibelwoche, die an der Wende des Kirchenjahres veranstaltet wurde, hatte sich eine regelmäßige Bibelstunde entwickelt, die vierzehntägig stattfindet und einen Kreis von durchschnittlich 30 Gemeindegliedern umfasste. Die alten Gemeindeglieder werden nach längerer Pause wieder zu monatlichen Altennachmittagen zusammengeführt.

Als nächste vordringliche Aufgabe wird die Einrichtung des kirchlichen Religionsunterrichtes angesehen. Geeignete Lehrkräfte stehen in der Gemeinde zur Verfügung, was aber längst nicht überall der Fall ist. Lediglich die Heizungsprobleme[4] verursachen noch eine Verzögerung des Beginns. Der

---

3 Bericht über das kirchliche Gemeindeleben in Dessau-Ziebigk im Jahre 1945 von Lic. Müller an KOP vom 19. Januar 1946, AELKA, B 57, Nr. 286.

4 LKR, gez. Fischer, an sämtliche Gemeindekirchenräte der Landeskirche, betr. die Beheizung von Kirchen, Tgb.-Nr. 2276 (31.10.1945): in: AELKA, B 57, Nr. 2 (Allgemeine Verfügungen und Rundschreiben), fol. 10r: »Wir bringen den Gemeindekirchenräten nachstehenden Auszug aus dem Erlass des Präsidenten der Provinz Sachsen vom 8.10.1945 zur Kenntnis und fügen hinzu, daß sich die Herren Vorsitzenden mit den zuständigen Wirtschaftsamtsstellen wegen Belieferung von Heizmaterial für die kirchlichen Nebenräume in Verbindung setzen wollen. Der Erlass vom 8.10.1945 besagt bezüglich der Beheizung der Kirchen: Die großen Kirchenräume können wegen des großen Verbrauchs nicht beheizt werden. Die Nebenräume, wie Gemeindebüros, Räume für Konfirmandenunterricht etc. werden nach den Hausbrandgrundsätzen behandelt. Der Religionsunterricht soll möglichst in den in Benutzung befindlichen Schulen erteilt werden.« – »17.11.47 Brennstoffzuteilung für kirchlichen Unterricht. Es wird mitgeteilt, dass bei der Brennstoffversorgung der kirchliche Unterricht den entsprechenden Dienststellen der übrigen Unterrichtsanstalten gleich zu setzen ist. Trotzdem werden sich vielfach die Kirchengemeinden bereitfinden, sich durch Selbsthilfe, durch Rohkohlengewinnung und Brennholzeinschlag selbst zu versorgen«; AELKA, B 57, Nr. 3 (Allgemeine Verfügungen und Rundschreiben), fol. 62v.

Unterricht wird deshalb im Konfirmandensaal gehalten, da die Ziebigker Schule größtenteils ausgebrannt und nicht heizbar ist. Gegenwärtig versammeln sich wöchentlich, so Müller, nur drei Gruppen »Christenlehre« zu einer Wochenstunde mit insgesamt gegen 100 Kindern.

Martin Müller hält in seinem Bericht fest, dass sich der Gottesdienstbesuch verbessert habe, es gleichwohl aber einen Kreis von Gemeindegliedern gebe, die sich seit dem Pfarrerwechsel lieber zur Auferstehungsgemeinde hält oder sich überhaupt vom Gottesdienst wieder fern hält. Abschließend stellt er fest: »Der Ziebigker Gemeinde tut vor allem ein gewissenhaftes und treues seelsorgerisches Nachgehen Not.«[5] Hier scheint sich zu bestätigen, dass »Schafe«, die in die Irre gegangen, nur einzeln durch die »Hirten« zurückzuholen sind. Diese Bild ist vollkommen passfähig zu einer Volkskirche, die eigentlich eine Pastorenkirche war.

Besondere Aufmerksamkeit wurde der Flüchtlingsseelsorge gewidmet. Ihr galten die meisten Gemeindebesuche. Es wurde der Anfang einer Sammlung zu besonderen Flüchtlingsabenden gemacht. In dem am Rande der Gemeinde liegenden Flüchtlingslager wurde von Weihnachten ab an jedem zweiten Sonntag nachmittags Lagergottesdienste abgehalten, die gut besucht waren und für die die Lagerleitung einen geheizten Barackensaal zur Verfügung stellte. Die Frauenhilfe beteiligte sich außerdem an der Betreuung der durchreisenden Flüchtlinge in der Bahnhofsbaracke der Ev. Stadtmission.

Am 7. Juni 1946 gab der Präsident der Provinz Sachsen, Erhard Hübener (LDP), sein Schreiben bezüglich der Integration der Umsiedler in der Provinz Sachsen der Landeskirche zur Kenntnis. Der Landeskirchenrat seinerseits leitete dieses Schreiben den Kreisoberpfarrern zu mit der Bitte, zur Verwirklichung der im Schreiben gegebenen Richtlinien beizutragen.[6] Mit der weiteren Übernahme von 200.000 Vertriebenen aus der CSR im August bis Oktober 1946 habe die Provinz Sachsen rund 1.200.000 Umsiedler zur ständigen Ansiedlung übernommen. Die allgemeine technische Lösung (Transport – Ernährung – medizinisch-sanitäre Betreuung – Wirtschafts-Arbeitseinsatz – finanztechnische Arbeit) sei im großen Ganzen geglückt. Ein wesentlich schwierigeres Problem sei die Sesshaftmachung der angekommenen Umsiedler, ihre Verwurzelung in der Provinz Sachsen, und, was das wichtigste bei der Lösung dieses Problems sei: die Verschmelzung der Umsiedler mit der Kernbevölkerung.

In dem Schreiben des Präsidenten ist von fast unüberwindlichen Schwierigkeiten die Rede zwischen den Ortsansässigen und den Umsiedlern. Es bestehe

---

5 Bericht über das kirchliche Gemeindeleben in Dessau-Ziebigk im Jahre 1945 von Lic. Martin Müller an den KOP vom 19. Januar 1946, AELKA B 57, Nr. 286.
6 Erhard Hübener (LDP) Präsident der Provinz Sachsen, Halle, 7.6.1946, betr.: Patenschaften für Umsiedlerfamilien, LKR, Tgb.-Nr. 2274: Zur Kenntnis allen KOP Anhalts (1.7.1946), in: AELKA, B 57, Nr. 2, fol. 88.

zwar eine unbegründete, dafür umso tiefere Kluft, welche zu überbrücken, die dringendste Aufgabe sein muss. Hübener beschreibt diese Kluft schonungslos:

> »Was berechtigt die Kernbevölkerung zu einem derart hässlichen Widerstand, zu einer derart starken beschämenden Ablehnung gegenüber dem Umsiedler? Nichts! Einfach nichts!, und trotzdem besteht die ungeheure Kluft! In diesem Zusammenhang wird zum Ausdruck gebracht, daß die Umsiedler nicht etwa als eine schuldlose Herde angesehen werden, im Gegenteil: Sie tragen ein gerüttelt Maß Schuld an unseren augenblicklichen Verhältnissen. Da wir aber alle, gleichgültig, ob Umsiedler oder Kernbevölkerung, schuld an diesem Krieg und deshalb auch zu gleichen Teilen verantwortlich für dessen Folgen sind, hat auch die Kernbevölkerung kein besonderes Recht für sich in Anspruch zu nehmen, sie müsse besser gestellt sein, oder besser behandelt werden, als die Umsiedler.«[7]

Nachdem diese nüchterne Feststellung getroffen worden ist, kommt man nun zu Überlegungen, wie man trotz der bestehenden Differenzen ein gemeinsames Ziel erreichen kann. Als ein Weg wird angesehen, die Bildung von Familienpatenschaften voranzutreiben. Durch diese Patenschaften soll die Integration der Aussiedler erleichtert werden. Dazu werden dann auch ganz praktische Tipps gegeben. Man setzt dabei auf eine Vielzahl von Unterstützungen und Handreichungen durch die Patenfamilie.

Der Landeskirchenrat stattete jeden Pfarrer mit 300 RM aus zur Unterstützung, wie es heißt, hilfsbedürftiger Konfirmanden, Heimkehrer und vor allem von Flüchtlingen und Vertriebenen. Über die Ausgaben war sorgfältig Buch zu führen und umgehend dem Landeskirchenrat die Abrechnung einzureichen.[8] Bei allen sozialen Schwierigkeiten, die zu bewältigen waren, setzte KR Müller auf eine volksmissionarische Bewegung, die sich in den Gemeinden der Landeskirche ausbreiten sollte. Zu diesem Zweck bildete der Landeskirchenrat einen Ausschuss für Volksmission (Pfarrer Dr. Fritz Schröter, Bernburg, Pfarrer Paul Widrinna, Köthen). Martin Müller schreibt an die Pfarrer und Mitarbeiter im August 1946:

> »Mission ist Kirche in der Bewegung – hier bei uns wie draußen im Heidenland. Überall müssen wir neue Wege suchen, unser irregeführtes Volk zu Gott zurückzurufen, Zwiespälte in den Gemeinden aus der vergangenen Zeit zu überwinden, die verwundeten, ratlosen Gewissen zu trösten und zu heilen. Unsere ganze suchende Liebe muß unserer vom Nihilismus bedrohten Jugend, unseren heimgekehrten Männern, unseren Flüchtlingen gehören. Es ist heute Zeit der Seelsorge im großen Stil, in der sich die Kirche nicht auf die treue Durchführung des Sonntagsgottesdienstes beschränken darf.«[9]

Aber auch der Gottesdienst selbst wird in dem Schreiben in seiner integrierenden Kraft wahrgenommen. Gerade für die Flüchtlinge und die Vertriebenen sei es eine Hoffnung, wenigstens in der Kirche so etwas wie eine Heimat wieder zu finden, wenn schon die Gegend, die Menschen, die Mundart und

---

7 Ebd.
8 Rundschreiben des LKR an die Herren Geistlichen der Evangelischen Landeskirche Anhalts, Tgb.-Nr. 789, gez. Fischer (21.2.1947), in: AELKA, B 57, Nr. 3, fol. 10.
9 Landeskirchlicher Ausschuss für Volksmission in Anhalt, gez. Lic. Müller, 1.8.1946, in: AELKA, B 57, Nr. 2, fol. 106.

die örtlichen Traditionen und Gepflogenheiten fremd sind. Notwendig dazu sei eine gewisse Einheitlichkeit und eine Wiedergewinnung eines liturgischen Verständnisses, welche durch jahrelange Pfarrerwillkür und nationalkirchliche Zerstörung der Liturgie unbedingt notwendig ist. Dazu aber später mehr im 5. Abschnitt. Martin Müller schreibt:

> »Vor allem sind wir unseren Gemeinden um der Liebe willen schuldig, eine Vereinheitlichung der liturgischen Ordnungen anzustreben und unser eigenes liturgisches Arbeiten in strenge Zucht zu nehmen. Liturgische Willkür droht den Riß zu verewigen, der unsere Gemeinden gerade in den liturgischen Fragen in zwei Lager zerteilte. Sie erschwert auch den vielen Flüchtlingen, die oft mit besonderer Treue an ihrer evangelischen Kirche hängen, daß Heimischwerden in unseren Gottesdiensten. Einheitlichkeit der gottesdienstlichen Ordnungen dagegen hilft die innere Einheit des Glaubens zu fördern, deren wir uns in der Pfarrerschaft und in den Gemeinden unserer Landeskirche besonders zu befleißigen haben.«[10]

In vielen Pfarrhäusern wurden Flüchtlinge und Vertriebene einquartiert. Es gab eine Wohnungszwangsbewirtschaftung, die sich auch auf kirchliche Gebäude erstreckte. Die Landesregierung legte fest, dass lediglich der Wohnraum der Pfarrer der Zwangsbewirtschaftung unterliegt. Das Amtszimmer des Pfarrers und ein eventuell vorhandener Gemeinde- oder Unterrichtsraum im Pfarrhaus seien auf jeden Fall von anderweitiger Belegung freizulassen, hieß es.[11] Oftmals gehörten dann gerade diese Menschen, die in unserer Kirche ein Stück Heimat wiederfanden, zu den besonders treuen und aktiven Gemeindegliedern. Das war im Umkreis meiner Tätigkeit als Gemeindepfarrer noch bis mindestens in die 1980er Jahre spürbar.

Die Bemühungen, die Kriegsschäden an Kirchen, Pfarrhäusern und kirchlichen Einrichtungen zu beseitigen und notdürftig in Stand zu setzen, damit sie ihrem Zweck wieder dienen konnten, erforderten viel Kraft und Einsatzbereitschaft vieler Gemeindeglieder. Gleichzeitig war die männliche Bevölkerung vom 15. bis zum 65. Lebensjahr verpflichtet, wöchentlich zwei unbezahlte Arbeitsstunden zu leisten. Dafür wurde der Lohn vom Arbeitgeber an die zuständige Stadt- beziehungsweise Gemeindekasse abgeführt. Konnte dieser »Ehrendienst« nicht an der eigenen Arbeitsstelle geleistet werden (zum Beispiel in der Verwaltung oder für Pfarrer), so konnte er entweder durch den Einsatz auf einer Enttrümmerungsstelle oder durch Zahlung eines Betrages in Höhe von 4 Prozent vom monatlichen Brutto-Einkommen abgegolten werden. Für die Pfarrer übernahm es die Landeskirchenkasse, diese Beträge abzuführen.[12]

---

10 Rundschreiben des LKR an die GKR und Pfarrämter der Landeskirche, Tgb.-Nr. 2486, gez. Lic. Müller (15.7.1946), in: AELKA, B 57, Nr. 2, fol. 95.
11 Rundschreiben des LKR an die GKR der Ev. Landeskirche Anhalts, Tgb.-Nr. 5025, gez. Fischer (19.12.1947), in: AELKA, B 57, Nr. 3, fol. 70.
12 Rundschreiben des LKR, gez. Körmigk, Tgb.-Nr. 1751 (29.4.1947), in: AELKA, B 57, Nr. 3, fol. 20v.

II Wiedergewinnung der Zeugnis- und Dienstgemeinschaft in der Pfarrerschaft

Nach dem Zusammenbruch, die wenigsten werden von Befreiung gesprochen haben, wäre es vielen recht gewesen, in einer »Stunde Null« anfangen zu können. Das war aber nicht möglich, denn zu viel an Schuld und Verletzungen hatte sich in den letzten zwölf Jahren innerhalb der Pfarrerschaft angehäuft.

Dazu ein Rückblick ins Jahr 1937. In Oxford tagte im Juli die Weltkirchenkonferenz ohne Beteiligung aus den deutschen Landeskirchen. Thematisch ging es im Wesentlichen um das Verhältnis von Kirche, Volk und Staat sowie um die Frage nach der Kirche Christi und die Welt der Nationen. Die Brisanz dieser Fragen lag auf der Hand für eine Kirche, die schon weit auf dem Weg fortgeschritten war zu einer Nationalkirche (nationalkirchliche Einigung) hin. Kurz nach der Konferenz müssen die ersten Papiere aus Oxford auch nach Dessau in die Pfarrkonferenz gelangt sein. Gleichzeitig hatte der Landeskirchenrat durch Erlass in den Pfarrkonferenzen neue Senioren eingesetzt. Bis dato war es üblich gewesen, dass sich die Konferenzen ihre Senioren selber wählten.

Der Dessauer Pfarrer Franz Richter (Petrusgemeinde) führt darüber Anfang September 1937 gegenüber Kreisoberpfarrer Lindau Beschwerde, denn dadurch sei ein gedeihliches Gesprächsklima in der Konferenz nicht mehr gegeben und darum habe auch die Befassung mit den Oxfordpapieren zu schweren Spannungen in der Konferenz geführt. Er schreibt:

> »Die Neubesetzung ist aber im Blick auf die kirchlichen Gruppen einseitig erfolgt. Die Mitglieder der hiesigen Konferenz sind dadurch in eine peinliche Lage versetzt, die durch einen Appell zur brüderlichen Sammlung von der neuen Leitung her nur verschleiert, aber nicht bereinigt wird. Die Bekenntnispfarrer werden sich bestimmt fernhalten und das kann man ihnen nicht verdenken, wenn der Kampf der Gruppen in so scharfer ja kränkender Form geführt wird. Ich verweise nur auf die Antwort der nationalkirchlichen Vertreter, die den B.K.-Pfarrern Verlogenheit, pharisäische Verdrehungskunst und persönliche Feigheit vorwerfen. Unter solchen Verhältnissen ist ein brüderliches Sichfinden auch in zwanglosen Zusammenkünften m.E. ausgeschlossen. Ich bin überzeugt, dass auch andere Amtsbrüder, die ebenso wie ich nicht der Bekenntnisfront angehören und ihren Standpunkt in der Oxfordsache auch nicht teilen, mir zustimmen und sich vorläufig nicht entschließen können, die geplanten zwanglosen Zusammenkünfte zu besuchen.«[13]

Pfarrer Werner Lange aus Dessau-Törten schreibt in gleicher Angelegenheit sechs Wochen später an Lindau folgendes:

> »Ich bitte mein Fehlen bei der Pastoralversammlung morgen entschuldigen zu wollen. Wie ich Ihnen schon sagte, fühle ich die persönlichen Beleidigungen, die in dem Schreiben der Deutschen Christen (Nationalkirchliche Bewegung) ausgesprochen sind, so schwer, dass es mir nicht möglich ist, mit einem Mann an einem Tisch zu sitzen, der mir Landesverrat und Feigheit vorwirft. Herr Dr. Kars hat am Mittwoch sogar das Referat. Er hat Bruder Hoffmann gegenüber sich nicht zu einer Zurücknahme der persönlichen Beleidigungen verstehen

---

13 Schreiben von Franz Richter an den KOP Lindau (9.9.1937), in: AELKA, B 57, Nr. 99 (Pfarrkonvent und Seniorat, Tagesordnungen, Protokolle und Berichte).

wollen. Solange er auf dieser Stellung verharrt, sehe ich keine Möglichkeit, wie ich an einer Versammlung teilnehmen kann, in der ich mit ihm brüderlich zusammenarbeiten soll [...]«.[14]

Mehrere Dessauer Pfarrer entschuldigten sich im Folgenden wiederholt von der Teilnahme an der Pfarrkonferenz und erwarteten eine Ehrenerklärung bzw. eine Entschuldigung für die gravierenden Vorwürfe wie »Vaterlandsverrat«. Das Zerwürfnis schwelte weiter. Rund vier Monate später wendet sich Pfarrer Lic. Martin Müller an den Kreisoberpfarrer:

> »Wie mir Br. Berenbruch mitteilt, haben die Bemühungen um die Wiederherstellung unserer amtsbrüderlichen Gemeinschaft in der Pastoralkonferenz zu keinem Ergebnis geführt. Es tut mir leid, dass der Leiter der Gaugemeinde der Deutschen Christen gemeint hat, die von mir unterzeichnete Ehrenerklärung seinerseits nicht abgeben zu können. Ich muss sie deshalb bitten, mein Fehlen in der Pastoralkonferenz auch fernerhin zu entschuldigen. Wenn Br. Körner seinerseits die Ehrenerklärung unterschrieben hätte, hätten meine Freunde und ich die Voraussetzungen für unsere Rückkehr zur Konferenz als gegeben betrachtet.«[15]

Anfang Mai 1938 legen die fünf Dessauer Pfarrer Georg Fiedler, Johannes Hoffmann, Werner Lange, Martin Müller und Martin Schmidt, bis auf Werner Lange allesamt Mitglieder der BK, dem Kreisoberpfarrer und Senior eine Erklärung vor:

> »Wir haben von dem Briefwechsel der Amtsbrüder Körner und Müller Kenntnis genommen. Da eine ablehnende Entgegnung von nationalkirchlicher Seite darauf nicht erfolgt ist, nehmen wir an, dass die gegen uns erhobenen Anschuldigungen, insbesondere die Beschuldigung des Landesverrats, nicht aufrechterhalten werden. Unter dieser Voraussetzung sind wir in der Lage, an den Sitzungen der Pastoralkonferenz wieder teilzunehmen.«

Auf dem gleichen Blatt befindet sich ein handschriftlicher Zusatz des Pfarrers Johannes Hoffmann:

> »Dringlich teile ich Ihnen mit, dass wir oben Unterzeichneten an der Mittwoch-Konferenz teilnehmen werden. Vor Eintritt in die Tagesordnung bitte ich Sie, mir das Wort zur Verlesung der obigen »Erklärung« ohne Zusatz zu gewähren.«[16]

Damit endet der im Eigentlichen unversöhnliche Streit (soweit die Aktenlage dies erkennen lässt), der letztlich den Neubeginn 1945 weiter belastet, aber in der neuen Frontstellung eines beginnenden erneuten Kirchenkampfes gegen die Diktatur der Arbeiterklasse zugedeckt wird. Man hat sich, nachdem Pfarrer August Körner (Pfarrer in Dessau-Ziebigk und DC-Landesgemeindeleiter von Magdeburg-Anhalt und ab 28. November 1944 Träger des Amtskreuzes des leitenden Geistlichen) aus dem anhaltischen Kirchendienst ausgeschieden ist, irgendwie miteinander arrangiert. Körner war der einzige Pfarrer, der in Anhalt sein Amt verlor. Er ging nach Thüringen, wurde dort Schulrat, übernahm 1950 wieder eine Pfarrstelle und findet sich 1955 als Superintendent in Weida

---

14 Schreiben von Pfarrer Werner Lange an KOP KR Lindau, Leiter des Pastoralkreises Dessau (19.10.1937), in: AELKA, B 57, Nr. 99.
15 Schreiben von Lic. Müller an KOP Lindau (8.2.1938), in: AELKA, B 57, Nr. 99.
16 Erklärung von fünf Dessauer Pfarrern an KOP Lindau vom 9.5.1938, in: AELKA, B 57, Nr. 99. Hervorhebung im Original.

wieder.[17] Einige wurden innerhalb Anhalts versetzt. Die Alltagsprobleme waren offensichtlich so groß, dass man die theologischen und kirchenpolitischen Probleme der Vergangenheit vernachlässigen wollte, zumal die theologische Position der Deutschen Christen mit dem Untergang des Nationalsozialismus obsolet geworden sei, wie manche meinten. Aber sie wirken nach, auch wenn diese nicht mehr offen vertreten werden. Das zeigt sich deutlich im Zuge der »Entnazifizierung« der Pfarrerschaft.

Es war dem Landeskirchenrat klar, dass der Neuaufbau der Landeskirche und der Gemeindearbeit nur unter konsequenter Hinwendung zur Heiligen Schrift Alten und Neuen Testaments, der Beachtung der kirchlichen Bekenntnisse und einer geordneten Liturgie des Gottesdienstes Erfolg haben kann. Auch die Seelsorge, Bibelwochen und Evangelisationen in den Gemeinden gehören dazu. Darum wendet sich der Landeskirchenrat im August 1945 deutlich und klar an die gesamte Pfarrerschaft, denn in ihr muss die Erneuerung beginnen:

> »Zum inneren Wiederaufbau der Kirche ist die Gemeinschaft zwischen den Pfarrern und ihre theologische Vertiefung unbedingt notwendig [...] Da die Probleme des Deutschglaubens nach wie vor in den Gemeinden lebendig sind, so empfehlen wir als Grundlage der gemeinsamen eigenen Klärung, zum Beispiel die Beschäftigung mit dem Buch von Künneth: ›Antwort auf den Mythus‹. Hier ist grundsätzlich in klarer Gegenüberstellung das Nötige gesagt, zugleich die Abwegigkeit des Mythus dargetan, und die Grundlinien echter evangelischer Frömmigkeit werden aufgezeigt.
> Muß so der Irrweg der Vergangenheit überwunden werden, so ist für die Gegenwart die Vermeidung von Abwegen erforderlich. Wir weisen deshalb auf die Beschäftigung mit den sozialen Problemen hin, die heute mehr denn je im Vordergrund unseres Volkslebens stehen. Dabei ist auch die Kirche zur Mitarbeit aufgerufen. Nur muß vor schwärmerischen Utopien und parteipolitischen Bindungen gewarnt werden. Auch hier wird der Austausch der Meinungen ohne gegenseitige Verketzerungen klärend wirken können.«[18]

Am 6. September 1945 legte Präsident Hübener Richtlinien über die Säuberung der Verwaltung vor. Diesen Richtlinien folgte der Landeskirchenrat seinerseits und gab am 26. Oktober 1945 Grundsätze über die Säuberung der Verwaltung und des Pfarrerstandes der Evangelischen Landeskirche Anhalts heraus. Im Abschnitt A geht es um die Entfernung aktiver Nazis aus dem kirchlichen Dienst analog zum Öffentlichen Dienst, während es im Abschnitt B um »Deutsche Christen« und Angehörige der »Nationalkirchlichen Einigung« als innerkirchliche Aufgabe geht. Dazu heißt es:

> »1.) Die Säuberung der evangelischen Landeskirche Anhalts von ›Deutschen Christen‹, insbesondere von Angehörigen der ›Nationalkirchlichen Einigung‹, ist eine rein innerkirchliche Angelegenheit. Hier ist zu entscheiden nach dem Grad der Tätigkeit der betreffenden Personen in diesen Organisationen.
> Aus dem Dienst der Landeskirche zu entlassen, sind diejenigen Geistlichen, die eine besonders führende Stellung innegehabt haben. Diejenigen, die in geringerem Maße propagandi-

---

17 Hermann GRAF: Anhaltisches Pfarrerbuch. Die evangelischen Pfarrer seit der Reformation, Dessau 1996, 319.
18 Rundschreiben des LKR an alle KOP, Senioren und alle Geistlichen, gez. Fiedler (17.8.1945), in: AELKA, B 57, Nr. 2, fol. 2.

stisch hervorgetreten sind, sollen, soweit ihnen nicht der Rat zu geben ist, sich außerhalb der Landeskirche um ein Amt zu bemühen, tunlichst in ein anderes Pfarramt versetzt werden, nachdem sie dem Landeskirchenrat eine überzeugende und glaubwürdige Erklärung abgegeben haben, daß sie sich innerlich völlig von der ›Nationalkirchlichen Einigung‹ getrennt haben. Diejenigen, die nur dem Namen nach zu den ›Deutschen Christen‹ gehört haben, können in ihrem Amt gelassen werden, wenn sie eine entsprechende Erklärung wie unter b) abgegeben haben.

2.) Die Überprüfung und Entscheidung erfolgt durch den Landeskirchenrat. Dieser ist berechtigt, einen besonderen Ausschuss einzusetzen und in diesen Ausschuss kirchlich und staatspolitisch bewährte Personen zu berufen. Alle getroffenen Entscheidungen sind der Landessynode zur Bestätigung vorzulegen.«[19]

Etwa die Hälfte der anhaltischen Pfarrer, unter ihnen besonders die jüngeren, gehörten den Deutsche Christen oder nationalsozialistischen Gruppierungen an.[20] Erste eingehende Erklärungen aus der Pfarrerschaft ließen deutlich werden, dass diese eher formal eine Distanzierung von den Deutschen Christen und vom Nationalsozialismus enthalten, ein Schuldbewusstsein aber kaum zu erkennen war. Darum erinnerte OKR Fiedler am 27. November 1945 in einem Rundbrief nochmals: Alle früheren DC-Pfarrer sollen sich anhand von vier Punkten (1. Beachtung der Ordnung der Landeskirche, 2. Amtstätigkeit vor allem auf Grundlage der Hl. Schrift, 3. Bekenntnis der Kirche ernst nehmen, 4. Gemeinschaft halten, formuliert von der Sächsischen Kirchenleitung) gegenüber dem Landeskirchenrat erklären. Einige dieser Pfarrer seien dieser Weisung nicht gefolgt, die doch allein die Gewähr biete für eine künftige vertrauensvolle Zusammenarbeit. Andere hätten eine Fassung gewählt, die als ungenügend bezeichnet werden musste, weil sie kein Schuldbewusstsein erkennen ließ. Ein exemplarisches Beispiel sei folgende Stellungnahme:

»Da nun der N.S. und mit ihm seine Weltanschauung zusammengebrochen ist und unser Volk in ein großes Elend gestürzt hat, ist auch für mich die Sache der Nationalkirchlichen Einigung Deutsche Christen abgetan«.[21]

Viele hatten sich Ende November überhaupt noch nicht erklärt. Deshalb wies Fiedler noch einmal auf die Ernsthaftigkeit und Wichtigkeit einer jeden Erklärung hin, denn die Verirrungen der Deutschen Christen auf den Abwegen der nationalsozialistischen Weltanschauung seien doch gravierend gewesen. Dafür benennt er einige besonders deutliche Beispiele wie dieses:

»Endlich erinnere ich an das Flugblatt vom 30.4.1939, betitelt ›Die Unverbesserlichen! Ein Schlaglicht auf die sogenannte Bekenntnisfront ohne Maske‹, das bei Versammlungen und an Kirchentüren verteilt und in manchen Lehrerkonferenzzimmern verbreitet wurde. Es handelt sich um den Protest von 27 Pfarrern gegen das Kirchengesetz vom 2.2.39, das evgl. Juden aus der Anhaltischen Kirche ausschließt. Dieses Flugblatt sagt zum Schluss ›Wir fragen als

---

19 Rundschreiben des LKR, Tgb.-Nr. 2418: An sämtliche GKR der Landeskirche, gez. U. Müller (29.10.1945), in: ebd., fol. 11 f.

20 J. Jürgen SEIDEL: Aus den Trümmern 1945. Personeller Wiederaufbau und Entnazifizierung in der evangelischen Kirche der Sowjetischen Besatzungszone Deutschlands. Einführung und Dokumente, Göttingen 1995, 397.

21 Ebd., 403.

D.C.-Kameraden jeden Anhaltischen Geistlichen: ›Willst du Judengenosse und Judenknecht oder deutscher Pfarrer und Seelsorger sein?‹ Unser Ehrgefühl und Gewissen treiben uns, vor allen Gemeinden Anhalts feierlich zu erklären: ›Wir haben nichts, aber auch nichts zu tun mit jener ›Front‹ und ihren Vertretern wie allen Judenknechten. Jene sind aus dem Loch heraus. Ihr habt ihre Namen, ihr sollt sie kennen. Entscheidet nun selbst! Die Brücken sind abgebrochen. Wir bauen mit euch aus Opfer und Liebe in der Kraft des Glaubens Christi das Neue und hüten die Saat‹«.[22]

Dass Fiedler unter anderem dieses Flugblatt anführte, zeigt die Tiefe des Grabens, über den er sich, zusammen mit dem Landeskirchenrat, bemühte, Brücken zu schlagen für ein künftiges gedeihliches Miteinander. Seidel resümiert schließlich, dass ein Schuldbekenntnis »außerhalb des Denkhorizonts vieler damaliger« DC-Pfarrer gelegen habe, die sich als Opfer des Systems ansahen und ihre eigene Verantwortung auf die vormalige Kirchenleitung abwälzten; zudem hätten sie das christliche Bekenntnis unberührt von (kirchen-) politischen Voraussetzungen als etwas verstanden, das keinen Einfluss ausübte auf die politischen Gegebenheiten«.[23]

III Institutioneller Neuaufbau – Gemeindekirchenräte

Die letzte Gemeindekirchenratswahl hatte 1933 stattgefunden. Seitdem waren, obwohl die normale Legislatur sechs Jahre währte, keine erforderlichen Wahlen vorgenommen worden. Die Gemeindekirchenräte mussten »gesäubert« werden. Da wegen der überdehnten Legislatur sowie durch Kirchenaustritt von Ältesten, die der NSDAP angehörten, durch Ausscheiden, Wegzug oder Tod in einzelnen Gemeindekirchenräten beträchtliche Lücken entstanden waren, ordnete der provisorische Landeskirchenrat bereits am 31. Juli 1945 die Ergänzung der Gemeindekirchenräte an. Sie sollte erfolgen über Zuwahl oder Berufung. Die Zeit drängte, da legitimierte Gemeindekirchenräte die Voraussetzung sind für die Bildung eines neuen Landeskirchentages. Dieser sollte am 3. Advent 1945 gewählt werden.[24] Bis dahin waren nach den Kriterien, die bei der Entnazifizierung der Pfarrerschaft und der hauptamtlichen Mitarbeiter galten, die Gemeindekirchenräte zu entnazifizieren und die Kandidaten für die Wahl des Landeskirchentages zu finden.

Zu diesem Zweck wandte sich der Landeskirchenrat am 29. Oktober 1945 an sämtliche Gemeindekirchenräte der Landeskirche. In dem Schreiben heißt es:

> »Der Landeskirchenrat hat im Zuge der Säuberungsaktion in der Landeskirche folgendes beschlossen: Die Vorsitzenden der Gemeindekirchenräte haben ihre Gemeindekirchenräte entsprechend den Grundsätzen über die Säuberung der Verwaltung und des Pfarrstandes der Evangelischen Landeskirche Anhalts vom 26. Oktober 1945 staatspolitisch zu säubern.

---

22 Rundschreiben des LKR an alle früheren DC-Pfarrer in der Anhaltischen Landeskirche, zugleich zur Kenntnis an alle Geistlichen, gez. Fiedler (27.11.1945), in: AELKA, B 57, Nr. 2, fol. 24.
23 Seidel: Aus den Trümmern (wie Anm. 19), 404 f.
24 Ebd., 76 f.

> Strittige Fälle sind dem Landeskirchenrat zu melden und der Überprüfungskommission zur Entscheidung vorzulegen. In der Anlage übersenden wir diese von uns aufgestellten Grundsätze und einen Auszug aus der Verordnung des Präsidenten der Provinz Sachsen über die Säuberung der Verwaltung vom 6. September 1945. Die Säuberung der Gemeindekirchenräte ist entsprechend diesen Grundsätzen umgehend vorzunehmen und uns über das Geschehen zu berichten.«[25]

Überwiegend reagierten die Gemeindekirchenräte recht formal, indem sie lapidar erklärten, dass in den Reihen ihres Gemeindekirchenrates keine Säuberung notwendig sei. Wenn es Parteimitglieder in den Gemeindekirchenräten gegeben habe, so seien sie doch nicht »aktivistisch« im Sinne der Partei tätig gewesen, sondern hätten sich vielfach auf die Seite der Kirche gestellt, was für diese Parteigenossen nicht ohne Risiko gewesen sei. Nur ganz vereinzelt wird in den Erklärungen der Gemeindekirchenräte auf eventuelle Mitglieder der »Nationalkirchlichen Einung Deutsche Christen« im Gemeindekirchenrat eingegangen, wonach neben der Parteizugehörigkeit ausdrücklich auch gefragt worden war.

Hierfür drei Fälle, die als exemplarisch angesehen werden können. Im ersten Beispiel bemerkt man im Tonfall eine gewisse Ironie, die darauf hinweist, dass die »Säuberung« auf innere Ablehnung stieß:

> »Ev. Gemeindekirchenrat Nedlitz (Kr. Zerbst), Deetz (Kr. Zerbst), am 10.4.1946
> An den Ev. Landeskirchenrat für Anhalt, Dessau
> Betr. Verfüg. Nr. 2418 betr. ›Säuberung‹ der G.K. Räte
> Der unterfertigte Vorsitzende berichtet, daß eine Säuberung des Gemeindekirchenrates von Nedlitz nicht nötig ist, da er ›sauber‹ genug ist.
> Der Vorsitzende des G. K. Rates Nedlitz
> Pfr. Alfred Roth«.[26]

Sollte das »›sauber‹ genug« etwa darüber hinwegtäuschen, dass unter den GKR-Mitgliedern doch noch ehemals aktive NSDAP- oder DC-Mitglieder waren? Im zweiten Falle lagen die Dinge anders. In Coswig wollte man nicht auf kirchlich engagierte Menschen verzichten, denn sie würden gebraucht, auch wenn sie Teil der NS-Strukturen gewesen waren. In dem Schreiben des Gemeindekirchenrats, das Pfarrer Ernst Donath unterzeichnet hat, wird darauf hingewiesen, dass diese Menschen oftmals selbst wegen ihres kirchlichen Engagements von der Partei unter Druck gesetzt worden seien, aus der Kirche auszutreten.

> »Zu obiger Verfügung ist für den unterzeichneten Gemeindekirchenrat Fehlanzeige zu erstatten. Lediglich Herr Bankdirektor Johannes Schiele, der sich zur Zeit noch in Haft befindet, hat außer seiner nebenamtlichen Tätigkeit als Rechnungsführer unserer Kirchenkasse ein Amt im gleichen Sinne in der SA inne gehabt. Wir haben uns jedoch nicht entschließen können, Herrn Schiele deshalb aus dem Gemeindekirchenrat zu entfernen, da er trotz vielerlei Anfeindungen und persönlicher Angriffe seiner Kirche die Treue gehalten, am gottesdienst-

---

25 Rundschreiben des LKR, Tgb.-Nr. 2418: An sämtliche Gemeindekirchenräte der Landeskirche, gez. U. Müller (29.10.1945), in: AELKA, B 57, Nr. 2, fol. 11f.
26 Erklärung der GKR Nedlitz und Deetz an den LKR, betr. Säuberung der GKR (10.4.1946), in: AELKA, B 60, Nr. 5.

lichen Leben fleißig Anteil genommen und sich im Einsatz für die Kirche kämpfend gegen den Nationalsozialismus bewährt hat. Als Rechnungsführer unserer Kirchenkasse und mit der uns gegebenen Erlaubnis, den Kassenraum seiner Bank als Kirchensteuerhebestelle mit benutzen zu dürfen, hat er unserer Kirchengemeinde wertvollste Dienste erwiesen, für die ihm die Landeskirche nicht dankbar genug sein kann. Sein Ausschluss unter den augenblicklichen veränderten politischen Verhältnissen würde für ihn und für uns ein bitteres Unrecht bedeuten.

Wir bitten den evangelischen Landeskirchenrat für Anhalt höflichst, in dem von uns erbetenen Sinne entscheiden zu wollen.«[27]

Der dritte Fall ist typisch für die Beurteilung von Mitläufern und Opportunisten, die es doch in größerer Zahl in den Gemeindekirchenrat gegeben haben muss. Pfarrer Hermann Graf ließ seitens des Gemeindekirchenrats Lindau verlauten, von den Kirchenältesten »die noch Mitglieder der NSDAP gewesen sind, hat sich keiner besonders parteipolitisch betätigt oder ein Parteiamt bekleidet, sodaß eine Säuberung des Gemeindekirchenrats unnötig ist.«[28] Aus einigen Gemeinden wurde berichtet, dass NSDAP-Mitglieder bereits vor 1945 aus dem Gemeindekirchenrat ausgeschieden seien. Oft wird auch angemerkt, dass Gemeindekirchenräte, die der NSDAP angehörten, zwangsweise eingetreten seien.[29]

Insgesamt gab es 204 Rückmeldungen aus den Gemeindekirchenräten, wobei 143 keinen Handlungsbedarf sahen, 45 zwar NSDAP-Mitglieder in ihren Reihen hatten, aber keine Veranlassung sahen, diese im Sinne der Säuberungsverordnung aus den Gremien auszuschließen. Lediglich in 16 Gemeindekirchenräten wurden Mitglieder wegen NS-Verwicklungen (NSDAP Mitgliedschaft, NS-Frauenschaft) ausgeschlossen, davon allein in den Kirchenkreisen Bernburg und Köthen je fünf Gemeindekirchenräte.[30]

Auch die Pfarrer waren per Verfügung des Landeskirchenrats aufgefordert worden, dem Landeskirchenrat gegenüber eventuelle Parteimitgliedschaften offen zu legen, sowohl die Vergangenheit als auch die Gegenwart betreffend. Auffällig ist in der Sammlung dieser Erklärungen, dass nicht wenige, die zuvor NSDAP-Mitglieder waren, 1945/1946 in die CDU eingetreten sind. Es gab eine ganze Reihe von Pfarrern, die vor 1945 keine Parteimitglieder waren, aber 1945 mit Gründung der CDU in dieser Partei Mitglied wurden. Einige erklärten, dass eine Parteimitgliedschaft mit dem Dienst eines Pfarrers unvereinbar sei

---

27 Erklärung des GKR von St. Nicolai Coswig an den LKR, betr. Säuberung der GKR (10.12.1945), in: AELKA, B 60, Nr. 5.
28 Erklärung des GKR Lindau an den LKR betr. Säuberung der GKR (22.3.1946), in: AELKA, B 60, Nr. 5.
29 Siehe die weiteren Erklärungen in der vorliegenden Akte, ebd.
30 Nicht erkennen konnte ich, ob in den Kirchenkreisen Bernburg und Köthen besonders viele Parteimitglieder in den Gemeindekirchenräten vorhanden gewesen waren oder ob in diesen beiden Kirchenkreisen die »Säuberung« besonders ernst und konsequenter vorgenommen worden ist als in den übrigen Kirchenkreisen.

(Neutralitätsgebot). Ein Pfarrer ist 1945 in die SPD ein-, aber nach der Zwangsvereinigung mit der KPD im Juni 1946 wieder ausgetreten.[31]

IV Christliche Unterweisung nach Jahren der nationalsozialistischen Indoktrination: Christenlehre – Konfirmandenunterricht

Wenn eine Kirche religionsunmündige Menschen, also Säuglinge und Kinder, tauft, dann geht sie damit auch eine Verpflichtung ein, nämlich für die christliche Unterweisung dieser Menschen zu sorgen. Abgesehen vom Konfirmandenunterricht wurde dies lange Zeit in die Verantwortung der Eltern und noch viel mehr in die der Schule gelegt. Aber die Schule im Nationalsozialismus war dieser Verantwortung nicht gerecht geworden. Im Gegenteil, sie hatte, auf der Grundlage der nationalsozialistischen Ideologie, im Religionsunterricht antichristliche, antikirchliche und antibiblische Inhalte gelehrt.[32] Nun, nach

---

31 Sammlung von Erklärungen der Pfarrer an den LKR, in: AELKA, B 60, Nr. 5.
32 Siehe die Richtlinien für den christlichen Religionsunterricht vom 20. Januar 1937, abgedruckt in: DIE EVANGELISCHE LANDESKIRCHE ANHALTS IN DER ZEIT DES NATIONALSOZIALISMUS (1933-1945), hrsg. von der Kirchengeschichtlichen Kammer für Anhalt, Dessau-Roßlau 2019, 166-169: »Im Religionsunterricht ist die Erziehung zu vaterländischem, staatsbürgerlichem und sozialem Pflichtbewusstsein aus dem Geiste des christlichen Glaubens- und Sittengesetzes mit besonderem Nachdruck zu pflegen. Zur Erreichung dieses Zieles ergehen folgende Richtlinien: Wie die vornationalsozialistische Gedankenwelt unseres Volkes von undeutschen, artfremden Anschauungen beeinflusst war, so zeigt auch die christliche Religionslehre vielfach noch Züge, die als jüdisch-orientalisch anzusprechen und mit unserer nationalsozialistischen Grundauffassung nicht in Einklang zu bringen sind. Diese Gegensätzlichkeit hat dazu geführt, dass die Jugend, die mit Inbrunst dem Nationalsozialismus anhängt, der christlichen Religion entfremdet wurde [...] Das Alte Testament ist im Religionsunterricht nur in vorsichtiger Auswahl heranzuziehen, wenn die Behandlung rassekundlicher Fragen sowie das Verstehen des Neuen Testaments es notwendig machen. Das Alte Testament zeigt den typisch jüdischen Geist und den Niedergang eines dem Göttlichen unzugänglichen Volkes. Je klarer dies im Religionsunterricht herausgearbeitet wird, desto mehr wird das Verständnis der Schüler für die einzigartige Gestalt Jesu und seine reine Lehre erwachsen [...] Sodann ist immer wieder auf den unerbittlichen Kampf Jesu gegen den jüdischen Geist hinzuweisen, dessen großer Feind er war. Es wird daher Jesus auch rassisch dem Judentum nicht angehört haben. Der kirchengeschichtliche Unterricht befasst sich mit der Geschichte des deutschen Glaubens. Er hat die Aufgabe, die Jugend mit germanischer und deutscher Frömmigkeit von der vorgeschichtlichen Zeit bis zur Gegenwart vertraut zu machen. Bei der Schilderung der Religion der Germanen ist die Nachwirkung des alten Glaubens in Sitte und Gebrauch besonders zu behandeln (Wintersonnenwende, Oster- und Pfingstbräuche, Sommersonnenwende usw.), Eingehend sind die Religionen der nordischen Völker zu behandeln [...] Der Unterricht im Katechismus in zusammenhängender Form bleibt dem Konfirmandenunterricht der Kirche überlassen. Die gelegentliche Heranziehung von Stoffen aus dem Katechismus wird freigestellt. Psalmen, Sprüche und Kirchenlieder können behandelt und eingeübt werden, sofern sie mit dem Geist des Nationalsozialismus in Einklang stehen«.

Über den Neubeginn in den anhltischen Gemeinden nach 1945

dem Ende des Krieges, fand parallel zum Neuaufbau der Kirche von staatlicher Seite die beabsichtigte Gründung eines »demokratischen« Schulwesens statt. Darin hatte der Religionsunterricht gar keinen Platz mehr.

So schreibt der Landeskirchenrat an die Gemeindekirchenräte am 31. Oktober 1945 auf der Grundlage eines Erlasses der Provinzialregierung vom 10. Oktober 1945:

»Mit diesem Erlaß wird der Religionsunterricht für die schulpflichtige Jugend in die Hände der Kirche gelegt.

Die evangelische Kirche muss erkennen, daß diese vom Staat getroffene Entscheidung von grundlegender Bedeutung für das gesamte Leben unseres Volkes und seiner Jugend ist. Sie hat mit dem Sakrament der heiligen Taufe, dessen Verwaltung ihr von ihrem Herrn Jesus Christus aufgetragen ist, die Verantwortung übernommen, in Verbindung mit den christlichen Elternhäusern für die christliche Erziehung ihrer Jugend Sorge zu tragen. Die evangelische Kirche bekennt sich zu dieser Verantwortung, in dem sie den einst in ihrem Auftrag von der evangelischen Schule erteilten Religionsunterricht als ihre eigenste Aufgabe übernimmt.

Herrscht aber in der evangelischen Kirche über Auftrag und Verantwortung für den kirchlichen Dienst an der Jugend volle Übereinstimmung, so bedarf die praktische Ausrichtung dieser Arbeit unserer sorgfältigen Besinnung, damit wir zu einem einheitlichen Handeln kommen.

1.) Es wird für alle Kirchengemeinden als selbstverständlich vorausgesetzt, daß der einjährige Konfirmandenunterricht und ein ganzjähriger Vorbereitungs- (Präparanden-) -Unterricht ausnahmslos gehalten wird. Dies muss auch für ländliche Verhältnisse gelten, wobei durchaus der Pflichteinsatz der Jugend in der Landwirtschaft in Rechnung gezogen werden kann. Verantwortungsbewußte Pfarrer werden etwaiger Schwierigkeiten Herr zu werden wissen.

2.) Um nun die kirchliche Unterweisung der Jugend auf alle schulpflichtigen Jahrgänge bis zum 12. Lebensjahr auszudehnen, ist es notwendig, die Eltern willig zu machen, ihre Kinder dem Religionsunterricht der Kirche zuzuführen. Wir geben in der Anlage den Vordruck eines diesbezüglichen Schreibens an die Eltern.

3.) Es wird nicht möglich sein, die Kinder, die zum kirchlichen Religionsunterricht angemeldet werden, klassenweise zu erfassen, und es wird genügen, sie in zwei (6-9 und 10-12 Jahre) oder in drei Altersstufen zusammenzuordnen. Die Lehrpläne, die demnächst den Pfarrern zugestellt werden, sind demgemäß aufzuteilen.

4.) Nicht leicht zu lösen, wird die Frage der Lehrkräfte und der Raumbeschaffung sein. Den Pfarrern kann nicht zugemutet werden, den Unterricht allein zu erteilen. Es wird daher notwendig sein, freiwillige Lehrkräfte heranzuziehen, und erscheint wünschenswert, wenn die Pfarrer baldmöglichst Schritte unternehmen, geeignete Mitarbeiter für die Erteilung des Religionsunterrichts zu gewinnen. Wir wollen das Gewissen kirchlich gesinnter Lehrer und Lehrerinnen schärfen, daß sie uns ihre ehrenamtliche Mitarbeit nicht versagen. Freiwillige Helfer aus den Gemeinden, Gemeindeschwestern und Helferinnen des Kindergottesdienstes müssen in religionspädagogischen Kursen geschult werden, damit wir ihnen den Lehrauftrag erteilen können.

Die Gemeindekirchenräte wollen dafür Sorge tragen, durch Antrag an die Bürgermeister der Gemeinden Klassenzimmer der Schulen zu dem Religionsunterricht der Kirche freizubekommen.

5.) Wir sind uns der großen Schwierigkeiten, den Religionsunterricht in den Arbeitsplan der Kirche einzuordnen, durchaus bewusst, aber die große Bedeutung dieses Dienstes zwingt uns zu außerordentlichen Maßnahmen. Es steht ein großes Ziel vor uns. Wir müssen dahin kommen, daß kein Kind dem Vorbereitungsunterricht zur Konfirmation zugeführt wird, ohne den Nachweis zu erbringen, am Religionsunterricht der Kirche ordnungsgemäß teilgenommen zu haben. Dieses Ziel schon am Anfang des Weges verwirklichen zu wollen, wäre verfrüht, nur schrittweise können wir zum Ziel gelangen. Doch soll nichts versäumt werden. Darum müssen wir mit Ernst ans Werk gehen und Gott bitten, daß er es uns gelingen lasse.«[33]

Wenig später wurde der Religionsunterricht der Kirche dann »Christenlehre« genannt. Damit war eine klare Abgrenzung gegenüber aller vorherigen Praxis vollzogen. Die Gemeinden waren freilich weder räumlich noch personell in der Lage, die Christenlehre für sechs Jahrgänge abzusichern. Sie gaben sich darum Mühe, Vereinbarungen mit den Bürgermeistern zu treffen, dass der kirchliche Unterricht in schulischen Räumen stattfinden könne, und sie bemühten sich ebenfalls um befähigte und willige Lehrkräfte. Diese sollten dann im Rahmen einer genehmigten Nebentätigkeit den kirchlichen Unterricht erteilen. Anscheinend ging man dabei auch auf Lehrerinnen und Lehrer zu, die im Rahmen der Entnazifizierung aus dem Schuldienst entlassen wurden. Das kann so im Einzelnen nicht verifiziert werden, aber die Erneuerung des Erlasses durch die Provinzialregierung 1946 erkennt hier einen Regelungsbedarf, und die Landeskirche verweist darauf, dass solche Lehrerinnen und Lehrer keinesfalls angestellt und beauftragt werden dürfen. Wo dies aber bereits geschehen ist, sei die Berufung zurückzunehmen.[34]

Auch die Kirchenmusik war für die Arbeit mit Kindern und Jugendlichen von größerer Bedeutung. Der am 19. Februar 1946 neu gebildete Anhaltische Landeskirchentag äußerte die Bitte, dem Bedürfnis in den Gemeinden, sich aus dem Wort Gottes erneuern zu wollen, auch das Choralsingen wieder zu beleben. Dazu müsse die Kirche wieder eine singende Kirche werden, und dies hatte Auswirkungen auf den Konfirmandenunterricht. Landeskirchenmusikdirektor Prof. Gerhard Preitz legte zu diesem Zweck einen Jahresplan vor, in dem für jeden Monat ein Choral vorgeschlagen wird. Er empfiehlt, diese Choräle im Konfirmandenunterricht, in der Christenlehre und im Kindergottesdienst einzuüben, damit diese Choräle im Gottesdienst der Gemeinde wieder heimisch werden können. Dies ist auch deswegen wichtig, weil in vielen Kirchen die Orgeln verstummt sind.[35] Offensichtlich hatten die DC-Gesänge die traditionellen Choräle weitgehend verdrängt - und das in relativ kurzer Zeit.

Im Mai 1946 wandte sich der Landeskirchenrat an die Gemeindekirchenräte und machte sie mit der Situation bekannt, dass aufgrund der angespannten wirtschaftlichen Lage der Kirchengemeinden die Besoldung der Kirchenmusiker mit Wirkung zum 1. Juli um 30 Prozent herabgesetzt werden müsse. Die Vergütung der kirchenmusikalischen Hilfskräfte solle möglichst entsprechend

---

33 Rundschreiben des LKR an alle GKR betr. Religionsunterricht, gez. Fischer (31.10.1945), in: AELKA, B 57, Nr. 2, fol. 16.
34 Anlage zum Rundschreiben des LKR an alle Pfarrer, Betr.: Religiöse Unterweisung der schulpflichtigen Jugendlichen, gez Fischer (12.12.1946) in: AELKA, B 57, Nr. 2, fol. 133.
35 Rundschreiben des LKR an alle Pfarrämter und GKR, betr. Choralsingeplan, gez. Lic. Müller (10.4.1946), in: ebd., fol. 58.

bemessen werden, was in der Verantwortung der Gemeinden liege. Darüber hinaus gehende Gehaltsabsenkungen würden für diejenigen Kirchenmusiker in Aussicht gestellt (monatlich 10,00 RM), in deren Gemeinden es keine Kinder- oder Jugendchöre gibt. Und wo es sie gibt, müssten sie an mindestens fünf Sonn- und Feiertagen den Gottesdienst mitgestalten.[36]

Um die Christenlehre stärker im Bewusstsein der Gemeinden zu verankern und die Größe und Wichtigkeit dieser Aufgabe zu verdeutlichen, schlug der Landeskirchenrat im Mai 1946 die Einführung eines »Erziehungssonntags« vor.«[37] Mit diesem Tag könne die Feier der Eröffnung des Konfirmandenunterrichts verbunden werden. Es wird dazu angeregt, eine Vorprüfung der Kinder, die aus dem Vorkonfirmandenunterricht kommen, in diesem Gottesdienst zu halten. Diese Prüfung solle nicht darüber entscheiden, ob ein Kind zum Konfirmandenunterricht zugelassen wird. Vielmehr solle, falls es Lücken gibt, dem Kind die Verpflichtung auferlegt werden, diese Lücken baldigst auszufüllen. Auch sollen in diesem Gottesdienst die freiwilligen Hilfskräfte der Christenlehre der Gemeinde vorgestellt und feierlich verpflichtet werden. Dazu hat der Landeskirchenrat auch ein liturgisches Formular vorbereitet.

Sowohl die Provinzialregierung als auch der Landeskirchenrat konnten im Oktober 1946 auf die Erfahrungen eines ersten Schuljahres nach Kriegsende zurückblicken. Aus diesen Erfahrungen heraus wurde der Erlass vom 10. Oktober 1945 nun mit der endgültigen Genehmigung der SMAD konkretisiert und als Verordnung zur religiösen Unterweisung der schulpflichtigen Jugend am 30. Oktober 1946 veröffentlicht. Der Landeskirchenrat gab diese Verordnung den Geistlichen Anfang Dezember 1946 zur Kenntnis. In dem Rundschreiben wird die Verordnung kommentiert; der Landeskirchenrat zieht darin ferner die Konsequenzen aus den gemachten Erfahrungen und lässt diese in neue Anordnungen einfließen:

> »Man hat sich angesichts der Schwierigkeiten, die sich im Laufe der Zeit im Verhältnis von Schulbetrieb und kirchlichem Unterricht ergeben hatten, entschlossen, gerade auf diesem Gebiet eine neue, klare Abgrenzung der Zuständigkeiten zu vollziehen. Eindeutig wird festgestellt, dass der kirchliche Unterricht Angelegenheit der Kirche ist, für die sie die Verantwortung trägt. Dies bezieht sich sowohl auf das Materiale des Unterrichts als auch auf die Lehrpersonen, für deren Auswahl und Ausbildung die Kirche allein zuständig ist.
>
> Wesentlich ist weiterhin, dass die Bereitwilligkeit ausgesprochen wird, bei Fehlen genügender Räume in der Kirche die Schulen zur Verfügung zu stellen. Inwieweit der Schulunterricht und die Ansetzung der Christenlehre in Übereinstimmung gebracht werden kann, muss örtlich geregelt werden. Freilich wird es in den ausgebombten Städten und Ortschaften der Landeskirche unausbleiblich sein, dass die Schulleitungen, die schon überbelegten Räume der noch intakten Schulgebäude beim besten Willen nicht noch für die kirchliche Unterrichtsstunden frei machen können. Da werden die Kirchengemeinden auf Mittel und Wege Sinnen, durch Ausnutzung kirchlicher Diensträume und Gemeindesäle unter weitgehendster Aufteilung der Gruppen den Unterricht durchzuführen.

---

36 Rundschreiben des LKR an alle Pfarrämter und GKR, gez. Lic. Müller (4.5.1946), in: ebd., fol. 64.
37 Rundschreiben des LKR an alle Pfarrämter, gez. Lic. Müller (23.5.1946), in: ebd., fol. 68.

Der Hinweis, dass Lehrkräfte, die wegen politischer Belastung aus dem Schuldienst entlassen worden sind, für die Erteilung religiöser Unterweisung nicht herangezogen werden dürfen, verdient unsere besondere Beachtung. Wir müssen es den Geistlichen zur Pflicht machen, solchen in Frage kommenden Personen, die zur Erteilung der Christenlehre schon zugelassen worden sind, den Lehrauftrag wieder zu entziehen. Auch ist bei Neueinstellungen von Hilfskräften sinngemäß nach dieser Bestimmung zu verfahren. Der Evangelische Landeskirchenrat wird jedoch nicht unterlassen, die Anwendung des § 4 der Verordnung mit der Frage nach der Treue im kirchlichen Leben in Verbindung zu setzen, und es sich weiter angelegen sein lassen, die kirchlichen Gesichtspunkte der Provinzialregierung gegenüber zu vertreten und ihre Billigung zu erwirken.

Die eingehende Beschäftigung mit der Verordnung vom 30.10.1946 und ihre notwendige Erläuterung, die die Geistlichen den Gemeindekirchenräten zu geben haben, soll uns dazu führen, die ernste Verpflichtung zur kirchlichen Unterweisung unserer Jugend wieder einmal zu überdenken. Das erste Schuljahr der Christenlehre, dass hinter uns liegt und in dessen Verlauf die Christenlehre einzurichten war, gibt dazu Veranlassung. Es darf darüber kein Zweifel bestehen, dass neben der gottesdienstlichen Verkündigung die christliche Unterweisung der Jugend die wichtigste Aufgabe der Kirche ist, für die sich in erster Linie der Pfarrer verantwortlich wissen muß. Wir halten es nicht für angebracht, dass der Pfarrer in seiner Gemeinde und seinen Filialen den Unterricht nur den freiwilligen Lehrkräften überlässt. Er wird sich also nicht mit der Erteilung des Präparanden- und Konfirmandenunterrichts begnügen dürfen.

Gerade die Verbindung mit der Jugend und der Arbeit an ihr öffnet ihm den Weg zu den Häusern und Herzen seiner Gemeindeglieder. Elternabende und Mütterstunden müssen gehalten werden, Erziehungsfragen sind in den Frauenhilfen und im Ev. Männerwerk zu besprechen. Notwendig ist es, dass der Pfarrer die Katecheten, die in seinem Amtsbezirk tätig sind, ständig berät. Wie die Helferkreise der Kindergottesdienste auf jeden Sonntag vorbereitet werden, so muss es auch mit der Ausarbeitung und Besprechung der Christenlehrstunden gehandhabt werden. In den Städten sind die Katecheten der Kirchenkreise in religionspädagogischen Arbeitsgemeinschaften zusammenzufassen und weiterzubilden.

Zu einem geordneten Unterrichtsbetrieb gehört die Anleitung zum regelmäßigen Besuch der Christenlehre. Es ist nicht nur den Kindern zur Pflicht zu machen, sondern auch die Eltern sind in Hausbesuchen immer wieder darauf hinzuweisen. Die Teilnahme an der Christenlehre muss mit der Zeit zur Voraussetzung für die Zulassung zum Konfirmandenunterricht werden. Der Unterrichtende ist angehalten, sich an der sorgfältigen Vorbereitung und Durchführung des Unterrichts streng zu prüfen, wie er über die Teilnahme der Kinder am Unterricht genau Buch führen wird, so ist er auch verpflichtet, stets einen Lehrbericht über die gehaltene Stunde abzufassen. Bei den Kirchenvisitationen ist auf die Durchführung dieser Verpflichtung bei allen Lehrkräften zu achten.

Es wird sich empfehlen, unsere Kinder mit dem Gemeindeleben frühzeitig vertraut zu machen. Der Besuch des Kindergottesdienstes muss von Ihnen gefordert werden. Die Bildung eines Kirchenchores aus den Besuchern der Christenlehre ist anzustreben, und die Pflege des Laienspiels – vor allem des Krippenspiels zu Weihnachten – ist dringend zu wünschen.

Um endlich über den augenblicklichen Stand des kirchlichen Unterrichts einen Überblick zu gewinnen, ordnen wir an, uns bis zum 15. Januar 1947 nach folgendem Schema zu berichten.
Kirchengemeinde:
1) Filialgemeinden sind einzeln aufzuführen.
2) Welche Jahrgänge schulpflichtiger Jugend erhalten Religionsunterricht der Kirche?
3) Gibt es auch Gruppen konfirmierter Jugend, die Unterricht erhalten?
4) Wieviel Kinder besuchen die Christenlehre? Das sind schätzungsweise… % der Gesamtzahl der evangelischen Kinder der Gemeinde.
5) Wieviel Wochenstunden erhält jede Gruppe?
6) Wer erteilt den Unterricht?
7) Welcher Lehrplan liegt zugrunde?
8) Welche Vergütung wird an die freiwilligen Lehrkräfte gezahlt?
9) Wie wird die Arbeit der Christenlehre finanziert?«[38]

Hier wurden die Grundlagen dafür gelegt, wie sich die Christenlehre und die religiöse Unterweisung der Kinder in der Evangelischen Landeskirche Anhalts in den nächsten Jahrzehnten entwickeln sollte. In dem Text wird die christliche Unterweisung der Heranwachsenden als eine mit der gottesdienstlichen Verkündigung gleichrangige Hauptaufgabe der Kirche angesehen. Darum stünden die Pfarrer auch in der christlichen Unterweisung der Kinder und Jugendlichen in der Letztverantwortung. Diese könne folglich nicht auf katechetische Kräfte oder Hilfskräfte delegiert werden. Die Pfarrer seien folgerichtig auch zuständig für die Zurüstung der Katecheten und Katechetinnen sowie der Hilfskräfte. Sie sollen zu diesem Zweck im städtischen Raum Arbeitsgemeinschaften bilden und leiten. Lehrpläne soll es geben und Stundeninhalte sollen erfasst werden. Es sollte eine klare Unterrichtssituation gewahrt werden, damit die Christenlehre nicht in eine Spiel- oder Bastelstunde, also in ein Beschäftigungs- und Betreuungsangebot abgleite und darin ihren Bildungsauftrag verfehle. Aber es ging nicht allein um Vermittlung von Glaubenswissen, sondern auch darum, Kinder schon frühzeitig an das Gemeindeleben heranzuführen und sie einzubeziehen.

1948 sollten dann, soweit zu ersehen, erstmals, Zeugnisse über den Besuch der Christenlehre an die Gemeinden ausgegeben werden. Zunächst sollte, so das Rundschreiben des Landeskirchenrats, nur die Teilnahme bewertet werden (regelmäßig – fast regelmäßig – unregelmäßig). Ob auch die »innere Teilnahme« einmal bewertet werden soll, bleibe zunächst noch offen.[39] Die Finanzierung der Katecheten und der Hilfskräfte war bis dato Angelegenheit der Landeskirche gewesen. Mit zunehmendem Aufwachsen der Christenlehre und der Mitarbeiterschaft sowie abnehmenden finanziellen Mitteln – letztlich auch infolge der Währungsreform 1948 – wurden die Kirchengemeinden in die finanzielle Mitverantwortung dafür genommen.

Zu Weihnachten 1948 wandte sich der Landeskirchenrat an die Katecheten und Katechetinnen in der Landeskirche. Er betonte, im Einvernehmen mit dem Landeskirchentag zu handeln. Gott habe, so heißt es, unserer Kirche eine große Aufgabe zugewiesen mit der Übernahme des Religionsunterrichtes als Pflichtaufgabe.

»Damit ergibt sich die große Möglichkeit, allen uns durch die Taufe anvertrauten evangelischen Kindern, die rettende Botschaft vom Heiland zu bringen. Im Vertrauen zum Herrn der Kirche haben wir den Anfang gemacht, und Gott hat unseren Dienst gesegnet. Die Kindergemeinde, die Gottes Wort hört und liebgewinnt, ist im Wachsen.«[40]

---

38 Rundschreiben des LKR an alle Pfarrer, betr. religiöse Unterweisung der schulpflichtigen Jugend, gez. Fischer (12.12.1946), in: ebd., fol. 133.
39 Rundschreiben des LKR an alle Kreiskatecheten, gez. Fischer (22.7.1948), in: AELKA, B 57, Nr. 3, fol. 105 f.
40 Rundschreiben des LKR an alle Katechetinnen und Katecheten der Landeskirche, Tgb.-Nr. 5423/48 (Weihnachten 1948), in: ebd., fol. 133.

Auf der Herbsttagung des Landeskirchentags 1948 legte KR Fischer ausführlich begründete Leitsätze zur Christenlehre vor. Als besonders wichtig wird dabei die Heranbildung von Hauptkatecheten und eine stärkere Mitverantwortung der Gemeindekirchenräte herausgestellt.[41]

Um für den Wiederaufbau des kirchlichen Lebens, besonders der christlichen Unterweisung der Heranwachsenden und für die soziale Tätigkeit in den Kirchengemeinden, die finanzielle Ausstattung zu verbessern, wurde im März 1949 die »Helfende Gemeinde« gegründet. Bei allen kirchlichen Veranstaltungen sollten Listen ausgelegt werden, in die sich Gemeindeglieder namentlich einschreiben sollten zusammen mit dem Betrag, den sie monatlich zu geben bereit seien. 75 Prozent des Aufkommens sollten bei der Ortskirche verbleiben, während die restlichen 25 Prozent der Erträge an den Evangelischen Landeskirchenrat abgeführt und in einem Fonds vereinigt würden, der dazu diene, besondere Notstände in den Gemeinden zu beheben und den missionarischen Werken in ihrer Arbeit zu helfen.[42] Im Aufruf zur Bildung der »Helfenden Gemeinde« heißt es:

> »›Die Kirche soll helfen!‹ Sie tut es gern, aber sie ist selbst arm geworden an äußerem Gut, ihre Einnahmen sind infolge Verarmung weiter Kreise unserer Gemeinden beträchtlich gesunken, und die Aufgaben, die ihr gestellt werden, sind nicht geringer geworden. Denkt an die Kindergartenarbeit, die reichen Segen in Kinderherzen und Elternhäuser strömen lässt! Wie wichtig ist die christliche Fürsorgeerziehung, wie nötig die Erhaltung unserer Altersheime, in denen wir den Ärmsten der Armen einen freundlichen Lebensabend sichern wollen! Soll der grünende Zweig am Baum des kirchlichen Lebens, die Christenlehre, die so verheißungsvoll begonnen hat, wieder verkümmern? Wo soll das evangelische Hilfswerk für die Erfüllung aller Wünsche, die die steigende Zahl von Bittstellern vorbringen, die nötigen Mittel hernehmen? Mit der Kirchensteuer und den Kollekten ist es nicht getan. Die Kirche ist auf die opferwillige Hilfe der Gemeinden angewiesen. So hört den Ruf: ›Christliche Gemeinde, werde eine helfende Gemeinde!‹«[43]

Mit der Veröffentlichung der »Leitsätze für die Christenlehre« sowie der »Dienstanweisung für den Katecheten« im April 1949 war eine gewisse Konsolidierung des Religionsunterrichtes in der Verantwortung der Kirche erreicht. Träger der Arbeit war die Kirchengemeinde, die Verantwortung trug der Pfarrer in Verbindung mit dem Gemeindekirchenrat, die Aufsicht über die Christenlehre führte der Kreiskatechet. Die Pfarrer hatten mindestens zwei Wochenstunden Christenlehre zu erteilen.

Als hauptamtliche Katecheten kamen Studienräte und Lehrer mit Religionsfach infrage. Ihre Teilnahme an Lehrgängen, die sie mit den Grundsätzen des kirchlichen Unterrichts vertraut machten, war Pflicht. Hauptamtliche Katecheten konnten auch diejenigen werden, die eine zweijährige Lehrzeit auf

---

41 Rundschreiben an sämtliche GKR, Tgb.-Nr. 5371/48: betr. Landeskirchentag, gez. Lic. Müller (4.1.1949), in: ebd., fol. 135v.
42 Rundschreiben des LKR an alle GKR, Tgb.-Nr. 854/49: betr. »Helfende Gemeinde«, gez. Fischer (9.3.1949), in: ebd., fol. 149.
43 Ebd.

einem katechetischen Seminar absolviert oder die mit Erfolg ein Jahr lang an den Lehrgängen der Kirchenkreise teilgenommen und außerdem innerhalb von zwei Jahren zwei Vierteljahreskurse auf einem katechetischen Seminar besucht hatten. Am Ende der gesamten Ausbildung fand eine Prüfung statt.

Ab Ostern 1949 wurde die Teilnahme an der Christenlehre zur Vorbedingung für die Aufnahme in den Präparandenunterricht gemacht. Dazu hatten die Kinder den regelmäßigen Besuch der Christenlehre anhand der Zeugnisse des Katecheten oder des Pfarrers nachzuweisen. Kinder, die die Christenlehre bisher nicht besucht hatten, mussten innerhalb von acht bis zehn Wochen einen Mindestlernstoff erarbeitet haben. Dieser bestand aus dem Katechismus (Zehn Gebote und Vater Unser, ohne Erklärung), sieben Bibelsprüchen, elf biblischen Geschichten dem Inhalt nach, sechs Gesangbuch-Liedern, einem Morgen- und Abendgebet sowie zwei Tischgebeten.[44]

Im Dezember 1949, inzwischen war die DDR gegründet worden, machte der Landeskirchenrat einerseits die erfreuliche Feststellung, dass die Wochenstunden, die katechetische Hilfskräfte erteilten, erheblich angestiegen sind. Andererseits aber die entsprechen Haushaltsmittel nicht mehr ausreichen. So müsste Geld, das eigentlich im Haushalt für andere Dinge eingeplant war, umgewidmet werden. Da es auch anzunehmen ist, dass sich die Stundenzahlen in Zukunft noch erhöhen werden, da viele Gemeinden bisher noch nicht alle Jahrgänge in die Christenlehre einbeziehen konnten, in erster Linie aus Raumgründen, ergibt sich ein erhöhter Finanzbedarf. Damit aber aus finanziellen Gründen keine Stunden ausfallen, sind die Kirchengemeinden aufgefordert worden, einen Teil der bisherigen Zuschüsse der Landeskirche selbst zu übernehmen. Ärmere Gemeinden, die zum Beispiel nicht über Pachteinkünfte verfügen, werden weiterhin durch die Landeskirche diesbezüglich unterstützt.[45]

V Erneuerung des Gottesdienstes

Die Feier des Gottesdienstes ist die Kernaufgabe jeder Kirche. Und gerade hier hat es auch in der anhaltischen Landeskirche starke Verwüstungen gegeben. Die liturgische Form war weitgehend verloren gegangen bzw. aufgelöst worden. Anstelle von Gottesdiensten fanden »Gottesfeiern« statt. Die Lutherbibel wurde durch die »entjudete« Evangelienzusammenstellung »Die Botschaft Gottes« des Eisenacher Entjudungsinstituts ersetzt. Eingeführt wurde das Gesangbuch »Großer Gott wir loben dich« aus gleichem Hause und für Schule und kirchlichen Unterricht gab es einen neuen Katechismus mit dem Titel »Deutsche mit Gott«.

---

44 Leitsätze für die Christenlehre, gez. Fischer (9.4.1949), in: AELKA, B 57, Nr. 3, fol. 155 f.
45 Rundschreiben des LKR an sämtliche GKR und KOP, Tgb.-Nr. 5431: betr. Zuschüsse für katechetische Hilfskräfte, gez. Fischer (2.12.1949), in: AELKA, B 57, Nr. 3, fol. 199.

Allerdings war es mir nicht möglich, herauszufinden, in welchem Ausmaß diese nationalsozialistischen Irrlehren in den anhaltischen Gemeinden um sich gegriffen hatten. Sicher ist, dass es sich keineswegs um Einzelfälle gehandelt haben kann, denn sonst hätte sich nicht KR Fischer noch im Oktober 1945 an die Geistlichen der Anhaltischen Landeskirche folgendermaßen gewandt:

> »In verschiedenen Gemeinden der anhaltischen Landeskirche ist das Nationalkirchliche Liederbuch.« »Großer Gott, wir loben dich« noch in Gebrauch, mindestens liegt es neben den gebräuchlichsten Gesangbüchern aus den Jahren 1883 und 1932 zur Mitbenutzung aus. Die Besinnung auf die bekenntnismäßigen Grundlagen, aus denen jede gottesdienstliche Feier zu gestalten ist, wird mit einer Beibehaltung des nationalkirchlichen Liederbuches in Frage gestellt. Die Entfernung wichtiger liturgischer Sätze und Begriffe, die Allgemeingut der evangelischen Kirche geworden sind, die Umdeutungen und Verkürzungen gehaltvoller Liedstrophen widerstreiten dem liturgischen Maßstab, den man an ein evangelisches Gesangbuch stellen muß. Die Aufnahme vieler alter Choräle und manches wertvollen, neueren Liedgutes ändert nichts an der Tatsache, daß der Geist, den das nationalkirchliche Liederbuch atmet, nicht dem reformatorischen und darum echt evangelischen Anliegen der Kirche entspricht. Außerdem muss der Bildschmuck, der den einzelnen Abteilungen beigegeben ist, beanstandet werden, er kann Anlass geben zu argen Mißdeutungen der Aufgabe der Kirche, die heute mehr denn je dem Frieden dienen und die Versöhnung unter den Völkern predigen soll.
> Wir ordnen daher an, daß das nationalkirchliche Liederbuch dem kirchlichen Gebrauch sofort entzogen wird und im Gottesdienst, Unterricht und in jedweder kirchlichen Veranstaltung nicht mehr in Erscheinung treten darf«.[46]

So war es auch folgerichtig, dass im Gegenzug zu allen Entjudungsversuchen in Theologie und Gottesdienst das Kirchengesetz über die kirchliche Stellung evangelischer Juden vom 2. Februar 1939 durch den Landeskirchenrat ebenfalls am 18. Oktober 1945 für gegenstandslos erklärt wurde. Es sei rechtsunwirksam und widerspreche dem Bekenntnis der evangelischen Kirche. Die formelle Aufhebung werde Aufgabe der neu zu bildenden Synode sein.[47]

Ein Jahr nach dem Ende des Krieges brauchte die liturgische Erneuerung des Gottesdienstes einen neuen starken Impuls. Darum wandte sich KR Müller im Namen des Landeskirchenrats mit Richtlinien zur Vereinheitlichung der liturgischen Ordnung des Gottesdienstes an alle Gemeindekirchenräte und Pfarrer. Er schrieb im Juli 1946:

> »Im letztvergangenen Jahre hat in vielen Gemeinden unserer Landeskirche eine Rückbesinnung auf die überlieferte agendarische Form des Gottesdienstes stattgefunden. Trotzdem ist nicht zu verkennen, daß eine gewisse Unsicherheit, bisweilen auch eine Willkür, die in der Vergangenheit zu einer allmählichen und schließlich zu einer akuten Auflösung der liturgischen Formen geführt hat, noch nicht überwunden ist.
> Eine Kirche, die sich aus dem Wort Gottes erneuern will und in ihm wieder ihre innere Einheit sucht, wird diese weiterhin eingerissene subjektivistische Willkür um der Gemeinde willen nicht als Dauerzustand ertragen können. Ist auch die Beschlussfassung über die endgültigen

---

46 Rundschreiben des LKR an die Pfarrer der Landeskirche, Tgb.-Nr. 2256: betr. Verbot der Benutzung des nationalkirchlichen Liederbuches, gez. Fischer (18.10.1945), in: AELKA, B 57, Nr. 2, fol. 8.

47 Rundschreiben des LKR an die Pfarrer der Landeskirche, Tgb.-Nr. 2257: betr. Kirchengesetz über die kirchliche Stellung evangelischer Juden, gez. U. Müller (18.10.1945), in: ebd., fol. 9.

liturgischen und agendarischen Normen nach der Verfassung (§ 61) dem Landeskirchentag vorbehalten, so ist es doch die Aufgabe einer verantwortungsbewussten Kirchenleitung, heute schon den schlimmsten Schäden zu wehren und für die notwendige Vereinheitlichung der gottesdienstlichen Formen entscheidende Vorarbeit zu tun. Nicht eine Repristination, die sich nur auf liturgisch überholtes Herkommen oder falsch verstandene Freiheiten der Gemeinde gründet, sondern eine vorwärtsschauende Auswertung uns neu geschenkter liturgischer Erkenntnisse muss für Sie den Maßstab abgeben.

Vor allem sind wir unseren Gemeinden um der Liebe willen schuldig, eine Vereinheitlichung der liturgischen Ordnungen anzustreben und unser eigenes liturgisches Arbeiten in strenge Zucht zu nehmen. Liturgische Willkür droht den Riß zu verewigen, der unsere Gemeinden gerade in den liturgischen Fragen in zwei Lager zerteilte. Sie erschwert auch den vielen Flüchtlingen, die oft mit besonderer Treue an ihrer evangelischen Kirche hängen, daß Heimischwerden in unseren Gottesdiensten. Einheitlichkeit der gottesdienstlichen Ordnungen dagegen hilft die innere Einheit des Glaubens zu fördern, deren wir uns in der Pfarrerschaft und in den Gemeinden unserer Landeskirche besonders zu befleißigen haben.

Aus diesen Erwägungen erlassen wir hiermit die folgenden Richtlinien zur allgemeinen Beachtung:

1.) Bis zu einer allgemeinen Regelung der liturgischen Fragen bleiben die Ordnungen des ›Kirchenbuches für die Evangelische Landeskirche Anhalts‹ von 1917 in Kraft. Die Liturgie des Hauptgottesdienstes umfasst demnach folgende Stücke:

Introitus – Kyrie (Bußruf) – Gloria (Gnadenspruch) – Salutatio – Kollekte – Schriftlesung (Sonntagsevangelium oder Epistel) – Credo – die Schlußliturgie (Gebetsdienst), Kirchengebet – Vater unser – Segen.

Die verkürzte Liturgie, die für den Nachmittagsgottesdienst vorgesehen ist, kann im Hauptgottesdienst ausnahmsweise aus besonderem Gründen, auch im Winter bei ungeheizten Räumen verwandt werden. Im übrigen ist auf reiche liturgische Formen zu halten und die sonntägliche Liturgie sorgfältig vorzubereiten.

2.) Die deutschchristliche ›Ordnung der Gottesfeier‹ ist nicht mehr zu gebrauchen.

3.) Zu gottesdienstlichen Verlesungen jeder Art ist die Lutherbibel zu verwenden. Vom Gebrauch veränderter Bibeltext wie der »Botschaft Gottes« ist Abstand zu nehmen. Außerbiblische Zitate und Gedichte können in der Predigt angebracht sein, gehören aber nicht in die Liturgie des Hauptgottesdienstes.

4.) Als Glaubensbekenntnis ist das Apostolicum zu gebrauchen. Daneben kann das Nicaenum oder Luthers Glaubenslied ›Wir glauben alle an einen Gott‹ Verwendung finden. Von dem Gebrauch selbst formulierter Glaubensbekenntnisse oder eines so genannten Biblicums ist Abstand zu nehmen.

5.) Als Gesangbücher bleiben neben dem neuen Gesangbuch für die Provinz Sachsen und Anhalt vorläufig weiterhin das alte Gesangbuch für die Provinz Sachsen und Anhalt und, wo herkömmlich, das alte Bernburger Gesangbuch in Gebrauch. Es wird daran erinnert, daß das deutschchristliche Gesangbuch ›Großer Gott, wir loben dich‹ aus dem gottesdienstlichen Gebrauch zurückzuziehen ist.

6.) Das Gedächtnis der Kriegsopfer soll im Rahmen des Gottesdienstes in der für alle verstorbenen Gemeindeglieder üblichen Form geschehen. Bei dieser Gelegenheit sind nur Choräle zu verwenden, nicht aber das früher bei Kriegerehrungen gebräuchliche Lied: ›Ich hat einen Kameraden‹.

Falls in einer Parochie kein Neues Anhaltisches Kirchenbuch mehr vorhanden ist, ersuchen wir um Meldung bis zum 1.8.1946.

Die Gemeinden und die Pfarrerschaft wollen diese Richtlinien als einen ersten notwendigen Schritt aus der liturgischen Wirrnis unserer Landeskirche heraus zu neuer Ordnung auffassen, dem weitere folgen müssen. Wir rufen sie zur gemeinsamen Arbeit an der künftigen einheitlichen Ordnung unseres Gottesdienstes mit dem Wort des Apostels auf: ›Der Gott der Geduld und des Trostes gebe euch, daß ihr einerlei gesinnt seid untereinander nach Jesu

Christo, auf daß ihr einmütig mit einem Munde lobt Gott und den Vater unseres Herrn Jesu Christi‹ (Röm. 15,5.6). Gez. Lic. Müller«[48]

Neben der Wiedergewinnung einer liturgischen Ordnung ging es auch um die Ordnung der Schriftlesungen und der Predigttexte im Gottesdienst. Auch hier musste der Landeskirchenrat ordnend eingreifen. Im November 1945 schrieb deshalb KR Fiedler zum Thema Perikopenordnung an alle anhaltischen Geistlichen:

> »In früheren Zeiten waren bestimmte Perikopenreihen für die Predigten im Kirchenjahr vorgeschrieben. Aus diesem »Perikobenzwang« hat sich aus allerlei berechtigten und unberechtigten Gründen eine Willkür bei der Auswahl der Predigttexte entwickelt, die beanstandet werden muß. Der Sinn für den Charakter bestimmter Sonntage und bestimmter kirchlicher Zeiten, ja, für den Gang des Ganzen Kirchenjahres drohte dadurch bei den Gemeinden verlorenzugehen. Die Einheitlichkeit des Predigtdienstes in der Landeskirche, wandelte sich in bunte Mannigfaltigkeit. Die Pfarrer kamen in Gefahr nur ihnen ›liegende‹ Texte auszuwählen oder wurden bei der Textwahl von zeitraubenden Erwägungen hin- und hergerissen. Die berüchtigten Mottopredigten mit irgendeinem heraus gegriffenen Spruch der Heiligen Schrift als Sprungbrett für eigene Gedankenentwicklung nahmen überhand. Um dem zu begegnen und um die Pfarrer anzuhalten, das Gotteswort im Zusammenhang auszulegen und auszuschöpfen, ordnen wir für das neue Kirchenjahr die Wahl der altkirchlichen Evangelien als Regel an. Es ist nicht verboten, aus äußeren oder inneren Gründen von dieser Ordnung abzuweichen, doch prüfe er im einzelnen Falle diese Gründe ernstlich und lasse die Abweichung nicht zur Gewohnheit werden.«[49]

Im Februar 1947 legte der Landeskirchenrat durch Lic. Müller den Gemeinden liturgische Entwürfe vor, die in der Liturgischen Kammer für einen liturgischen Neuanfang erarbeitet worden waren. Im Einzelnen gab es Entwürfe für Passionsandachten, tägliche Andachten, Predigtgottesdienste, Beichte, Trauung, Bestattung und Taufe. Diese Entwürfe wurden ergänzt mit dem Wortlaut wiederkehrender liturgischer Stücke wie Vater Unser, Apostolicum, Nicaenum und Segen.[50]

Im Herbst 1948 sollte sich der Landeskirchentag mit der Frage der liturgischen Neuordnung des Gottesdienstes erstmals befassen. Darum wandte sich der Landeskirchenrat erneut an die Gemeinden mit der Bitte, die im Februar 1947 vorgelegten liturgischen Entwürfe mehrmals zu erproben und über das Ergebnis der Erprobung dem Landeskirchenrat Bericht zu erstatten. Besonders wird dabei die Form C des Gottesdienstes, also die Verbindung von Predigt- und Abendmahlsgottesdienst, den Gemeinden empfohlen, damit sie sich mit dem Gedanken vertraut machen, das Abendmahl wieder mehr

---

48 Rundschreiben des LKR an die GKR und Pfarrämter der Landeskirche, Tgb.-Nr. 2486: betr. Richtlinien zur Vereinheitlichung der liturgischen Ordnung des Gottesdienstes, gez. Lic. Müller (15.7.1946), in: ebd., fol. 95.
49 Rundschreiben des LKR an die Pfarrer der Landeskirche, Tgb.-Nr. 2771: betr. Perikopenordnung, gez. Fiedler (26.11.1945), in: ebd., fol. 23.
50 Rundschreiben des LKR an die Pfarrämter und GKR der Landeskirche, Tgb.-Nr. 741: betr. Entwürfe für die liturgische Erneuerung des Gottesdienstes und der kirchlichen Handlungen, gez. Lic. Müller (18.2.1947), in: AELKA, B 57, Nr. 3, fol. 2-7.

und mehr im Gottesdienst selbst zu feiern, möglichst einmal im Monat. Man hegt die Hoffnung, dass sich die Abendmahlsbeteiligung dadurch verbessert. Der Landeskirchenrat erwarte, dass die überall in der Evangelischen Kirche in Deutschland voranschreitende liturgische Arbeit auch in der anhaltischen Landeskirche rege unterstützt wird und die Gemeinden mit Eifer und Freude darauf bedacht sind, die »schönen Gottesdienste des Herrn« so würdig und eindrucksvoll wie möglich zu gestalten.[51]

Der Landeskirchenrat stellt im Februar 1949 fest, dass, angeregt durch die Entwürfe der Liturgischen Kammer, sich eine Anzahl von Kirchengemeinden daran gewöhnt hat, das Heilige Abendmahl wieder häufiger im Gottesdienst selbst zu feiern. Einer Entschließung des Landeskirchentages (Herbst 1948) folgend, gestattete der Landeskirchenrat den Gemeinden, die zu diesem gut reformatorischen und urchristlichen Brauch zurückzukehren wünschen, dies monatlich einmal oder in größeren Zeitabständen zu tun. Hierbei könne sowohl die Form A der vorgelegten Entwürfe wie auch die ältere Form der Anhaltischen Agende von 1883 benutzt werden. Beichtgelegenheit sollte an jedem Abendmahlssonntag gegeben werden.

In allen Kirchenkreisen sollen in Verbindung mit den Kreisoberpfarrern und der Liturgischen Kammer liturgische Arbeitsgemeinschaften aus interessierten Pfarrern, Kirchenmusikern und anderen Gemeindeglieder gebildet werden, die sich mit den Gedanken der neuen liturgischen Bewegung vertraut machen sollen. Um jede Unsicherheit in den Gemeinden zu vermeiden, erinnerte der Landeskirchenrat daran, dass weiterhin die gottesdienstlichen Ordnungen des Anhaltische Kirchenbuches von 1917 gelten und keine Gemeinde berechtigt sei, abgesehen von der oben erteilten Erlaubnis, die Ordnung des Gottesdienstes abzuändern.[52]

Wie schon im 4. Abschnitt dargestellt, war auch eine Wiederbelebung des Choralsingens als notwendig erkannt worden. Es sollte aber noch eine geraume Zeit vergehen und viel Arbeit getan werden, bis ein neues Gesangbuch den Gemeinden zur Verfügung gestellt werden konnte. Das Evangelische Kirchengesangbuch erschien 1950 in einer Stammausgabe mit 394 gemeinsamen Liedern und Gesängen. Die einzelnen Landeskirchen ergänzten den Stammteil mit eigenen Liedern und zusätzlichen Textteilen in unterschiedlichen Ausgaben (Anhalt und Kirchenprovinz Sachsen gemeinsam). 1953 war es dann auch in Anhalt im Buchhandel für 7,00 DM erhältlich.

Zur liturgischen Verwirrung und deutschchristlicher Irrlehre gehörten offensichtlich auch nicht-trinitarische Taufen, die, da nicht rite vollzogen, als

---

[51] Rundschreiben des LKR an die GKR der Landeskirche, Tgb.-Nr. 2632: betr. Neuordnung des Gottesdienstes, gez. Lic. Müller (16.6.1948), in: ebd., fol. 98.
[52] Rundschreiben des LKR an die GKR der Landeskirche, Tgb.-Nr. 5580/48: betr. Gottesdienstordnung, gez. Lic. Müller (18.2.1949), in: ebd., fol. 144.

ungültig anzusehen waren. Um sich ein Bild machen zu können, startete der Landeskirchenrat im März 1946 eine Umfrage in den Gemeinden:

> »Es hat sich erwiesen, daß in der evangelischen Kirche Taufen gehalten sind, bei denen die agendarische Grundform völlig außer Acht gelassen wurde und daher von keinem Sakramentsvollzug mehr geredet werden kann. Wir fragen an, ob in ihrem Bereich Fälle bekannt geworden sind, in denen nicht-trinitarische Taufen vollzogen sind. Frist der Meldung 14 Tage. Fehlanzeige erforderlich. gez. Fischer«[53]

Das Ergebnis der Umfrage ist mir nicht bekannt geworden, allein, dass sie nötig war, besagt auch etwas.

Der durch den Landeskirchenrat und den Landeskirchentag gesteuerte und begleitete Neubeginn in den Gemeinden folgte, so ist zu resümieren, dem Handlungsdruck, den die Kriegszerstörungen, aber auch das neue, vor allem im Bildungswesen denkbar kirchenfeindliche System auf die Kirche ausübte. Noch deutlicher aber dürfte geworden sein, dass ein neuer Anfang vor allem deswegen vonnöten war, weil die Kirche überall – und offenbar von wenig Bekenntnistreuen geschützt – von der nationalsozialistischen Ideologie und Politik durchdrungen worden war. Es ist erschreckend und enttäuschend zugleich, wie wenig bekenntnistreue Pfarrer und Gemeindeglieder (Bekennende Kirche) gegen die Irrlehren der Deutschen Christen und der Nationalkirchlichen Einigung entgegen setzen konnten, um der Zerstörung der Kirche in Anhalt zu wehren. Zu fragen bleibt: Was ist die Gemeinde? Die sichtbare und die unsichtbare? Die institutionell verfasste oder die, die sich zum bestimmten Zeitpunkt an einem bestimmten Ort im Namen Jesu versammelt? Sicherlich wird es Letztere immer auch in Anhalt gegeben haben in diesen zwölf unheilvollen Jahren. Und deswegen bestand auch die Hoffnung nach 1945, bei diesen Christenmenschen anknüpfen zu können und mit ihnen die Kirche neu aufzubauen.

---

53 Rundschreiben des LKR an alle GKR der Landeskirche, Tgb.-Nr. 1303: betr. nichttrinitarische Taufen gez. Fischer (26.3.1946), in: ebd., fol. 54.

Ein enger Rahmen
Die SED-Diktatur und die Kirchen bis zur Gründung des Kirchenbundes

Von Klaus Fitschen

I Die Statistik

Das Kirchliche Jahrbuch, herausgegeben im Auftrag der EKD, ist ein wichtiger Quellenfundus für die Kirchliche Zeitgeschichte. Die hier ganz oder in Ausschnitten dokumentierten Texte bieten für die Forschung erste Einblicke in das kirchliche Leben, auch in das in der DDR, das jeweils in einem eigenen Teil dokumentiert wurde. Die Anhaltische Landeskirche ist für die Jahre 1949 bis 1969, soweit ich das übersehen konnte, nur an einer Stelle prominent erwähnt, nämlich im Jahrbuch für das Jahr 1964. »Mitteldeutsche Kirche im Umbruch – Sinkende und wachsende Zahlen. Anhalt als Beispiel« lautet die Überschrift, und worum es geht, sind statistische Erhebungen zur Kirchenmitgliedschaft und zur Teilnahme am kirchlichen Leben.[1]

Der statistische Befund lässt sich leicht erahnen: Während die Zahl derer, die einen Gottesdienst besuchten, im Jahre 1954 bei 700.000 lag, lag sie rund zehn Jahre später, 1963 also, bei 350.000, die Zahl der Gemeindeglieder war im gleichen Zeitraum von 423.000 auf 260.000 zurückgegangen, die Zahl der Trauungen von 2.100 auf 860 und die Zahl der Taufen von 5.700 auf 2.400, die Zahl der Christenlehrekinder (»kirchliche Unterweisung«) von 23.000 auf 11.000. Einzig die Zahl der Beerdigungen war mit 3.500 stabil geblieben.[2]

Das alles war nicht ungewöhnlich für die Landeskirchen in der DDR, wobei zu bedenken ist, dass die großen Landeskirchen in der DDR am Anfang wirklich groß gewesen waren: 1950 war die Berlin-Brandenburgische Landeskirche mit 4,7 Millionen Mitgliedern gesamtdeutsch die größte. Danach rangierte die Sächsische Landeskirche mit 4,3 Millionen, erst danach kam Hannover mit 3,9 Millionen.[3]

Die Startbedingungen in der Nachkriegszeit schienen gut, zumal durch Flüchtlinge und Vertriebene an vielen Orten ein Bevölkerungszuwachs stattfand: In der Anhaltischen Kirche waren die Taufzahlen von 1949 auf 1950 gestiegen, nämlich von 6.397 auf 6.782.[4] Auch die Zahl der Trauungen war anfangs angewachsen und lag Anfang der 1950er Jahre bei rund 3.000.[5] 1948

---

1 Mitteldeutsche Kirche im Umbruch – Sinkende und wachsende Zahlen. Anhalt als Beispiel. In: Kirchliches Jahrbuch (KJ) 1964, 155f.
2 Ebd., 155.
3 KJ 1952, 454.
4 KJ 1954, 304.
5 KJ 1952, 468; KJ 1954, 316.

hatte es 5.259 Konfirmationen gegeben, 1951 7.496.⁶ Die Zahlen gingen dann aber schnell zurück: 1955 wurden 5.406 Taufen, 6.311 Konfirmationen und 2.011 Trauungen verzeichnet,⁷ 1956 waren es 4.832 Taufen, 5.541 Konfirmationen und 1.853 Trauungen,⁸ 1958 3.563 Taufen, 4.020 Konfirmationen und 1.464 Trauungen,⁹ 1959 2.889 Taufen, 2.622 Konfirmationen und 1.208 Trauungen;¹⁰ 1960 2.427 Taufen, 1.567 Konfirmationen und 1.072 Trauungen.¹¹ Dies entsprach der Tendenz in den anderen Landeskirchen in der DDR: In der Landeskirche Sachsens wurden 1955 59.965 Jugendliche konfirmiert, 1960 waren es noch 12.839.¹²

Typisch ist hier der starke Einbruch in der zweiten Hälfte der 1950er Jahre, und das vor allem im Blick auf die Konfirmation, die zur Entscheidungsfrage geworden war. Die Jugendlichen und ihre Eltern mussten zwischen der Treue zum christlichen Glauben und der mit der Jugendweihe bezeugten Loyalität zum atheistischen Staat wählen, und sie entschieden damit über den weiteren Bildungsweg: Wer nicht die Jugendweihe wählte, war oft von der weiterführenden Schule und vom Studium ausgeschlossen. Seit 1955 war klar, dass die Jugendweihe eine immer stärkere Konkurrenz zur Konfirmation bildete.¹³ Innerhalb von fünf Jahren, von 1955 bis 1960, reduzierten sich die Konfirmationszahlen in der Anhaltischen Landeskirche auf ein Viertel. Die Taufzahlen halbierten sich »nur« ungefähr, ebenso die Zahl der Trauungen. Die harte antikirchliche und antireligiöse Politik der 1950er Jahre hatte die Kirchen innerhalb weniger Jahre schwer und nachhaltig geschädigt. Freilich muss auch damit gerechnet werden, dass die forcierte Säkularisierung auf eine weithin nur noch oberflächliche Kirchlichkeit traf, die sich nach der nationalsozialistischen Diktatur zwar noch einmal gefestigt hatte, aber schon seit dem 19. Jahrhundert durch eine schleichende Entfremdung von Religion und Kirche geschwächt war. Außerdem beeinträchtigte der massive Bevölkerungsverlust, vor allem bestimmter Bevölkerungsteile, das kirchliche Leben: Von den rund drei Millionen Menschen, die die DDR bis zum Mauerbau verließen, war die Hälfte unter 25 Jahre alt. Viele Menschen, die gingen, waren kirchlich oder religiös gebunden. Diese »Abstimmung mit den Füßen« war ein Aderlass, der auch die Kirchen traf, deren Leben außerdem unter der Zerstörung der dörflichen Siedlungsstrukturen durch die Zwangskollektivierung zu leiden hatte.

---

6 KJ 1952, 465; KJ 1954, 312.
7 KJ 1957, 258; 261; 262.
8 KJ 1958, 389; 392; 393.
9 KJ 1960, 328; 331; 332.
10 KJ 1961, 398; 404; 406.
11 KJ 1961, 399; 405; 407.
12 KJ 1957, 261; KJ 1961, 405.
13 Frühjahrssynode 1955, in: AELKA, B 3, Nr. 11, 12-14.

Auf der Frühjahrssynode 1961, also noch vor dem Mauerbau, zog Oberkirchenrat Hermann Fischer, der interimistisch als Vorsitzender des Landeskirchenrats amtierte, eine Bilanz des vergangenen Jahrzehnts, das auch dadurch zu Ende gegangen war, dass sich Waldemar Schröter 1960 vom Amt des Kirchenpräsidenten zurückgezogen hatte. Auf ihn folgte Martin Müller, doch zugleich begann im Landeskirchenrat eine längere Zeit personeller Instabilität.[14] Die Klage von Hermann Fischer hat einerseits gewiss etwas Zeitloses, sie ist aber auf dem Hintergrund der rückläufigen Zahlen zu verstehen, auf die Fischer auch Bezug nahm: »Wir klagen über den Rückgang unseres gottesdienstlichen Lebens, die trostlose Gleichgültigkeit vieler Gemeindemitglieder, wir sind bekümmert über den oft so geringen Zusammenhalt derer, die sich noch Christen nennen [...].«[15] Ambivalent sah Fischer die Entwicklung der Christenlehre: Einerseits war die Teilnahme an ihr stabil, andererseits besuchten viele Kinder von Gemeindegliedern den Unterricht nicht.[16]

II Ratlos vor dem »planmäßigen Aufbau des Sozialismus«

Bilanz zog nach dem Mauerbau auch Oberkirchenrat Hans Kars als Vorsitzender des Ausschusses für Gemeindeaufbau vor der Herbstsynode 1964: »Die Gemeinde ist nicht tot, aber sie ist krank, und die Krankheit muß bestimmt werden, und für diese Bestimmung brauche ich einen Maßstab.« Dieser Maßstab waren für Kars die eingangs erwähnten Zahlen im Vergleich von 1954 und 1963. In seiner Gegenwartsanalyse gab Kars einen kurzen Überblick über die Kirchengeschichte seit der Reformation. Demnach folgte auf die Staatskirche die Volkskirche, dann »Versuche einer bekennenden Kirche« und schließlich »die Freiwilligkeitskirche [...], meist konservativ und im Ganzen ratlos wegen der sie umgebenden säkularisierten Welt«.[17]

Diese Welt war weltlich geworden, vor allem wegen der politischen Umstände, die einen rapiden gesellschaftlichen Wandel bewirkten. Die Verantwortlichen in den evangelischen Landeskirchen standen dieser Situation relativ hilflos gegenüber. Sie hatten in der Zeit des Nationalsozialismus viel mit sich selbst zu tun gehabt und mussten jetzt zusehen, wie ihnen das Kirchenvolk abhandenkam und der Staat ungleich härter und nachhaltiger als in der ersten deutschen Diktatur Kirche und Religion bekämpfte. Kirchenamtliche Äuße-

---

14 Bericht des Kirchenpräsidenten, erstattet vor der Anhaltischen Synode am 13. November 1964, in: AELKA, B 3, Nr. 28, Bd. II, 62.
15 Oberkirchenrat Hermann FISCHER: Bericht vor der Anhaltischen Synode im Frühjahr 1971, in: AELKA, B 3, Nr. 22, Frühjahrssynode 1961, 19.
16 Ebd., 19; 23f.
17 Dr. Hans KARS: Bericht des Synodalausschusses für Gemeindeaufbau, in: AELKA, B 3, Nr. 28, Bd. II, 104, 105f, 113). »Versuche einer bekennenden Kirche« hatte aus dem Munde des ehemaligen deutschchristlichen Pfarrers Hans Kars eine besondere Note. Zu ihm siehe den Beitrag von Marius STACHOWSKI im vorliegenden Buch.

rungen waren einerseits vom Protest nach außen geprägt, andererseits aber auch von Beschwichtigungsversuchen nach innen und von falschen Hoffnungen, es mit dem zu allem entschlossenen Gegner aufnehmen zu können, der womöglich noch davon zu überzeugen sei, von seinem Tun abzulassen.

Die II. Parteikonferenz der SED im Juli 1952 bot die Bühne für den Auftritt des stalinistischen Diktators Walter Ulbricht, der den »planmäßigen Aufbau des Sozialismus« nach sowjetischem Vorbild verkündete, was für die Wirtschaft eine Katastrophe und für Gesellschaft und Bevölkerung einen noch höheren Konformitätsdruck bedeutete. Die Kirchen konnten zu dieser Zeit angesichts der Nachfrage nach Amtshandlungen noch darauf hoffen, dass die Lage für sie stabil bleiben würde, aber zugleich waren sie in vielen Bereichen – und vor allem in ihrer Kinder- und Jugendarbeit – vom ideologischen Totalitätsanspruch des Staates schwer betroffen. An der Durchsetzung der Jugendweihe sollte sich zeigen, dass ihnen nur noch die Hoffnung auf eine Stabilisierung im Innern blieb.

Das lange gepflegte Narrativ, es würden eben die wirklich Frommen bleiben, stellte eine Illusion dar. Auf ihm basierte auch der eingangs genannte Beitrag »Mitteldeutsche Kirche im Umbruch – Sinkende und wachsende Zahlen. Anhalt als Beispiel«. Als positive Indizien wurden die Beobachtungen darüber angeführt, dass die Abendmahlsbeteiligung nicht so wie die Taufzahlen eingebrochen und die Spendenfreudigkeit gestiegen war.[18] Im Kirchlichen Jahrbuch für 1962 hieß es dann für ganz Ostdeutschland: »Innerkirchlich gesehen setzt sich der Prozeß fort, der schon seit längerem zu beobachten ist. Ein langsam, aber stetig sich fortsetzender Abfall führt zu einer zahlenmäßigen, aber auch zu einer geistlichen Konzentration.«[19]

Im Jahr der II. Parteikonferenz der SED, also 1952, verfasste der anhaltische Jugendpfarrer Leopold Voigtländer einen Rückblick auf das vergangene Jahr 1951: Es gab 120 Gruppen der Jungen Gemeinde in 92 Kirchengemeinden, Bibelrüstzeiten auf Schloss Mansfeld, in Ilsenburg, Wernigerode und Gernrode und andere Ver-

Abb. 2: Bischof Otto Dibelius und OKR Waldemar Schröter vor der Pauluskirche Dessau 1953. AELKA.

---

18 Mitteldeutsche Kirche im Umbruch (wie Anm. 1).
19 Superintendent Günter KROLZIG: Der Strukturwandel des Dorfes in der DDR als Frage an die Kirche. In: KJ 1962, 283.

anstaltungen. Am Landesjugendtag in Dessau, an dem rund 1.600 Jugendliche teilnahmen, hielt der Berlin-Brandenburgische Bischof und zugleich Ratsvorsitzende der EKD Otto Dibelius den Gottesdienst.[20] [Abb. 2] Der Bericht Voigtländers war zugleich ein Zeugnis der beengter werdenden Verhältnisse, obwohl er feststellte, dass die staatlichen Zwangsmaßnahmen milder ausfielen als in anderen Landeskirchen. Warum das der Fall war, ist ohne Beiziehung der staatlichen Akten nicht zu sagen. Am Landesjugendtag nahmen aber statt der rund 1.600 Jugendlichen im Vorjahr nur rund 1.200 teil.[21]

Inzwischen war eine Veranstaltungsverordnung in Kraft getreten, die 1951 erlassen wurde – von hier ließe sich ein Bogen spannen zur Veranstaltungsverordnung von 1971, die ähnliche Wirkungen hatte, freilich schon unter den Bedingungen eines ohnehin reduzierten kirchlichen Lebens, das 1951 noch ganz anders und also vielfältiger aussah. Die Veranstaltungsverordnung von 1951 fasste das in Worte, was auch unausgesprochen der Wille der SED-Diktatur war: Die Kirche sollte auf das Gebiet reduziert werden, das politisch-ideologisch als das religiöse angesehen wurde, und das hieß: auf Gottesdienste, Andachten und den kirchlichen Unterricht. Im öffentlichen Raum waren nur Beerdigungen geduldet.[22] Kirchliche Veranstaltungen wurden nun häufig polizeilich daraufhin überprüft, ob sie rein religiös waren, und mit Restriktionen belegt.[23]

1952 waren die staatlichen Repressionen deutlich spürbar, und sie betrafen vor allem Kinder, Jugendliche und junge Erwachsene. Kindergärten, Schulen, Universitäten und alle anderen Bildungseinrichtungen wurden zum Exerzierfeld der marxistisch-leninistischen Ideologie, die unablässig Gehorsamsbekundungen abforderte. Die FDJ, die in den Anfangsjahren noch Kooperationsbereitschaft vorgetäuscht hatte, wurde nun zum Todfeind jeder nicht der SED verpflichteten Jugendarbeit, und ihre Zeitung »Junge Welt« wurde ihr Sprachrohr. Der kirchliche Protest, der sich erhob, ging weitgehend ins Leere. Dem historischen Gedächtnis hat sich wohl am stärksten der Kampf gegen die kirchliche Jugendarbeit, also die Jungen Gemeinden, eingeprägt, für den musterhaft der 1953 in der »Jungen Welt« und anderen Presseorganen veröffentlichte Artikel »Junge Gemeinde. Tarnorganisation für Kriegshetze, Sabotage und Spionage im USA-Auftrag« steht.[24]

Letztlich waren die kirchlichen Proteste auch ein Zeichen der Ratlosigkeit, denn die SED-Diktatur achtete weder Recht noch Vernunft. Für diese Proteste

---

20 Landesjugendpfarrer: Junge Gemeinde – Bericht für das Jahr 1951, in: AELKA, B 5, Nr. 1402 (Jugendwerk allgemein 1950-1953), fol. 139, auch 146.
21 Bericht über die Tätigkeit in der Jungen Gemeinde der anhaltischen Landeskirche, 8. November 1952, ebd., hinter fol. 147.
22 Verordnung des Ministeriums des Innern. In: KJ 1953, 146.
23 Der Kirchenkampf in der ersten Hälfte des Jahres 1953. In: KJ 1953, 147 f.
24 »Junge Gemeinde« – Tarnorganisation für Kriegshetze, Sabotage und Spionage im USA-Auftrag. In: KJ 1953, 132–134.

steht mit Blick auf Anhalt das »Wort der Ostkirchenkonferenz an die Junge Gemeinde«, das der Landeskirchenrat 1952 an alle Pfarrer und Pfarramtsverwalter verschickte und in dem festgehalten wurde, dass die Junge Gemeinde keine »Sonderorganisation« sei, sondern Teil der Kirche.[25] Die von zahlreichen kirchlichen Einsprüchen begleiteten Verbote des Kugelkreuzes, also des Symbols der Jungen Gemeinden, und der christlichen Jugendzeitschrift »Stafette« waren letztlich auch nur ein Ausdruck der Ratlosigkeit gegenüber einer ungeheuren Repression, die Jugendliche zur Denunziation und zu Gehorsamsbekundungen gegenüber Staat und Staatsideologie zwang.

Mochten die Angriffe auf die Jungen Gemeinden das prominenteste Beispiel sein: Die Verdrängung des Religionsunterrichts, also der Christenlehre-Stunden, die Anfang der 1950er Jahre noch in den Schulen abgehalten werden konnten, war genauso nachhaltig.[26] Als das nicht mehr möglich war, musste die Christenlehre, für die inzwischen Konzepte entwickelt und katechetisches Personal geschult worden war, in kirchliche Räume umziehen.[27] Auch hier blieb der Kirche nur der Protest, die Erosion der Kirchenbindung in der jüngeren Generation und in den Familien konnte sie nicht aufhalten.

Die antikirchlichen Maßnahmen steigerten sich in den ersten Monaten des Jahres 1953. Die Polemik gegen die Junge Gemeinde als angeblicher westlicher Agentenorganisation war nur ein Element der antiwestlichen und antikirchlichen Politik. Aufsehen erregten 1952/53 Anklagen und Schauprozesse gegen die sächsischen Pfarrer Klaus Weidenkaff, Erich Schumann und Albin Drechsler. So wurde Schumann im Dezember 1952 in einem Zeitungsartikel als »Rattenfänger für Eisenhower« bezeichnet,[28] also für Dwight D. Eisenhower, der kurz zuvor zum Präsidenten der Vereinigten Staaten gewählt worden war.

Spätestens 1953 sah man sich in einem zweiten »Kirchenkampf«. So wandte sich der Bischof der Kirchenprovinz Sachsen, Ludolf Müller, am 17. März, also zwölf Tage nach Stalins Tod, an die Gemeinden seiner Landeskirche. Müller thematisierte die Angriffe auf die Jungen Gemeinden, die Behinderungen bei kirchlichen Veranstaltungen und die Zwangskollektivierungen und Enteignungen und rief die Gemeindeglieder auf, zusammenzustehen, die Gemeinschaft zu pflegen und zu beten.[29] Ganz ähnlich wie Bischof Müller wandte sich auch der anhaltische Landeskirchentag am 11. März 1953 an die Mitglieder der Jungen Gemeinden und bezeichnete ihre Arbeit als eine genuine Aufgabe der Kirche. Dies entsprach der gängigen kirchlichen Argumentationslinie, die

---

25 Landeskirchenrat an alle Pfarrer und Pfarramtsverwalter, 21. August 1952, in: AELKA, B 6, Nr. 1402, fol. 37f.
26 Der Kirchenkampf in der ersten Hälfte des Jahres 1953. In: KJ 1953, 144.
27 Frühjahrssynode 1952, in: AELKA, B 3, Nr. 6 (S. 30-32).
28 Der Kirchenkampf in der ersten Hälfte des Jahres 1953. In: KJ 1953, 149.
29 Der evangelische Bischof der Kirchenprovinz Sachsen an die evangelischen Gemeinden der Kirchenprovinz Sachsen, 17. März 1953. In: KJ 1953, 159-162.

Jugendarbeit als Teil des Bereiches der kirchlichen Arbeit zu verstehen, der laut den Zusicherungen des Staates seinem Zugriff entzogen war, was freilich keine Schranke für Willkür bedeutete. Die Erklärung des Landeskirchentags sollte an den Konfirmationsgottesdiensten durch einen Kirchenvorsteher verlesen werden.[30] Für den EKD-weiten Jugendsonntag am Sonntag Jubilate, dem 26. April 1953, verschickte der Landeskirchenrat ein Rundschreiben an alle Pfarrer, Pfarrverwalter und Vikare, in dem darauf hingewiesen wurde, »daß die Junge Gemeinde als Jugend der evangelischen Kirche ein unaufgebbarer Teil der Gesamtgemeinde ist«.[31] Als die (Ost)Berliner Stelle der Kirchenkanzlei der EKD Anfang April 1953 Berichte aus den Landeskirchen über die Repressalien gegen die Junge Gemeinde erbat, entsprach die Antwort des anhaltischen Landeskirchenrats den aus den anderen ostdeutschen Landeskirchen: Christliche Jugendliche wurden von der Volkspolizei drangsaliert, die polizeiliche Anmeldung der Veranstaltungen wurde verlangt, das Tragen des Kugelkreuzes wurde beanstandet. Oberschüler wurden in der Schule peinlichen Fragen unterzogen.[32] Das Ziel der Übergriffe bestand letztlich darin, die Jugendlichen zur Mitgliedschaft in der FDJ zu drängen.

Der in Frose wirkende Pfarrer Hans Lohse berichtete im Mai 1953 ganz typisch über die Benachteiligungen, denen seine Kinder ausgesetzt waren: Seine Tochter wurde der Oberschule in Aschersleben verwiesen, die Zulassung seines Sohnes zur Oberschule wurde abgelehnt. Lehrer und Mitschüler übten Druck auf die Tochter aus und demütigten sie öffentlich in der Schulversammlung.[33] Im Mai 1953 steigerten sich die Angriffe auf die Junge Gemeinde und die Drangsalierungen von Schülerinnen und Schülern immer mehr; dem standen verzweifelte Proteste gegenüber, zu denen auch solche des Landeskirchenrats in Anhalt gehörten.[34]

Kurz vor dem Volksaufstand am 17. Juni 1953 begann dann eine überraschende Entspannungsphase seitens des Staates, der den Zustand der Ratlosigkeit bei den Kirchen verfestigte. Die Entspannung war die Folge von Gesprächen, die führende Vertreter der SED-Diktatur vom 2. bis 4. Juni 1953 in Moskau hatten absolvieren müssen und deren Inhalt die Anweisung bildete, die politischen Maßnahmen in der DDR zu mäßigen. Am 4. Juni hatte die Konferenz der Kirchenleitungen noch Vorschläge für Gespräche zwischen Staat

---

30 Wort des Landeskirchentages an die Junge Gemeinde, 11. März 1953, in: AELKA, B 6, Nr. 1402, fol. 162.
31 Betrifft: Evangelischer Gemeindejugendsonntag 1953, in: ebd., fol. 165.
32 An die Evangelische Kirche in Deutschland – Kirchenkanzlei – Berliner Stelle, 7. April 1953 in: AELKA, B 6, Nr. 1402, fol. 175.
33 Hans Lohse: Bericht über die Schulverweisung meiner Tochter Gudrun Lohse von der Oberschule Aschersleben, 3. Mai 1953, in: ebd., fol. 179 I.
34 Landeskirchenrat an die Direktion der Oberschulen und Berufsschulen innerhalb der Evangelischen Landeskirche Anhalts, 16. Mai 1953, in: ebd., fol. 214 I, auch 215 und 232.

und Kirche gemacht, die nun unter ganz anderen Umständen geführt wurden.[35] Am 10. Juni gab sich der Staat konziliant, ging auf die Beschwerden der Kirche ein und versprach Abhilfe.[36] Was das konkret bedeutete, erlebte der Giersdorfer Pfarrer Gottfried Pfennigsdorf, dessen Sohn nach vorheriger Ablehnung nun zur Oberschule zugelassen wurde. Pfarrer Pfennigsdorf selbst war nun kein Opfer von Diffamierungen mehr, jedenfalls nicht von offenen.[37]

Was sich unterdessen in Moskau ereignet hatte und dass es sich nur um politische Taktik handelte, konnten die Kirchenvertreter nicht wissen. Die EKD veröffentlichte eine von Dank erfüllte Erklärung.[38] Zu einem wirklichen Aufschwung der kirchlichen Arbeit führte dies nicht: Am 14. Juni 1953 wurde in Köthen der Landesjugendsonntag abgehalten; am Festgottesdienst nahmen rund 650 Jugendliche teil.[39] Immerhin konnte Oberkirchenrat Waldemar Schröter auf der Herbstsynode des Jahres 1953 mit Genugtuung auf die letzten Monate zurückblicken, die er als Zeit der Bewährung charakterisierte. Umso heller hob sich demgegenüber der 10. Juni ab: Gott hatte wunderbar in die Geschichte eingegriffen. Allerdings registrierte Schröter auch, dass das kirchliche Leben nachhaltig beeinträchtigt war: Die Jungen Gemeinden sammelten sich wieder, aber nicht mehr in dem Maße wie zuvor, und so sagte er: »Saß der Schlag zu tief? Ist Beschämung über eigenes Versagen vorhanden? Traut man dem Frieden nicht?« In Zahlen ließ sich ja an vielen Stellen der Rückgang des kirchlichen Lebens messen, so bei Trauungen, Kirchenaustritten, Kindergottesdiensten.[40] Immerhin schien die Jugendarbeit auch unter den wieder aufflammenden repressiven Bedingungen der SED-Diktatur weitergeführt werden zu können. Rüstzeiten, Landesjugendgottesdienste und andere Veranstaltungen der Jungen Gemeinde füllten Mitte der 1950er Jahre den Kalender des Landesjugendpfarramts.[41]

Die Hoffnung auf eine Besserung der Lage war eine Illusion, die repressive Politik der SED-Diktatur machte allenfalls eine Atempause. Am 11. Juli 1953 fand ein Gespräch zwischen Vertretern der FDJ und der Kirche statt. In einer Vereinbarung, also einem Kommuniqué, wurde festgehalten, »daß es sich bei der Jungen Gemeinde und der evangelischen Studentengemeinde nicht um

---

35 Beschluss der Konferenz der Evangelischen Landeskirchen der Deutschen Demokratischen Republik vom 4. Juni 1953. In: KJ 1953, 157.
36 Kommuniqué vom 10. Juni 1953. In: KJ 1953, 178f.
37 Gottfried Pfennigsdorf an den Landeskirchenrat, 16. Juni 1953, in: AELKA, B 6, Nr. 1402, fol. 238 I.
38 Botschaft des Rates der EKD. In: KJ 1953, 181f.
39 Bericht über den Landesjugendsonntag am 14. Juni 1953 in Köthen, in: AELKA, B 6, Nr. 1402, fol. 235.
40 Herbstsynode 1953, in: AELKA, B 3, Nr. 9, 11 u. 16.
41 Landesjugendpfarramt an alle Pfarrer und Mitarbeiter der Jungen Gemeinde, 7. März 1955; Landesjugendpfarramt, Bericht über den Landesjugendgottesdienst am 26. Juni 1955, in: AELKA, B 6, Nr. 1403 (Jugendwerk allgemein 1954-1965, fol. 23, 30.

Organisationen handele, sondern um eine Lebensäußerung der Kirche im Raum der Kirche und ihrer Gemeinden«.[42] Ein Jahr später, am 7. Juli 1954 erging ein Protest von Otto Dibelius als Ratsvorsitzendem der EKD, in dem beklagt wurde, dass die Vereinbarung nichts wert sei.[43] Der Konflikt mündete in einen ergebnislosen Briefwechsel zwischen Otto Dibelius als Ratsvorsitzendem der EKD und Otto Grotewohl als Ministerpräsidenten der DDR. Im Dezember 1954 protestierten die Kirchenleitungen auf dem Gebiet der DDR gegen die Durchsetzung der materialistischen Ideologie in der Schule und beharrten auf dem in der Verfassung von 1949 verbrieften Recht auf Glaubensfreiheit.[44] Das anhaltische Landesjugendpfarramt versuchte, die Jugendarbeit aufrechtzuerhalten, und dazu gehörte auch, die konfirmierten Jugendlichen für die Jungen Gemeinden zu gewinnen. Ebenso gehörte dazu, die Beziehungen zu den anderen Landeskirchen, auch denen in der Bundesrepublik, zu pflegen. Die Beziehungen der Anhaltischen Kirche zur Evangelischen Kirche in Hessen und Nassau im Rahmen einer »Patenschaft« erstreckten sich auch auf die Jugendarbeit. Landesjugendpfarrer Voigtländer bemühte sich in den 1950er Jahren um einen wechselseitigen Austausch durch gegenseitige Besuche.[45]

Große politische Dimensionen bekam dann der Anhaltische Landesjugendtag, der 1956 ausgerechnet für den 17. Juni geplant und zu dem wieder Bischof Otto Dibelius eingeladen war. Die panische Furcht der SED-Diktatur vor der Erinnerung an den Tag des Volksaufstandes ließ diese auf der Ebene des Bezirks Halle und der Stadt Dessau alle Hebel in Bewegung setzen, die Landeskirche von diesem Termin abzubringen. Ein wichtiger Akteur war Josef Hegen, Staatssekretär im Innenministerium und ein Vorläufer des seit 1957 amtierenden Staatssekretärs für Kirchenfragen. Kirchlicherseits berief man sich wieder einmal auf die Verfassung von 1949 und auf die Vereinbarung vom 10. Juni 1953 – also auf das Recht, übergemeindliche Veranstaltungen für Jugendliche abzuhalten.[46] Dies lief auf eine generelle Kontroverse zwischen Staat und Kirche hinaus, die aber durch das Einlenken des Staatssekretärs abgewendet werden konnte.[47] Hier zahlte sich die entschlossene Haltung der Landeskirche aus. Typisch war allerdings die Erwartung seitens des Staatssekretärs, »daß die geplante Veranstaltung auf den Kirchenraum beschränkt bliebe und jede Form

---

42 Die Vereinbarung vom 11. Juli 1953, ebd., fol. 15.
43 Der Rat der Evangelischen Kirche in Deutschland – Der Vorsitzende, ebd., fol. 14.
44 Entschließung der Gliedkirchen im Gebiet der DDR zur Schulfrage, 3. Dezember 1954. In: KJ 1955, 285-287.
45 Bericht über den Besuchsdienst von Landesjugendpfarrer Bracht – Wiesbaden, Dessau, 7. Juni 1954, in: AELKA, B 6, Nr. 1403, fol. 10.
46 Landeskirchenrat an Propst D. Grüber, 6. Juni 1956, in: ebd., hinter fol. 46.
47 Akten des evangelischen Landeskirchenrats: Jugendwerk (seit 1954): Aktenvermerk, Dessau 15. Juni 1956, in: ebd., fol. 51.

von Demonstration vermeiden werden möchte«.[48] Dibelius kam, und 1.200 Menschen nahmen an dem Landesjugendtag teil.[49]

Im gleichen Jahr 1956 war aber deutlich spürbar, dass die Jugendarbeit nicht nur staatlicherseits unter Druck geriet, sondern in den Landeskirchen in der DDR auch mit finanziellen Problemen zu kämpfen hatte, da sie sich nicht selber trug und es eine Reihe von übergemeindlichen Einrichtungen gab, die von Kollekten und Zuschüssen aus den Landeskirchen abhängig waren.[50] Zugleiche Zeit sah man sich zunehmend wieder in einer Kirchenkampfsituation: Waldemar Schröter stellte auf der Frühjahrssynode 1956 fest, dass die Kirche einem erneut stark zunehmenden staatlichen Druck ausgesetzt war. Schröter zog Trost aus der Tatsache, dass der Kampf gegen die Junge Gemeinde 1953 glimpflich ausgegangen war und die EKD noch nicht gespalten, aber dem daraus gezogenen Gottvertrauen standen Tatsachen gegenüber, die zeigten, dass der Staat die Kirche wieder entschlossen bekämpfte. Dafür stand nicht zuletzt das Ende der Bahnhofsmission, die, wie schon einmal die Jungen Gemeinden, als Spionageorganisation diffamiert wurde, dafür standen aber auch die aggressive Durchsetzung der Jugendweihe und ebenso das Ende der staatlichen Unterstützung bei der Einziehung der Kirchensteuer.[51] Die Erwähnung der EKD war insofern symptomatisch, als die kleine Anhaltische Landeskirche ansonsten etwas isoliert dastand und in der Evangelischen Kirche der Union (EKU) bis zu ihrem Beitritt 1960[52] nur einen Gaststatus hatte. Wichtig war darum die große Schwester Kirchenprovinz Sachsen, mit der man in einigen Bereichen eng zusammenarbeitete.[53] Mit dem Beitritt zur EKU übernahm die Landeskirche dann auch deren Regelungen zur Frauenordination, so dass es Anfang der 1960er Jahre die ersten Pfarrerinnen gab, unter denen die spätere Kreisoberpfarrerin Dorothee Wagner zu nennen ist. 1964 gab es sechs Vikarinnen und zwei Vikare.[54]

1957 setzten sich die Querelen mit den staatlichen Stellen fort: Der für den 22. September 1957 geplante Landesjugendgottesdienst in Zerbst sollte unterbunden werden, auch hier siegte aber wieder die kirchliche Beharrlichkeit.[55] Als zusätzliches Arbeitsfeld wurde von der Jugendkammer Ost angesichts der

---

48 Ebd.
49 Kirchliche Jugendarbeit der Anhaltischen Landeskirche im Jahr 1956, 6. Februar 1957, in: ebd., fol. 59.
50 Kirchenkanzlei der EKD / Berliner Stelle (Jugendkammer) an Schröter, 3. Dezember 1956, in: ebd., fol. 57 I.
51 Frühjahrssynode 1956, Bericht Schröter, in: AELKA, B 3, Nr. 15, 6, 7, 11, 15.
52 Frühjahrssynode 1961, Bericht des Präses der Synode, in: AELKA, B 3, Nr. 22, 14.
53 Frühjahrssynode 1957, Bericht Schröter, in: AELKA, B 3, Nr. 16, 5.
54 Bericht des Kirchenpräsidenten, erstattet vor der Anhaltischen Synode am 13. November 1964, in: AELKA, B 3, Nr. 28, Bd. II, 65 f.
55 Bericht über den Landesjugendgottesdienst am Sonntag, den 22. September 1957, in Zerbst, in: AELKA, B 6, Nr. 1403, fol. 70.

Veränderung der Dorfstrukturen durch die Zwangskollektivierung der »Dienst an der Landjugend« erschlossen.[56] Ein Sorgenkind war das Cyriakusheim in Gernrode, das erhebliche Mittel verschlang, nicht zuletzt für Renovierungen.[57] Die kirchliche Jugendarbeit wurde mit großem Engagement, aber mit kleiner werdenden Zahlen weitergeführt.

Die Jugendarbeit blieb ein dauerndes Angriffsziel des Staates, wogegen sich 1958 wiederum kirchlicher Protest erhob, nachdem erneut viele Freizeitenheime geschlossen worden waren.[58] Hinzu kam nun die staatliche Propaganda gegen den 1957 zwischen der EKD und der Bundesregierung geschlossenen Militärseelsorgevertrag, aus dem die ostdeutschen Landeskirchen 1958 wieder aussteigen mussten, was Ihnen aber nicht die staatliche Diffamierung als »NATO-Kirche« ersparte.

Nachdem die ostdeutschen Landeskirchen einsehen mussten, dass sie dem Staat nicht gewachsen waren, blieb ihnen nur, klein beizugeben. Ein »Gemeinsames Kommuniqué« des Ministerpräsidenten Otto Grotewohl und Kirchenführern unter der Leitung des Thüringischen Landesbischofs Moritz Mitzenheim im Jahre 1958 dokumentierte das Desaster. Mitzenheim machte viele Zugeständnisse, ohne dafür etwas zu bekommen. Die Kirche verpflichtete sich zur Loyalität; sie akzeptierte nun die Verhältnisse in der DDR und verzichtete darauf, sich weiterhin auf die Verfassung von 1949 und die ihr dort garantierten Rechte zu berufen.

III Die DDR erfindet sich, die Kirche ist zum Arrangement verurteilt

Im Jahre 1963 erschienen zwei Texte, die das Spannungsfeld innerhalb des Protestantismus in der DDR absteckten. 1963 verabschiedeten die ostdeutschen Landeskirchen *Zehn Artikel über Freiheit und Dienst der Kirche*, die einen Weg suchten zwischen der Konfrontation und der willigen Anpassung an die politischen Verhältnisse und die sich anlehnen wollten an die Barmer Theologische Erklärung. Die lutherische Zwei-Reiche-Lehre wurde hier so interpretiert, dass man zu unterscheiden habe zwischen dem Dienst in der sozialistischen Gesellschaftsordnung und dem Atheismus, dem man sich zu verweigern habe. Die Obrigkeit dürfe sich nicht zum Herrn über die Gewissen machen.[59] Einer der Artikel forderte auch den Schutz der Wehrdienstverweigerer. Die Folge war eine scharfe Kritik von Seiten der DDR-Führung. Die Zehn Artikel durften nicht gedruckt werden und wurden so nur wenig bekannt.

---

56 Kirchenkanzlei der EKD / Berliner Stelle (Jugendkammer), 3. Februar 1958 in: ebd., fol. 79.
57 Z. B.: Mitarbeiterkonferenz am 22. Juni 1965 in Drosa, in: ebd., fol. 297.
58 Bericht über die Behinderung der Kirchlichen Jugendarbeit im Sommer 1958. In: KJ 1958, 157-159.
59 Zehn Artikel über Freiheit und Dienst der Kirche. In: KJ 90 (1963), 181-185.

Eine angepasste Position vertrat der »Weißenseeer Arbeitskreis«. Er verabschiedete ebenfalls 1963 »Sieben Sätze von der Freiheit der Kirche zum Dienen«, in denen der Staat im Anklang an die Barmer Theologische Erklärung als »gnädige Anordnung Gottes« bezeichnet wurde und in denen der Kirche die Aufgabe zugemessen wurde, gesellschaftliche Verantwortung zu übernehmen. Die Kirche dürfe sich nicht vom weltanschaulichen Gegenüber von Theismus und Atheismus fixieren lassen.[60] Diese Äußerungen konnten dem Staat als Beleg dafür dienen, dass es durchaus eine staatskonforme Theologie gab.

Solche Standortbestimmungen waren das eine, die staatlichen Ein- und Ausgrenzungen von Religion und Kirche das andere. Und wieder waren Kinder, Jugendliche und junge Erwachsene die hauptsächlichen Opfer: Dafür stehen das Jugendgesetz der DDR von 1964, das Gesetz über das einheitliche sozialistische Bildungssystem von 1965, das Familiengesetzbuch aus dem gleichen Jahr und die sogenannte III. Hochschulreform, die 1967 begonnen wurde.

Dem Jugendgesetz von 1964 war 1963 ein »Jugendkommuniqué« vorausgegangen, das gerne als »liberal« verstanden wurde, was nur möglich ist, wenn man nicht berücksichtigt, dass alle »Liberalität« nur in den engen Grenzen der Parteivorgaben gewährt war, nicht aber darüber hinaus im Hinblick auf eine mögliche religiöse Identität von Jugendlichen: »Weil sie die Gesellschaft nicht erkennen konnten, suchten sie oft einen Ausweg in religiösen Vorstellungen«, hieß es über Jugendliche in »kapitalistischen« Gesellschaften. Umso heller strahlte demgegenüber das Licht des Sozialismus.[61] Das Jugendgesetz von 1964 sprach dann eine deutliche Sprache: Das Ziel war die verstaatlichte »sozialistische Persönlichkeit«, die für den »umfassenden Aufbau des Sozialismus« herangezogen werden sollte.[62] Den Schlussstein bildete das Gesetz über das einheitliche sozialistische Bildungssystem, das das Bildungswesen einer durchgreifenden Gleichschaltung unterwarf und dessen Leitprinzipien Konformität, Gehorsam und wirtschaftlicher Nutzen waren. Im »sozialistischen Zeitalter«, das hier propagiert wurde, konnte für Religionsfreiheit kein Platz mehr sein.[63]

Die 1965 vom Landeskatecheten Gert Lewek auf der Synode vorgetragene Auffassung, die Zusicherung des gleichen Rechtes auf Bildung für alle Bürger

---

60 Von der Freiheit der Kirche zum Dienen. In: KJ 90 (1963), 194–198.

61 Kommuniqueì des Politbüros des Zentralkomitees der Sozialistischen Einheitspartei Deutschlands zu Problemen der Jugend in der Deutschen Demokratischen Republik, online verfügbar unter: URL: <http://deutschland1949.de./images/sidebar/DDR-Sozialpolitik/Dok%2011-Jugendkommunique-1963.pdf> (28.3.2023).

62 Gesetz über die Teilnahme der Jugend der Deutschen Demokratischen Republik am Kampf um den umfassenden Aufbau des Sozialismus und die allseitige Förderung ihrer Initiative bei der Leitung der Volkswirtschaft und des Staates, in Beruf und Schule, bei Kultur und Sport, online verfügbar unter: URL: <https://www.verfassungen.de/ddr/jugendgesetz64.htm> (28.3.2023).

63 Gesetz über das einheitliche sozialistische Bildungssystem, online verfügbar unter: URL: <https://www.verfassungen.de/ddr/schulgesetz65.htm> (28.3.2023).

der DDR im Gesetz über das einheitliche sozialistische Bildungssystem beinhalte, dass »in Zukunft allein die Leistungen der Schüler entscheiden«, war eine reine Wunschvorstellung. Allerdings machte Lewek zugleich deutlich, dass die ideologische Grundlage des Gesetzes eine erhebliche Herausforderung darstellte und dass das Nachmittagsprogramm staatlicher Freizeitverpflichtungen die Christenlehre bedrohte. Diese wiederum wurde von Lewek ganz typisch so charakterisiert: »Christenlehre will den Kindern einen sogenannten behüteten Raum schenken, in dem ihnen Hilfen zum rechten Wachstum und zur sachgerechten Entscheidung gegeben werden. Und deshalb ist Erziehung nur in der Freiheit möglich.«[64]

Den Kirchen blieb nach intensiven Beratungen über die Folgen des Gesetzes, die aber nicht zu einer einhelligen Stellungnahme führten,[65] nur noch der Protest auf landeskirchlicher Ebene. Dafür steht beispielhaft eine Handreichung der Kirchenleitung der Kirchenprovinz Sachsen, die das Gesetz über das einheitliche sozialistische Bildungssystem kritisch evaluierte und die Eltern aufrief, sich zu Wort zu melden, wenn ihre Kinder benachteiligt würden.[66] Solche Proteste gab es, aber diese blieben eben Einzelfälle. Die SED-Diktatur konnte sich ihrer Sache sicher sein. Auch der Anhaltische Landeskirchenrat verfasste ein Schreiben, das an die zuständige staatliche Kommission gerichtet war: Man sei »auf dem Wege zu einer Art atheistischer Bekenntnisschule«.[67]

Das Familiengesetzbuch von 1965[68] sprach eine für die Kirchen schon vertraute Sprache: Ehe und Familie standen unter dem Vorzeichen einer sozialistischen Gesellschaft, und den Eltern kam die Aufgabe zu, die Kinder »zu aktiven Erbauern des Sozialismus zu erziehen« (§ 3). Dies schloss eine religiöse Erziehung aus. Nicht zuletzt aber irritierte die Erleichterung der Scheidung und die Betonung der Gleichberechtigung von Mann und Frau, die als Pflicht zur Berufsausübung interpretiert wurde, die Kirchen.[69] Mit der Verfassung von 1968 erhielt die Gesetzgebung einen Unterbau, an dem sich die Kirchen auch nur noch abarbeiten konnten. Immerhin wurden sie nicht gänzlich daraus gestrichen, sondern nach vorherigen Protesten immerhin erwähnt.

---

64 Frühjahrssynode 1965, Bericht Landeskatechet Dr. Lewek, in: AELKA, B 3, Nr. 29, fol. 101 f, 111.
65 Aktenvermerk betr. Besprechung der Gliedkirchen über den Entwurf des Jugendgesetzes am 11. Oktober 1963, in: AELKA, B 6, Nr. 1403, fol. 214.
66 Handreichung der Kirchenleitung der Kirchenprovinz Sachsen. In: KJ 1965, 150-152.
67 Landeskirchenrat an die Staatliche Kommission zur Gestaltung des einheitlichen sozialistischen Bildungssystems, Teil des Berichts von der Herbstsynode 1964, in: AELKA, B 3, Nr. 28, Bd. II, 83 f.
68 Familiengesetzbuch der Deutschen Demokratischen Republik, online verfügbar unter URL: <https://www.verfassungen.de/ddr/familiengesetzbuch65.htm> (28.3.2023).
69 Konferenz der Evangelischen Kirchenleitungen in der DDR an den Vorsitzenden des Ministerrates, 12. Juli 1965. In: KJ 1965, 157 f.

Mit der Erfindung der DDR als eines eigenen Staates war der Bruch der EKD als letzter gesamtdeutscher Institution fast unausweichlich. Der politische Druck war immens, und die ostdeutsche EKD-Teilsynode, die 1967 in Fürstenwalde tagte, gab ihm nach, wenn auch in verklausulierter Form. Nur durch die Trennung von der EKD konnten die ostdeutschen Landeskirchen den dauernden Propagandahagel abmildern, der der westdeutschen »Militär-« und »NATO-Kirche« galt – in diesem Sinne tat sich auch die Ost-CDU, namentlich Gerald Götting, hervor.[70] Ein wesentliches Ziel der Angriffe bildete der »Alleinvertretungsanspruch« der Bundesrepublik, also das, was man Hallstein-Doktrin nannte und was zu dieser Zeit auch schon in Westdeutschland fraglich wurde. Kirchenpolitik war nun ein Teil der Deutschlandpolitik der SED-Diktatur geworden, und die evangelische Kirche sollte in die engen Grenzen der kleinen DDR eingepasst werden. Das leistete die Gründung des Kirchenbundes nicht in gewünschter Weise, denn immerhin blieb es laut dessen Grundordnung bei der »besonderen Gemeinschaft der ganzen evangelischen Christenheit in Deutschland«.

---

70 Z. B.: Rede am 9. Februar 1967 in der Friedrich-Schiller-Universität Jena. In: KJ 1967, 182 f.

Kirchenleitendes Handeln in Anhalt 1949 bis 1969

Von Helge Klassohn

Sachgemäße Kirchenleitung geschieht nach den Worten Friedrich Schleiermachers, indem gemeinsam Theologie betrieben wird im Hören auf das Wort Gottes in der Heiligen Schrift und in deren Auslegung im Hinblick auf die Lebensfragen der Menschen. Die Bindung an das Wort Gottes und an das Bekenntnis der Kirche unterscheidet das Handeln einer Kirchenleitung von der Leitung einer weltlichen Behörde, eines Vereins oder einer Partei. Dieses geistliche Verständnis kirchenleitenden Handelns bildete die Grundlage für die Kritik der Bekennenden Kirche an dem von den Deutschen Christen »gleichgeschalteten«, der Politik und Ideologie der NS-Diktatur widerspruchslos angepassten Landeskirchenrat in den Jahren 1933 bis 1945. Es bestimmte auch das Handeln der Mitglieder des anhaltischen Landeskirchenrats sowie der anderen evangelischen Kirchenleitungen in der SBZ und späteren DDR in den Jahren nach 1945.

I Die gesellschaftliche und kirchliche Situation nach dem 8. Mai 1945

Das Ende des Krieges und der NS-Diktatur zeigte auch in Anhalt das ganze Ausmaß der Zerstörungen und Verluste. Die Innenstädte von Dessau und Zerbst waren zu 80 Prozent zerstört. Auch die Kirchen, Pfarr- und Gemeindehäuser in Dessau und Zerbst waren meist Ruinen. Viele Gemeindeglieder waren umgekommen, zwölf von 123 aktiven anhaltischen Pfarrern waren gefallen, mehrere in Kriegsgefangenschaft.[1] In den Städten und Dörfern musste ein nicht abreißender Strom von Flüchtlingen und Vertriebenen untergebracht und ernährt werden. Es gab einen ungeheuren Mangel an Wohnraum, Kleidung, Nahrungsmitteln, Medikamenten, Einrichtungsgegenständen, Baumaterialien, an Krankenhaus-, Schul- und Arbeitsplätzen. In Anhalt lebten ein Fünftel mehr Evangelische als 1939. Auf jeden amtierenden Pfarrer kamen allein in Dessau 5.000 Gemeindeglieder. Nach dem völligen Zusammenbruch der NS-Herrschaft standen die von der amerikanischen und der sowjetischen Besatzungsmacht neu eingesetzten Verwaltungsbehörden vor schier unerfüllbaren Aufgaben und Erwartungen.

---

1 Hermann GRAF, Anhaltisches Pfarrerbuch. Die Evangelischen Pfarrer seit der Reformation, Dessau 1996, 38f. Verwendet wurde, ohne die Daten im Folgenden im Einzelnen nachzuweisen, Axel VOIGT: Geschichte Anhalts in Daten, Halle 2014.

Am 26. Mai 1945 hatte die amerikanische Sieger- und Besatzungsmacht einen neuen Landeskirchenrat als Kirchenleitung der Evangelischen Landeskirche Anhalts aus Mitgliedern des BK-Landesbruderrates eingesetzt, der am 17. Juli 1945 in einer ersten öffentlichen Erklärung bekundete: »Ein völlig neuer Anfang tut not. Wir wollen in Abkehr vom faschistischen Geist unserem Volke mit den Kräften dienen, die uns im christlichen Glauben geschenkt sind«.[2]

Ende Juni, Anfang Juli zogen die amerikanischen Truppen aus Anhalt ab und wurden vereinbarungsgemäß durch Truppen der sowjetischen Roten Armee ersetzt, die ihre Bezirkskommandantur in Dessau als oberste Behörde der SMAD in Anhalt einrichtete. Die von ihr angeordnete Bodenreform und die Wirtschaftsreform mit der Enteignung der Großbetriebe und deren »Überführung in Volkseigentum« veränderten dann auch das gesellschaftliche Machtgefüge grundlegend. Die Demontage von über 1.000 Industriebetrieben in der SBZ als Reparationsleistungen bedeutete einen weiteren tiefen Einschnitt in die Wirtschaftsstruktur. Verhaftungen und politisch gelenkte Gerichtsverhandlungen, das willkürlich-brutale Vorgehen der sowjetischen Besatzungsmacht mit überfallartig durchgeführten Verhaftungen, die bewusst grobschlächtige, denunzierende Sprache in der oft wahrheitswidrigen, kollektivistischen und antiwestlichen Agitation und Propaganda, die offensichtliche politische Unfreiheit der in den »Demokratischen Block« (später »Nationale Front«) genötigten bürgerlichen Parteien, die Heranziehung politisch gewendeter »kleiner« Nazis, die Behinderung »bürgerlicher« Eigentümer beim Wiederaufbau ihrer zerstörten oder beschädigten Immobilien – dies alles schuf ein gesellschaftliches Klima, in dem Angst und Lüge bald wieder das Leben von Menschen beherrschten, die voller Hoffnung an den Aufbau einer neuen Gesellschaft gegangen waren, in der auch Glaube und Kirche ihren Platz haben sollten. Viele Menschen, vor allem aus den bürgerlichen Schichten, flohen in den Westen Deutschlands.

In der Schul- und Bildungsreform waren zunächst auch progressive pädagogische Reformansätze aus der Weimarer Zeit aufgenommen worden; sie mussten jedoch bald einer konfrontativen und ideologisch-doktrinären Jugend-, Schul- und Hochschulpädagogik weichen. Die von der SED gelenkten Jugend- und Kinderorganisationen FDJ und Junge Pioniere wurden von kommunistischen Kadern sehr bald am sowjetischen Vorbild einer monopolisierten marxistisch-leninistischen Kinder- und Jugendarbeit ausgerichtet, in der ein gesellschaftliches Engagement aus christlicher Motivation und in kirchlicher

---

2 Zitiert nach: Christoph SCHRÖTER: Die Situation der anhaltischen Pfarrerschaft vor und nach 1945. In: Amtsblatt der Evangelischen Landeskirche Anhalts Nr.3, 1996, 17-21, hier: 18. Vgl. Helge KLASSOHN: Kirchenleitung als Dienst unter dem Wort. Martin Müllers kirchenleitendes Wirken in der Evangelischen Kirche Anhalts – Eine zeitgeschichtliche Würdigung. In: Dr. Martin Müller (1903-1989). Pfarrer und Kirchenpräsident in Anhalt – zum 100. Geburtstag am 24. März 2003, hrsg. von der Kirchengeschichtlichen Kammer für Anhalt, Dessau 2003, 15-44, hier: 15, 22.

Bindung keinen Platz hatte.³ Die auch in Anhalt mit viel Elan und Kreativität aufgebaute evangelische Kinder- und Jugendarbeit wurde von den »Kadern« sehr bald als »ideologisch rückschrittlich«, »feindlich« und »vom Westen gelenkt« denunziert und mit Mitteln der Propaganda und Repression behindert und bekämpft.

II   »Schmach und Schuld« und ein Neuanfang im besetzten Deutschland: 1945 bis 1949

Nach der Auffassung der sich in den Jahren 1933 bis 1945 zur Bekennenden Kirche haltenden Theologen und Gemeindeglieder dürften Kirchenleitungen im Gehorsam gegenüber dem Evangelium den Konflikt um der Wahrheit willen nicht scheuen. Zugleich seien sie an die Gemeinschaft und die Beratung mit den Brüdern und Schwestern im Glauben gewiesen. Erhaltung und Wiederherstellung der organisatorischen und institutionellen Ordnungen der Kirche sei eine legitime und dringende Aufgabe; doch in ihnen müsse nach Schrift und Bekenntnis verkündigt und gehandelt werden: Sie müssten also der Ausrichtung des Christuszeugnisses an alle Völker (Matth. 28) weiter dienen. Diese Einstellung ist auch im kirchenleitenden Handeln von Pfarrer Georg Fiedler, Rechtsanwalt Friedrich Körmigk und Pfarrer Lic. Martin Müller als Mitgliedern des im Jahre 1945 neugebildeten Landeskirchenrats zum Ausdruck gekommen. Sie blieben weiterhin auch Mitglieder des anhaltischen Landesbruderrates der Bekennenden Kirche.⁴ [Abb. 3] Dies bestimmte auch ihre Haltung bei den Entscheidungen in der grundsätzlichen Frage: Neuaufbau einer bruderrätlich

---

3 Vgl. Fritz DORGERLOH: Geschichte der evangelischen Jugendarbeit, Teil 1: Junge Gemeinde in der DDR, Hannover 1999, 17-71; Klaus-Peter HERTZSCH: Sag es meinen Kindern, dass sie weiterziehen. Erinnerungen, Stuttgart 2002, 49-65. Zur Kultur- und Bildungspolitik der SMAD: Norman M. NAIMARK: Die Russen in Deutschland, Berlin 1999, 465-540.

4 Der anhaltische Landesbruderrat teilte dem Landeskirchenrat am 10.7.1946 mit, dass der er neu gebildet worden sei. Als Mitglieder werden benannt: Kirchenrat Lic. Müller, Dessau; 2. Kirchenrat Fiedler, Dessau; 3. Kirchenrat Friedrich Körmigk, Dessau; 4. Pfarrer Walter Müller, Gernrode; 5. Dipl. Ing. Schneider, Roßlau; 6. Pastor Waldemar Schröter, Bernburg; 7. Pfarrer Lic. Waldemar Schröter, Wörbzig; 8. KOP Karl Windschild, Köthen. Der Landesbruderrat habe »auf die Funktion der geistlichen Leitung, die er während des Kirchenkampfes ausgeübt habe, nunmehr verzichtet«; AELKA, B 6, 7/14 (Tgb.Nr. 2519). Diese Entscheidung ergab sich wohl daraus, dass die ersten drei der genannten Mitglieder auch Mitglieder des neugebildeten LKR waren und schon grundlegende Maßnahmen zur Wiederherstellung der verfassungsgemäßen Ordnung und Leitung der Landeskirche vor der DC-Machtübernahme ergriffen sowie die Trennung von den am meisten durch die Teilhabe am Unrechtsregime des DC-LKR Belasteten herbeigeführt hatte. Der anhaltische Landesbruderrat war in der Nachkriegszeit durch seinen Vorsitzenden auch im Bruderrat der EKD vertreten. Vgl. Helge KLASSOHN: Die Evangelische Landeskirche Anhalts in der Zeit des Nationalsozialismus 1933 bis 1945. In: Die Evangelische Landeskirche Anhalts in der Zeit des

Abb. 3: Gespräch bei einem Besuch Martin Niemöllers in Dessau 1952 (v.l.n.r.):
KR Friedrich Körmigk, KR Martin Müller, Niemöller und KR Hermann Fischer. AELKA.

geleiteten, bekennenden Gemeindekirche und Wiederherstellung einer auf den Gemeinden sich aufbauenden Landeskirche, als »Landeskirchengemeinde in Anhalt« für die Menschen und mit den hier lebenden Menschen.

Zunächst sah der neue Landeskirchenrat seine Aufgabe in der Zusammenführung der Evangelischen in der wiederherzustellenden Rechtsordnung von vor 1933, damit die Kirche gerade »angesichts von Schmach und Schuld« ihren »Dienst der Verkündigung, der Hoffnung, der Stärkung des Vertrauens, des Trostspendens und der Darbietung überzeitlicher Werte« ausrichten könne. In diesem Sinne erklärte KOP Max Weyhe als Präses zur Eröffnung der ersten Sitzung des nach Kriegsende nun wieder verfassungsgemäß gewählten Vierten Landeskirchentages in Dessau vom 12. bis 13. November 1945, dass dieses Gremium nach der Verfassung »eingegliedert in die Rechtsform der Landeskirche«, Vertreter der Landeskirchengemeinde, »Träger der Kirchengewalt« und Teil der »äußerlich zusammenfassenden, verwaltenden Rechtskirche« sei. Von daher habe der Landeskirchentag auch die dringend notwendigen kirchenrechtlichen Regelungen vorzunehmen, finanzielle Sorgen zu beheben und Einzelheiten der Verwaltung und des Kirchenregimentes zu verhandeln. Die Landeskirche, so Weyhe, sei nicht das Reich Gottes. Aber sie glaube an das Reich Gottes und wisse darum, dass es schon in ihr angebrochen sei.[5]

Der Landeskirchentag beschloss, dass die verfassungswidrigen Gesetzesverordnungen vom 22. Dezember 1938 über die zusätzlichen Vornamen für

---

Nationalsozialismus (1933 bis 1945), hrsg. von der Kirchengeschichtlichen Kammer für Anhalt, Dessau 2015, 41-58.
5 Eröffnungsrede des Vorsitzenden des Landeskirchentages zur 1. Sitzung des 4. Landeskirchentages, in: AELKA, B 3, Nr. 1, fol. 13r-14v.

Menschen jüdischer Herkunft, vom 2. Februar 1939 über die kirchliche Stellung von evangelischen Gemeindegliedern jüdischer Herkunft, vom 30. März 1939 über die Versetzung von Geistlichen »aus dienstlichen Gründen« und vom 28. Dezember 1941 über den Ausschluss von getauften Gemeindegliedern jüdischer Herkunft aus der evangelischen Kirche mit sofortiger Wirkung aufgehoben seien.[6]

KR Fiedler berichtete am 19. Februar 1946 vor dem nun wieder verfassungsgemäß gewählten Landeskirchentag,[7] dass der Landeskirchenrat Verbindungen zur EKD-Geschäftsstelle in Schwäbisch Gmünd aufgenommen habe, da die Landeskirche nach Paragraph 1 ihrer Verfassung »Glied der Evangelischen Kirche in Deutschland« sei. Die Einladung zur ersten Konferenz ihrer Kirchenführer im August 1945 hatte die Landeskirche nicht erreicht. Die Kirchen in der SBZ hätten sich auf einer Tagung in Berlin am 27. August und 2. September 1945 zu einer regelmäßig tagenden Konferenz »enger zusammengeschlossen«, an der neben der Kirche der ApU, Sachsen, Thüringen und Mecklenburg auch Anhalt vertreten sei. Sie hätten den Leiter der ApU, Bischof Otto Dibelius, Berlin, zu ihrem Vertrauensmann ernannt. Für kleinere Landeskirchen wie Anhalt sei ein solcher Zusammenschluss »aus äußeren wie inneren Gründen« sehr erwünscht, da sie dadurch »reiche Anregung« und Gelegenheit zu gegenseitigem Materialaustausch hätten. Auch mit der sächsischen Provinzialkirche sei man in Verbindung getreten. »Eine Eingliederung der Anhaltischen Landeskirche« erscheine »manchen Stellen der staatlichen Verwaltung wie der Provinzialkirche als das Gegebene«. Der Landeskirchenrat stehe diesem Gedanken »grundsätzlich nicht ablehnend gegenüber«, jedoch auch auf dem Standpunkt, dass »erst jede der beiden Kirchen in sich geordnet sein muss«, ehe über eine Verschmelzung »ernstlich verhandelt« werden könne. Und da sei die Anhaltische Kirche in ihrer Neuordnung ihrer größeren Schwesterkirche um ein Beträchtliches voraus. Auf der Grundlage mehrerer Verordnungen des Landeskirchenrats seien die Gemeindekirchenräte arbeitsfähig gemacht und durch Wahlen ein verhandlungsfähiger Landeskirchentag verfassungsgemäß gebildet worden; auch die kirchliche Verwaltung und der Pfarrerstand seien in einem Akt der »Selbstreinigung der Kirche« vom »Irrgeist der nationalkirchlichen Einung«[8] gesäubert worden. Der anhaltische DC-Führer August Körner sei aus dem Kirchendienst entfernt, und drei aus dem Kriegsdienst heimkehrende, besonders exponierte DC-Pfarrer nicht wieder aufgenommen

---

6 Klassohn: Kirchenleitung (wie Anm. 2), 23.
7 Bericht von Kirchenrat Georg Fiedler vor dem Landeskirchentag am 19.2.1946, in: AELKA, B 3, Nr. 1, fol. 60r-61v. Zur Kirchenleitung in Anhalt 1945-1989: Veronika ALBRECHT-BIRKNER: Freiheit in Grenzen. Protestantismus in der DDR (Christentum und Zeitgeschichte; 2), Leipzig 2018, 125-130.
8 Bericht Georg Fiedler (wie Anm. 7).

worden.⁹ Ferner sei eine geringe Zahl von Beamten bzw. Angestellten entlassen und eine Anzahl von aktiven DC-Pfarrern innerhalb der Landeskirche versetzt worden. Von allen Pfarrern mit DC-Mitgliedschaft werde eine theologische Erklärung erwartet, die eine »gedeihliche Zusammenarbeit mit der jetzigen Kirchenleitung gewährleiste«, und zudem werde die Gelegenheit zu klärenden Aussprachen in theologischen Arbeitsgemeinschaften angeboten.¹⁰

Fiedler verkündete auch, es sei die »Leitung der Anhaltischen Kirche eindeutig aus den Händen der D.C. genommen«,¹¹ die nicht nur »äußerlich unmöglich geworden, sondern auch innerlich gescheitert« war. Die Frage: ›Bruderrätliche Neuordnung oder Restauration der Kirche?‹ nahm er auf folgende Weise auf: Das »Verdienst der B.K. im Kirchenkampfe« werde »heute wohl allgemein anerkannt«. So müsse auch der »Ertrag des Kirchenkampfes in der Führung und Art der Kirche sichtbar werden«. Zwar knüpfe man an die »alte Kirchenverfassung« an, aber diese sei nicht »ideal« gewesen, sondern müsse »vielmehr nach dem, was inzwischen kirchlich erarbeitet und erkämpft« sei, »einer gründlichen Überprüfung unterzogen werden«.¹²

Fiedler streifte auch das »Stuttgarter Schuldbekenntnis« vom 18./19. Oktober, dem er die Ermöglichung echten Vertrauens und ökumenischer Gemeinschaft zutraute,¹³ ging aber auf die deutsche Schuldproblematik und auf die deutschen Verbrechen insbesondere an den Juden nicht näher ein. Schließlich gedachte er »in Ehrfurcht und Dankbarkeit der Opfer dieses Krieges, vor allem derer, die von unserer Heimatkirche und ihrem Pfarrerstande gebracht worden sind«, und schloss seinen Bericht ganz im Ton der Bekennenden Kirche mit den Worten: »Alle unsere »Maßnahmen aber [...] sind diktiert von dem Bemühen um die Sache in der Verantwortung vor dem Herrn der Kirche, unserem Herrn Jesus Christus«.¹⁴

Im gesellschaftlichen Leben der SBZ mit ihrer marxistisch-leninistischen Ideologie sowjetisch-stalinistischer Observanz begegnete der Kirche nun freilich das Gegenteil: Nach anfänglichem, offiziellem Entgegenkommen gegenüber Christentum und Kirche setzten sich in der von der SMAD gesteuerten Politik der in der Sowjetunion geschulten kommunistischen Kader die Prinzipien der sowjetischen Religions- und Kirchenpolitik durch. Danach war das Christentum als »reaktionäre bürgerliche Ideologie« und Ausdruck »verkehrten Denkens« grundsätzlich abzulehnen und nur einer auf das gottesdienstliche Leben beschränkten »Kultkirche« eine begrenzte Fortexistenz zuzugestehen. Alle über dieses sowjetische Vorbild hinausgehenden kirchlichen Aktivitäten wurden

---

9 Vgl. ebd., fol. 60v: Wolfgang Sachs, Hans Wolzendorf und Erich Bergmann.
10 Hierzu vgl. den Beitrag von Lambrecht KUHN im vorliegenden Buch.
11 Bericht Georg Fiedler (wie Anm. 7), fol. 61r.
12 Ebd..
13 Ebd., fol. 60r.
14 Ebd., fol. 61v.

verdächtigt, unter dem Einfluss von dem Aufbau eines neuen, »wirklich demokratischen« Staatswesens nicht wohlgesonnener, »westlich-imperialistischer Kräfte« zu stehen. Sie wurden entsprechend propagandistisch denunziert und im Lauf der kommenden Jahre auch mehr und mehr mit administrativen Maßnahmen bekämpft.

III Neue kirchliche Ordnungen und die militante atheistische Bedrängung: 1949 bis 1961

Die Jahre um 1949 waren zunächst auch für die Landeskirche durch einen Aufschwung des kirchlichen Lebens geprägt. Dies gilt insbesondere für die Jugend- und Kinder- (Christenlehre und Junge Gemeinde, Bibelrüstzeiten) sowie die Studentenarbeit (Ev. Studentengemeinde in Köthen), die in Bibel- und Bekenntnisorientierung Impulse aus der Bekennenden Kirche aufnahmen, aber auch für die Erwachsenenbildung und die von den Vertriebenen aus den östlichen Kirchenprovinzen der ApU mitgetragene rege Beteiligung am Gemeindeleben und an den ersten Kirchentagen.[15]

Der Aufschwung der kirchlichen Jugendarbeit war offensichtlich. Sie erschien in den Augen der SED- und FDJ-Funktionäre wohl als so provozierend, dass sie sich zu »Gegenmaßnahmen« veranlasst sahen.[16] Dabei ging es der kirchlichen Jugendarbeit gerade nicht um eine »gegen« den DDR-Sozialismus gerichtete westlich gesteuerte kirchliche »Kaderpolitik«, wie die SED-Führung argwöhnte, sondern um freiwillig, offen und friedlich gelebten Glauben, um die Anziehungskraft des Evangeliums von der freien Gnade Gottes in Jesus Christus und um ein durchaus anspruchsvolles kulturelles und literarisches, auch gesellschaftlich relevantes Diskussionsangebot.[17]

---

15 So der DEKT 1951 in Berlin unter der Losung »Wir sind doch Brüder« und der 1. Anhaltische Kirchentag in der Woche zwischen Pfingsten und Trinitatis 1952 in Bernburg mit dem Thema »Dein Wort ist meines Herzens Freude und Trost«. Die zentrale Bibelarbeit hielt Studentenpfarrer Johannes Hamel/Halle. Vgl. den Bericht von OKR Waldemar Schröter vor dem LKT im November 1952, AELKA, B 3, Nr. 2, fol. 19v. Zum Kirchentag in Dessau siehe auch den Beitrag von Joachim LIEBIG im vorliegenden Buch.

16 Die Zahl der Teilnehmer an den auch von Jugendlichen aus Anhalt gern besuchten Petersbergtreffen des Jungmännerwerks unter der Leitung von Diakon Fritz Hoffmann stieg von 600 im Jahre 1947 auf 5000 im Jahre 1952, vgl. Klassohn: Kirchenleitung (wie Anm. 2), 25; Dorgerloh: Jugendarbeit (wie Anm. 3), 52 f. An vielen Oberschulen hielten sich 50-70% der Schüler nach einer internen FDJ-Einschätzung aus dem Jahre 1952 zur Jungen Gemeinde. In der Jugendarbeit, aber auch auf vielen anderen kirchlichen Arbeitsfeldern gab es an Bibel und Christuszeugnis orientierte geistliche Aufbrüche. Das galt auch für Anhalt.

17 Davon berichtet eindrucksvoll auch Hertzsch: Erinnerungen (wie Anm. 3), 74-79. Zur SED-Jugendpolitik in der SBZ und späteren DDR: JUNGE UNION 1945-1950.

Angesichts der vielen neuen Gemeindeglieder aus den Ostgebieten bildete die Frage nach der Möglichkeit gemeinsamer Abendmahlsfeiern von Gottesdienstteilnehmern mit evangelisch-unierter, evangelisch-reformierter und evangelisch-lutherischer Konfession ein wichtiges Feld theologischer Diskussionen. In Anhalt war ihr mit der Verfassung von 1920 schon in konfessioneller Offenheit begegnet worden. Im Jahr 1956 befragte das Kirchenamt der VELKD die EKD-Gliedkirchen nach ihren Bestimmungen hinsichtlich »zwischenkirchlicher Abendmahlsgemeinschaften (Interkommunion)«.[18] Der anhaltische Landeskirchenrat verwies in seiner von KR Dr. Martin Müller unterzeichneten Antwort vom 28. Dezember dieses Jahres auf die Präambel der anhaltischen Kirchenverfassung und auf Art. 43 der nach 1945 neu formulierten »Ordnung des kirchlichen Lebens«. Ferner stellte er fest: »Die Evangelische Landeskirche Anhalts bejaht die Abendmahlsgemeinschaft mit allen evangelischen Christen. Angehörige einer anderen Konfession sind nicht ausgeschlossen«.[19]

In der Nachkriegszeit hatte es in den Gliedkirchen der EKD nach den Irrungen und der liturgischen Willkür der DC-Zeit auch sehr bald Bemühungen um eine schrift- und bekenntnisgemäße Form der Liturgie des sonntäglichen Hauptgottesdienstes gegeben. Allerdings blieb dies gerade in den weltanschaulichen Auseinandersetzungen in Ostdeutschland ein »innerkirchliches« Thema. Die VELKD hatte schon 1951 den von der lutherischen liturgischen Konferenz und vom liturgischen Ausschuss der VELKD erarbeiteten Entwurf einer Agende I (Hauptgottesdienst mit Predigt und Hl. Abendmahl) den Kirchenleitungen der EKD-Gliedkirchen zur Erörterung und Stellungnahme vorgelegt. Die Kirchenleitung der ApU beschloss am 13. Januar 1952, einen Agendenausschuss zu bilden. Die unierte anhaltische Landeskirche wurde eingeladen, ebenfalls einen Vertreter dorthin zu entsenden.[20]

Jugendpolitik in der sowjetisch besetzten Zone, hrsg. von Brigitte Kaff, Freiburg i.Br. 2003, 9-25, 245-265.
18 Mit Brief vom 17.11.1956, siehe AELKA, B 6, A 7/4 (Tgb.Nr. 8306/56).
19 Ebd. Diese in den ersten Nachkriegsjahren erstellte »Ordnung des kirchlichen Lebens« war wie die der EKU von den Erfahrungen der BK-Zeit und ihrem Gemeindeverständnis, nach welchem die Landeskirche als »bekennende Gemeindekirche« d.h. als Gemeinschaft der getauften, unter Gottes Wort Lebenden verstanden wurde und zugleich von der Annahme einer großen Mitgliederzahl, und von der Möglichkeit der Anwendung von Kirchenzuchtmaßnahmen geprägt war. Vgl. »Ordnung des kirchlichen Lebens für die Gemeinden der Evangelischen Landeskirche Anhalts vom 17.3.1953« und »Kirchengesetz über die Aberkennung kirchlicher Rechte und Versagung kirchlicher Dienste« vom 17.3.1953« im Amtsblatt. Die folgenden Jahre haben gezeigt, wie groß der Abstand zwischen diesem Kirchen- und Gemeindeverständnis und der Realität des Gemeindelebens unter den Bedingungen der vom SED-Staat forcierten Säkularisierung und der fortschreitenden Auflösung der volkskirchlichen Traditionen inzwischen geworden war.
20 AELKA, B 6, A 7/1 (Tgb.Nr. 1553/52).

In den anhaltischen Gemeinden waren vielfach nur noch die *Evangelische Agende für das Herzogtum Anhalt* von 1883, die *Agende für die Evangelische Landeskirche* von 1895 oder das *Kirchenbuch* von 1917 vorhanden. Sie waren in der Zeit nach 1920 und besonders in der DC-Zeit durch »moderne« und »volksnahe« Liturgien ersetzt worden, nun aber wieder sehr gefragt. In den Gemeinden habe, so KOP Werner Gerhard rückblickend 1961,»Unsicherheit und Willkür«[21] bei der Gottesdienstgestaltung geherrscht. Außerdem fehlten auch Agenden für die Amtshandlungen.[22] Im September 1953 lag schon der Entwurf einer neuen Agende für die ApU vor. Sie wurde in einigen Exemplaren der anhaltischen Landeskirche von der rheinischen Kirche zur Erprobung geschenkweise überlassen.[23]

Zur gleichen Zeit hatte die Einführung des nicht unumstrittenen *Evangelischen Kirchengesangbuchs* mit seiner für die Gemeinden ungewohnten, vielfach aus der Reformationszeit stammenden Sprache und Melodik stattgefunden. Es gab Vorbehalte gegenüber der nun ins Haus stehenden Einführung einer am Vorbild der Reformationszeit ausgerichteten Gottesdienstordnung.[24] Der Landeskirchenrat blieb aber bei seiner auch an der Zusammenarbeit mit den Kirchen der ApU orientierten Linie. Er empfahl nur, die so genannte »Dibeliusagende« auch den Lektoren für ihre Lesegottesdienst zur Verfügung zu stellen.[25] Nach der Erteilung der staatlichen Einfuhrgenehmigung konnten durch den Lutherverlag in Witten 110 Exemplare der neuen Unionsagende I und 100 Exemplare der Agende II an die anhaltische Landeskirche im Dezember 1956 auf Kosten der Rheinischen Kirche ausgeliefert werden.[26]

Es hatte freilich Einwände gegeben: So wurde die Sprache der ApU-Agende z. B. von Pfarrer und Gemeindekirchenrat in Wörlitz als »archaisierend«, »reka-

---

21 So Gerhard in seinem Bericht für den Agendenausschus an die Synode vom 4.12.1961, in: ebd. (Tgb.Nr. 6538/61), fol. 111.
22 Ebd. (Tgb.Nr. 4349/53).
23 Ebd. (Tgb.Nr. 6931/53). Dieser unierte Agendenentwurf wurde dann durch den LKR mit Rundschreiben Nr. 46 vom 15.3.1954 (ebd., Tgb.Nr. 1774/54) den anhaltischen Synodalen, Gemeindekirchenräten und Geistlichen zur »Erprobung der zukünftigen Gottesdienstordnung für Anhalt« vorgelegt.
24 Brief des Pfarramts Wörlitz vom 16.11.1954, ebd. Tgb.Nr. 8393/54. Zur Einführung des EKG und zum kirchlichen Leben in Brandenburg/Havel in den ersten Nachkriegsjahren: Albrecht SCHÖNHERR: ›... Aber die Zeit war nicht verloren‹. Erinnerungen eines Altbischofs, Berlin 1993, 161-163.
25 Rundschreiben des LKR gez. KR Dr. Müller, Nr. 17, vom 31.1.1956 (AELKA, B 6, A 7/1, Tgb.Nr. 795/56). Hier erwies sich auch bei Martin Müller die Prägung durch die jungreformatorische Theologie und die BK-Zeit als maßgebend. Für die Ordnung der Gottesdienste blieb bis zur formalen Einführung der neuen Agende ohnehin das »Anhaltische Kirchenbuch« von 1917 in Geltung. So KR Dr. Müller im Rundschreiben Nr. 12 vom 27.1.1956, ebd. (Tgb.Nr. 796/56).
26 Zum Vorgang vgl. AELKA, B 6, A 7/1 (Tgb.Nr. 171/56).

tholisierend« und »schwerfällig« kritisiert.²⁷ In diesem Zusammenhang spielte auch der seit der BK-Zeit von vielen Gemeinden im Gottesdienst als Ausdruck der Abkehr von den DC-Irrlehren gemeinsam gesprochene und in EKG und Agenden abgedruckte deutsche Text des Apostolischen Glaubensbekenntnisses als authentische Zusammenfassung der biblischen Glaubensaussagen durch die frühe Christenheit eine Rolle.²⁸ Für die kirchenleitenden Entscheidungen erwies sich auch in diesem Punkt die Zusammenarbeit mit den Landesbruderräten, nach 1945 auch mit den Kirchenleitungen der altpreußischen Union (später EKU), als hilfreich.²⁹ Der deutsche Text des Apostolikums für die Gemeinden unierter, lutherischer und reformierter Konfession wurde in Verhandlungen zwischen der EKU und der VELKD festgelegt, von deren Synoden beschlossen und zusammen mit der EKU-Agende auch vom Landeskirchenrat am 17. November sowie von der Synode am 12. Dezember 1961 angenommen.³⁰ Die Umsetzung der Beschlüsse erfolgte gegenüber den Gemeinden in der für die anhaltische Kirche typisch weitherzigen Weise:³¹ Der bisher hier nicht übliche liturgische Gesang vom Altar wurde ihnen nicht »abverlangt«, auf dem Mitsprechen des Apostolikums wurde »nicht unbedingt bestanden«, anstelle des Apostolikums konnten auch im Amtsblatt abgedruckte Glaubensliedstrophen gesungen werden.³²

Die von der SED gelenkten restriktiven Maßnahmen gegen den Aufschwung des kirchlichen Lebens blieben ein Dauerthema im Landeskirchenrat. Plumpe antichristliche Propaganda auch in Schulen und Hochschulen, verbunden mit Willkürmaßnahmen gegen Mitarbeiter, Gemeindeglieder sowie kirchliche und diakonische Einrichtungen beschäftigten Pfarrkonvente und Kirchenleitung. Die zuständigen Dezernenten suchten von Fall zu Fall mit Bezug auf die aus der Weimarer Verfassung in die DDR-Verfassung von 1949 übernommenen Religionsartikel richtigstellend und klärend zu reagieren und stellten sich schützend vor die Betroffenen. Aber das half oft genauso wenig wie die Mel-

---

27 Ebd. (Tgb.Nr. 1859/56).
28 Ebd. (Tgb.Nr. 54/61).
29 Für den Ausgang der Entscheidungsprozesse gerade in diesen Fragen waren besonders wichtig: Kirchenrat Dr. Martin Müller, Mitglied im EKU-Agendenausschuss, und KOP Werner Gerhard, Vorsitzender des Agendenausschusses. Zu Gerhard vgl. Graf: Pfarrerbuch (wie Anm. 1), 256.
30 LKR-Beschluss Nr. 18 vom 17.11.1961, in: AELKA, B 6, A7/1 (Tgb.Nr. 6538/61); Beschluss der Landessynode vom 12.12.1961 in: ebd., Nr. 7198/61.
31 An den Beratungen über die Einführung der neuen Agende waren Synode, Pfarrerschaft, Kirchenmusiker und Gemeindekirchenräte in Anhalt intensiv beteiligt. Eine Abweisung der Agende wäre allerdings den Gemeindekirchenräten nur aus konfessionellen Gründen (Bekenntnisstand) möglich gewesen, wobei es in Anhalt solche andere evangelische Konfessionen ausschließenden Bindungen wegen der Weite der hier nach der Kirchenverfassung von 1920 geltenden Union eigentlich nicht gab. S. o. Anm. 19.
32 Mit Rundschreiben Nr. 47 vom 19.6.1962. in: AELKA, B 6, A7/1 (Tgb.Nr. 4131/62).

dungen an die Kirchenkanzlei der EKD in Berlin/Ost. Die Existenz der Jungen Gemeinde wurde Anfang der 1950er Jahre in der Presse der gesamten DDR als »illegal« angeprangert. Die Jugendkammer Ost sollte aufgelöst werden, kirchlichen Jugendleitern wurde ihr Dienst unter Drohungen untersagt, teilweise das Eigentum von Zweigen der Jugend- und Studentenarbeit beschlagnahmt, das Tragen des »Bekenntniszeichens« verboten, die »Liquidierung« (!) der Jungen Gemeinde vom SED-Politbüro dann am 27. 1. 1953 beschlossen und eine Kommission unter der Leitung Erich Honeckers mit der Durchsetzung der Beschlüsse beauftragt.[33]

Katechetinnen, Pfarrer und Vikare, auch Studentenpfarrer und Diakone wurden in der DDR wegen »Boykotthetze« und »illegaler«, »friedensgefährdender Tätigkeit« verhaftet und zu Freiheitsstrafen verurteilt.[34] KR Hermann Fischer kritisierte in seinem Bericht an die Herbsttagung des Landeskirchentags 1952, dass die Teilnahme an Christenlehre und Konfirmandenunterricht durch den »Dienst« bei den Jungen Pionieren und der FDJ erschwert werde.[35] Die Bedrängungen richteten sich auch gegen die Diakonie. Im März 1953 wurde neben dem aufgrund vieler Jugendbegegnungen auch für Anhalt relevanten und beliebten Schloss Mansfeld in der Kirchenprovinz Sachsen (KPS) auch das Kinderheim der Anhaltischen Diakonissenanstalt in Ballenstedt beschlagnahmt und in »Volkseigentum« überführt. Am 24. April 1953 richtete der DDR-Innenminister einen Brief »an die Geistlichen der evangelischen Kirchen in der Deutschen Demokratischen Republik«, der den Kampf der DDR für den Frieden, die deutsche Einheit und gegen die »Bedrohung des Friedens« durch die westdeutsche Politik und deren versuchte Einflussnahme auf »kirchliche

---

33 Vgl. Dorgerloh: Jugendarbeit (wie Anm. 3), 63 f; Hertzsch: Erinnerungen (wie Anm. 3), 74 f; Johannes JÄNICKE: Ich konnte dabei sein, Berlin 1984, 156-159. In der FDJ-Zeitung *Junge Welt* hieß es, die Junge Gemeinde sei eine »Tarnorganisation für Kriegshetze, Spionage und Sabotage im Auftrag der westdeutschen und amerikanischen Imperialisten«. 1953 gab die FDJ auch die sowjetische Schrift von P.F. Kolonitzki über *Kommunistische und religiöse Moral* heraus, in welcher der Autor behauptete, dass die Religion »die Quelle der Heuchelei und der Lüge« sei und die »Diener der Kirche« im Widerspruch »mit dem Kampf für den Kommunismus« stünden. Albrecht Schönherr nennt in seinen Erinnerungen die Zahl von 3.000 Gliedern der Jungen Gemeinde in der DDR, die »von den Schulen verwiesen worden« seien; Schönherr: Erinnerungen (wie Anm. 24), 169.

34 Ebd., 169 f. Karl Barth setzte sich u. a. brieflich bei Staatssicherheitsminister Zaisser für sie ein. Öffentliche Erklärungen des anhaltischen LKR, die zu dieser Situation kritisch Stellung nahmen, gab es vor dem LKT. Es gab sie auch von der Kirchenleitung der KPS (vgl. Dorgerloh: Jugendarbeit [wie Anm. 3], 67). Siehe auch den LKR-Bericht gez. Waldemar Schröter, in: AELKA, B 3, Nr. 8, fol. 12 f.

35 Vgl. den LKR-Bericht gez. Hermann Fischer auf der Herbsttagung des LKT 1952, ebd., Nr. 7.

Kreise« in der DDR darzustellen suchte.[36] Für die durch den Kirchenkampf in der NS-Zeit geprägten Mitglieder von Landeskirchenrat und -tag hatte diese Art von »Kirchenkampf« eine völlig neue Dimension. Waren die NS- und DC-Intentionen auf die Umwandlung der Kirche in eine gleichgeschaltete »deutsche Volkskirche«, nicht aber auf deren Abschaffung gerichtet gewesen, so begegnete man im Sowjet-Sozialismus der Stalin-Ära einer Politik, die auf das beschleunigte Verschwinden jeglicher Religion gerichtet war.

Nach Stalins Tod im März 1953 wurde die SED-Führung nach Moskau bestellt und ihr vertraulich eine Lockerung ihrer rigiden Politik auf dem Wege zum Sozialismus, auch gegenüber den Kirchen, nahegelegt. Am 4. Juni 1953 wandte sich die Kirchliche Ostkonferenz der Kirchenleitungen an Ministerpräsident Otto Grotewohl, SED, und bat um ein klärendes Gespräch. Fünf Tage später sprach das Politbüro der SED in einem Kommuniqué von »schweren Fehlern« in der Vergangenheit. Am 10. Juni kam es zu einem Gespräch zwischen dem Ministerpräsidenten und den Geistlichen aller acht evangelischen Landeskirchen.[37] Im in der Presse veröffentlichten Kommuniqué wurde mitgeteilt, dass alle Maßnahmen gegen die Jungen Gemeinden, die Studentengemeinden und die relegierten Oberschüler sowie die Beschlagnahmungen von kirchlichen Einrichtungen zurückgenommen, Gerichtsurteile überprüft und Härtefälle ausgeglichen würden. Man erhoffte sich von den Kirchen wohl einen stabilisierenden und ausgleichenden Einfluss auf die angespannte gesellschaftliche Situation. Aber am 17. Juni brach in Ost-Berlin ein Streik der Arbeiter gegen ihre Arbeits- und Lebensbedingungen los, dem sich in der ganzen DDR schichtenübergreifend Menschen in spontanen Demonstrationen anschlossen. OKR Waldemar Schröter, Vorsitzender des Landeskirchenrats, bezog zu den Ereignissen vor dem Landeskirchentag im November Stellung, indem er ausführte, dass die Kirche darin einen »Aufschrei des Volkes, in Sonderheit des werktätigen Volkes« sehe.[38] [Abb. 4]

---

36 Brieftext in: KJ 1953, 154-156; vgl. dazu Klassohn: Kirchenleitung (wie Anm. 2), 27. Laut SED-Propaganda würden diese als »Kampfmittel des feindlichen westdeutschen Imperialismus« beim Versuch eingesetzt, die DDR zu diskreditieren und schließlich zu zerstören.

37 Am Gespräch mit Otto Grotewohl, der mit einer Bremischen Pastorentochter verheiratet war und mit seiner »bürgerlichen« Bildung und seinen Umgangsformen von den Kirchenvertretern sicher als adäquater Gesprächspartner erlebt wurde, nahm für Anhalt der Leitende Geistliche OKR Waldemar Schröter teil. Nach dem frühen Tod von OKR Georg Fiedler am 19.2.1949 war Schröter 1950 zum Vorsitzenden des LKR gewählt worden. Die Vorbereitung dieses Gespräches ist in LKR und Landeskirchenausschuss sicher vertraulich erfolgt. Aus Sorge vor »unangemeldeten Besuchen« durch die »Sicherheitsorgane« verzichtete man in den ev. Kirchenleitungen der SBZ/DDR (wie in der BK-Zeit) auf Gesprächs- und Aktennotizen zu politisch brisanten Themen.

38 LKR-Bericht an LKT gez. Waldemar Schröter auf der Herbstsynode 1953, in: AELKA, B 3, Nr., 12.

Abb. 4: Martin Niemöller und OKR Waldemar Schröter in Dessau 1952. AELKA.

Der Aufstand wurde von der sowjetischen Roten Armee mit Beteiligung von Polizei und »Sicherheitsorganen« der DDR niedergeschlagen. Die Rache der nach einer kurzzeitigen Schwächephase wieder erstarkten SED-Führung und der »Staatsorgane« an den spontan gewählten Sprechern des Aufstandes war brutal und nachhaltig. OKR Schröter war an einem Brief der acht Leitenden Geistlichen vom 24. Juni 1953 an den sowjetischen Botschafter Semjonow beteiligt,[39] in dem diese sich für die sozialen Anliegen der Arbeiter, für die Verhafteten und für die »Bewahrung von Menschlichkeit und Frieden« im Lande einsetzten. In den Köpfen und Herzen vieler, auch den Mitgliedern der Kirchenleitungen, blieb für lange Zeit die traumatische Erfahrung der Ohnmacht des Volkes gegenüber dem diktatorischen DDR-Sozialismus unter dem Schutz der übermächtigen Sowjetarmee lebendig.

Im Staat-Kirche-Verhältnis sollte sich bald herausstellen, dass die Religions- und Kirchenpolitik der SED sich in ihren Zielen und Einstellungen kaum geändert hatte, nur in den Formen gab sie sich moderater, wobei die »Machtfrage« immer gegenwärtig war. Im Kampf mit den Kirchen um den Einfluss auf die Jugendlichen und deren Elternhäuser, zu dem sie sich gefordert sah, setzte sie nun bei den Kindern in der Übergangsphase zwischen Kindheit und Jugendalter und bei den tief im Volk verwurzelten Feiern der Konfirmation in Kirche und Familie an. Am 14. März 1954 schon beschloss das Politbüro, noch im Jahr 1954 mit der Vorbereitung und ab 1955 mit der Durchführung von allgemeinen »Jugendweihefeiern« zu beginnen.[40] Die »Jugendweihe« sollte kein besonderes

---

39 Ebd.
40 Klassohn: Kirchenleitung (wie Anm. 2), 30; Dorgerloh: Jugendarbeit (wie Anm. 3), 95 f; Schönherr: Erinnerungen (wie Anm. 24), 170-173; Jänicke: Ich konnte dabei sein (wie Anm. 33), 164-167. Alle staatlichen Einrichtungen, die Schulen und Hochschulen, die »Sicherheitsorgane«, wie die Volkspolizei, die Blockparteien (einschließlich CDU), die Volkseigenen Betriebe, die Genossenschaften, die »Massenorganisationen« wie

Angebot der Freidenker- und Arbeiterbewegung mehr sein, sondern ein staatlich gewünschter, gesellschaftlich organisierter und von der marxistisch-leninistischen Partei weltanschaulich aufgeladener Ersatzritus für die bislang noch fest in der Volkssitte verankerte Konfirmation.[41] Da die Jugendweihe bei den Kindern von regimetreuen, ohnehin aus der Kirche ausgetretenen Eltern sofort zur Pflicht wurde und für sie in Schulen, Betrieben, Sportorganisationen auch mit Drohungen »geworben« wurde, setzte sie sich auch in Anhalt bald in der Mehrheit der Familien und in den Schulklassen durch.[42]

Die Kirchenleitungen Ost betonten den Bekenntnis- und Entscheidungscharakter der Konfirmation, Landeskirchentag und Landeskirchenrat in Anhalt zunächst eingeschlossen. Eine Teilnahme an beiden Feiern kam für die Kirchen äußerstenfalls nur nach einem Besinnungsabstand von einem Jahr und bei aktiver Bewährung in der Jungen Gemeinde in Frage. Damit überforderten sie wohl viele der meist nicht bekenntniskirchlich, sondern volkskirchlich, an Sitte und Herkommen orientierten Eltern und Jugendlichen, die ihre Feier in der Gemeinschaft der Schulklasse haben wollten. Anhalt und Thüringen gingen schließlich einen eigenen Weg, wollten Eltern und Jugendlichen entgegenkommen und sahen von »Kirchenzuchtmaßnamen« wie Besinnungsjahr und Bewährung in der Gemeinde ab.[43] Die Fülle von staatlichen und parteiamtlichen Unrechtstaten und propagandistischen Verdrehungen und Beschuldigungen auch gegenüber den Kirchen stellte viele an Röm. 13 und der theologischen Zwei-Reiche-Lehre orientierte ostdeutsche Theologen vor schwierige Fragen, auf die Bischof Ludolf Müller, früherer Vorsitzender des provinzsächsischen BK- Landesbruderrates, in einem die Probleme offen ansprechenden Brief an die Pfarrer der KPS einging.[44] Dieser Brief wurde auch in Anhalt diskutiert. Die immer wieder gestellte Frage war: Könne man in dem herrschenden SED-Regime und in dem atheistisch-doktrinären Staatswesen mit gutem Gewissen jene Obrigkeit von Röm. 13 sehen, die von Gott komme und der man aus Glauben aufrichtig »untertan« zu sein habe?

Zwei Impulse von außen sind in diesem Zusammenhang besonders hervorzuheben: 1956 proklamierte *erstens* auf der EKD-Synode in Berlin der Cottbuser Superintendent Günter Jacob in seinem berühmten Referat das »Ende des konstantinischen Zeitalters«. Eine nicht mehr an eine bestimmte Gesellschaftsordnung und an staatliche Macht gebundene Kirche dürfe ihr Handeln nicht »auf den Raum des rein Religiösen« beschränken lassen. Ihre

---

FDGB, DFD, Kulturbund usw. wurden für deren Propagierung und Organisation in Anspruch genommen.
41 Vgl. Schönherr: Erinnerungen (wie Anm. 24), 170-172.
42 Nach 14 Jahren feierten 90,95 % der Familien die Jugendweihe; Klassohn: Kirchenleitung (wie Anm. 2), 30.
43 Zu diesem Thema siehe den Beitrag von Günter Preckel im vorliegenden Buch.
44 Der Brief ist abgedruckt in: KJ 1953, 174-176.

klare Absage an den Atheismus dürfe sie auch nicht dazu verführen, in die »Rolle eines politischen Widerstandszentrums, eines Bollwerks gegen den realen Sozialismus zu verfallen«.[45] Der durch die Bekennende Kirche und das Studium bei Julius Schniewind geprägte Johannes Hamel, der von 1946 bis 1954 als Studentenpfarrer in Halle tätig war und seit 1955 am Katechetischen Oberseminar in Naumburg als Dozent wirkte, nahm *zweitens* zum Weg der Christen in der DDR 1957 in der im Westen bald in 4. Auflage erschienenen und auch in der DDR vielbeachteten Schrift *Christ in der DDR* Stellung.[46] Nach Hamels Überzeugung sei »Untertansein« nach Röm. 13,1 im Zusammenhang mit der Forderung nach »Fürbitte auch für die Mächtigen« (1. Petr. 2,13), mit Röm. 12,1 f und mit dem Liebesgebot in Röm. 13,8 f (und vgl. Titus 3,1 f) nicht als staatspolitische oder staatsrechtliche Weisung, sondern als »seelsorgerliche Forderung« des Paulus im Hinblick auf das Verhalten aller zueinander zu verstehen. Das »Ja« zu den Machthabern als »Obrigkeit« sei nicht das »Ja der gewünschten Akklamation« gegenüber dem DDR-Staat, sondern das Ja zu »Gottes Majestät«, der in seiner Allmacht und in seinem Erbarmen auch das Schicksal dieser Machthaber in der Hand halte.[47] Solche theologischen Klärungen haben gewiss in Kirchenleitungen, Studentengemeinden, theologischen Ausbildungsstätten sowie auf Pfarr- und Mitarbeiterkonventen zur Selbstvergewisserung der christlichen Existenz im marxistisch-leninistisch geführten Staat geholfen. Inwieweit derartige Überlegungen die sich bedrängt und bedroht fühlenden Gemeinden, insbesondere die in ihren Gewissen angefochtenen, um die berufliche Zukunft ihrer Kinder und ihr eigenes Fortkommen besorgten Eltern erreicht haben, müsste noch erforscht werden.

Einen tiefen Einschnitt in die Situation der Kirchengemeinden insbesondere auf dem Land bewirkte die von Partei und Staat mit repressiven Methoden in der zweiten Hälfte der 1950er Jahre erzwungene Kollektivierung der Landwirtschaft. Viele zum festen Stamm der »Kirche im Dorf« gehörenden Landwirte entzogen sich mit ihren Familien diesem Zwang durch die Flucht in den Westen. Ihr Fehlen veränderte die Struktur der kirchlichen Arbeit auf

---

45 Schönherr: Erinnerungen (wie Anm. 24), 188; Andreas STEGMANN: Die Kirchen in der DDR. Von der sowjetischen Besatzung bis zur Friedlichen Revolution, München 2021, 50. Text des Referats von Günter Jacob in: KJ 1956, 9-16.
46 Johannes HAMEL: Christ in der DDR, Berlin 1957, 18-21.
47 Ebd., 19 f; ferner: »Das ›Ja‹ zu unseren Machthabern ist nicht das Ja der gewünschten Akklamation. [...] Sondern unser, uns geschenktes und abgefordertes Ja zu unseren Verwaltern der Macht wird gelebt und ausgesprochen in der Entsprechung zu dem Ja Gottes, der diese Welt geliebt hat, der diese Welt erhält, der diese Welt seinem Sohn unterworfen hat. [...] Wir werden uns im Ansatz trennen von der menschlich-natürlichen Empörung und Erbitterung über Unrecht, Gewalttat, Lüge und Verletzung der Menschenwürde. [...] Unser Ja zu unserer Regierung kommt aus dem Ja zu Gottes Majestät, zu der Allmacht seiner Erbarmung, zu unserer Beauftragung als Boten Jesu Christi, zu der gewissen Hoffnung auf die Erscheinung des Herrn«.

dem Land. Gemeinden, Pfarrer und Landeskirche hatten ihnen wohl in ihren Gewissensnöten und Bedrängungen nur wenig helfen können. Die offene Konfrontation mit den aus den Städten in die Dörfer kommandierten Agitationstrupps war gefährlich, da hinter ihnen die Sicherheitsorgane standen. So blieb oft nur der Eindruck eines resignierten Schweigens der Landeskirchen, ihrer Gemeinden und Amtsträger, wo es gerade »vor Ort« eines öffentlichen Bekenntnisses im Lichte des Evangeliums zu »Recht und Frieden« im Sinne der Barmer Erklärung bedurft hätte. Das verstärkte weiter den Druck zur Anpassung an die »Gegebenheiten«, in denen das Bekenntnis zu Glauben und Kirche nur zu oft als hinderlich für den beruflichen Aufstieg und die gesellschaftliche Anerkennung erschien.

Allerdings hatten sich die Leitenden Geistlichen der ostdeutschen Landeskirchen, unter ihnen Kirchenpräsident Schröter, in einem mahnenden Brief an Otto Grotewohl gewandt und sich dabei auf erschütternde Berichte über die erpresserischen Methoden gegen die einen LPG-Beitritt Ablehnenden bezogen. Hier würden die Menschenwürde verletzt und die Gewissen bedrängt. Der Friede im eigenen Volk sei gefährdet.[48] Die Ostkonferenz erklärte 1960 mit Blick auf die Zukunft des kirchlichen Dienstes auf dem Land: »Von der Fähigkeit der Kirche, ihre Aufgabe an der Landbevölkerung in den neu geschaffenen Verhältnissen zu sehen und anzugreifen, wird es abhängen, ob der Bauernstand in Zukunft für das Evangelium offen bleibt«.[49] Auf der Grundlage eines Vorentwurfs von Johannes Hamel hatte auch ein Ausschuss für die Ostkonferenz – ab 1961 KKL – *Zehn Artikel über Freiheit und Dienst der Kirche* formuliert, die als Hilfe zur Vergewisserung in Zeugnis und Dienst für die Gemeinden und einzelnen Christen in der DDR gedacht waren.[50] Christen hätten unter den jeweiligen gesellschaftlichen Verhältnissen zu prüfen, was Gottes Wille sei, sollten aber weder glauben, von Gott verlassen zu sein, noch die geschichtlichen und gesellschaftlichen Gegebenheiten vorbehaltlos hinnehmen. »In der Freiheit unseres Glaubens dürfen wir nicht von vornherein darauf verzichten, in der sozialistischen Gesellschaftsordnung zu unterscheiden zwischen dem gebotenen Dienst an der Erhaltung des Lebens und der gebotenen Verweigerung der atheistischen Bindung« heißt es in den Zehn Artikeln.[51] Die anhaltische Landeskirche hat die von der SED heftig kritisierten Zehn Artikel

---

48 Inwieweit der Inhalt dieses Briefes in den Gemeinden veröffentlicht wurde, hat sich von mir nicht feststellen lassen. Vgl. Klassohn: Kirchenleitung (wie Anm. 2), 3. Siehe den LKR-Bericht an den LKT gez. Waldemar Schröter auf der Herbstsynode 1960 in: AELKA, B 3, Nr. 21.
49 Zitiert nach: KJ 1960, 186 f.
50 Zunächst hatte es (in Hamels Vorentwurf) geheißen »10 Artikel zu Freiheit und Dienst der angefochtenen Kirche«. Aber diese Formulierung mag damals manchem als »zu provokant« erschienen sein. Text in: KJ 1963, 181-185.
51 Zitiert nach dem Rundschreiben des LKR Nr. 25 vom 5.4.1963, in: AELKA, B 60, Nr. 36.

dann in der Synode, dem Landeskirchenrat, in Pfarrkonventen und mehreren Rüstzeiten relativ breit rezipiert.[52] Inwieweit sie Ermutigung und Hilfe waren, lässt sich nur schwer beurteilen. Da kam es sehr auf den Mut, das Vorbild und das klärende Wort des Pfarrers und der kirchlichen Mitarbeiterin vor Ort an.[53]

In den Jahren 1959/60 hatten auch die Verhandlungen und Vorbereitungen für den Beitritt der unierten anhaltischen Landeskirche zur EKU (früher ApU) stattgefunden, welcher der kleinen Kirche auch einen gewissen Rückhalt gegen den politischen Druck durch die SED-Machthaber verschaffen konnte. Deren Politik zielte immer offensichtlicher auf die Herauslösung der ostdeutschen evangelischen Kirchen aus gesamtdeutschen kirchlichen Strukturen wie EKU und EKD und auf Verstärkung von Differenzen zwischen ihnen, um den Einfluss von Glauben und Kirchen weiter zu schwächen. Zudem sollten die Kirchen in der DDR von den geistigen und materiellen Ressourcen der Kirchen in der Bundesrepublik mehr und mehr getrennt werden. Die auch in Anhalt nicht unumstrittene Entscheidung von Synode und Landeskirchenrat für den Beitritt zur EKU war also auch im Hinblick auf die EKD- und EKU-kritische, ja -feindliche Haltung in der damaligen DDR-Propaganda durchaus als mutig zu bezeichnen. Es gab allerdings auch schon gute Erfahrungen mit der EKU. Die Landeskirche hatte zuvor in mehreren Ausschüssen der EKU mitgearbeitet. KR Dr. Müller erklärte vor der EKU-Synode am 7. November 1960 zu den Motiven Anhalts und zum Abschluss der den Beitritt regelnden Vereinbarung, es gehe »um das große Anliegen, das uns alle bewegt, die Einheit der Evangelischen Kirche in Deutschland zu fördern und weiter zu festigen. Wir sehen im Beitritt zur Ev. Kirche der Union den uns gewiesenen Weg zur Stärkung dieser Einheit«.[54]

Bei der nun fälligen Annahme der EKU-Agende, Bd. II, 2, durch Anhalt ergab sich beim Thema Ordination allerdings eine besondere Situation: Beim Beitritt zur EKU hatte hier Einigkeit darüber geherrscht, dass die Landeskirche

---

52 Vgl. Bericht von KP Dr. Müller an die EKU-Kirchenkanzlei v. 22.2.1964; in: ebd., B 6, B 31/8 (Tgb.Nr. 5500/63).

53 Stegmann: Kirchen (wie Anm. 45), 60 ist der Ansicht, dass die Zehn Artikel auf »wenig Resonanz an der kirchlichen Basis« gestoßen seien. »Obwohl es breite Zustimmung gab, erschienen sie vielen als zu vorsichtige Stellungnahme, die zudem keine wirkliche Orientierung bot«. Mir scheint dieses Urteil bei allen berechtigten Fragen zu negativ.

54 Amtsblatt Anhalt 1960, Nr. 6/7 vom 22.12.1960, 1. Vgl. Klassohn: Kirchenleitung (wie Anm. 2), 32. EKU und Anhalt fanden laut Beitrittsvereinbarung auch deshalb zueinander, weil für beide ganz im Sinne der BK die Heilige Schrift als alleinige Quelle ihrer Verkündigung gelte und weil sie sich in ihrer Verkündigung an den in den Bekenntnissen der Väter niedergelegten Bezeugung des Evangeliums »immer neu in die Entscheidung für ihren Herrn rufen zu lassen hätten«. Erwähnt sei in diesem Zusammenhang, dass Anhalt Ende der 50er Jahre per Kirchengesetz die Frauenordination als eine der ersten deutschen Landeskirchen einführte. Dazu siehe den Beitrag von Cornelia SCHLARB im vorliegenden Buch.

bei ihrem Ordinationsgelübde bleiben und den EKU-Ordinationsvorhalt (mit Bindung an eigens genannte reformierte oder lutherische Bekenntnisschriften) gemäß seiner Kirchenverfassung (Präambel, § 2) nicht übernehmen werde.[55] Das anhaltische Ordinationsversprechen vor 1920 hatte auf die CA (variata) und deren von Melanchthon verfasste Apologie verpflichtet.[56] Das Ordinationsgelübde war dann bewusst »weit« gehalten worden, ohne Angabe von einzelnen Bekenntnissen.[57] Jedoch wurde Anhalt von den anderen EKU-Gliedkirchen gebeten, seinen Standpunkt zu überdenken und den Ordinationsvorhalt der neuen Agende zu übernehmen. Der unter dem Vorsitz von Pfarrer Siegfried Schulze, Dessau-Törten, tagende Agendenausschuss hat darauf am 22. Februar 1965 einstimmig beschlossen, der Landessynode zu empfehlen, das Ordinationsformular in Agende II,2 um der Gemeinschaft mit den anderen EKU-Gliedkirchen willen mit der (unierten) Verpflichtung auf die »reformatorischen Bekenntnisschriften« zu übernehmen.[58] Der Beschluss gilt bis heute.

IV Die fortgesetzte Gegenwehr gegen Vereinnahmung und »Differenzierung« und die Hinnahme der Deutschen Teilung: 1961 bis 1969

Für die evangelischen Kirchen in Deutschland und auch die anhaltische Kirchenleitung sollten die Jahre seit 1961 zu einer Zeit der Bewährung ihrer Einheit in Zeugnis und Dienst über die innerdeutschen Grenzen hinweg werden. Am 13. August 1961 unterband die DDR durch den Mauerbau in Berlin und durch die Errichtung immer dichterer Sperranlagen an der gesamten Grenze zur Bundesrepublik den innerdeutschen Personenverkehr und damit die Fluchtmöglichkeiten für DDR-Bürger ohne Gefahr für Leib und Leben fast völlig. Dies

---

55 Vgl. den Brief von KP Dr. Müller an Präses Kootz vom 24.8.1964, in: AELKA, B 6, 7/1 (Tgb.Nr. 517/64). Das Ordinationsgelübde hatte den folgenden Wortlaut: »Ich gelobe vor Gott und dieser christlichen Gemeinde, daß ich das Evangelium von der freien Gnade Gottes in Jesus Christus, unserm Herrn, dem Heiland und Erlöser der Welt, von unseren Vätern bezeugt in der Reformation, auf Grund des Wortes Gottes in der Heiligen Schrift ohne Menschenfurcht und ohne Menschengefälligkeit treulich und fleißig verkünden, die heiligen Sakramente nach der kirchlichen Ordnung verwalten, meine Gaben und Kräfte dem Dienste der Landeskirche weihen und in allen Stücken mich zeigen will als einen treuen Diener meines Herrn Jesus Christus. So wahr mir Gott helfe«.
56 Vgl. AELKA, B 6, B 31/8 (Tgb.Nr. 1590/48 vom 21.4.1948).
57 Zum unierten Bekenntnisstand der Evangelischen Landeskirche Anhalts vgl. Martin MÜLLER: Der Bekenntnisstand der Evangelischen Landeskirche Anhalts, Bericht vor dem Anhaltischen Landeskirchentag am 30.11.1948, durch LKR-Beschluss Nr. 7 v. 28.12.1948 den »Pfarrern der Landeskirche und den Kirchenleitungen der EKD gedruckt zur Kenntnis gegeben« (Druck, vorhanden im AELKA). Durch Beschluss des Landeskirchentages vom 1.12.1948 haben sich »die Vertreter der Anhaltischen Landeskirche in der EKD, dem Konvent der unierten Kirchen anzuschließen«.
58 Text des Beschlusses in AELKA, B 6, Nr. 7/1 (Tgb.Nr. 776/65), fol. 162r.

bedeutete für die Kirchenleitungen, umso mehr an der Einheit von EKD und EKU trotz aller Erschwerungen festzuhalten. Auch wenn mit dem Mauerbau die über Berlin organisierte persönliche Kommunikation mit den westlichen Gliedkirchen aufs Äußerste erschwert schien: Dem Geist von Barmen entsprechend stellte man sich der Aufgabe, dem Anspruch des SED-Regimes auf totale Macht über seine Bürger das Bekenntnis der Kirche entgegenzusetzen, dass sie »die Gestalt ihrer Botschaft und ihrer Ordnung« nicht »dem Wechsel der jeweils herrschenden weltanschaulichen oder politischen Überzeugungen überlassen« dürfe (Barmer Erklärung Art. 3). Für viele dem DDR-Regime skeptisch gegenüberstehende Gemeindeglieder bedeutete der Mauerbau eine weitere Erhöhung des Drucks zur Anpassung, zur ›inneren Emigration‹.

Nach dem Rücktritt von Kirchenpräsident Waldemar Schröter wurde OKR Dr. Martin Müller am 13. Dezember 1961 zu seinem Nachfolger gewählt. Am Verständnis von Kirchenleitung gemäß der von der Gemeinde her konzipierten Kirchenverfassung und im Sinne der BK änderte dieser Wechsel wenig. In der Ansprache zu seiner Einführung betonte der neue Kirchenpräsident sein Verständnis des Landeskirchenrats als einer »bruderschaftlichen Leitung«, deren Mitglieder »in allen Fragen bruderschaftlich um die Einheit und Klarheit ringen, indem wir uns gemeinsam in allen entscheidenden Dingen unter das Wort und die Weisung unseres Herrn stellen«. Die Glaubensgemeinschaft aller evangelischen Christen in Deutschland gelte es auch weiterhin in der EKD und der EKU zu halten und zu stärken.[59] Zugleich habe die Landeskirche die Verpflichtung, für die Menschen ihren Dienst zu tun. Dabei gelte es, hier und in der ganzen Welt »dem Frieden in Gerechtigkeit zu dienen« und sich »auf der gegebenen Grundlage« um ein »gutes, helfendes Gespräch mit dem Staatsapparat zu bemühen«.[60]

Die politischen Bedingungen für das Handeln des Landeskirchenrats im Verbund mit allen anderen Kirchenleitungen waren nach der vollständigen Abriegelung der innerdeutschen Grenze noch viel schwieriger geworden. Der propagandistische Druck auf die Kirchen durch das SED-Regime nahm nicht ab. Mit Telefonüberwachungen, Brieföffnungen und Stasi-Beobachtern auf öffentlichen Veranstaltungen, einschließlich Gottesdiensten, war immer zu rechnen. Das Feind-Freund-Denken, die Erziehung zum »Hass auf den impe-

---

59 Klassohn: Kirchenleitung (wie Anm. 2), 34.
60 Zitiert nach ebd. Müller nahm 1961 an der 3. Vollversammlung des Ökumenischen Rates in Neu Delhi unter dem Thema »Christus, das Licht der Welt« mit den Sektionen »Einheit«, »Dienst« und »Zeugnis« teil. Seitdem brachte er durch Neu Dehli angeregt die Belange der ökumenischen Bewegung und des missionarischen Gemeindeaufbaus sowie den Auftrag jeder christlichen Gemeinde als der »Kirche am Ort« zu Zeugnis und Dienst in der Welt in seine kirchenleitende Tätigkeit in Anhalt ein. Vgl. Martin MÜLLER: Auswirkungen der Ökumene auf das Leben der Gemeinde. In: Konfession und Ökumene. Aspekte – Probleme – Aufgaben, hrsg. von Helmuth Ristow; Helmuth Burgert, Berlin 1964, 348-362.

rialistischen Klassenfeind« im Westen und die einseitige und vereinnahmende Friedenspropaganda[61] prägten das öffentliche Leben. Für die SED-Führung waren die Kirchen gewollt oder ungewollt Vertreter westlicher Ideologie und Politik, deren öffentlicher Einfluss niederzuhalten war. Eine inhaltliche Auseinandersetzung mit den politischen Verhältnissen im Rahmen eines kirchlichen Bildungs- und Gesprächsangebotes war nicht erwünscht.

Die Kirchenpolitik der SED zeigte zwei Gesichter: Einerseits ging es ihr um den mit aller Härte gegen Christentum und Kirchen geführten weltanschaulichen und administrativen Kampf um die Herrschaft auch über die Köpfe und Seelen der Menschen. Zugleich gab sie sich gesprächsbereit und um »Frieden und Humanismus« bemüht. Die SED drängte auch weiter gegen den erklärten Willen der ostdeutschen EKD-Gliedkirchen mit großem agitatorischem Aufwand auf deren strukturelle und inhaltliche Trennung von der so genannten »NATO-Kirche« in der BRD. Dem Thüringer Landesbischof Moritz Mitzenheim wurde dabei eine Art Vermittlerrolle zuteil. Während in Jena Olof Klohr den wissenschaftlichen Atheismus mit Schärfe lehrte, kam es am 18. August 1964 auf der Wartburg in Eisenach zu einer freundlichen Begegnung zwischen Mitzenheim und Walter Ulbricht, in der das gemeinsame Eintreten von Staat und Kirchen in der DDR »für den Frieden« betont wurde.[62]

Fast zeitgleich gab Moskau »Anregungen« zur verstärkten »atheistischen Propaganda«; ihre Auswirkungen blieben auch in Anhalt nicht aus. Im Jahr 1956 gab es Berichte über Vorkommnisse in einigen anhaltischen Schulen (Großbadegast, Mosigkau, Giersleben), bei denen Lehrkräfte ihren Unterricht zu atheistischer Propaganda nutzten. Die von christlichen Schülern informierten Pfarrer setzten die zuständigen Kreisoberpfarrer davon in Kenntnis und baten um Intervention. Der Direktor der Oberschule Giersleben äußerte in seiner Antwort an KOP Werner Wessel, Bernburg, dass die beiden beschuldigten Lehrer nicht gegen die DDR-Verfassung (Art. 41 Glaubens- und Gewissensfreiheit) verstoßen hätten, sondern als Lehrer lediglich (!) »atheistische Propaganda in der Schule« betrieben hätten, »so, wie Sie als Pfarrer christliche Propaganda in der Kirche betreiben. Dieses Recht steht jedem zu.« OKR Werner Gerhard

---

[61] Sie verlief nach dem Schema: »Frieden = Sozialismus«: »Bist du für den Frieden? – Dann bist du für uns!«; »Bist du nicht für uns – dann bist du nicht für den Frieden und also ein Kriegstreiber!« Auch in der anhaltischen Pfarrerschaft und unter den kirchlichen Mitarbeiterinnen und Mitarbeitern gab es Unterstützung für die offizielle »Friedensarbeit« in der DDR meist im Rahmen der »Christlichen Kreise in der Nationalen Front« , der »Prager Friedenskonferenz« (seit 1958) oder der Blockparteien. Pfarrer Wolfgang Sachse in Köthen war z.B. seit 1954 Abgeordneter des Bezirkstages in Halle und wurde 1958 in den Nationalrat der Nationalen Front gewählt; vgl. Graf: Pfarrerbuch (wie Anm. 1), 406; Klassohn: Kirchenleitung (wie Anm. 2), 28.

[62] Zum Treffen vgl. BUND DER EVANGELISCHEN KIRCHEN IN DER DDR. Dokumente zu seiner Entstehung, ausgewählt und kommentiert von Reinhard Henkys (EPD-Dokumentation; 1), Witten 1970, 16.

wandte sich daraufhin an den Schulrat des Kreises Aschersleben, der in seiner Antwort den Standpunkt des Landeskirchenrats, dass atheistische Propaganda keinen Platz in der Schule habe, bestätigte und Gerhard zu einer Aussprache bat, in der man das Verhalten der Lehrer missbilligte und zu »Einzelfällen« erklärte. Die KKL wurde von den Vorgängen durch den Landeskirchenrat unterrichtet.[63] Letzterer hat sich in diesen Fällen schnell und eindeutig für die Gemeindeglieder und für ein gedeihliches Zusammenleben auch mit glaubenslosen Mitbürgern eingesetzt. Dabei nahm auch er die offiziellen staatlichen Erklärungen und Verfassungsbestimmungen mit jener Taktik »beim Wort«, die die Staats- und Parteivertreter oft ratlos machte, aber an deren grundsätzlicher Ablehnung von Christentum und Kirche wenig änderte.[64]

In Bernburg und Nienburg gab es Versuche, Jugendliche von den Abenden der Jungen Gemeinde mittels Drohungen und Warnungen fernzuhalten.[65] Überliefert haben sich auch Berichte über die Nichtzulassung von konfirmierten, durchaus leistungsstarken Jugendlichen zur Erweiterten Oberschule wegen verweigerter Jugendweihe, verweigerter Mitgliedschaft in der FDJ und somit »fehlender gesellschaftlicher Leistungen«, denen der Landeskirchenrat (oft ohne Erfolg) nachging.[66] Die Antworten waren oft unehrlich und hinhaltend, z. B. sei die »Nichtteilnahme an der Jugendweihe grundsätzlich kein Grund für die Ablehnung zur Erweiterten Oberschule«, bei der Entscheidung seien »viele Faktoren« zu berücksichtigen. Kirchenpräsident Müller setzte die KKL auch von solchen Vorfällen in Kenntnis. Betroffene Gemeindeglieder berichteten dem Landeskirchenrat vertrauensvoll von ihrem Eindruck, dass Christen im SED-Staat »keine Rechte« hätten und ideologisch begründeter Willkür rechtlos ausgeliefert seien. Der Staat DDR könne anscheinend nur »Duckmäuser« und Heuchler gebrauchen und erziehe Kinder und Jugendliche in diesem Sinne, während er Aufrichtigkeit und Verantwortungsbereitschaft aus christlicher Haltung nicht zu schätzen wisse.[67]

---

63 AELKA, B 6, 7/14 (Tgb.Nr. 4585/65).
64 OKR Werner Gerhard berichtete der KKL am 11.3.1966 von einem vom Köthener Studentenpfarrer Karl Hüllweck geschilderten Vorfall im Pädagogischen Institut Köthen, bei dem einem christlich eingestellten Studenten von einem Dozenten am 11.1. rundheraus erklärt worden war, dass ein Christ aus weltanschaulichen Gründen in der DDR kein Lehrer sein könne. Mitstudenten hatten sich zuvor über diesen Studenten lustig gemacht, weil er in seinem Schrank eine Bibel aufbewahrt habe. Derselbe Dozent habe am 27.1. ein Referat zum Thema »Wissenschaft und Glaube« gehalten, in dem er die Unvereinbarkeit von christlichem Glauben und wissenschaftlicher Weltanschauung sowie die angeblich »feindliche Einstellung« des christlichen Glaubens gegenüber der Wissenschaft auch mit Bibel- und Kirchenväterzitaten zu belegen versucht habe; siehe AELKA, B 6, 7/14 (Tgb.Nr. V/886/66).
65 Ebd. (Tgb.Nr. 1160/65).
66 Ebd. (Tgb.Nr. 440/66). Mir ging es 1958 im Bereich der berlin-brandenburgischen Kirche genauso!
67 Ebd.

Am 26. September 1966 richtete die KKL an den Vorsitzenden des Ministerrates der DDR einen von den Bischöfen Krummacher und Noth unterzeichneten Brief, in dem beanstandet wurde, dass sich »in letzter Zeit die Zeichen dafür mehrten, daß christliche Kinder um ihres Glaubens willen benachteiligt werden«. Das Recht auf Bildung werde für Christen durch die Forderung nach einem Bekenntnis zur marxistischen Weltanschauung eingeschränkt, junge Christen sollten sich zum Hass gegen den Feind erziehen lassen, bei der Jugendweihe sei der »proklamierte Grundsatz der Freiwilligkeit praktisch aufgegeben« und die vormilitärische Ausbildung an den Schulen bringe junge Christen in Gewissensnot.[68]

Die atheistische Propaganda in den Bildungseinrichtungen wurde jedoch auch im Lauf der 1960er Jahre kaum eingeschränkt. Die misstrauischen Beobachtungen und aktiven Behinderungen des kirchlichen Dienstes, besonders auf dem Feld der Zusammenarbeit mit westlichen Partnern und gesamtdeutschen kirchlichen Institutionen, wurden von den Sicherheitsorganen mehr und mehr auch auf »verdeckte Weise« mit den Mitteln der Überwachung, der Bespitzelung und Infiltration fortgesetzt und ausgebaut. Dabei suchte der SED-Staat weiterhin eine »Differenzierung« zwischen »fortschrittlichen« und »reaktionären Kräften« in den Kirchen und zwischen den Kirchenleitungen mit den Mitteln der Propaganda, der Angebote oder Verweigerung von Gesprächen, gezielt »gewährter« oder verweigerter Einfuhr-, Reise- und Veranstaltungsgenehmigungen, mit Publikationsverboten und Zensurmaßnahmen (z.B. beim Druck von Gemeindeboten) usw. durchzusetzen.[69] Meines Wissens hat sich der anhaltische Landeskirchenrat auch unter dem Vorsitz von Kirchenpräsident Müller im Verhältnis zu den Staats- und Parteistellen des (1952 gebildeten) Bezirkes Halle nicht auf staatlicherseits offen oder verdeckt vorangetriebene Versuche eingelassen, in seinem kirchenleitenden Handeln in der Landeskirche und in seinen geschwisterlichen Beziehungen zu anderen Kirchenleitungen die SED-Perspektive zu übernehmen.

Am 20. September 1961 beschloss die Volkskammer das »Gesetz zur Verteidigung der DDR« und am 24. Januar 1962 die Einführung der allgemeinen Wehrpflicht. Im Fahneneid sollte von den Rekruten »unbedingter Gehorsam« bei der »Verteidigung des Sozialismus« geschworen werden. Bald hatten sich die Kirchen für verhaftete und zu Freiheitsstrafen verurteilte Wehrdienstverweigerer einzusetzen, deren Namen auf Fürbittenlisten veröffentlicht wurden und für die in vielen Kirchen gebetet wurde.[70] Nach intensiven Diskussionen auch in den Kirchenleitungen und mit Staatsvertretern wurde dann eine »An-

---

68 Stegmann: Kirchen (wie Anm. 45), 63 f; Klassohn: Kirchenleitung (wie Anm. 2), 37.
69 Vgl. ebd., Dorgerloh: Jugendarbeit (wie Anm. 3), 125 f.
70 In Anhalt hatte sich Vikar Gottfried Werner geweigert, den Wehrdienst zu leisten. Er wurde mit Rundschreiben Nr. 3 vom 18.1.1965 von OKR Gerhard den Gemeinden zur Fürbitte empfohlen. In der Fürbitte hieß es auch: »Lenke die Herzen der verant-

ordnung« zur Einrichtung von Baueinheiten der NVA erlassen, die statt des Fahneneides ein Gelöbnis und den Wehrdienst von Bausoldaten ohne Waffe vorsah. Dies war auch ein Erfolg der Kirchenleitungen, obwohl die Situation auch für diejenigen schwierig blieb, die den Wehrdienst als Bausoldaten leisteten.[71] Eine von der KKL 1962 eingesetzte Arbeitsgruppe hat dann unter dem Vorsitz von Bischof Johannes Jänicke, Magdeburg, nach intensiven Gesprächen auch mit betroffenen Gemeindegliedern 1965 eine Handreichung zur Seelsorge an Wehrpflichtigen: »Zum Friedensdienst der Christen« vorgelegt. Unabhängig von der staatlichen Friedenspropaganda und nach sorgfältigem Bibelstudium wurden darin theologische und friedensethische Argumentationshilfen aus der Perspektive von in der DDR lebenden Christen vorgelegt.[72] In dieser weit verbreiteten Handreichung gab es auch die prägende Formulierung, die Wehrdienstverweigerer gäben ein »deutlicheres Zeugnis des gegenwärtigen Friedensangebotes unseres Herrn«.[73]

Die Kirchenleitungen in der DDR waren nach Erscheinen und erstem Gebrauch der Handreichung durch Staat und Partei und aus den Reihen »fortschrittlicher« Theologen und Kirchenleute einem besonders großen politischen und propagandistischen Druck ausgesetzt, ihre »Loyalität« gegenüber der »bewaffneten sozialistischen Friedenspolitik« zu manifestieren. Die SED verlangte immer schärfer die institutionelle Trennung der evangelischen Kirchen in ihrem Machtbereich von den westdeutschen Kirchen und damit die institutionelle Aufteilung von EKD, EKU und VELKD. Es gab zu diesem Zweck mehrere Propaganda- und Pressekampagnen und auch Versuche persönlicher Einwirkung auf die Mitglieder von Kirchenleitungen und Synoden in der DDR. Der Vorsitzende der als Sprachrohr der SED in die Kirchen hinein wirkenden Blockpartei CDU, Gerald Götting, erklärte bei einer Tagung des Hauptvorstandes seiner Partei mit Universitätstheologen, Geistlichen und anderen als »fortschrittliche christliche Persönlichkeiten« Eingeladenen am 8./9. Februar 1967 in der Universität Jena, dass die »freien und unabhängigen evangelischen Kirchen« in der DDR mit der durch den Militärseelsorgevertrag der NATO verpflichteten Evangelischen Kirche in Westdeutschland nicht »in einem Atemzug genannt werden« könnten: »Zwischen diesen Extremen gibt

---

wortlichen Männer, daß sie alle Gewissensentscheidungen achten«; AELKA, B 60, Nr. 39.
71 Der LKR ordnete mit Rundschreiben Nr. 7 vom 18.1.1965 (gez. Dr. Müller) an, dass ihm Erfassungen und Musterungen zum Wehrdienst von in der Ausbildung zum Pfarrerberuf Befindlichen rechtzeitig zuzustellen seien, damit der LKR seinerseits Anträge auf Zurückstellung einreichen könne; vgl. ebd.
72 Jänicke: Ich konnte dabei sein (wie Anm. 33), 208 f. Text der Handreichung im vollen Wortlaut in: KJ 1966. Dorgerloh: Jugendarbeit (wie Anm. 3), 137-139; Klassohn: Kirchenleitung (wie Anm. 2), 37 f.
73 Jänicke: Ich konnte dabei sein (wie Anm. 33), 209. Siehe dazu den Beitrag von Dietrich BUNGEROTH im vorliegenden Buch.

es keine institutionelle Einheit«.[74] Am 4. März 1967 schrieb Kirchenpräsident Müller einen Brief an Götting, in dem er die propagandistische Infragestellung der Zugehörigkeit der ostdeutschen Landeskirchen zur EKD zurückwies und sich sehr eindeutig auch für die institutionelle Einheit des deutschen landeskirchlichen Protestantismus aussprach. Mit deutlichem Bezug auf den Kirchenkampf mahnte er, dass diese in einer schweren gemeinsamen Geschichte zusammengewachsene Einheit im Zeitalter der Ökumene unmöglich »wieder einmal durch politische Gewalt« getrennt werden könne.[75]

Die vom 1. bis 7. April 1967 tagende EKD-Synode war gezwungen, sich an zwei getrennten Orten, in Westberlin (Berlin-Spandau) und in der DDR (Fürstenwalde/Spree), zu versammeln. Die Kommunikation zwischen beiden Tagungsorten war nur mühsam aufrechtzuerhalten. Die vom Vorsitzenden der KKL, Bischof Dr. Friedrich Wilhelm Krummacher, vorgestellte »Fürstenwalder Erklärung« der Teilsynode in der DDR betonte, dem 3. Artikel der Barmer Erklärung gemäß, den gemeinsamen Willen zum Festhalten an der kirchlichen Einheit.[76] Die anhaltische Landessynode verabschiedete zwei Wochen später eine Neufassung von Artikel 4 der Präambel der Kirchenverfassung von 1920 mit der im Kirchlichen Amtsblatt veröffentlichten Formulierung: »Die Evangelische Landeskirche Anhalts weiß sich der bestehenden Gemeinschaft in der gesamten deutschen evangelischen Christenheit verpflichtet. Sie ist Gliedkirche der Evangelischen Kirche in Deutschland«.[77] Diese in kirchlicher Eigenständigkeit, im Glauben an das Evangelium von Gottes freier Gnade in Jesus Christus getroffene Entscheidung des höchsten kirchenleitenden Gremiums der Landeskirche muss im Hinblick auf die damalige kirchenpolitische Situation als mutig bezeichnet werden. Sie stand in der Tradition der Bekennenden Kirche. Kirchenpräsident Müller ließ nach dem Bericht von Zeitzeugen in den Gremien von EKD und EKU keinen Zweifel an der Haltung der anhaltischen Kirchenleitung. Er trat auch für die grenzüberschreitende Einheit der in die Regionen Ost und West gegliederten EKU als einer Kirche mit den weiter in Ost und West geltenden Grundartikeln über das Christuszeugnis und die Bekenntnisbindung ein.

Die Landeskirche war auch in den folgenden Jahren bemüht, über die Grenze hinweg die geistliche Einheit des deutschen Protestantismus in Zeugnis und

---

74 Zitiert nach: KJ 1967, 182f; vgl. Vgl. Klassohn: Kirchenleitung (wie Anm. 2), 41.
75 Zitiert nach: KJ 1967, 186.
76 Klassohn: Kirchenleitung (wie Anm. 2), 38; Schönherr: Erinnerungen (wie Anm. 24), 246f. 247. Die meisten EKD-Synodalen, Rats- und KKL-Mitglieder aus der DDR waren vor der Tagung von Staatsvertretern persönlich aufgesucht und im Sinne der SED-Kirchenpolitik unter Druck gesetzt worden. Die Erklärung der EKD-Synode in Fürstenwalde wurden von der DDR-Presse scharf angegriffen. *Neues Deutschland*, das Zentralorgan der SED, bezeichnete sie am 8.4.1967 als »Unterwerfung unter die westdeutsche Militärkirche«.
77 Amtsblatt 1967, Nr. 3 vom 28.9.; vgl. Klassohn: Kirchenleitung (wie Anm. 2), 38.

Dienst zu wahren und zu stärken. Dies galt in besonderer Weise auch für die Frage nach einem gemeinsamen Abendmahls- und Kirchenverständnis. In einer Entschließung hat die anhaltische Landessynode im Herbst 1967 »mit Dankbarkeit« das Angebot der vollen Kanzel- und Abendmahlsgemeinschaft durch die Pfälzische Protestantische Landeskirche, die Evangelisch-reformierte Kirche in Nordwestdeutschland und die Bremische Evangelische Kirche angenommen. Die grenzüberschreitende Gemeinschaft in der EKD unterstreichend, bot sie ihrer Verfassung gemäß den drei westdeutschen Kirchen und »zugleich allen Gliedkirchen der Evangelischen Kirche in Deutschland die volle Kanzel- und Abendmahlsgemeinschaft an«.[78]

Schon 1947 hatte die EKD eine Theologische Arbeitsgruppe zur Abendmahlslehre in den EKD-Gliedkirchen und die Möglichkeit eines gemeinsamen Verständnisses der Lehre vom Heiligen Abendmahl berufen. Nach zehnjähriger Arbeit hatte die Gruppe 1957 bei einer Tagung in Arnoldshain dazu acht Thesen mit Erläuterungen verabschiedet und den EKD-Gliedkirchen zur Stellungnahme vorgelegt.[79] OKR Müller hatte mit Rundverfügung Nr. 95 vom 3. Oktober 1959 die Geistlichen der Landeskirche auf die Publikation der Arnoldshainer Thesen in der DDR hingewiesen und sie zur »Besprechung in den Konventen« empfohlen.[80] Bis in die Mitte der 1960er Jahre gab es in den evangelischen Kirchen eine intensive Auseinandersetzung mit den Arnoldshainer Thesen, wobei die grundsätzliche Zustimmung überwog. Die anhaltische Landessynode fasste in ihrer Sitzung am 4. April 1965 einstimmig eine von ihrem theologischen Ausschuss erarbeitete Entschließung, die sich der Landeskirchenrat wenig später zu eigen machte. Darin erkannte die Synode die Abendmahlsthesen als »rechtes biblisches Zeugnis zum Verständnis des Herrenmahles« an und verwies auf die »uneingeschränkte« Gewährung der Teilnahme am Abendmahl für die Angehörigen aller Gliedkirchen der EKD nach der anhaltischen Lebensordnung. Die Pfarrer und Gemeinden der Landeskirchen wurden gebeten, sich

---

78 Amtsblatt 1968, Nr. 1 vom 18.1.; vgl. Klassohn: Kirchenleitung (wie Anm. 2), 38.
79 Sie wurden den Kirchenleitungen der EKG-Gliedkirchen, den Theologischen Fakultäten, den Kirchlichen Hochschulen und Predigerseminaren von der EKD-Kirchenkanzlei mit Schreiben vom 5.8.1958 zur »verbindlichen Stellungnahme« zugeleitet; vgl. AELKA, B 6, 7/4 (Tgb.Nr. 5575/58). Rat und Kirchenkonferenz der EKD hatten zuvor am 25.7.1958 einen Bericht über Verlauf und Ergebnis der Abendmahlsgespräche gehört. Siehe den Brief der Kirchenkanzlei an die Kirchenleitungen vom 22.9.1958, ebd. (Tgb.Nr. 7348/58).
80 Ebd. (Tgb.Nr. 6179/59). Die Synode der Evangelischen Kirche der Kirchenprovinz Sachsen hatte in einer auf ihrer Tagung vom 20. bis 24.6.1964 beschlossenen »Erklärung« die Arnoldshainer Abendmahlsthesen »mit Freude und Dankbarkeit« entgegengenommen und ihrer Hoffnung Ausdruck gegeben, dass »die in der EKD zusammengeschlossene Christenheit ungeachtet der noch gebliebenen theologischen Unterschiede [...] gemeinsam zum Tisch des Herrn gehen wird«. Text ebd. (Tgb.Nr. 3325/64).

um eine Abendmahlspraxis zu bemühen, »die den Menschen unserer Zeit zur Gemeinschaft, zur Dankbarkeit gegen Gott und zu Glaubensgehorsam hilft«. Die anderen Gliedkirchen der EKD wurden ersucht, »die Glieder aller Kirchen bei sich am Tisch des Herrn willkommen zu heißen«.[81]

Das Jahr 1968 brachte den Menschen in der DDR und den ostdeutschen Kirchenleitungen neue Probleme, vor die sie die Politik der SED-Staatsführung stellte. Von wesentlicher Bedeutung war die Einführung einer neuen, nun ausdrücklich »sozialistisch« genannten Verfassung, in der auch das Staat-Kirchen-Verhältnis neu beschrieben werden sollte.[82] Das Vorhaben war im Rahmen des Strebens der SED nach Akzeptanz ihrer Alleinherrschaft, nach internationaler Anerkennung ihres Staates und seiner Einordnung in das sozialistische Lager sowie nach Akzeptanz der endgültigen Aufteilung Deutschlands in zwei Staaten zu verstehen. Anstelle der aus der Weimarer Verfassung übernommenen Religions- und Kirchenartikel enthielt die Verfassung nun neben der allgemeinen Garantie von Glaubens- und Gewissensfreiheit nur die Bestimmung, dass die Kirchen ihre Angelegenheiten in Übereinstimmung mit Verfassung und Gesetzen regeln würden und Vereinbarungen mit dem Staat möglich seien (Art. 39).

Schon am 3. September 1968 legte die KKL den Kirchenleitungen den Vorschlag für die Ordnung eines »Bundes der Ev. Kirchen in der DDR« vor, der von den Kirchenleitungen und Synoden der acht Kirchen dann eingehend beraten und schließlich angenommen wurde. Das Ausscheiden aus der Gemeinschaft der EKD fiel auch der anhaltischen Kirchenleitung aus theologischen und praktischen Gründen nicht leicht. Diese Entscheidung konnte ja auch als ein Zurückweichen in zentralen Positionen des kirchlichen Selbstverständnisses verstanden werden.[83] Aber die in den Jahren seit 1945 bewährte Gemeinschaft zwischen den recht unterschiedlichen Landeskirchen erwies sich auch in dieser Krisensituation als tragfähig, zumal die westdeutschen EKD-Gliedkirchen viel Verständnis zeigten und die EKU mit ihrer Ost/West-Regionalordnung sich weiter als eine Kirche verstand.

---

81 Text ebd. (Tgb.Nr. 1804/65).
82 Vgl. Schönherr: Erinnerungen (wie Anm. 24), 231-234. Die Leitenden Geistlichen waren am 15.2.1968 mit Ausnahme von Landesbischof Mitzenheim in Lehnin zusammengekommen, hatten den Verfassungsentwurf beraten und in einem Brief an Walter Ulbricht dazu Stellung genommen. Die Formulierung, dass auch die Christen in der DDR sich als Staatsbürger eines sozialistischen Staates »vor die Aufgabe gestellt« sähen, »den Sozialismus als eine Gestalt gerechteren Zusammenlebens zu verwirklichen« (zitiert nach ebd., 232), ist von den Verfassern »nicht als Anpassungs- sondern als Offensivformel« (Reinhard Henkys) verstanden worden (ebd., 233). Landesbischof Moritz Mitzenheim hat dann in einem eigenen Schreiben mit Erfolg beantragt, dass die Glaubens- und Gewissensfreiheit wieder in den Text kam (Art. 20; vgl. ebd.).
83 Vgl. den Bericht des Landekirchenrats, gez. Dr. Müller, für die Landessynode, Herbst 1968, in: AELKA, B 3, o. Sign.

Kirchenleitendes Handeln in Anhalt 1949 bis 1969

Wie ideologisch festgezurrt das sozialistische Lager war, hatte sich beim militärischen Eingreifen der Staaten des »Warschauer Paktes« in der CSSR am 23. August 1968 gezeigt, der den Versuch, einen »Sozialismus mit menschlichem Gesicht« aufzubauen, brutal unterbunden hatte. Bei diesem Versuch hatten auch die Kirchen in der CSSR eine wichtige Rolle gespielt. Das hatte auch in die DDR hineingewirkt und das Verhältnis des Staates zu den Kirchen zusätzlich belastet, zumal es in den Kirchen viel Sympathie für die tschechoslowakische Reformbewegung gab. Umso größer waren Sorge und Enttäuschung über das brutale Vorgehen der Staaten des Warschauer Paktes unter der sowjetischen Führung.[84] In dieser politisch äußerst angespannten Situation fanden die Verhandlungen zur Gründung des Kirchenbundes statt. Umso wichtiger war es nun für die evangelischen Kirchen in der DDR, gegen alle staatlichen Bemühungen zur »Differenzierung«, zur ideologischen Unterwerfung und zur organisatorischen Schwächung zusammenzuhalten und neue, situationsgerechte Wege in Zeugnis und Dienst sowie im Gemeindeaufbau zu »lernen«. Der Kirchenbund bot dafür den Rahmen.

Es wurde immer klarer, wie sehr die evangelische kirchliche Mitgliedschaft im Laufe weniger Jahre (seit 1945 um 30 Prozent) im Zuge des in West- und Mitteleuropa allgemeinen Säkularisierungsprozesses unter aktiver Beförderung durch Partei und Staat in der DDR schon »geschrumpft« war.[85] Als Aufgabe für die nächsten Jahrzehnte stand den Kirchen vor Augen: Die Menschen aller Generationen müssen durch unser Zeugnis und unseren Dienst dem Evangelium von Jesus Christus neu begegnen können. Auch in Anhalt waren, durch die 3. Vollversammlung des Weltkirchenrates in Neu Delhi angeregt, Besuchsdienste eingerichtet, Bibel- und Gemeindeseminare angeboten, Konzepte für einen missionarischen Gemeindeaufbau entworfen worden. Man suchte den Übergang von einer mehrheitlich ländlich geprägten Volkskirche zu einer bekennenden, in Glaube und Taufe begründeten und von der freiwilligen Beteiligung ihrer Glieder getragenen missionarischen Gemeindekirche zu gestalten.[86] Die Landessynode schloss auf ihrer Frühjahrstagung 1968 den zehnjährigen Beratungsprozess zur Reform der Kirchenverfassung von 1920 ab

---

84 Ebd., B 6, 7/4 (Tgb.Nr. 5575/58). Die berlin-brandenburgische Kirchenleitung Ost hat in einem von den Kanzeln zu verlesenden Brief an den Ökumenischen Rat der Kirchen in der CSSR vom 5.11.1968 ihrer Solidarität und ihrer Sorge um den Frieden und die Freiheit des tschechoslowakischen Volkes Ausdruck gegeben, Schönherr: Erinnerungen (wie Anm. 24), 235-236. Wie viele andere habe auch ich mich mit einem Protestbrief an Walter Ulbricht gewandt.

85 Zu den Herausforderungen für die kirchliche Arbeit gibt Albrecht Schönherr eine realistische Darstellung im Kirchenleitungsbericht vom November 1968 für die berlin-brandenburgischen Synode; Schönherr: Erinnerungen (wie Anm. 24), 238-241. Vgl. auch Albrecht-Birkner: Freiheit in Grenzen (wie Anm. 7), 138-143.

86 Vgl. Werner KRUSCHE: Das missionarische als Strukturprinzip. In: Schritte und Markierungen. Ausätze und Vorträge zum Weg der Kirche, Berlin 1972, 109-124; DERS.:

und bestätigte das in den Paragraphen 1 bis 3 und 19 der Verfassung beschriebene Leitbild von einer mitarbeitenden, aktiven und dienenden Gemeinde.[87] In ihrer Tagung vom 18. bis 20. April 1969 in Dessau stimmte die Synode dann auch mit nur einer Enthaltung (keiner Gegenstimme) der Ordnung des »Bundes der Evangelischen Kirchen in der DDR« zu. Sie wurde für die Landeskirche von Kirchenpräsident Müller am 10. Juni unterzeichnet.

Im September konstituierten sich die Organe des Bundes. Nun war es die Aufgabe der Landeskirchen und der einzelnen Gemeinden, seine »Kirchwerdung« in einer aus dem Evangelium lebenden Zeugnis- und Dienstgemeinschaft voranzubringen, wobei schon hier und da das Bild von einer »Vereinigten Evangelischen Kirche in der DDR« als Ergebnis des weiteren Zusammenwachsens am Horizont auftauchte. Dabei richteten sich die Blicke auch auf die anhaltische Landeskirche, deren Gebiet sich quer durch das ungleich größere der Evangelischen Kirche der Kirchenprovinz Sachsen zog. Die KKL hat in ihrem Bericht für die erste Tagung der Bundessynode vom 26. bis 29. Juni 1970 in Potsdam-Hermannswerder wohl auch im Sinne der anhaltischen Kirchenleitung zu diesem Fragenkreis gesagt, dass die einzelnen Kirchen »ihre traditionelle Prägung nicht einer mutwilligen Uniformierung aufopfern« sollten. Der Bund werde sich als Zeugnis- und Dienstgemeinschaft aller dieser Kirchen verstehen.[88]

Im November 1970 schied Kirchenpräsident Müller aus Altersgründen aus dem Amt. In seinem letzten Synodalbericht zog er ein Resümee seiner Tätigkeit in den Jahren 1960 bis 1970. Zu seinem Verständnis von Kirchenleitung sagte er, dass die Leitungsorgane in der Landeskirche »keine Herrschafts- sondern Dienstfunktionen« hätten, die »der Gemeinde zudienen« sollten. Darum würden auch die leitenden Ämter der Landeskirche »auf Zeit vergeben«.[89] Es seien für die anhaltische Kirche Jahre eines »unaufhaltsamen Übergangprozesses von

---

Die Kirche für andere. Der Ertrag der ökumenischen Diskussion über die Frage nach Strukturen missionarischer Gemeinden. In: ebd., 133-175.

87 Vgl. Verfassung der Evangelischen Landeskirche Anhalts vom 12.5.1969, 5, 11 (AELKA, Bibliothek). Paragraph 1 hatte 1920 wie auch 1969 den Wortlaut: »Die Landeskirche baut sich auf der Gemeinde auf«. KP Dr. Müller hatte zuvor in einem Grundsatzreferat zum Thema »Wo liegen die Grenzen der Gemeinde?« das in der geltenden »Ordnung des Kirchlichen Lebens« formulierte Verständnis von Kirchenzucht in Frage gestellt und die Verpflichtung von Kirche und Gemeinde betont, *alle* Getauften, auch die aus der Kirche Ausgetretenen im Blick zu behalten, anzusprechen und einzuladen. Vor den sog. »Randsiedlern« dürfe sie ihre Türen nicht vorschnell verschließen, sondern müsse sie »in misssionarischer Liebe« offenhalten. »Nur eine sich selbst unter die Zucht des Wortes freiwillig stellende Bruderschaft in der Gemeinde wird in der Lage sein, die Tür zur Welt hin missionarisch so zu öffnen, dass dadurch die Gemeinde als Ganzes aufgebaut wird und sich nicht in die Welt hinein auflöst«. Zitiert nach: Klassohn: Kirchenleitung (wie Anm. 2), 40 Anm. 58.

88 Zitiert nach: KJ 1970, 289.

89 Zitiert nach: Klassohn: Kirchenleitung (wie Anm. 2), 43 Anm. 70.

der Volkskirche alten Stils zu einer neuen Gestalt der Kirche« gewesen, die nach der Kirchenverfassung »sich auf der Gemeinde aufbaue und in der Gemeinde lebe«.[90] Mit Bezug auf seine langjährigen Erfahrungen in der Pfarrerausbildung betonte Müller, dass für den Pfarrerberuf nicht nur eine gründliche wissenschaftliche Ausbildung, sondern die existentielle Begegnung mit der biblischen Botschaft grundlegend sei. Er schloss seine Ansprache mit dem Wunsch, dass die Landeskirche sich »immer stärker der wachsenden Kirchengemeinschaft in der wachsenden Einheit der Christenheit öffnet, nicht um sich aufzugeben, sondern, um das, was ihr Gott anvertraut hat, einzubringen«.[91]

Mit Martin Müller schied das letzte Mitglied des Landeskirchenrats aus dem Amt, das in seinem theologischen Denken über das Wesen der Kirche Jesu Christi durch die Zeit der Weimarer Republik und durch die Bekennende Kirche geprägt worden war. Diese Erfahrungen hatten in den Jahren 1949 bis 1969 einen direkten Einfluss auf die kirchenleitenden Entscheidungen nehmen können. In den folgenden Jahrzehnten wurde das kirchenleitende Handeln von Mitgliedern des Landeskirchenrats und der Landessynode bestimmt, die durch die geistlichen Erfahrungen und ihre Ausbildungszeit in der DDR in den Jahren seit 1945 geprägt waren. Sie würden sich mit Blick auf die gesellschaftliche Situation für Zeugnis und Dienst der Landeskirche einerseits auf die Ergebnisse der Verhandlungen zwischen der Leitung des Kirchenbundes und der Staatsmacht (»Kirche im Sozialismus« 1978) berufen können. Andererseits würden sie mit dem anhaltenden, ideologisch bedingten Misstrauen der SED und ihrer »Sicherheitsorgane« gegenüber Glauben und Christentum sowie mit den immer weiter betriebenen Bemühungen um eine »Differenzierung« zwischen »loyal-progressiven« und »feindlich-negativen Kräften« innerhalb der Kirche rechnen müssen. Dies näher zu untersuchen, wäre die Aufgabe einer anderen kirchengeschichtlichen Tagung.

---

90 Zitiert nach: ebd., 42 Anm. 65 f.
91 Zitiert nach: ebd., 44 Anm. 72.

»Wer die Jugend hat, hat die Zukunft!«
Zur Auseinandersetzung um Jugendweihe und Konfirmation

Von Günter Preckel

»Wer die Jugend hat, hat die Zukunft!« So banal dieser Satz klingt, so enthält er doch auch eine Wahrheit. Mit der Jugend kann man in die Zukunft schreiten, wenn man sie denn hat, die Jugend. Die Herkunft des Satzes liegt etwas im Ungewissen. Napoleon Bonaparte hat ihn benutzt, auch Karl Liebknecht und Adolf Hitler. Den Genossen der SED war es ebenfalls wichtig die Jugend zu »haben«.[1]

Lange Zeit hatte auch die Kirche einen Einfluss auf die Jugend, nicht nur, aber doch in einem besonderen Maße durch die Konfirmation. Auf Näheres, Inhaltliches die Konfirmation betreffend will ich hier aber nicht eingehen. Im 19. Jahrhundert bildeten sich neben den offiziellen und herkömmlichen Landeskirchen freireligiöse Gemeinden. Ihnen ging es um ein einfaches evangelisches Christentum fern der Amtskirche. Der Nordhäuser Prediger Eduard Baltzer charakterisierte die neue Bewegung so: »Wir suchen das Göttliche nicht mehr in einer jenseitigen Welt, sondern im rein Menschlichen.«[2]

Die Jugendlichen sollten geweiht werden zu einem religiös – sittlichen, rechtschaffenen und gewissenhaften Lebenswandel. Es bestand keine Verpflichtung auf Glaubenslehren, sondern sie hatten »mit reinem Willen das Leben dem Ewigen zu weihen, mit heißem Bemühen der Wahrheit zu dienen, aus ganzer Seele das Gute zu tun, mit allen Kräften nach Vervollkommnung zu streben und so dem eigenen Volke und der Menschheit zu dienen.«[3] Die Freireligiösen wurden von Staat und Amtskirche als politische Vereinigung betrachtet und dementsprechend verfolgt.

Im Verlauf des Jahrhunderts entwickelten sich aus den Freireligiösen die Freidenker. Die Inhalte blieben die gleichen, nur ohne Gott und ohne religiösen Bezug. Auch die Freidenker begingen die Jugendweihe. Sie wurde auch von

---

1 Grundlegend für diesen Text ist neben Akten- und Literaturstudium meine in den vergangenen zwei Jahren entstandene kleine Schrift »Ja, das geloben wir! Sozialistische Jugendweihe und Konfirmation in Dessau.« Erschienen 2022 bei der Akademie Regionale Gewerkschaftsgeschichte beim DGB in Braunschweig. Ebenso beziehe ich mich auf meinen 2012 mehrfach gehaltenen Vortrag »Von süßem Schnaps und warmen Semmeln« über anhaltisches Brauchtum an den Stationen des Lebens – Geburt, Heirat, Tod und eben auch Übergang zum Erwachsensein.
2 Eva BARLÖSIUS: Naturgemäße Lebensführung. Zur Geschichte der Lebensreform um die Jahrhundertwende, Frankfurt a.M./New York 1997, 42.
3 Karl WEISS: Art. »Jugendweihe«. In: Die Religion in Geschichte und Gegenwart, Bd. 3, 2. Aufl., Tübingen 1929, 563-564.

der entstehenden organisierten Arbeiterbewegung aufgenommen. Im Jahr 1890 wurde in Hamburg die erste von der SPD veranstaltete Jugendweihe gefeiert. Mit der zunehmenden Säkularisierung und Entkirchlichung stieg der Anteil der Jugendweihen. In den 1920er Jahren nahmen etwa 5 bis 10 Prozent der jeweiligen Jahrgänge an der Jugendweihe teil, hauptsächlich in den industriellen Zentren, den Großstädten. Nach der Machtübernahme der Nationalsozialisten wurden KPD und SPD, auch die Freidenker und viele freireligiöse Gemeinden verboten. Damit gab es auch die Jugendweihe nicht mehr. In Anhalt verbot die nationalsozialistische Regierung Freyberg schon im März 1933 die Jugendweihe. Trotzdessen fand dem Vernehmen nach in Roßlau noch eine letzte, illegale, Jugendweihe statt.[4]

1945 ist dann wieder alles anders geworden. Die Freidenker und die Freireligiösen begannen wieder Jugendweihen zu veranstalten. In der sowjetisch besetzten Zone ging die KPD, nach der Vereinigung mit der SPD die SED, einen anderen Weg. Im März 1946 wurde die FDJ gegründet. Sie sollte eine antifaschistische Jugendorganisation sein, offen für Jugendliche verschiedener Weltanschauungen, auch für junge Christen.[5] Die Jugendweihe wurde verboten. Die FDJ sollte die Jugendorganisation für alle jungen Menschen in der DDR werden. Wer die Jugend hat, hat die Zukunft. Nach außen sollte es demokratisch aussehen, aber die Kommunisten wollten alles in der Hand haben, gemäß Walter Ulbrichts bekanntem Diktum. Doch in der weltanschaulichen Auseinandersetzung mit der Jungen Gemeinde konnte sich die FDJ nicht durchsetzen. Am 12. November 1954 wurde in Berlin auf Initiative der SED der Zentralausschuss für die Jugendweihe in der DDR gegründet. Dieser Ausschuss war dem Ministerrat unterstellt. Der Aufruf zur Teilnahme an der Jugendweihe wurde von vielen bekannten Persönlichkeiten der DDR unterzeichnet, u.a. Johannes R. Becher, Anna Seghers, Adolf Hennecke, Wolfgang Langhoff und vielen anderen.[6] Darin heißt es:

> »1. Die Jugendweihe ist eine feierliche Veranstaltung beim Übergang des Jugendlichen in das Leben des Erwachsenen mit vorausgehenden Zusammenkünften, ›Jugendstunden‹ genannt, in denen unter der Leitung von erfahrenen Persönlichkeiten über Fragen des Lebens, der Natur und der Gesellschaft gesprochen wird. ... Sie [=die Jugendweihe; G.P.] ist keine staatliche Angelegenheit. ... 5. Die ›Jugendstunde‹ ist kein Unterricht, sondern freies Lehrgespräch ... 7. An der Jugendweihe können alle Jugendlichen ungeachtet der Weltanschauung teilnehmen. Die Konfirmation wird von ihr nicht berührt; Es besteht volle Glaubens- und Gewissensfreiheit. Die Teilnahme ist freiwillig.«[7]

---

4 Siehe die in Anm. 11 genannte Materialsammlung.
5 In der SED gab es eine »Bruderschaft der sozialistischen Theologen«.
6 Siehe das Dokument auf den Seiten des Vereins Jugendweihe Deutschland e.V. Online unter: URL: http://www.jugendweihe.de/geschichte.html (26.04.2023).
7 Robert STUPPERICH: Otto Dibelius. Ein evangelischer Bischof im Umbruch der Zeiten, Göttingen 1989, 431 f.

»Wer die Jugend hat, hat die Zukunft!«

Abb. 5: Walter Ulbricht spricht 1957 im Theater Dessau in einer Feierstunde zur Jugendweihe. BArch.

So der Aufruf. Am 27. März 1955 fand dann, zunächst mit geringer Teilnehmerzahl, die erste Jugendweihe nach dem Wunsch und der Vorstellung der SED in der DDR statt. Das sollte sich bald ändern. In seiner Sonneberger Rede vom 29. September 1957 machte Walter Ulbricht die Teilnahme an der Jugendweihe für jeden Jugendlichen quasi zur Pflicht [Abb. 5]. Unter dem Motto: »Lernen für das Leben – Lernen für den Sozialismus« führte er u.a. aus: »Bei uns wird die Wahrheit gelernt und nicht irgendwelche Hirngespinste.«[8] Die Katze war aus dem Sack.

Im Grußwort zum Jugendweihegeschenkbuch »Weltall Erde Mensch« Ausgabe 1959 benennt Ulbricht den Gegner: »Gleichzeitig wird der Kampf gegen Aberglauben, Mystizismus, Idealismus und alle anderen unwissenschaftlichen Anschauungen geführt.«[9] Mit klaren Worten: dieser Gegner ist die Kirche. Von Seiten des Staates, der Partei, wurde die Auseinandersetzung geführt mit einer Mischung aus Werbung, Repressalien und Gerüchten, aber auch mit teils versteckten aber auch offenen Drohungen. Die Zulassung zur Oberschule stand auf dem Spiel und damit eventuell ein späteres Hochschulstudium.

---

8 Kornelius Ens: Die Jugendweihe als zentrales Konfliktfeld des Erziehungsanspruchs zwischen Staat und evangelischer Kirche – Entwicklungen in der Zeit 1954 bis 1959, in: Deutschland Archiv, 2.11.2015, online unter: URL: www.bpb.de/214629 (29.9.2023).
9 Weltall, Erde, Mensch, 8. Aufl., Berlin 1959, Vorwort.

Der Dessauer Kreisoberpfarrer Werner Lange sandte dem Landeskirchenrat am 13. April 1957 einen Artikel aus der Tageszeitung »Freiheit«, Kreisseite Gräfenhainichen: »Herr Bungeroth, wissen Sie, daß es Glaubens- und Gewissensfreiheit gibt?« Der Wörlitzer Pfarrer Hans Bungeroth hatte in einem Brief an die Konfirmandeneltern, »der der Redaktion vorliegt«, behauptet, dass vor 1933 die Jugendweihe eine Angelegenheit der Konfessionslosen war und das sei auch heute, 1957, noch so. Die Redaktion belehrte Bungeroth, dass die Jugendweihe in der DDR für alle Kinder da sei, ganz gleich, welcher Konfession sie angehören. Wenn er die Kinder und ihre Eltern zu einer Entscheidung zwischen Konfirmation und Jugendweihe auffordere, so sei das eine Nötigung. Er verstieße damit gegen die Verfassung der DDR.[10]

Waren es im ersten Jahr, 1955, knapp 20 Prozent der 14-Jährigen, die an der Jugendweihe teilnahmen, so steigerte sich dieser Anteil in den kommenden Jahren. Schon 1959 nahmen ca. 80 Prozent an der Feier teil. Beteiligten sich noch 1956 etwa Dreiviertel des entsprechenden Jahrganges an der Konfirmation, so war es 1959 nurmehr ein Drittel. [Abb. 6] Knapp 90 Prozent der Jugendlichen gewann die Partei dann 1965 für diesen sozialistischen rite de passage, 1985 waren es fast 100 Prozent.

Unter dem 25. März 1955 teilte der Kreisoberpfarrer des Kirchenkreises Dessau, Werner Lange, einem Familienvater den Standpunkt der Kirche mit:

Abb. 6: Konfirmanden in Dessau Ziebigk im April 1957.
3. Reihe, 4. von links Pfarrer Martin Müller. Privat.

»Wir in der Ev. Kirche halten eine Teilnahme an der Konfirmation und eine

---

10 AELKA, B 6 (Landeskirchenrat 1945–1970), K 33 7 I, fol. 268.

Teilnahme an der Jugendweihe für unvereinbar miteinander; deshalb können Kinder, die sich entschlossen haben, an der Jugendweihe teilzunehmen, nicht konfirmiert werden.«[11]

Der Landeskirchentag, das gewählte Kirchenparlament der Anhaltischen Landeskirche, beschloss mit dem Datum des 1. Juli 1955 ein Kirchengesetz zur Änderung der Ordnung des kirchlichen Lebens für die Gemeinden der Evangelischen Landeskirche Anhalts. Nach der Zustimmung durch den Landeskirchenrat, des ständigen Leitungsgremiums der Landeskirche, trat es am 4. Juli 1955 in Kraft. In die Lebensordnung war neu der Artikel 40a eingefügt.[12] Der Absatz 1 legte fest: »Die Konfirmation muß Kindern versagt werden, die sich einer Veranstaltung unterziehen, die im Gegensatz zur Konfirmation steht, oder an der Vorbereitung daran teilnehmen.« Absatz 2 bestimmte:

»Für Jugendliche, die sich nach erfolgter Konfirmation einer solchen Veranstaltung unterziehen, auf deren Unvereinbarkeit mit der Konfirmation sie hingewiesen worden sind, ruhen folgende bei der Konfirmation erworbenen Rechte: die Zulassung zum Heiligen Abendmahl, das Patenschaftsrecht, später auch der Anspruch auf kirchliche Trauung und das kirchliche Wahlrecht.«

Mit »einer solchen Veranstaltung«, »die im Gegensatz zur Konfirmation steht« ist die Jugendweihe gemeint. Auch die Eltern und andere Gemeindeglieder, die sich an der Vorbereitung oder Durchführung der Jugendweihe beteiligen, werden mit den Sanktionen des Absatzes (2) belegt. Ebenso werden die Betroffenen nicht zur Zahlung von Kirchensteuer herangezogen. Die Sanktionen können zurückgenommen werden, wenn sich die Betroffenen öffentlich vor der Kirchengemeinde ihres Vergehens, der Teilnahme an der Jugendweihe, bekennen. Eine Nachkonfirmation ist dann möglich. Immerhin weist der Landeskirchentag in einem »Wort ... an alle Pfarrer und Gemeindekirchenräte«[13] darauf hin, die so in die Kirchenzucht genommenen nicht einfach abzuschreiben, sondern ihnen seelsorgerlich nachzugehen. So wie es im Lukasevangelium im 15. Kapitel, wo es um Verlorenes und Wiedergefundenes geht, im Vers 10 heißt: »Also auch, sage ich euch, wird Freude sein vor den Engeln Gottes über einen Sünder, der Buße tut.«

Der Jugendweihe voran sollen zehn Jugendstunden gehalten werden. Hierfür gibt es einen Themenplan für die Hand des Leiters. Kernprobleme des Lebens sollen in den Jugendstunden behandelt werden. In der fünften Stunde geht es um die »Entwicklung der menschlichen Gesellschaft«. Im Sozialismus erreicht die menschliche Gesellschaft ihren bisher höchsten Stand.

---

11 »Dreißig Jahre Jugendweihe in Dessau«, Materialsammlung (1985) bei der Interessenvereinigung Jugendweihe Landesverband Sachsen-Anhalt e.V. Geschäftsstelle, Johannisstraße 18, 06844 Dessau-Roßlau.
12 AELKA, B 60 (Landeskirche nach 1945), Nr. 28, Rundschreiben Nr. 85 vom 8. Juli 1955.
13 Ebd., Rundschreiben Nr. 86 vom 8. Juli 1955.

»Über das Leben der menschlichen Gesellschaft gab es in früheren Zeiten und gibt es zum Teil auch heute noch primitive, mystische, falsche und unwissenschaftliche Vorstellungen. So glaubten die Menschen in früheren Zeiten, daß die Geschicke der menschlichen Gesellschaft von Geistern, Riesen, Göttern abhängen, daß der menschlichen Gesellschaft ein Ende gesetzt sei, daß der Mensch den Geschicken der Gesellschaft, seines Volkes und seiner Familie ohnmächtig gegenübersteht, und daß er in dem gesamten gesellschaftlichen Leben keinen Sinn aufzufinden vermag.«[14]

Hier ist er, der Angriff auf die Religion und den Glauben. Das, was die Kirche erzählt und verkündet, ist unwissenschaftlich und von gestern und wird bald ganz verschwunden sein.

Am 29. Mai 1958 veröffentlichte der Landeskirchenrat das Rundschreiben Nr. 40/1958.[15] Gerichtet war es an die Pfarrer, Pfarramtsverwalter, Prediger, Pfarrvikare und Vikare der Anhaltischen Landeskirche. Die Synode der EKD bittet, so war es darin zu lesen, die Leitungen der Gliedkirchen,

»die Konfirmationsfrage neu zu ordnen. Dieser Beschluß steht im Einklang mit einer schon vorher gefaßten Entschließung der Anhaltischen Synode, in der der Landeskirchenrat gebeten wird, im Einvernehmen mit den Pfarrkonventen, der theologischen Arbeitsgemeinschaft und dem Synodalausschuß für die Ordnung des kirchlichen Lebens eine Vorlage über die Neuordnung der Konfirmation für die Herbstsynode vorzubereiten.«

Das kleine Anhalt hatte also die Frage »Konfirmation« schon vor der großen EKD behandelt. Zu diesem Konventsthema für 1958 sollen die Konvente der einzelnen Kirchenkreise eine Stellungnahme zur Konfirmation erarbeiten. Geschichte, theologischer Begriff und die Zukunft der Konfirmation waren hierbei in den Blick zu nehmen. Bis zum September erwartete der Landeskirchenrat diese Stellungnahmen, um sie an die Synode weiterzuleiten. Ziel war es, sowohl für die Landeskirche, als auch im Rahmen der EKD zu einer einheitlichen Praxis in Sachen Konfirmation zu gelangen. Wie soll es 1959 weitergehen mit der Konfirmation? Anhalt ging den Weg, diejenigen zu befragen, die an der Basis, in den Gemeinden, alltäglich und direkt im Kontakt mit den Menschen mit den Problemen um die Konfirmation befasst sind. Die aktive Pfarrerschaft der Anhaltischen Landeskirche bestand zu dieser Zeit aus etwa 120 Personen.

Im Rundschreiben 40/1958 wird sie expressis verbis nicht erwähnt, ist aber als weißer Elefant ständig im Raum: die Jugendweihe.

Der Kirchenkreis Dessau

Hier ist ein: vacat zu vermelden. Aus welchen Gründen auch immer ist der Bericht des Dessauer Pfarrkonventes nicht überliefert. Dabei funktionierte die Bürokratie in den fünfziger Jahren noch so einigermaßen. Aber: Die Hoffnung stirbt zuletzt und vielleicht ist dieser Bericht doch noch zu finden.

---

14 Dreißig Jahre Jugendweihe in Dessau (wie Anm. 10).
15 AELKA, B 60, Nr. 31, Rundschreiben Nr. 40 vom 29. Mai 1958.

Der Kirchenkreis Köthen

Hier sei ein kleiner Exkurs gestattet. Der Köthener Konvent hatte das Thema Konfirmation und Jugendweihe schon einmal behandelt. Am 2. Dezember 1957 wurde in Köthen ausführlich die Problematik von Konfirmation und Jugendweihe besprochen und was dies in der Auseinandersetzung zwischen Staat und Kirche bedeutet.[16] Anfänglich wurde überlegt, ob man die Konfirmation nicht einfach wegfallen lassen könnte. Sie steht ja auch nicht in der Bibel, es gibt von daher auch keine Verpflichtung zu konfirmieren. Es würde doch genügen, nach dem Christenlehreunterricht eine einfache Segenshandlung durchzuführen. Das öffentliche Glaubensbekenntnis, die erste Teilnahme am Abendmahl und die Beilegung der kirchlichen Rechte ließen sich auf mehrere unspektaktuläre Termine verteilen. Die Konfirmation verlöre dann aber ihren Charakter als Übergangsritus, als rite de passage. Man könnte aber so der direkten Konfrontation mit der Jugendweihe von Partei und Staat ausweichen. Dass die Jugendweihe inzwischen von der eher »zivilgesellschaftlichen« Angelegenheit eines Vereins zu einer hochideologischen Sache geworden war, hinter der Staat und Partei mit all ihrer Macht standen, war nach der Sonneberger Rede Walter Ulbrichts in der Kirche klar geworden. Dieses Ausweichen vor der Jugendweihe bedeutete aber auch das Eingeständnis einer Niederlage. Ungeahnte Weiterungen konnten dem folgen. Es war auf jeden Fall besser zu widerstehen. Es wurde auch auf den Rat des Gamaliel aus der Apostelgeschichte verwiesen in Bezug auf die Jugendweihe: »Ist dieses Vorhaben oder dieses Werk von Menschen, so wird es untergehen« (Apostelgeschichte 5,38).

Eine gewisse Gelassenheit war also angeraten. Die Jugendweihe ist Menschenwerk. Das Gelöbnis bei der Jugendweihe steht nicht auf einer Ebene mit dem Gelübde bei der Konfirmation. Die Jugendweihe ist Teil des weltlichen Bereiches. Bei der Konfirmation geht es um den »Himmel«, das Seelenheil, sie ist Teil des religiösen Bereiches und damit weit über das Weltliche hinaus von Bedeutung. Der Konvent bedenkt ebenso die seelsorgerliche Seite der Auseinandersetzung. Nicht die machen sich schuldig, die einem Zwang nachgeben, sondern diejenigen, die ihn ausüben. Auch die atheistische Schule steht im Widerspruch zur Kirche, aber die Kirche wird es nicht schaffen, die Kinder von der Schule fernzuhalten! Sowohl Konfirmation als auch Jugendweihe können ein Bekenntnis sein, zu Christus oder zur atheistischen Ideologie des Marxismus – Leninismus. In der Hauptsache geht es aber für die Mehrheit der Menschen um eine Tradition und die Gestaltung des Übergangs von der Kindheit zum Erwachsensein.

In Bezug auf das Kirchengesetz vom 4. Juli 1955 betreffend den Umgang mit Kindern, die auch an der Jugendweihe teilnehmen, war der Pfarrkonvent der Auffassung, dass das Gesetz zurückgenommen werden sollte. Das Kirchengesetz

---

16 AELKA, B 6, K 33 7 I, fol. 315II f.

habe zerstörende und schädliche Auswirkungen in den Kirchengemeinden. Es führe auf der Seite der Kinder und Eltern zu Lügen und Unwahrhaftigkeiten im Zusammenhang mit dem Verschweigen der Teilnahme von Kindern an der Jugendweihe. Abschließend kam der Pfarrkonvent zu dem Schluss: »Wir glauben, dass uns der Herr der Kirche selbst die Not der Konfirmation aufgegeben hat zur Prüfung von Wesen und Inhalt der in der Volkskirche geübten Praxis der Konfirmation.«

Die Antwort des Konvents auf das Rundschreiben Nr. 40/58 ging am 16. September 1958 im LKR in Dessau ein.[17] Der Köthener Konvent kam zu dem Ergebnis, dass die dem evangelischen Verständnis am nächsten kommende Deutung der Konfirmation die katechetische ist: Die Konfirmation ist Abschluss der kirchlichen Unterweisung. Aber eigentlich sollte sie kein Abschluss sein, sondern ein Anfang, »eine Initiation der bewußten Zugehörigkeit zur Kirche«. Die Konfirmationshandlung als Beginn einer confirmatio continua, bei der auch der Geist Gottes mit am Wirken ist. Dies entspreche Kol. 2,6-7, und 1.Petr. 2,5. Die Volkskirche ist am Schwinden, das sieht der Konvent klar und deutlich. Da dieses alles aber noch im Fluss ist und man noch nicht weiß, wohin der Weg geht, sollten jetzt, für 1959 und folgende, noch keine gesetzlichen Festlegungen getroffen werden. Der Weg führt von der Volkskirche zu einer Freiwilligkeitskirche. Wenn diese sich noch erkennbarer herausgebildet haben wird, dann ist Zeit neue Regeln zu schaffen. Auch zur Jugendweihe äußerte man sich. »Jugendweihe ist ein gesellschaftspolitischer Akt in der DDR, der mit der Konfirmation nichts zu tun hat.« »Aus Barmherzigkeit soll von einem Ausschluß von der Konfirmation abgesehen werden.« Diejenigen, »Die 1-2 Jahre bei uns in den Unterricht gehen, konfirmieren wir«. Ein Zurück zu dem Gesetz von 1955 gibt es nicht mehr, darüber ist die Entwicklung schon hinausgegangen. In der Sache »der Unvereinbarkeit sollte die Frage erledigt sein; das Bekenntnis zu Christus kann von den Kindern nicht herausgefordert werden.« Das heißt, der Konflikt sollte nicht auf dem Rücken der Kinder ausgetragen werden. Der Konvent sprach sich mit 17 Stimmen, bei einer Stimmenthaltung, dafür aus, 1959 so zu verfahren wie auch 1958 schon. Keine neuen, endgültigen Festlegungen. Abwarten.

Der Kirchenkreis Bernburg[18]

Die Bernburger fassen sich kurz. Der Konvent stellte sich die Frage nach dem Sinn des Gelübdes. Ein Gelübde kann sowohl eine Last als auch eine Hilfe sein. Es komme also

> »[…] darauf an, die Momente der Last zu verkleinern und die Momente der Hilfe zu stärken. Das Treue-Versprechen der Konfirmanden müsste also eine unaufgebbare Sache deutlich be-

---

17 AELKA, B 6, K 33 2 V, fol. 101 f.
18 Die folgenden Zitate bei: AELKA, B 6, K 33 2 V, fol. 119.

jahen, aber unnötige intellektuelle Lasten vermeiden. Dies hätte agendarische Konsequenzen zur Folge.«

Im Hinblick auf das Jahr 1959 warnte der Konvent vor liturgischen Experimenten und rein praktischen Unternehmungen. Vor diesen bestehe die Notwendigkeit theologischer Erwägungen. Beschlüsse fassten die Bernburger nicht, sie wollten nur ihre Meinung zum Ausdruck gebracht haben.

Der Kirchenkreis Ballenstedt[19]

»Im Kirchenkreis Ballenstedt ist auf vier Pfarrkonferenzen über die Neuordnung der Konfirmation gesprochen worden.« Man stellte fest: die »Kindertaufe ruft nach dem Bekenntnis des Getauften«, aber »das Apostolicum ist heute überhaupt nicht mehr geeignet, auch nur den Rahmen für ein solches Bekenntnis abzugeben«, denn es »trägt die heutige Volkskirche das Bekenntnis der Kinder nicht mehr mit ihrem Bekennen,« es »muss in der heutigen Situation das Bekenntnis, das der Taufe antwortet, ein Lebensbekenntnis sein [...] Ein solches Bekenntnis wird erst in reiferem Lebensalter möglich sein.« Der Konvent kam zu dem Schluss,

»dass die Konfirmation in ihrer heutigen Gestalt nicht mehr imstande ist, der Verkündigung des Evangeliums und der Erbauung der Gemeinde zu dienen, [...] Dies ist durch die Konfrontierung mit der Jugendweihe, der auf die Konfirmation gerichteten Spitze des allgemeinen Angriffs gegen die Kirche nur deutlicher geworden.«

Die Ballenstedter meinten, dass Christen »semper confirmandi« bleiben. Die gegenwärtige, 1958, Situation ist, dass mehr der rite de passage gesucht wird als ein Akt des Bekenntnisses. Es könnte sein, dass die Konfirmation eine Art kirchlich gefeierter Jugendweihe wird.

Der Not der Konfirmation ließe sich möglicherweise begegnen, indem man sie zweiteilt. Ein erster Abschnitt, der Konfirmandenunterricht, sollte hauptsächlich der Vermittlung von Wissen dienen. Dieser Teil sollte zeitlich vor der Jugendweihe liegen und mit einer Prüfung abschließen. In einem zweiten Abschnitt sollte es um die Bildung eines christlichen Bewusstseins der Jugendlichen gehen, zumindest um die Anfänge davon. Auf ihr eigenes Begehren sollten die Jugendlichen dann zum Abendmahl zugelassen und voll und ganz mit allen Rechten in die Gemeinde aufgenommen werden. Auch Kinder oder Jugendliche, die an der Jugendweihe teilgenommen haben, sollten diesen Weg gehen können, wenn sie denn allen falschen Wegen eine Absage erteilt haben. Es wurde im Konvent sogar überlegt, diesen zweiten Abschnitt der Konfirmation erst nach der Vollendung des 18. Lebensjahres zum Abschluss zu bringen, verbunden mit einer Art Laienordination. Dass dies in der Durchführung mit erheblichen Schwierigkeiten verbunden sein würde, dessen war man sich durchaus bewusst. Der Vorschlag des Ballenstedter Pfarrkonventes für

---

19 Die folgenden Zitate bei: AELKA, B 6, K 33 2 V, fol. 115 f.

das Verfahren im Jahr 1959 ging dahin, in aller Vorsicht und Bedachtsamkeit mit dieser Zweiteilung einen Anfang zu machen.

Der Kirchenkreis Zerbst[20]

Die Pastoralkonferenz des Kirchenkreises Zerbst befasste sich in drei Sitzungen, Juli, August und September 1958, mit dem »Konfirmationsproblem«. Zu Beginn stellte man sich zwei Fragen.

> »[1.] Soll 1959 überhaupt konfirmiert werden? Wäre es nicht ein Zeichen der Wahrhaftigkeit von seiten der Kirche, das sie der Welt schuldet, wenn sie erklärt, es wird nicht mehr konfirmiert! 2. Oder ist ein solches Zeichen' nicht eine glatte Bankrotterklärung der Kirche und müssen wir nicht Wege suchen, die die Konfirmation in irgendeiner Form auch 1959 möglich machen?«

Die Abstimmung ergab, dass der gesamte Pfarrkonvent sich mit einer Ausnahme dafür entscheidet, 1959 zu konfirmieren. Wie soll nun konfirmiert werden? Vier Möglichkeiten.

1. Es bleibt, wie es ist. Das Kirchengesetz von 1955 wird durchgeführt: Jugendgeweihte werden nicht konfirmiert.
2. Es bleibt, wie es ist – »aber Jugendweihe ist eine staatliche Einrichtung, die respektiert werden muss, wie Teufel und Sünde auch respektiert werden müssen.« Die Konfirmation sollte von der Jugendweihe weggerückt werden und mindestens ein Jahr später stattfinden – für alle Mädchen und Jungen eines Jahrganges.
3. Die Konfirmationshandlung wird aufgeteilt. Ein katechetischer Schlussgottesdienst, eventuell mit einer Einsegnung aber ohne Gelübde und ohne Abendmahl, doch vor der Gemeinde. Termin: um den Palmsonntag herum. Danach erfolgt ein besonderer Sakramentsunterricht. Am Ende dieses findet ein Abendmahlsgottesdienst statt mit Gelübde und Zuerkennung der kirchlichen Rechte. Termin: um Exaudi herum.
4. »Im Blick auf die Kirche in einer atheistischen Umwelt, die wir eben zu respektieren haben, kam der Vorschlag, die bisherige Form der Konfirmation getrost durchzuführen mit der Erweiterung der Konfirmationsfrage: »Wollt ihr trotzdem Glieder der Kirche Jesu sein und bleiben?« Dieses »Trotzdem« müsste über der ganzen Konfirmationsfeier beherrschend stehen.«

Über diese vier Möglichkeiten wurde dann abgestimmt. Es gab zwei Stimmenthaltungen (Anneliese Salm, Ilse Lüderitz). Für die Möglichkeit 3 (die Zweiteilung der Konfirmationshandlung) gab es zehn Stimmen. Für die Möglichkeit 4 (die Trotzdem – Variante) gab es acht Stimmen. Für die Möglichkeit 2 (Verschiebung der Konfirmation um mindestens ein Jahr) gab es eine Stimme. Für die Möglichkeit 1 (Ausschluss der Jugendgeweihten nach

---

20 Die folgenden Zitate bei: AELKA, B6, K 33 2 V, fol. 106 f.

dem Gesetz von 1955) gab es null Stimmen. Schlusssatz der Stellungnahme des Zerbster Pfarrkonvents war: »Eine Einmütigkeit konnte und wollte nicht erzielt werden. Entscheidend war das Ja zur Konfirmation 1959.«

Konfirmation 1959[21]

Mitte Oktober 1958 gelangten die Stellungnahmen der Pfarrkonvente der Kirchenkreise in die Hände des Präses der Anhaltischen Landessynode, Werner Lange, Kreisoberpfarrer von Dessau. In Absprache mit dem Landeskirchenrat wurde dann ein Text betreffend die Durchführung der Konfirmation im Jahre 1959 geschrieben. Dieser Text zur »Konfirmation 1959« unter dem Datum des 21. Oktober 1958 ist als Rundschreiben Nr. 73/ 1958 in der Landeskirche verbreitet worden. Am 31. Januar 1959 wurden hierzu noch genauere Ausführungsanweisungen gegeben.

»Alle Kinder, die sich zum Unterricht gemeldet haben, werden gemeinsam unterrichtet ohne Rücksicht darauf, ob sie an den Jugendstunden für die Jugendweihe teilnehmen.« Glaubens-, Bibel- und kirchliche Lebenskunde wurden unterrichtet. Besonderer Wert sollte auf den Zusammenhang der Konfirmation mit der Taufe gelegt werden. Am Ende dieser Zeit findet ein Gottesdienst statt, darin enthalten eine »katechetische Unterredung« (vulgo Prüfung). Kinder und Eltern werden zum Beschluss des Gottesdienstes gesegnet. (Keine Einzelsegnung der Kinder.) Eine Teilnahmebescheinigung wird den Kindern gegeben. Der Termin dieses Gottesdienstes sollte um die Sonntage Judika und Palmarum liegen.

Danach folgt etwa bis zum Sonntag Exaudi eine besondere seelsorgerliche Vorbereitung der Jugendlichen auf den erstmaligen Empfang des Heiligen Abendmahles. »Bei der Einladung wird kein Unterschied gemacht zwischen denen, die zur Jugendweihe gegangen und denen, die ihr ferngeblieben sind.« Die innere Haltung der Jugendlichen soll überprüft werden, ob sie bereit sind, sich »gegenüber allen entgegenstehenden Beeinflussungen doch zum Worte Gottes halten« zu wollen.

Am Ende dieses Abschnittes findet ein Sakramentsgottesdienst statt, »in dem den Jugendlichen auf ihr Bekenntnis und Versprechen mit der Zulassung zum Heiligen Abendmahl die kirchlichen Rechte zugesprochen werden.« In Hausbesuchen und im Unterricht sind die Jugendlichen und ihre Eltern stets auf die grundsätzliche Unvereinbarkeit von Konfirmation und Jugendweihe hinzuweisen. Die Eltern sind zudem auf ihre christliche Verantwortung ihren Kindern gegenüber hinzuweisen. Das Kirchengesetz vom 4. Juli 1955 wird nicht angewandt.

Auch im Jahr 1960 und in den folgenden Jahren bis zum Ende unseres Zeitraumes, 1969, blieb dies die Regelung für die Konfirmation. Es gab aber auch

---

21 Die folgenden Zitate bei: AELKA, B6, K 33 2 V, fol. 160r-v.

natürlich Abweichungen von dieser Regel. Wie das so gewesen ist in unserer Landeskirche, Dessau spricht und ordnet an und in den Gemeinden zwischen Harz und Fläming wird das dann durchaus auch mal anders gemacht. Die Zahl der Teilnehmer an der Konfirmation ging immer mehr zurück. Als Gründe werden zu nennen sein: zum einen der Druck von Partei und Staat, zum anderen der schon im 19. Jahrhundert begonnene Prozess der Säkularisierung der Gesellschaft.

Waren es 1951 in der Stadt Dessau 1.461 Teilnehmer an der Konfirmation gewesen, so sank die Zahl der Konfirmanden 1955 auf 1.293 und an der ersten Jugendweihe in Dessau nahmen 427 Kinder teil. 1961 war das Verhältnis Jugendweihe 995 zu Konfirmation 305. 1981 war es Jugendweihe 1.615 Teilnehmer zu Konfirmation 148 Teilnehmer. In der ganzen Landeskirche hatten 1959 noch 4.100 Kinder an der Konfirmation teilgenommen, 1960 waren es nur noch 1.900. Ende der 1950er Jahre, Anfang der 1960er Jahre geschah der große Umbruch, zumindest bei den Zahlen. Das Kleinerwerden der Kirche und damit verbunden auch das Wenigerwerden der Konfirmation hinterließ eine Lücke. Denn es bestand weiterhin im Volk, in der Gesellschaft, ein Bedürfnis nach einem rite de passage, einem Brauch des feierlichen Übergangs von der Kindheit zum Erwachsensein. In diese Lücke stießen Partei und Staat mit ihrer besonderen Form der DDR-Jugendweihe. Indem man das Bedürfnis nach einem Brauch des Übergangs, letztlich einer schönen Familienfeier, befriedigte, hoffte man zugleich mit dem eigenen Anliegen zum Zuge zu kommen, mit der sozialistischen Jugendweihe einen Beitrag zu leisten zur Bildung der »entwickelten sozialistischen Persönlichkeit«, mithin zur Erziehung eines »Neuen Menschen«. Das erstere wurde ein Erfolg, mit dem zweiten ist die SED spätestens 1989 gescheitert.

Die Militarisierung der Gesellschaft und das Friedenszeugnis der Kirche

Von Dietrich Bungeroth

I Vorspruch

Es sind fast 80 Jahre seit dem Ende des Zweiten Weltkriegs vergangen. Die heutigen Spannungen in Ost-Europa haben erneut zu einem offenen Krieg geführt, bei dem Moskau versucht, seinen Einfluss militärisch zu erweitern und dazu die Lage in vielen Regionen der Welt zu destabilisieren. Sind wir in den 2020er Jahren der Rückkehr des Krieges in unsere Zeit erneut hilflos ausgeliefert?

Nach dem 8. Mai 1945 versuchten viele Länder dieser Erde, mit friedlichen Mitteln das Grauen und Elend des Krieges zu überwinden. Die Gründung der Vereinten Nationen durch 50 Staaten bildete mit der Unterzeichnung der UN-Charta am 24.Oktober 1945 in San Franzisko, USA, den Abschluss eines langen Verhandlungsprozesses, der vor allem helfen sollte, einen neuen Weltkrieg zu vermeiden. Dazu sagte der Zweite Generalsekretär, Dag Hammarskjöld, im Jahr 1954 rückschauend, die UNO sei nicht geschaffen worden, um die Menschheit in den Himmel zu bringen, sondern um sie »vor der Hölle zu bewahren«.[1]

Die Welt war nach dem verheerenden Zweiten Weltkrieg weiter geteilt in wirtschaftlich stärkere und ärmere Länder und zudem in die alte kapitalistische Welt und die vermeintlich neue, sozialistische Welt. Und welch ein historischer Widerspruch schon 12 Jahre nach der Gründung der UNO: Die Sowjetunion schenkte 1957 eine den Frieden symbolisierende Skulptur »Schwerter zu Pflugscharen« der UNO, nachdem sie gerade ein Jahr zuvor den Ungarnaufstand mit ihren Panzern niedergewalzt hatte.

Die Schaffung einer sowjetischen Einflusssphäre in Ost- und Ostmitteleuropa war Teil der neuen Ost-West-Konfrontation zwischen den Großmächten USA und UdSSR, die in den nächsten Jahrzehnten die Weltpolitik prägen sollte. Dies hatte tiefgreifende Auswirkungen auch auf die Politik und die Gesellschaft der DDR – und folglich auch auf die Kirchen und Christen. Noch im Herbst 1989 gab es viele Hoffnungen auf Frieden und viele neue Wege[2] im Zuge der Wiedervereinigung Deutschlands. »Unsere Hoffnung der achtziger Jahre, dass nunmehr politische Konflikte mit ausschließlich zivilen Mitteln zu lösen seien, wird immer häufiger enttäuscht«, schrieb Uwe Koch, der Beauftragte für

---

[1] Zitiert nach: Jan Dirk HERBERMANN: Vor der Hölle bewahren, in: General-Anzeiger vom 21.9.2020.
[2] Siehe das Kirchenlied *Vertraut den neuen Wegen* im Evangelischen Gesangbuch unter Nr. 395.

Friedensarbeit der Evangelischen Kirche Mitteldeutschlands, in seinem Buch über die Friedensarbeit in der Gemeinde.³

Wenn ich jetzt über die Ereignisse der Jahre 1945 bis 1969 und die Militarisierung der Gesellschaft in der DDR spreche, werde ich neben den gesellschaftlichen Zusammenhängen auch die Entwicklung des Rechtsrahmens und die Lebenswirklichkeit der Kirchen darstellen. Außerdem werde ich in mehreren Exkursen auch persönliche Erfahrungen und Erinnerungen in die Darstellung einflechten.

II Zu den Bedingungen des kirchlichen Lebens nach 1945

Die Kirchen in der SBZ erhielten zwar durch den 2. Erlass von General Schukow am 16. Juni 1945 das Recht, sich zum Gottesdienst und zur jungen Gemeinde unter dem Bekenntniszeichen, in der Schülerarbeit und in den Studentengemeinden zu versammeln.⁴ Alsbald nahmen Seelsorge und Diakonie ihre Arbeit wieder auf. Die christliche Zeitschrift »Stafette« wurde monatlich mit einer Auflage von 50.000 Stück herausgegeben.

Aber nun nach dem Ende des Grauens zeigte sich, in welchem Maße die Kirchen selbst, ihre Amtsträger und viele Gläubige durch den totalitären Nazi-Staat und die Verfolgungen betroffen gewesen waren.⁵ Ein Indiz dafür ist die Fürbittenliste der Bekennenden Kirche von 1938. Hier standen fast 200 Amtsträger der BK, die Redeverbot hatten, von den Hochschulen relegiert oder vom Amt suspendiert, verhaftet oder ausgewiesen worden waren. Zu den bekannteren Namen zählen: Pfarrer Paul Schneider, Pfarrer Martin Niemöller und Superintendent Wolfgang Staemmler. Die Fürbitte »für verfolgte Hitlergegner« wurde sonntäglich im Gottesdienst gehalten.⁶

Welche Gewalt das NS-Regime gegenüber Amtsträgern der Kirche ausgeübt hatte, wurde in erschreckender Weise deutlich nach der Eroberung des Konzentrationslagers Dachau durch die Amerikaner am 29. April 1945. Damals wurden auch zwei so genannte »Pfarrerblöcke« mit 1.240 Geistliche aus 19 europäischen Ländern befreit, darunter 45 Geistliche aus Deutschland. Insgesamt waren in den Jahren des Dachauer KZ-Systems 2.720 Geistliche, darunter 447 aus Deutschland interniert gewesen.⁷

---

3 Friedensarbeit in der Gemeinde, hrsg. von Uwe Koch, Jena 1995, 7.
4 Zitiert nach: Peter Rauch: Jugendarbeit der evangelischen Kirchen in der DDR, Dessau 1999, 3.
5 Andreas Stegmann: Die Kirchen in der DDR. Von der sowjetischen Besatzung bis zur Friedlichen Revolution, München 2021, 20.
6 Siehe die Fürbittenliste der Evangelischen Kirche für verfolgte Hitlergegner, in: Widerstand aus Glauben. Christen in der Auseinandersetzung mit dem Hitlerfaschismus, Berlin 1985, 174.
7 Stanislaw Zámecnic: Das war Dachau, Luxemburg 2002, 179.

Da die Kirchen und ihre Amtsträger aber mehrheitlich selbst mit dem Unrechtssystem kollaboriert hatten, formulierte der Rat der Evangelischen Kirche in Deutschland am 19. Oktober 1945 eine Stellungnahme, die später als »Stuttgarter Schuldbekenntnis« bekannt werden sollte. In der Erklärung heißt es unter anderem: »Mit großem Schmerz sagen wir: Durch uns ist unendliches Leid über viele Völker und Länder gebracht worden.«[8]

Über das Ende des Krieges im ländlichen Anhalt ist in der Wörlitzer Chronik zum 20. April 1945 lesen, nun sei nach dem 406. Bombenalarm endlich Schluss.[9] Im Juni 1945 wohnten in der Parkstadt 7.868 Einwohner, zu den 2.200 Einheimischen kamen 5.668 Evakuierte aus den Ostgebieten und Geflüchtete aus den umliegenden bombardierten Städten.[10] Diese Zahlen zeigen, vor welchen Aufgaben die Kirchen und Gemeinden standen. In ganz Deutschland mussten Millionen von traumatisierten Menschen versorgt werden und brauchten Zuspruch.

Die Abkehr von militärischer Gewalt, war oft radikal. Im Volksmund hieß es: »Jedem, der wieder eine Waffe ergreift, soll die Hand abfallen«. Öffentliche Verlautbarungen, Inschriften und Wahlprogramme verwendeten den Slogan: »Die Toten mahnen« oder »Nie wieder Krieg«.

In der Sowjetisch besetzten Zone (SBZ) war am 7. März 1946 die Freie Deutsche Jugend (FDJ) gegründet worden. Dabei waren auch kirchliche Gründungsmitglieder, wie Oswald Hanisch (Stadtjugendpfarrer in Berlin), Fritz Hoffmann (Diakon) und Robert Lange (katholischer Domvikar).[11] Denn Erich Honecker hatte an Bischof Otto Dibelius geschrieben und um die Entsendung kirchlicher Vertreter gebeten. Bemerkenswert ist, dass diese drei Namen nach 1953 nicht mehr in der Gründungsurkunde erscheinen sollten! (Diese Auseinandersetzungen zwischen Kirchenvertretern und FDJ-Stellen werden sehr anschaulich 2016 in einem Feature bei Deutschlandfunk-Kultur dargestellt.) Als es dann im April 1946 durch die Zwangsvereinigung von KPD und SPD zur Sozialistischen Einheitspartei (SED) kam, war bald klar, wie im Zeichen der »Diktatur des Proletariats« die Politik der ideologischen Abgrenzung nach innen und außen vorantrieben werden sollte.

Aber wie waren auf beiden Seiten der Demarkationslinie durch Deutschland die schweren Traumatisierungen durch den Krieg zu überwinden? Welchen

---

8 KUNDGEBUNGEN. Worte und Erklärungen der EKD 1945–1959, hrsg. von Friedrich MERZYN, Hannover 1993, 14.
9 Karl THALWITZER: Wörlitzer Chronik, hrsg. von der Evangelischen Kirchengemeinde Wörlitz, Wörlitz 2020, 181.
10 WÖRLITZ – EINE STADT IM GARTENREICH, hrsg. vom Kulturbund Wörlitz, Wörlitz 2019, 94.
11 Rauch: Jugendarbeit (wie Anm. 4), 5. – Eine Beschreibung der Auseinandersetzungen findet sich auch auf den Seiten des Deutschlandfunks: URL: <https://www.deutschlandfunkkultur.de/freie-deutsche-jugend-wie-die-fdj-die-kirchen-ausbootete-100.html> (12.3.2024).

Rechtsrahmen sollte eine Verfassung den Kirchen einräumen? Mit Duldung durch die vier Siegermächte war die Bildung der beiden deutschen Staaten parallel vorbereitet worden. So gründete sich am 7. September 1949 die BRD und am 8. Oktober 1949 die DDR. Die Verfassung der DDR wurde im Herbst 1949 verabschiedet. Sie garantierte zwar formal die Glaubens- und Gewissensfreiheit und auch die Freiheit der Religionsgemeinschaften, aber die SED sah diese Rechte immer als Kann-Bestimmungen an. Darum benutzte sie immer wieder die marxsche These vom »Opium für das Volk« (bei Marx eigentlich »Opium des Volks«), um Religion und Kirchen zu diskreditieren, denn die SED sah in den Kirchen viele oppositionelle Kräfte. Aber wegen des großen Rückhaltes in der Bevölkerung sollten die Kirchen vorerst nicht offen attackiert werden.[12]

III Die Friedensfrage

Dabei war die Friedensfrage im Hinblick auf das Verhältnis von SED und Kirchen ein besonders heikles Thema. Denn für die Kirchen war das von der SED propagierte Freund-Feind-Denken das größte Problem, weil es mit dem Glauben an die Gottesebenbildlichkeit des Menschen und mit den Grundsätzen der Nächstenliebe nicht vereinbar war.

Die evangelischen Kirchen haben dieser Ideologie des Freund-Feind-Denkens immer wieder deutlich widersprochen. So wurde am 13. Juli 1948 das »Wort der Kirchenversammlung der EKiD zum Frieden« in Eisenach beschlossen und verkündet.[13] Darin heißt es:

> »Wir sehen in den Angehörigen einer anderen Nation, welche es auch sei, nicht mehr Feinde, sondern Brüder und Schwestern [...] Insbesondere mahnen wir alle Glieder unseres Volkes, nicht dem Wahn zu verfallen, als könne unserer gemeinsamen Not durch einen neuen Krieg abgeholfen werden [...] Selig sind die Friedfertigen, denn sie sollen Gottes Kinder heißen«.

Die Gründungsversammlung des Ökumenischen Rates der Kirchen hatte in Amsterdam im Jahre 1948 den auch später viel zitierten Satz: »Krieg soll nach Gottes Willen nicht sein« beschlossen.

Die gemeinsamen Kontakte der Kirchen in Ost und West waren 1948 durch die Grundordnung der Evangelischen Kirche in Deutschland gefestigt worden. Bei der Synode in Berlin-Weißensee im Jahre 1950 ging es u. a. um die deutsche Wiedervereinigung und den Frieden in der Welt. Beim letzten gemeinsamen Deutschen Evangelischen Kirchentag 1954 in Leipzig gaben fast eine halbe Million Menschen aus Ost und West ein deutliches Zeichen für den Frieden und gegen die deutsche Teilung. Die SED hingegen suchte ihr Heil im so genannten »Kampf für den Frieden«, dem solche Initiativen zuwiderliefen. Zu diesem Kampf gehörten vor allem die Aufrüstung und die Abgrenzung von der BRD.

---

12 Stegmann: Kirchen in der DDR (wie Anm. 5), 28 f.
13 Ebd., 58.

IV Wiederbewaffnung seit 1946

Der spätere DDR-Verteidigungsminister Heinz Hoffmann wurde 1946 mit der Gründung von Polizeieinheiten beauftragt. Im Oktober 1948 begann mit der Einrichtung der »Kasernierten Volkspolizei« – abgekürzt KVP – die Remilitarisierung der SBZ. So sollte formell die Vereinbarung der Alliierten zur Demilitarisierung Deutschlands eingehalten werden. Die zunächst auf 10.000 Mann festgelegten Truppen der KVP bestand zur Hälfte aus ehemaligen Kriegsgefangenen, sie wurde aber auch mit schweren Waffen ausgerüstet. Die Offiziere der KVP absolvierten von September 1949 bis Dezember 1952 Lehrgänge in der Sowjetunion. Die einsatzfähigen Kräfte in der SBZ bestanden zu diesem Zeitpunkt aus ca. 80.000 Mann, dazu ca. 15.000 Mann bei der Grenzpolizei. Ab 1951 begann zudem der Aufbau von Luftwaffen- und Marineeinheiten der KVP, die 1952 ca. 70.000 Mann umfasste. Aus diesen Teilen der KVP ging nach der Verfassungsänderung am 18. Januar 1956 die NVA hervor.

Am 14. Mai 1955 unterzeichneten die DDR und sieben weitere Staaten den Warschauer Pakt, den militärischen Beistandsvertrag des Ostblocks unter der Führung der Sowjetunion. Die DDR definierte sich als Speerspitze gegen den sogenannten »westlichen Kapitalismus«. Die Kirchen hielten dagegen. Der Rat der EKD schlug 1955 den beiden deutschen Regierungen Verfassungsänderungen in dem Sinne vor, dass in beiden deutschen Staaten »ein Bürger nicht zum militärischen Dienst herangezogen werden … dürfe, wenn sein Gewissen dagegenspricht«. Bischof Dibelius wandte sich daher im Mai 1956 im Auftrag des Rates der EKD mit einem gleichlautenden Schreiben an den Volkskammerpräsidenten Johannes Dieckmann in Ostberlin und an die Regierung in Bonn, darin heißt es u. a.: »Wer um des Gewissens willen den Kriegsdienst verweigert, soll der Fürsprache und der Fürbitte der Kirche gewiss sein.«[14] Dibelius argumentierte, dass vor dem Hintergrund der Erfahrungen von Krieg und Vertreibung viele Menschen in ihrem Gewissen schwer angefochten seien durch die Frage eines Dienstes mit der Waffe. Der SED-Regierung und ihrem »Kampf für den Frieden« lief diese Form eines kirchlichen Pazifismus natürlich zuwider.

Persönlicher Exkurs I Militärisch geprägte Schulzeit

Ich war 1955 in Dessau eingeschult worden und ging seit unserem Umzug nach Wörlitz 1956 in die dortige Schule. Rückschauend wird mir deutlich, wie doch die junge DDR noch mit dem deutschen Militarismus verflochten war und wie Kinder und Jugendliche in diese Verflechtungen hineingenommen wurden. Die Pionierorganisation »Ernst Thälmann« war bereits 1948 gegründet worden, und

---

14 Kundgebungen (wie Anm. 8), 212.

das militärische Marschieren, Antreten und Grüßen war allgemeiner Schulalltag. Ich war mit Unterstützung durch meine Eltern kein Mitglied.

Aber die Verwendung der Attrappen von Stielhandgranaten im schulischen Sportunterricht gehörte zu den pädagogischen Absurditäten in der DDR. Die Soldaten des Deutschen Heeres wie auch der Wehrmacht hatten in den beiden Weltkriegen diese Handgranaten mit dem Stiel am Gürtel getragen und damit überall in der Welt »ihre Feinde« bekämpfen müssen.

Und wenige Jahrzehnte später in den 1950er Jahren mussten wir Zehnjährigen, alle Mädchen und Jungen, mit Attrappen dieser Stielhandgranaten auf dem Wörlitzer Sportplatz Weit- und Zielwurfübungen durchführen! Niemand hat protestiert, auch die Väter nicht, die ja in vielen Fällen erst in den 50er Jahren aus der Kriegsgefangenschaft entlassen worden waren. Ich kann nicht sagen, weshalb das so war, dass die Übernahme dieser Weltkriegsrelikte in den Sportunterricht der sozialistischen Schule um diese Zeit für kaum jemanden ein Problem war.

V Die Auseinandersetzungen zwischen SED und Kirchen nach 1952

Im Juni 1952 hatte die Zweite Parteikonferenz der SED den »Aufbau des Sozialismus« nach sowjetischer Machart beschlossen, den »neuen Kurs«. Danach griffen die SED-Maßnahmen deutlich in kirchliche Bereiche ein. Der Religionsunterricht in den Schulen war bereits 1946 als Lehrfach abgeschafft worden, und es gab nur noch die »Christenlehre« in kirchlichen Räumen.[15] Nun aber redete die SED Klartext. Die »Junge Welt« – seit 1947 Organ des Zentralrats der FDJ – titelte im April 1953 in einer Sonderausgabe: »Junge Gemeinde – Tarnorganisation für Kriegshetzte, Sabotage und Spionage im USA-Auftrag«.

Es begannen die ideologischen Auseinandersetzungen gegen die kirchliche Jugendarbeit. Das Rüstzeitheim »Schloß Mansfeld« (Mansfeld, heute Kreis Mansfeld-Südharz) wurde 1953 zeitweise beschlagnahmt.[16] Die Jungen Gemeinden und auch die Studentengemeinden wurden als Konkurrenz zur FDJ angesehen und die Kampagnen verstärkt. Kirchliche Jugendzeitschriften und Rüstzeiten wurden verboten, junge Christen der Oberschule oder Universität verwiesen und das Tragen des Kugelkreuzes verboten. Es soll sogar an verschiedenen Orten Listen mit Namen von Inhaftierten gegeben haben, für die die Gemeinden sonntags beteten, wie Stegmann in seinem Buch über die Kirchen in der DDR berichtet.[17]

Am 17. Juni 1953 und auch danach gab es in über 550 Städten und Betrieben der DDR »Volksaufstände«. Diese wurden niedergeworfen durch die Volkspolizei, die Staatsicherheit und sowjetische Panzer. Dann sorgte aber die

---

15 Stegmann: Kirchen in der DDR (wie Anm. 5), 25f.
16 Vgl. URL: <https://www.schloss-mansfeld.de/verein/vereinsgeschichte/> (12.3.2024).
17 Stegmann: Kirchen in der DDR (wie Anm. 5), 34.

sowjetische Führung dafür, den »neuen Kurs« der SED abzumildern. Es kam daher 1953 zu einem Spitzengespräch zwischen Staat und Kirche, wonach die harten Maßnahmen z. T. zurückgenommen wurden. Aber der Atheismus war praktisch Staatsideologie, und die Jugendweihe wurde zunehmend die atheistische Alternative zur Konfirmation.[18]

Sowjetische Panzer beendeten 1956 den Versuch Ungarns, sich vom Warschauer Vertrag zu befreien. Nun verstärkten beide deutschen Staaten ihre Aufrüstung. »Der Friede muss bewaffnet sein«, war der Slogan in der DDR, mit dem verstärkt unter der Jugend geworben wurde, den Grundwehrdienst in der NVA anzutreten.

Der 1957 in der BRD geschlossene Militärseelsorgevertrag war für die SED-Agitatoren erst recht Gelegenheit, die Kirchen in der BRD als Teil der westdeutschen Kriegstreiberei zu diffamieren und von den Kirchen und Christen in der DDR eine Distanzierung zu verlangen. Denn die Seelsorge für NVA-Soldaten war seitens der SED nicht vorgesehen. Die Seelsorge für Wehrpflichtige in der DDR fand aber dennoch statt, wie der ehemalige Jugendwart, Eberhard Heimrich aus Suderode berichtet. Die Mitarbeiter des Evangelischen Jungmännerwerks in Magdeburg und des ökumenischen Friedenskreises in Halle boten seelsorgerliche Gespräche und Tagungen an. Viele Jugendliche aus unserer Region haben dabei ihre friedensethische Prägung erfahren und später den Waffendienst verweigert.

VI Das christliche Friedenszeugnis 1961

Bei der Synode der EKD in Berlin-Weißensee 1958 war die »Aktion Sühnezeichen« gegründet worden. In ökumenischer Gemeinschaft setzte »Sühnezeichen« ein öffentliches Zeichen für Frieden und Versöhnung durch Arbeitseinsätze an vielen Orten der Zerstörung und des Grauens in Europa. Auch in Dessau – auf dem 1938 zerstörten Jüdischen Friedhof und in der 1945 ausgebrannten Marienkirche – haben junge Christen mit den Pfarrern Alfred Radeloff und dem katholischen Vikar Dr. Gerhard Nachtweih nach 1964 geholfen, die Verwüstungen zu beseitigen.[19]

Wie erwähnt, ist das Friedens-Denkmal »Schwerter zu Pflugscharen« 1959 im Garten des UNO-Hauptgebäudes in New York City aufgestellt worden. Die Skulptur, nach dem Wort des Propheten Micha 4,3 geschaffen vom sowjetischen Bildhauer Jewgeni Wutschetitsch, wurde von der Sowjetunion der UNO angeblich als Zeichen der Bereitschaft zur friedlichen Koexistenz geschenkt.

20 Jahre später, 1979, wurde aus dieser Skulptur ein weltumspannendes Friedenszeichen. Es war die Idee des Dresdener Landesjugendpfarrers Harald

---

18 Siehe dazu den Beitrag von Günter PRECKEL im vorliegenden Buch.
19 GUNTHER HELBIG. Ein Gedenkbuch, hrsg. von der Moses-Mendelssohn-Gesellschaft Dessau e.V., Dessau-Roßlau 2008, 20-24.

Abb. 7: Aufnäher »Schwerter zu Pflugscharen«, um 1980. Privat.

Bretschneider, den Schwertermann als Lesezeichen in den Werkstätten der Herrnhuter Brüdergemeine auf Fließstoff drucken zu lassen: zweimal 100.000 Stück. Zudem wurden 100.000 Stück runde Aufnäher auf Fließ gedruckt, die bald überall in der DDR zu sehen waren. [Abb. 7] Der Schwertermann wurde vor allem durch die »Ökumenischen Friedensdekaden – 10 Tage Friedensarbeit in den Jungen Gemeinden und Kirchengemeinden« in den 80er Jahren zum Symbol der christlichen Friedensbewegung in beiden deutschen Staaten und weltweit.

Als am 13. August 1961 die innerdeutsche Grenze durch den Mauerbau der DDR geschlossen wurde, waren die Evangelischen Landeskirchen in der DDR gezwungen, sich organisatorisch neu aufzustellen und Stellung zu ihrer Position im sozialistischen Staat beziehen. Das wegweisende Papier, das erst 1963 veröffentlicht wurde, waren die »Zehn Artikel über Freiheit und Dienst der Kirche«. Darin heißt es, »dass die Freiheit der Kirche Voraussetzung für ihren Dienst an den Menschen ist, für die die Christen wegen ihrer Bindung an Gott Verantwortung tragen«.[20] In Kapitel V. »Versöhnung und Friede« wird ausgeführt, was die Aufgabe der Kirche ist, angesichts der zunehmenden Spannungen in der Welt und der Gewissensprobleme junger Menschen: »Der Dienst der Versöhnung verpflichtet uns, für den Frieden unter den Völkern ehrlich und ernstlich zu wirken. Angesichts der Massenvernichtungsmittel ist der Krieg weniger denn je eine Möglichkeit zur Lösung politischer und ideologischer Spannungen zwischen den Völkern und Machtblöcken.«[21]

Die Kirche setze sich daher für den gesetzlichen Schutz der Wehrdienstverweigerer aus Glaubens- und Gewissensgründen ein, wie sie auch für ihre Gemeindeglieder, die Soldaten waren, den Auftrag zur Seelsorge behält. »Wer wegen seines Dienstes für die Versöhnung leiden muss, darf der Treue Gottes gewiss sein und soll die Hilfe und fürbittende Liebe der Gemeinde erfahren.«[22]

Dieser Wortlaut von 1963 erinnert an die Verlautbarung der Dritten Vollversammlung des Ökumenischen Rates mit den Vertretern von 198 Kirchen

---

20 Stegmann: Kirchen in der DDR (wie Anm. 5), 60.
21 Zehn Artikel über Freiheit und Dienst der Kirche. Vom 8. März 1963. In: KJ 90 (1963), 181-185, Kap. 4.
22 Ebd., 182.

aus aller Welt in Neu-Delhi im Jahre 1961. Der Anhaltische Kirchenpräsident Dr. Martin Müller gehörte zur Delegation der EKD.

Durch die Kommission für internationale Angelegenheiten wurde mit Blick auf die weltweiten kriegerischen Auseinandersetzungen bereits 1961 wörtlich formuliert:

»a) Jeder Versuch, eine unbefriedigende Lage durch Gewalt zu ändern, muss abgelehnt werden, b) Die Kirchen haben den klaren Auftrag, eine feierliche Warnung ausgehen zu lassen, dass jede Nation verurteilt werden muss, die bewusst einen Kurs einschlägt, der zwangsläufig die Spannungen erhöht, c) Vergleiche sollten angemessene Konzessionen einschließen, d) Man sollte bereit sein, vorläufige Abkommen abzuschließen, solange endgültige Lösungen nicht erzielt werden können, e) Die Welt muss lernen, in Geduld mit Problemen zu leben für die im Augenblick keine befriedigenden Lösungen möglich sind«.[23]

VII Die Einführung der Wehrpflicht 1962

Das einzige Spielzeug, das die DDR-Kindergärten durch die »Abteilung Volksbildung« kostenfrei zugeliefert bekamen, war das NVA-Militärspielzeug: Mannschaften und LKWs, Kanonen und Panzer, genannt »patriotisches Spielzeug«. Bei der Militarisierung der jungen Generation in der DDR war das Pionierpanzerbataillon 101 die absolute Spitzenleistung, wie das Foto aus Wolfen-Nord zeigt [Abb. 8]. Jugendliche fuhren diese Panzerattrappen mit Trabantmotor. So sollte bereits bei der jungen Generation der Spaß am Militärischen geweckt und damit die Wehrbereitschaft gestärkt werden.

Wie oben erwähnt, gab es in der DDR seit 1956 die Kasernierte Volkspolizei (KVP) mit über 100.000 Mann. Nach der Errichtung der Mauer durch die DDR im August 1961 war der logisch nächste Schritt, dass nun in der DDR die allgemeine Wehrpflicht eingeführt wurde, neue Sollstärke 170.000 Mann. Durch die geschlossene Grenze konnte sich nach dem Mauerbau niemand mehr dem Wehrdienst durch die Flucht in die BRD entziehen.

Mit der Einführung der Wehrplicht 1962 begannen in der DDR die Verweigerungen des Waffendienstes unter Berufung auf die in der Verfassung, Art. 20, Abs.1, garantierte Freiheit. Es heißt dort: »...Gewissens- und Glaubensfreiheit sind gewährleistet«. Kirchliche Vertreter verlangten daher Rechtsschutz für die jungen Männer, die nicht nur den Wehrdienst verweigerten, sondern nach dem Vorbild der BRD auch die Einführung eines waffenlosen Ersatzdienstes forderten.

Persönlicher Exkurs II Schwerter zu Pflugscharen in der Rückschau 1990
Nach dem Ende der DDR hatte ich Gelegenheit, mit einer Abordnung des Bernburger Bürgerkomitees die ehemalige Kreisleitung der SED in Bernburg zu besuchen. Das war Anfang 1990 in einer verlassenen Solvay-Villa: Kein

---

23 Siehe: NEU DELHI DOKUMENTE. Berichte und Reden auf der Weltkirchenkonferenz in Neu Delhi 1961, hrsg. vom Ökumenischen Rat der Kirchen, Bielefeld 1962, 220.

Dietrich Bungenroth

Abb. 8: *Pionierpanzer in Wolfen Nord 1981. Foto: Manfred Seifert.*

Mensch war mehr da, alle Schreibtische schienen gerade verlassen. Im Archiv fand ich einen Aktenordner mit der Aufschrift »Kirche«, darin die neunseitige Niederschrift des Rates des Kreises, Bereich Inneres, über einen Besucher aus Berlin. Konrad Naumann vom Zentralkomitee der SED hatte am 10. Mai 1932 in Bernburg »über Probleme und Aspekte der Kirchenpolitik unserer Partei« vor über 80 Parteisekretären referiert.[24] Er beklagte, dass es in der DDR Ansätze zu einer kirchlichen Friedensbewegung gebe. Damit hatte er Recht, denn das Symbol »Schwerter zu Pflugscharen« hatte nach 1980 genau den Nerv vieler Jugendlicher getroffen und sie ermutigt, Gesicht zu zeigen. Naumann weiter: »Das Schlimmste wäre, wenn die evangelische Friedensbewegung mit den Katholiken einen gemeinsamen Weg gehen würde«. Auch damit sollte er Recht behalten, denn bei der politischen Wende von 1989 haben wir in ökumenischer Gemeinschaft zusammengewirkt.

Naumanns Fazit: »Wir waren vor 20 Jahren mit unserer Kirchenpolitik ... bedeutend weiter«. Damit meinte er rückschauend die 1960er Jahre und zeigte m.E. einen gewissen Realismus bei der SED, wenn nicht bereits Resignation bezüglich der Staat-Kirche-Politik in den 1980er Jahren.

VIII Die Bausoldaten

Die Forderung der Kirchen in der DDR nach einem »Rechtsrahmen« hatte Erfolg gezeigt. Es dauerte nach der Einführung der Wehrpflicht 1961 jedoch noch drei Jahre bis zur Bausoldatenverordnung. Als einziger Staat im Warschauer Pakt richtete die DDR innerhalb ihrer regulären Streitkräfte einige Einheiten

---

24 Konrad Naumann: Niederschrift, Bernburg 1982, Kopie im Privatarchiv des Verfassers.

mit Bausoldaten ein. Im November 1964 wurden erstmals 220 Wehrpflichtige zum Dienst herangezogen, von denen aber bald einige auch die Bauarbeiten an militärischen Anlagen verweigerten. Nach verschiedenen Schätzungen haben bis zum Ende der DDR im Jahre 1989 ca. 30.000 junge Menschen den Waffendienst verweigert.[25]

Aus den wenigen gefundenen Stasiunterlagen dieser Zeit geht hervor, wie das MfS vor allem in seinem Bereich »allgemeine Feindtätigkeit von Kirchen und Sekten« mit Recherche reagierte.[26] Gezielt ging die Stasi gegen die kirchliche Beratung für Wehrpflichtige und Verweigerer vor, so beim Evangelischen Jungmännerwerk und auch gegen die »Handreichung für Seelsorge an Wehrpflichtigen«. Mit dieser Handreichung vom November 1965 hatte die Evangelische Kirche auf 13 hektografierten Seiten erklärt, wie sie das ihr gebotene Friedenszeugnis aktuell verstand und was sie zur Seelsorge an Wehrpflichtigen in der DDR zu sagen hatte. Unter dem Titel »Zum Friedensdienst der Kirche« wurde – unter Berufung auf die Synode von Berlin-Weißensee 1958 – ausgeführt, dass der Friedensdienst der Kirche und der Christen im Friedensbund Gottes begründet sei, bezeugt durch das Alte und das Neue Testament. In der Ablehnung des Krieges als eines Mittels der Politik träfen sich Glaubenserkenntnis und Glaubensgehorsam. Der Schalom Gottes sei der Leitbegriff, der dazu aufruft, die Verhältnisse zu verändern. In dieser Handreichung wurde erstmalig auch von dem »deutlicheren Zeugnis« der Wehrdienstverweigerer gesprochen.[27]

Der Staatssekretär für Kirchenfragen, Hans Seigewasser, verlangte 1966 von der Kirche, diese Handreichung zurückzuziehen, was die evangelischen Bischöfe (bis auf Moritz Mitzenheim, Thüringen) in einem Brief allerdings ablehnten.[28] In der BRD war die Möglichkeit des Wehrersatzdienstes bereits mit Gründung der Bundeswehr im Jahre 1955 geschaffen worden auf der Grundlage des Artikel 4, Abs. 3 des Grundgesetzes: »Niemand darf gegen sein Gewissen zum Kriegsdienst mit der Waffe gezwungen werden«. Nach dem Erlass des

---

25 ZÄHNE HOCH KOPF ZUSAMMENBEISSEN: Dokumente zur Wehrdienstverweigerung in der DDR, hrsg. von Uwe Koch; Stephan Enschler, Kückenshagen 1994, 18.
26 DAS MINISTERIUM FÜR STAATSSICHERHEIT, die Wehrdienstverweigerer der DDR und die Bausoldaten der Nationalen Volksarmee, hrsg. von Uwe Koch (Sachbeiträge; 6) Magdeburg 1997, 5 f.
27 Evangelische Kirche in der DDR: Zum Friedensdienst der Kirche – Eine Handreichung für Seelsorge an Wehrpflichtigen, Berlin 1965. Online verfügbar auf den Seiten der EKM: URL: <https://www.ekmd.de/attachment/aa234c91bdabf227d333e5305b/2f10 0511036e3f121cbb9c43d27928cf/zeitdokument%2B-%2BFriedensdienst%2BHandre ichung_6.11.1965.pdf (12.3.2024).
28 Uwe KOCH; Gero NEUGEBAUER: Die Evangelische Kirche in der DDR in der Auseinandersetzung mit der Wehrdienstpolitik der SED. In: Die Rolle der Kirchen in der DDR. Eine erste Bilanz, hrsg. von Horst Dähn, München 1993, 127-140.

Ersatzdienstgesetzes von 1960 waren es bis 1973 ca. 35.000 Wehrpflichtige, die den Dienst mit der Waffe verweigerten.

Persönlicher Exkurs III   Wehrdienstverweigerung
Auch für mich stand die Frage: Wehrdienst leisten oder verweigern? Es war eine starke innerliche Überwindung, mich mit einer solchen Gewissensentscheidung – nach langen Gesprächen mit dem Dessauer Jugendwart (Jungmännerwerk) Peter Rauch – öffentlich zu machen. Das war in meinem Fall die Musterungskommission in Gräfenhainichen, ca. 12 Mann mit und ohne Uniform, denen ich 1966 in Gräfenhainichen als 18-Jähriger gegenüberstand. Ich habe dort den Wehrdienst bei der NVA und auch den Bausoldatendienst verweigert, trotz des angedrohten Gefängnisses. Einzige Konsequenz: Ich wurde 1969 an der Martin-Luther-Universität in Halle mit dem Hinweis auf den nicht geleisteten Wehrdienst nicht zum Theologiestudium immatrikuliert. Ich studierte zunächst am Katechetischen Oberseminar in Naumburg und wurde so nicht zur NVA eingezogen.

IX   Zum Beispiel: Gottfried Werner

Mein Pfarramtskollege, Christoph Werner, hat mir einen persönlichen Bericht über seinen Bruder Gottfried zur Verfügung gestellt.[29] Darin schreibt er, nach der Einführung der Wehrpflicht von 1962 sei es unter den Theologiestudierenden der Uni Halle zu Diskussionen gekommen, ob man der Aufforderung zur Musterung bzw. der Einberufung zur Ableistung des Wehrdienstes oder des Bausoldatendienstes nachkommen müsse oder ob dieses zu verweigern sei.

Ein kleiner Kreis in Halle hatte sich dagegen entschieden. Dazu gehörte auch der Theologiestudent Gottfried Werner, der den Wehrdienst verweigert hatte. Er wurde im Herbst 1964 Vikar bei Kreisoberpfarrer Leopold Voigtländer in Dessau (Petruskirche) und erhielt zur gleichen Zeit einen Einberufungsbefehl zu den Bausoldaten. Nach Gesprächen mit Mitgliedern des Landeskirchenrats und Kreisoberpfarrer i. R. Werner Lange, die ihm mehr oder weniger geraten hatten, der Einberufung Folge zu leisten (weil es ja ein Bausoldatendienst sei) entschloss sich Gottfried Werner dennoch, bei seiner Entscheidung zu bleiben, den Wehrdienst generell zu verweigern.

Er reiste Anfang November 1964 an den Ort seiner Einberufung als Bausoldat und erklärte dort, dass er den Dienst nicht antreten werde. Daraufhin wurde er verhaftet. Nach einer längeren Untersuchungshaft kam es zum Prozess, bei dem er zu 18 Monaten Gefängnis verurteilt wurde. Während der Untersuchungshaft waren keine Kontakte zu ihm möglich. Zum Termin der Gerichtsverhandlung in Cottbus waren Vater, Verlobte und der Kirchenprä-

---
29 Christoph WERNER: Bericht über seinen Bruder Gottfried Werner, Rehsen 2023 (Manuskript im Privatarchiv des Verfassers).

sident Müller angereist. Die Teilnahme an der Verhandlung wurde aber nur dem Kirchenpräsidenten gestattet.

In der Zeit der Haft gab es zwei Phasen: Die erste fand in der Uckermark statt und war unter anderem mit Gleisbauarbeiten ausgefüllt. Als die Häftlinge (alles ebenfalls Verweigerer) einen Übungsplatz zu militärischen Zwecken für die NVA und Polizei herrichten sollten, kam es zur Arbeitsverweigerung. Dies hatte die Folge, dass die Gefangenenkompanie aufgelöst und Gottfried Werner nach Bautzen verlegt wurde. Er hat dort mit anderen Gefangenen zusammen für das Fernsehgerätewerk Staßfurt Teilmontagen ausgeführt.

Nach der Verurteilung waren einmal monatlich Besuchszeiten von einer Stunde für eine Person möglich. Dabei haben sich Verlobte und Vater abgewechselt. Die Entlassung erfolgte Anfang Mai 1966, nur wenige Tage später als die zum Bausoldatendienst Eingezogenen. Die anhaltische Landeskirche hatte auf Antrag, die gesamten Kosten (Gericht und Rechtsanwalt und teilweise die Fahrtkosten zu den Besuchen in der Haftzeit) übernommen. Der Vikar Gottfried Werner hat nach seiner Haftentlassung seine Ausbildung in Bernburg fortgesetzt.

Wichtig ist noch folgender Fakt: Gottfried Werner fand sich nach seiner Verurteilung in einer Gefangenenkompanie (etwa 120 bis 130 Personen) wieder, in der außer ihm und drei anderen als Verweigerer nur Zeugen Jehovas vertreten waren. Am Anfang waren die Zeugen Jehovas sehr misstrauisch, weil sie in den Nichtzeugen »Maulwürfe« vermuteten. Bei Gottfried Werner änderte sich das schlagartig, als die Zeugen Jehovas über ihre Quellen herausbekommen hatten, dass er Vikar in Dessau war.

*Persönlicher Exkurs IV   Kirchliche Partnerschaften
mit Hessen-Nassau und der Pfalz*

Für den Kreis der Jugendmitarbeiter in der anhaltischen Landeskirche waren in den 1960er Jahren die Partnertreffen mit der Jugendarbeit der Evangelischen Kirche in Hessen-Nassau ein sehr wichtiger Termin im Jahreskalender. Denn neben dem Austausch über die Situation im jeweiligen Land und in unseren Kirchen war es vor allem die thematische Arbeit, z. B. zum Friedenszeugnis der Bibel und zum in der BRD verfassungsmäßig garantierten Zivildienst, welche die Mitarbeiterschaft aus Ost und West alljährlich in der Stephanus-Stiftung in Berlin-Weißensee zusammenkommen ließ. Später, als ich dann auch dabei war, trafen wir uns in Karlshorst im evangelischen Gemeindehaus neben der sowjetischen Militärverwaltung.

Die Schülerarbeit unserer Landeskirchen organisierte jahrzehntelang Jugendbegegnungen in Ost-Berlin, im sozialistischen Ausland und später im »kleinen Grenzverkehr« in grenznahen Kreisen der DDR. Diese Begegnungsarbeit war aus unserer Sicht ein wichtiger Beitrag zum Frieden, denn das war der Slogan: »Wer miteinander redet, schießt nicht!« Als ich bei einem Gespräch mit der Staatssicherheit in den 80er Jahren den Offizieren diese Ansicht vortrug und mich beschwerte über die Bespitzelung unserer Jungen Gemeinden und Veranstaltungen, war die Antwort, wir hätten »Feindkontakt« und müssten daher beobachtet werden.

So hatten wir das nie gesehen, denn die Hessen und später auch die Pfälzer waren unsere Kollegen und Freunde. Es war zwar eine Herausforderung, diese Treffen »unter dem Radarschirm der DDR« bis ins Kleinste zu organisieren. Aber wir waren überzeugt von diesem Weg und dankbar, dass die Kirchen in der DDR an den Partnerschaften mit den Kirchen in der BRD festhielten, damit das Gespräch auch in Zeiten der politischen Abgrenzung und militärischen Aufrüstung nicht abriss.

Im Nachlass von Kirchenpräsident Dr. Martin Müller findet sich eine Aktennotiz vom 6. Mai 1967 über den Ablauf der kirchlichen Feiern zum 450. Reformationsjubiläum auf der Wartburg. Müller schreibt, es war eine Gelegenheit mit dem Pfälzer Kirchenpräsident Theodor Schaller die weitere Ausgestaltung der kirchlichen Partnerschaft Anhalt-Pfalz zu besprechen. Es kam aber auch zu einem Treffen mit Staatsvertretern.[30]

X Das Jahr 1968

Vielen Menschen in der DDR hat das Jahr 1968 die Augen geöffnet über die wahre Gestalt des Sozialismus in der DDR, so auch mir als Naumburger Studenten der Theologie. Im April 1968 wurde über eine neue Verfassung eine Volksabstimmung durchgeführt. Nach Artikel 20, Abs.1 waren zwar die Glaubens- und Gewissensfreiheit, als auch nach Artikel 39, Abs.1 die Freiheit der Religionsausübung verheißen. Aber wir wussten, wie in Fragen der Wehrerziehung- und Wehrpflicht nur galt, was die SED vorgab.

Dann kam es im Mai 1968 zur Sprengung der 500 Jahre alten Universitätskirche in Leipzig. Christen, Gemeinden und Kirchenleitungen in der DDR sahen dies als einen offenen kirchenfeindlichen Akt der SED an. Im August 1968 wurde in der Tschechoslowakei der »Prager Frühling« durch Truppen des Warschauer Vertrages und sowjetische Panzer niedergewalzt. Viele vor allem junge Menschen waren damals tief enttäuscht und vollzogen eine noch stärkere äußere Anpassung gegenüber dem System und eine innere Abkehr ins Private. Der damalige Dessauer Pfarrer Alfred Radeloff schreibt – im Jahre 2004 rückschauend – über diese Zeit: »Minen und Selbstschussanlagen hatten die Mauer unüberwindlich gemacht. Der ›antifaschistische Schutzwall‹, wie die kommu-

---

30 Matthias RICHTER: Partnerschaften der Evangelischen Landeskirche Anhalts mit der Evangelischen Kirche der Pfalz und der Lippischen Landeskirche. Dokumentation. Dessau-Roßlau 2023.

nistischen Machthaber die menschenverachtende Grenze nannten, war für die Bewohner der DDR gebaut worden. Sie sollten nicht mehr weglaufen können.«[31]

XI Der Bund der Evangelischen Kirchen in der DDR

Die Gründung des Bundes der Evangelischen Kirchen der DDR war die Antwort der Evangelischen Kirche auf die Herausforderung durch den atheistischen Staat. Die SED drängte auf die organisatorische Trennung der evangelischen Kirchen in Ost und West. Diese Trennung wurde im Jahre 1969 durch die Gründung des DDR-Kirchenbundes zwar besiegelt. Aber der Kirchenbund hielt an der »besonderen Gemeinschaft« nach Art. 4.4 mit der EKD fest. Der neugegründete Kirchenbund half, das Profil der »Kirche im Sozialismus« zu konturieren.[32] Die Bundessynode der Kirchen in der DDR, die Konferenz der Bischöfe und das Sekretariat des Bundes in Berlin-Ost spielten bald eine wichtige Rolle für das Zusammenspiel der Kirchen. Die Theologische Studienabteilung und die Kommission für Kirchliche Jugendarbeit, die ihr Büro in der Berliner Auguststraße hatten, halfen, immer wieder besonders in der Friedensfrage gemeinsam Position zu beziehen.

Waren wir als Kirche herausgefordert? Ja, wir waren herausgefordert, in »Zeugnis und Dienst« zu bestehen. Und wir haben die Auseinandersetzung um die Freiräume in der Gesellschaft oft zu unseren Gunsten entschieden. Wir waren als Kirchen besonders in der Jugendarbeit immer wieder herausgefordert, Freiräume zu schaffen und auch zu nutzen, denn es ging um die jungen Menschen, um die Zukunft der Gesellschaft. Dazu sind die Kreisjugendsonntage, die Petersbergtreffen und die Landesjugendtage mit Tausenden Teilnehmern ebenso zu rechnen, wie die Jugendkreuzwege vor Ostern, die Kreativen Wochen in den Ferien und die vielen Veranstaltungen mit unseren Gemeinden in den Friedensdekaden. Ich habe deutlich in Erinnerung, wie wir von Gemeindekirchenräten bis zu Synodaltagungen wegen unseres Friedenszeugnisses oft gestritten haben, aber genauso oft einer Meinung waren.

Nun am Ende noch drei Beispiele, wie sich das »Friedenszeugnis der Kirchen« bis zum Ende der DDR 1989 ausgewirkt hat und wie es noch heute gefordert ist:

1. Beim Kirchentag von 1983 in der Lutherstadt Wittenberg wurde auf dem Lutherhof vor über 2.000 Zuschauern ein Schwert zum Pflugschar umgeschmiedet. Das war ›nicht abgesprochen‹, kam aber über die westlichen Presseorgane sofort über alle Medien in die deutschen Wohnzimmer

---

31 Alfred RADELOFF: Progressive Protestanten protestieren. Die »progressiven Jugendgottesdienste« in St. Johannis Dessau, Dessau 2004, 6.
32 Stegmann: Kirchen in der DDR (wie Anm. 5), 78.

2. Auf Beschluss des Runden Tisches im Dessauer Rathaus fuhr auf dem Hof der Dessauer NVA-Kaserne im Januar 1990 ein Panzer über eine Reihe von Gewehren.
3. Aus dem Schrott dieser NVA-Waffen wurde im Jahr 2000 die Dessauer Friedensglocke gegossen. [Abb. 9] An der Friedensglocke steht auch heute der mahnende Ruf: KEINE GEWALT.

Abb. 9: Friedensglocke Dessau 2024. Foto: Dietrich Bungeroth

Auf der Suche nach einem neuen Selbstverständnis?
Die Anhaltischen Kirchentage von 1952 bis 1968

Von Joachim Liebig

Inwiefern eine Landeskirche sich im Rahmen von Kirchentagen auf die Suche nach einem Selbstverständnis begibt, mag durchaus angefragt werden. Damit stellt sich die weiterführend die Frage nach dem Kern von Kirchentagen: Was ist der Sitz im Leben? Um welche Gattung von Zusammenkunft handelt es sich dabei? Gibt es Kriterien der Abgrenzung von anderen, namentlich öffentlichen, Formen der Meinungsdarstellung oder gar Meinungsbildung? Sind es kirchliche Parteitage, Demonstrationen, Familientreffen oder eine »Zeitansage des Protestantismus« – eine Formulierung, die immer wieder genutzt wird, deren Quelle allerdings im Dunkeln liegt.

I Vorlauf

Jenseits unseres Themenfensters sei mir daher ein kurzer Blick auf den Vorlauf des Begriffes »Kirchentag« erlaubt. Ganz ohne Zweifel ist die »Versammlung evangelischer Männer« 1848 in Wittenberg zu den ersten Kirchentagen zu zählen. Bis 1872 finden 15 solcher Kirchentage statt.[1] Erst nach dem Ersten Weltkrieg entsteht eine zweite Bewegung, in der sich Landeskirchen zusammenfinden, die sich auf dem Weg zur Gründung eines Kirchenbundes sehen.

In diese Zeit fällt auch der erste Anhaltische Kirchentag 1925 – dankenswerterweise bereits aufgearbeitet durch Christoph Werner.[2] In Anhalt geht es in der ersten Zeit nach dem Ende des landesherrlichen Kirchenregiments allerdings weniger um einen Bund mit anderen Landeskirchen, als vielmehr um eine Selbstvergewisserung in Zeiten des Umbruchs. Auf Vorschlag von Konsistorialrat Oskar Pfennigsdorf und Oberschulrat Dr. Ludwig Arndt trifft sich im April 1918 eine Kreiskommission für Volksmissionsarbeit, die auch die Transformation zur Evangelischen Landeskirche Anhalts nach 1918 überdauert. Durch den Verzicht des Herzoglichen Hauses, das letztlich der Garant für den Fortbestand kirchlicher Organisation und Institution war, droht aus der Sicht der handelnden kirchlichen Personen jener Jahre ein tiefgreifender Identitätsverlust. Die Verfassung von 1920 formuliert fortdauernd den An-

---

1 Peter STEINACKER: Kirchentage. In: TRE 19 (1990), 101-110.
2 Christoph WERNER: Der Anhaltische Kirchentag 1925. In: ›Im Kampf für Gottes Volk‹? Nationalismus in der anhaltischen Kirche 1918-1945, hrsg. von Jan Brademann (Landesgeschichtliche Beiträge; 2), Halle (Saale) 2023, 219-236.

spruch der Landeskirche, Volkskirche zu sein.³ Freilich muss der Wandel zu einer Körperschaft des öffentlichen Rechts auch theologisch gefüllt werden.

Ohne auf die Einzelheiten hinreichend eingehen zu können, wählt Anhalt dazu mit der Bestimmung eines Landesgeistlichen für Innere Mission einen in seiner Wirkung rückwärtsgewandten Weg: Willy Friedrich, Mitglied im »Stahlhelm. Bund der Frontsoldaten, inszeniert 1925 einen Anhaltischen Kirchentag, in dem Kulturkampf – anders als 1878 – ein Kampf zwischen Christentum und Atheismus ist.⁴

Auf dieser Linie beschreibt Oskar Pfennigsdorf (seit 1924 Kreisoberpfarrer in Dessau und Mitglied im Landeskirchenrat) in Beiträgen der Anhaltischen Tageszeitungen – so im Anhalter Anzeiger oder der Dessauer Zeitung,⁵ was mit dem Kirchentag 1925 verbunden sein soll. Vier Punkte sind Pfennigsdorf dabei wichtig:

1. Kirche soll öffentlich deutlich machen, keine Größe der Vergangenheit zu sein, sondern eine wahre Volkskirche – im Sinne einer Kirche des (ganzen) Volkes – auch in der Trennung von Kirchen und Staat.
2. Zudem lasse die Kirche sich nicht aus dem öffentlichen Dienst an der Welt verdrängen, da sie die Hüterin der ewig gültigen sittlichen Grundlagen des Volkes sei. Ein Versagen der Kirche in diesem Dienst führe, so Pfennigsdorf, zu einer raschen inneren und äußeren Auflösung eines Volkes.
3. Die Kirche müsse sich öffentlich gegen den sittlichen Niedergang zur Wehr setzen, der wesentlich durch die atheistische Staatsgewalt vorangetrieben werde. Zügellose Vergnügungssucht (es geht dabei wesentlich um den Sonntagsschutz) und die Zerschlagung der Familie als Quelle der Nation (eine Begründung fehlt hier) werden als zentrale Monita genannt.
4. Die Kirche habe die Niedergeschlagenen aufzurichten und in einer Massenbewegung die überparteilich große Volksgemeinschaft zu repräsentieren.

Der Kirchentag 1925 verläuft dieser Absicht entsprechend mit massentauglichem Fahnenschmuck – sowohl in den Farben der Republik als auch des Kaiserreiches –, mit Umzügen, einem Weihespiel, natürlich Gottesdiensten und Festvorträgen. Nach Angaben der Veranstalter nehmen bis zu 15.000 Menschen teil. Aus der Sicht der Organisatoren sei damit der Spott der Gegner zu Schweigen gebracht worden. Die Machtentfaltung der Kirche sei eindrucksvoll demonstriert worden. Die liberalen Medien bezweifeln die Zahlenangaben.

---

3 Vgl. Jan BRADEMANN: Freiheit und Bekenntnis. Die Anhaltische Kirchenverfassung von 1920, Dessau-Roßlau 2021.
4 Vgl. Werner: Kirchentag (wie Anm. 2), 220 f.
5 Zitiert nach ebd., 224 f.

Damit komme ich zurück zu der eingangs gestellten Frage nach dem Kern von Kirchentagen: Der Anhaltische Kirchentag von 1925 sollte eben genau das sein, was seine Organisatoren damit inszenieren wollten: Festigung einer Selbstidentifikation in Zeiten grundlegender Veränderungen mit der Rückkehr zu einer vermeintlich besseren Vergangenheit.

II Kirchentag am 4. bis 8. Juni 1952 in Bernburg

An dieser Stelle sei zur Vermeidung von Missverständnissen eine eindeutige und zugleich selbstevidente Klarstellung erwähnt: Kirchentage dieses Vortrages sind nicht zu verwechseln mit den Kreiskirchentagen der 1930er Jahre, die in der Verfassung begründet sind und dem entsprechen, was heute Kreissynoden sind.

Mit Datum vom 10. Juni 1950 geht beim Landeskirchenrat in Dessau der Vorschlag von Pastor Friedrich Natho (Zerbst) ein: »Ich erlaube mir daher den Vorschlag, im nächsten Jahr -1951 – die einzelnen Tage der Werke wegfallen zu lassen und stattdessen einen anhaltischen Kirchentag oder Gemeindetag stattfinden zu lassen.«[6] Vorangehend beschreibt Natho die Überforderung der Beteiligten durch die je für sich stattfinden jährliche Kreistreffen der Dienste und Werke. Natho – übrigens in den 1920er Jahren ein Parteigänger Willy Friedrichs –[7] macht dann noch einige praktische Vorschläge zu denkbaren Orten und regt die Gründung eines Arbeitsausschusses an.

Auf der Bundesebene hatte inzwischen, namentlich durch das Engagement von Reinhold von Tadden-Trieglaff, 1949 in Hannover ein Kirchentag stattgefunden. Ein zweiter war zum Zeitpunkt von Nathos Schreiben im August 1950 in Essen in Vorbereitung. Die Vorbereitung eines Anhaltischen Kirchentages erschien jedoch relativ aufwendig, denn erst im Februar 1952 überwies der Dezernent für Rechts- und Finanzsachen im LKR dem Organisationsausschuss einen Betrag von DM 500,- für den Kirchentag in Bernburg. Zwischenzeitlich hatte bundesweit 1951 in Berlin ein weiterer Kirchentag stattgefunden, für 1952 war ein nächster in Stuttgart geplant.

Der Bernburger Kreisoberpfarrer Heide lädt in einem kurzen programmatischen Schreiben ohne Datum[8] »Vertreter aller Gemeinden von den Bergen des Harzes bis hin zu den Wäldern des Flämings erstmals nach Krieg und Zusammenbruch in die unzerstörte schöne Saalestadt« ein. Der Kirchentag habe

---

6 Friedrich NATHO: Zerbst, an LKR, 7.6.1950, in: AELKA, B 6, Nr. 1690 (Anhaltische Kirchentage 1950-1966), fol. 1.

7 Zu ihm siehe die Hinweise bei Jan BRADEMANN: Auch diese Kirche stand rechts. Einleitende Bemerkungen zu einem schwierigen Thema, in: Nationalismus in der Anhaltischen Kirche (wie Anm. 2), 11-56, hier: 17, sowie den Beitrag von Lambrecht KUHN im vorliegenden Buch.

8 KOP Walter Heide: Bernburg, nicht datiert, in: AELKA, B 6, Nr. 1690, fol. 1 V.

die Aufgabe, so Heide. »Fragen und Nöte im engeren und weiteren Bereich der Kirche zu behandeln und Wege zu ihrer Lösung zu weisen.« Heide weiter:

> »Aber darüber hinaus kann er einen gleichfalls gewichtigen Dienst tun. Es ist in uns das Losungswort des Berliner Kirchentags vom vergangenen Jahr noch nicht verklungen: ›Wir sind doch Brüder!‹ Durch unser Beieinander- und Miteinandersein wollen wir, alte und neue Glieder in unserer Kirche in Anhalt, uns unserer Kirche freuen, in der wir als Gottes Kinder Schwestern und Brüder sein dürfen.«[9]

Heide benennt hier offenkundig eine der zentralen Fragen jener Zeit. Die Zuwanderung von Kriegsflüchtlingen und ihre kirchliche Integration. In einschlägigen Texten[10] liegt die Gemeindegliederzahl der Anhaltischen Landeskirche in jenen Jahren bei deutlich mehr als 400.000. Über die Belastbarkeit der Zahlen ist damit nichts ausgesagt.

Aber Heide legt einen zweiten Schwerpunkt: »Und wir stehen vor dem Stuttgarter Kirchentag mit seinem eigenartig ernsten Anruf: »Wählt das Leben!«. In unseren Tagen bedrohen die dunklen Wolken einer dritten Kriegskatastrophe unsere ganze irdische Existenz. Es ist für uns Christen selbstverständlich, dass wir das Unsere tun, das Leben zu wählen, indem wir uns mit allen Kräften für die Erhaltung des Friedens einsetzen.« Für Heide ist dabei unstrittig, der »Friede auf Erden« ist ohne »den Frieden Gottes« nicht denkbar. Der Anhaltische Kirchentag möge dienlich sein, die Gäste dabei zu »immer besseren und brauchbareren Werkzeugen Gottes« werden zu lassen.[11]

Unter dem Motto »Dein Wort ist meines Herzens Freude und Trost« Jer 15,16 findet in der Pfingstwoche von Mittwoch, dem 4. Juni bis Sonntag, dem 8. Juni 1952 der erste Nachkriegskirchentag in Anhalt statt. In einem auf den 26. März datierenden Rundschreiben beschreibt OKR Waldemar Schröter seine und damit die Erwartungen des Landeskirchenrats an das Treffen: Schröter schreibt:

> »1. Konzentration tut not. Das Nebeneinander und Vielerlei der kirchlichen Veranstaltungen bringt die Gefahr der Unruhe, Zersplitterung und Betriebsamkeit (sic!) mit sich. Der von Pfarrern und aus Gemeinden vorgetragene Wunsch nach Zusammenfassung der kirchlichen Kräfte verdient Beachtung. 2. Sammlung tut not. Die Gefahr der Isolierung ist groß. Das Gemeindebewusstsein im Sinne der Zusammengehörigkeit, der zusammenfassenden Darstellung, der lebendigen Gliedschaft am Leibe Christi muß gestärkt werden. Das soll in einer Weise geschehen, daß mehrere Tage hindurch in einer vita continua Vertreter aller, auch der kleinsten, Gemeinden unserer Landeskirche zu gemeinsamer Besinnung auf das rechte Hören und Verkündigen und zu einer Aussprache über dringliche Fragen des Gemeinde – sowie des gesamtkirchlichen Lebens sich zusammenfinden«.[12]

Erinnern wir uns angesichts dieser Erwartungen an die geradezu überbordende Erwartungsdichte Pfennigsdorfs knapp eine Generation zuvor. Erneut

---

9 Ebd.
10 Walter DELIUS: Art. Anhalt. In: RGG, 3. Aufl., Bd. 1 (1957), 386–389.
11 So KOP Heide (wie Anm. 8).
12 Rundschreiben Nr. 20, Tgb.-Nr. 1379/52 (26.3.1952), in: AELKA, B 6, Nr. 1690, fol. 2r-6r, hier: fol. 2.

gab es Umbrüche von globaler Bedeutung. Erneut war von Deutschland ein Krieg ausgegangen, der zudem den Holocaust deckte. Die Kirche war in wesentlichen Teilen an beiden Jahrhundertkatastrophen nicht nur Beobachterin, sondern Beteiligte. Die gewiss realistische Zurückhaltung Schröters mag nicht nur in seiner Persönlichkeit begründet liegen, wie Zeitzeugen ihn in Erinnerung haben, sondern auch in einem endgültigen Abschied von triumphalistischen kirchlichen Selbstbildern. So beschreiben die weiteren Seiten des Rundschreibens 20/52 – und vieler folgender – technische Fragen wie die Auswahl der Teilnehmenden, die Kosten, Unterbringung und das Anmelderegime – gerade die Unterbringung und die Versorgung wird in den frühen Jahren nach dem Krieg ein gewiss zentrales Problem gewesen sein.

Am 10. Juni dankt der Landeskirchenrat zunächst pauschal allen Mitwirkenden und dann einzelnen Akteuren, die trotz verschiedener Unzulänglichkeiten der Anmeldung flexibel reagiert haben.[13] In Gestalt »prachtvollen Wetters« habe offenkundig auch der Herr seinen Segen gegeben.

In einer »Mitteilung aus der Evangelischen Landeskirche Anhalts« unbekannter Autorenschaft wird im Juni/Juli 1952 nach einem Dank an OKR Schröter bilanziert: Der Kirchentag sei wesentlich gleichsam eine »*mutua consolatio fratrum*«[14] (et *sororum* darf ergänzt werden) – eine »gegenseitige Tröstung der Brüder« (und Schwestern) gewesen – und eben keine Massenveranstaltung. Es sei zudem eine Selbstdarstellung der Kirche in der Welt gelungen. Vertiefte Kenntnisse über das kirchliche Leben und den kirchlichen Auftrag konnten vermittelt werden, allerdings sei eine »missionarische Beeinflussung außerkirchlicher Kreise« nicht gelungen.

> »Falls jemand der Meinung sein sollte, die Worte eines Kirchentages in der öffentlichen Darstellung kirchlichen Wollens hätten Auswirkungen im politischen Raum, so ist dem entgegenzuhalten, daß die gegenwärtige politische Haltung in hohem Maße dogmatisch und doktrinär ist und die politischen Äußerungen eines Kirchentages an ihren eignen Begriffen prüft, ohne in einer menschlichen Weise sich ansprechen zu lassen.«[15]

So das letztlich resignative Gesamtbild der unbekannten Autorenschaft. Undatiert findet hingegen ein von Schröter gezeichnetes Schreiben zu einem etwas freundlicheren Rückblick. Es spricht von etwa 3.000 auswärtigen Teilnehmenden am Sonntag, der Bedeutung der Kirchenmusik und die besonderen Fragen kirchlichen Lebens auf dem Lande. Nur in einer Nebenbemerkung des Vorsitzenden des Landeskirchenrats geht es um gesamtdeutsche Fragen, indem »die Evangelische Kirche in echter Bruderschaft jeden in Ost und West

---

13 Rundschreiben 72/52 v. 10.6.1952, in: ebd., fol. 18r-v.
14 Mitteilungen aus der Evangelischen Landeskirche Anhalts 6/52 (Juni/Juli 1952), in: ebd., fol. 19r-v.
15 Ebd. – Bis in die Gegenwart erhebt der DEKT den Anspruch seiner Gründungszeit. Die hier deutlich werdende Selbsteinschätzung erscheint überzeitlich und auch aktuell realistisch.

in gleicher Sprache und in echter Friedensliebe anspreche.«[16] Der später vom 27. August bis 31. August im selben Jahr in Stuttgart stattfindende gesamtdeutsche Kirchentag sollte dezidiert eine Begegnung zwischen Ost und West sein. Erwartet waren 20.000 Teilnehmende aus den östlichen Gliedkirchen. Es kamen nur 35 – die DDR hatte die Reisedokumente verweigert. [17]

III Kirchentag am 4. und 5. Juni 1955 in Dessau

Abb. 10: Kirchentagsversammlung vor dem Mausoleum Dessau 1955. AELKA.

Im Unterschied zur Aktenlage des Bernburger ist die des folgenden Dessauer Kirchentags verhältnismäßig schmal. Es scheint, als habe sich das Format insoweit etabliert, dass grundsätzliche Werbung nicht als zwingend nötig erscheint, auch wenn immer wieder - quasi nebenbei - die mangelnde Beteiligung einzelner Pfarrer markiert wird.

Unter dem Motto »Die Freude am Herrn ist unsere Stärke« (Neh 8,10) kommen an lediglich zwei Tagen die Menschen zusammen. Dabei beginnt das Programm ohnehin erst am Sonnabend gegen 16.00 Uhr mit Arbeitsgruppen zu den Themen »Der Mensch, das Ebenbild des unsichtbaren Gottes«, »Neue Welt im Anbruch« und »Die Gemeinde – der Leib Christi«.[18] Abends werden neben Händels *Te Deum* ein Volksmissionsabend und verschiedene Abendmahlsgottesdienste angeboten. Der Sonntag setzt erneut mit Got-

---

16 OKR Waldemar SCHRÖTER: Anhaltischer Kirchentag in Bernburg, nicht datiert, in: ebd. fol. 19a-b, hier: 19b.

17 Matthias BURY: Art. Kirchentage als Spiegel des Zeitgeistes. In: Stuttgarter Zeitung vom 29.5.2015. Bury fasst retrospektiv zutreffend zusammen, der erste Stuttgarter Kirchentag sei wesentlich »die Bestätigung des eingeschlagenen Weges der Adenauer-Republik« gewesen. Die Abwesenheit der Teilnehmenden aus den östlichen Gliedkirchen erscheint damit verzichtbar – auch wenn der technische Grund bei den Behörden der DDR lag.

18 »Die Freude am Herrn ist unsere Stärke: Anhaltischer Evangelischer Kirchentag in Dessau am 4. und 5. Juni 1955 (Programmheft), in: AELKA, B 57, Nr. 61.

tesdiensten ein; ab 10.00 Uhr treffen sich Arbeitsgruppen zu den Themen des Vortags, und am Nachmittag findet ab 15.00 Uhr die Hauptversammlung vor dem Mausoleum in Dessau statt – u. a. mit einem Grußwort des Rates der Stadt Dessau. [Abb. 10] Inhaltlich liegt lediglich ein Protokoll der Arbeitsgruppe I zur Frage der Gottesebenbildlichkeit vor, das die bekannten Fragen aus der Evolutionslehre thematisiert. Ob daraus Relevanzverlust des Formats abgeleitet werden kann, muss offenbleiben. Es scheint jedoch, als habe das Format an Attraktivität verloren.

In wenigen Bemerkungen ist von Kirchentagswochen in den Gemeinden die Rede. Ein Gesamtbild ergibt sich daraus nicht. Erst 1961 kommt aus Köthen eine Anfrage auf erneute Durchführung eines Anhaltischen Kirchentages.[19] Durch kirchliche Wochen, inhaltlich nicht belegt, soll dieser vorbereitet werden. Lediglich eine Notiz zu einer Rundverfügung gibt Themen vor: »Gott ist anders, als Du denkst – Lass Dich im Leben nicht unterkriegen – Halte die Familie zusammen – Wozu Kirche? – Unsere Hoffnung ist Jesus Christus«.[20]

IV Kirchentag am 23. und 24. Juni 1962 in Dessau

Eine in ihrer Zusammensetzung offensichtlich wechselnde Vorbereitungsrunde[21] organisiert am 23. und 24. Juni 1962 einen anhaltischen Kirchentag in Dessau. Das Programm beginnt am Nachmittag des Sonnabends mit einem »Farbtonfilm«[22] über Albert Schweitzer, der am Sonntag erneut gezeigt wird und ein dankbares Publikum findet, wie es in einem gesonderten Bericht heißt.[23] Den musikalischen Höhepunkt bildet erneut ein Händel-Oratorium: »Israel in Ägypten«. Die Angebote gleichen den vorangegangenen Kirchentagen und sammeln die Teilnehmenden in Gottesdiensten und Vorträgen. An unterschiedlichen Orten wird über »Kirche zwischen heute und morgen« referiert. Die Schlusskundgebung auf dem Grünplatz in der Friedrichstraße – dem Landeskirchenratsgebäude gegenüber – steht unter dem gleichgebliebenen Motto des Kirchentages aus Nehemia 8: »Bekümmert euch nicht, denn die Freude am Herrn ist Eure Stärke«. 2.000 Teilnehmende werden bei diesem Abschluss am Sonntagnachmittag gezählt bzw. geschätzt. [Abb. 11] Im Abschlussbericht heißt es: »Den Versammelten (wurde) Mut gemacht, nicht zu verzagen, aber auch nicht sich auf Traditionen zu versteifen, sondern auch in neuen Formen sich in echter Mitmenschlichkeit zu bewähren und das Zeugnis eines christ-

---

19 Evangelisches Pfarramt der Martinskirche Köthen (Pfarrer Widrinna) an LKR, 27.10.1961, in: AELKA, B 6, Nr. 1690, fol. 50 (Tgb.Nr. 6144/61).
20 Ebd., Tgb.Nr. 1694/62.
21 Ebd., Tgb.Nr. 6144/61 und passim.
22 Ebd., fol. 55 I, und 78.
23 Ebd., fol. 60.

Joachim Liebig

Abb. 11: Schlusskundgebung des anhaltischen Kirchentags 1962 auf dem Grünplatz in der Friedrichstraße Dessau. In der Bildmitte in schwarzer Kleidung Kirchenpräsident Martin Müller. AELKA.

lichen Lebens abzulegen.«[24] Ein »tapferes Zeugnis und viele kleine Schritte der Mitmenschlichkeit« sind stets wiederkehrende Summaria des Kirchentages. Albert Schweitzer dient dabei als Vorbild.

Wäre im Zeitraum um 1965 ein weiterer Anhaltischer Kirchentag erwartbar gewesen, fällt dieser aus. Vielmehr findet am 19. und 20. Juni 1965 ein Kirchentag in Wittenberg statt. Die Anhaltische Landeskirche ist an den Planungen nicht beteiligt und entsendet lediglich Delegierte. Insofern ist das Treffen unter dem Wort aus Apostelgeschichte 1,8 »Ihr werdet meine Zeugen sein«[25] für unserer Fragestellung nicht zentral bedeutsam. Lediglich in einem Grußwort am Sonntagnachmittag ist Kirchenpräsident Dr. Müller präsent.

V Kirchentag am 14. bis 19. Juni 1966 in Köthen

Mit einem in Teilen neuen Format beginnt am 14. Juni 1966 der Anhaltische Kirchtag in Köthen mit einer Nachmittagsveranstaltung und nachfolgend Abendterminen für unterschiedliche Zielgruppen. Kinder und Jugendliche sowie christliche Eltern seien exemplarisch genannt. Selbstverständlich sind unterschiedlichste musikalische Formate. Unter dem Titel »Kirche 66« war in den Tagen zuvor – und intensiv in der Vorbereitung – über die Thesen: »a.

---

24 Dr. Rudolf SCHNEIDER: Vierter Anhaltischer Kirchentag (4.7.1962), in: ebd., fol. 58f.
25 Siehe das Programmheft in ebd., fol. 80/27.

Christ, du kannst nicht existieren ohne die Gemeinde b. Christ, du kannst nicht existieren ohne die Verantwortung vor der Welt c. Christ, du kannst nicht existieren ohne Christus«[26] gearbeitet worden.

Interessanterweise lässt sich der Köthener Oberbürgerbürgermeister mit einer privaten Begründung entschuldigen, was nahelegt, er wäre sonst erschienen. In den abschließenden Bewertungen des Köthener Kirchentages wird von in offener Diskussion ebenso gesprochen wie von kontroversen Meinungen zu Friedensfragen oder dem glaubensgebotenen Rückzug von der Welt.[27] Die Überlastungsklage der kirchlichen Mitarbeitenden, namentlich der Pfarrerschaft, wird als Problem markiert. Als Fazit zieht der spätere Kirchenpräsident Eberhard Natho, zu diesem Zeitpunkt Pfarrer in Güsten, den Gedanken, zukünftig eher die Inhalte betonen zu müssen, als auf »demonstrative Großveranstaltungen« [28] zu setzen.

VI Kirchentag vom 22. bis 23. Juni 1968 in Dessau

Der letzte für den Beitrag relevante Kirchentag im Juni 1968 in Dessau statt. Den Vorbereitungen ist zu entnehmen, »der Kirchentag sollte in Bezug auf die Jugendveranstaltung ein neues Gesicht bekommen, da das Schema ... abgegriffen (sei).«[29] Was genau KOP Leopold Voigtländer als Protokollant damit meint, erschließt sich leider nicht. Im Ablauf finden sich jedenfalls keine signifikanten Veränderungen. In seinem Grußwort – dem gedruckten Programm vorangestellt – schreibt Kirchenpräsiden Dr. Martin Müller »Die Jahreslosung ›Dienet einander‹ stellt uns als Christen mitten unter die Menschen unser Zeit«.[30] Ein Vortrag mit dem Thema: Was bestimmt unser Leben? Und Arbeitsgruppen zu »Verstehst du auch, was du liest?« »Es lässt sich miteinander leben« oder »Eltern müssen Antwort geben« gehen der durch den Kirchenpräsidenten intonierten Grundton nach. Eine Auswertung ist nicht überliefert. Nathos Anmerkung zu den Großveranstaltungen (s. o.) scheint einen Grundton zu treffen. Die öffentliche Wahrnehmung von Kirche wird möglicherweise als nicht länger angemessen empfunden.

---

26 Vgl. ebd., fol. 154.
27 KOP Leopold Voigtländer an LKR, 23.6.1966, in: ebd., fol. 175 f.
28 Eberhard NATHO: Bericht über die Durchführung des Kirchentages in der Jakobskirche, undatiert, in: ebd., fol. 180 f.
29 Protokoll über die Sitzung für den Landeskirchentag 1968 am 29.5.1967, in: AELKA, B 57, Nr. 61.
30 Ebd.

Joachim Liebig

VII Fazit

Ganz ohne Zweifel dienen die Kirchentage in Anhalt einer Standortbestimmung der Landeskirche in ihrer Gesamtheit. Der aus dem politischen Bedeutungsverlust der Kirche 1918 und der zugleich wahrgenommenen Bedrohung durch den Atheismus resultierende Triumphalismus des Kirchentages von 1925 setzt sich in der Nachkriegszeit nicht fort. Werden im Verlauf der zunächst noch gesamtdeutschen und dann westdeutschen Kirchentage politische Großthemen wie die Wiederbewaffnung der Bundeswehr etc. diskutiert, wendet sich der regionale Anhaltische Kirchentag durchaus auch an die nichtkirchliche Öffentlichkeit; er findet seine Zielgruppe jedoch zunehmend binnenkirchlich. Der weiterhin wenigstens untergründig aufrechterhaltene Anspruch Volkskirche zu sein, scheitert faktisch an der Wirkmächtigkeit. Es bleibt durchgängig der Anspruch, die eigene Gemeinde der Landeskirche in stets wechselvollen Zeiten geistlich zu stärken und zugleich mit großer (anhaltischer) Vorsicht mit der säkularen und zeitweise deutlich antiklerikalen Öffentlichkeit wenigstens im Gespräch bleiben zu wollen. Ein volksmissionarischer Anspruch kann nicht eingelöst werden.

Die Theologinnenfrage
Anhalt in vergleichender Perspektive

Von Cornelia Schlarb

1958 schrieb Dr. Elisabeth Haseloff im Rundbrief des Konventes evangelischer Vikarinnen in Deutschland: »Es muß einmal eine Zeit kommen, in der man ohne Kampf Vikarin werden kann. Die große Unsicherheit über den Beruf muß den Studierenden oder denen, die vielleicht Theologie studieren möchten, genommen werden«.[1] Mit dem Begriff »Vikarin« bezeichnete Haseloff nicht etwa Theologinnen in der zweiten Ausbildungsphase, sondern Pfarrerinnen, die schon 20 bis 30 Jahre Berufserfahrung gesammelt hatten, sich aber weder Pfarrerin nennen durften noch ihren männlichen Kollegen gleichgestellt waren. Im gleichen Jahr 1958 schufen zwei unierte und eine lutherische Landeskirche, die Evangelische Landeskirche Anhalts, die heutige Evangelische Kirche der Pfalz[2] und die Evangelisch-Lutherische Kirche in Lübeck, Gesetzestexte, um die Theologinnenfrage in ihren Kirchengebieten neu zu gestalten.

Bevor wir uns dem Kontext in den drei Landeskirchen widmen, in dem diese Regelungen entstanden sind, müssen wir einen Blick zurück werfen auf die Anfänge des Theologinnenberufs, die ersten rechtlichen Bestimmungen und die theologischen Auseinandersetzungen um das geistliche Amt der Frau.

I Theologiestudium, Prüfungen und erste Anstellungen

An den Universitäten in Deutschland konnten sich Frauen erst zu Beginn des 20. Jahrhunderts immatrikulieren. Das Großherzogtum Baden war 1900 der Vorreiter; in den preußischen Gebieten durften sich Frauen ab dem Wintersemester 1908/09 einschreiben. Aber: Mit dem vollen Immatrikulationsrecht verband sich kein Anspruch auf die Zulassung zu den staatlichen und kirchlichen Prüfungen. Erst 1919 führten die Universitäten in Deutschland das Fakultätsexamen ein, das den Frauen einen universitären Abschluss ihrer Studien anstelle einer Licentiatenprüfung oder einer Promotion ermöglichte.[3]

---

1 Elisabeth HASELOFF: Der Auftrag der Vikarin in der heutigen Stunde der Kirche. In: Die Theologin. Rundbrief des Konventes evangelischer Vikarinnen in Deutschland 18 (1958), Heft 4, 4.
2 1978 änderte die Vereinigte protestantisch-evangelisch-christliche Kirche der Pfalz ihren Namen in Evangelische Kirche der Pfalz, vgl. URL: <https://www.evkirchepfalz.de/landeskirche/geschichte/> (26.1.2023).
3 Vgl. Dagmar HENZE: Zwei Schritte vor und einer zurück. Carola Barth. Eine Theologin auf dem Weg zwischen Christentum und Frauenbewegung, Neukirchen-Vluyn 1996, 45-47; Andrea BIELER: Konstruktionen des Weiblichen. Die Theologin Anna

Viele der frühen Theologinnen fanden nach dem Fakultätsexamen oder dem Ersten Theologischen Examen, das in Einzelfällen von den Kirchen ermöglicht wurde, eine Anstellung als Gemeindehelferin, Vikarin oder Pfarrvikarin in Verbänden, Vereinen oder staatlichen Institutionen, oder sie wurden von Gemeinden in privatrechtlichem Verhältnis angestellt. Sie arbeiteten beispielsweise in der Krankenhaus- oder Gefängnisseelsorge, waren in der Freizeit- oder Jugendarbeit eingesetzt, hielten Religionsunterricht an Berufs- und weiterführenden Schulen, leiteten ein Gemeindehelferinnenseminar oder waren als Katechetin angestellt.[4]

II Rechtliche Regelungen vor 1958

Die Landeskirchen reagierten auf das Drängen der Theologinnen in kirchliche Berufe, indem sie ab 1926/27 Gesetze über Vorbildung und Anstellung der Theologinnen schufen, denn die Frauen wollten ihrer Ausbildung gemäß theologisch arbeiten und sahen den Schwerpunkt ihrer Arbeit nicht im sozial-diakonischen Bereich, der von Diakonissen und Gemeindehelferinnen ausgefüllt wurde. Dennoch versuchten einige Bischöfe wie in Bayern (Hans Meiser und Hermann Dietzfelbinger) und in der badischen Kirche (Julius Bender 1946-1964) sowie Theologieprofessoren wie der Systematiker Peter Brunner bis weit in die 1960er Jahre hinein, die Theologinnen im Berufsfeld der Diakonissen zu verankern.[5]

Paulsen im Spannungsfeld bürgerlicher Frauenbewegungen der Weimarer Republik und nationalsozialistischer Weiblichkeitsmythen, Gütersloh 1994, 112-117; Cornelia SCHLARB: Theologinnenfrage und Pfarrbildung im Wandel der Zeit. In: Pfarrbildung, Bilanz und Perspektiven aus Anlass des 200jährigen Bestehens des Predigerseminars Loccum, hrsg. von Helmut Aßmann; Adelheid Ruck-Schröder (Praktische Theologie in Geschichte und Gegenwart 35), Tübingen 2021, 387-398.

4 Vgl. DIE VIKARIN, hrsg. von Anna Paulsen (Der Dienst der Frau in den Ämtern der Kirche Bd. 1), Gelnhausen/Berlin-Dahlem 1956; AMT UND AUFTRAG DER THEOLOGIN, hrsg. von Anna Paulsen (Der Dienst der Frau in den Ämtern der Kirche Bd. 1), Gelnhausen/Berlin-Dahlem 1963. Dieses Büchlein empfahl die Kirchenkanzlei der EKD allen Gliedkirchen zur Anschaffung und Werbung für den Berufsstand der Theologinnen, vgl. Brief der Kirchenkanzlei der EKD, gez. D. Brunotte an die Kirchenleitungen der Evangelischen Landeskirchen v. 22.7.1963, in: AELKA, B 6 (Landeskirchenrat 1945-1970), G 32/12; Hilde BITZ: 100 Jahre Landeskirchliches Examen für Frauen in der Badischen Landeskirche. Bericht einer Zeitzeugin. In: Erinnerungen und Perspektiven. Evangelische Frauen in Baden 1916-2016, hrsg. von Anke Ruth-Klumbies; Christoph Schneider-Harprecht, Leipzig 2016, 112-116; Johannes EHMANN: Theologinnen in der Frauenarbeit. In: ebd., 63-83.

5 Vgl. Auguste ZEISS-HORBACH: Evangelische Kirche und Frauenordination. Der Beitrag der Evangelisch-Lutherischen Kirche in Bayern zur deutschlandweiten Diskussion im 20. Jahrhundert (Historisch-theologische Genderforschung 8), Leipzig 2017, 241-247, 256-274; Bieler: Konstruktionen (wie Anm. 3), 253-274; Christine GLOBIG:

Richtungweisend für viele rechtliche Regelungen in den Landeskirchen bis nach dem Zweiten Weltkrieg wurde das »Kirchengesetz betreffend Vorbildung und Anstellung der Vikarinnen« der Evangelischen Kirche der Altpreußischen Union, das im Oktober 1928 in Kraft trat. Es erlaubte die Einsegnung – nicht Ordination – zum Dienst an Frauen, Mädchen und Kindern, verbot aber den Vikarinnen pfarramtliche Tätigkeiten im Gemeindegottesdienst, Sakramentsverwaltung und Amtshandlungen. Es schrieb den Titel »Vikarin« fest und bestimmte, dass Theologinnen, außer in Ausnahmefällen, bei Verheiratung aus dem Kirchendienst auszuscheiden hatten. Vikarinnen waren den Kirchengemeindebeamten zugeordnet und erhielten 70 bis 75 Prozent des Pfarrergehalts.[6]

Auch die seit 1925 im »Verband evangelischer Theologinnen Deutschlands« organisierten Frauen plädierten zunächst mehrheitlich für ein spezielles Frauenamt, das so genannte Amt »sui generis«, das dem Pfarramt zu- und untergeordnet sein sollte. Die Theologinnen wollten im Rahmen eines kirchlichen Arbeitsfeldes eine angemessene Antwort auf die sozialen und gesellschaftlichen Fragen und Nöte der Zeit geben, keinesfalls sollte ihr Berufswunsch mit Gleichstellungsforderungen in Verbindung gebracht werden. Intendiert war, das männlich geprägte Pfarramt zu unterstützen und zu ergänzen.[7]

Die Anerkennung blieb aus. Erfolge und Begrenzungen des »Frauenamtes« in der Bekennenden Kirche. In: Pfälzisches Pfarrerblatt 98 (2008). Nr. 9: Themenheft 50 Jahre Frauenordination, 374-381; Sarah BANHARDT: »Warte doch, wenn wir kommen, ist das alles anders«. Dr. Doris Faulhaber und die Geschichte der Frauenordination der Evangelischen Landeskirche in Baden. In: Frauenordination in der Evangelischen Kirche in Deutschland. Interdisziplinäre Perspektiven, hrsg. von Sarah Banhardt; Jolanda Größel-Farnbauer; Carlotta Israel, Stuttgart 2023, 33-48.

6 Vgl. Kirchengesetz betreffend die Vorbildung und Anstellung der Vikarinnen vom 9. Mai 1927. In: KGVBL 1927, Nr. 11, 228-236, dokumentiert in: DER STREIT UM DIE FRAUENORDINATION IN DER BEKENNENDEN KIRCHE. Quellentexte zu ihrer Geschichte im Zweiten Weltkrieg, hrsg. von Dagmar Herbrecht; Ilse Härter; Hannelore Erhart, Neukirchen-Vluyn 1997, Dok. 1, 33-40; vgl. auch Heike KÖHLER: Die Entwicklung der Theologinnengesetzgebung bis 1932. In: »DARUM WAGT ES, SCHWESTERN ...«. Zur Geschichte evangelischer Theologinnen in Deutschland, hrsg. vom Frauenforschungsprojekt zur Geschichte der Theologinnen, Neukirchen-Vluyn 1994, 109-128; Erika KREUTLER: Die ersten Theologinnen in Westfalen 1919-1974, Bielefeld 2007, 38-51, 263-264.

7 Nur eine kleine Minderheit um Carola Barth, die sich 1930 als »Vereinigung evangelischer Theologinnen« abspaltete, forderte aus ekklesiologischen und amtstheologischen Gründen von Anfang an die volle Gleichstellung der Frau im geistlichen Amt. Vgl. Hannelore ERHART: Der »Verband evangelischer Theologinnen Deutschlands« zwischen Frauenbewegung und Kirche in der Zeit der Weimarer Republik. In: Frauenforschungsprojekt: Darum wagt es (wie Anm. 6), 151-157; Dagmar HENZE: Der Konflikt zwischen dem »Verband evangelischer Theologinnen Deutschlands« und der »Vereinigung evangelischer Theologinnen« um die Frage des vollen Pfarramtes für die Frau. In: ebd., 129-150; Cornelia SCHLARB: Von der Pfarrgehilfin zur Bischöfin. Geschlechterrollenwandel und die Ordination von Frauen in den evangelischen Kirchen.

Mit Beginn des Krieges wuchs die Dringlichkeit dazu, die rechtlichen Verhältnisse für die Theologinnen neu zu bedenken. Aber auch das 1942 von der Hamburger Synode der Bekennenden Kirche verfasste »Vikarinnengesetz« hielt an den restriktiven Bestimmungen fest und verfügte ein besonderes Frauenamt mit Sonderaufgaben an Frauen und Kindern, Einsegnung statt Ordination, unterordnende Titulatur, Zölibatsverpflichtung, niedrigeres Gehalt (ca. 80 Prozent des Pfarrergehalts) sowie Einzelfallentscheidungen über eine Weiterbeschäftigung nach der Heirat oder eine Berufung ins Gemeindepfarramt, jedoch ohne eigene, alleinige Gemeindeleitung.[8]

Nachdem mehr und mehr Pfarrer zum Wehrdienst eingezogen waren, galten vielerorts Ausnahmeregelungen für die Tätigkeits- und Funktionsbereiche der Theologinnen. Vikarinnen und theologisch gebildete Pfarrfrauen bekamen verwaiste Gemeinden übertragen, predigten, teilten Abendmahl aus, tauften, hielten Katechumenen- und Konfirmandenunterricht, konfirmierten, trauten, schulten Mitarbeitende und beerdigten – selbst noch unter Tiefliegerangriffen. Bei Kriegsende waren diese Theologinnen oft die einzigen Amtspersonen in den Ortschaften, die mit den Alliierten verhandeln konnten und die Dienste auch unter erschwerten Bedingungen weiterführten. Ein neues Selbstbewusstsein bildete sich bei den Vikarinnen heraus, und das berufliche und theologische Selbstbild begann sich zu wandeln.[9]

In: GLAUBE UND GESCHLECHT – Gender Reformation, hrsg. von Eva Labouvie, Wien/Köln/Weimar 2019, 267-281.

8 Vgl. Bieler: Konstruktionen (wie Anm. 3), 272-295; Christiane DRAPE-MÜLLER: Frauen auf die Kanzel? Die Diskussion um das Amt der Theologin von 1925 bis 1942 (Theologische Frauenforschung – Erträge und Perspektiven 2), Pfaffenweiler 1994, 77-126; Herbrecht/Härter/Erhart: Streit (wie Anm. 6), 303-326.339f; Dagmar HERBRECHT: Emanzipation oder Anpassung. Argumentationswege der Theologinnen im Streit um die Frauenordination in der Bekennenden Kirche, Neukirchen-Vluyn 2000, 43-73.

9 Vgl. Anna PAULSEN: Einführung. In: Paulsen: Amt (wie Anm. 4), 5-10; Elisabeth HASELOFF: Das Gemeindepfarramt. In: ebd., 20-26; Ilse HÄRTER: Mein Weg als Theologin – Die Anfangsjahre bis 1945. In: SECHS JAHRZEHNTE FRAUENORDINATION. Ilse Härter zum 60. Ordinationsjubiläum, hrsg. von Dagmar Herbrecht; Heike Köhler; Hannelore Erhart, o.O. 2003, 45-82; Friedhelm HANS: Der lange Weg der Frauen zum Verkündigungsamt. In: Pfälzisches Pfarrerblatt (wie Anm. 5), 386-392; Anette NEFF: Bewährung in Krisen. Engagement und Durchhaltevermögen. In: MUTIGE SCHRITTE. 50 Jahre Gleichstellung von Frauen und Männern im Pfarramt, hrsg. von der Evangelischen Kirche in Hessen und Nassau, Darmstadt 2020, 18-23; DIES.: Ilse Hedderich & Huberta Körner. In: ebd., 24-27; Meike WÄCHTER: Ilse Fredrichsdorff. Pastorin im Krieg. In: Vorgängerinnen. Der Weg von Frauen ins geistliche Amt – Festschrift zum Jubiläum 45 Jahre Gleichstellung von Frauen und Männern im Pfarramt der Evangelischen Kirche Berlin-Brandenburg-schlesische Oberlausitz, hrsg. von Rajah Scheepers, Berlin 2019, 118f; Rajah SCHEEPERS: Hildegard Flügge und Dorothea Hallmann. Mutter und Tochter im Talar. In: ebd., 94f.

Nach dem Krieg verabschiedeten 1948/49 sechs Landeskirchen (Hannover, Württemberg, Kurhessen, Thüringen, Hessen-Nassau, Westfalen) aufgrund der »Richtlinien der EKD für die Rechtsstellung der Vikarinnen« neue, gegenüber den ersten Bestimmungen aus den 1920er und 1930er Jahren erweiterte rechtliche Ordnungen für die Theologinnen.[10]

III Theologische Auseinandersetzungen um das geistliche Amt der Frau

Die theologischen Auseinandersetzungen um die Ordination und das geistliche Amt von Frauen wurden sowohl innerhalb des Berufsverbandes der Theologinnen als auch in den Kirchenleitungen und Kirchenverbänden entlang anthropologischer, ekklesiologischer sowie amtstheologischer Fragestellungen geführt. Die Gottebenbildlichkeit, die *imago Dei*, der Frau, das Ergänzungsmodell der Geschlechter, das hierarchisch gestuft war und der Frau nur den Platz in der Unterordnung unter den Mann anwies, standen auf dem Prüfstein. Entscheidend war nicht minder, welches Gemeindemodell von den Kontrahenten bevorzugt wurde: ein partnerschaftliches Gemeindemodell oder das Hirtenamt als *repraesentatio Christi*, die nur Männern zustehe und allen anderen Ämtern und Diensten vor- bzw. übergeordnet war.

Die Mehrheit der Männer in den Kirchenleitungen, an den Universitäten und in den Kirchenbünden – wie der Vereinigten Evangelisch-Lutherischen Kirche Deutschlands (VELKD) – vertrat bis in die Nachkriegszeit den Standpunkt, dass das Leitungsamt einer Gemeinde oder Kirche aus schöpfungs- und amtstheologischen Gründen nicht in Frauenhand gehöre, daher den akademisch gebildeten Theologinnen weder die Gemeindeleitung noch die Sakramentsverwaltung oder der Verkündigungsdienst in der Gesamtgemeinde anvertraut werden könne.[11]

---

10 Vgl. Carlotta ISRAEL: Gemeinsam unterwegs? Die Landeskirchenzusammenschlüsse und die Frauenordination. In: Frauenordination in der Evangelischen Kirche in Deutschland (wie Anm. 5), 21-31.

11 Vgl. Christine GLOBIG: Frauenordination im Kontext lutherischer Ekklesiologie. Ein Beitrag zum ökumenischen Gespräch, Göttingen 1994, 49-182; Herbrecht/Härter/Erhart: Streit (wie Anm. 6), 1-454; Almut WITT; Die Auseinandersetzungen unter Theologen um das Pfarramt für Frauen. In: Zur Geschichte evangelischer Theologinnen (wie Anm. 6), 159-174; Zeiß-Horbach, Evangelische Kirche (wie Anm. 5), 94-417; Carlotta ISRAEL: Kirchenrechtliche Entwicklungsetappen auf dem Weg zur Frauenordination. Ein Überblick. In: Frauenordination in der Evangelischen Kirche in Deutschland (wie Anm. 5), 61-70.

IV Anlässe zur Einführung der Kirchengesetze 1958

So unterschiedlich die Anlässe zur Einführung der Gesetzestexte zur Regelung der Theologinnenfrage 1958 in den drei eingangs genannten Landeskirchen auch waren, so wirkten sie doch in ihrem Umfeld wie ein Doppelpunkt oder Beschleunigungsfaktor auf dem Weg zur Gleichstellung von Frauen und Männern im geistlichen Amt. Gesamtgesellschaftlich war in den 1950er und 1960er Jahren der Rollenwandel des Frauenbildes und der berufstätigen Frau zu spüren. In der DDR z. B. lag im Unterschied zur BRD die Erwerbstätigenquote bei über 90 Prozent. Beide deutschen Staaten hatten Gleichberechtigungsartikel in ihre Verfassungen 1949 aufgenommen, wobei das Gleichberechtigungsgesetz in der BRD sehr verzögert erst am 1. Juni 1958 in Kraft trat. Zudem war das Selbstbewusstsein der Theologinnen durch die Betreuung der Pfarrämter und -dienste in der Kriegszeit gewachsen, und die Theologinnenzusammenschlüsse in den Landeskirchen wie im Gesamtverband setzten sich für einheitlichere und fortschrittlichere Regelungen ein. Verbündete fanden sie bei einzelnen Professoren, Synodalen und Mitgliedern der Kirchenleitungen.[12]

Im Folgenden gehe ich zuerst auf die lutherische Kirche in Lübeck ein, weil dort eine besondere Situation im Blick war, und beleuchte im Anschluss die Lage in den beiden unierten Kirchen.

1 Die Evangelisch-Lutherische Kirche in Lübeck

Die kleine Evangelisch-Lutherische Kirche in Lübeck hatte sich 1949 der Vereinigten Evangelisch-Lutherischen Kirche Deutschlands (VELKD) angeschlossen und bis 1958 keine eigenen Bestimmungen für Theologinnen entwickelt.[13] Da sie nach dem Krieg die Frauenarbeit in der Landeskirche aufbauen wollte, suchte sie eine geeignete Leiterin. In Frage kam Dr. Elisabeth Haseloff[14], die 1941 im Auftrag der Bekennenden Kirche als Vikarin für den kirchlichen Dienst eingesegnet und

---

12 Vgl. Auguste ZEISS-HORBACH: Wie wir wurden, was wir sind. Zur Geschichte der Theologinnen. Verfügbar unter URL: <https://www.ekmd.de/attachment/aa234c91b dabf36adbf227d333e5305b/1dfe0cc51c2f44d6b828d2bcf30a63d2/2016-07-11_bro-schuere_2._auflage_finale.pdf>, 41-51 (7.3.2023); Inkrafttreten des Gleichberechtigungsgesetzes. Verfügbar unter URL: <https://www.bundesarchiv.de/DE/Content/Dokumente-zur-Zeitgeschichte/19580601-gleichberechtigung.html> (7.3.2023); Harry OELKE: Gesamtschau: Protestantismus in der Nachkriegszeit. In: Protestantismus in der Nachkriegszeit (1945-1961), hrsg. von Siegfried Hermle; Harry Oelke (Kirchliche Zeitgeschichte_evangelisch; 3/Christentum und Zeitgeschichte; 9), Leipzig 2021, 11-33; Andreas GESTRICH: Gesellschaftliche Herausforderungen. In: ebd., 56-77.

13 Vgl. Karl-Heinz FIX: Kirchliche Ordnungen und Strukturen. In: Kirchliche Zeitgeschichte (wie Anm. 12), 78-100.

14 Zu Dr. Elisabeth Haseloff vgl. Ruth PHILIPPZIK: Elisabeth Haseloff. Wegbereiterin für das Amt der Pastorin. In: 500 Jahre Reformation. Von Frauen gestaltet, verfügbar unter: URL: <http://frauen-und-reformation.de/?s=bio&id=131> (15.4.2023); Werner JUNGE: Haseloff, Elisabeth. Verfügbar unter URL: <https://geschichte-s-h.de/sh-von-

seit 1945 im vollen Pfarramt mit Gemeindeleitung in Büdelsdorf, einem Stadtteil von Rendsburg, tätig war. Für sie musste eine Planstelle geschaffen werden, zudem wäre Dr. Haseloff nicht hinter die erreichte Position als Gemeindepfarrerin zurückgegangen. Daher verabschiedete die Evangelisch-Lutherische Kirche in Lübeck am *2. Juli 1958* das Kirchengesetz über die Errichtung der Planstelle einer Theologin für landeskirchliche Frauenarbeit sowie die Dienstordnung für die Inhaberin der landeskirchlichen Planstelle für Frauenarbeit, die ad personam auf Dr. Elisabeth Haseloff zugeschnitten war. Im April wurde Dr. Elisabeth Haseloff auf die neugeschaffene Stelle auf Lebenszeit berufen und am 17. Mai 1959 von Bischof Meyer ins Amt eingeführt.

Abb. 12: Elisabeth Haseloff als Pfarrerin auf der Kanzel (um 1965). Privat.

Die Planstelle umfasste die Leitung der Pfarrstelle für Landeskirchliche Frauenarbeit sowie die Verwaltung des 3. Pfarrbezirks St. Matthäi in Lübeck.[15] [Abb. 12]

Damit war die Evangelisch-Lutherische Kirche in Lübeck innerhalb der VELKD vorgeprescht, fachte die Diskussionen in den anderen Mitgliedskirchen an und nötigte sie zu weiteren Schritten. Die Hannoversche Landeskirche zog 1963/64 mit einem eigenen Pastorinnengesetz nach, das die Ordination und das Gemeindepfarramt für Theologinnen ermöglichte und nach fünf Jahren

---

a-bis-z/h/haseloff-elisabeth/> (Gesellschaft für Schleswig-Holsteinische Geschichte) (16.4.2023).

15 Vgl. Der Weg der Evangelisch-Lutherischen Kirche in Lübeck. In: ZUSAMMEN-WACHSEN. Wege zur Frauenordination auf dem Gebiet der heutigen Nordkirche, hrsg. von der Beauftragten für Geschlechtergerechtigkeit der Nordkirche/Evangelisch-Lutherische Kirche in Norddeutschland, Itzehoe 2016, 59-67; Der Weg der Evangelisch-Lutherischen Landeskirche Schleswig-Holsteins. In: ebd., 68-82; KIRCHENGESETZ über die Errichtung der Planstelle einer Theologin für landeskirchliche Frauenarbeit. In: Die Theologin (wie Anm. 1), 27 f; Dienstordnung für die Inhaberin der landeskirchlichen Planstelle für Frauenarbeit. In: ebd., 28 f; Haseloff, Gemeindepfarramt (wie Anm. 9), 20-26; Ruth PHILIPPZIK; Kerstin KLEIN: Elisabeth Haseloff 1914-1974. Die erste Pastorin Deutschlands. In: »... von gar nicht abschätzbarer Bedeutung«. Frauen schreiben Reformationsgeschichte, hrsg. vom Frauenwerk der Nordkirche, Kiel 2016, 142-147.

Dienst in einem Spezialpfarramt auch die Übernahme eines »normalen« Pfarramtes einschloss.[16]

2 Die Evangelische Kirche der Pfalz

Die Vereinigte protestantisch-evangelisch-christliche Kirche der Pfalz ließ bereits 1919 Frauen zu den kirchlichen Examina zu und hatte 1928 ein Gesetz zur Verwendung von Theologinnen im kirchlichen Dienst geschaffen, da die erste Theologiestudentin vor ihrem Abschluss stand und in den Dienst der Landeskirche treten wollte. Johanna Holzäpfel legte 1930 als erste die theologische Aufnahmeprüfung ab, arbeitete seit 1931 als Katechetin in verschiedenen Gemeinden, schließlich ab 1. Januar 1958 als Pfarrerin und Katechetin in Landau. Zwischen 1934 und 1939 legten weitere Theologiestudentinnen die theologische Aufnahmeprüfung ab.[17] Das Vorläufige Gesetz über die Dienst- und Besoldungsverhältnisse der Theologinnen in der pfälzischen Landeskirche von 1944 erweiterte zwar die Arbeitsbereiche – im Bedarfsfall duften die Vikarinnen Beerdigungen durchführen, Gemeindegottesdienste halten und die Sakramente verwalten, verstärkte aber letztlich die Rechtsungleichheit und Rechtsunsicherheit für die Vikarinnen.

Nach dem Krieg waren unterschiedliche Status- und Dienstverhältnisse der Theologinnen in der Pfalz anzutreffen. Es gab *erstens*: Vikarinnen, die in anderen Landeskirchen ordiniert und mit der Vollmacht zur Verwaltung von Wort und Sakrament ausgestattet waren; *zweitens*: Theologinnen, die in der Pfälzischen Kirche ihre Prüfungen abgelegt hatten und bei unmittelbarem Dienstantritt ohne Vollmacht zu umfassender Amtstätigkeit blieben; *drittens*: Theologinnen, die das Examen nach dem Zweiten Weltkrieg in der Pfalz ab-

---

16 Vgl. GLEICHSTELLUNG IM GEISTLICHEN AMT. Ergänzungsband 1 zum Atlas zur Gleichstellung von Frauen und Männern in der evangelischen Kirche in Deutschland, hrsg. von der Konferenz der Frauenreferate und Gleichstellungsstellen in den Gliedkirchen der EKD, Hannover 2017 (künftig: Atlas zur Gleichstellung), 20-24; Uta SCHÄFER-RICHTER: Der lange Weg der Frauen ins Pfarramt – Dokumentation zur Geschichte der Pastorinnen in der hannoverschen Landeskirche. In: Heike Köhler (Red.): Angekommen! Der lange Weg der Frauen ins Pfarramt. Buch zur Ausstellung, hrsg. von der Evangelisch-Lutherischen Landeskirche Hannovers, Hannover 2014, 8-56.

17 Vgl. Atlas zur Gleichstellung (wie Anm. 16), 18-22; Anja BEHRENS: Ein steiniger Weg ins Pfarramt. Vierzig Jahre Frauenordination in der Pfälzischen Landeskirche. In: Arbeiten im Weinberg des Herrn. Amt und Kirche zwischen Gestern und Heute. Festschrift zum 100jährigen Jubiläum des Vereins Pfälzischer Pfarrerinnen und Pfarrer, hrsg. von Thomas Jakubowski; Martin Schuck, Speyer 1999, 77-96; Klaus BLÜMLEIN: Pfälzische Frauenordination und Schriftauslegung. Im Gedenken an meine Schwiegermutter Käthe Jacob geb. Sehnert *1.11.1908. In: Pfälzisches Pfarrerblatt (wie Anm. 5), 381-386; Friedhelm HANS: Der lange Weg der Frauen zum Verkündigungsdienst. In: ebd., 386-392.

gelegt hatten und aufgrund bestehenden Pfarrermangels nach dem Krieg als Pfarrverweserin mit allen Vollmachten eingesetzt waren.

Aufgrund dieser misslichen Lage sondierte der damalige Ausbildungsreferent OKR Theodor Schaller seit 1951 die Vikarinnengesetze, die auf dem Gebiet der EKD in Geltung waren, und bezog die pfälzischen Theologinnen, insbesondere die Vertrauensvikarin Elisabeth Schmidt, sowie den bundesweiten Theologinnenkonvent in diesen Prozess mit ein. Verabschiedet wurde das neue Gesetz über die Dienst- und Besoldungsverhältnisse der Theologinnen der Pfälzischen Landeskirche sieben Jahre später am 21. Juni 1958 und wurde am *11. August 1958* im Amtsblatt veröffentlicht.[18]

Das Gesetz bestimmte die Ordination, den Titel »Pfarrerin« für die festangestellten Theologinnen, die gleiche Ausbildung und Besoldung wie die Pfarrer. Jedoch wollte man nicht ganz auf Einschränkungen verzichten: Paragraph 13 bestimmte, dass bei Verleihung einer Pfarrstelle, die mit der pfarramtlichen Geschäftsführung und dem Vorsitz im Presbyterium verbunden war, das Presbyterium zustimmen musste,[19] und Paragraph 2 hielt fest: »Soweit es die dienstlichen Notwendigkeiten gestatten, ist bei der Verwendung der Theologinnen der Besonderheit ihrer Gaben und Fähigkeiten Rechnung zu tragen.«[20] In dieser Formulierung schimmert das Amt sui generis, das besondere Frauenamt, durch. Das Gesetz stellte Planstellen für die Theologinnen (§ 12) in Aussicht und hielt die Zölibatsklausel aufrecht (§ 16).[21] Zehn Jahre später *1968* fielen auch die letzten Einschränkungen in der Pfälzischen Kirche. Die meisten Landeskirchen beschlossen erst in den 1970er und 1980er Jahren die rechtliche Gleichstellung von Frauen und Männern im geistlichen Amt.[22]

3 Die Evangelische Landeskirche Anhalts

Die Evangelische Landeskirche Anhalts hatte ähnlich wie die lutherische Kirche in Lübeck bis 1958 offenbar keinen Bedarf an einer gesetzlichen Regelung der Theologinnenfrage.[23] Aus dem Antwortschreiben auf eine Anfrage der EKD vom 16. Mai 1955 geht hervor, dass 1955 sieben Theologiestudentinnen in Anhalt registriert waren, von denen zwei demnächst die Erste Theologische

---

18 Vgl. Behrens: Weg (wie Anm. 17), 79-95; Brief des Protestantischen Kirchenrats der Pfalz, Kirchenpräsident D. Hans Stempel an die Kirchenkanzlei der EKD v. 6.10.1958, in: AELKA, B 6, G 32/12.
19 Vgl. Gesetz über die Dienst- und Besoldungsverhältnisse der Theologinnen der Pfälzischen Landeskirche (künftig: Gesetz Pfälzische Landeskirche). In: Die Theologin (wie Anm. 1), 26.
20 Gesetz Pfälzische Landeskirche. In: Die Theologin (wie Anm. 1), 25.
21 Ebd., 25-27. Für Pfarrerinnen, die kein Gemeindepfarramt bekleideten, konnten Ausnahmen vereinbart werden.
22 Vgl. Atlas zur Gleichstellung (wie Anm. 16), 22-25.
23 Für die Bereitstellung von Akten aus dem AELKA danke ich Dr. Jan Brademann sehr herzlich.

Abb. 13: Anneliese Salm, verh. Mai, bei der Segnung einer Braut (um 1970, Kirche Raguhn). Privat.

Prüfung ablegen wollten.[24] Ob in der Zeit davor keine Theologiestudentinnen aus der anhaltischen Kirche hervorgegangen sind, oder ob die Frauen nach dem Studium gleich in andere Kirchen abwanderten, entzieht sich unserer Kenntnis. Eine Untersuchung zu den frühen anhaltischen Theologinnen steht noch aus

In Dessau stand bereits die erste Anwärterin für eine kirchliche Anstellung in den Startlöchern: Anneliese Salm hatte am 20. Mai 1958 das Zweite Theologische Examen absolviert. Das Kirchengesetz über das Amt der Pastorin in der Evangelischen Landeskirche Anhalts trat rückwirkend am *1. April 1958* in Kraft. Nach Salms Ordination am 6. Juli 1958 in der Dessauer Petruskirche wurde ihr die Pfarrstelle in Niederlepte bei Zerbst zugeteilt [Abb. 13]. Ein Jahr später 1959 fand die Ordination von Anita Werner statt. Sie betreute die Gemeinde Giersleben bei Bernburg bis zu ihrem Ruhestand 1990.[25]

Das neue Kirchengesetz formulierte in Paragraph 5 (1) »Die Pastorin ist Geistlicher im Sinne des Gesetzes«[26], erlaubte die Ordination und den Dienst im Gemeindepfarramt. Auch die Ausbildungsbestimmungen für Vikare und Vikarinnen einschließlich der Titulatur waren gleich.[27] Erst bei einer Festanstel-

---

24 Evangelische Kirche in Deutschland Kirchenkanzlei – Berliner Stelle – gez. Behm an die Kirchenleitungen der östlichen Gliedkirchen v. 22.4.1955 sowie das Antwortschreiben aus Dessau v. 16.5.1955, in: AELKA, B 6, G 32/12.

25 Vgl. Jan BRADEMANN: Anhalt und Pfalz gingen voran. In: Glaube und Heimat. Mitteldeutsche Kirchenzeitung 2021, Nr. 11 (14.3.), 9; DERS.: Frau »Pastern« war die Erste. In: ebd., 2021, Nr. 12 (21.3.), 9; Johannes KILLYEN: Zum 50. Ordinationsjubiläum von Anneliese Mai geborene Salm. In: Theologinnen. Berichte aus der Arbeit des Konventes Evangelischer Theologinnen in der Bundesrepublik Deutschland, Oktober 2008, Nr. 21, 68 f; Anette REUTER: Frauenordination in der Anhaltischen Landeskirche. In: Sechs Jahrzehnte Frauenordination (wie Anm. 9), 150-152; § 9 des Kirchengesetzes über das Amt der Pastorin in der Evangelischen Landeskirche Anhalts vom 21. Mai 1958 (künftig: Kirchengesetz über das Amt der Pastorin). In: Amtsblatt der Evangelischen Landeskirche Anhalts, Nr. 2 v. 30.6.1958, 6-8, hier: 7.

26 Ebd., 7.

27 Kirchengesetz über die Vorbildung der Pfarrer und Pastorinnen vom 21. Mai 1958. In: Amtsblatt (wie Anm. 25), 5 f.

lung unterschied man in der Amtsbezeichnung und titulierte die Männer wie bisher als Pfarrer und die Frauen als Pastorin. Dass diese Unterscheidung mehr als ein Reflex auf das lange Zeit in den Gliedkirchen der EKD festgeschriebene besondere Frauenamt war, machte Paragraph 2 des Kirchengesetzes deutlich, der als Mussbestimmung explizit Bestandteile des zu- und untergeordneten Frauenamtes aufzählte.[28]

Die Formulierung »*Mithilfe* in der Gemeindeseelsorge und in der Diakonie«[29] machte deutlich, dass hier ein beigeordneter und nicht ein selbstständiger Pfarrdienst intendiert war. Das deuteten auch Hildegard Stracke und Anna Paulsen so, die die wichtigsten Bestimmungen der Theologinnengesetze im 1963 erschienenen Buch »Amt und Auftrag der Theologin« analysierten.[30]

Andererseits wurden die *Muss*bestimmungen in Paragraph 2 durch verschiedene Regelungen innerhalb des Kirchengesetzes relativiert, z.B. durch Paragraph 1 (3), der mit der Ordination auch die »Befugnisse zur Wortverkündigung und zur Sakramentsverwaltung«[31] zusagte, durch die Beauftragung zum Gemeindegottesdienst in Paragraph 2 (2 a) und die *Kann*bestimmung in Paragraph 3 (2) dass die Pastorin »in eine Pfarrstelle berufen werden kann«.[32] Das Kirchengesetz beinhaltete daher eine gewisse Zweigleisigkeit. Wie in der Pfalz blieb auch in Anhalt die Zölibatsklausel für die Vikarin bzw. Pastorin zunächst erhalten, die geistlichen Rechte ruhten bei Verheiratung, eine Wiederanstellung konnte in besonderen Fällen wieder vorgenommen werden. Die Schaffung spezieller Planstellen für Theologinnen war im Kirchengesetz nicht vorgesehen und wurde auch nicht realisiert.[33]

---

28 »§ 2 (1) Die ihr zu übertragenden Aufgaben müssen der besonderen Ausprägung ihres Amtes entsprechen. (2) Solche Aufgaben sind zum Beispiel a) Verkündigung in Gemeindegottesdiensten, Kinder- und Jugendgottesdiensten, Bibelstunden und Andachten, b) kirchliche Frauen-, Kinder- und Jugendarbeit im Rahmen des geordneten Gemeindedienstes, c) kirchliche Unterweisung auf den verschiedensten Altersstufen einschließlich des Konfirmandenunterrichts. Leitung der kirchlichen Unterweisung in Kirchenkreisen, d) Seelsorge in Krankenhäusern und Anstalten, e) *Mithilfe* in der Gemeindeseelsorge und in der Diakonie, f) Betreuung und Weiterbildung der im kirchlichen Dienst stehenden weiblichen Kräfte.« Kirchengesetz über das Amt der Pastorin (wie Anm. 25), 6 f (Hervorhebung durch C.S.).

29 Ebd., 7.

30 Vgl. Hildegard STRACKE; Anna PAULSEN: Die wichtigsten Bestimmungen der Theologinnengesetze. In: Paulsen: Amt (wie Anm. 4), 94-96. Dort heißt es 94 f: »Auch die Verordnung der EKU spricht von der Pastorin, obgleich in diesem Bereich der männliche Theologe Pfarrer heißt. Gleiches gilt von Anhalt und von dem hannoverschen Entwurf. Das Amt soll in diesen Kirchen also von dem des männlichen Theologen deutlich unterschieden werden als ein ‚Amt sui generis‘; man darf hoffen, daß der innere geistliche Rang durch diesen Unterschied nicht in Frage gestellt werden soll.«

31 Kirchengesetz über das Amt der Pastorin (wie Anm. 25), 6.

32 Ebd., 7.

33 Das regelte § 6 (1-3), vgl. ebd.

1960 trat die anhaltische Landeskirche dem Kirchenverbund der Evangelischen Kirche der Union (EKU) bei und ersetzte in der Folge das Kirchengesetz von 1958 mit der »Verordnung über das Amt der Pastorin in der Evangelischen Kirche der Union«, das in Anhalt am 1. Januar 1963 in Kraft trat. Damit entfiel Paragraph 2 mit seinen einschränkenden Aufgaben. Im Gleichstellungsatlas der EKD sind für die anhaltische Kirche das Jahr *1962* mit der Aufhebung der Zölibatsklausel und *1963* mit der Durchsetzung der kirchenrechtlichen Gleichstellung angegeben. Von allen westlichen wie östlichen Gliedkirchen der EKU hat nur die Evangelische Landeskirche Anhalts die EKU-Verordnung von 1962 ohne einschränkende Zusatzgesetze übernommen.[34]

V Nachwirkungen

Die Kirchenkanzlei der EKD warf den drei Landeskirchen 1958 vor, dass sie ohne Fühlungnahme und Abstimmung mit den anderen Gliedkirchen »angesichts der besonderen Bedeutung und Tragweite«[35] in der Theologinnenfrage einfach vorgeprescht seien. Daraufhin verfasste die pfälzische Kirchenleitung unter Kirchenpräsident Hans Stempel eine mehrseitige Erwiderung, die diesen Vorwurf zurückwies und auf die Praxis in den Gliedkirchen der EKD während der Kriegs- und Nachkriegszeit einging. Dort waren Theologinnen monate- oder jahrelang mit der kommissarischen Verwaltung eines Pfarramtes mit allen »erforderlichen Funktionen«[36] betraut gewesen. Das sei bereits reale Gleichstellung im geistlichen Amt, die oft über das hinausging, was bisher in der Pfalz rechtlich möglich war. Insofern enthalte das neue Kirchengesetz

---

34 Vgl. Fix: Kirchliche Ordnungen (wie Anm. 13), 91; Nr. 202* Verordnung über das Amt der Pastorin in der Evangelischen Kirche der Union v. 3. Juli 1962. In: Amtsblatt der Evangelischen Kirche in Deutschland 1962, Heft 11 v. 15.11.1962, 625 f; Nr. 84 Beschluß, der das Inkrafttreten der Verordnung über das Amt der Pastorin in der Evangelischen Kirche der Union in der anhaltischen Kirche auf den 1. Januar 1963 datiert. In: ebd. 1963, Heft 3/4, 177; Nr. 92 Kirchengesetz zur Aufhebung des Kirchengesetzes über das Amt der Pastorin in der Ev. Landeskirche Anhalts vom 21. Mai 1958 v. 1. Dezember 1962. In: ebd., 180; Atlas zur Gleichstellung (wie Anm. 16), 24; Marianne TIMM: Die Entwicklung der Theologinnengesetze von 1963 bis 1966. In: Die Theologin. Rundbrief des Konventes evangelischer Vikarinnen in Deutschland 26 (1967), Heft 1, 1-50, bes. 15 f.

35 Brief der Kirchenkanzlei der Evangelischen Kirche in Deutschland an die Herren Mitglieder des Rates der Evangelischen Kirche in Deutschland, gez. Dr. Dr. Niemeier v. 9.7.1958, in: AELKA, B 6, G 32/12; vgl. auch den Brief Kirchenkanzlei der Evangelischen Kirche in Deutschland an die Kirchenleitungen der evangelischen Landeskirchen, gez. D. Brunotte v. 2.8.1958. In: ebd.

36 Prot. Landeskirchenrat der Pfalz an die Kirchenkanzlei der Evangelischen Kirche in Deutschland in Hannover-Herrenhausen v. 6.10.1958 betr. Rechtstellung der Theologinnen, Pkt. 6 3. In: ebd.

»nichts Umwälzendes und wenig grundsätzlich Neues.«[37] Außerdem seien in den vergangenen Jahren in den Landeskirchen, den theologischen Zeitschriften und in der kirchlichen Presse die verschiedenen Standpunkte zur Theologinnenfrage ausführlich diskutiert worden, so dass alle Argumente pro und contra auf dem Tisch lägen und der Austausch mit den Gliedkirchen nichts Neues gebracht hätte.[38]

Kirchenpräsident Stempel sprach die frappante Ungerechtigkeit an, die vorliege, wenn Theologinnen nur in Notzeiten Dienste anvertraut würden, die man ihnen in normalen Zeiten dann wieder entzöge. Was für Notzeiten gelte, müsse erst recht im normalen kirchlichen Alltag praktizierbar sein. Stempel vermutete, dass es der EKD nach wie vor um die Grundsatzfrage gehe, ob Theologinnen überhaupt zum geistlichen Amt zugelassen werden oder nicht.[39] Denn die großen lutherischen Kirchen wie die hannoversche, bayerische oder württembergische Kirche, Kirchenverbände wie die VELKD oder die in der EKU zusammengeschlossenen Kirchen, rangen noch längere Zeit um ein grundsätzliches Ja zur Ordination von Frauen bzw. Gleichstellung von Frauen und Männern im geistlichen Amt.[40]

Die Kirchengesetze von 1958 gaben den in vielen Gliedkirchen praktizierten Notverordnungen der Kriegs- und Nachkriegszeit eine rechtliche Form und reichten weit über die seit 1948 in verschiedenen Landeskirchen getroffenen Bestimmungen hinaus. Die pfälzische Kirche führte 1958 die weitreichendsten Regelungen ein, weil sie ein Kirchengesetz für alle Theologinnen und kein *ad personam* zugeschnittenes Gesetz wie in Lübeck schuf. Das »besondere Frauenamt« war darin kaum mehr zu greifen. Die Evangelische Landeskirche Anhalts schließlich hat Anfang des Jahres 1963 als erste Landeskirche innerhalb der EKD die gesetzliche Gleichstellung von Frauen und Männern im Pfarramt durchgeführt.[41]

Der Prozess der Gleichstellung von Frauen und Männern im geistlichen Amt vollzog sich mit vielen Ungleichzeitigkeiten innerhalb der Gliedkirchen der EKD über einen Zeitraum von rund 90 Jahren. Ein Jahr bevor Maria Jepsen (*1943) 1992 zur weltweit ersten lutherischen Bischöfin in der Nordelbischen Kirche gewählt wurde, ließ die Evangelisch-Lutherische Kirche in Schaumburg-

---

37 Ebd.
38 Siehe auch den Brief von Kirchenpräsident Hans Stempel an den Evangelischen Landeskirchenrat z. Hd. Herrn Kirchenpräsident Schröter in Dessau v. 8.10.1958, der in der Anlage das Schreiben an die EKD enthielt. In: ebd.
39 Pkt. 7, 3 »Der entscheidende Unterschied in den Auffassungen der pfälzischen Kirchenleitung und anderer Gliedkirchen scheint sich nicht so sehr auf die inhaltliche Seite des Gesetzes, als vielmehr auf die grundsätzliche Einstellung zur Verwendung der Theologin zu beziehen«; ebd.
40 Vgl. Israel: Gemeinsam (wie Anm. 10), 21-31; Zeiß-Horbach: Evangelische Kirche (wie Anm. 5), 275-417.
41 Vgl. Atlas zur Gleichstellung (wie Anm. 16), 24f.

Lippe[42] die Ordination von Frauen überhaupt erst zu.[43] Weder in allen Kirchen in Deutschland noch europa- oder weltweit ist die Frage der Ordination oder der Weihe von Frauen derzeit abgeschlossen oder zu einem befriedigenden Ergebnis gelangt.

---

42 Die erste Theologin, die in der Evangelisch-Lutherischen Landeskirche Schaumburg-Lippe 1992 ordiniert wurde, war Pastorin Bärbel Sandau. Sie arbeitete seit 1999 in der schaumburg-lippischen Kirche in der Gehörlosenseelsorge, vgl. Atlas zur Gleichstellung (wie Anm. 16), 12 f; verfügbar unter: URL: <http://s238030739.online.de/baerbel-sandau.html> (10.3.2023).

43 Vgl. Maria JEPSEN: 15 Jahre als Bischöfin im Amt. In: Theologinnen. Berichte aus der Arbeit des Konventes Evangelischer Theologinnen in der Bundesrepublik Deutschland 20 (2007), 64-66; Margot KÄSSMANN: »Gibt es Pfarrerinnen, gibt es Bischöfinnen«. In: Angekommen! (wie Anm. 16), 96-101; Schlarb: Pfarrgehilfin (wie Anm. 7), 280 f.

Innere Mission und Hilfswerk
Die Diakonie in Anhalt 1945 bis 1969

Von Andreas Lischke

Die Geschichte der Diakonie in Anhalt seit 1945 ist schon aufgeschrieben, und zwar 1982 von Pfarrer Werner Strümpfel, dem Vorsteher der Anhaltischen Diakonissenanstalt Dessau 1963 bis 1981 und Vorstandsmitglied des Anhaltischen Landesverbandes der Inneren Mission.[1] Seine Ausarbeitung bietet in konzentrierter Form auf 15 Seiten eine Übersicht über die bestehenden diakonischen Einrichtungen und Dienste in Anhalt vor und nach dem Zweiten Weltkrieg, über den schweren Neuanfang 1945 bzw. ihre Fortführung und Neuaufstellung. Es werden die besonderen Aufgaben beschrieben angesichts der Zerstörungen am Ende des Krieges, angesichts der Flüchtlingssituation und der Heimkehrer-Problematik. Es wird die Entwicklung der Diakonie in den zweierlei Formen in der DDR, Innere Mission und Evangelisches Hilfswerk, dargestellt. Aus der Sicht eines Vorstehers der ADA, der zugleich auch stellvertretender Verbandsvorsitzender der Inneren Mission war, werden die besonderen Ereignisse und Veränderungen unter den Bedingungen des sozialistischen Staates lebendig, und es werden auch die jeweiligen Akteure und handelnden Personen gebührend benannt.

»Die Evangelische Landeskirche Anhalts verfügte [...] über eine große Zahl von diakonischen Einrichtungen. Sie waren einst entweder als selbständige Stiftungen gegründet worden, wie etwa die verschiedenen Zweige der ›Heinrichsstiftung‹ von 1840, die Kanzler von Pfau'sche Stiftung zu Bernburg von 1867 oder die Anhaltische Diakonissenanstalt zu Dessau von 1894, oder sie waren auf Vereinsbasis entstanden wie [...] das Krankenhaus der Schwesternschaft des Evangelischen Bundes in Dessau von 1907. [...] Schließlich gab es eine ganze Reihe von gemischten Stiftungen, in denen kommunale und kirchliche Stellen paritätisch vertreten waren. [...] Im 3. Reich waren viele Heime und vor allem Kindergärten zweckentfremdet oder enteignet worden, so daß eigentlich nur die selbständigen und damit unabhängigen Einrichtungen den staatlichen Ein- und Zugriffen entgingen.«[2]

---

1 Werner STRÜMPFEL: Geschichte der Diakonie im Bereich der Evangelischen Landeskirche Anhalts seit 1945, Maschinenschrift 1982, 15 Seiten, Durchschrift in: ArchPfStift, Ordner Geschichte.

2 Ebd., 1. Dort (ebd., 1 f) heißt es weiter: »Besonders schwer betroffen war das Krankenhaus der Schwesternschaft des Evangelischen Bundes, das völlig zerstört wurde. Damit verlor die Schwesternschaft ihr Arbeitsgebiet und damit zugleich ihr Heimathaus, die Ausbildungsstätte für ihren Nachwuchs, und löste sich auf. Auch die Gebäude der Evang. Stadt- und Volksmission sowie des Elisabethhauses, eines Altenheimes, wurden vernichtet. In der Anhaltischen Diakonissenanstalt waren das Mutterhaus und das Kinderheim total ausgebrannt, während Krankenhaus und Altersheim – wenn auch schwer beschädigt – ihren Dienst in beschränktem Umfang weiter tun konnten [...] Da auch das Dienstgebäude des Evang. Landeskirchenrates zerstört und die Geschäftsstelle des Landesverbandes für Innere Mission, die sich bei der Krankenhausleitung des

Diese Ausarbeitung von Strümpfel ist ein Vermächtnis; zugleich bietet sie wichtige Anknüpfungspunkte für unsere Tagung.[3] Um im Folgenden über drei ausgewählte *Herausforderungen* zu sprechen, vor denen die Evangelische Landeskirche Anhalts in diakoniehistorischer Hinsicht in den beiden ersten Nachkriegsjahrzehnten stand, greife ich außerdem auf Akten zurück, die ich im Archiv der Evangelischen Landeskirche Anhalts, im Archiv des Diakonischen Werkes Evangelischer Kirchen in Mitteldeutschland e.V. und in der Kanzler von Pfau'schen Stiftung in Bernburg einsehen konnte.[4]

Unmittelbar nach dem Zweiten Weltkrieg und dem Zusammenbruch des Nationalsozialismus die allgemeine Not- und Fürsorge und den Wiederaufbau mit zu organisieren, bildete eine große Aufgabe der Evangelischen Landeskirche Anhalts. Sie war unmittelbar mit der großen Herausforderung verbunden, die kirchlich-soziale Tätigkeit in den bestehenden Häusern und Anstalten als zur Inneren Mission gehörend zu sichern.

I Kampf um die Anstalten der Inneren Mission als kirchliche Einrichtungen

Anhand von Beispielen von Bernburg und Köthen soll gezeigt werden, wie sich der Landeskirchenrat und die Pfarrerschaft in den Kirchenkreisen für den Erhalt der kirchlichen Anstalten einsetzten. Nicht immer war das erfolgreich, denn die kommunalen und staatlichen Stellen versuchten, massiv die Führung zu übernehmen und vor allem die bisherige Fürsorge- und Erziehungsarbeit in den Häusern zu diskreditieren und dann unter ihre Hoheit zu bringen.

Im Archiv der Kanzler von Pfau'schen Stiftung fand sich auch eine 14-seitige *Denkschrift über die in Anhalt bestehenden Fürsorgeerziehungshäuser im*

---

evang. Bundes befand, mit allen Akten ausgebrannt waren, gab es im Sommer 1945 einen denkbar schweren Neuanfang diakonischer Arbeit. [... Es] hatten nur wenige die Kraft, sich um die Wiedererlangung des enteigneten oder zweckentfremdeten kirchlich-diakonischen Eigentums zu bemühen, so daß viele Grundstücke und Heime der kirchlichen Arbeit der Zukunft verloren gingen [...] So wurden gemischte Stiftungen durch staatliche Machtmittel aufgelöst oder durch Ausschluß kirchlicher Amtsträger aus den Kuratorien in kommunale Bereiche umgewandelt. In Bernburg und Ballenstedt sind z. B. einst blühende Zweige diakonischer Arbeit einfach verschwunden«.

3 Der Beitrag ist als Durchschrift im ArchPfStift vorhanden, inklusive eines ebenso 15 Seiten umfassenden Beitrages vom gleichen Verfasser über die Schwesternschaft der Anhaltischen Diakonissenanstalt von 1963 bis 1981. Die beiden Beiträge finden sich möglicherweise auch in den noch nicht verzeichneten Akten der ADA, die im AELKA deponiert wurden. Siehe auch WEIBLICHE DIAKONIE IN ANHALT. Zur Geschichte der Anhaltischen Diakonissenanstalt Dessau, hrsg. von Jan Brademann, Halle (Saale) 2019.

4 Dabei haben mir Herr Dr. Brademann in Dessau, Frau Baumgart in Halle (Saale) und Herr Köbernick in Bernburg sehr geholfen.

Rahmen der evangelischen Inneren Mission⁵, die vermutlich 1947 im Kirchenkreis Bernburg verfasst wurde. Sie beschreibt den Prozess der versuchten Enteignung und Verstaatlichung und führt Argumente auf für den Erhalt der Einrichtungen unter dem Dach der Inneren Mission bzw. der Evangelischen Kirche. Darin heißt es:

> »Ausnahmslos verdanken sie (die Anstalten) ihre Entstehung und Unterhaltung der barmherzigen Liebe gläubiger Christen und haben während der Dauer ihres Bestandes unablässig dem Ziele nachgestrebt, die ihnen anvertrauten Zöglinge durch Erziehung im christlichen Geiste auf den rechten Pfad eines Gott wohlgefälligen Lebens zurückzuführen. Dem entspricht auch ihre Organisation und die Besetzung der Erzieherstellen mit Brüdern und Schwestern (Diakonen und Diakonissen) aus evangelischen Mutterhäusern. Die Anstalten gehören demgemäß [...] zu den Anstalten der *Inneren Mission*, die in ihrer im vorigen Jahrhundert erhaltenen Prägung zusammen mit dem Predigtamt die wichtigste *Wesens- und Lebensäußerung der Evangelischen Kirche* darstellt.«⁶

Diese interessante Denkschrift enthält neben grundsätzlichen Situationsbeschreibungen auch vier Sonderdarstellungen über das Friederikenhaus in Bernburg-Waldau (gegründet 1840), das Heinrichshaus in Großpaschleben (1852), die Friederikenstiftung in Ballenstedt (1857) und das Evangelische Mädchenheim St. Johannis in Bernburg (1865), die jetzige Stiftung Ev. Jugendhilfe St. Johannis Bernburg. In den Archiven belegt eine Reihe von Briefen zwischen dem Landeskirchenrat und den Regierungsämtern in Sachsen-Anhalt, der »Provinzialverwaltung der Provinz Sachsen« in Halle (Saale), sowie von und zu den Pfarrern im Kirchenkreis Bernburg das Ringen um Einfluss und um verantwortliche Entscheidungen.

1 Friederikenhaus Bernburg-Waldau

Mit dem Aufschwung der Sozialen Arbeit Mitte des 19. Jahrhunderts durch Fürsorge- bzw. milde Stiftungen gründete Konsistorialrat und Oberprediger Eugen Schnelle in Bernburg um 1843 einen Rettungsverein, der u. a. als Träger für das Friederikenhaus Bernburg-Waldau (errichtet schon 1840) zur Erziehung verwahrloster Kinder fungierte.

> »Die Erziehung sollte nach den Satzungen im Geiste evangelischer Liebestätigkeit geschehen. In den Satzungen, die zuletzt im Jahre 1942 von dem damaligen Reichsstatthalter für die Landesregierung Anhalt bestätigt worden sind, heisst es in § 1: ›Das Heim ist dem Reichsspitzenverband Centralausschuss für die Innere Mission der Deutschen Evangelischen Kirche angeschlossen.‹ Nach § 7 der Satzungen soll bei Auflösung des Vereins und des Friederikenhauses das Vermögen ›an eine andere evangelische Anstalt der Inneren Mission, die gleiche Zwecke verfolgt, unter treuhänderischer Ueberwachung durch den Ev. Landeskirchenrat in Anhalt, fallen.‹«⁷

---

5 Denkschrift über die in Anhalt bestehenden Fürsorgeerziehungshäuser im Rahmen der evangelischen Inneren Mission, Verfasser unbekannt, Durchschrift, o. J. (vermutlich 1947 verfasst), in: ArchPfStift, Ordner Geschichte; auch im Archiv der Stiftung Ev. Jugendhilfe St. Johannis Bernburg vorhanden.
6 Ebd., 1; Hervorhebungen im Original.
7 KOP Walther HEIDE: Das Friederikenhaus in Bernburg-Waldau, Bericht am 17. Juli 1957, in: ArchPfStift, Ordner Friederikenhaus.

Von 1905 bis 1946 wurde das Friederikenhaus von Diakon Carl Strei aus den Neinstedter Anstalten geleitet. Im Oktober 1946 wurde er mittels einer üblen Aktion der Stadt Bernburg von einem Tag auf den anderen abgesetzt und seine Familie des Hauses verwiesen. Er war Mitglied der NSDAP gewesen, diesbezüglich nach Aussage von Pfarrer Dr. Rudolf Schneider (St. Marien Bernburg seit 1937) aber nicht besonders in Erscheinung getreten; vielmehr sei er zur Parteimitgliedschaft offenbar von Seiten der Neinstedter Anstalten gedrängt worden. Nach seiner Absetzung übernahm der kommunistische Stadtrat Wilhelm Trebing die Leitung des Friederikenhauses, zusammen mit einem Hauselternpaar. Ohne Wahrung der kirchlichen Rechte wurde eine neue Satzung »durchgedrückt« und das Kuratorium nach vorgeblich »demokratischen Prinzipien« neu besetzt, in dem neben den gesellschaftlichen Parteien und Organisationen immerhin auch der Ortspfarrer eine Stimme hatte.[8]

Gegen diesen Vorgang der Kommunalisierung und Umbesetzung von Vorstand und Kuratorium gab es erhebliche Kritik seitens der Pfarrerschaft in Bernburg und des Landeskirchenrats, was sich durch eine Reihe von Schreiben, auch an die Provinzialregierung, ausdrückte. Während Ende 1945 das Landeskirchenamt in Dessau und der Anhaltische Landesausschuss für Innere Mission noch beruhigende und entwarnende Schreiben nach Bernburg sandten, musste sich ein Jahr später KR Hermann Fischer als Dezernent für kirchliche Werke für den Landeskirchenrat an den in der Provinzialregierung Halle/S. für die Kirchen zuständigen Ministerialdirektor und Präsidialrat Dr. Richard Kunisch wenden und – nach einer Hetzkampagne in Bernburg –[9] umgehend Einspruch gegen die Beschlagnahmung des Friederikenhauses und die Entlassung des Heimleiters erheben. Er schreibt:

> »Nun hat sich die Angelegenheit wieder zu unseren Ungunsten entwickelt. Auf Grund eines sehr abfälligen Berichtes über die vermeintlich fragwürdigen Zustände im Friederikenhause hat die Stadtverwaltung Bernburg die Pläne, die sie im Grunde genommen schon immer hegte und nicht aufgegeben hatte, das gesamte Heim beschlagnahmt, den Hausvater entlassen und einen Nachfolger eingesetzt. Wie uns der Vorsteher der Neinstedter Anstalten mitteilt, geschehe dieser Vorgang auf Weisung von Halle. Wir haben sofort den Vorsitzenden des Kuratoriums, Pfarrer Lindau, angewiesen, die nötigen Schritte zu tun, um diesem Angriff auf eine evangelische Anstalt zu begegnen. Auf jeden Fall scheint es notwendig, das Eigentumsrecht

---

8 Ein ähnlicher Fall ereignete sich in Hoym, wo die vom Oberlinhaus Potsdam entsandten Schwestern zusammen mit ihrer Leiterin, Diakonisse Hanna Krempf, kurzerhand aus dem Dienst entfernt wurden. Siehe dazu: Bericht über die fristlose Entfernung von 11 Schwestern aus ihrer Arbeit in dem Landes-Alters- und Pflegeheim Hoym/ Anh. durch die Landesregierung Sachsen-Anhalt am 24. Juli 1950, in: AELKA, B 6, D 27, Nr. 5, Bd. III, und die Dissertation FU Berlin 1996 von Sabine SCHNIERER: Verwahrt, verlegt, vergessen. Die Einbeziehung der Landes-Siechenanstalt Hoym in das »Euthanasie«-Programm des Nationalsozialismus, Aachen 1997.
9 Vgl. den Zeitungsartikel in: Freiheit vom 30.10.1946 (Nr. 162), und die ausführliche Stellungnahme des Kuratoriums am 04.11.1946, in: ArchPfStift, Ordner Friederikenhaus.

der Kirche am Friederikenhaus zu sichern. Ob die bisher geübte Erziehungsarbeit im Friederikenhause weiter durchgeführt werden soll oder ob zu erwägen ist, die Fürsorgeerziehung aufzugeben und ein kirchliches Altersheim aus dem Hause zu machen, kann im Augenblick noch dahingestellt bleiben, vor allem ist es wichtig, das Eigentum der kirchlichen Stiftung zu sichern und die Räumung bzw. Aufhebung der Beschlagnahme von der Stadtverwaltung in Bernburg zu erwirken.«[10]

Mit diesem Schreiben ist KR Fischer einerseits in den Konflikt mit der Provinzialregierung gegangen, andererseits aber auch um eine Kompromisslösung bemüht. Möglicherweise wurde der Kirche schon zu diesem Zeitpunkt klar, dass die Fürsorgeerziehung aufgegeben werden müsse. Der Kampf um die Heime bezog sich dann mehr auf das kirchliche Eigentumsrecht und die Weiternutzung mit einem anderen Zweck, eben auch der Altenarbeit. Dieses Bemühen blieb in diesem Fall erfolglos. Das Friederikenhaus wurde schließlich auf Weisung der Regierung von der Stadt Bernburg übernommen und später in »Fritz-Kraft-Heim« umbenannt (Der Schriftzug ist heute noch am Eingangsportal des Hauses in der Staßfurter Straße 29 zu erkennen).

Meines Erachtens hatte es aber noch einen anderen Hintergrund, dass die Erziehungsarbeit so nicht fortgeführt werden konnte: Pfarrer Dr. Schneider wies in einem Schreiben an den Landeskirchenrat[11] darauf hin, dass die vorgenommenen Aktionen eine Folge des SMAD-Befehls Nr. 225 vom 26. Juli 1946 über die einheitliche Leitung der Kinderheime[12] gewesen sei. Aufgrund dieser Anordnung in der SBZ sollten zentrale Vorgaben, Anschauungen und Wertorientierungen in den einzelnen Einrichtungen gelten. Es war damit die Forderung nach einer Kindererziehung im antifaschistisch-demokratischen Sinn und einer dahingehend neuen Ausbildung des Erziehungspersonals verbunden. In einer Dissertation heißt es dazu:

»Dieser Befehl wurde zu einer der bedeutsamsten Weichenstellungen für die weitere Entwicklung der Jugendhilfe zunächst in der SBZ, aber auch in der frühen DDR. […] Für die Kirchen bedeutete dieser Befehl eine erste Konfrontation, verlangte doch die SMAD, unabhängig davon, von wem die Einrichtungen unterhalten und betrieben wurden, alle das Personal betreffenden Fragen unter zentrale staatliche Kontrolle zu stellen. […] Der Befehl Nr. 225 der SMAD erwähnte ausdrücklich die Möglichkeit einer Führung von Kinderheimen durch kirchliche Gemeinden und Träger. Er sah aber vor, dass die Ernennung von Leitern und Erziehern, unabhängig vom Träger, der Deutschen Verwaltung für Volksbildung oblag. Die Kirchen hatten größtenteils Erzieher aus den Mutterhäusern und aus kirchlichen Orden eingesetzt.

---

10 Brief von KR Hermann Fischer an Präsidialrat Dr. Kunisch (Halle) vom 4. November 1946, in: ArchPfStift, Ordner Friederikenhaus, Blatt 23, und in: AELKA, B 6, B 13, Nr. 18, Bd. III.
11 Brief von Pfarrer Rudolf Schneider vom 10.07.1947 an den LKR: »Die weitreichende Wirkung des Befehls Nr. 225 darf bei allen Erwägungen über die Wahrung kirchlicher Rechte nicht übersehen werden«, in: ArchPfStift, Ordner Friederikenhaus.
12 Befehl Nr. 225 des Oberbefehlshabers der Sowjetischen Militäradministration vom 26.07.1946 über die Bestimmungen über die Leitung der Arbeit in den Kinderheimen, in: LASA, Slg. 8, Nr. P4-31, online verfügbar unter URL: <http://recherche.landesarchiv.sachsen-anhalt.de/Query/detail.aspx?ID=1879723> (8.2.2024).

> Die Bestätigungen wurden vorgenommen, lediglich im Falle grober Beanstandungen wurden diese versagt. Versuche der Jugendämter, einen größeren Einfluss auf die Heime in kirchlicher Trägerschaft auszuüben, führten häufig zu Beschwerden höherer kirchlicher Instanzen und blieben meist ohne nennenswerten Erfolg.«[13]

Möglicherweise wurde der Befehl Nr. 225 in der Kirche unterschätzt. Es gab keine wirkliche Auseinandersetzung damit, er spielte auch in der o.g. Denkschrift keine Rolle. So gesehen stellt sich die Frage, ob die Landeskirche und die Pfarrerschaft in Bernburg vielleicht doch eine Chance gehabt hätten, gerade *mit* Bezug auf den SMAD-Befehl Nr. 225 und die erlaubte bzw. tolerierte Trägervielfalt, den kirchlichen Status des Friederikenhauses zu erhalten, wenn etwa das Personal von der Volksbildungsabteilung bestätigt worden wäre.

Letztlich waren die Zeiten in der SBZ und die frühen Jahre der DDR von den staatlichen Maßnahmen zur Verdrängung der konfessionellen Kinderheime geprägt, als möglicherweise von der Kirche geduldete Enteignung oder mit der Entscheidung zwischen Auflösung der Heime oder Umprofilierung zu Alters- oder Behindertenheimen. Auch in anderen Landeskirchen fand dieser schmerzhafte Prozess statt, durchaus aber auch mit dem Erhalt von einigen wenigen Heimen, meist als Betreuungseinrichtungen für Kinder mit geistigen Behinderungen oder als Altenheime.[14]

Interessant ist noch, dass nach der politischen Wende in Ostdeutschland eine Revitalisierung der Stiftung vermeldet wurde, obwohl das Friederikenhaus (als Fritz-Kraft-Heim) 1958 endgültig in Volkseigentum übergegangen war.[15] Auch die Diakonie Bernburg hatte 1994 versucht, angesichts des Auszuges der Stadt aus dem Gebäude eine Übernahme zu erlangen, und sogar einen Vorschlag für die Zusammensetzung des Kuratoriums gemacht (mit Einbindung der Stiftung Ev. Jugendhilfe St. Johannis Bernburg), dem der Landeskirchenrat als kirchliche Stiftungsaufsicht und auch das Regierungspräsidium zunächst

---

13 Peter ROGALLA: Heimerziehung als Bestandteil der Jugendhilfe in der Sowjetischen Besatzungszone und frühen DDR, Dissertation TU Dresden 2020, 56 f und 59 f.

14 Siehe auch, Donata Christiana CREMONESE: Zwischen Verkündigung und Fürsorge: evangelische Kinderheimarbeit in Mecklenburg im Kontext politischer Neuordnung zwischen 1945 und 1966, Leipzig 2023.

15 Vgl. Andreas BRAUN: Alles begann im umgebauten Stallraum, in: Mitteldeutsche Zeitung (vermutlich 1996), in: ArchPfStift, Ordner Friederikenhaus. Dort ist auch zu lesen: »Das offizielle Aus für die Stiftung kam allerdings erst 1958. In einem Schreiben der Rechtsstelle des Rates des Bezirkes Halle an den damaligen Rat der Stadt Bernburg vom 30. April wurde das Ende besiegelt. ›Aufgelöst werden soll: Die Stiftung Friederikenhaus, jetzt Fritz-Kraft-Heim. Das Friederikenhaus war nach seinen Satzungen ein Unternehmen eines Vereins. Der Verein hat seine Wiederzulassung nicht beantragt, so daß sein Vermögen (das Friederikenhaus) […] in Volkseigentum übergeht.‹ Weiter heißt es: ›Die früheren Satzungen sind damit auch gegenstandslos.‹ Durch die Bildung des Notvorstandes […] wurde die Stiftung wieder aktiviert. […] Sie hat als privatrechtliche Anstaltsstiftung auch ohne handlungsfähiges Organ immer Bestand gehabt. Die Stiftung hat lediglich geruht«.

zustimmten. Letztlich erklärte aber das Regierungspräsidium Dessau 1995 schriftlich, dass eine »zweifelsfreie Aussage darüber, ob die Stiftung in der Vergangenheit zwangsweise aufgelöst wurde oder […] fortbesteht, nicht möglich ist«.[16] Heute befindet sich das Gebäude in privater Hand und wird als Wohngemeinschaft genutzt.[17]

2   Heinrichshaus Großpaschleben

Die genannte Denkschrift enthält auch eine Sonderdarstellung über die »Heinrichsstiftung in Cöthen«, zu der das bis heute in Trägerschaft des Diakonischen Werkes Dessau bestehende Heinrichshaus in Großpaschleben gehörte. Die Stiftung als solche existiert heute nicht mehr, kommt also auch nicht in der Broschüre *Kirchliche Stiftungen in Anhalt*[18] vor, aber das Heinrichshaus als solches schon. Es wurde als »Knaben-Rettungshaus der Heinrichsstiftung« am 4. Juli 1853 durch die Herzogin Auguste, Witwe des letzten Anhalt-Köthener Herzogs Heinrich, gegründet, neben zwei weiteren »Kinder-Bewahranstalten« in Köthen. Den Grundstock des Heinrichshauses bildete ein Bauerngehöft. Es ist laut Denkschrift immer als eine Anstalt der Inneren Mission geführt worden – mit einer für Anhalt typischen Nähe zur verfassten Kirche. So sollte »die Verwendung der Stiftungsmittel […] der obersten Kirchenbehörde gemäß den Stiftungszwecken obliegen.«[19] Die Hausväter waren »durchweg der evangelischen Diakonie (Neinstedter Bruderhaus) entnommen.«[20] Die Erziehung war auf die sittliche Rettung und den christlichen Glauben ausgerichtet. Es konnten später 62 Zöglinge untergebracht werden. Die Erziehungsarbeit wurde auch während des 2. Weltkrieges fortgesetzt. Gegen Ende des Krieges wurde das Heinrichshaus auch als Lazarett und nach dem Krieg als Auffanglager für Flüchtlinge genutzt.

Laut Denkschrift gab es nach 1945 Schwierigkeiten zwischen staatlichen Stellen und dem (stellvertretenden) adligen Kurator der Heinrichsstiftung, Herrn G. A. von Goßler, der seinen Aufenthalt von der russischen in die englische

---

16 Brief des Regierungspräsidiums Dessau (Herr Krause) an die Kanzler von Pfau'sche Stiftung (Herrn Schindler) vom 9.8.1995, in: ArchPfStift, Ordner Friederikenhaus; dort auch diverse weitere Schreiben.

17 Vgl. Torsten ADAM: Waldau: Alternatives Leben ohne freie Liebe, in: Mitteldeutsche Zeitung vom 24.8.2019: »Erstmals seit 20 Jahren öffnet ein geschichtsträchtiges Bernburger Haus wieder seine Pforten. Zum Tag des offenen Denkmals am Sonntag, 8. September, können Interessenten von 11 bis 15 Uhr einen Einblick in das 1850 als Heim für verwahrloste Kinder erbaute Friederikenhaus bekommen. Die meisten Einheimischen kennen es aus DDR-Zeiten noch als Station Junge Naturforscher und Techniker sowie als Internat des Lehrerbildungsinstituts«.

18 KIRCHLICHE STIFTUNGEN IN ANHALT, hrsg. von der Ev. Landeskirche Anhalts, Dessau 2012 (erschienen zum 4. Stiftungstag Sachsen-Anhalt, der am 4. Mai 2012 im Bauhaus Dessau unter maßgeblicher kirchlicher Beteiligung stattfand).

19 Denkschrift (wie Anm. 4), 8.

20 Ebd., 9.

Zone verlegt hatte. Die Differenzen wurden nach einem längeren Schriftwechsel durch einen Erlass des Ministerpräsidenten der Provinz Sachsen-Anhalt im Februar 1947 vorläufig befriedigend beigelegt. KOP Karl Windschild (Köthen) wurde »mit der Wahrnehmung der Pflichten und Aufgaben des Kurators der Heinrichstiftung beauftragt.«[21] Das Heinrichshaus konnte also als kirchliche Anstalt der Fürsorgeerziehung zunächst weiter bestehen.

Als in der DDR von staatlicher Seite in den 1950er Jahren den Kirchen die Erziehung von Kindern und Jugendlichen untersagt wurde, diente das Heinrichshaus dann der Unterbringung und Betreuung Jugendlicher mit geistiger und mehrfacher Behinderung, die der Vernichtung durch das Naziregime entgangen oder danach geboren waren. Also konnte das Heinrichshaus gerettet werden. Die anfangs noch betriebene Landwirtschaft wurde Mitte der 1970er Jahre aufgelöst, um Neu- und Umbaumaßnahmen zu ermöglichen. Heute leben in der Wohneinrichtung Heinrichshaus Großpaschleben (inkl. Pfarrhaus) in Trägerschaft des Diakonischen Werkes im Kirchenkreis Dessau e.V. insgesamt 48 Menschen mit schwerer und schwerster Behinderung, in modernen familienähnlichen Wohnbereichen. Sie sind zumeist in einer Werkstatt für Menschen mit Behinderung beschäftigt.

Während die meisten traditionellen Einrichtungen der Fürsorgeerziehung bis auf wenige Ausnahmen der Volksbildung unterstellt und kommunalisiert wurden, konnten die Anstalten der Inneren Mission »für Altersschwache und Sieche« ihren Dienst in kirchlicher Trägerschaft oder mit kirchlichem Profil fortsetzen, wie die folgenden beiden Beispiele ebenso aus Bernburg kurzgefasst zeigen.

3 Kanzler von Pfau'sche Stiftung Bernburg

Die 1867 in Bernburg errichtete Kanzler von Pfau'sche Stiftung, eine Kirchliche Stiftung des bürgerlichen Rechts, hat auch dank der Festlegungen in den Satzungen inklusive Neufassungen ihren kirchlich-diakonischen Status in wechselnden Zeiten bewahren und sich durch Ankäufe von Grundstücken in der Nachbarschaft erweitern können. Sie unterstand immer der kirchlichen Stiftungsaufsicht und hatte zumeist die Kreisoberpfarrer als Vorsitzende des Kuratoriums. Diakonissen wirkten seit 1899 segensreich im Pflegebereich, leitend namentlich nachweisbar von 1916 bis 1984. In der Chronik der Stiftung ist vermerkt, dass 1948 »in einer Auseinandersetzung mit dem staatlichen Bereich [...] Einvernehmen dahingehend erzielt (wird), dass die ›Herzogin Friederikestiftung‹ in die Trägerschaft der Stadt Bernburg übergeht und die ›Kanzler von Pfau'sche Stiftung‹ in kirchlicher Trägerschaft bleibt«.[22] Offensichtlich hatte ein »politischer Machtkampf«[23] zwischen der Stiftung, dem Kirchenkreis, der

---

21 Ebd.
22 Festschrift zum 150. Geburtstag, Kanzler von Pfau'sche Stiftung, Bernburg 2017, 60.
23 Ebd., 19.

Landeskirche einerseits und der Landesregierung und der Stadt Bernburg andererseits stattgefunden, der mit diesem Kompromiss endete.

4 Herzogin Friederike-Stift Bernburg

Dem Statut von 1897 und seiner Neufassung von 1941 zufolge besaß das ebenfalls in Bernburg gegründete »Herzogin Friederike-Stift für Altersschwache und Sieche« (ehemals St. Johannis-Krankenhaus) die Rechte einer juristischen Person. Es stand unter Aufsicht der Herzoglichen Regierung bzw. der staatlichen Stiftungsaufsicht. Der Kreisdirektor (später: Landrat) und der Oberbürgermeister Bernburgs gehörten ständig zum Vorstand und zum Kuratorium. Die Aufnahme der Stiftsbewohner erfolgte »ohne Unterschied des religiösen Bekenntnisses«, die »innere Verwaltung« aber geschah durch Diakonissen, was in der Satzung festgelegt (§ 9) und vertraglich mit der Anhaltischen Diakonissenanstalt Dessau (ADA) vereinbart war. Daran wurde auch nach 1945 und bis in die 1960er Jahre festgehalten. Als 1946 und in den folgenden Jahren die Satzung geändert, das Kuratorium umgestaltet und vorgeblich »nach demokratischem Prinzip zusammengesetzt« werden sollte, gab es erhebliche Proteste seitens des Landeskirchenrats (KR Hermann Fischer)[24] und von KOP Ernst Kluge sowie Verhandlungen mit der Stadt Bernburg (Stadtrat Wilhelm Trebing) und mit der Provinzialregierung Sachsen-Anhalt. Letztlich hing die Kirchlichkeit der Einrichtung an der Frage, ob die ADA weiterhin Diakonissen in das Haus mit ca. 80 Bewohnern entsenden könne, was bis in die 1960er Jahre möglich war.[25] Die Stadt Bernburg jedenfalls schien an der bisherigen

---

24 Brief von KR Hermann Fischer an KOP Ernst Kluge (Bernburg) vom 15.1.1948 (Nr. 44): »Nach Informationen, die uns zugegangen sind, ist nicht daran gedacht, seitens der Landesregierung Sachsen-Anhalt in der Frage der Rechtslage der Stiftungen Entscheidendes zu unternehmen, ehe nicht der Landtag zu dieser Sache Stellung genommen hat. Daraus ergibt sich für uns die Notwendigkeit, auf die Wahrung des ursprünglichen Charakters unserer kirchlichen Stiftungen zu dringen. Wo von irgendwelchen Instanzen Änderungen in der Struktur der Tätigkeit der Stiftungen oder in der Zusammensetzung der Kuratorien vorgenommen werden, müssen sie weiterhin mit ausdrücklichen Protesten oder Beschwerden beantwortet werden. Nur unter diesen Voraussetzungen ist eine Mitarbeit in einem neugebildeten Kuratorium, das über die Frage des Charakters einer Stiftung entscheidet, möglich und angängig.«, in: ArchPfStift, Ordner Friederikenstift.
25 Brief von KOP Friedrich Natho vom 28.9.1960 an den Verwaltungsrat der ADA: »Ich möchte aber sehr deutlich zum Ausdruck bringen, daß es dringend erwünscht ist, dieses Heim unter kirchlicher Leitung zu belassen. Wir haben in Bernburg nach 1945 schon manche Position eingebüßt an Heimen und Kindergärten. Für das Verbliebene müssen wir uns bis zur letzten Möglichkeit einsetzen. Ich könnte es nicht verantworten, meine Einwilligung dazu zu geben, daß wir das Friederikenstift dem Staat überließen. Deshalb bitte ich ebenso herzlich wie dringend, nach Wegen zu suchen, die eine Leitung des Friederikenstiftes durch Diakonissen ermöglichen.«, in: AELKA, B 6, B 13, Nr. 18, Bd. III, fol. 277.

kirchlichen Leitung und an der kommunalen Trägerschaft weiter interessiert zu sein, so KOP Friedrich Natho damals.[26]

Erst nach der politischen Wende 1989 wurde es möglich, dass das Herzogin Friederike-Stift als kommunales Altenheim »Friedensblick« in die Trägerschaft der Kanzler von Pfau'schen Stiftung übertragen (1993) und dann umfassend erneuert werden konnte.

Wenn auch die enormen Anstrengungen der Evangelischen Landeskirche Anhalts und ihrer Pfarrerschaft nicht in jedem Fall die Zugehörigkeit der nach dem Zweiten Weltkrieg bestehenden diakonischen Einrichtungen und Anstalten zur Inneren Mission sichern konnten, so gab es doch auch weitere Herausforderungen in den beiden Nachkriegsjahrzehnten, bei denen die Kirche und die Gemeinden in Anhalt mit ihrer sozialen Tätigkeit sehr erfolgreich war.

II Linderung der sozialen Not und umfassende Unterstützung: das Hilfswerk

Auf der ersten Kirchenkonferenz nach dem Krieg vom 27. bis 31. August 1945 im nordhessischen Diakoniezentrum Hephata Schwalmstadt-Treysa, auf der sich die EKD konstituierte, wurde ebenso die Gründung eines Hilfswerkes der EKD beschlossen, »das keine Sonderorganisation sein soll, sondern lediglich ein Sonderzweig der gemeinsamen kirchlichen Arbeit«.[27] »Einstimmig wurde der neue Ratsvorsitzende, Landesbischof Wurm, als Präsident und (Eugen) Gerstenmaier als Leiter dieses Hilfswerkes gewählt.«[28] An einem Treffen von Bischof Otto Dibelius mit Ost- bzw. SBZ-Kirchen am 25. September 1945 in Berlin nahm aus Anhalt KR Georg Fiedler teil, als Bevollmächtigter für das Evangelische Hilfswerk in Anhalt wurde KOP Werner Lange aus Dessau benannt, »der seit langem mit der diakonischen Arbeit eng verbunden war«.[29] 1950 übernahm OKR Waldemar Schröter (Kirchenpräsident ab 1957) die Funktion des Bevollmächtigten, später die Oberkirchenräte Hermann Fischer (bis zum Ruhestand 1961), Walter Henneberg und dann Werner Gerhard. Die Hauptgeschäftsstelle befand sich im Landeskirchenamt.[30]

---

26 Brief von KOP Friedrich Natho vom 09.10.1960 an den LKR: »Der Rat der Stadt Bernburg ist ebenfalls daran interessiert, daß die bisherige Leitung bleibt. Das ist ein Gesichtspunkt, der uns geradezu zwingt, kein Mittel unversucht zu lassen, den bisherigen Zustand zu belassen.«, in: AELKA, B 6, B 13, Nr. 18, Bd. III.
27 AELKA, B 6, H 13, Nr. 5, Bd. I.
28 Erich BEYREUTHER: Geschichte der Diakonie und Inneren Mission in der Neuzeit, Berlin 1983, 222.
29 Strümpfel: Geschichte (wie Anm. 10), 4.
30 Ebd., 4 f: »In Frau Erika Stähr und Frau Ilse Engelmann gewann das ›junge‹ Hilfswerk zwei tüchtige und bewährte Mitarbeiterinnen [...] Gleichzeitig gelang es, in dem nach Ballenstedt zugezogenen Landwirtschaftskaufmann Richard Papendieck einen tüchtigen Fachmann als Hauptgeschäftsführer des Hilfswerks zu gewinnen. Die Brüder

In der »Ordnung des Evangelischen Hilfswerkes in der Evangelischen Landeskirche Anhalts«[31] vom 16. Februar 1950 wurde verankert, dass das Hilfswerk ein »diakonisches Werk der Evangelischen Landeskirche Anhalts« ist und demzufolge die Leitung vom Landeskirchenrat her durch einen »von ihm bestellten Bevollmächtigten« erfolgt. Es dient »dem kirchlichen Wiederaufbau und der Behebung und Linderung der Notstände der Zeit« und ist dem gesamtkirchlichen Hilfswerk als »Hauptbüro Anhalt« angeschlossen. Das Vermögen des Hilfswerkes war Sondereigentum der Landeskirche und speiste sich aus kirchlichen Sammlungen, Spenden und Zuwendungen des Zentralbüros in Stuttgart und Berlin. Die Ordnung gibt die »Mitarbeit im Hilfswerk (als) dienstliche Pflicht aller kirchlichen Amtsträger« vor und regelt genau - neben einem Hilfswerksausschuss und dem Hauptgeschäftsführer auf landeskirchlicher Ebene - die Arbeit auf Kirchenkreis- und Gemeindeebene: Der Kreisoberpfarrer bestellt im Einvernehmen mit dem Pfarrkonvent (»Kreispastoralkonferenz«) einen Kreisgeschäftsführer, »die Kreisausschüsse sind für die ordnungsgemäße und gerechte Verteilung in den Kreisen verantwortlich« und »rechnen vierteljährlich mit dem Hauptbüro ab«, ähnlich die »Gemeindedienste«. Damit entstanden in den Kirchengemeinden und Kirchenkreisen diakonische Aktivposten.

Über das Verhältnis zu den bestehenden Einrichtungen der Inneren Mission schrieb OKR Waldemar Schröter in seinem Jahresbericht für 1951:

»Das Hilfswerk arbeitet in ständiger Fühlung mit der Inneren Mission. [...] Der Inneren Mission bleibt weiterhin vornehmlich die geschlossene und halboffene Fürsorge vorbehalten, während das Hilfswerk sich neben den Aufgaben des kirchlichen Wiederaufbaues der allgemeinen Notsorge in der offenen Fürsorge annimmt.«[32]

Damit wurde eine begriffliche Charakterisierung und Wertschätzung der unterschiedlichen sozialdiakonischen Aufgabenstellungen vorgenommen, die damals beachtlich war und auch für spätere Zeiten hilfreich differenzierte zwischen gleichwertiger stationärer und offener Sozialarbeit.

Die ausführlichen Jahresberichte in den Archiven und die Fülle der Anträge, Bewilligungen und Abrechnungen in den Akten der Landeskirche und des Diakonischen Werkes ergeben ein vielschichtiges und erschreckendes Bild der

---

W. Schröter und Papendieck haben gemeinsam ein Jahrzehnt lang in großer Hingabe den Kirchgemeinden Anhalts durch eine breite Entfaltung der Arbeitsgebiete des Ev. Hilfswerks gedient [...] R. Papendieck blieb Hauptgeschäftsführer bis 1970.« Siehe auch das Rundschreiben des Landeskirchenrats Nr. 47 vom 23.4.1952, in: AELKA, B 6, H 13, Nr. 5, Bd. I, fol. 167.

31 Rundschreiben des Landeskirchenrats Nr.14/50 vom 16.2.1950, in: AELKA, B 6, H 13, Nr. 5, Bd. I, fol. 82 f, sowie der Entwurf eines Schreibens an die Kirchenkanzlei der EKD vom 16.2.1950, ebd., fol. 57.

32 Jahresbericht 1951 an das Zentralbüro Ost (Berlin), verfasst am 21.1.1952 vom Bevollmächtigten, OKR Waldemar Schröter (Hauptbüro Dessau), in: AELKA, B 6, H 13, Nr. 5, Bd. I, fol. 162-166.

damaligen Notstände und der erfolgten hilfreichen Unterstützungen für die Bevölkerung und für Gemeinden, Einrichtungen, Mitarbeitenden. Im Jahresbericht von OKR Waldemar Schröter liest man über die aktuellen Notstände und sozialen Verhältnisse sowie über besonders betroffene Personengruppen, wie z. B. diejenigen, die ihre Heimat verloren hatten. Beschrieben werden die »kümmerlichen Verhältnisse, sowohl was die Wohnung betrifft wie auch arbeits- und bekleidungsmäßig.« Viele alte Leute seien »auf eine nicht ausreichende Rente angewiesen«, es gebe Tuberkulose-Opfer, gesundheitlich stark gefährdete Kinder, vaterlose Familien, erholungsbedürftige Mütter.[33]

Ein Beispiel, wie sich die damit angesprochenen Nöte auch gegen die Hilfswerksarbeit wenden konnten, liegt in einer Akte aus dem Jahr 1948 vor: Pfarrer Walter Henneberg (Bernburg) berichtete an den Landeskirchenrat über die Unterschlagung von einem Fass Heringe und einem Sack Reis durch den LKW-Fahrer während der Fahrt vom Hilfswerk-Lager in der ADA Dessau nach Bernburg. Der Landeskirchenrat leitete strafrechtliche Maßnahmen gegen den Fahrer ein, ließ dann aber Gnade vor Recht ergehen.[34]

Das Hilfswerk konnte auf Kollekten und Sammlungen in den Gemeinden zurückgreifen, erhielt aus der Ökumene finanzielle Mittel z. B. vom Lutherischen Weltbund, von der Missouri-Synode in Amerika und der *United Reformed Church* in England sowie Sachspenden von schwedischen Hilfsorganisationen. Das evangelische Hilfswerk der Schweiz HEKS vermittelte Paketbetreuungen und Kinderpatenschaften. Auch die »Pfälzer Patenkirche« wurde immer wichtiger.[35] Unterstützt wurden Bedürftige in den Kirchengemeinden und Kindergärten sowie Bewohner und Mitarbeitende in den Anstalten durch Geld- und Sachspenden, auch Medikamente waren darunter.[36] Die Finanzmittel wurden über die Kreisbeauftragten an die Kirchengemeinden für Umsiedler und Heimkehrer verteilt, jeder Geistliche erhielt außerdem 300 Reichsmark zur Unterstützung von Bedürftigen. Kurplätze in Wernigerode und später Erholungsfürsorge/Müttererholung im landeskirchlichen Freizeit- und Erholungsheim Gernrode wurden finanziert, Lebensmittelausgaben organisiert, Textilien und Schuhe verteilt, Fahrräder und Bereifungen beschafft.[37] Die Unterernährung der Kinder und der alten Menschen sowie ihre Heimatlosigkeit spielten eine große Rolle und mussten schwerpunktmäßig bekämpft werden.[38]

---

33 Ebd.
34 AELKA, B 6, H 13, Nr. 5, Bd. I, fol. 18 f.
35 Jahresbericht 1951 (wie Anm. 32).
36 Ebd.; vgl. auch »Übersicht über Eingang und Ausgang von Sachspenden […] 1946«, in: AELKA, B 6, H 13, Nr. 5, Bd. I, fol. 2.
37 Leistungsbericht über das 1. Quartal 1947, verfasst von Kreisoberpfarrer Werner Lange (Dessau-Törten), in: AELKA, B 6, H 13, Nr. 5, Bd. I, fol. 6r-7v.
38 Beyreuther: Diakonie (Anm. 27), 207: »Von 15 Millionen deutscher Kinder waren in den ersten beiden Nachkriegsjahren 12 Millionen als unterernährt gemeldet, darunter 7,5 Millionen aus Flüchtlingsfamilien«.

So fanden beispielsweise 1948 Kinderspeisungen mit 50.000 Tagessätzen für Jeßnitz, Coswig, Bernburg, Köthen und Roßlau statt.[39] Dankschreiben des Bevollmächtigten, KOP Werner Lange, gingen nach den Schulspeisungen in Jeßnitz an die Frauenhilfe, den Demokratischen Frauenbund, den Rat der Stadt, die Schulen und die Volkssolidarität.[40] 1949 dankte KR Fischer für Päckchen aus Dortmund und Wanne-Eickel und wünschte am meisten Puddingpulver, Zucker, Haferflocken, Palmin, Milchpulver, Gries, Obstkonserven und Schokolade.[41] 1950 wird von einer Bücherbeschaffung an Pfarrämter und für die Bibliothek der Landeskirche berichtet.[42]

In den Akten findet sich auch ein Bericht über eine Polizei-Aktion in der DDR vom Ende des Jahres 1950, bei der

> »zwei Beamte der Volkspolizei (VP) Dessau und ein Vertreter der Volkssolidarität (VS) [...] in den Räumen des Evang. Landeskirchenrats in Dessau (erschienen), um mit dem Bevollmächtigten über polizeiliche Maßnahmen zu sprechen, die aufgrund einer Verfügung des Herrn Innenministers Steinhoff durchgeführt werden sollten.«

Es ging um Aufnahme der Bestände im Zentrallager des Hauptbüros Dessau und die geplante Ausgabe durch die Volkssolidarität.

> »Die VP betonte, dass es sich nicht um eine Beschlagnahme handele, diese Aktion fände in der ganzen DDR statt. Die Kirchenleitung nahm das Ansinnen zur Kenntnis, legte aber gegen die Durchführung Verwahrung ein, da es sich um eine ausserordentliche Beeinträchtigung der der Kirche zugesicherten Rechte handele.«

Schließlich

> »beschränkte sich die VP am 15.12. mittags darauf, die 3 Lagerräume des HB [= Hauptbüro des Hilfswerks; AL] im Diakonissenhaus in Dessau nach Besichtigung zu versiegeln und nachmittags mit mehreren Mitarbeitern zur Inventarisierung des Lagers zu erscheinen. Die Arbeiten waren am 16.12. mittags abgeschlossen, alle Massnahmen und Verhandlungen wurden in loyalem Tone durchgeführt. [...] In den Kirchenkreisen verlief die Aktion, soweit sie überhaupt durchgeführt wurde, in ähnlicher Form. Später sind an einzelnen Orten, besonders im Kreis Zerbst polizeilicherseits geringe Bestände des HW [=Hilfswerks; AL] beschlagnahmt und über die VS ausgegeben worden. An anderen Stellen wiederum konnten die Pfarrämter frei über die Sachen verfügen. Am 20. Januar 1951 erhielt das HB Kenntnis von einem Rundschreiben des Landesausschusses Sachsen-Anhalt der VS, wonach diese an den Liebesgaben der kirchlichen Organisationen uninteressiert sei. Wir haben daraufhin die Ausgabe der Bestände fortgesetzt.«[43]

---

39 AELKA, B 6, H 13, Nr. 5, Bd. I, fol. 20.
40 Ebd., fol. 28-32.
41 Ebd., fol. 38 f.
42 Pfarrverwalter Wagner (Edderitz, Kirchenkreis Köthen) schreibt am 16.05.1950 an den LKR: »Die geistliche Hilfe, die uns auf diese Weise durch das Hilfswerk zuteilwird, (ist) nicht weniger bedeutsam als die leibliche Hilfe.«, in: AELKA, B 6, H 13, Nr. 5, Bd. I, fol. 101. Oder Pastor Braatz (Natho, Kirchenkreis Zerbst) am 28.03.1950: »Als Flüchtling habe ich meine theologische Bücherei 1945 bis auf eine Bibel und ein Gesangbuch verloren.«, in: ebd., fol. 87.
43 Kurze Zusammenfassung der Vorgänge beim HB Dessau am 15.12.1950, verfasst von OKR Waldemar Schröter, Bevollmächtigter des Hilfswerkes, in: AELKA, B 6, H 13, Nr. 5, Bd. I, fol. 140.

Wenn auch diese staatlich verfügte Polizei-Aktion ihr Ziel nicht erreicht hatte, nämlich die Hilfen der Kirchen zu beeinträchtigen und die Volkssolidarität damit zu beauftragen, so wurde doch »die Linderung der sozialen Notstände seit Dezember 1950 durch zunehmende Einfuhrbeschränkungen von ausländischen Liebesgaben in das Gebiet der DDR [...] bestimmend beeinflusst.«[44] Folglich erhöhte das kirchliche Hilfswerk die Einzelfürsorge durch Geldunterstützung um 50 Prozent, zahlte Erholungsbeihilfen. Es gab einen Trend zu mehr Geldspenden statt Sachleistungen wie Kleidung und Lebensmittel. Zu den Aufgaben des Hilfswerkes gehörte deutschlandweit auch das Programm »Kirchlicher Wiederaufbau« des Lutherischen Weltbundes, bei dem Darlehen zum Aufbau von zerstörten Kirchen auch in Anhalt für Dessau, Jeßnitz und Zerbst sowie Kleinbauhilfen für kirchliche Unterrichts- und Gottesdiensträume ausgereicht wurden.

Auffallend ist, dass in den Archiven für den Zeitraum von Mitte der 1950er bis Anfang der 1960er Jahre zahlreiche Bau- und andere Anträge sowie Abrechnungen von Kirchengemeinden an das Hilfswerk der EKD / Hauptbüro Anhalt zu finden sind, z. B. über 4.000 DM für den Gemeinderaum und einen Ofen im Pfarrhaus Kleinpaschleben (Kirchenkreis Köthen) bis hin zur Ausstattung für einen Posaunenchor: »Helfen Sie uns zur letzten fehlenden Posaune.«[45] Offenbar wurde durch die Arbeit des Hilfswerkes nicht nur die besondere Not gelindert, sondern darüber hinaus auch die »normale« Gemeindearbeit unterstützt. Wie segensreich das Hilfswerk ebenso für den diakonischen Gemeindeaufbau wirkte, ist aus folgendem zu ersehen:

Unter »Ausblick auf 1951« schreibt der Bevollmächtigte, OKR Waldemar Schröter, in seinem Jahresbericht 1950: »Die wichtigste Aufgabe für 1951 wird sein, die Selbsthilfe in dem Gebiet unserer Landeskirche weiter zu aktivieren, wozu unter anderem neben jetzt anlaufenden Vortragsreihen über die Hilfswerksarbeit diakonische Wochenendkurse in den 5 Kirchenkreisen helfen sollen.«[46] Hauptgeschäftsführer Richard Papendieck berichtet 1951 über mehrere Diakonische Rüstzeiten, die das Hilfswerk durchgeführt hat für »Laien, Werktätige und Hausfrauen, die lebendige Glieder ihrer Heimatgemeinden sind«, und bei denen durch Bibelarbeit, Gottesdienst und Referate mit Aussprachen die Liebestätigkeit der Kirche vermittelt wurde und »zu freudiger

---

44 Jahresbericht 1951 (wie Anm. 31), fol. 164.
45 Vgl. die Schreiben von Pfarrer Hartmut Schindler (Kleinpaschleben) 1954, 1956 und 1962 an das Hilfswerk bzw. den LKR, in: ArchDWEKM/Anh, Index Nr. 410 Akte Nr. 8102 und Index Nr. 416 Akte Nr. 8191.
46 Bericht über die Arbeit des Hilfswerks Hauptbüro Dessau im Jahr 1950, in: AELKA (wie Anm. 27), fol. 143.

und planvoller Mitarbeit« in den Gemeinden angeleitet wurde. Das Hilfswerk beschreite einen guten »Weg zu dem großen Ziel der Laienkirche«.[47]

Insofern hat das Evangelische Hilfswerk/Hauptbüro Anhalt in den beiden Nachkriegsjahrzehnten für die Ev. Landeskirche Anhalts und ihre Kirchengemeinden sowie für die anhaltischen Einrichtungen der Inneren Mission in materieller und ideeller Hinsicht einen erheblichen Aufbaudienst geleistet. Dies konnte nur aufgrund der weltweiten ökumenischen Unterstützung geschehen. Das war auch ein sozialer Dienst für die Menschen in der DDR, und es wurden frühzeitig Impulse für eine Diakonische Kirche gesetzt.

III Zusammenführung von Innerer Mission und Evangelischem Hilfswerk

Parallel zum Evangelischen Hilfswerk der EKD/Hauptbüro Anhalt unter Leitung des Bevollmächtigten und eines Hauptgeschäftsführers hat seit 1878 ein Anhaltischer Landesverband der Inneren Mission e. V. bestanden (seit 1927 mit neuer Satzung) und als Dachverband bzw. Mitgliederorganisation der Einrichtungen und Dienste der Inneren Mission in Anhalt gewirkt. Viele Jahre (1949-1963) war der Dezernent für kirchliche Werke, OKR Hermann Fischer, als Vorsitzender des Vorstandes tätig, zusammen mit KOP Werner Lange (Dessau) und Oberin Renate Lange (ADA).

In einem vielköpfigen Landesausschuss waren der Landeskirchenrat, die Kreisoberpfarrer, der Landespfarrer der Inneren Mission (1946-1971 nicht besetzt oder bis 1963 vom ADA-Vorsteher mit wahrgenommen) und der Bevollmächtigte des Hilfswerkes vertreten. Auch der Landeskirchentag (die Synode), die Anstalten wie die ADA, die Kanzler von Pfau'sche Stiftung, das Heinrichshaus und diakonische Dienste wie z. B. die Stadt- und Volksmission mit der Bahnhofsmission sowie verschiedene Arbeitszweige in der Landeskirche wie die Volksmission, Jugendarbeit, Kindergartenarbeit, Frauenarbeit, Männerarbeit, entsandten Delegierte in dieses Gremium, das bis 1972 bestand.

Einmal im Jahr tagte die Landesverbandsversammlung mit ca. 30 bis 40 Teilnehmern, auf der viele Berichte aus den Bereichen gegeben wurden, auch z. B. über die Ehe- und Familienberatung, die Frauenarbeit, die Männerarbeit, das Gustav-Adolf-Werk in der Landeskirche. Die kirchlichen Kindergärten waren in Anhalt auch Mitglieder im Landesverband der Inneren Mission, neben den Anstalten und Einrichtungen gehörten sie mit zur Diakonie. Die Landesverbandsversammlung war wie eine Plattform und Drehscheibe für die einzelnen Arbeitszweige in Anhalt, die sich der kirchlich-sozialen und helfenden Arbeit mit den Menschen widmeten.[48]

---

47 Rundschreiben Nr. 2/51 des Hilfswerkes der EKD/Hauptbüro Dessau vom 14.08.1951, in: ebd., fol. 155 f.
48 Vgl. die Protokolle der Landesverbandsversammlungen, in: ArchDWEKM/Anh, Index Nr. 6-7 Akten Nr. 8157-8158.

Der Anfang der 1960er Jahre erfolgte Personalwechsel im Landeskirchenrat, im Landesverband der Inneren Mission, im Ev. Hilfswerk und in der ADA brachte neue Impulse für die Diakonie Anhalts. So fand z. B. anstelle des Jahresfestes der Inneren Mission ein »Tag der Diakonie« am 27. September 1964 in Köthen statt, als »Tag einer wesentlichen Lebensäußerung unserer Kirche«.[49] Neu gegründet wurde in Dessau das »Seminar für Gemeindediakonie« zur Ausbildung von Gemeinde- und Kinderdiakoninnen.[50]

Deutschlandweit reifte Ende der 1950er und Anfang der 1960er Jahre der Entschluss, die beiden kirchlich-sozialen Zweige, die sozialdiakonische Hilfe (Innere Mission) und die Nothilfe (Ev. Hilfswerk), zusammenzuführen.[51] Auch in Anhalt bestand zum einen die traditionelle Arbeit der rechtlich selbständigen Inneren Mission mit den ihr angeschlossenen Einrichtungen, die sich bereits auch auf gemeindediakonisches Engagement ausweitete (Gemeindepflegestationen, Kreispfarrer für Innere Mission, später: Kreisdiakoniepfarrer, Stadt- und Volksmission inklusive Bahnhofsmission). Zum anderen hatte sich das gut strukturierte Evangelische Hilfswerk als erfolgreiches logistisches Engagement gegen die Nöte und für den Wiederaufbau nach dem Zweiten Weltkrieg und für die Unterstützung von Gemeinden und Mitarbeitenden entwickelt und bewährt, bis hin zu Helferseminaren in den Gemeinden (1970: GKR-Diakoniebeauftragte) und zu zahlreichen Partner- und Patenschaften inklusive (West-) Paket-Aktionen. So lag es nahe, und davon war das zweite Nachkriegsjahrzehnt mit geprägt, beide Organisationen zu verbinden und manches zu vereinfachen. Offenbar wurden dabei auch Probleme des Miteinanders und Probleme bezüglich der Zuständigkeiten gelöst. Davon berichtet Pfarrer Werner Strümpfel, als er nach Dessau in die ADA zum Vorsteher und damit auch in den Landesverband für Innere Mission berufen wurde. Es

»wurde von mir erwartet, daß die Differenzen zur Leitung des Evang. Hilfswerkes und damit zum Landeskirchenrat behoben würden. Durch die Zusammenlegung der Geschäftsstellen von Hilfswerk und Innerer Mission - letztere lag bisher beim jeweiligen Mutterhausvorsteher - wurde dieser Konflikt gelöst und eine solide Basis für die Zusammenarbeit geschaffen.«[52]

---

49 Ebd.
50 Vgl. Marianne TAATZ-JACOBI: »Die Findung eines echten fraulichen Berufes im Raum unserer Kirche« - das Dessauer Seminar für Gemeindediakonie 1964-1984. In: Weibliche Diakonie (wie Anm. 3), 124-150.
51 Vgl. Christian DIETRICH: Entstehung des Werkes »Innere Mission und Hilfswerk der Evangelischen Kirchen in der DDR«. In: Diakonie im geteilten Deutschland. Zur diakonischen Arbeit unter den Bedingungen der DDR und der Teilung Deutschlands, hrsg. von Ingolf Hübner; Jochen-Christoph Kaiser, Stuttgart/Berlin/Köln 1999, 103-116.
52 Werner STRÜMPFEL: Erwartungen und Erfahrungen, in: 100 Jahre Anhaltische Diakonissenanstalt (1894-1994), hrsg. von Gotthelf Hüneberg; Susanne Werner, Dessau 1994, 27-34, hier: 27 f; auch zitiert in: Brademann: Weibliche Diakonie (wie Anm. 3), 293 Anm. 17.

Welcher Art diese Differenzen waren, ist aus den Akten nicht zu ersehen. Aber es kristallisierte sich bei der Zusammenführung von Innerer Mission und Hilfswerk ein für Anhalt nicht untypischer, pragmatischer Weg heraus. Er begann mit einem Spitzengespräch unter Leitung von Kirchenpräsident Dr. Martin Müller am 13. Mai 1963 im Landeskirchenamt, an dem auch der Direktor von Innerer Mission und Hilfswerk in der DDR, KR Gerhard Laudien (Berlin), teilnahm. Laudien war von 1946 bis 1952 Vorsteher der ADA sowie zugleich Geschäftsführer des Anhaltischen Landesausschusses für die Innere Mission gewesen und kannte also die anhaltischen Verhältnisse gut. Das Protokoll unterrichtet uns folgendermaßen über die Zusammenkunft:

> »Ausgehend von der Feststellung, daß der Landesverband der Inneren Mission in Anhalt den Rechtsstatus eines ›Eingetragenen Vereins‹ hat, an dem nichts geändert werden soll, kamen die Beteiligten zu der Auffassung, von einer Fusion beider Werke zu einem kirchlichen Werk abzusehen. Die beiden Werke sollen vielmehr getrennt bestehen bleiben. Der engere Zusammenschluß soll einmal durch eine Personalunion der betreffenden Ämter und durch eine übergeordnete Arbeitsgemeinschaft (Diakonischer Rat) erreicht werden. In einer Vereinbarung zwischen dem Landeskirchenrat und den beiden Werken soll festgelegt werden, daß der Vorsitzende der Inneren Mission zugleich der Bevollmächtigte des Hilfswerks und der Hauptgeschäftsführer des Hilfswerks zugleich Geschäftsführer der Inneren Mission sein soll. Für beide Werke soll eine gemeinsame Geschäftsstelle gebildet werden.«[53]

Dieser anhaltische Weg hat sich offenbar viele Jahre bis 1972 bewährt, nicht zuletzt durch die handelnden Personen und die passende Besetzung der Ämter und Funktionen. OKR Werner Gerhard als zuständiger Dezernent des Landeskirchenrats (»für kirchliche Werke«) war zugleich beides: Bevollmächtigter des Hilfswerkes und gewählter Vorstandsvorsitzender des Landesverbandes der Inneren Mission e. V. Der langjährige und erfahrene Hauptgeschäftsführer des Hilfswerkes Anhalts, Richard Papendieck, wurde auch zum Geschäftsführer des Anhaltischen Landesverbandes der Inneren Mission.

So wurde ein aufwändiger Umstrukturierungsprozess vermieden, der mit Neubesetzungen von Gremien und wirtschaftlicher Verschmelzung einhergegangen wäre. Der Briefkopf enthielt beides: »Anhaltischer Landesverband für Innere Mission« und »Hilfswerk der Evangelischen Kirche in Anhalt, Hauptbüro«, links und rechts daneben beide Logos.[54] Es war damit eine »engere Verbindung der diakonischen Arbeit der Kirche« erfolgt[55] sowie vieles gebündelt und gemeinsam möglich, beispielsweise Rüstzeiten für Mitarbeitende in der Anstalts- und Gemeindediakonie. Manche »Arbeitsgebiete wie Kindererholung, Müttererholung, Beihilfen an Personen und die Altenhilfe wurden ganz vom

---

53 Protokoll zur Besprechung über das zukünftige Verhältnis der Inneren Mission und des Hilfswerks in Anhalt beim Evangelischen Landeskirchenrat am 13. Mai 1963, in: AELKA, B 6, H 13, Nr. 5, Bd. I, fol. 316.
54 ArchDWEKM/Anh, Index Nr. 7 Akte Nr. 8158.
55 Rundschreiben des LKR Nr. 88 vom 4.12.1963, in: AELKA, B 6, H 13, Nr. 5, Bd. I.

Hilfswerk übernommen.«[56] Die Fusion der beiden Werke erfolgte später mit einem neuen Diakoniegesetz, das dann ab 1973 galt.

Resümierend ist Andreas Stegmann zuzustimmen, wenn er in seinem Buch über die Kirchen in der DDR schreibt: »Dank des Engagements der Mitarbeiter, der Unterstützung durch die Kirchen und der Zuwendungen aus dem Westen gab es ein breites diakonisches Angebot, das von der Bevölkerung gerne angenommen wurde.«[57] Auch die Evangelische Landeskirche Anhalts hat ihre Mitverantwortung in der DDR-Gesellschaft wahrgenommen.

---

56 Protokoll der Landesverbandsversammlung der Inneren Mission am 16.12.1965, in: ArchDWEKM/Anh, Index Nr. 7 Akte Nr. 8158.

57 Andreas STEGMANN: Die Kirchen in der DDR. Von der sowjetischen Besatzung bis zur Friedlichen Revolution, München 2021, 81.

Annäherungen und Einsichten

Partnerschaften zwischen pfälzischen und anhaltischen evangelischen Ortskirchengemeinden nach dem Zweiten Weltkrieg bis 1969

Von Ulrich A. Wien

I Persönliche Vorbemerkung

Die Beziehungen zwischen Anhalt und der Pfalz in der Nachkriegszeit begannen den Umständen entsprechend zaghaft. Sie beinhalten eine größere Bandbreite von Facetten und Beziehungsgeflechten, die sich in zu differenzierender Weise entwickelt, vertieft oder auch abgeschwächt haben. Dabei sind je nach Möglichkeit oder Engagement bzw. Enthusiasmus auch Varianten entstanden, die über die strukturellen Vorgaben oder äußeren Rahmenbedingungen hinaus stark von persönlichen Faktoren, ja, gewissermaßen von Konstanten, geprägt waren.

Das Jahr 1969 ist historiographisch ein sinnvoller Einschnitt, weil mit diesem Jahr einige wesentliche Prozesse zum Ende kommen, neue Perspektiven auftreten, strukturelle Änderungen prägende Wirkung entfalten und in beiden Landeskirchen zeitlich fast parallel ein Personalwechsel an der Spitze von D. Theodor Schaller (Amtszeit 1964-1969) zu Walter Ebrecht (Amtszeit 1969-1975) sowie von Dr. Martin Müller (Amtszeit 1961-1970) zu Eberhard Natho (Amtszeit 1970-1994) eine neue kirchenpolitische Phase einleitete.

Ich bin mit dem Thema beauftragt worden und habe trotz der begrenzten archivalischen Situation in der Pfalz (aber auch in Anhalt) daran festgehalten, weil es die Sache verdient. Da es praktisch keine Literatur dazu gibt, handelt es sich um eine Pionierarbeit, die ganz sicher ausbaufähig, ergänzungs-, womöglich auch korrekturbedürftig ist. Um valide Aussagen zu treffen, ist die Forschung neben Quellen auf Rückmeldungen von Zeitgenossen angewiesen. Ich selbst war als Politik- und Geschichtsstudent erstmals im März 1985 in der DDR und von Dresden aus auch in Dessau, in der Anhaltischen Diakonissenanstalt. Die ökumenischen Partnerbegegnungen der Gedächtniskirchengemeinde Speyer mit Partnern in Hartford, Purley und Dessau habe ich als Jugendlicher wahrgenommen, aber dabei nicht verantwortlich mitgewirkt. Dabei konnte ich sehr begrenzte eigene Einsichten gewinnen. Für das mir gestellte Thema falle ich als Zeitzeuge allerdings aus. Das hat unter wissenschaftlichen Gesichtspunkten Vorteile – und im Detail sowie emotional Nachteile. Ich hoffe dennoch, dass sich in dem Bemühen, aus verschiedenen Richtungen und Fragestellungen dem Thema sich anzunähern, gediegene Erkenntnisse gewinnen lassen.

Bei der ersten Quellenrecherche im ZASP im Sommer 2022 kamen nur sehr vereinzelte archivalische Bestände zutage, die allerdings durchaus Potential bieten. Bei einer weiteren Recherche im März und Mai 2023 boten sich im ZASP zusätzliche persönliche Quellen, aber auch die Pfarramtsberichte aus verschiedenen Gemeinden an.[1] Außerdem konnte ich mit einem bemerkenswert frischen Zeitzeugen der frühen Jahre telefonieren, Dr. Friedhelm Borggrefe, der als engagierter und reisefreudiger Pfarrer, Mitglied der Landessynode und späterer Dekan in Ludwigshafen und Vorsitzender des GAW-Pfalz präzise Hinweise geben konnte. Nicht zuletzt hat Kollege Matthias Richter aus Dessau den Kontakt zu mir aufgebaut.

II Methodische Vorbemerkung

Allein die Terminologie war zwar kirchlich-theologischem Sprachgebrauch entnommen, aber hochideologisch aufgeladen: Anfänglich waren es »Patenschaften« zu *Pfarrerfamilien oder kirchlichen Angestellten*, die generalstabsmäßig geplant, koordiniert, nachdrücklich gefördert und in Evidenz gehalten bzw. in Erinnerung gerufen wurden. Daraus entwickelten sich (besonders aufgrund von persönlichem Kennenlernen) dann auch mehr oder weniger rege und stabile Gemeindepatenschaften. Es gab also ein klares Gefälle – von West nach Ost: oder aus der Bundesrepublik in die »Zone«. Das wurde im Osten trotz aller Dankbarkeit eher als Belastung empfunden, im Westen hat sich anfänglich kaum jemand über den – zum Teil mit Dünkel gepaarten – Paternalismus Gedanken gemacht. Das änderte sich erst in der zweiten Hälfte der 1960er Jahre, als dann aus den Paten schließlich »Partner« wurden, sie als solche anerkannt und vor allem in Städten in die weltweiten *protestantisch-ökumenischen Partnerschaften* mit *einbezogen* wurden. Besuche waren je länger, je mehr in der Regel nur einseitig in Richtung Osten denkbar (sofern diese politisch opportun und nach einem zeitlichen Vorlauf von den DDR-Behörden genehmigt worden waren). Diese Reiseoption galt – besonders nach dem Bau der Mauer quer durch Berlin 1961 – für die unter 65jährigen. Handelte sich um »Alte«, d. h. um Menschen der Rentnergeneration, welchen die Reisedokumente leichter bewilligt wurden, dann war auch eine Begegnung im »Westen« möglich.

Grundsätzlich ergeben sich zum Thema verschiedene Aspekte, die reflektiert werden müssen:

1. Zunächst sind dies *kirchengeschichtliche Fragestellungen* (nach – sowohl kirchlichen als auch nichtkirchlichen – Strukturen, theologischen Präferenzen und Orientierungen, historischen – privaten oder amtlichen – Beziehungen sowie nach geistlichen und diakonischen Motiven). Man kann das Thema – mit Worten des Kirchenvaters Hieronymus »mit den Augen des Glaubens« wahrnehmen – in binnenkirchlicher und spiritueller Hinsicht. Meines Erachtens wäre diese durchaus legitime Perspektive allerdings eine stark verkürzte und einseitige Wahrnehmung und dem Thema nicht angemessen, vor allem was die Aktionen in der Bundesre-

---

[1] Die Gemeindeakten im ZASP sind ab dem Jahr 1964 noch gesperrt.

publik Deutschland betrifft, also auch in der Vereinigten Protestantisch-Evangelisch-Christlichen Kirche der Pfalz – so deren damaliger, seit 1818 gültiger offizieller Name.
2. Deshalb sind weitere Fragestellungen zu berücksichtigen, beispielsweise:
- *ideologische Komponenten* (Antikommunismus, politische, d.h. gesamtdeutsche oder deutschnationale Haltung, Aufrüstungsgegnerschaft, prinzipielle Systemsympathie für den Arbeiter- und Bauernstaat – und zwar auf beiden Seiten);
- *private Verbindungen und Solidarität* (mit Verwandten, Studienfreunden oder Bundesbrüdern in akademischen Studentenverbindungen, in neugestifteten »Netzwerken« mit Jugendlichen oder anderen Alterskohorten aufgrund von Briefwechseln oder Besuchen bzw. Begegnungen auf Kirchentagen o.ä. – nach 1961 zumeist nur in Ostberlin/Hauptstadt der DDR; aus amtlichen Patenschaften erwachsene persönliche Kontakte oder Freundschaften); besonders die Familienbeziehungen zwischen der französischen Zone und der SBZ (z.B. auch aus Kreisen der BASF-Angestellten und Dessauern) stellten schon vor Beginn der amtlichen Anstöße mancherorts eine Basis für eine über die rein familiären Beziehungen hinausgehende kirchengemeindliche Hilfsbereitschaft dar.
- *Amtliche Beziehungen zu »Paten«* (Pfarrfamilien, Presbyterien, Begegnungen von Vikaren im Predigerseminar – in der Pfalz in den 1950er Jahren, Emissäre in den Osten [Vikare], gesamtkirchliche Treffen auf EKD-Ebene der Kirchenleitungen, von Synodalen, Arbeiterpfarrern, Vertretern der Inneren Mission/Hilfswerk, Kirchenmusikern, bei denen dann auch die jeweiligen pfälzischen und anhaltischen Kollegen sich trafen – und die daraus entstehenden – wiederum ins Private sich ausweitenden Verbindungen) haben die Patenbeziehungen vertieft und über manche Irritationen oder Störfeuer hinweg stabil gehalten.
- *Politische Rahmenbedingungen* steckten die Bedingungen der Möglichkeiten ab: das waren der beginnende »Kalte Krieg«, die Währungs- bzw. Devisenfrage, die NATO-Mitgliedschaft und der Militärseelsorgevertrag, dann die Willkür-Praxis im Maßnahmenstaat DDR: die Verfolgung der »Jungen Gemeinde«, die Niederschlagung des Aufstands vom 17. Juni 1953, die Kollektivierung, Jugendweihe und Konfirmation, Material- und Rohstoffmangel bzw. deren Zuteilungen, Mauerbau und Reisehindernisse, zeitweilige Einreiseverbote für Besuch aus dem Westen, Zensur und Verletzung des Postgeheimnisses, Grenzschikanen, aber auch der GENEX-Warenbeschaffung gegen Devisen. Schließlich führte die neue Verfassung der DDR (1968) und der Druck, mit der Gründung des BEK endgültig aus dem Verband der EKiD auszuscheiden (1969) und der außenpolitische Kurs – mit der Zuschauerposition

beim Einmarsch der Truppen des Warschauer Pakts in die CSSR 1968 sowie dem Anspruch auf internationale diplomatische Anerkennung der DDR – zu einer deutlichen Bremsspur in den Paten-/bzw. Partnerbeziehungen.
- Am Ende des hier zu betrachtenden Zeitrahmens steht die Wahl zum 6. Deutschen Bundestag 1969, aus der die von Willy Brandt geführte sozialliberale Koalition als Sieger hervorgehen sollte und ein neues Kapitel – vor allem durch die *diplomatische Anerkennung der DDR* – auch für die Partnerschaft der evangelischen Ortskirchengemeinden eröffnen sollte.

Alle diese Aspekte spielen in den Beziehungen, Briefwechseln und Paketsendungen, bei Reiseplänen und ermöglichten oder verhinderten Begegnungen eine wesentliche Rolle. Insofern führt die Berücksichtigung dieser Faktoren zu einem facettenreichen Bild, das sowohl aus der Vogelperspektive bzw. aufgrund einer Strukturanalyse als auch aus der Froschperspektive unter Berücksichtigung der individuellen persönlich-privaten Aspekte zu gewinnen ist.

III Strukturen

1 Gesamtdeutsche Perspektive

Im September 1949 sind wohl auf der Ebene der EKD (vielleicht auch nur des Hilfswerks) die Patenschaften zwischen den einzelnen Landeskirchen festgelegt worden. Dabei wurde Anhalt der Pfälzischen Landeskirche zugewiesen. Diese zentrale Koordination hatte allerdings strukturelle Grenzen: Es bestanden anscheinend bereits regionale Zuordnungen beispielsweise in der Frauen-Arbeit, bei Jugend-Verbänden und anderen »Werken«.[2] Dieser anfängliche Koordinationsmangel aufgrund der föderalen Kirchenstrukturen blieb, insbesondere für die lokalen Akteure im Westen, aber auch für die landeskirchlichen Leitungen, ein Hemmschuh.[3] Es gab auch Jahre später (1953) keine zentrale Übersicht; das Hilfswerk konnte nur für seine Patenbeziehungen eine Evidenz anstreben und Auskünfte erteilen.

Am 2. Oktober 1949 hielt der Theologe Ernst Tillich, Berliner Geschäftsführer des Hilfswerks Berlin, einen RIAS-Radio-Vortrag. Bereits am 4. Oktober 1949 versandte Tillich mit einem Begleitschreiben seinen hektographierten, fünfseitigen Vortrag an diverse Multiplikatoren, darunter auch den Bevoll-

---

2 Maschinenschriftlicher fünfseitiger Aktenvermerk vom 15.12.1958 zum Bericht des Kirchenpräsidenten anlässlich seiner Reise im Oktober 1958, 1 (unter I.1), in ZASP, Altregistratur (unverzeichnet) 110/13 (1) – 12 (Besuche in Anhalt, Band 1: 1953-1972).
3 Vgl. den Brief von Hans Stempel an OKR Schröter vom 17.12.1953, in dem er auf Blatt 2 betont, »dass es das einzig Richtige wäre, wenn diese Patenschaftsverhältnisse sich wirklich ganz und alle Werke und Dienste umfassend auf das Verhältnis einer Kirche zur anderen begrenzen würde«, in: ZASP, 150.47, Nr. 6.

mächtigten des Hauptbüros Pfalz des Hilfswerks der Evangelischen Kirchen in Deutschland, Oberkirchenrat Richard Bergmann, der zugleich auch Vorsitzender des Pfälzischen Pfarrervereins war.[4] Bergmann antwortete darauf positiv am 5. Januar 1950.[5] In seinem Vortrag[6] plädierte Tillich dafür, »neue Wege der nationalen Solidarität zu suchen.«[7] Es gehe darum, den 18 Millionen in der Sowjetzone Lebenden gegen die spürbaren Bedrängnisse des neuen Totalitarismus »moralisch den Rücken zu stärken«[8], indem jedem dieser unterdrückten und darbenden Menschen monatlich ein Päckchen geschickt werde. Nach dem Vorbild internationaler Hilfe nach dem Zweiten Weltkrieg und aus der erfolgreichen Erfahrung, die Berlin-Blockade überwunden zu haben, gelte es nun eine »friedliche Selbsthilfeaktion des deutschen Volkes«[9] zu begründen, ja, es gebe bereits »regelrechte Schwestergemeinden«[10]. Moralisch und sozial begründet sei dieses Vorhaben eine »Aktion der Menschlichkeit und eine brüderliche Aktion des Volkes«[11] mit indirekten politischen Folgen. Diese Grundhaltung und das vorgeschlagene Vorgehen sei entscheidend, denn – so Tillich – »aus der Einigkeit des Volkes wird die staatliche Einheit erwachsen.«[12] Diesem Vortrag lagen also klar artikulierte ideologische und politische Motive zugrunde, nicht zuletzt eine eindeutig national konnotierte Begründung der binnenethnischen Solidarität. Allerdings äußerte sich Tillich ohne konservativ deutschnationalen Einschlag, was kein Hinderungsgrund gewesen sein mag, seine Idee in einem solchen Milieu zu rezipieren.

Zunächst scheint Tillichs Begleitbrief in der Ablage gelandet zu sein, doch er eröffnet dann zusammen mit den weiteren Korrespondenzen den Akt, der die Anfänge der Patenschaft mit Anhalt schriftlich dokumentiert.[13] Sehr viel wurde unternommen, erstaunliches geleistet, – und vieles wurde (auch schon in den Anfangsmonaten und später regelmäßig) nur mündlich ausgetauscht bzw.

---

4 Ernst Tillich (Berliner Geschäftsführer des Hilfswerks Berlin) hektographiertes Anschreiben adressiert an das Hilfswerk der Evangelischen Kirche betr. Päckchenhilfe für die Ostzone vom 4. Oktober 1949, mit Schreibmaschine ergänzt und persönlich an »Pfarrer Bergmann« gerichtet, in: ZASP, Altregistratur (unverzeichnet) 110/13 (1)-1 [Patenkirche Anhalt, Patenschaft im Allgemeinen], Band 1: 1946 bis 1972, darin: Akten des Landeskirchenrates der Pfalz Speyer, Betreff: Patenschaften, Pfarrer in Anhalt (Betreuung durch Pfälzer Geistliche), unfoliiert.
5 Ebd.: 97/50 Richard Bergmann an Ernst Tillich vom 5. Januar 1950.
6 Ebd.: RIAS-Sonntags-Referat Ernst Tillich, 2.10.1949 (fünf Seiten maschinenschriftlich, hektographiert).
7 Ebd., 1.
8 Ebd., 3.
9 Ebd., 4.
10 Ebd.
11 Ebd.
12 Ebd.
13 ZASP, Altregistratur (unverzeichnet) 110/13 (1)-1 [Patenkirche Anhalt, Patenschaft im Allgemeinen], Band 1: 1946 bis 1972.

verabredet und besprochen. Die in Speyer vorhandenen Akten bieten oft nur ein dürres, vielfach unvollständiges Gerüst, um sich dem Thema anzunähern.

2 Regionale Perspektive (Pfalz – Anhalt) – erste Annäherungen

Am 2. Dezember 1949 schrieb der Bevollmächtigte des Hauptbüros Dessau des Hilfswerks [künftig: HW] der Ev. Kirchen in Deutschland, Kreisoberpfarrer (KOP) Werner Lange nach Speyer.[14] [Abb. 14] Mit leichter Verzögerung meldete sich am 30. Dezember 1949 auch Dr. Rudolf Schneider aus Bernburg, der Pressebeauftragte der anhaltischen Kirche, bei seinem Kollegen, bei dem Speyerer Dekan und Schriftleiter des Evangelischen Kirchenboten für die Pfalz, Karl Wien.[15] Dieser verständigte am 18. Januar 1950 OKR Richard Bergmann (»Ich überlasse es Ihnen, ob das Pfälzische HW die Initiative ergreifen soll oder Anhalt«[16]). Letzterer schrieb am 31. Januar 1950 an Schneider: »Der Bevollmächtigte Ihrer Kirche hat uns bereits eine Liste überreicht (mit Namen von Paten). Ich hoffe, daß die Aktion gut anläuft. Ob auch Gemeindeglieder«[17] einbezogen würden, sei noch unklar.

Seinem ersten Anschreiben an das Hauptbüro des Evangelischen Hilfswerks in Speyer hatte Werner Lange, der sich unmittelbar bezüglich der Bereitschaft der Patenschaft für Mitarbeiter der Anhaltischen Landeskirche bedankte, schon eine Liste mit 54 Namen von Pfarrern beigefügt und weitere Listen angekündigt.[18] Daraufhin versandte der Landeskirchenrat der Pfälzischen Landeskirche am 29. Dezember 1949 das hektographierte, einseitige Rundschreiben Nr. 5606/49 an sämtliche Dekanate mit dem Auftrag, »da Eile geboten«[19] sei, bis zum 10. Januar 1950 Rückmeldung zu erstatten. Darin wurde die vom Zentralbüro des HW in Stuttgart koordinierte Patenaktion kurz skizziert: »Für jeden Pfarrer in Anhalt sollte sich ein Pfarrer der Landeskirche ausfindig machen lassen, der bereit ist, mit diesem Amtsbruder in Anhalt den brieflichen Verkehr aufzunehmen und gelegentlich Pakete zu senden.«[20] Individuelle Lösungen wurden zugestanden. Die Dekanate haben rasch gehandelt. So hat

---

14 Ebd.: Hauptbüro Dessau des Hilfswerks an das Hauptbüro Pfalz vom 2.12.1949, maschinenschr. Brief, eingegangen am 19.12.1949.
15 Ebd.: Pfarrer Dr. Rudolf Schneider an Dekan [Karl Wilhelm] Wien; einseitiges masch. Schreiben vom 30.12.949.
16 Ebd.: Auf der Rückseite des Schreibens von Dr. Schneider handschriftlicher Kurzbrief Wiens an Oberkirchenrat Richard Bergmann vom 18.1.1950.
17 Ebd.: 513/50 Masch. Brief; Oberkirchenrat Bergmann als Bevollmächtigter des HW Pfalz an Dr. Schneider vom 31.1.1950, abgesandt am 4.2.
18 Ebd.: Hauptbüro Dessau des Hilfswerks an das Hauptbüro Pfalz vom 2.12.1949, maschinenschr. Liste mit 54 Namen; gezeichnet von Werner Lange als Anhang zum Brief Langes vom selben Tag.
19 Ebd.: Hektographiertes Rundschreiben 5606 vom 28.12.1949, versandt am folgenden Tag, unterzeichnet von »Bergmann« mit Wiedervorlage am 10.1.1950.
20 Ebd.

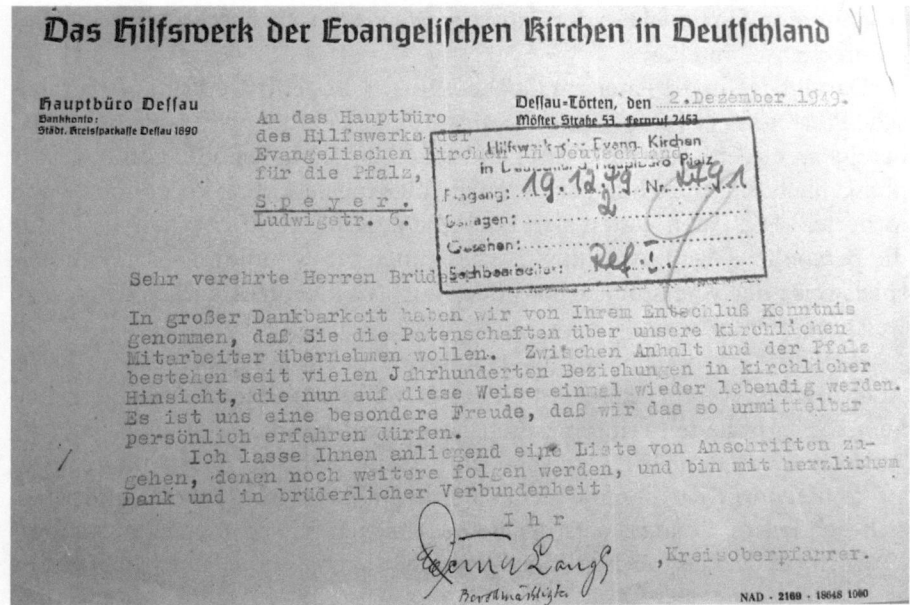

Abb. 14: Schreiben von KOP Werner Lange als Leiter des amtlichen Hauptbüros des Hilfswerks der EKD an das Hauptbüro in Speyer vom 2. Dezember 1949. ZASP.

beispielsweise das Dekanat Landau bereits am 31. Dezember 1949 die Pfarrämter verständigt.[21] Am 12. Januar 1950 lag im Landeskirchenrat Speyer eine erste Liste mit 54 Patenzusagen vor[22], auch wenn aus sieben der 19 Dekanate noch keine Meldung vorlag. Es hatte auch Absagen gegeben, beispielsweise mit einer typischen Begründung: »Schon so lange man kann, sende ich Päckchen in die Ostzone an private Anschriften.«[23] OKR Bergmann beantwortete am 3. Februar 1950 auch noch eine Mitteilung Werner Langes vom 29. Dezember 1949 an den Pfälzischen Kirchenpräsidenten Hans Stempel. In seiner Antwort teilte er mit, dass die Aktion bereits angelaufen sei, es aber unklar sei, ob in diese Patenaktion auch Gemeindeglieder aufgenommen werden könnten. Abschließend drückte er die Erwartung aus, dass er selbst (Bergmann) und Lange bei der anstehenden Tagung des Hilfswerks in Berlin am 21./22.Februar 1950

---

21 Maschinenschriftliches Anschreiben aus dem Dekanat, welches das am selben Tag eingelangte landeskirchliche Rundschreiben 5606/1949 vollumfänglich zitiert, in ZASP, 102.01-467
22 Unter dem Betreff »Patenschaften für Anhalt« waren maschinenschriftlich die Dekanate und die jeweiligen Zusagen notiert; handschriftlich ergänzt ist auf diesem Blatt noch eine Übersicht über 19 weitere Zusagen in sechs Dekanaten vermerkt, die »für weitere Aktionen zur Verfügung« stünden, in: ZASP, Altregistratur (unverzeichnet) 110/13 (1)-1 [Patenkirche Anhalt, Patenschaft im Allgemeinen], Band 1: 1946 bis 1972.
23 Pfarramt Dammheim an das Dekanat Landau vom 4.1.1950 [handschriftliches Anschreiben mit amtlichem Briefkopf von Pfarrer Otto Wenz], in ZASP, 102.01-467.

zusammenträfen und dann dort »diese ganzen Patenschaftsfragen miteinander besprechen könnten.«[24]

Damit begann die Patenschaft. Die Initiative des Hilfswerks hat der Pfälzische Pfarrerverein verantwortlich aufgegriffen. Deutlich wird aber auch, dass bereits zu diesem Zeitpunkt der Landeskirchenrat als Behörde administrativ maßgeblich und mit Hilfe der Dekanate die Angelegenheit koordinierte und förderte.[25] Die Paten hatten sich freiwillig gemeldet und übernahmen dafür die persönliche Verantwortung. Nicht immer hat es funktioniert, wenn beispielsweise der Altersunterschied oder auch das Naturell der Beteiligten zu weit auseinander lagen.

Vielfältig waren die Bedürfnisse, und alle Dimensionen spielten eine Rolle: Auch Bücher waren Lebensmittel! Selbst wenn die Pfarrhausbaulichkeiten keine Kriegsschäden erlitten hatten, was allerdings in den Städten eher die Ausnahme war, dann ließ deren baulicher Zustand und die Ausstattung sehr zu wünschen übrig. Kirchenpräsident Stempel war bei seinem Besuch Ende 1953 sichtlich betroffen angesichts der in Augenschein genommenen Zustände.[26] Vielfach (in den zahlreichen Kleingemeinden) gab es noch keinen Anschluss

---

24 Maschinenschriftlicher Brief des Bevollmächtigten OKR Bergmann an KOP Werner Lange vom 3.2.1950, abgesandt am 4. Februar, in: ZASP, Altregistratur (unverzeichnet) 110/13 (1)-1 [Patenkirche Anhalt, Patenschaft im Allgemeinen], Band 1: 1946 bis 1972.

25 Die Listen wurden bei Bedarf aktualisiert, waren aber aufgrund der Fluktuation der Amtsinhaber oft nicht aktuell. Eine erste Initiative wurde in einem Schreiben vom 4. April 1953 aus Lambrecht angestoßen (Basters? an OKR Bergmann?), OKR Bergmann schrieb einfühlsam, aber auch nachdrücklich am 11. Dezember ein hektographiertes Rundschreiben an alle Amtsbrüder mit der Bitte um Rückmeldung, in: ZASP, Altregistratur (unverzeichnet) 110/13 (1)-1 [Patenkirche Anhalt, Patenschaft im Allgemeinen], Band 1: 1946 bis 1972. Daraufhin wurden die aktualisierte Liste am 18. Februar 1954 (mit Ergänzungen um acht Personen, vom 1. November 1954) fertiggestellt, in: Schreiben Papendieck an Bergmann vom 1. November 1954: ZASP, Altregistratur (unverzeichnet) 110/13 (1)-1 [Patenkirche Anhalt, Patenschaft im Allgemeinen], Band 1: 1946 bis 1972. Nach 1957 (Rundschreiben Bergmann an alle Pfarrämter vom 12. Februar 1957, Az. II.819/57) wurde 1959 erneut eine Revision vorgenommen; dazu übermittelte das Hauptbüro des Hilfswerks am 4. Juni 1959 »betr. Patenschaft ›Anhalt‹, Verschiedenes« an OKR Bergmann eine neue Liste bezüglich 125 bestehender Patenschaftsbeziehungen und der jeweiligen Personen. Schließlich sollte mit einem weiteren Vorstoß vom 8. August 1961 eine Neuordnung vorangetrieben werden, in: Az. IX 110/13 (1) Hektographiertes Rundschreiben von OKR Bergmann an »alle Pfarrämter und Vikariate der Pfälzischen Landeskirche« betr. »Neuordnung der Patenschaftsverhältnisse mit den Pfarrern der anhaltinischen [!] Landeskirche«, in: ZASP, Altregistratur (unverzeichnet) 110/13 (1)-1 (Patenkirche Anhalt, Patenschaft im Allgemeinen], Band 1: 1946 bis 1972). Begründet wurde das Vorhaben damit, dass aufgrund der vielen Veränderungen die Verhältnisse ehrlich erhoben und mit neuen Perspektiven geordnet werden müssten.

26 Dreiseitige maschinenschriftliche Aktennotiz (Blatt 1-3) sowie Zusammenstellung der in Anhalt geäußerten »Wünsche« (Blatt 4-6) vom 5.12.1953. Beide von Kirchenpräsident Hans Stempel gezeichneten Schriftstücke bezogen sich auf die von ihm selbst

ans Wassernetz, oder der Abort lag außerhalb des Hauses. Es fehlten aber – wie andernorts auch – Materialien, um die reparaturbedürftigen Pfarrhäuser instand zu halten.[27] Kinderreiche Familien hatten es sehr schwer; der Bedarf an Kleidung und Schuhen brachte die prekäre Lage zum Vorschein: die im Osten erhältlichen Produkte waren qualitativ minderwertig, aber völlig übert≥uert. Zu Rüstzeiten traute sich manche Pfarrfamilie nicht anzureisen, um Peinlichkeiten zu entgehen: Die obligatorisch mitzubringende Bettwäsche war derart zerschlissen, dass dies dem Kollegenkreis verborgen bleiben sollte. Anfänglich waren die volkskirchlichen Strukturen noch intakt; doch die sogenannte ungesunde soziale Herkunft verhinderte Bildungschancen der Kinder. Manche Pfarrersleute gaben ihre Kinder in Heimschulen/Internate im Westen (oder diese fanden Aufnahme in Patengemeinden: Gimmeldingen!) – nicht nur die Kinder haben darunter gelitten.[28]

Vor allem fehlten die persönlichen Begegnungen, die für ein besseres Kennenlernen der »Amtsbrüder« und für die intendierten Verbindungen zu den Gemeinden entscheidend wurden. Im wahrsten Sinne »abgeschrieben«[29] oder »verlassen«[30] zu sein, war eine ernsthafte Befürchtung unter den Patenfamilien oder -gemeinden. Die Pfälzische Landeskirche hat einen Anfang mit einer Pfarrer-Rüstzeit 1954 zunächst im Predigerseminar Landau und dann in Pfarrfamilien vom 15.-18. und 18.-25. Juni 1954 gestartet.[31] An einem weiteren Treffen 1957 in der Keysermühle in Klingenmünster nahmen 15 anhaltische Pfarrer und ihre Kollegen aus der Pfalz teil. Das langanhaltende Echo auf die Berichte der Rückkehrer war in Anhalt ungemein positiv. Für die Alterskohorte

und seiner Gattin vom 29.11. bis 3.12.1953 durchgeführte Besuchsreise, Blatt 5, in: ZASP, 110/13 (1)-1 (unverzeichnet).
27 Vgl. dazu auch die Abschrift einer Mitteilung aus Dessau vom 12.6.1954, in: ZASP, Altregistratur (unverzeichnet) 110/13 (1)-1 (Patenkirche Anhalt, Schriftverkehr seit 1953.
28 Ebd., 110/13 (1) – 12 (Besuche in Anhalt, Band 1: 1953-1972): Bericht zur »Reise in die Ostzone« (28.10. bis 2.11.1963) von Pfarrer Theo Blitt aus Gimmeldingen an den Landeskirchenrat vom 14.11.1963 über seine mit zwei Damen des Frauenbundes teils im Pkw (bis Hof) und dann mit der Bahn unternommene Fahrt, 2. Eines von vier im Westen untergekommenen Kindern war in der Heimschule der Landeskirche in Annweiler aufgenommen worden; Blitt pflegte (wohl im Auftrag der Heimleitung) persönliche Rücksprache mit den Eltern.
29 Ebd.: Betreff: Anhalt-Reise des Herrn Kirchenpräsidenten im Oktober 1958, Aktenvermerk vom 15.12.1958, 3. Ein ausführliches Zitat mit präzisen Angaben folgt unten bei Anm. 49.
30 Ebd.: Reisebericht des Pfarrers Theo Blitt aus Gimmeldingen »Besuch in die Ostzone, Zerbst, Anhalt, 7. Mai f 1962«, 13.
31 In dem Rundschreiben von OKR Bergmann an die Pfarrämter Az. II. 2430/54 vom 26. 4.1954 ist auch zur Zielsetzung mitgeteilt worden, Einblick in den Religionsunterricht zu nehmen und am Dekanatskonvent teilzunehmen sowie evtl. auch am Landeskirchenmusikfest. Schließlich wurde auch Gelegenheit zur Entspannung empfohlen, in: ZASP, 102.01-467.

der Vikare und Jungpfarrer wurden mehrfach spezifisch auf diese ausgerichtete Begegnungstage und eine Tour durch die Pfalz organisiert, um damit die Bedingungen für die Gemeindepartnerschaften zu verbessern.

Offiziell waren die Kirchenleitungen nicht in die Patenaktion (von Pfarrhaus zu Pfarrhaus und in die jeweilige Gemeinde hinein) involviert, aber vielfältige Querverbindungen, landeskirchlich administrative Unterstützung oder anderweitige flankierende Maßnahmen stützten diese Patenschaften. Nicht zuletzt die Ko-Finanzierungen sind bemerkenswert: zuweilen kamen landeskirchliche Haushaltsmittel oder über die Landeskirche bzw. das Hilfswerk vermittelte Geldzuwendungen oder Sachmittelspenden (Spangenberg – Sozialwerk, Helmstedt) zum Einsatz.[32] Je nach Möglichkeit und Engagement haben die Gemeinden für die »Osthilfe« bzw. Patenaktion (oder Paketaktion) auch bescheidene Summen in den Haushalt der Ortskirchengemeinde eingestellt, die die private Hilfe ergänzten.[33] Aus den Akten des Hilfswerks ist ersichtlich, dass auch auf staatliche Haushaltmittel (auch aus dem Landeshaushalt von Rheinland-Pfalz bis hin zu Förderungen aus Bundesmitteln) zurückgegriffen werden konnte.[34] Auch manch andere politische Ebene (beispielsweise die politischen Kommunen) beteiligten sich finanziell.[35] Anfangs, in den 1950er

---

32 Vgl. »Az. 131 Bd/Ch.«, betr. Betreuung des Patenlandes Anhalt vom 26. November 1962, Hauptbüro des HW an den Landeskirchenrat, in: ZASP, 110/13 (1) -8 sowie »Az. 173000 Bd/Na.« betr. Zuschuß für die Anhalt-Betreuung vom 27. Januar 1964, Hauptbüro Pfalz an OKR Fritz Roos, in: ebd. Vgl. beispielsweise auch ZASP, Abt. 44 Konken, Nr. 348. Es gab ein spezifisches »Textilprogramm«, aber auch besonders ab 1962 die Aktion »Jugend zu Jugend«, die ebenfalls zentral organisiert und dezentral, d.h. individuell realisiert wurde. Vgl. dazu auch mehrfach die Belege in den Akten der Kirchengemeinde Eppstein, in ZASP, Abt. 44 Eppstein, Nr. 64.

33 Manche Gemeinde hat die Aktion auch regelrecht formalisiert und überwiegend institutionell durchgeführt (Haßloch, rund 100 Pakete jährlich – bei 10 000 Gemeindegliedern – die aus dem Haushalt der Kirchengemeinde bestritten wurden). Kein Wunder, dass in Anhalt Irritationen über diese recht anonyme Behandlung anzutreffen waren.

34 ZASP, Altregistratur (unverzeichnet) 110/13 (1)-8 (Zuschüsse an HW für Patenschaftsbetr[euung]): Betreff: Ostpaketaktion des Hilfswerks der Pfälzischen Landeskirche. Das maschinenschriftliche Schreiben des Hilfswerk-Geschäftsführers Johannes Oßwald an OKR Bergmann vom 21. März 1960 betreffend den »Zuschuss für Anhalt« im Jahre 1959 nennt bei Gesamtausgaben von DM 12 817,85 darin eingeflossene staatliche Fördermittel vom Bund in Höhe von DM 2000.-, vom Sozialministerium des Landes Rheinland-Pfalz DM 5000.-.

35 Beispielsweise die Kommune Eisenberg, wie dies aus der Zusammenstellung [wohl aus dem Dezember 1961] hervorgeht: Evangelischer Gemeindedienst (Hilfswerk) Eisenberg an das Protestantische Pfarramt Eisenberg [ohne Datum], betr. Etat der Prot. Kirchengemeinde Eisenberg. Die Landeskirche lehnte einen entsprechenden Zuschussantrag aus grundsätzlichen Erwägungen ab; die Gemeinden könnten nur auf der Basis eigener Leistungsfähigkeit Hilfe gewähren, in: ZASP, Abt. 44 Eisenberg, Nr. 20.

Jahren, enthielten die Pakete Grundnahrungsmittel, später rare Güter wie Fett, Kakao oder Kaffee, besonders aber Textilien (schwarze Anzüge oder Amtskleider wie Talare) und Schuhe.[36] [Abb. 15]

An dieser Stelle kommt dann das Lokalkolorit zum Tragen: Bezüglich des Schuheinkaufs ventilierte die Landeskirche, bei den Pfälzer Schuhfabriken entsprechende Bestellungen en gros direkt ab Werk vorzunehmen[37]; und auch Abendmahlswein aus heimischer Erzeugung fand immer dankbare Empfänger; denn Alkohol bzw. Alkoholgenuss galt im Sozialismus als Verschleuderung von Volksvermögen, und einschlägig Auffällige wurden dementsprechend offiziell als »Volksfeind«[38] (Blitt) geächtet. Für die Patenpfarrhäuser oder -gemeinden wurden (neben lokal gespendeten Gütern) vor allem zentral besorgte Textilien dezentral

Abb. 15: Merkblatt für »Dein Päckchen da drüben« 1956, Titel, ZASP.

auf die lokalen »Umschlagszentren« zugestellt, d. h. in der Regel bekamen die örtlichen Frauenbünde oder die Pfarrfrau die Waren in die Ortsgemeinde zugeschickt, von wo aus diese – manchmal trickreich – in Einzelpaketen weiter versandt wurden.[39] Landeskirche/Hilfswerk scheinen in diesen Fällen auch Transportkosten übernommen zu haben.[40] Pfälzische Pfarrer erhielten, wenn sie zu einem regen Briefwechsel sich bereit erklärten, seit 1962 in einer vertraulichen Aktion ein finanzielles Deputat aus zentralen Hilfswerkmitteln

---

36 Niederschrift vom 30.11.1956 über eine »Aussprache« der von einer Besuchsreise in Anhalt zurückgekehrten Dekane Landgraf, Mehringer und Pfarrer Brand mit OKR Bergmann und HW-Geschäftsführer Oßwald, fol. 1, in: ZASP, Altregistratur (unverzeichnet) 110/13 (1)-12.

37 Ebd., fol. 3

38 Ebd., Bericht Blitts (wie Anm. 28) »Besuch in der Ostzone, Zerbst, Anhalt, 7. Mai f 1962«, S. III sowie das Zitat S. VI: »wer säuft, ist ein Volksfeind.«

39 Ab 1962 besagten Gerüchte, dass vermehrt Paketsendungen nach Kuba umgeleitet würden. Schuhe sollten dann nicht paarweise, sondern jeweils in zeitlich versetztem Abstand einzeln mit anderen Geschenken verschickt werden (Blitt, wie Anm. 28, s. XIII).

40 Niederschrift (wie Anm. 36), fol. 2 sowie Az. 131/Bd.Ch. vom 26.11.1962, in ZASP, Altregistratur (unverzeichnet) 110/13 (1), 8-11, Bd. 1.

für Ihre Patenfamilie. Das waren für verheiratete kirchliche Mitarbeiter Anhalts mit bis zu zwei Kindern 400 DM oder 500 DM für Verheiratete mit mehr als zwei Kindern pro Jahr, die dazu dienten, um individuelle Wünsche aus dem Patenpfarrhaus zu erfüllen.[41] Kinderferienprogramme in der Pfalz für Kinder aus Anhalt wurden 1956 und 1957 durchgeführt,[42] noch vor Weihnachten 1961 eine besondere Jugendaktion für kirchentreue Jugendliche, die mit hochwertiger Westware (Ledertaschen, Handschuhe etc.) erfreut bzw. bei der Stange gehalten werden sollten.[43]

Es gab – wie in allen Ostblock-Ländern – eine Außenwirtschaftsorganisation, über die entweder sehr mühsam Waren eingeführt also aus dem Westen importiert werden durften, oder es gab alternativ die Option, dass in der Regel gegen Devisen rare Produkte aus Ostproduktion angekauft und beschafft werden konnten. GENEX war die Handelsorganisation der DDR – und ergänzend dazu gab es anscheinend noch Zwischeninstanzen in der Schweiz oder in Dänemark. 1962 vermittelte der Landeskirchenrat in Speyer den Hinweis an die Patenpfarrer, anhaltische Patenfamilien würden um Waschmaschinen ersuchen. Die »Waschmaschinenaktion« war zentral eingefädelt worden, musste aber einen individuellen Anstrich erhalten – also auf Patenbasis beantragt werden, wurde aber (zentral) von der Landeskirche finanziert.[44]

Kirchenpräsident Stempel konnte Ende November/Anfang Dezember 1953, im Herbst 1958 und Mitte Juni 1964 (von der DDR hinausgezögert bis kurz nach dem Beginn seines Ruhestandes) die Landeskirche in Anhalt besuchen.[45] [Abb. 16] Im Vordergrund standen die Begegnungen mit den Ortsgeistlichen,

---

41 Vertrauliches, hektographiertes Rundschreiben von OKR Fritz Roos an die Dekane betr. Patenschaftshilfe Anhalt vom 3. August 1962: Az. IX 110/13 (1); darin wurde auf die Möglichkeit hingewiesen, individuelle Wünsche aus Kreisen kirchlicher Mitarbeiter Anhalts, zu denen ein regelmäßiger Briefkontakt von den westdeutschen Paten zu pflegen sei, entgegenzunehmen, um über die Hilfsstelle westdeutscher Kirchen in West-Berlin soweit als möglich die benannten Güter besorgen und zum Weiterversand der als »privat« ausgegebenen Hilfssendungen liefern zu lassen, in: ZASP, Aktenregistratur (unverzeichnet) 110/13 (1). Vgl. auch dazu die Passage im Bericht Stempels 1964, 12, in: ZASP, ebd. 110/13 (1)-12.

42 Rundschreiben des HW vom 2.5.1956 an die Pfarrämter, in: ZASP, Abt. 44 Konken, Nr. 348; siehe auch ZASP, 102.01-467.

43 HW vom 8.11.1961 an alle Pfarrer mit Paten in der DDR, in: ZASP, Aktenregistratur (unverzeichnet) 110/13 (1)-1.

44 OKR Fritz Roos vom Landeskirchenrat an alle Pfarrämter der Landeskirche betr. Patenschaftsverhältnis: Az. IX 110/13 (1) vom 10.5.1962, in: ZASP, Abt. 44 Eppstein, Nr. 64.

45 Seinem Nachfolger D. Theo Schaller ist dies nie gestattet worden. Ausnahme war eine Einladung 1967 zu den Wartburg-Feierlichkeiten (Anschreiben Müllers vom 9.3.1967: Z. 4229/66), wo er im selben Quartier wie der Kirchenpräsident Dr. Martin Müller untergebracht war und beide »in engster Fühlung standen« (Bericht Müllers vom 6.5.1967; abgedruckt in: Matthias RICHTER: Partnerschaften der Evangelischen Landeskirche Anhalts mit der Evangelischen Kirche der Pfalz und der Lippischen

den »Amtsbrüdern«, sowie mit der Kirchenleitung. Auf keinen Fall zu unterschätzen war aber die Tatsache, dass seine charismatische Gattin, Hilde Stempel, mitreiste. Ihr gelang es mit ihrer empathischen, gewinnenden Art und persönlichen Ausstrahlung, in geistlich und emotional stärkender Weise den ebenfalls versammelten Pfarrfrauen zu begegnen. Bei diesen Besuchen entstand eine herzliche, familiäre Atmosphäre. Eine solche Stimmung konnte nicht überall festgestellt werden, einerseits die Patenschaften selbst betreffend, vor allem aber standen dem – in einer generellen Tendenz – in einigen Berichten die Wahrnehmung über Westbesuch entgegen.

Der Ortspfarrer von Gimmeldingen (Theo Blitt), dessen Bericht (wahrscheinlich aus dem August 1962) über seinen Besuch vom (6.) 7. bis 20. Juni

Abb. 16: Die Kirchenpräsidenten der Pfalz und Anhalts mit zwei Amtskollegen Ende der 1950er Jahre (v.l.n.r.): Bischof Friedrich Wilhelm Krummacher (Pommern), Kirchenpräsident Hans Stempel (Pfalz), Präses Ernst Wilm (Westfalen) und Kirchenpräsident Waldemar Schröter (Anhalt). AELKA.

1962 in Zerbst in der Speyerer Behörde als vertraulich eingestuft worden war, berichtete:

»Leider hätten nach den Berichten aus Anhalt landauf, landab die Ansprachen pfälzischer Gäste wenig Eingang und Anklang gefunden […, denn] die Redner aus dem Westen hätten

---

Landeskirche. Dokumentation, hrsg. von der Evangelischen Landeskirche Anhalts, Dessau [2023], 120). Sonst waren für Schaller Begegnungen nur in Ostberlin möglich.

wenig Verständnis und Wärme für die Verlassenheit und Bedrängnis der Leute, bes. der Gläubigen in der DDR.«[46]

Insofern sind die Eigenberichte der Reiserückkehrer in der Pfalz auch mit Vorsicht zu lesen, denn in Ihnen wird die emotionale Schranke eher selten erwähnt. Immerhin ist aber auch zu berücksichtigen, dass die aus dem Westen kommenden Gäste aus unterschiedlichen Motiven eine gewisse Vorsicht bzw. Zurückhaltung walten ließen.

Zurück zu den Berichten von Kirchenpräsident Stempel. Der Kirchenpräsident berichtete über seine Reise vom 29. November bis 4. Dezember 1953 zum Patenschafts-Thema:

> »Einige Pfarrer haben sich sehr herzlich für die Hilfe aus der Pfalz bedankt. Das sind aber nur wenige gewesen. Es geht daraus hervor, dass einige Pfarrer in der Pfalz die Patenschaftsverpflichtung sehr ernst bejaht und praktiziert haben. Die Namen der Pfarrer, die besonders tatkräftig geholfen haben, wurden genannt. In drei Fällen wurde auch berichtet, dass die Hilfe von Pfarrhaus zu Pfarrhaus so gut organisiert wurde, dass eine Hilfe von Gemeinde zu Gemeinde daraus geworden ist. Das sei bei den Gemeinden Güsten, Leopoldshall und Nienburg der Fall. Es wurde die besondere Hilfe vor allem der Pfarrer Brand=Hochstätten und Kraft=Altenkirchen gerühmt. [...] Auf der anderen Seite sind auch starke Klagen laut geworden (vielleicht ist Klage nicht das richtige Wort dafür, man wollte nicht ›klagen‹). Es ist zum mindesten festgestellt worden, dass in vielen Fällen die Patenschaft überhaupt noch nicht funktioniert und sich von Seiten der Pfalz niemand geregt hat, auch in dringenden Fällen. So funktioniert die Patenschaft zum Beispiel bei 14 Pfarrern im Kreise Bernburg überhaupt noch nicht. Ich wies darauf hin, dass wir uns in der Pfalz bereits bemühen, die Patenschaften auszubauen, und dass wir dies auch weiterhin tun wollen.«[47]

Kirchenpräsident Stempel verwies dann auch noch auf die strukturellen Probleme. Auch im Falle seines Besuchs 1958 enthält der Bericht des Kirchenpräsidenten Passagen, die eine Kritik am Patenverhältnis klar artikulieren: Diese betraf einerseits die meist recht rasch veraltenden Listen über die Patenschaftsverhältnisse, die aufgrund der überaus regelmäßigen persönlichen Kontakte

---

46 Blitt: Besuch (wie Anm. 28), S. X und XII. Der Umschlag blieb bis Ende Februar 2023 verschlossen.
47 Hans STEMPEL: Aktennotiz (Betreff: Besuch bei der Evangelischen Landeskirche Anhalts) vom 5.12.953, in: ZASP, Altregistratur (unverzeichnet) 110/13 (1)-1. Im Anhang (fol. 4-6) wurden die »Wünsche« notiert, darunter unter Pkt 5 (fol. 5-6) die Behandlung der Patenschaftsprobleme; daraus stammt das Zitat von fol. 5. Stempel fuhr nach dem oben zitierten Passus fort: »Ich erwähnte auch, dass eine Schwierigkeit darin liege, dass offiziell das Patenschaftsverhältnis zwischen Pfälzischer Landeskirche und Anhaltischer Kirche bestehe, dass es nun zwischen den Pfarrhäusern praktiziert werden solle, dass aber zum Beispiel die Werke, Jugend-, Männer- und Frauenarbeit ihre Patenschaftspartner in verschiedenen anderen Landeskirchen hätten. Dadurch würde die Ausweitung eines Patenschaftsverhältnisses von Gemeinde zu Gemeinde erschwert. Auch bestünden vielfache Patenschaftsverhältnisse für deutsche Gefangene im Westen und eine ganze Reihe anderweitiger Partnerbeziehungen (Paketversand,) zu Leuten im Bereiche der Deutsch-Demokratischen Republik.« (fol. 6).

Annäherungen und Einsichten

in der Pfalz oder Berlin kontinuierlich aktualisiert werden müssten.[48] Dabei brachte Stempel die Idee einer leicht korrigierbaren Kartei auf, deren Existenz bislang allerdings nicht geklärt werden konnte. Unter Punkt 4 notierte Stempel:

> »Es wurde immer wieder ganz besonders stark betont, sowohl aus den Kreisen der Kirchenleitung als auch von Seiten der Pfarrer und Pfarrfrauen, dass die Grundlage der Patenschaft die persönliche, geistige und geistliche Beziehung zu bilden habe. Selbst wenn aus irgendeinem Grunde einmal Sendungen nicht ankommen […], so sollte doch der persönliche Kontakt unter allen Umständen gewahrt bleiben. Die Sorge, man könnte ›abgeschrieben‹ sein, ist immer wieder laut geworden. [Im Vergleich zu den saarpfälzischen Gemeinden nach 1945 sei] die Sorge unter den jetzigen Verhältnissen im Gebiet unserer Patenkirche viel ernster und viel berechtigter als es damals in der Saar der Fall war. Und wenn es auch zum Erlahmen der Korrespondenz im Patenschaftsverhältnis kommt, dann hat der Ausdruck ›abgeschrieben‹ ja auch wirklich eine sehr buchstäbliche Bedeutung. Auf diese Pflege der persönlichen Beziehung wäre also zuallererst dringend überall hinzuweisen.«[49]

Die Patenbeziehungen zu Kirchengemeinden wurde ebenfalls thematisiert (Punkt 7):

> »Von Seiten des Hilfswerkes, gerade auch von Herrn [Richard] Papendieck[50], wurde betont, dass bei der Patenschaftsverbindung von Pfarrhaus zu Pfarrhaus die Erwartung bestanden habe, daß daraus die Beziehung von Gemeinde zu Gemeinde wachse. Das bisherige Ergebnis sei nicht sehr ermutigend, wenn man auch nicht gerade sagen wolle, es sei mißglückt. Die Frage, wie dieses Verhältnis von Gemeinde zu Gemeinde ausgebaut werden könne, muß geklärt werden. Unseren Pfarrern und Gemeinden müssen hier Vorschläge und Hilfen an die Hand gegeben werden. Ich schlage Besprechungen auf Dekanatskonferenzen und Pfarrkonventen vor.«[51]

Die Erwartungshaltung auf Seiten der Anhaltischen Kirche im Blick auf die Pflege der Patenschaft skizzierte der damalige Oberkirchenrat Dr. Martin Müller, der auf die Gesamtsituation hinwies: »Zu ihren äußeren Nöten kommen infolge des verstärkten Druckes auf die Kirche innere Nöte hinzu. Resignation, Anfechtung im Glauben und Erlahmen der Freudigkeit im Dienst.«[52] Deshalb komme es sehr darauf an,

> »die innere Verbundenheit zu festigen und den Brüdern in Anhalt zu einer Glaubensstärkung zu verhelfen. Es bedürfe jeder Amtsbruder in der Patenkirche eines echten amtsbrüderlichen Austausches und einer bleibenden, nicht abreißenden persönlichen und seelsorgerlichen Verbindung. Auch von Seiten der jungen Theologen wurde stark unterstrichen, dass gerade auch sie mit unserer jungen Theologengeneration eine lebendige Verbindung suchten und brauchten.«[53]

---

48 Aktenvermerk: Offizieller Besuch der Patenkirche in Anhalt [in der Zeit vom 29.10.-3.11.58] durch den Herrn Kirchenpräsidenten und seiner Frau [vom 15.12.1958], 2, in: ZASP, Altregistratur (unverzeichnet) 110/13 (1)-12.
49 Aktenvermerk: Offizieller Besuch der Patenkirche in Anhalt [in der Zeit vom 29.10.-3.11.58] durch den Herrn Kirchenpräsidenten und seiner Frau [vom 15.12. 1958], 2-3, in: ZASP, Altregistratur (unverzeichnet) 110/13 (1)-12.
50 Zu Papendieck vgl. Richter: Partnerschaften (wie Anm. 45), 17 Anm. 13.
51 Ebd. Hans Stempel: Aktennotiz 1958, 4.
52 Ebd.
53 Ebd.

Abschließend zog der Kirchenpräsident folgendes Fazit:

»a) Notwendig ist eine Generalüberprüfung der Patenschaftsverhältnisse von Pfarrhaus zu Pfarrhaus [...], b) Ausbau des Patenschaftsverhältnisses zu einem Verhältnis von Gemeinde zu Gemeinde. Hier wurde besonders das ›System Brand=Hochstätten‹ als vorbildlich hingestellt. c) Es soll der Kontakt zwischen der jungen Theologengeneration in beiden Kirchen hergestellt werden, also zwischen Vikaren und Vikaren und jungen Pfarrern und jungen Pfarrern. d) Das gleiche gilt für die Beziehung zwischen den Vikarinnen«.[54]

Nach dem Bau der Berliner Mauer 1961 konnten statt der kirchenleitenden Persönlichkeiten sporadisch Gemeindepfarrer nach Anhalt reisen.[55] Der Männerpfarrer Heinz Wilhelmy besuchte im Herbst 1963 die Patenkirche mit seinem Pkw. Nach seiner Rückkehr überbrachte er telefonisch das Signal, »es müssten noch viel mehr Leute nach Dessau hinübergehen. Es sollten aber Leute sein, die sich auf ›diesem Parkett‹ auch bewegen könnten! [...] Mit der Patenschaft klappte es teilweise immer noch nicht.«[56] Diese Notiz lässt erahnen, dass die Initiative des Landeskirchenrats in Speyer vom 11. August 1961 zur »Neuordnung des Patenschaftsverhältnisses mit den Pfarrern der anhaltinischen Landeskirche«[57] angesichts des Mauerbaus am 13. August 1961 verpufft sowie die Initiative des Hilfswerks in der Pfalz vom 22. März 1963, angesichts der Schwierigkeiten mit der Paketzustellung in die DDR verstärkt auf persönliche Gemeindebegegnungen (in Ostberlin) hinzuwirken[58] und dafür zu werben, bis dato nur auf verhaltene Reaktionen gestoßen waren.

Nachdem vergebliche Anstrengungen zur Einreise für Stempel unternommen worden waren, gelang es schließlich doch, allerdings erst nach dessen Eintritt in den Ruhestand, ihn für einen weiteren Besuch vom 11.-18. Juni 1964 einzuladen. Es war gewissermaßen ein Abschiedsbesuch, bei dem tendenziell eine Bilanz der Entwicklung der vergangenen anderthalb Jahrzehnte gezogen werden konnte: Sein Reise-Bericht[59], in dem auch ein 90minütiges Gespräch mit der Dessauer OB erwähnt wird, notierte – verhalten positiv – zum Patenverhältnis:

---

54 Ebd., 5.
55 Manchmal durften selbst die Gemeindepfarrer nicht einreisen, dann wurden Vikare geschickt.
56 Ebd. Aktenvermerk des Kirchenpräsidenten Hans Stempel (Betreff: Besuch des Pfarrers Wilhelmy aus Ebernburg in der Anhaltischen Patenkirche) vom 5. November 1963, in: ZASP, Altregistratur (unverzeichnet) 110/13 (1)-12.
57 Vgl. Fußnote 25: Az.: IX 110/13 (1), in: ZASP, Altregistratur (unverzeichnet) 110/13 (1)-1 [Patenkirche Anhalt, Patenschaft im Allgemeinen], Band 1: 1946 bis 1972.
58 Az 110/13 (1) Hilfswerk – Hauptbüro, Speyer, 22. März 1963 (Betr. Patenschaft Anhalt), in: ZASP, Altregistratur (unverzeichnet) 110/13 (1)-1 [Patenkirche Anhalt, Patenschaft im Allgemeinen], Band 1: 1946 bis 1972.
59 Bericht über die Reise nach Dessau vom 11. bis 18.6. des Kirchenpräsidenten i[n] R[uhe] Hans Stempel [undatiert hektographiert], in: ZASP, Altregistratur (unverzeichnet) 110/13 (1)-12.

»Ich erklärte, dass ich auf Einzelheiten nicht eingehen könne, befände mich im Ruhestand und wolle nicht in ein fremdes Amt greifen. Auftragsgemäß teilte ich mit, dass Oberkirchenrat Roos und, vom Herbst an, auch Kirchenpräsident D. Schaller mit Oberkirchenrat Roos zur ausführlichen Besprechung in Ostberlin zur Verfügung ständen. Man bat mich aber, doch eine kurze Aussprache zuzulassen, um wenigstens ein Bild von der Stimmung zu bekommen. Ob mein Vorbehalt abschreckend gewirkt hat, weiß ich nicht. Ich bekam jedenfalls im Pfarrkonvent nur Gutes über das Patenschaftsverhältnis zu hören. Zunächst dankte Herr Papendieck in aller Form uneingeschränkt und sehr herzlich für alles, was von der Pfalz bisher in der Ausübung der Patenschaft getan wurde und geschehen ist. Bald danach sprach der Kreisoberpfarrer i[n] R[uhe] Lange, der langjährige Synodalpräsident. Er rühmte auf eine sehr feine und präzise Art die Hilfe der Pfalz für die Kindergärten. Sie sei wirklich ausgezeichnet, und die Spielsachen seien hervorragend. Auch sonst kam Dank und Anerkennung zum Ausdruck. Man war sich einig darüber, daß der Versuch fortgesetzt werden müsse, die Patenschaft, die vor allem bisher zwischen Pfarrhaus und Pfarrhaus bestanden habe, auf möglichst viele Gemeindeglieder auszudehnen. Einzelne Begegnungen, die bisher zwischen Gemeindegliedern der Pfalz und Gemeindegliedern einer Anhalter Gemeinde in Ostberlin stattgefunden hätten (zum Beispiel durch Pfarrer Eugen Herrmann in Ludwigshafen-Friedenskirche arrangiert), müßten fortgesetzt und vervielfältigt werden. [...] Die große Aufgabe, das Patenschaftsverhältnis unter der etwas veränderten äußeren Lage fortzusetzen und geistlich zu vertiefen und zu pflegen, steht vor uns allen.«[60]

OKR Fritz Roos war vom 13. bis 18. Juni 1966 in Dessau. Dabei konnte er ein Signal der Befürwortung des Referenten für innere Angelegenheiten und der Referentin für Religionsfragen des Rates der Stadt Dessau erhalten, dass die Patenbeziehung als Solidarmaßnahme zu werten sei. Es sei – so deren Äußerung – auch Anliegen der Marxisten, sich gegenseitig zu helfen, weswegen in diesen »humanen« Bestrebungen »Christen und Marxisten gut zusammenarbeiten«[61] könnten. Roos hatte allerdings schon 1964, nämlich kurz nach Altkirchenpräsident Stempel, Anhalt einen Besuch abgestattet: Er war vom 25. bis 29. September 1964 dort gewesen. In seinem Bericht hielt er (unter Punkt 3) folgendes fest:

»Die Frage der Patengemeinden wird eingehend besprochen. Offenbar haben nur einige pfälzische Pfarrer diese Hilfe durchorganisiert. Hier müssen neue Versuche in Verbindung mit der pfälzischen Frauenarbeit unternommen werden, damit besonders die Kranken und Alten in den Anhalter Gemeinden nicht zu kurz kommen.«[62]

Unter Punkt 17 notierte er:

»Besonders dankbar wird von der Begegnung von Gemeinde und [sic!] Gemeinde in Ostberlin gesprochen. Pfarrer [Eugen] Herrmann, Ludwigshafen, habe die letzte Begegnung mit seiner Patengemeinde sehr gut durchgeführt. Die Auswahl der Gemeindeglieder – ein sehr wichtiger Punkt – wäre vorbildlich gewesen.«[63]

---

60 Ebd., 8 sowie der Schluss, S. 10, in: ZASP, Altregistratur (unverzeichnet) 110/13 (1)-12.
61 Bericht über die Besuchsreise zur Patenkirche Anhalt vom 13. bis 18.7.1966, 5 (beide Zitate), in ZASP, Altregistratur (unverzeichnet) 110/13 (1)-12.
62 Fritz R o o s: Bericht über einen Besuch in Anhalt vom 25.-29.9.1964 (unterzeichnet am 5.10.1964), in: ZASP, Altregistratur (unverzeichnet), 110/13 (1)-12, 3-4.
63 Ebd. Ergänzend notierte Roos als Perspektive: »Wir sollten dafür sorgen, dass mindestens 2-3 solche Gemeinde-Begegnung im Jahre stattfinden. Diese Frage muss in den Dekanatskonferenzen, vor allem auch bei der Konferenz der Dekane besprochen

Trotz der inhaltlichen Diskrepanzen in den Berichten des Jahres 1964 wird erkennbar, dass das bis Anfang der 1960er Jahre ursprünglich als sekundäres Ziel anvisierte Vorhaben, Gemeindepatenschaften bzw. -partnerschaften anzustoßen und zu vertiefen, kaum ernsthaft weitergekommen war. Ausnahmen bestätigen die Regel. Dies ist an einigen Beispielen und Ausschnitten im Folgenden zu zeigen.

3 Lokalperspektiven

Zu wenigen Gemeinden sind Aktenbestände zum Thema überliefert, diese in der Regel eher formal oder administrativ im Blick auf Quittungen, Abrechnungen oder Druckschriften. Ganz wenige Briefwechsel (einseitig) sind überliefert, die Pfarramtsberichte sind dürftig. Meist nur ein Satz verrät: »Die Paketaktion mit der Ostzone wurde weitergeführt.« Insofern kann ein Generalüberblick aus der Lokalperspektive nicht rekonstruiert werden. Aber spezielle, ausgewählte Einsichten sind doch zu gewinnen. An den Beispielen der Dorfgemeinden von Hochstätten, Ramsen, Gimmeldingen und der Stadtgemeinde Ludwigshafen-Friedenskirche (Nord) soll dies geschehen.

Hochstätten

Seit Anfang 1949 war der nach einer Karenzzeit wiederverwendete, kriegsbeschädigte Pfarrer Hugo Brand in der Gemeinde. Aufgrund verschiedener Fürsprache war sein einstiges Engagement für die DC und die Thüringer Einung als zwischenzeitlich überwundene Verirrung absolviert worden. In die Nordpfalz, die zu den Hochburgen der NSDAP gehört hatte, wurde er nach Hochstätten versetzt und wirkte dort ungemein eifrig, auch als Sozialrichter und schließlich – zunächst neben- und dann hauptamtlich – im *Pfarramt Kirche und Dorf*.[64] Mit seinem Organisationsgeschick und stringentem Zeitmanagement gelang es ihm, in dem kleinen Dorf jährlich bis zu 120 Pakete versenden zu lassen, was bekanntermaßen hauptsächlich die Pfarrfrau erledigte, die die im Ort eingehenden Spenden mit weiteren Paketinhalten zusammenstellte. Pfarrer Brand hat als leuchtendes Modell anerkannt die Kontakte zu den Amtsbrüdern in Leopoldshall/Staßfurt (Pfarrer Ernst-Joachim Zürch) aufzubauen und kontinuierlich zu pflegen verstanden, seit 1956 immer wieder auch durch Besuche (auch mit dem eigenen Pkw). Es steht zu vermuten, dass die gesamtdeutsche (wohl deutschnational motivierte) Solidaraktion im Mittelpunkt seines Inte-

---

werden. Die Finanzierung müsste auf Gemeindeebene erfolgen. Die Mitnahme von Geschenken könnte vom Hauptbüro oder uns ermöglicht werden. Der Anstoß muss von Gemeinden in der Pfalz kommen.« In: Ebd., 7.

64 Ob und wenn ja, welche inhaltlichen Kontinuitäten zu Elementen der NS-Ideologie in der Haltung von Brand (und seinem »Auditorium« in der Ortsgemeinde oder im »Bauernstand«) bestanden oder erkennbar wurden, ist nicht erforscht; sie lassen sich aber vermuten.

resses stand; an einer Stelle lässt sich eines seiner Motive erkennen: Pflege der Gemeinschaft.

Ramsen

Der junge Pfarrer Walter Ohler, seit 1957 in Ramsen, pflegte intensiven Briefkontakt mit einem anhaltischen Kollegen, Werner Niemann, der im Ruhestandsalter in Großmühlingen noch Dienst tat. Während der Kriegsgefangenschaft hatte Ohler an der Theologischen Fakultät in Montpellier studiert und wurde anschließend an seinen Gemeindepfarrdienst Landesdiakoniepfarrer. Vorbildlich und regelmäßig führte der Dorfpfarrer die Korrespondenz mit dem Patenehepaar und schickte Pakete. Den Jahresberichten ist zu entnehmen, dass er nach einem persönlichen Besuch bei der Patenfamilie das Presbyterium zu überzeugen verstand, einen bescheidenen Betrag für die Patenaktion in den Haushalt der Kirchengemeinde einzustellen. Kurz nach dem Gegenbesuch in Ramsen war der Patenpfarrer verstorben. Sein junger Nachfolger fremdelte anfangs mit der Patenaktion: Die Gründe sind nur zu vermuten, dass er wohl einer unterstellten gesamtdeutschen Ideologie mistraute. Doch Walter Ohler war kein »Kommunistenfresser«, und konnte bei einem Treffen die Reserven restlos beseitigen. Zusammen mit seiner Frau Hildegard konnte er eine herzliche Verbindung zum neuen Kollegen und dessen Familie aufbauen, wobei die Verbindung in die Gemeinde Großmühlingen auch über die Pfarrwitwe fortgesetzt wurde.[65]

Gimmeldingen

Theophil Blitt war in der Weinbaugemeinde Gimmeldingen am Haardtrand bei Neustadt tätig. Sein als vertraulich eingestufter Bericht wurde schon erwähnt. Aus ihm sind weitere Bemerkungen aufschlussreich: Seine Reise dauerte vom 6.-20. Juni 1962; er reiste mit der Bahn an und beschrieb detailliert alle Formalitäten. Er nahm an einer kommunistischen Beerdigung als versteckter Hörer auf der Orgelempore teil und stenographierte diese mit. Er notierte Hintergrundinformationen über erkennbar zunehmende Schwierigkeiten bei der Paketzustellung: untermauert unter anderem durch Aussagen einer verzweifelten Postmitarbeiterin. Er referierte aber auch die Reaktionen auf Besuche aus dem Westen: Sie wurden als unendliche Freude und Wohltat bezeichnet. Der Bericht lässt erkennen, wie differenziert und intensiv der inhaltliche Austausch mit dem Amtsbruder geführt wurde. Besonders diese Passage könnte es wohl gewesen sein, die den Bericht zur Verschlusssache machte. Blitt referiert die Position des Patenpfarrers präzise: Obwohl der Patenpfarrer nicht ausreisen, sondern bleiben wolle, scheue er nicht den Konflikt. Er äußere kompromisslose

---

65 ZASP, Abt. 44 Ramsen, Nr. 87 (Partnergemeinde Großmühlingen in Anhalt, DDR; Korrespondenz zwischen Pfarrer Walter Ohler mit Pastor Werner Niemann, mit Pfarrer Dieter Breitkopf und mit Pfarrer Gottfried Werner 1956-1968).

Kritik am herrschenden System, selbst wenn dafür absehbar »dann das Leiden komme«.⁶⁶

> »Auf meine Frage, ob sein Verhalten durchweg geistlich sei, oder ob er nicht auch aus politischer Haltung sich so in der Öffentlichkeit stelle, wie er sich nun mehrfach geäußert habe, sagt er, der Kampf gegen die Heuchelei, die geforderte Unaufrichtigkeit, als marschiere man mit aus politischem Einverständnis mit dem System, sei für ihn christliches Erfordernis, Handeln gegen die Angst, die Unaufrichtigkeit, die Halbheit und Gespaltenheit zwischen eigentlicher Gesinnung und öffentlichem Verhalten. [...] Man kann also« [kommentierte Blitt] »den Leuten, die wie Pfarrer W. gegen Partei und Staat sich äußern oder handeln, nicht kurzerhand nachsagen, sie scheuten das Leiden und zögen den politischen Kampf vor – soweit er hier noch möglich ist –, sondern gerade diese Haltung muß am ehesten mit dem Leiden rechnen. Pfarrer W. sieht das klar und bejaht seine Situation und die mögliche Folge. Daraus ergibt sich die auffallende Festigkeit und Ruhe von Pfarrer W., seiner Familie, es ist ein leichtes, befreites tägliches Leben im Haus. Angst, zwiespältige Rollen kommen nicht auf. Es ist nicht Aufgabe des Gastes aus dem Westen, hier zu kritisieren oder zu tadeln. Die Wendung gegen die Heuchelei, die Angst und Unaufrichtigkeit ist ein vom Gewissen und aus Glauben kommendes Motiv.«⁶⁷

Schließlich hielt der Gast aus dem Westen noch fest, dass in den Gesprächen mit den Pfarrersleuten die Verhältnisse in Westdeutschland idealisiert und »offenbar als paradiesisch«⁶⁸ betrachtet würden.

Ludwigshafen-Nord (Friedenskirche)

Mustergültig entwickelte sich die Kirchenpartnerschaft in LU-Nord mit der Petruskirchengemeinde in Dessau-Süd.⁶⁹ Im Kontext der internationalen protestantisch-ökumenischen Gemeindebeziehungen begann nach einem verheißungsvollen Anfang unter Eugen Herrmann⁷⁰ und vielen aktiven Ge-

---

66 Blitt: Besuch (wie Anm. 28), S. XVI.
67 Ebd., S. XVI: »Wie er sich die Möglichkeit einer Wandlung und des Sturzes des Systems denke: durch einen Krieg, sagt der Pfarrer, ohne auch nur einen Augenblick bedenken zu müssen. Der Russe müsse durch einen kurzen Krieg niedergezwungen werden. Die Folgen eines beiderseitigen Atomkriegs hält Pfarrer W. für nicht so verheerend wie das Weiterbestehen der jetzigen Not in der DDR«.
68 Ebd., S. XVII.
69 Ein von Johannes Oßwald an alle Pfarrämter in der Pfalz gezeichnetes, hektographiertes Rundschreiben des Hilfswerks der Pfalz vom 22.3.1963, in dem unter »IV. Geförderte Patenschaftsbegegnungen« darauf aufmerksam gemacht wurde, dass Begegnungsreisen nach Ostberlin finanziell unterstützt werden könnten, in: ZASP, 110/13 (1). Vgl. neuerdings Richter: Partnerschaften (wie Anm. 45), 58-69.
70 Eugen Herrmann, seit 1964 Pfarrer an der Gedächtniskirche der Protestation und Dekan des Kirchenbezirks Speyer, knüpfte über einen Kontakt des Schülerpfarrers Klaus Böhm zunächst (1969) eine ökumenische Partnerschaft mit Purley (in Croydon, einem südlichen Vorort von London) an, daran schlossen sich seit 1966 Beziehungen zur Petrusgemeinde in Dessau an, die 1971 – anfangs mit jährlichen Treffen in Ostberlin – in die Partnerschaft einbezogen wurde. Ziemlich zeitgleich kam dann die Gemeinde der Böhmischen Brüder in Mährisch Ostrau/Ostrava hinzu. Schließlich wurde die Partnerschaft nach einem Kanzeltausch zwischen Purley und Hartford/Con. erweitert, indem auch die Immanuel Congregational Church in Hartford seit

meindegliedern mit dem neuen Pfarrer Borggrefe eine blühende, rege und intensive Gemeindepartnerschaft. Auf beiden Seiten bestand gegenseitige hohe Aufmerksamkeit, gegenseitiges Geben und Nehmen, intensive – auch sehr private und (relativ) freimütige Korrespondenz, regelmäßige Begegnungen (anfänglich in Ostberlin). Besonders die Kindergartenarbeit wurde unterstützt, dann auch die Adaptierung einer Wohnung als »Pfarrhaus« für die Familie von Dr. Friedrich Schulze. Alle Facetten von Gemeindearbeit wurden bedacht: Reform des Konfirmanden-Unterrichts, technische Hilfsmittel (wie ein Hektographiergerät) und vieles mehr wurden im Gebet, im Handeln der Presbyterien und im gegenseitigen Austausch erwogen und umgesetzt. Das alles begann, aber die Akten sind ab 1964 noch unter Verschluss. Deswegen gibt die Publikation von Matthias Richter einen gelungenen Einblick und dokumentiert die nachfolgende Zeitspanne auch mit wertvollen Zeitzeugenberichten.[71]

IV Ergebnisse

Die Annäherung zwischen der Pfalz und Anhalt, die durch einen zentralen Impuls im Herbst 1949 initiiert worden war, wurde beherzt und energisch aufgegriffen. Obwohl die Patenaktion auf freiwilliger Basis ruhte, waren viele pfälzische Pfarrfamilien dazu bereit, als sie von der Landeskirche darum gebeten wurden. Das Hilfswerk der Pfalz, aber auch die Landeskirche unterstützten diese »Paketaktion« mit flankierenden Maßnahmen. Es entstanden daraus – je nach den individuellen Umständen – auch langanhaltende, in einigen Fällen auch freundschaftliche Beziehungen zu den anhaltischen Pfarrfamilien und in deren Gemeinden. Viel Not konnte gelindert werden (auch im Zusammenwirken mit anderen kirchlichen Initiativen). Das ursprüngliche Sekundärziel, die »Patenaktion« auf die Kirchengemeinden auszuweiten und »von Gemeinde zu Gemeinde« Patenschaften zu pflegen, wurde (bis Mitte der 1960er Jahre) nur in Ausnahmefällen erreicht. Die pfälzische Kirchenleitung hat wiederholt Anstöße gegeben, dennoch waren anscheinend die äußeren, strukturellen Hinderungsgründe zu groß. Ergänzend wurden durch Pfarrer Heinz Wilhelmy die Beziehungen in der Männerarbeit gepflegt, später wurden die Verbindungen der Posaunenarbeit intensiviert.

1974 in die nun fünf Gemeinden umfassende Partnerschaft eintrat. Die Gemeinden tauschen Gemeindebriefe aus, halten jährlich einen Partnerschaftsgottesdienst mit (ursprünglich einer identischen) Predigt. In dreijährigem Abstand finden seit 1971 die etwa zehntägigen »internationalen« Partnerschaftskonferenzen reihum statt, zu denen ab 1980 auch Abgesandte aus Dessau reisen durften. Schließlich konnte die siebte internationale Partnerschaftskonferenz vom 28. Juli bis 7.8.1989 sogar erstmals in Dessau ausgerichtet werden. Mit der in Ostrava 2016 erneuerten Partnerschaftsurkunde erweist sich diese Beziehung als besonders lebendig. Vgl. dazu auch Richter: Partnerschaften (wie Anm. 45), 90-100.

71 Ebd., 58-66.

Erwachsen aus einem gesamtdeutschen Impuls war der Appell an die nationale Solidarität erfolgreich.[72] Die Aktion in der Bundesrepublik beziehungsweise der dahingehende Appell »Dein Päckchen nach drüben« (siehe Abb. 15) brachte trotz aller Hemmnisse auch innerkirchlich nachhaltige Ergebnisse. Die »Patenaktion« hatte aber auch ein klares West-Ost-Gefälle. Die Motivlage war vielfältig: natürlich sollte die Beziehung geistlich-seelsorglich sein, man wollte Solidarität zeigen und die (deutschnational verstandene) Gemeinschaft aufrechterhalten und pflegen. Wie das auch an der Kofinanzierung durch staatliche Instanzen der Bundesrepublik ablesbar war, hatten die überregional koordinierten Maßnahmen – trotz des hemmenden kirchlichen Föderalismus – politische Ambitionen. Erst mit der Hinwendung und Einbeziehung der Anhalter Gemeinden in die protestantischen ökumenischen Partnerschaften von Ortskirchengemeinden wurde das Verhältnis und Grundverständnis auf ein wesentlich verändertes Niveau gehoben. Die darin gepflegten Beziehungen und Freundschaften waren darin nicht »echter« als vorher, aber die Rahmenbedingungen hatten sich, trotz der sich mancherorts diskret verschärfenden politischen Herausforderungen, dafür wahrscheinlich verbessert.

---

72 Auch Richard Bergmann schreibt an einer Stelle von der »Not unseres Vaterlandes«.

Katholische Kirche in der SBZ und der DDR (bis 1969)

Pastorale Leitbilder – theologische Deutungen – lebensweltliche Praxis

Von Reinhard Grütz

In meinem Text nähere ich mich meinem Thema auf zwei Pfaden: zuerst in einer Darstellung des Ringens um Heimat und Diaspora (konzentriert auf die 1950er Jahren), dann über eine Beschreibung der Auseinandersetzungen um die Frage des »Engagements« in der DDR, eher bezogen auf die 1960er Jahre und symbolisch an der Jahreszahl »1968« festgemacht.[1]

I Schwieriges Ankommen

Die Katholiken waren fremd auf dem Gebiet der SBZ/DDR.[2] Viele betrachteten ihren Aufenthalt in der SBZ/DDR nur als Zwischenstation auf ihrer »Reise« in den Westen Deutschlands. Vertreibung und Flucht nach dem Zweiten Weltkrieg hatten zu einem nennenswerten Anwachsen der Katholikenzahl auf dem Gebiet der späteren DDR geführt.[3] Überkommene demographische Strukturen gerieten dadurch ins Wanken. Im ostdeutschen Katholizismus kamen völlig verschiedene Ausprägungen katholischer Frömmigkeit und katholischen Selbstverständnisses zusammen.[4] Identitätsprobleme traten neben die

---

1 Dieser Vortrag fußt auf der Dissertation des Verfassers Reinhard GRÜTZ: Katholizismus in der DDR-Gesellschaft 1960-1990. Kirchliche Leitbilder, theologische Deutungen, lebensweltliche Praxis im Wandel, Paderborn 2004 (Veröffentlichungen der Kommission für Zeitgeschichte B 99), Paderborn 2004.
2 Die Situation der katholischen Gemeinde in Halle im 19. Jahrhundert beschreibt Claus HEROLD: Gemeinde der Zugezogenen. Die katholische Kirche in und um Halle im 18. und in der ersten Hälfte des 19. Jahrhunderts, Leipzig 1983.
3 Josef PILVOUSEK: Flüchtlinge, Flucht und die Frage des Bleibens. Überlegungen zu einem traditionellen Problem der Katholiken im Osten Deutschlands. In: Die ganz alltägliche Freiheit. Christsein zwischen Traum und Wirklichkeit, hrsg. von Claus-Peter März (Erfurter theologische Studien, 65), Leipzig 1993, 9-23; DERS.: »Innenansichten«. Von der »Flüchtlingskirche« zur »katholischen Kirche in der DDR«. In: Materialien der Enquetekommission »Aufarbeitung von Geschichte und Folgen der SED-Diktatur in Deutschland«, Bd. VI/2, 1134-1163, 1136. 1949/50 lebten in der DDR ca. 2, 77 Millionen Katholiken, bis 1961 verließen ca. 1, 1 Millionen Katholiken die DDR, zwischen 1962 und 1988 rund 670 000. »Ganz evident ist der Zusammenhang von ›Sowjetzonenflucht‹ und Abnahme der katholischen Bevölkerung in der ehemaligen DDR, auch wenn andere Faktoren wie die allgemeine Abnahme der Bevölkerungszahlen, Überalterung, Assimilation, ›Taufausfall‹ und Kirchenaustritte eine Rolle bei der quantitativen Minderung gespielt haben.«
4 Vgl. für den schlesischen Katholizismus Olaf BLASCHKE: Schlesiens Katholizismus. Sonderfall oder Spielart der katholischen Subkultur. In: Archiv für schlesische Kir-

weltanschauliche Konfrontation mit den Kommunisten. Die Westflucht vieler Katholiken hielt die gesamten 1950er Jahre über an. Der Mauerbau stellte in dieser Hinsicht eine Zäsur dar.

Die zeitweise stark konfrontative kirchenpolitische Haltung des Staates[5] und die recht instabilen politischen Verhältnisse in den 1950er Jahren wirkten auch auf das Selbstverständnis der Katholiken und ihrer Kirchenleitungen zurück. Der offizielle Katholizismus grenzte sich scharf gegenüber dem Staat und einer sich entkirchlichenden Gesellschaft ab. Dies begünstigte zwei Tendenzen: Die Zahl der Westflüchtlinge blieb hoch,[6] und die zurückgebliebenen Katholiken beteiligten sich intensiver am kirchlichen Leben – zumindest in den Kerngemeinden.[7] Beides war mit einem Gefühl der Fremdheit verbunden. Als »Heimat« erschien entweder der westdeutsche Staat oder ein scharf umgrenzter Diasporakatholizismus.

Die sich vorerst stabilisierende Lage der DDR in den 1960er und 1970er Jahren beeinflusste auch das Verhalten vieler Katholiken.[8] Ein steigender Lebensstandard und die sich verfestigende politische Existenz der DDR führten zu Erosionen der kirchlichen Frömmigkeit. Osterkommunion und Kirchgang gingen zurück. Die Intensität der Partizipation am kirchlichen Leben nahm dennoch in den Kerngemeinden weiter zu.[9] Besonders problematisch gestaltete sich aber die Lage in ländlichen Regionen. Bereits Mitte der 1960er Jahre befürchteten Bischöfe »die Entstehung eines neuen Heidentums«[10] auf den Dörfern. Anfang der 1980er Jahre gab man offiziell den Rat: Jeder, »der seinen katholischen Glauben bewahren will«, solle »in eine Stadt ziehen«.[11]

---

chengeschichte 57 (1999), 161-195.

5 Vgl. Bernd SCHÄFER: Staat und katholische Kirche in der DDR (Schriften des Hannah-Arendt-Institutes für Totalitarismusforschung, 8), Köln 1998, 31-170, und Thomas RAABE: SED-Staat und Katholische Kirche. Politische Beziehungen 1949-1961 (Veröffentlichungen der Kommission für Zeitgeschichte, Reihe B: Forschungen, 70), Paderborn 1995.

6 Vgl. zu den Stellungnahmen der BOK zur Flüchtlingsproblematik Pilvousek: Flüchtlinge, Flucht und die Frage des Bleibens (wie Anm. 3), 18-22.

7 Kösters spricht von einer »Verdichtung des Diaspora-Milieus«: Christoph KÖSTERS: Katholiken in der Minderheit. Befunde, Thesen und Fragen zu einer sozial- und mentalitätsgeschichtlichen Erforschung des Diasporakatholizismus in Mitteldeutschland und der DDR (1830/40-1961). In: Wichmann Jahrbuch 36/37 (1996/97), 169-204, hier: 200.

8 Vgl. Dieter STARITZ: Geschichte der DDR 1949-1990, Darmstadt 1997, 197-287.

9 Vgl. Kösters: Katholiken in der Minderheit (wie Anm. 7), 201.

10 »Alle pastoralen Erfahrungen zeigen, daß die Katholiken unter diesen Bedingungen auf die Dauer zum größten Teil nicht durchhalten«. Brief: Alfred Bengsch an Kardinal Ottaviani vom 21. April 1965, in: Regionalarchiv Ordinarien Ost, Erfurt (künftig: ROO), IV 12: Diakonatshelfer, Kommunionhelfer.

11 So Oktober 1981 in seinem Vortrag Joachim WANKE: »Der Weg der Kirche in unserem Raum. Versuch einer pastoralen Standortbestimmung«. In: Kirchliches Leben

In die späten 1960er und frühen 1970er Jahre fallen die schärfsten Auseinandersetzungen im DDR-Katholizismus über seine gesellschaftliche Rolle und innere Gestalt. Sie verdichteten sich auf der Meißner Synode (1969-1971) und der Pastoralsynode aller Jurisdiktionsbezirke in der DDR (1973-1975). Schon während der Pastoralsynode beruhigten sich aber die innerkirchlichen Konflikte wieder. In diesen Zeitraum lassen sich auch die ersten Anzeichen eines Wertewandels in der DDR, gerade in den für die Kirche besonders wichtigen Bereichen: Familie, Ehe und Sexualverhalten, ausmachen.[12] Dies wirkte sich auch auf die Katholiken und ihr Verhältnis zum kirchlichen Leben und zu den kirchlichen Normen aus.

Im Überblick ist festzuhalten,[13] dass die katholische Kirche in der DDR durch eine Haltung der Distanz und des Rückzugs aus der Gesellschaft gekennzeichnet war, nicht zuletzt auch aus Gründen des Eigenschutzes. Daneben oder deswegen gab es in ihr Freiräume,[14] die in der politisch überformten DDR-Gesellschaft für viele eine Möglichkeit zum (geistigen) Überleben boten.[15] Mit, aber auch neben den offiziell geformten kirchlichen Deutungsmustern gestalteten die meisten Katholiken ihr Leben in der DDR. Dies taten sie teils frustriert, teils vormundschaftlich umsorgt, aber auch mit einem entsprechenden »Eigensinn«[16] wie der Großteil der DDR-Bevölkerung.[17]

---

im totalitären Staat. Bd. 2: Quellentexte aus den Ordinariaten 1977-1989, hrsg. von Josef Pilvousek, Leipzig 1998, 237-251, hier: 240.

12 Erarbeitungen: Keuchel: ROO A VIII 5., Die katholische Kirche in der DDR. Auswertung statistischer Angaben der Jahre 1965-1985. Weitere Zahlen bietet W. KAUL, 62. Nimmt man Kauls Zahlen zum Richtwert, so ist im Zeitraum von 1950 bis 1989 die Zahl der Katholiken in Magdeburg auf 27,3 %, in Berlin auf 28,6 %, in Schwerin auf 30,6 %, in Dresden auf 32,9 %, in Görlitz auf 47, 4 %, in Erfurt-Meiningen auf 55,7 % zurückgegangen, DDR-weit auf 35,5 %. Der Bestand der evangelischen Kirchen ist nach dieser Quelle im selben Zeitraum auf 22,8 % zurückgegangen.

13 Vgl. Josef PILVOUSEK: Katholische Kirche in der Gesellschaft. Kirche für die Gesellschaft? In: Kolloquien des Max Weber-Kollegs VI-XIV (1999/2000), hrsg. von Wolfgang Schluchter, Erfurt 2000, 93-116.

14 Als ein Beispiel sei auf die Studentengemeinden verwiesen. Siehe dazu Peter-Paul STRAUBE: Katholische Studentengemeinde in der DDR als Ort eines außeruniversitären Studium generale (Erfurter theologische Studien, 70), Leipzig 1996

15 Vgl. Schäfer: Staat und katholische Kirche in der DDR (wie Anm. 5), 460f.

16 Vgl. Thomas LINDENBERGER: Herrschaft und Eigen-Sinn in der Diktatur. Das Alltagsleben der DDR und sein Platz in der Erinnerungskultur des vereinten Deutschlands. In: Aus Politik und Zeitgeschichte B40 (2000), 5-12.

17 Vgl. zur Mitgliedschaft von Katholiken in der SED die von Martin Höllen referierten Ergebnisse der Eichsfeldstudie Olof Klohrs aus dem Jahre 1984. 1952 gehörten der SED im Kreis Worbis 1.590 Personen an, 1958 2.382, 1984 5.255, im Kreis Heiligenstadt in den 80er Jahren ca. 3.600, die CDU hatte dort im selben Zeitraum 1.700 Mitglieder, im Kreis Worbis 1.900. Klohr führt aus: »Ein großer Teil der Mitglieder der SED waren 1952 kirchlich gebunden (ca. 80 %, davon 41% katholisch, 39% evangelisch. Auch heute [1984] noch sind viele von ihnen gleichzeitig z. T. aktive Mitglieder der Kirche (in

1 Diaspora und Heimat: ein Ringen

Auf die Veränderungen in der konfessionellen Landschaft auf dem Gebiet der späteren DDR nach dem Ende des II. Weltkrieges ist schon hingewiesen worden. Ab der Mitte des 19. Jahrhunderts bis 1945 war es zwar hauptsächlich in den Großstädten im mitteldeutschen Raum zu einer ansatzweisen Ausbildung eines katholischen »Diasporamilieus« gekommen. Da der Katholizismus sich aber zumeist als Unterschichtenphänomen präsentierte, gaben viele Katholiken, sofern sie an einem sozialen Aufstieg interessiert waren, dem gesellschaftlichen Assimilationsdruck nach und verließen die katholische Kirche.[18] Insbesondere die Folgen der mehrheitlich konfessionsverschiedenen Ehen und die sich aus ihnen ergebende nichtkatholische Kindererziehung bedeuteten für den quantitativen und qualitativen Bestand des Katholizismus eine erhebliche Instabilität.[19]

Das rasante Anwachsen der Katholikenzahl nach dem Zweiten Weltkrieg durch die Flüchtlingsströme der Vertriebenen führte zur Errichtung einer Vielzahl neuer Pfarreien und Gottesdienststationen. Dies stellte für eine flächenmäßige seelsorgliche Betreuung eine immense Belastung dar, bedeutete aber auch eine erhebliche strukturelle »Verdichtung« des Diasporakatholizismus.[20] Die hohe Fluktuation unter den Vertriebenen sowie heterogene regionale Ausprägungen von Religiosität und Frömmigkeit erschwerten ihre Integration über die organisatorischen Probleme hinaus. Das sprunghaft ausgebaute Netz an Gottesdienststationen beruhte dabei zu einem nicht unerheblichen Teil auf der entgegenkommenden Mitnutzung evangelischer Kirchen.[21] Insbesondere die pastorale Erfassung und Betreuung der verstreut lebenden Katholiken auf

---

Dingelstedt sogar noch 70-80 %)«. Martin HÖLLEN: Loyale Distanz? Katholizismus und Kirchenpolitik in SBZ und DDR. Ein historischer Überblick in Dokumenten. Bd. 1: 1945-1955, Berlin 1994, 361, Anm. 121. Zu den Schwierigkeiten, die für die SED aus diesem Umstand entsprangen, siehe ebd. Zur von den Kirchenleitungen nicht erwünschten Mitgliedschaft in der CDU siehe Bernd SCHÄFER: Die Kirchenpolitik der Ost-CDU und die katholische Kirche in der SBZ/DDR. In: Historisch-Politische Mitteilungen 5 (1998), 145-165, hier 164 f, wonach die Mitgliedschaft in ihrer konfessionellen Zusammensetzung nach 1990 nicht »katholischer« geworden sei. Der Anteil der Katholiken lag vor wie nach 1990 um die 15 Prozent bei regionalen Unterschieden.

18 Vgl. dazu Kösters: Katholiken in der Minderheit (wie Anm. 7), 174-194.
19 Vgl. die statistischen Angaben bei KATHOLIKEN IN DER MINDERHEIT. Diaspora – Ökumenische Bewegung – Missionsgedanke, hrsg. von Erwin Gatz (Die Geschichte des kirchlichen Lebens in den deutschsprachigen Ländern seit dem Ende des 18. Jahrhunderts. Die katholische Kirche, 3), Freiburg i. Br. 1994, 108-126.
20 Kösters spricht in diesem Zusammenhang von einer »Verdichtung« des Diasporakatholizismus in Mitteldeutschland. Kösters: Katholiken in der Minderheit (wie Anm. 7), 194.
21 Noch 1975 erbrachte eine Rundfrage der Ökumenischen Kommission, dass 2190 Kirchen oder kirchliche Räume der evangelischen Kirchen von katholischen Gemeinden vierzehntägig oder monatlich genutzt werden. Einladungen und Protokolle der Ökumenekommission 1967 bis 1981. Rundfrage 1975. In: ROO L III 2.

dem flachen Lande war für den Seelsorgeklerus oft nur unter großen Anstrengungen möglich.

Für viele volkskirchlich geprägte Katholiken stellte sich besonders die Anpassung an die weitaus bescheideneren Ausdrucksformen des kirchlichen Lebens schwierig dar. Das Fehlen einer vertrauten religiösen Topographie, die sich über eine Vielzahl öffentlich kommunizierter Symbole, Zeichen, Riten, Bräuche u. ä. erstreckte, irritierte nachhaltig. Das Gefühl vieler Katholiken, »fremd« zu sein, entsprang auch aus dieser Veränderung der bisher erfahrenen lebensweltlichen Orientierung. Die ab der Mitte der 1950er Jahre einsetzenden Versuche einer »Archäologie« des katholischen Lebens in den historischen Landschaften auf dem Gebiet der DDR besaßen ihre Motivation in erster Linie in der Imagination einer weit zurückreichenden Traditionslinie.[22] Diese sei zwar unterbrochen worden, könne und müsse aber wieder verlebendigt werden. Auf diese Weise wollte man Ersatz für den Verlust der Heimat anbieten, die Bindung an die katholische Kirche festigen und neu Orientierung stiften. In der Folgezeit konnten insbesondere Wallfahrtstraditionen etabliert werden, durch die gerade vereinzelt lebende Katholiken Gemeinschaftserfahrungen machen sollten.[23] Nicht nur in popularisierter Form bemühte man sich um die Modellierung eines »kulturellen Gedächtnisses«.[24] Seit 1961 gaben Hermann Hoffmann und Franz-Peter Sonntag die »Studien zur katholischen Bistums- und Klostergeschichte« heraus. Die in dieser Reihe publizierten Arbeiten widmeten sich der historischen Aufarbeitung der mehr oder weniger verborgenen katholischen Traditionsstränge in der Geschichte Mitteldeutschlands.[25]

---

22 Die katholischen Hausbücher 1958 und 1959 beschäftigten sich im Wesentlichen mit dieser Erinnerungsarbeit. KATHOLISCHES HAUSBUCH. »Jahr des Herrn« (1958), Leipzig 1957; KATHOLISCHES HAUSBUCH. »Jahr des Herrn« (1959), Leipzig 1958.
23 Vgl. für Neuprägungen von Wallfahrtstraditionen: 40 JAHRE MÄNNERWALLFAHRT ZUM KLÜSCHEN HAGIS 1957-1996, hrsg. vom Referat Erwachsenenseelsorge Heiligenstadt, Heiligenstadt o. J. und »DU SCHAFFST MEINEN SCHRITTEN WEITEN RAUM«. 40 Jahre Frauenwallfahrt, hrsg. vom Seelsorgeamt Erfurt, o. O. 2001. Des Weiteren Bernhard OLLMERT: Diasporawallfahrt. Ein Beitrag zu einer erneuerten Volksfrömmigkeit in der DDR. In: Communio 16 (1987), 438-441.
24 Vgl. zu diesem Begriff Jan ASSMANN: Das kulturelle Gedächtnis. Schrift, Erinnerung und politische Identität in frühen Hochkulturen, 3. Aufl., München 2000, sowie DERS., Religion und kulturelles Gedächtnis, München 2000.
25 Ausdruck findet dieses Bemühen z. B. in den einleitenden Worten der 1961 erschienenen Arbeit von Paul Franz Saft über die Re-etablierung der katholischen Kirche im Sachsen des 18. Jahrhunderts. Saft beschreibt die »Traditionslosigkeit« als Merkmal der Diaspora. Seine Aufgabe sieht er dagegen darin, eine »250jährige, ungebrochene katholische Tradition in Sachsen nachzuweisen«; Paul Franz SAFT: Der Neubau der katholischen Kirche in Sachsen im 18. Jahrhundert (Studien zur katholischen Bistums- und Klostergeschichte, 2), Leipzig 1961, 5.

2 Diaspora – Grund zur Euphorie oder Klage?

Wichtiger als diese Entwürfe von Vergangenheitsdeutung waren aber Überlegungen, die sich der Ausformulierung der für den DDR-Katholizismus zeitgenössisch tragfähigen Leitbilder und -begriffe zuwandten. Neben der als prekär empfundenen Minderheitensituation musste auch die Frage der Westflucht thematisiert werden. Die Zahl der Katholiken nahm zwischen 1949 und 1953/54 um ca. 868.000 ab.[26] Ab Mitte der 1950er Jahre verließen – relativ dazu – weniger Katholiken die DDR. Bis 1961 verringerte sich ihre Zahl in einem verlangsamten Tempo nur noch um ca. 147.000. Damit deutete sich eine zunehmende Integration der Flüchtlinge in die bereits entwickelten Strukturen der katholischen Kirche an. In den Kreisen pastoral Verantwortlicher korrespondierte diesen Entwicklungen ein zunehmendes Bewusstsein, kirchliches Leben auch unter den Bedingungen einer Gesellschaft wie der DDR für möglich zu halten.[27]

Nicht zufällig kamen wohl auch die ersten umfassenderen theologischen Deutungsversuche der eigenen Lage um die Mitte der 1950er Jahre auf. Im Vordergrund standen Überlegungen zur Diasporasituation und zum Diasporabegriff. Verschiedene Theologen trugen sie zum Teil auf Großveranstaltungen einer breiteren kirchlichen Öffentlichkeit vor. Vom 19. bis 23. Mai 1954 fand in Erfurt ein Bonifatiusjubiläum statt, das an den gewaltsamen Tod des »Apostels der Deutschen« vor 1.200 Jahren erinnern sollte.[28] Neben einer Arbeitswoche, bei der rund 600 Teilnehmer in verschiedenen Arbeitsgruppen tagten, kamen zum Abschlussgottesdienst ca. 60.000 bis 70.000 Katholiken zusammen. Von den diversen Referaten sind insbesondere die Ausführungen des Magdeburger Seelsorgeamtsleiters, Hugo Aufderbeck, immer wieder zitiert worden.[29] Aufderbecks Vortrag beschäftigt sich mit dem Verständnis von Verantwortung, das die Gemeinden gegenüber ihrer Umwelt entwickeln sollten. In seiner Situationsanalyse greift er zur Beschreibung der Gemeindewirklichkeit auf eine Ring-Metapher zurück. Die Priester, Beter, Pfarrhelfer aber auch die »Stillen im Lande« »sind der innere Ring«[30] der Pfarrgemeinden. Dieser solle bei den pastoralen Zielsetzungen besondere Beachtung finden, denn von ihm her könne der missionarische Gedanke eine Umsetzung erfahren. Den Gedanken eines »inneren Rings« oder einer »Kerngruppe« für die Aktivierung der Gemeinden

---

26 Pilvousek: Josef, Flüchtlinge, Flucht und die Frage des Bleibens (wie Anm. 3), 18, Anm. 38.
27 Siehe für diese Entwicklungen EBD., 18-22.
28 BONIFATIUSJUBILÄUM IN ERFURT. 19.-23. Mai 1954, hrsg. von Joseph Freusberg, Leipzig 1954.
29 Hugo AUFDERBECK: Bonifatius und die Verantwortung der Gemeinde für ihren Raum. In: ebd., 56-60.
30 Ebd., 60.

ventilierte Aufderbeck bereits seit Ende der 40er Jahre.³¹ Ihm geht es dabei um die Bildung spirituell geprägter Gruppen. Durch diese sollen die Pfarrgemeinden als ganze fruchtbare Impulse erhalten und ihrem missionarischen Auftrag besser entsprechen.

In der systematischen Literatur zur Diasporatheologie wird auf die besondere Bedeutung der von ostdeutschen Theologen auf dem Katholikentag in Fulda 1954 vorgelegten Beiträge verwiesen. Insbesondere bescheinigte man ihnen eine auffällige Diasporaeuphorie.³² Für die Diskussionen, die sich über diese Thematik in der Arbeitsgruppe entspannen, waren besonders die Referate von Josef Gülden³³ oder des Erfurter Neutestamentlers Heinz Schürmann einflussreich. Bei beiden ist eine Theologisierung der Minderheitssituation der Katholiken in Mitteldeutschland zu erkennen.

Josef Gülden hatte als Mitglied des Leipziger Oratoriums frühzeitig Bekanntschaft mit Entwürfen einer expliziten Gemeindetheologie gemacht.³⁴ Leipzig selbst galt in den Deutungen der Oratorianer als eine Stadt, in der einer Etablierung eines »katholischen Milieus« große Schwierigkeiten entgegenstanden.³⁵ Diese Situation führte zur Entwicklung einer »Gemeindetheologie der Ellipse«. Als Brennpunkte dieser »Ellipse« betrachteten die Oratorianer neben der Verkündigung zum einen die Aufgaben der Diakonie, zum anderen die Liturgie.³⁶ In seinem Vortrag 1954 hatte sich Gülden ein ehrgeiziges Ziel gesetzt. Er wollte die im katholischen Deutschland übliche Rollenverteilung zwischen der empfangenden Diaspora und dem gebenden katholischen »Hinterland« neu interpretieren. Gülden sieht Diaspora nicht nur als Objekt, sondern auch als Subjekt der Seelsorge. Er will in ihr weniger eine »sterbende«, vielmehr eine »wachsende Kirche«³⁷ sehen. Für die Situation in der DDR spricht er sich gegen

---

31 Vgl. Clemens BRODKORB: Bruder und Gefährte in der Bedrängnis. Hugo Aufderbeck als Seelsorgeamtsleiter in Magdeburg. Zur pastoralen Grundlegung einer »Kirche in der SBZ/DDR« (Beiträge zur Geschichte der mitteldeutschen Kirchenprovinz, 18), Paderborn 2002, 204 f, 390-398.

32 In diesem Sinne Lothar ULLRICH: Diaspora und Ökumene in dogmatischer (systematischer) Sicht. In: Catholica 38 (1984), 31-65.

33 Josef Gülden, geb. 24. August 1907, 1932 Priesterweihe, pastoral-liturgische Arbeit im Leipziger Oratorium, 1951 Mitbegründer des St. Benno-Verlages (Leipzig), gest. 23 Januar 1993.

34 Vgl. dazu Klemens RICHTER: Soziales Handeln und liturgisches Tun. Das Beispiel des Leipziger Oratoriums. In: Liturgisches Jahrbuch 31 (1981), 65-79.

35 Vgl. dafür die Bemerkungen über die Aufzeichnungen Theo Gunkels, des »Gemeindepfarrer[s] des Leipziger Oratoriums, bei Andreas POSCHMANN: Theo Gunkel – Der Gemeindepfarrer des Leipziger Oratoriums. In: Liturgisches Jahrbuch 43 (1993), 109-120, hier bes.: 112 f.

36 Vgl. dazu ebd., 113-115.

37 Josef GÜLDEN: Nicht nur Objekt, sondern Subjekt der Seelsorge (Über Wesen und Aufgabe der Diaspora). In: Ihr sollt mir Zeugen sein – 76. Deutscher Katholikentag 1954 in Fulda, Paderborn 1954, 311-319, hier bes.: S. 311 f.

die klassische Definition katholischer Diaspora als »Zerstreuung« unter einer Mehrheit evangelischer Christen aus. Die kleine Zahl der Katholiken bilde mit den wenigen aktiven evangelischen Christen die »Reste der Treugebliebenen im Lande des vielfältigen Abfalls«.[38] Mit dieser Deutung greift Gülden dem Bewusstseinsstand der evangelischen Kirchenleitungen und evangelischen Theologen Mitte der 50er Jahre in der DDR voraus, die ihre Kirchen noch als Volkskirche verstanden.[39] Für die katholische Diaspora zieht er eine positive Bilanz. Gülden hebt das existenzielle Bedürfnis vieler Katholiken nach kirchlicher Betreuung hervor. Angesichts des Heimatverlusts vieler Katholiken stellt er das Verständnis von Kirche als »heiliger Heimat« heraus. Katholische Kirche soll auch in der DDR existieren. Damit wendet er sich gegen einen »Heimatkomplex«, der auch bei vielen Priestern vorhanden sei, und der den Gedanken an eine Rückkehr in die Vertreibungsgebiete wachhalte. Im Sinne einer lebenspraktischen Archäologie einer »katholischen Vergangenheit« sieht er die Möglichkeit, »katholischen Boden« in Mitteldeutschland zu finden. Damit will er auch »Diasporaminderwertigkeitsgefühle« vieler Katholiken abbauen. Neben der kulturellen Dimension geht er besonders auf das in der Diaspora für das Religiöse selbst besonders günstige Klima ein. Gülden hebt die Bedeutung der Pfarrgemeinden hervor, vergleicht diese mit der Situation der Urkirche und verwendet für diese den Begriff der »Bruderschaft«.[40]

Der »Notruf«[41] eines Laien aus Magdeburg an das »katholische Land« steht quer zu den Ausführungen der Theologen, die weit in die normative Vergangenheit und in die pastorale Zukunft ausgegriffen hatten. In drastischen Farben malt er die vielfältigen Schwierigkeiten, denen die Katholiken in der Diaspora

---

38 Ebd., 312.
39 Das Ende der evangelischen Kirchen als Volkskirchen brachte die Einführung der Jugendweihe. Vergleiche dazu und zur Reaktion seitens der evangelischen Kirchenleitungen Detlef POLLACK: Kirche in der Organisationsgesellschaft. Zum Wandel der gesellschaftlichen Lage der evangelischen Kirchen in der DDR, Stuttgart u. a. 1994, 125-136. Von 1950 bis 1989 sank der Anteil der Konfirmationsziffer an den jeweiligen Jahrgängen von 80% auf 15%. »Dabei vollzog sich der Zusammenbruch der kirchlichen Jugend- und Kinderarbeit bereits in der zweiten Hälfte der fünfziger Jahre«. Ebd., 414. Siehe auch DERS.: Die Rolle der evangelischen Kirchen im geteilten Deutschland in religions- und kirchensoziologischer Perspektive. In: Zwei Staaten – Zwei Kirchen?, hrsg. von Joachim Mehlhausen; Leonore Siegele-Wenschkewitz, Leipzig 2000, 85-106, hier 87. Vgl. JUGENDWEIHE. Geschichte und politische Bedeutung aus christlicher Sicht, hrsg. von Georg Diederich u.a., Schwerin 1998.
40 Gülden kann in seiner kurzen Skizze aber auch nicht alle Negativa ausblenden. In einer Nebenbemerkung zum Gottesdienstbesuch zeichnet er mit 20-30% Sonntagskirchgänger kein besonders positives Bild; Gülden: Nicht nur Objekt, sondern Subjekt der Seelsorge (wie Anm. 37), 318. Ebenfalls bemerkt er, dass die Pfarrgemeinden für die auf sie zukommenden Aufgaben nicht hinreichend gerüstet seien; ebd., 319.
41 Willi LISCHEWSKI: Kommt und helft uns! In: Ihr sollt mit Zeugen sein (wie Anm. 37), 336-339.

ausgesetzt seien. Mag das meiste davon auch dem rhetorischen Genus einer Bittrede verpflichtet sein, so kommt in seiner kurzen Situationsschilderung ein plastischeres Bild zum Vorschein als in den beiden bereits vorgestellten Vorträgen. Erwähnung finden dabei nicht nur die unzureichende pastorale Versorgung, sondern auch die Folgen der staatlichen Religionspolitik, von der in den Beiträgen der Theologen direkt nicht gesprochen wurde.

Mit dieser gedrängten Wiedergabe verschiedener Beiträge zu den Selbstdeutungsdebatten im ostdeutschen Katholizismus Mitte der 1950er Jahre ist die Vielschichtigkeit seiner Selbstbilder angedeutet worden. Noch heterogener stellte sich die tatsächliche Situation in den unterschiedlich konditionierten Gemeinden dar. Die Gefahr einer Assimilation vieler Katholiken in pastoral wenig erschlossenen Gebieten[42] und die Ausprägung eines elitären Bewusstseins in Kerngemeinden der Großstadtpfarreien[43] waren als die beiden Pole in der pastoralen Entwicklung anzusehen. Gleichwohl blieb es äußerst schwierig, insbesondere die Durchdringungskraft theologischer Entwürfe zu erheben.[44] Inwiefern sie über den Kreis theologischer Deutungsexperten hinaus Wirkungen entfalten konnten, ist bei derzeitigem Forschungsstand nicht sicher zu bestimmen. Anzunehmen ist, dass sie nur einen begrenzten Einfluss ausübten. Der veränderungsabgewandte Charakter von religiösen Institutionen und Mentalitäten führt meist zu langsamen und graduellen Veränderungen. So ist für die Formierungsphase eines – trotz erheblicher Westflucht – quantitativ stark erweiterten ostdeutschen Katholizismus in den 1950er Jahren eher eine Re-Etablierung eines volkskirchlich verfassten Kirchen- und Gemeindemodells auf niedrigerem Niveau anzunehmen. Die organisatorische Beschränkung auf die Gemeinden wird dabei Anlass für die Imagination einer besonderen Gemeinschaftlichkeit gewesen sein. In den folgenden Jahren lag dann auch der Schwerpunkt bei der Konzeptionalisierung pastoraler Zukunftspläne in der Anpassung der Gemeinden an die Herausforderungen der besonderen Lage in der DDR.

---

42 Vgl. den pastoralen Erfahrungsbericht von Karl SCHENKE: Außenstation – Sonntagsheiligung – Gemeindebildung. In: Kirchliches Amtsblatt 6 (1957), Nr. 6 (Ausgabe Meißen), H 19-21.

43 Vgl. die Hinweise in der Berichterstattung über den Arbeitskreis »Diaspora« beim Kölner Katholikentag 1956. DIASPORA. Arbeitskreis XIII. In: Die Kirche, das Zeichen Gottes unter den Völkern. Der 77. Deutsche Katholikentag vom 29. August bis 2. September 1956 in Köln, hrsg. vom Zentralkomitee der Deutschen Katholiken, Paderborn 1957, 395-404, hier: S. 403.

44 Werner Becker bemerkte im Verlauf der Sitzung des Arbeitskreises »Diaspora« auf dem Kölner Katholikentag, dass es nicht darum ginge, »noch einmal und systematisch die theologischen Grundlagen der Arbeit aufzuweisen«; ebd., 396.

II Kirche und Sozialismus: »1968«

Auch noch über fünfzig Jahre nach »1968« werden immer wieder intensive Debatten über die Bedeutung der mit dieser Jahreszahl verbundenen »kulturellen Revolution« geführt.[45] Die Generation der »68er« in der DDR[46] verbindet mit dieser Zeit zwar eher das Trauma des Einmarschs der Truppen des »Warschauer Vertrages« in die Tschechoslowakei[47] als die Erfahrung der Befreiung von gesellschaftlichen Konventionen.[48] Ein genauerer Blick – hier konzentriert auf den ostdeutschen Katholizismus – kann aber dennoch erstaunliche Aufbrüche und Auseinandersetzungen erkennen. Deren Protagonisten suchten neue Formen in der Kirche und auch – eher indirekt und »gefiltert« – in der Gesellschaft.[49]

Um die mit »1968« verbundenen Entwicklungen im ostdeutschen Katholizismus und deren Trägergruppen zu erfassen, ist es notwendig, auf Konflikte einzugehen, die im unmittelbaren zeitlichen Anschluss an das Konzil ausgetragen wurden. In ihnen präfigurierten Auseinandersetzungen, wie sie um 1970 und kurz darauf in den synodalen Prozessen weiteren Kreisen ins Bewusstsein traten. Dabei ging es um Möglichkeiten einer reflektierten Integration von Christen in gesamtgesellschaftliche Aufgaben. Gekämpft wurde um die Opportunität und die semantische Füllung des Begriffes »Engagement«.

---

45 Vgl. Wolfgang KRAUSHAAR: 1968. Das Jahr, das alles verändert hat, München 1998; DERS.: 1968 als Mythos, Chiffre und Zäsur, Hamburg 2000; 1968. Vom Ereignis zum Gegenstand der Geschichtswissenschaft, hrsg. von Ingrid Gilcher-Holthey, Göttingen 1998.

46 Die Ambivalenz von intellektuellen Utopien und Reformunfähigkeit der SED-Führung beschreibt Stefan WOLLE: Die versäumte Revolte: Die DDR und das Jahr 1968. In: Aus Politik und Zeitgeschichte B22-23 (2001), 37-46

47 Vgl. für die Politik der SED gegenüber dem »Prager Frühling«: DIE SED UND DER »PRAGER FRÜHLING« 1968. Politik gegen einen »Sozialismus mit menschlichem Antlitz«, hrsg. von Lutz Prieß u.a., Berlin 1996.

48 Dorothee Wierling bemerkt: »1968 gilt als das Datum, welches die endgültige Auseinanderentwicklung der politischen Kulturen in beiden deutschen Staaten bezeichnet. Dem Befreiungsschlag im Westen scheint im Osten nur bedrückendes Schweigen gegenüber gestanden zu haben«. Sie zeigt aber in ihrem Aufsatz, dass auch in der DDR der »Phantasieanteil« von 1968 Wirkung entfalten konnte. Dorothee WIERLING: Erzieher und Erzogene. In: Dynamische Zeiten. Die 60er Jahre in den beiden deutschen Gesellschaften, hrsg. von Axel Schildt u. a., Hamburg 2000, 624-641, hier: 638.

49 Vgl. als kurz gefassten Überblick über die Entwicklungen im westdeutschen Katholizismus Erwin GATZ: Deutschland. Alte Bundesrepublik. In: Kirche und Katholizismus seit 1945. Bd. 1: Mittel-, West- und Nordeuropa, hrsg. von dems., Paderborn u. a. 1998, 53-131, 107 f.

1 »Engagement« oder »Verweigerung« – Probleme katholischer Akademiker

Der mit dem Mauerbau am 13. August 1961 offenkundig prekären Lage der DDR folgte vor allem ab Mitte der 1960er Jahre eine Phase wirtschaftlichen Aufschwungs. Ende dieses Jahrzehnts hatte sich die DDR innerhalb des Rates für Gegenseitige Wirtschaftshilfe (RGW) zum modernsten Industriestaat entwickelt, sie besaß den höchsten Lebensstandard und die höchste Produktivität.[50] Diese Erfahrungen – verbunden mit der in West wie Ost gleichermaßen vorherrschenden Fortschrittseuphorie – mussten katholische Akademiker in der DDR nachdenklich stimmen, die sowohl die Verbindung zur Kirche aufrechterhalten, aber gleichzeitig auch Aufstiegschancen, die der »sozialistische Staat« zu bieten hatte, nicht ausschlagen wollten. Die 1960er Jahre bildeten aber auch den Höhepunkt der »Erziehungsdiktatur« in der DDR. Die fast vollständige Erfassung vom Kleinkind- bis ins Jugendalter war erreicht worden.[51] Aufstiegswillige und -orientierte katholische Kreise fühlten sich verstärkt genötigt, die gesellschaftliche Rolle sowohl des einzelnen Katholiken als auch der Kirche zu reflektieren. Gerade sie konnten ideologischen Vorgaben kaum noch ausweichen. Der aus den Flüchtlingsströmen der unmittelbaren Nachkriegszeit hervorgegangene ostdeutsche Katholizismus besaß keine großen akademischen Potenzen. Durch die Flucht vieler Bildungsbürger bis 1961 in die Bundesrepublik verringerten sie sich weiter.[52] Die verbliebenen katholischen Studenten und Akademiker sahen für sich die Gefahr verbauter Lebenschancen. Dies wollten sie nicht einfach hinnehmen. Dabei mussten sie in Konflikt mit der auf gesellschaftlicher Abstinenz bedachten Linie der Ordinarienkonferenz unter der Leitung Bengschs geraten. Auch der Episkopat war sich der Brisanz dieser Problematik bewusst. Einerseits lag es nicht in seinem Interesse, die geringen akademischen Potentiale des DDR-Katholizismus zu verspielen. Andererseits erschien es ihm unmöglich, die eingeschlagene Linie der gesellschaftlichen Abstinenz zu verlassen. Bischöfe und Pastoralexperten versuchten, diese Situation

---

50 So lag die durchschnittliche Steigerung der industriellen Bruttoproduktion 1960 bis 1964 bei 5,8 %, zwischen 1964 und 1970 bei 6,4 %. Für die Lebenserfahrung der DDR-Bürger wichtiger waren aber das sich verbreiternde Warenangebot und spürbare Einkommenserhöhungen. Hierbei bleibt anzumerken, dass es auf diesem Wege nicht gelang, durch ein auch qualitativ ansprechendes Warenangebot der Kaufkraft zu entsprechen. Vgl. Staritz, Geschichte (wie Anm. 8), 229-239.
51 Vgl. Wierling, Erzieher und Erzogene (wie Anm. 48), 631 f.
52 Vgl. zu dieser Problematik – mit einem Schwerpunkt auf Ärzte und evangelische Pfarrer – Christoph KLESSMANN: Relikte des Bildungsbürgertums in der DDR. In: Sozialgeschichte der DDR, hrsg. von Hartmut Kaelble; Hartmut Zwahr, Stuttgart 1994, 254-270. Auf Entwicklungen im universitären Bereich fokussiert Ralph JESSEN: Akademische Elite und kommunistische Diktatur. Die ostdeutsche Hochschullehrerschaft in der Ulbricht-Ära (Kritische Studien zur Geschichtswissenschaft, 135), Göttingen 1999.

durch die Etablierung und Pflege einer »Laien-Elite« in ihrem Sinn zu steuern. Dies gelang ihnen gerade in der Akademikerseelsorge nur unzureichend. In ihr liefen hauptsächlich die Konflikte um die Legitimität des »Engagements« von Katholiken in der Gesellschaft ab.

Um auf die teils stark emotional gefärbten Debatten einzugehen,[53] forderte die BOK in einem Brief vom 14. Juli 1966 verschiedene Gremien und Kreise, unter anderen die AG Akademikerseelsorge, zu einer Stellungnahme über Opportunität und Reichweite des »Weltdienstes« von Christen auf.[54] Die Ordinarienkonferenz hatte aber bereits auf ihrer Vollversammlung am 11./12. Juli 1966 ihre Grundsatzentscheidung getroffen. Die Ordinarien lehnten den Begriff »Engagement« als »mißverständlich« ab, sie bevorzugten stattdessen konziliare Formeln wie »Präsenz des Christen in der Welt« oder »Weltdienst des Christen«.[55] Auf diese Weise versuchte die Ordinarienkonferenz, die verschiedenen Interessen auszugleichen. Ein »Engagement« von Katholiken für den Sozialismus schlossen sie aus, Formen »unverfänglicher« gesellschaftlicher Mitwirkung sollten aber möglich sein. Die BOK gestand darüber hinaus in Sonderfällen zu, dass Katholiken durchaus Berufe, die eine Gefahr an Gewissenskonflikten in sich bargen, ausüben dürften. Sie sollten aber ständig Kontakt zu ihrem Seelsorger halten und im Konfliktfall die Bereitschaft zum Berufs- oder Stellenwechsel aufbringen.[56]

Der Entwurf für das Antwortschreiben[57] der AG Akademikerseelsorge stammte im Wesentlichen aus der Feder des Berliner Akademikerseelsorgers und späteren Sekretärs der BOK Paul Dissemond.[58] Seine Ausführungen auf

---

53 So wird auf der Jahreskonferenz der AG Akademikerseelsorger am 7./8. Mai 1966 in Berlin im Protokoll vermerkt: »Die AG war sich darüber einig, daß die Frage des ›Engagements‹ nicht tabuisiert werden sollte. Die Gespräche darüber, vor allem auch Gespräche unter den Studenten, waren jedoch weithin von Emotionen gespeist und frei von sachlichen Überlegungen. Es hatte den Anschein, daß hier irgendwo Ideen losgelassen werden und die Verantwortlichen sich davon mittragen lassen. Dagegen kann dieses Problem nur mit Sachverstand und kühlem Kopf angegangen werden«. Akademikerseelsorge. Protokoll vom 7./8. Mai 1966. In: ROO A II 18.
54 Ebd.
55 Protokoll vom 11./12. Juli 1966. In: ROO Protokolle der BOK 1961-67.
56 Ebd.
57 Akademikerseelsorge. Anlage 5 zum Protokoll vom 27./28. Januar 1968. In: ROO A II 18: Weitere Hintergründe zu diesem Schreiben bietet Dissemond selbst; vgl. Paul DISSEMOND: Akademikerseelsorge. In: Der Katholizismus – gesamtdeutsche Klammer in den Jahrzehnten der Teilung? Erinnerungen und Berichte, hrsg. von Ulrich von Hehl; Hans Günter Hockerts, Paderborn u. a. 1996, 155-160.
58 Paul Dissemond, geb. 22. Juli 1920, Priesterweihe 1948, 1962-1968 Akademikerseelsorger im Bistum Berlin, 1966-1994 Ordinariatsrat, 1968-1985 Sekretär (1985 Generalsekretär) der BOK bzw. BBK, 1974-1987 vom Vorsitzenden der BOK/BBK mit den Verhandlungen mit dem MfS beauftragt, 1974-1989 vom MfS als IM »Peter« geführt, 1994 Ruhestand. Den hier traktierten Text lässt Bernd Schäfer von Wolfgang Trilling an Bengsch senden, ohne damit die Verfasserschaft geklärt zu haben. Er zitiert aber

die Frage nach der gesellschaftlichen Existenz des Katholiken stehen in der Spannung zwischen Gemeinwohlorientierung und gesellschaftlicher Abstinenz.[59] Er fordert eine hoch ambitionierte Gesinnungsethik. Die Katholiken hätten sich aus christlicher Überzeugung für die Gesellschaft einzusetzen. Hilfreich sei dabei die »Unterscheidung zwischen realem Sachverhalt und ideologischer Deutung«. Grundsätzlich könne ihr gesellschaftlicher Einsatz aber zu politisch missbräuchlichen Folgen führen. Im Konfliktfall müssten die Katholiken dann den kirchlichen Grundsätzen folgen und auch berufliche Nachteile in Kauf nehmen. Diese Bekenntnismetaphorik blieb nicht unwidersprochen. Auf der Jahreskonferenz der AG Akademikerseelsorge 1968 wurde Dissemonds Entwurf breit diskutiert. Mehrheitlich gab man zu Protokoll: »An der Ausarbeitung wurde bemängelt, sie sei methodisch unzureichend, da sie keine Analyse aufstellt, zu der ein Kleriker ja auch gar nicht in der Lage sei«.[60] Die AG verlangte Ergänzungen, die vor allem die besondere Situation verschiedener Berufsgruppen konkreter beschreiben sollten. Vorbehaltlich der geforderten Ergänzungen bestätigte die Jahreskonferenz aber diesen Text als Antwortschreiben für die BOK.

Dissemonds Ausführungen lassen die Emotionalität und Schärfe der Debatten Mitte und Ende der 1960er Jahre erkennen. Die angespannte Diskussion verdeutlicht auch die Reaktion der Ordinarienkonferenz auf das Papier der AG Akademikerseelsorge. Auf der Vollversammlung der BOK am 2. September 1968 in Dresden übten die Ordinarien heftige Kritik an der in ihm aufgestellten Behauptung einer »strikte[n] kirchlichen Abstinenz« seit 1945 der Gesellschaft gegenüber.[61] Den sie ansonsten bestätigenden Duktus des Textes würdigten sie dagegen nicht. Die inkriminierte Wendung hatte als Paraphrase einer Aussage Wolfgang Trillings in das Papier Eingang gefunden.[62] Die aktuelle Thematik eines gesellschaftlichen Engagements verbanden sie mit der »richtigen« Deutung der jüngsten Vergangenheit. Die BOK wollte ihre Position historisch legitimieren. Im Namen der Ordinarienkonferenz formulierte Otto Spülbeck ein Antwortschreiben an die AG Akademikerseelsorge.[63] Ausführlich schildert

---

jeweils nur Anfang und Schluss des Textes, so dass von ihm ein anderer Eindruck entsteht, als wenn er im Ganzen zur Kenntnis genommen wird. Vgl. B. SCHÄFER, Staat und katholische Kirche in der DDR (wie Anm. 5), 281.

59 Akademikerseelsorge. Anlage 5 zum Protokoll vom 27./28. Januar 1968. In: ROO A II 18.
60 Ebd.
61 Ebd.
62 Vgl. Wolfgang TRILLING: Der Weg der katholischen Kirche in der DDR. In: Wolfgang Trilling. »Trauer gemäß Gott«. Leiden in und an der Kirche in der DDR, hrsg. von Klemens Richter (Münsteraner Theologische Abhandlungen, 33), Altenberge 1994, 17-32.
63 Akademikerseelsorge. Brief: Otto Spülbeck an die AG »Akademikerseelsorge« vom 11. November 1968. In: ROO A II 18.

er die Situation nach 1945. In dieser Zeit habe die Kirche ihren Auftrag für die Gesellschaft sehr ernst genommen. Staatliche Stellen hätten jedoch systematisch die Zusammenarbeit verweigert und kirchliche Tätigkeitsfelder kassiert. Die Möglichkeiten zur Einflussnahme seien nach dem Tod Otto Nuschkes[64] nochmals verringert worden. Spülbeck kritisiert den Vorwurf der »kirchlichen Abstinenz« auf diesem Hintergrund als unberechtigt und resümiert:

> »Als diese Arbeit in den ersten 10 Jahren nach 1945 von uns getan wurde, wurden wir von den westlich orientierten Katholiken der DDR beargwöhnt als ›kommunistenhörig‹. Nach der Mauer 1961 sind diese Kreise jedoch, die vorher nur vom Westen träumten, zur Besinnung gekommen und schlugen ins Gegenteil um durch ihr zu kritikloses Engagement. Uns aber wirft man Mangel an Dialogbereitschaft vor und zu große Abstinenz«.[65]

Unabhängig davon, ob die von Spülbeck angeführten »Kreise« tatsächlich vor und nach 1961 dieselben waren, ist zu erkennen, welch lebensweltlicher Druck sich in den innerkirchlichen Debatten entlud. Jenseits reflektierter Parteinahmen für den Sozialismus suchten katholische Akademiker in der nach dem Mauerbau abgeriegelten DDR Möglichkeiten des sozialen Aufstiegs. Ihr Versuch, dies auch innerkirchlich zu rechtfertigen, führte immer wieder zu Schärfen in den Diskussionen.

III Resümee und Ausblick

Diese hier angedeuteten und von kleinen »pressure groups« getragenen Debatten konnten der Kirchenpolitik der BOK nicht wirklich gefährlich werden, dafür war ihre Reichweite zu begrenzt. Problematischer erschienen Bischöfen und Theologen die lebensweltliche Anpassung aufstiegswilliger Katholiken an »staatliche« Forderungen und ein Abrücken von Kirche und christlichem Glauben in den Gemeinden. Dies führte zu einer deutlichen Erosion der Kirchenzugehörigkeit und des Sakramentenempfangs Ende der 1960er Jahre. Die »Ränder« der Gemeinden wurden unscharf, wenn auch die Kerngemeinden weithin intakt blieben. Die »Herder Korrespondenz« ging 1969 in einem ausführlicheren Beitrag auf diese Entwicklungen ein.[66] Aufgrund der vorliegenden kirchensoziologischen Literatur lag der Schwerpunkt dieses Artikels zwar auf den evangelischen Landeskirchen,[67] ähnliche Schlussfolgerungen wurden in ihm aber auch für den DDR-Katholizismus gezogen: Der erhebliche

---

64 Otto Nuschke, geb. 23.2.1883, Vorsitzender der CDU in der SBZ/DDR 1948-1957, stellv. Ministerpräsident 1949-1957, Leiter der Hauptverwaltung Kirchen.
65 Akademikerseelsorge. Brief: Otto Spülbeck an die AG »Akademikerseelsorge« vom 11. November 1968. In: ROO A II 18.
66 »Kirchliche Entwicklungstendenzen in der DDR«. In: Herder Korrespondenz 23 (1969), 275-279, hier: 275.
67 Referiert werden die Ergebnisse von Gottfried KRETZSCHMAR: Volkskirche im Umbruch. Kirchliche Lebensäußerungen in drei Gemeinden der Evangelisch-Lutherischen Landeskirche Sachsens, Berlin 1967.

Rückgang der Zahlen sei zu einem Viertel der »Republikflucht« geschuldet, zu drei Vierteln aber einem allgemeinen »Entkirchlichungstrend«, »wie wir ihn auch aus dem Westen kennen«.[68] Die hier angedeuteten Entwicklungen weisen für den Zeitraum der 1960er und 1970er Jahre tiefgreifende Abbrüche im kirchlichen Leben aus. Diese Zeitspanne erscheint – konzentriert zwischen 1966 und 1975 – als eine »Sattelzeit«[69] des ostdeutschen Katholizismus. Dies gilt über den statistischen Befund hinaus gerade vor dem Hintergrund der innerkirchlichen Debatten und synodalen Prozesse in diesen Jahren. Die in die DDR »mitgebrachten«, traditionellen Vorstellungen, Handlungsweisen und Deutungsmuster der ostdeutschen Katholiken lassen in ihrer Reichweite und Durchdringungskraft deutlich nach. Der in seinem Symbol- und Deutungshaushalt weitaus offenere Katholizismus der 1980er Jahre deutet sich hier schon an.

---

68 Kirchliche Entwicklungstendenzen in der DDR. In: Herder Korrespondenz 23 (1969), 275.

69 Dieser von Reinhart Koselleck geprägte Begriff zur Beschreibung der tiefgreifenden Veränderungen zwischen 1750 und 1850 wird hier verwandt, um einen hinreichend prägnanten Begriff für die ebenfalls unübersehbaren Veränderungen im DDR-Katholizismus zu gewinnen. Koselleck versteht darunter in anderer Perspektive, dass sich »seit der Mitte des achtzehnten Jahrhunderts ein tiefgreifender Wandel klassischer topoi vollzogen« hat; Reinhart KOSELLECK: Einleitung. In: Geschichtliche Grundbegriffe 1 (1972), XIII-XXVII, hier: XV.

IM »Hans Werner«

Oberkirchenrat Hans Werner Kars (1909-1977) und
das Ministerium für Staatssicherheit

Von Marius Stachowski

Die SED setzte ab Mitte der 1950er Jahre darauf, die Landeskirchen durch eine gezielte Unterwanderung ideologisch zu beeinflussen.[1] Die Institution, die in der DDR darauf angesetzt war, war das Ministerium für Staatssicherheit (MfS), das mittels einer »Differenzierung« auf eine Handlungsunfähigkeit der Kirchen zielte.[2] Diese »Differenzierung« bedeutete, die SED-freundlichen Kräfte innerhalb der Landeskirchen sowie der Leitung des Bundes der Evangelischen Kirchen (BEK) zu stärken und sie in den kirchlichen Leitungspositionen zu installieren. Diese staatstreuen Kräfte sollten auf die betreffenden Kirchenleitungen Einfluss nehmen und gegen die staatskritischen bzw. widerständigen Kräfte in den Kirchen ausgespielt werden.[3] Ein gängiger Weg für diese Ziele lag in der Gewinnung und Förderung von Inoffiziellen Mitarbeitern (IM) in den Kirchen. Auch in der Landeskirche Anhalts war das MfS tätig. Hier geht es um den Oberpfarrer und späteren Oberkirchenrat Hans Werner Kars, mit dem das MfS seit 1956 in Kontakt stand und den es 1961 als IM[4] werben konnte.

Es handelt sich bei Pfarrer Hans Werner Kars um einen Fall, der bisher noch nicht aufgearbeitet worden ist und zu dem deshalb jedwede Forschungsliteratur fehlt.[5] Die Quellenlage ist sehr bescheiden. Es existiert eine Personalakte von

---

1 Zum Wandel der SED-Kirchenpolitik in den 1950er und den 1960er Jahren s. Robert F. GOECKEL: Thesen zu Kontinuität und Wandel in der Kirchenpolitik der SED. In: Die Kirchenpolitik von SED und Staatssicherheit. Eine Zwischenbilanz, hrsg. von Clemens Vollnhals, Berlin 1996, 29-58.
2 Vgl. Martin Georg GOERNER: Die Kirche als Problem der SED. Strukturen kommunistischer Herrschaftsausübung gegenüber der evangelischen Kirche 1945 bis 1958 (Studien des Forschungsverbundes SED-Staat an der Freien Universität Berlin), Berlin 1996, 231-264, hier bes. 233-241.
3 Beispielhaft sei auf die Unterwanderung der Landeskirche Berlin-Brandenburg durch das MfS hingewiesen, vgl. u. a. Ulrich SCHRÖTER: Die »Bearbeitung« der Landeskirche Berlin-Brandenburg durch das MfS, in: Die Kirchenpolitik von SED und Staatssicherheit (wie Anm. 1), 191-210. Zur »Bearbeitung« der Landeskirche Thüringens vgl. Anm. 125.
4 Kars wurde als »Geheimer Informator« (GI) geworben; diese wurden ab 1968 meistens als »Inoffizielle Mitarbeiter« (IM) bezeichnet. »GI« und »IM« werden hier also synonym gebraucht.
5 Vgl. aber die Hinweise zur NSDAP-Mitgliedschaft und IM-Tätigkeit bei Jan BRADEMANN: Auch diese Kirche stand rechts. Einleitende Bemerkungen zu einem schwierigen Thema, in: »Im Kampf für Gottes Volk«? Nationalismus in der anhaltischen Kirche 1918-1945, hrsg. von dems. (Landesgeschichtliche Beiträge; 2), Halle (Saale) 2023, 11-56, hier: 16f. Anm. 20, der auf das Problem einer NSDAP-Vergangenheit zweier

Kars, die das MfS angelegt hat.[6] Hinzu kommen drei weitere Akten, in denen die Berichte über Kars' Treffen mit seinen Verbindungsoffizieren zu finden sind.[7] Über das Wirken Kars' als Pfarrer und späteres Mitglied kirchenleitender Gremien – eine Kirchenleitung im engeren Sinne gab es in der Landeskirche Anhalts damals noch nicht – informieren u. a. Personalakten im Landeskirchlichen Archiv in Dessau.[8] Eine eingehende Recherche dort würde möglicherweise noch mehr Unterlagen ans Licht bringen, die zeigen, wie sich Kars' Einfluss als Oberkirchenrat auf die Politik der Landeskirchenleitung auswirkte.

Nach einleitenden Worten zur Biographie Hans Werner Kars' wird sein Weg bis zur Werbung durch das MfS nachgezeichnet. An das Kapitel über seine IM-Tätigkeit schließt sich ein thesenartiges Fazit an, das Kars als IM innerhalb des MfS-Gefüges einordnet.

I Eine biographische Skizze

Hans Werner Kars wurde 1909 als Sohn des Lehrers Otto Kars in Wernigerode geboren.[9] Nach seinem Theologiestudium in Jena, Marburg und Halle wurde er 1932 theologischer Lizenziat[10] und 1934 mit einer Arbeit über den Kulturkampf im 19. Jahrhundert zum Dr. phil. promoviert.[11] 1937 wurde er ordiniert.[12] Er bekleidete ab 1937 in der Paulus- und ab 1938 in der Petrusgemeinde in Dessau eine Stelle als Hilfsprediger.[13] Kars war Mitglied der NSDAP und der Deutschen Christen (DC)[14] und arbeitete im Arbeitskreis Religionstypologie dem Eisenacher »Institut zur Erforschung und Beseitigung des jüdischen Einflusses auf das deutsche kirchliche Leben« zu, das in der Forschung als

---

kirchenleitender Theologen in Anhalt nach dem Krieg aufmerksam macht (neben Kars nennt er noch Friedrich Natho [1894-1989]).

6 BArch, MfS, BV Halle, AIM 1334/77, Bd. 1.

7 Ebd., Bde. 2, 3 und 4 VSG (alle unpag.).

8 Neben der Akte mit der Bezeichnung »Personalakte Lic. Dr. Kars« sind die Akten im AELKA, B 30, Nr. 206 und 699 ebenfalls Personalakten. Wesentlich sind grundsätzlich die Bestände AELKA, B 3, B 30 und B 60.

9 Herrmann GRAF: Anhaltisches Pfarrerbuch. Die evangelischen Pfarrer seit der Reformation, Dessau 1996, 303.

10 Hans Werner KARS: Arigo, Osterwieck i.H. 1932 (vorhanden in: AELKA, B 30, Nr. 699).

11 DERS.: Kanzler und Kirche. Bismarcks grundsätzliche Einstellung zu den Kirchen während des Kulturkampfes, Gießen 1934.

12 Vgl. AELKA, B 30, Nr. 609 (unpag.).

13 Graf: Pfarrerbuch (wie Anm. 9), 303.

14 Das MfS gab zudem an, Kars sei von 1933 bis 1938 Mitglied der SA gewesen (vgl. Auskunftsbericht vom 02.08.1973 [BArch, MfS, BV Halle, AIM 1334/77, Bd. 1, fol. 245-252, hier: 247]).

›Entjudungsinstitut‹ bezeichnet wird.[15] Im Zweiten Weltkrieg diente Kars nach eigenen Angaben an der russischen Front in der 11. Panzerdivision[16] und wurde wiederholt verwundet.[17] Er geriet in amerikanische Kriegsgefangenschaft und wurde in der Nähe von Halberstadt zu Holzarbeiten eingesetzt.[18] Nach dem Krieg musste er sich wie viele andere anhaltische Pfarrer der Befragung der Entnazifizierungskommission unterziehen. 1937 hatte sich die Kirchenleitung doch den DC angeschlossen; etwa die Hälfte der anhaltischen Pfarrer gehörte den DC an.[19] Kars nahm später Stellung zu seiner Haltung während des Nationalsozialismus. In einer schriftlichen Erklärung schrieb er, er habe die »Verquickung« von Politik und Religion immer abgelehnt.[20] Die Kriegserfahrungen hätten ihm die Einsicht gegeben, dass die Ziele der DC nicht erstrebenswert seien.[21] Er versprach, seine Einsichten im Rahmen seiner weiteren Amtstätigkeit »nach bestem Wissen und Gewissen« zu verkündigen.[22] Die landeskirchliche »Säuberungskommission« unter dem Vorsitz von Kirchenrat Dr. Martin Müller, dem späteren Kirchenpräsidenten, urteilte, Pfarrer Kars sei auf »Bewährung« »tragbar«.[23] In einem zweiten Protokollentwurf wurde neben dem Beschluss

---

15 Vgl. Oliver ARNHOLD: »Entjudung« von Theologie und Kirche. Das Eisenacher »Institut zur Erforschung und Beseitigung des jüdischen Einflusses auf das deutsche kirchliche Leben« 1939-1945 (Christentum und Zeitgeschichte; 6), Leipzig 2020, 224. Ferner vgl. DAS EISENACHER »ENTJUDUNGSINSTITUT«. Kirche und Antisemitismus in der NS-Zeit, hrsg. von Christopher Spehr; Harry Oelke (Arbeiten zur Kirchlichen Zeitgeschichte; 82), Göttingen 2021.
16 Gustav W. SCHRODEK: Die 11. Panzerdivision. ›Gespenster-Division‹ 1940-1945, Eggolsheim 2004.
17 Vgl. Bericht über die Aussprache mit Kars vom 10.06.1959 (BArch, MfS, BV Halle, AIM 1334/77, Bd. 1, fol. 20 f, hier: 20).
18 Vgl. Vorschlag zur Werbung eines GI vom 15.05.1961 (ebd., fol. 70-73, hier: 71).
19 Veronika ALBRECHT-BIRKNER: Freiheit in Grenzen. Protestantismus in der DDR (Christentum und Zeitgeschichte; 2), Leipzig 2018, 125. Zur Entnazifizierung in der Landeskirche Anhalt siehe ferner Alexander SPERK: Entnazifizierung und Personalpolitik in der Sowjetischen Besatzungszone Köthen/Anhalt. Eine Vergleichsstudie (1945-1948) (Beiträge zur Geschichte; 2), Dößel 2003, und Georg FIEDLER: Bericht über die kirchliche Lage, Dessau 1945, abgedruckt in: J. Jürgen SEIDEL: Aus den Trümmern 1945. Personeller Wiederaufbau und Entnazifizierung in der Sowjetischen Besatzungszone Deutschlands, Göttingen 1996, 284 f.
20 Vgl. DC-Erklärung von Hans Werner Kars vom 23.11.1945 (AELKA, B 6, G 32/14, Bd. I [DC-Erklärungen der Geistlichen], fol. 60 f, hier: 60).
21 »Ich erkläre, daß ich[,] durch manche Erfahrung und manches Erlebnis gerade des Krieges gereift u[nd] bereichert[,] eingesehen habe, daß auch im religiösen Ziel und in den religiösen Ausdrucksformen des Deutschen Christentums [= der Deutschen Christen] oft eine Verengung und allzumenschliche Begrenzung vorgelegen hat. Das trifft vor allem den Gedanken der Einbettung des Gottesreiches nur in das Reich der Deutschen und die liturgische Form der Gottesfeier« (ebd.).
22 Vgl. ebd.
23 Vgl. Handschriftlicher Protokollentwurf der 1. Sitzung der Säuberungskommission am 09.05.1947 (AELKA, B 60, Nr. 1).

handschriftlich das Wort »strafversetzt« vermerkt, das aber durchgestrichen wurde.²⁴ Nach seiner Rückkehr aus der Kriegsgefangenschaft 1945 wollte Kars sein Amt weiterhin in Dessau versehen.²⁵ Dazu kam es nicht, weil er von der Kirchenleitung aufgefordert wurde, nicht dort zu predigen, denn im »Säuberungsausschuss« sei deutliche Kritik an Kars' Amtsführung während der Naziherrschaft geübt worden.²⁶ Der Landeskirchenrat beschloss, Kars als Pfarrer in Hecklingen einzusetzen.²⁷ Die Probepredigt und das anschließende Gespräch mit dem dortigen Gemeinderat im März 1946 waren für Kars ein Desaster. Die Predigt habe »infolge von Mangel an Bekenntnis und Zeugnis nicht befriedigt«, heißt es in einem Brief des zuständigen Kreisoberpfarrers Ernst Kluge an die Kirchenleitung.²⁸ In der Gemeinde seien Stimmen laut geworden, niemand wolle seine Kinder zu einem »Nazi-Pfarrer« schicken.²⁹ Der Landeskirchenrat beschloss daraufhin, Kars mit der Pfarrstelle in Steutz zu versehen – ein Versuch, der offenbar gelang.³⁰ Das Durchstreichen der Bemerkung »strafversetzt« bedeutete möglicherweise, dass die »Säuberungskommission« hinter der Ablehnung Kars' in Dessau und Hecklingen und seiner Versetzung nach Steutz eine ›Strafversetzung‹ durch die Kirchenleitung vermutete, da die Kommission sicher über die Vorgänge um Kars informiert war. Dass es sich hierbei de iure um eine ›Strafversetzung‹ handelte, kann nicht belegt werden; de facto aber wurde er ›strafversetzt‹. 1953 wurde Kars Kreisoberpfarrer, bevor er

Abb. 17: Hans-Werner Kars beim Kirchentag 1955 in Dessau. AELKA.

---

24 Vgl. ebd.
25 Vgl. ebd., B 30, Nr. 206, fol. 90.
26 »Da in der Sitzung des Säuberungsausschusses heftige Angriffe gegen Ihre Amtsführung laut geworden sind, sehen wir es als das Beste an, wenn Sie bis auf weiteres nicht in Dessau predigen. Es liegt dies in Ihrem eigenen Interesse« (Brief der Kirchenleitung an Kars vom 14.11.1965 [ebd., fol. 91]).
27 Vgl. Sitzungsbeschluss Nr. 1 vom 08.03.1946 (ebd., fol. 94).
28 Vgl. Brief des Kreisoberpfarrers Ernst Kluge an den Landeskirchenrat vom 18.03.1945 (ebd., fol. 95).
29 Vgl. ebd.
30 Vgl. Sitzungsbeschluss Nr. 2 vom 10.04.1946 (ebd., fol. 97, ferner 98f.).

IM »Hans Werner«.

1955 auf eine Pfarrstelle in Roßlau wechselte.³¹ Es gelang ihm 1964, zum Oberkirchenrat gewählt zu werden; er wurde damit Mitglied des Landeskirchenrats. 1969 wurde Kars wiedergewählt; er trat 1976 in den Ruhestand und starb 1977 in Roßlau.³² [Abb. 17]

II Kars' Weg zum Inoffiziellen Mitarbeiter des MfS

Im September 1956 nahm das MfS erstmals Kontakt zu Oberpfarrer Kars auf. In seinem Büro sprachen Vertreter der MfS-Kreisdienststelle Roßlau/Elbe, glaubt man dem MfS-Bericht über dieses Treffen,³³ über das Verhältnis der Kirchen zum westdeutschen und zum ostdeutschen Staat. Trotz Mangels an verschiedenen Ressourcen hätten die DDR-Bürgerinnen und -Bürger eine gute Lebensgrundlage, wenn sie »arbeitsfreudig« seien, so Kars.³⁴ Er lobte auch die Zusammenarbeit zwischen den Blockparteien und der Kirche in Roßlau. 1955 seien fünf Mädchen konfirmiert worden, die gerne Kindergärtnerinnen werden wollten. Er habe mitbekommen, dass ihnen staatlicherseits etwaige Berufswünsche verwehrt worden seien, da die Mädchen nicht an der Jugendweihe teilgenommen hatten, und beklagte sich über den Umgang mit den jungen Frauen.³⁵ Auch er, Kars, sei zu Aussprachen mit Vertretern der Staatssicherheit bereit, »wenn keine Bindungen damit verbunden sind«.³⁶ Das MfS fügte seinem Bericht zwar kein Resümee an, aber sicher war es erfreut, nun Verbindungen zu einem »progressiven« Pfarrer zu haben, der – so zumindest der Ersteindruck – an einem guten Verhältnis zwischen Kirche und Staat sowie zugleich am Wohlergehen seiner Gemeinde großes Interesse hatte. Kars zeigte sich kooperativ, wollte sich aber offenbar nicht »binden«. Folgt man der Dokumentation in Kars' Personalakte bei der Staatssicherheit, dauerte es fast drei Jahre – bis zum Juni 1959 –, ehe es wieder zu einer »Aussprache« kam; diesmal fand sie in Kars' Wohnung statt.³⁷ Es ist nicht klar, ob er dieses Mal wusste, dass er mit dem MfS redete, da ihm nicht wie beim ersten Gespräch

---

31 Vgl. Graf: Pfarrerbuch, 303 (wie Anm. 9).
32 Vgl. ebd.
33 Vgl. Bericht über das Gespräch mit Kars vom 25.09.1956 (BArch, MfS, BV Halle, AIM 1334/77, Bd. 1, fol. 14f).
34 Vgl. ebd., 14.
35 »Hier sollte man nicht dazu übergehen, junge Menschen an ihrer Berufsausbildung zu hindern, da sie konfirmiert wurden« (ebd., fol. 15). »Zur Frage Konfirmation und Jugendweihe ist er der Meinung, daß der Staat eine Veränderung dahingehend treffen müßte, daß es eine staatliche Schulentlassungsfeier sei, woran alle Kinder teilnehmen und somit die Spannungen zwischen Staat und Kirche verschwinden würden, obwohl dieses Problem in der Landeskirche Dessau fast keine Rolle mehr spielt« (Treffbericht vom 02.02.1962 [BArch, MfS, BV Halle, AIM 1334/77, Bd. 2 VSG]).
36 Vgl. Bericht über das Gespräch mit Kars vom 25.09.1956 (BArch, MfS, BV Halle, AIM 1334/77, Bd. 1, fol. 14f, hier: fol. 14).
37 Vgl. Bericht über die Aussprache mit Kars vom 10.06.1959 (ebd., fol. 20f, hier: 20).

ein Leutnant und ein Unterleutnant der Staatssicherheit gegenübersaßen, die sich auch als solche zu erkennen gaben, sondern der Treffbericht wurde von IM »Karl«[38] verfasst. Das MfS ging also dazu über, IMs auf Kars anzusetzen, möglicherweise um herauszufinden, ob Kars auch in Abwesenheit hauptamtlicher Mitarbeiter der Staatssicherheit zu seiner sogenannten »progressiven«, also staatstreuen, Linie stehe. Es scheint, dass die Staatssicherheit das richtige Gespür besaß: Kars beklagte sich bei diesem Gespräch über den Mangel an Kommunikation staatlicher Behörden und das geringe staatliche Interesse an Lösungen von Problemen in seiner Gemeinde.[39] Auch die Kompromisslosigkeit der »Russen« in internationalen Fragen sei ein Problem.[40] Das MfS kam nicht umhin, zu konstatieren, Kars habe »keine positiven Worte über die SU [= Sowjetunion] und auch kein menschliches Verhältnis zu den Sowjetmenschen« gefunden.[41] Nun also hatte die Staatssicherheit ihn von einer anderen Seite kennengelernt, nämlich als Pfarrer, der zusehen musste, wie strukturelle Kommunikationsprobleme und Missverständnisse zwischen der Kirchenleitung und den staatlichen Stellen die Entwicklung seiner Gemeinde hemmten, und der seine Klage darüber vernehmbar zu äußern wusste.

Das MfS sammelte in jener Zeit im Rahmen von »Ermittlungen« sämtliche über Kars verfügbaren Informationen: Bildungsweg, Mitgliedschaften in Massenorganisationen (Kars war während der Naziherrschaft Mitglied der NSDAP gewesen, in der DDR gehörte er der CDU an), Auslandsreisen, Kuraufenthalte usw.[42] Auch staatskritische Äußerungen, die Jahre zurücklagen, wurden notiert.[43] Das Interesse an Kars hatte sich gewandelt: Meinte die Staatssicherheit

---

38 Es ist möglich, dass es sich hierbei um den thüringischen Oberkirchenrat Gerhard Lotz handelte (s. Anm. 125).

39 Kars führte ein Beispiel an: »Ich habe jetzt einen Praktikanten von der Predigerschule Wittenberg hier gehabt. Der verdient 105,- DM im Monat und da wollte er als E-Schweißer im Hydrierwerk Rodleben sich etwas Geld dazu verdienen. Der Meister sagte, ›Ja, wir können Sie gebrauchen‹ und der Kaderleiter sagte ›Nein, Sie können nicht bei uns arbeiten. Sie sind aktives Mitglied der ›Jungen Gemeinde‹. Sie zersetzen unseren Betrieb.‹ Der Arbeitsdirektor hat diese Auffassung gebilligt. Jetzt liegt der Vorgang zur Entscheidung beim [unkenntlich], aber das sind auch schon wieder 3 Monate her und eine Entscheidung wird nicht getroffen. So werden wir eben an der Nase herumgeführt« (Bericht über die Aussprache mit Kars vom 10.06.1959 [BArch, MfS, BV Halle, AIM 1334/77, Bd. 1., fol. 20 f]).

40 Vgl. ebd., fol. 21.

41 »Er war sehr steif und kühl. Es war sehr schwer, ihn überhaupt zur Äußerung seiner persönlichen Meinung zu bewegen« (ebd., fol. 21).

42 Vgl. Bericht über Kars vom 20.09.1959 (ebd., fol. 22 f).

43 »Zu Reisen von Oberschülern nach Westdeutschland ist am 01.07.57 von [unkenntlich] Herrn Kars folgendes geäußert worden: [›]Die Arbeiter und Bauern sind nicht imstande, den Staat zu lenken und die VO [= Volksorganisationen] von Partei und Regierung würden sich immer widersprechen. Schon in Dessau und Rosslau gibt es Unterschiede. Wenn wir fahren wollen, fahren wir bis zur Grenze, die Kinder gehen rüber und wir kommen wieder zurück.[‹] Kars hat sich dazu weiter geäußert, wenn

zuerst eine Kooperationsmöglichkeit zu finden, war sie nun einem sozialismusskeptischen Pfarrer auf der Spur.

Die Einschätzung des MfS sollte sich noch ein weiteres Mal entscheidend wenden. Das Referat Kirchenfragen des Bezirkes Halle, das für die Landeskirche Anhalts zuständig war, versuchte durch regelmäßige Veranstaltungen und Aussprachen zu eruieren, welche Themen die Pfarrer der Landeskirche bewegten und wie sie sich zu diesen Themen verhielten.[44] Mitte des Jahres 1960 debattierte die Landeskirche darüber, ob sie der Evangelischen Kirche der Union (EKU) beitreten solle. Die in der BRD angesiedelte EKU war eher staatskritisch eingestellt und wurde von der SED-Regierung argwöhnisch beäugt.[45] Kars trat bei einer dieser Veranstaltungen des Referates für Kirchenfragen in Halle gegenüber dem betreffenden Referenten Biertümpel als »entschiedener Gegner« eines solchen Anschlusses auf. Man müsse in Anhalt eine Allianz gegen dieses Projekt bilden, meinte Kars.[46] Biertümpel berichtete der Staatssicherheit in diesem Zusammenhang: »Den Abschluss des Gespräches bildete eine Übereinkunft über einen Termin zur weiteren Erörterung dieser Frage.«[47] Kars' Haltung gegen einen Beitritt zur EKU sowie ein möglicher Plan für eine mit dem Bezirk Halle gemeinsame Kampagne gegen den Beitritt kamen beim Referat für Kirchenfragen sicher gut an. Seine Haltung führte dazu, dass ihm die SED sowie das MfS wieder gewogen waren. Der Ballenstedter Pfarrkonvent stimmte jedoch mit elf Ja- und drei Nein-Stimmen probehalber *für* einen Anschluss an die EKU.[48] IM »Oskar« schrieb in seinem Bericht, Kars stehe in scharfer Opposition gegen den Anschluss. Auch »Oskar« teilte die Vorbehalte gegen einen Beitritt der Landeskirche zur EKU.[49] Weil es offenbar eine Mehrheit der Pfarrer für den Beitritt gab und Kars einer der wenigen war, die deutlich

---

sich die Jugendlichen einig wären, würden alle rüber gehen. [›]Sollen die Arbeiter- und Bauernkinder in der Landwirtschaft helfen, die Stipendium kriegen, wir sind ja nicht darauf angewiesen[‹]« (ebd., fol. 22).

44 »Diese Veranstaltung [am 30.05.1960] hatte das Ziel, dem Teil der Geistlichkeit, der heute schon progressiv für unseren Staat eintritt und im Friedensrat bzw. im Arbeitskreis ›Christliche Bevölkerung‹ der Nationalen Front mitarbeitet, Gelegenheit zu geben, mit den leitenden Funktionären des Bezirkes in Verbindung zu treten« (Einschätzung vom 01.06.1960 [ebd., fol. 27 f, hier: 27]).

45 Friedrich WINTER: Die Evangelische Kirche der Union und die Deutsche Demokratische Republik. Beziehungen und Wirkungen, Bielefeld 2001.

46 »Unseren Einfluss sollten wir aber auch unter den anderen Kreisen der christlichen Bevölkerung der Anhaltischen Landeskirche einsetzen, um diesen Anschluss zu verhindern« (Einschätzung vom 01.06.1960 [BArch, MfS, BV Halle, AIM 1334/77, Bd. 1, fol. 27 f, hier: 27]).

47 Ebd.

48 Vgl. Auszug aus einem inoffiziellen Bericht vom 23.06.1960 (ebd., fol. 29).

49 »Wie in Erfahrung gebracht, soll der Kirchenkreis Zerbst unter Kreisoberpfarrer Dr. Kars sich nicht mit dem Anschluß [an die EKU] bereit erklärt haben. Diese Ansicht teilt auch der Unterzeichnete [IM »Oskar«], da mit einem Anschluß die Anhalt[ische]

vernehmbar ihre kritische Haltung kommunizierten, gewann seine Person erneut an Wichtigkeit beim Bezirk Halle und beim MfS. Die Landeskirche Anhalts trat 1960 trotz der Opposition von Kars und anderen der EKU bei.

Obwohl Kars' Stimme offenkundig nicht genug Gewicht gehabt hatte, nahm die Staatssicherheit wieder Kontakt zu ihm auf. Bis dahin waren drei IM auf ihn angesetzt gewesen – IM »Karl«, IM »Müller« und IM »Oskar«. Nun aber nahmen die hauptamtlichen Mitarbeiter des MfS die Dinge selbst in die Hand und brachten im Oktober und November 1960 sowie im Januar und Februar 1961 »Kontaktgespräche« zustande.[50] Nicht etwa ein IM, sondern ein Hauptmann der MfS-Bezirksverwaltung Halle sowie ein Vertreter der Kreisdienststelle (KD) Roßlau führten die Gespräche. Diese liefen nach dem immer gleichen Schema ab. Zunächst erzählte Kars über sein Privatleben – Informationen, die in diesen Protokollen häufig nicht dokumentiert wurden – und anschließend teilte er den Herren der Staatssicherheit überaus viele Informationen über die Anhaltische Kirche mit, über die er in seiner Funktion als Kreisoberpfarrer verfügte. Es ging um Stimmungen in der Kirchenleitung und in der Synode sowie um Aussprachen mit staatlichen Vertretern. Das MfS schloss das Protokoll jedes Mal mit einer »Einschätzung« über Kars, den es als Kontaktperson (KP) führte. Ein Beispiel für ein solches Gespräch ist das zwischen einem Hauptmann der Staatssicherheit und Kars am 24. November 1960.[51] Es ging um das Scheitern seiner Kampagne gegen den Anschluss an die EKU und die anstehende Synode der Landeskirche vom 10. bis 12. März 1961, um Synodenanträge sowie die Wahl des Kirchenpräsidenten und des Landeskirchenrats. Hier wurde erstmals über die Perspektive gesprochen, Kars könne zum Oberkirchenrat oder gar zum Kirchenpräsidenten gewählt werden, der sein Amt mit einer staatsfreundlichen Haltung versehen würde – eine Idee, die jedoch erst gedeihen musste.[52]

Landeskirche nicht nur einen Teil ihrer Rechte preisgibt, sondern auch in eine gefährdende politische Linie hineinmanövriert wird« (ebd.).

50 Vgl. Bericht über ein Kontaktgespräch vom 20.10.1960 (ebd., fol. 35-38), Bericht über ein Kontaktgespräch vom 24.11.1960 (ebd., fol. 39-41), Bericht über ein Kontaktgespräch vom 19.01.1961 (ebd., fol. 42-45) und Bericht über ein Kontaktgespräch vom 28.02.1961 (ebd., fol. 31-33).

51 Bericht über ein Kontaktgespräch vom 01.03.1961 (ebd., fol. 31-33).

52 »Auf die Frage, wenn er [Kars] [als Kandidat für das Amt des Kirchenpräsidenten] vorgeschlagen würde, ob er dann die Funktion annehmen würde, sagte er, er würde annehmen, aber damit rechne er nicht, denn er sei als K.O.Pf. [= Kreisoberpfarrer] zu sehr als fortschrittlich bekannt« (Bericht über ein Kontaktgespräch vom 24.11.1960 [ebd., hier: 40]). – Auch in dem Kontaktgespräch am 28.02.1961 kam diese Perspektive zur Sprache: »K[ars] schätzt die Lage jedoch so ein, daß jetzt die Neuwahl [des Kirchenpräsidenten und des Oberkirchenrates] sehr günstig sein würde[,] um Personen zu wählen, welche unserem Staat gegenüber progressiv eingestellt sind. Kirchenrat [Hermann] Fischer will nicht Präsident werden, infolgedessen würde die Kandidatur von ihm (Kars) und [unkenntlich] sehr günstig stehen. [...] Der jetzige Präsident der Synode, Kreisoberpfarrer [Werner] Lange, hätte es zu gern, daß K[ars] diese

Die Protokolle jener Zeit vermitteln den Eindruck, dass das MfS Kars in die Kirchenleitung, besser noch in das Amt des Kirchenpräsidenten hineinschleusen wollte. Interessant sind auch die Absprachen zwischen Kars und den MfS-Vertretern im Februar 1961: Für eine »weitere Zusammenarbeit« sei seine Wohnung nicht geeignet, ein konspirativer Treffpunkt sei nötig.[53] Der Hauptmann resümierte wie in den vorherigen Gesprächen, Kars sei im Gespräch offen gewesen und habe Bereitschaft gezeigt, mit der Staatssicherheit auch weiterhin zusammenzuarbeiten.[54] Es ging also um eine Konkretion und eine Formung der weiteren Zusammenarbeit zwischen ihm als Kontaktperson und dem MfS. Die Informationen, die Hans Kars der Staatssicherheit ab 1961 ständig gab, betreffen sämtliche Vorgänge der Kirchenleitung, die Synode, die Synodalen und einzelne Pfarrer.[55] Meistens ließ er private und intime Informationen über diese Personenkreise aus. In vielen Berichten ist vermerkt, Kars habe gemeint, sein Kirchenkreis habe ein gutes Verhältnis zu den »Staatsorganen«.[56] Das zu bemerken, war Kars sicher wichtig, da er dem MfS zeigen wollte, dass er sich in seinem Bereich mit seiner staatsfreundlichen Haltung durchsetzen konnte. Kars zeigte laut Staatssicherheit volle Kooperationsbereitschaft. Sogar auf Dienstreisen sei er bereit, die Herren des MfS zu empfangen.[57]

Nun erfolgte der entscheidende Schritt: Anfang Februar 1961 fasste das MfS mit dem Anlegen einer GI-Vorlaufakte den Entschluss zur »Schaffung eines IM auf der Linie der ev[angelischen] Kirche«.[58] Der »Vorlauf« bestand

---

Funktion [Präses der Synode] einnehmen würde, jedoch ist er [Kars] selbst damit nicht einverstanden, da er als Präses keinen allzugroßen Einfluß auf die Synode und Kirchenleitung ausüben könne. Als Oberkirchenrat kann er dieses viel besser tun, vor allem den Einfluß der EKU zurückdrängen« (Bericht über ein Kontaktgespräch vom 01.03.1961 [ebd., fol. 31-33, hier: 31 u. 32]).

53 Vgl. Bericht über ein Kontaktgespräch vom 01.03.1961 (ebd., fol. 31-33, hier: 33).
54 »Kars war in seinem Verhalten sehr aufgeschlossen, machte konkrete Angaben. Aus seiner Haltung ist zu entnehmen, daß er nicht abgeneigt ist, mit unserem Organ in der bisherigen Form zusammenzuarbeiten. Für eine gute Zigarre sowie gute Getränke ist er nicht abgeneigt« (ebd.).
55 Als Beispiel sei auf das Treffen am 10.04.1961 verwiesen (Bericht über ein Kontaktgespräch vom 14.04.1961 [ebd., fol. 62-65]).
56 Vgl. Bericht über ein Kontaktgespräch vom 09.05.1961 (ebd., fol. 66-69, hier: 67).
57 »In der weiteren reibungslosen Zusammenarbeit wurde durch ihn angeregt, daß er im Verhinderungsfalle uns tel[efonisch] über die KD Roßlau Bescheid gibt und den nächsten günstigen Termin festlegt. Er meldet sich bei der KD Roßlau und verlangt den Stellenleiter oder [die] Sekretärin mit dem Namen Hans-Werner und sagt sein Anliegen zur Weiterleitung an Herrn Gottschalk [...]. Bei eventuellen Zusammentreffen mit [unkenntlich] in seinem Zimmer [= in seinem Büro in Roßlau] stellt er uns als Mitglieder des Arbeitskreises unter der christlichen Bevölkerung aus Halle [gemeint ist wahrscheinlich der Arbeitskreis ›Christliche Bürger‹] vor. Ebenfalls unter dem Namen Gottschalk bei dienstlichen Reisen nach Halle oder Berlin ist er jederzeit bereit, mit uns zusammenzutreffen« (ebd., fol. 69).
58 Beschluss vom 10.02.1961 (ebd., fol. 53 f).

darin, auszuloten, ob Kars für das MfS als GI zu verpflichten sei. Bei allem Interesse zweifelte die Staatssicherheit zunächst noch an der Vertrauenswürdigkeit ihrer Kontaktperson. War sie sich beim Treffen am 5. Mai 1961 noch nicht sicher, ob sie Kars vollumfänglich vertrauen könne,[59] formulierte die Abteilung V/4 der Bezirksverwaltung (BV) in Halle einige Tage später einen »Vorschlag zur Werbung eines GI [Geheimer Informator, ab 1968 IM] auf der Linie der Evangelische[n] Kirche«[60]. Das MfS stellte die Eignung Kars' für eine solche Zusammenarbeit fest.[61] Es formulierte auch die Zielsetzung dieser Zusammenarbeit: Sollte Kars im Herbst 1961 von der anhaltischen Synode zum Oberkirchenrat gewählt werden, könne die Staatssicherheit einen solchen Einfluss auf die Kirchenleitung ausüben, dass eine »engere Zusammenarbeit« der Landeskirche mit der staatsnahen Thüringischen Landeskirche entstehen könnte.[62] »Die Werbung des Kandidaten«, so das MfS in seinem Vorschlag, »soll durch Überzeugung und langsames Heranziehen erfolgen«.[63]

III Kars als IM »Hans Werner«

Am 15. Juni 1961 war es dann so weit:[64] Hans Werner Kars wurde vom MfS als IM verpflichtet.[65] Kars unterschrieb bei dem Treffen offenbar keine Verpflichtungserklärung, sondern er wurde laut Staatssicherheit per »Handschlag«

---

59 »Ein gewisses Vertrauensverhältnis [von Kars] zu unserem Organ ist bereits vorhanden (ob es jedoch ehrlich ist, kann noch nicht gesagt werden)« (Bericht über ein Kontaktgespräch vom 09.05.1961 [ebd., fol. 66-69, hier: 69]).
60 Vorschlag zur Werbung eines GI vom 15.05.1961 (ebd., fol. 70-73).
61 »Aufgrund der vorhandenen Ermittlungsergebnisse und mehreren persönlichen Unterredungen wird der Kandidat so eingeschätzt, daß er für eine Zusammenarbeit mit dem MfS geeignet ist. Bei allen Gesprächen sagte er frei und offen, ohne jegliche Hemmungen, seine Meinung zu allen politischen, ökonomischen und kirchlichen Fragen. Kirchenpolitisch steht er auf dem Standpunkt der progressiven Kräfte, welche ein gutes Verhältnis zu unserem Staat wollen und für den Sozialismus eintreten« (Vorschlag zur Werbung eines GI vom 15.05.1961 [ebd., hier: 72]). – Der für Kars zuständige MfS-Hauptmann forderte, weitere Informationen über den künftigen GI zu sammeln: »Lücken in der Aufklärung der gesamten Persönlichkeit im nächsten Quartal schließen« (ebd.).
62 Vgl. Vorschlag zur Werbung eines GI vom 15.05.1961 (ebd., fol. 73).
63 Vorschlag zur Werbung eines GI vom 15.05.1961 (ebd., fol. 70-73, hier: 73).
64 Vgl. Bericht über die Verpflichtung vom 16.06.1961 (ebd., fol. 74 f). Das MfS gibt an, die erste Kontaktaufnahme mit Kars habe am 19. Januar 1961 und bis zum »Vorschlag« hätten sechs Kontaktgespräche stattgefunden (vgl. Vorschlag zur Werbung eines GI vom 15.05.1961 [ebd., fol. 70-73, hier: 73]). Dies stimmt nicht, sondern es waren mindestens zehn Gespräche, die bis dahin mit Kars geführt worden waren (vgl. z.B. das Inhaltsverzeichnis der MfS-Personalakte [ebd., fol. 2-4]).
65 »Das Werbungsgespräch erfolgte auf der Basis der politischen Überzeugung. Auf die Frage einer ständigen regelmäßigen Zusammenarbeit mit unserem Organ war der Kandidat ohne jegliches Bedenken bereit. […] Über die Art der Zusammenarbeit ist

verpflichtet.⁶⁶ Er durfte sich seinen Decknamen aussuchen und wählte schlicht seine beiden Vornamen, sodass er in den Akten des MfS als GI »Hans Werner« bezeichnet wurde.⁶⁷ Als »Erkennungszeichen« wurde die Losung »Benötigen Sie Ersatzteile für die Orgel?« festgelegt.⁶⁸ Es wurde hervorgehoben, dass die »feindlichen Kräfte, die unter dem Deckmantel der Kirche ihre Feindtätigkeit durchführen«, bekämpft werden müssten.⁶⁹ Auch auf das Gebot der Geheimhaltung wurde Kars hingewiesen. Auf »alle Vorkommnisse« in der Landeskirche solle er achten, vor allem aber auf die in der Kirchenleitung.⁷⁰ Wenige Tage nach der Verpflichtung wurde ein GI-Vorgang angelegt, womit Kars in der Aktenführung des MfS als GI geführt wurde.⁷¹ Für die Staatssicherheit war die Perspektive, die Landeskirche Anhalts »auf die Linie der Landeskirche Thüringen« zu bringen, nachdem Kars in ein kirchenleitendes Amt gewählt werden würde, zum Greifen nahe.⁷² Aber Kars wurde bei der nächsten Synode im Herbst 1961 nicht zum Oberkirchenrat gewählt.

Nach der Verpflichtung im Juni 1961 schloss sich eine lange Phase des Schweigens zwischen dem MfS und ihrem neuen IM an. Eine erste Beurteilung im Januar 1962 lobte seine Arbeit.⁷³ Für die Zeit zwischen März 1962 und September 1964 sind keine Treffberichte überliefert.⁷⁴ Kars unternahm einen vergeblichen Versuch, die Kommunikation mit der Staatssicherheit wieder in Gang zu bringen. Er schrieb einen Brief, vermutlich an seinen Ver-

---

er bereit[,] alles das zu tun, was im Bereich seiner Möglichkeiten liegt« (Bericht über die Verpflichtung vom 16.06.1961 [ebd., fol. 74 f, hier: 74]).

66 »Die Verpflichtung erfolgte durch Handschlag, eine schriftliche Verpflichtung wird je nach den gegebenen Möglichkeiten und Bedingungen nachgeholt« (ebd.). In der ersten Beurteilung nach der Verpflichtung vom Januar 1962 heißt es: »Eine schriftliche Verpflichtung erfolgte nicht, da sich die Zusammenarbeit auf ein gegenseitiges Vertrauen aufbaute« (Beurteilung vom 04.01.1961 [ebd., fol. 85]).
67 Vgl. Bericht über die Verpflichtung vom 16.06.1961 (ebd., fol. 74 f, hier: 74).
68 Vgl. Auskunftsbericht vom 02.08.1973 [ebd., fol. 245-252, hier: 252]).
69 Vgl. Bericht über die Verpflichtung vom 16.06.1961 (ebd., fol. 74 f, hier: 74).
70 Ebd., fol. 75.
71 Beschluss vom 20.06.1961 (ebd., fol. 76 f).
72 »In der Perspektive ist vorgesehen, daß er innerhalb der Landeskirche Dessau durch die Synode der Landeskirche in eine höhere Funktion gewählt wird, mit dem Ziel der Leitung der Landeskirche auf die Linie der Landeskirche Thüringen zu bringen« (Bericht über die Verpflichtung vom 16.06.1961 [ebd., fol. 74-75, hier: 75]).
73 Vgl. Beurteilung vom 04.01.1961 [ebd., fol. 85]).
74 Vgl. BArch, MfS, BV Halle, AIM 1334/77, Bd. 2 VSG. Für die Zeit zwischen Juni 1961 und August 1962 ist nur ein Kontakt zwischen Kars und dem MfS aktenkundig (vgl. Aktenvermerk vom 28.06.1962 [BArch, MfS, BV Halle, AIM 1334/77, Bd. 1, fol. 105]). Ein Auskunftsbericht vom März 1962 sagt hingegen, es gebe alle zwei bis drei Wochen einen Treff. Es ist also nicht auszuschließen, dass es regelmäßige Treffen gab, die jedoch nicht protokolliert wurden (vgl. Auskunftsbericht vom 22.03.1962 [ebd., fol. 123-125, hier: 125]).

bindungsoffizier bei der Bezirksverwaltung Halle.[75] Darin heißt es, er sei um eine »menschliche Verbindung« zu seinem Offizier bemüht. Gerne wolle er bald verschiedene berufliche und private Anliegen mit ihm besprechen.[76] In der Landeskirche herrsche eine große Unsicherheit über das Verhältnis zum Rat des Bezirkes und zum Staatssekretariat für Kirchenfragen.[77] Abgesehen von der Übergabe eines Buches an Kars,[78] scheint die Verbindung zwischen ihm und dem MfS 1962 und 1963 eher lose gewesen zu sein. Mögliche Ursachen mögen in den Informationen liegen, die die Staatssicherheit in jener Zeit sammeln konnte. Es gab Hinweise, denen zufolge sich Kars als Freund Martin Niemöllers gegen die Einführung der Wehrpflicht in der DDR und für die Ostermärsche in Westdeutschland ausgesprochen habe.[79] Tatsächlich war Kars ein entschiedener Gegner der Einführung der Wehrpflicht.[80] Im Pfarrererholungsheim Tabarz soll er sich im Oktober 1962 wohlwollend über den Magdeburger Bischof Jänicke und den Greifswalder Bischof Krummacher geäußert haben.[81] Von nicht genau zu ermittelnden Stimmen wurde im November 1962 deutlich davor gewarnt, Kars als Vertreter in eine Arbeitsgruppe der Prager Friedenskonferenz zu entsenden.[82] Kars sei bei der ersten Konferenz mit »sehr schlechtem Benehmen« aufgefallen und deshalb ungeeignet.[83] Auch

---

75 Brief von Hans-Werner Kars an [seinen Führungsoffizier der BV Halle] vom 05.09.1962 (ebd., fol. 94).
76 Vgl. ebd.
77 »In unserer Landeskirche herrscht in der Leitung Depression. Ob nun der Rat des Bezirkes oder das Staatssekretariat [für Kirchenfragen] einige deutliche Worte zur Grundsatzberatung gesagt hat, wurde nicht deutlich, wohl aber, dass sie gesagt wurden und sichtlich nicht ohne Eindruck geblieben sind. Aber wie nun weiter?« (ebd.).
78 Übergabeprotokoll vom 12.12.1963 (ebd., fol. 96).
79 Vgl. Bericht vom 03.02.1962 (ebd., fol. 92).
80 »Seine eigene Meinung zum Wehrpflichtgesetz ist, daß er es ablehne und konsequent die Linie Dr. Niemöllers vertrete. Er sei Pazifist und habe aus dem 2. Weltkrieg seine Lehren gezogen und werde nie wieder eine Waffe in die Hand nehmen. [...] Mit einzelnen Paragraphen des Wehrdienstgesetzes ist er nicht voll einverstanden, vor allem mit dem unbedingten Gehorsam gegenüber *einem jeden* Vorgesetzten« (Treffbericht vom 02.02.1962 [BArch, MfS, BV Halle, AIM 1334/77, Bd. 2 VSG]; Hervorhebung im Original). – Diese Meinung hielt er gegenüber dem MfS auch künftig aufrecht (vgl. Treffbericht vom 02.03.1962 [ebd.]).
81 »Die anderen Gäste im Heim fragten sich, wie es möglich sei, daß solch ein negativer Pfarrer in ein staatliches Erholungsheim kommt« (Bericht vom 19.01.1963 [BArch, MfS, BV Halle, AIM 1334/77, Bd. 1, fol. 109]).
82 Vgl. Bericht vom 25.11.1962 (ebd., fol. 95 u. 97). Zur Geschichte der Christlichen Friedenskonferenz (CFK) siehe Gerhard LINDEMANN: »Sauerteig im Kreis der gesamtchristlichen Ökumene«. Das Verhältnis zwischen der Christlichen Friedenskonferenz und dem Ökumenischen Rat der Kirchen. In: Nationaler Protestantismus und Ökumenische Bewegung. Kirchliches Handeln im Kalten Krieg (1945-1990), hrsg. von Gerhard Besier u.a., Berlin 1999, 653-932.
83 Vgl. Bericht vom 25.11.1962 (BArch, MfS, BV Halle, AIM 1334/77, Bd. 1, fol. 95 u. 97, hier: 95).

andere Vorwürfe standen im Raum: Im April 1963 wurde ein Theologiestudent gemustert, der bei Kars ein Praktikum absolviert hatte. Dieser habe zum Beginn seiner Aussprache der Musterungskommission eine Erklärung überreicht, in der er seinen Wehrdienst aus christlichen und Gewissensgründen verweigerte.[84] Kars stand im Verdacht, Wehrdienstverweigerer entsprechend beeinflusst zu haben.[85] Wahrscheinlich konnte die Staatssicherheit ihren kürzlich geworbenen Informanten politisch nicht einschätzen, sodass sie nicht wusste, ob und wie sie mit Kars zusammenarbeiten sollte.

Ein kirchenpolitisches Ereignis von für das MfS größter Wichtigkeit brachte die Zusammenarbeit mit Kars wieder in Gang: seine Wahl zum Oberkirchenrat (OKR) durch die Synode im November 1964.[86] Zunächst war Kars' Auftritt auf der Synodentagung auf seine Funktion als Vorsitzender des Synodalausschusses für Gemeindeaufbau beschränkt.[87] In seinem Referat schilderte er die Situation der Landeskirche aus seiner Sicht: Er beschrieb die anhaltische Kirche als eine »kranke Gemeinde«, deren Mitgliederzahl drastisch gesunken sei.[88] In seinem Bericht entfaltete Kars zugleich sein Gemeindeverständnis. Es handelte sich um praktisch-theologische Ausführungen, die das Verhältnis von Kirche und Staat vollständig aussparten. Am nächsten Tag, dem 14. November 1964,

---

84 Vgl. Bericht vom 03.04.1963 (ebd., fol. 99).
85 »Es besteht der Verdacht, daß diese Erklärungen auf Anraten des Kreisoberpfarrers [Kars] geschrieben und abgegeben wurden« (Bericht vom 03.04.1963 [ebd., fol. 99]). Dass Kars junge Menschen beraten hatte, die den Wehrdienst leisten sollten, ist nicht unwahrscheinlich, denn 1961 gab es laut Kars noch keine Weisungen für die Pfarrer, wie mit jungen Menschen umgegangen werden solle: »Bezüglich unseres Verteidigungsgesetzes und Teilnahme der christlichen Jugend am Dienst in der NVA gibt es von Seiten der Dessauer Kirchenleitung keinerlei Anweisungen, Hinweise oder Verhaltensmaßregeln« (Treffbericht vom 17.11.1961 [BArch, MfS, BV Halle, AIM 1334/77, Bd. 2 VSG]). Gegen die ihm vom MfS unterstellte Hilfe an Wehrpflichtigen spricht, dass er dem MfS gegenüber zusicherte, »er werde auch nicht seine eigene Meinung zur Frage des Wehrpflichtgesetzes in anderen Personenkreisen vertreten und vielleicht auffordern, sich von aller Wehrdienstpflicht fernzuhalten« (vgl. Treffbericht vom 02.02.1962 [ebd.]).
86 Synode der Evangelischen Landeskirche Anhalts vom 12. bis 15.11.1964 (AELKA, B 3, Nr. 28, Bd. I).
87 Ebd., fol. 103-119.
88 »Die Gemeinde ist nicht tot, aber sie ist krank [...].« Kars' Auskünften zufolge sei die Mitgliederzahl von 429.000 Mitglieder im Jahr 1954 auf 360.000 im Jahr 1964 gesunken. 1954 habe es 700.000 Gottesdienstbesucher, 1963 nur 350.000 gegeben. Die Zahl der Abendmahlsgäste habe 1954 noch 53.000 betragen; 1963 seien es nur noch 40.000 gewesen. Statt damals 2.400 Trauungen pro Jahr gebe es nur noch 860. Die Zahl der Täuflinge sei von 5.700 (1954) auf 2.400 (1963) gefallen. Bei einer gleichbleibenden jährlichen Zahl an Bestattungen von 3500 Seelen schrumpfe die Landeskirche jährlich um 3.500 Mitglieder. Die Zahl derer, die eine »christliche Unterweisung« erhielten, sei ebenfalls von 23.000 auf 11.000 gesunken (ebd., fol. 104, 106f, 108).

sollte die Wahl des Landeskirchenrats stattfinden.[89] Gewählt werden sollten drei, höchstens aber fünf Mitglieder des Landeskirchenrats, dazu jeweils ihre Stellvertreter.[90] Die Synode musste also zunächst entscheiden, ob sie drei oder fünf Synodale in den Landeskirchenrat entsenden wollte. Gerhard Kootz, der Präses der Synode, wies auf den nebenamtlichen Charakter und die Vielzahl der Aufgaben des Landeskirchenrats hin und ließ über die Größe abstimmen. Die Synode stimmte für einen aus vier Mitgliedern bestehenden Landeskirchenrat.[91] Die Wichtigkeit dieser Entscheidung darf nicht unterschätzt werden, denn bei der eigentlichen Wahl des Landeskirchenrats war Kars mit 21 Stimmen auf dem vierten Platz der Gewählten, d.h. ohne die Erweiterung des Landeskirchenrats wäre er nicht gewählt worden.[92]

Nach eineinhalb Jahren der ruhenden Zusammenarbeit wurde Kars für das MfS nun wieder interessant. Wenige Tage nach seiner Wahl traf sich Kars mit einem MfS-Hauptmann der BV Halle.[93] Der Hauptmann schrieb über den neuen Oberkirchenrat, GI »Hans Werner« sei es gelungen, »operative Aufgabenstellungen« über Jahre erfolgreich zu lösen. Es sei bei der Herbstsynode gelungen, »diesen IM in die hauptamtliche Führungsspitze dieser Kirchenleitung zu bringen«.[94] Mit der Wahl habe man in die Führung der Landeskirche »eindringen« können. Wichtig sei nun die Geheimhaltung dieses Vorgehens.[95]

Nach der Wahl von Kars zum Oberkirchenrat wiederholen sich Bemerkungen solcher Art. Es scheint, als habe die Staatssicherheit für sich reklamiert, Kars in die Kirchenleitung gebracht zu haben. Hatte das MfS eine aktive Rolle dabei gespielt, dass Kars in den Landeskirchenrat gewählt wurde? Ein Vertreter der Abteilung XX/4 der MfS-Bezirksverwaltung Halle schreibt in einem Bericht, vom Beginn der Zusammenarbeit an habe man versucht, Kars in die Kirchenleitung zu schleusen.[96] Es gibt keine Aktennotizen oder dergleichen, die dies

---

89 Ebd., fol. 159-247, hier: 167-171.
90 Vgl. ebd., fol. 168.
91 »Ich gebe das Ergebnis bekannt: 31 Stimmberechtigte, 31 abgegebene Stimmzettel, alle Stimmzettel sind gültig. 9 Stimmzettel für die Zahl 3[.] 22 [Stimmzettel für die Zahl] 4« (ebd., fol. 170).
92 »Es sind 31 Stimmzettel abgegeben worden, alle 31 Stimmzettel sind gültig. Wir brauchen also zur Wahl 50% der Stimmen, das sind 16 Stimmen, um gewählt zu sein. Bruder [Werner] Gerhard 31 Stimmen, Bruder [Ernst-Ulrich] Meyer 30 [Stimmen], Bruder Dr. Müller 25 [Stimmen], Bruder Dr. Kars 21 [Stimmen]« (ebd.).
93 Vgl. Bericht über ein Treffen am 19.11.1964 vom 21.11.1964 (BArch, MfS, BV Halle, AIM 1334/77, Bd. 1, fol. 104).
94 Vgl. ebd.
95 »Es wird ausdrücklich darum gebeten, in keiner Weise Auswertungen vorzunehmen, da für Außenstehende (einschließlich Bezirksleitung) durch eine einfache Analyse der Führungskräfte der Kirchenleitung diese Veränderungen erkennbar werden und zu einer Enttarnung unseres IM führen würden« (ebd.).
96 Vgl. Beschluss über die Umgruppierung vom 27.11.1964 (ebd., fol. 105).

belegen, aber eine Unterwanderung der Synode durch die Staatssicherheit zur Einflussnahme auf die Wahl des Landeskirchenrats ist nicht auszuschließen.

Die Staatssicherheit wusste, was sie an GI »Hans Werner« hatte. Sie schlug vor, Kars solle für seine Dienste die »Verdienstmedaille der NVA in Bronze« erhalten.[97] Er war nun so wichtig, dass das MfS eine »Umgruppierung« vornahm: Kars war nicht mehr nur »Geheimer Informator«, sondern »Geheimer Mitarbeiter« (GM).[98] Er sollte weiterhin über alle Pläne der Kirchenleitung informieren und ggf. Einfluss darauf nehmen.[99] Im Unterschied zum Geheimen Informator (GI) oder Inoffiziellen Mitarbeiter (IM) übernahm der GM (ab 1968 IMV) nicht nur Aufgaben im Bereich der Übermittlung brisanten Wissens, sondern er wurde gezielt zur Bekämpfung und Zerschlagung ›des Feindes‹ eingesetzt.[100] Damit wurde Kars' Spionageauftrag noch einmal spezifiziert. Als GI oder IM sollte er die Landeskirche betreffende Informationen an die Staatssicherheit weitergeben und zugunsten einer staatsfreundlichen Haltung der Landeskirche Einfluss auf dieselbe nehmen. Die Umgruppierung in die Kategorie »GM« bedeutete in der Diktion des MfS, dass GM »Hans Werner« nun ein Mitarbeiter war, der »unmittelbar an der Bearbeitung und Entlarvung im Verdacht der Feindtätigkeit stehender Personen mitarbeiten« solle.[101] Kars

---

97 »In den letzten Monaten ist es ihm im Ergebnis einer mehrjährigen zielstrebigen Kleinarbeit gelungen, eine Schlüsselstellung innerhalb des obersten Führungsgremiums dieser Landeskirche zu erreichen. Bereits vor dem Erreichen dieses Perspektivzieles hat er unter Beweis gestellt, daß er alle seine Möglichkeiten für die Interessen des MfS ausnutzt« (Vorschlag zur Auszeichnung vom 25.11.1964 [ebd., fol. 106]).

98 »Durch eine entsprechende Anleitung begünstigt, hat GI ›Hans Werner‹ den Differenzierungsprozeß unter der Pfarrerschaft sowie unter kirchlichen Bevölkerungskreisen im Bereich seiner Landeskirche wesentlich entwickelt und dabei sichtbare Teilerfolge erzielt« (Beschluss über die Umgruppierung vom 27.11.1964 [ebd., fol. 105]).

99 Vgl. ebd.

100 »Die IM zur aktiven ›Feindbekämpfung‹ waren gewissermaßen die hochkarätigen Agenten des MfS. Sie wurden bei der direkten ›Bearbeitung‹ von verdächtigen Personen eingesetzt. Dieser Typus hatte ›Feinde‹ zu überprüfen, zu beobachten und gegen sie zu ermitteln, um dadurch Kenntnisse über deren Pläne, Maßnahmen und Methoden zu erlangen. Daneben war es eine Aufgabe, Beweise für ›Feindtätigkeit‹ zu gewinnen, und zu deren ›Zersetzung‹, Zerschlagung oder Zurückdrängung beizutragen« (Helmut MÜLLER-ENGBERS: Zum Verhältnis von Norm und Praxis in der Arbeit mit Inoffiziellen Mitarbeitern des Ministeriums für Staatssicherheit. In: Aktenlage. Die Bedeutung der Unterlagen des Staatssicherheitsdienstes für die Zeitgeschichtsforschung, hrsg. von Klaus-Dietmar Henke; Roger Engelmann, Berlin 1995, 56-76, hier: 59).

101 »Das sind solche Inoffiziellen Mitarbeiter, die bestehende oder zu schaffende Möglichkeiten maximal auszunutzen in der Lage sind um Hinweise auf feindliche Tätigkeit durch operative Maßnahmen zu klären. Ihr Einsatz erfolgt hauptsächlich zur direkten Bearbeitung verdächtiger Personen, die in Vorlaufakten operativ bzw. in Operativvorgängen erfaßt sind; Kontrolle und Überprüfung von der Feindtätigkeit verdächtiger Gruppierungen oder Einzelpersonen; Aufklärung verdächtiger Personen am Arbeitsplatz, am Wohnort und im Freizeitbereich für die Erlangung eines umfassenden Persönlichkeitsbildes; Durchführung von Ermittlungen und Beobachtungen

wurde gezielt zur Bekämpfung des »Feindes« eingesetzt.[102] Ein konkreter Auftrag bestand darin, die Kirchenleitung dahingehend zu beeinflussen, den Kurs des Magdeburger Bischofs Johannes Jänicke und dessen Oberkonsistorialrat Heinrich Ammer zu unterstützen.[103] Wie groß das Vertrauen zwischen Jänicke und Kars war, zeigt eine Episode kurz nach der Wahl von Kars zum Oberkirchenrat. Ein unbekannter Absender schickte einen Brief an den Rat der EKU, der die Vergangenheit Kars' als Deutscher Christ thematisierte.[104] Der Rat beauftragte Jänicke, mit Kars über dessen Vergangenheit zu sprechen.[105] Nachdem Kars gegenüber Jänicke darauf verwiesen hatte, er habe in seiner DC-Erklärung von 1946 seine Irrtümer bekannt, betonte er seine »Wendung um 180 Grad«. Jänicke fragte ihn, ob es »gegenwärtige politische Bindungen« gebe. Kars verneinte die Frage und hielt die Konspiration mit dem MfS somit

zur Feststellung von Verbindungen, Bewegungen und Verhaltensweisen; Erarbeitung und Feststellung weiterer Anzeichen und Sicherung von Beweisen für eine feindliche Tätigkeit« (Richtlinie 1/68, DDR, MfS, Der Minister, Geheime Verschlußsache [GVS] 008-1001/68, Berlin 1968, 21; ferner Helmut MÜLLER-ENGBERS [Hg.]: Inoffizielle Mitarbeiter des Ministeriums für Staatssicherheit. Richtlinien und Durchführungsbestimmungen, Berlin 1995).

102 Aus den GI wurden 1968 IM und aus den GM wurden im gleichen Jahr IMV (vgl. hierzu Müller-Engbers, Zum Verhältnis [wie Anm. 100], 59; vgl. Anm. 100). Im Zuge der Umbenennung wurde auch GM »Hans Werner« umgruppiert und künftig als IMV »Hans Werner« geführt. An seinem Auftrag und seiner Tätigkeit der »Feindbekämpfung« änderte sich nach 1968 nichts (vgl. Berichtigungs- und Ergänzungsmitteilung vom 17.04.1969 [BArch, MfS, BV Halle, AIM 1334/77, Bd. 1, fol. 127]).

103 »Im Ergebnis der Absprache wurde festgelegt, daß GM ›Hans Werner‹ Anstrengungen unternehmen muß, um die Kirchenleitung Anhalt weitmöglichst an den ev[angelischen] Bischof in Magdeburg, Jänicke, anzunähern und dessen politischen Kurs aktiv zu unterstützen. Dabei ist zu prüfen, inwieweit der GM nicht nur an den Bischof Jänicke, sondern besonders an den Oberkirchenrat Ammer Anschluß und Einfluß gewinnen muß, da Ammer als initiativreichster Mann in dieser Landeskirche gilt, der den stärksten Einfluß auf den Bischof und dessen Entschlüsse hat« (Notiz vom 21.01.1965 [ebd., fol. 108]). – Es bleibt unklar, was hier gemeint ist, da die Kirchenprovinz Sachsen eine eher staatskritische Haltung hatte. Möglicherweise bedeutet der Auftrag an Kars, dass er sich Jänicke und Ammer annähern solle, um diese für den tendenziell staatsnahen Kurs der anhaltischen Kirche zu gewinnen; eine andere Möglichkeit: Vielleicht war der den Auftrag für Kars formulierende Hauptmann der Abteilung XX der Bezirksverwaltung Halle über die Politik der Leitung der Kirchenprovinz Sachsen falsch informiert. Zur Landeskirche der Kirchenprovinz Sachsen vgl. Albrecht-Birkner: Freiheit (wie Anm. 19), 115-125.

104 »Nach der Wahl zum Oberkirchenrat [...] wurde an den Rat der EKU ein Verleumdungsschreiben über seine Person gesandt, in welchem seine ehemalige Tätigkeit im 3. Reich als Deutscher Christ dargelegt wurde« (Treffbericht vom 15.01.1965 [BArch, MfS, BV Halle, AIM 1334/77, Bd. 2 VSG]).

105 »Zwei Fragen richtete ich [Jänicke] an ihn: 1. ob und wie diese seine Vergangenheit bereinigt und bewältigt sei und 2. wie er angesichts der vorliegenden Tatsachen sein kirchenleitendes Amt meinte führen zu können« (Protokoll vom 30.12.1964, vorhanden in: Martin Müller: Dokumentation des Kirchenkampfes in Anhalt, in: AELKA, B 27).

geheim.¹⁰⁶ Jänicke schenkte ihm Glauben in beiden Fragen – nach der Vergangenheit als Deutscher Christ sowie nach den »politischen Bindungen«.¹⁰⁷ Was aus der Bewältigung des MfS-Auftrages wurde, sich der Linie der Magdeburger Kirchenleitung anzuschließen, ist unklar. Abgesehen von dieser klaren Anweisung legen die MfS-Akten aber nahe, dass sich die konspirative Tätigkeit und die Art der Informationen, die Kars der Staatssicherheit weitergab, durch die Umgruppierung von der Kategorie »GI« oder »IM« in »GM« nicht änderten.

In den Jahren nach seiner Wahl zum Oberkirchenrat wurde Kars' Zusammenarbeit mit der Staatssicherheit immer wieder Beurteilungen unterzogen. Sämtliche Beurteilungen lobten seine gute Arbeit und Kooperationsbereitschaft.¹⁰⁸ Seine »Zuverlässigkeit« wurde belohnt: Im November 1967 erhielt er anlässlich des fünfzigsten Jahrestages der Oktober-Revolution eine Prämie in Höhe von 250 Mark.¹⁰⁹ Anlässlich des zwanzigsten Jahrestags der Gründung der DDR erhielt er weitere 300 Mark.¹¹⁰

1970 brach eine neue Wahlperiode der anhaltischen Synode an und somit musste wieder der Landeskirchenrat gewählt werden. Wieder bestimmte die Synode, der Landeskirchenrat möge aus vier Mitgliedern bestehen.¹¹¹ Die Wahl war komplizierter als sechs Jahre zuvor, denn nicht nur Kars erhielt dieses Mal 21 Stimmen, sondern jeweils auch Siegfried Schulze, Eberhard Natho und der spätere Cottbuser Generalsuperintendent und Bischof der Landeskirche Berlin-Brandenburg Gottfried Forck.¹¹² Mehr als sechs Kandidaten hatten damit mehr als die Hälfte der gültigen Stimmen erhalten, sodass der Verfassungsausschuss die Wahl für ungültig erklärte; eine Nachwahl musste stattfinden.¹¹³ Meyer und Natho wurden bei diesem zweiten Wahlgang gewählt. Forck, Kars und Werner Gerhard erhielten wieder jeweils 21 Stimmen, sodass sie in einen

---

106 »Er erklärte mir, dass er sich in keiner solchen Bindung befände, sondern nur der Prager Friedenskonferenz nahestehe oder angehöre. Nach seinem kirchenpolitischen Weg gefragt, erklärte sich Bruder Kars zu dem in den ›10 Artikeln‹ gewiesenen Weg der Kirche« (ebd.).
107 »Ich meine wohl, dass er seine echte Umkehr erlebt hat und dass wir darum guttäten, ihm nicht mit einem Vorschuss an Misstrauen, sondern an Vertrauen zu begegnen« (ebd.).
108 Vgl. BArch, MfS, BV Halle, AIM 1334/77, Bd. 1, bspw. fol. 110-113, 115, 116f.
109 Vgl. Vorschlag zur Prämierung vom 04.11.1967 (ebd., fol. 114).
110 Vgl. Vorschlag zur Prämierung vom 14.05.1969 (ebd., fol. 121).
111 Vgl. Protokoll der 2. Tagung der 8. Legislaturperiode 1970/1971 der Landessynode Anhalt (AELKA, B 3, Nr. 62, fol. 1).
112 »Die Auszählung ergibt: OKR Meyer 32 Stimmen, OKR Gerhard 25 Stimmen, OKR Kars 21 Stimmen, Syn[odaler] Schulze 21 Stimmen, Syn[odaler] Natho 21 Stimmen, Dr. Gottfried Forck 21 Stimmen« (ebd., fol. 2]).
113 »Für den neuen Wahlgang wird in Abweichung von der Geschäftsordnung vorgeschlagen, diejenigen als gewählt anzusehen, die die meisten Stimmen erhalten. […] Gegen den Vorschlag des Verfassungsausschusses erhebt sich kein Widerspruch« (ebd., fol. 2f]).

dritten Wahlgang gehen mussten, aus dem OKR Gerhard (22 Stimmen) als Sieger hervorging.[114] Nun musste Kars (21 Stimmen) in einer Stichwahl gegen Forck (21 Stimmen) antreten. Kars konnte sich mit 20 Stimmen gegen Forck (19 Stimmen) durchsetzen.[115] Aus dem Kreis der vier frisch gewählten Oberkirchenräte Meyer, Kars, Gerhard und Natho musste der Kirchenpräsident gewählt werden. Natho wurde gewählt (35 Stimmen).[116] Bei dieser Wahl zum Kirchenpräsidenten erhielt Kars nur eine einzige Stimme.[117] Dass die Wahl des Landeskirchenrats dieses Mal mit fünf Wahlgängen wesentlich länger dauerte, ist ein Indiz dafür, dass die Synodenmitglieder sich untereinander nicht darüber einig waren, wen sie in den Rat entsenden wollten. Noch mehr aber überrascht, dass Kars zwar knapp zum Landeskirchenrat gewählt wurde, aber als Kandidat für das Amt des Kirchenpräsidenten durchfiel. Als OKR war Kars für die Synode annehmbar, als Kirchenpräsident offenbar nicht. Hierin liegt ein Indiz dafür, dass die Person Hans-Werner Kars in der Synode umstrittener war als noch fünf Jahre zuvor. Es ist auch nicht auszuschließen, dass einige Synodale von der Zusammenarbeit zwischen dem Oberkirchenrat und dem MfS wussten. Eine andere mögliche Interpretation dieser Vorgänge und der Wahl Nathos ist die, dass das MfS in die Wahl aktiv und erfolgreich eingriff, um Natho als den »progressiveren« Kandidaten zum Kirchenpräsidenten wählen zu lassen.[118]

Die Staatssicherheit erwähnte die Wiederwahl Kars' in ihrer Aktenführung freilich nicht. Ihre Beurteilungen besagen, dass er auch weiterhin zuverlässige Arbeit für das MfS geleistet habe.[119] Im April 1975 unternahm er eine Reise in die BRD, genauer gesagt nach Speyer, einer Partnergemeinde des Kirchenkreises Roßlau.[120] Er erhielt den Auftrag, Informationen über die Gemeinde in Speyer

---

114 Vgl. ebd., fol. 3.
115 Vgl. ebd., fol. 4.
116 OKR Gerhard erhielt 12 Stimmen (vgl. ebd., fol. 4).
117 Vgl. ebd.
118 Dohle zitiert einen internen Bericht des Staatssekretariats für Kirchenfragen vom 29.12.1970.: »3.1 Auf drei Synoden standen Personalentscheidungen zur Diskussion. In nur einem Fall gelang es, unsere Konzeption durchzusetzen, den reaktionären Kräften im Bund und in den Kirchenleitungen es andererseits aber auch nicht, ihre Ziele voll zu realisieren. 3.2. Auf der Synode der Kirche in Anhalt wurde entgegen dem Plan der negativen Kräfte, die den reaktionären Leiter des Brandenburger Predigerseminars Dr. Forck als Kandidat nominiert hatten, der langjährige Stadtverordnete und als progessiv bekannte Pfarrer Natho zum Kirchenpräsidenten gewählt« (Horst DOHLE: Grundzüge der Kirchenpolitik der SED zwischen 1968 und 1978, Akademie für Gesellschaftswissenschaften beim ZK der SED, 1988 [Dissertation B], zitiert bei Gerhard BESIER; Stephan WOLF: ›Pfarrer, Christen und Katholiken‹. Das Ministerium für Staatssicherheit der ehemaligen DDR und die Kirchen, Bd. 1, Neukirchen-Vluyn 1991, 26 [Anm. 123]).
119 Vgl. BArch, MfS, BV Halle, AIM 1334/77, Bd. 1, fol. 122 u. 129.
120 Vgl. ebd., fol. 68.

zu sammeln.[121] Ein Bericht über seine Reise liegt nicht vor. Kars' Ruhestand nahte und die Staatssicherheit plante seine weitere ›Verwendung‹. Sie plante, ihn künftig im Rahmen von Reisen in den Westen einzusetzen,[122] aber dazu kam es nicht, weil Kars am 13. Mai 1977 verstarb.[123] Die Abteilung XX/4 leitete in der Woche nach seinem Tod das Ende des IMV-Vorgangs ein.[124]

IV Fazit und Ausblick

Wegen der dünnen Quellenlage ist es schwierig, IM »Hans Werner« einzuordnen. Die Beweggründe des MfS, eine Verbindung mit Kars aufzunehmen, liegen auf der Hand: Es wollte einen Verbündeten in der Landeskirche und in der Landeskirchenleitung haben, der die Kirche zugunsten des SED-Staats beeinflusste. Dies sollte er durch die Generierung und Weiterleitung kircheninternen Wissens an das MfS sowie die Beeinflussung seines kirchlichen Umfeldes, vor allem in Gestalt von Pfarrern und Kreisoberpfarrern, von Synodalen und Mitgliedern des Landeskirchenrats bewerkstelligen. Ab 1969 wurde er als GM zur Bekämpfung des »Feindes« eingesetzt, ohne dass klar würde, inwiefern sich sein Aufgabenprofil damit de facto änderte.

Für das MfS war Kars im Kontext der Landeskirche Anhalt sicherlich von einigem Wert. Zu überlegen ist aber, welches Gewicht er im MfS im Vergleich zu anderen IMs in anderen Landeskirchen hatte. Zu den bekannteren Fällen gehören u.a. der Thüringer Kirchenjurist Gerhard Lotz (IM »Karl«), dem es über Jahre durch die gezielte Beeinflussung Bischof Mitzenheims gelang, die Thüringer Landeskirche SED-nah auszurichten.[125] In der Greifswalder Landeskirche war es der Landeskirchenrat Hans-Joachim Weber (IM »Bastler«), der Bischof Krummacher und dessen Umfeld ausspionierte, insgesamt jedoch weniger Erfolg hatte als Lotz in Thüringen.[126] Siegfried Krügel (IM »Lorac«) versuchte, durch seine Konspiration mit dem MfS aus dem Theologischen

---

121 Vgl. Auftrag für Kars vom 10.03.1975 (ebd., fol. 148f).
122 Vgl. Einschätzung vom 06.08.1973 (ebd., fol. 129).
123 Vgl. Graf: Pfarrerbuch., 303. Das MfS datierte sein Sterbedatum auf den 11. Mai 1977 (BArch, MfS, BV Halle, AIM 1334/77, Bd. 1, fol. 242).
124 Vgl. Aktenvermerk vom 20.11.1977 (ebd.).
125 Clemens VOLLNHALS: Oberkirchenrat Gerhard Lotz und das Ministerium für Staatssicherheit. Zur IM-Akte »Karl«. In: Über Barmen hinaus. Studien zur Zeitgeschichte. Festschrift für Carsten Nicolaisen zum 4. April 1994, hrsg. von Joachim Mehlhausen (Arbeiten zur Kirchlichen Zeitgeschichte; 23), Göttingen 1995, 595-605; Walter SCHILLING: Die Bearbeitung der Landeskirche Thüringen durch das MfS, in: Die Kirchenpolitik von SED und Staatssicherheit (wie Anm. 1), 211-266. Zur Geschichte der Landeskirche Thüringens in der DDR s. ferner Albrecht-Birkner: Freiheit (wie Anm. 19), 95-101.
126 Carlies Maria RADDATZ-BREIDBACH: Buchhaltung für das MfS. OKR Dr. Webers Tätigkeit als Informant im Greifswalder Konsistorium, in: Zeichen der Zeit 1994, H. 4, 146-149. Einen tieferen Einblick in die Geschichte der Greifswalder Kirche in der DDR

Seminar Leipzig, dessen langjähriger Rektor er war, eine SED-zugewandte kirchliche Hochschule zu formen.[127]

Diese drei Beispiele haben gemein, dass die IM in der Zusammenarbeit mit dem MfS z. T. äußerst geschickt waren. Zwar hatten sie unterschiedlichen Erfolg bei der Erfüllung ihrer von der Staatssicherheit gestellten Aufgaben, doch wussten sie oft nicht nur, ihre Institutionen zeitweise gekonnt zu beeinflussen und auszuspionieren, sondern sie waren häufig auch in der Lage, sehr gewandt mit dem MfS umzugehen, d.h. sie wussten teils sehr genau, welche Informationen sie an verschiedene Akteure wie z. B. die ihrer eigenen Institutionen, des Staates oder der Staatssicherheit weitergeben mussten, um zum einen ihre Spionageaufträge zu erfüllen und zugleich den Eindruck zu erwecken, ihrer Landeskirche bzw. Hochschule u. a. treue Dienste zu erweisen. In diese Kategorie gehörte IM »Hans Werner« nicht. Seine politischen Äußerungen z.B. gegen die Wehrpflicht scheinen die Konspiration zwischenzeitlich gestört zu haben, denn anders sind die teils langen Pausen in der Zusammenarbeit nicht zu erklären. Zwar hielt er die Konspiration geheim, bewegte sich als IM aber manchmal unbedarft. IM »Hans Werner« war dem MfS wichtig, aber im Vergleich zu anderen IM offensichtlich kein ›Schwergewicht‹. Mit Blick auf seine Zusammenarbeit mit der Staatssicherheit kann man vorläufig konstatieren, dass Kars' Arbeit für das MfS eher informativen Charakter hatte. Er gab Informationen über Bewegungen und Stimmungen in der Landeskirche wieder. Eine genauere Untersuchung des möglicherweise noch existierenden Aktenmaterials im MfS-Bestand des Bundesarchivs könnte hier Aufschluss geben, ebenso eine Ermittlung und Sichtung der Akten, die im Zusammenhang mit Kars' Tätigkeit als Oberkirchenrat entstanden. Untersuchenswert ist auch die Frage, ob die Staatssicherheit die Synode im März 1964 zugunsten der Wahl von Kars zum OKR unterwanderte und beeinflusste.

Am Ende bleibt die Frage nach den persönlichen Motiven von Hans Werner Kars, mit dem MfS zu konspirieren. Es fällt auf, dass er vom ersten Kontakt 1956 an sehr frei Informationen weitergab, sodass eine Verpflichtung aus seiner persönlichen Sicht 1961 unnötig erschien. Die Staatssicherheit wusste um seine

---

in den 1980er Jahren gibt Rahel FRANK: Einsam oder gemeinsam? Der »Greifswalder Weg« und die DDR-Kirchenpolitik 1980-1989, 2. Aufl., Schwerin 2016.

127 Uwe-Peter HEIDINGSFELD: Kirchlich relevante Aspekte der Westarbeit des MfS, in: idea Dokumentation 6 (2002), 48-58; Friedemann STENGEL: Die Theologischen Fakultäten in der DDR als Problem der Kirchen- und Hochschulpolitik des SED-Staates bis zu ihrer Umwandlung in Sektionen 1970/1971 (Arbeiten zur Kirchen- und Theologiegeschichte; 3), Leipzig 1998, 629-632. Untersucht wird die Politik Krügels auch im Rahmen des Dissertationsprojektes »Das Theologische Seminar Leipzig (1964-1992)«, das am Lehrstuhl für Kirchengeschichte an der Universität Siegen angesiedelt ist; s. hierzu Marius STACHOWSKI: Ein Raum »alternativer Öffentlichkeit«? Das Theologische Seminar Leipzig (1964-1992), in: Mitteilungen für Kirchliche Zeitgeschichte 17 (2023), 191-198.

Vergangenheit als Mitglied der NSDAP und der Deutschen Christen sowie als Wehrmachtssoldat. Es ist nicht auszuschließen, dass Kars vom MfS wie andere IM auch mit diesen Informationen unter Druck gesetzt wurde.[128] Möglicherweise nutzte das MfS auch persönliche Probleme und Schwächen aus. In der Personalakte des Landeskirchenrats wird deutlich, dass Kars diesen immer wieder um Beihilfen jeder Art bitten musste.[129] Auch die MfS-Personalakte gibt Auskunft über finanzielle Unterstützung, Geld war immer wieder ein Thema.[130] In einem Fall bat er die Staatssicherheit direkt um finanzielle Hilfe.[131] Sie prämierte ihren IM nicht nur an hohen Feiertagen, sondern übergab ihm regelmäßig kleinere Geldbeträge (zwischen 100 und 200 Mark). Insgesamt belaufen sich die finanziellen Zuwendungen zwischen 1962 und 1973 auf ca. 4.300 Mark.[132] Das MfS wusste schließlich, wie man potenzielle IM-Kandidaten psychisch beeinflussen und persönliche Schwächen und Probleme ausnutzen konnte.[133] Über die psychische Verfasstheit des IM »Hans Werners« kann man nur spekulieren.[134] Nicht unterschätzen sollte man das Vorgehen der Staatssicherheit, den IM durch »Überzeugung und langsames Heranziehen« zu gewinnen.[135] Es ist nicht ausgeschlossen, dass das MfS politische Überzeugungsarbeit leistete, die Kars zu einer engeren Zusammenarbeit bewegte. Abgesehen von wenigen Abweichungen in politischen Fragen war Kars auf der kirchenpolitischen Linie von SED und MfS. Er war davon überzeugt, dass ein gutes und möglichst nahes Verhältnis der Landeskirche Anhalts zum Staat der Kirche nur dienlich sein könne. Für ihn diente seine Konspiration nicht zuletzt dazu, die Konflikte zwischen der Landeskirche und dem SED-Staat zu lösen. Er nahm in Kauf, seine Kollegen, so z. B. Bischof Jänicke, mit Blick auf seine MfS-

---

128 Zur Erpressung ehemaliger NS-Funktionäre durch das MfS sei hier auf Henry LEIDE: NS-Verbrecher und Staatssicherheit. Die geheime Vergangenheitspolitik der DDR (Analysen und Dokumente der BStU; 28), 3. Aufl., Göttingen 2007, verwiesen.
129 Vgl. AELKA B 30, Nr. 609 (unpag.).
130 So z. B. im Treffbericht vom 02.03.1962 (BArch, MfS, BV Halle, AIM 1334/77, Bd. 2 VSG).
131 Vgl. Brief von Hans Werner Kars vermutlich an seinen Führungsoffizier der BV Halle vom 05.09.1962 (ebd., Bd. 1., fol. 94).
132 Zudem wurden sämtliche Auslagen erstattet, die Kars für die Treffen mit den MfS-Mitarbeitern gehabt hatte (vgl. ebd., fol. 6).
133 Jürgen FUCHS; Klaus BEHNKE: Zersetzung der Seele: Psychologie und Psychiatrie im Dienste der Stasi. Hamburg, 2. Aufl., Hamburg 2010; Holger RICHTER: Die Operative Psychologie des Ministeriums für Staatssicherheit der DDR, Frankfurt a.M. 2001.
134 Vgl. dazu: Ohne Namen: Sicherheit für Selbst und Staat. Überlegungen zur Psychodynamik eines ›Inoffiziellen Mitarbeiters‹. In: Tomas PLÄNKERS: Seele und totalitärer Staat, Gießen 2005, 71-88; Dirk VAN LAAK: »Keinen Ärger bekommen«. Über Praktiken des unauffälligen Verhaltens in der DDR (Kaleidoskop Kenkmann, vom 22.11.2022, verfügbar unter: URL: <https://kaleidoskop.hypotheses.org/1075> [16.05.2023]).
135 Vgl. Vorschlag zur Werbung eines GI vom 15.05.1961 (BArch, MfS, BV Halle, AIM 1334/77, Bd. 1, fol. 70-73, hier: 73).

Kontakte zu belügen. Dass er seine seelsorgerliche Schweigepflicht brach, kann nicht ausgeschlossen werden. Deutlicher aber ist, dass er die Benachteiligung einzelner Kirchenglieder beklagte und – überschaut man das bisher bekannte Aktenmaterial – es im Wesentlichen unterließ, aus dem Privatleben seiner Gemeindeglieder und Pfarrkollegen zu berichten. Am Ende jedoch erzählt der Fall des IM »Hans-Werner« die Geschichte eines, wie wir in einer der letzten dokumentierten Beurteilungen über ihn lesen, »ständig einsatzbereit[en], in der Zusammenarbeit [...] ehrlich[en] und zuverlässig[en]« Inoffiziellen Mitarbeiters des Ministeriums für Staatssicherheit.[136]

---

136 Vgl. Einschätzung vom 06.08.1973 (ebd., fol. 129).

Autorenverzeichnis

Dr. Jan Brademann
Archiv der Evangelischen Landeskirche Anhalts
Friedrichstraße 22/24, 06844 Dessau-Roßlau
jan.brademann@kircheanhalt.de

Dietrich Bungeroth
Pfarrer i.R.
Alexandrastraße 13, 06844 Dessau-Roßlau
dietrich-de@bungeroth.net

Claudia Drese
Pfarrerin i.E.
Im Pfarrwinkel 1, 06449 Aschersleben OT Schackstedt
claudia.drese@kircheanhalt.de

Prof. Dr. Klaus Fitschen
Lehrstuhl für Neuere und Neueste Kirchengeschichte
Theologische Fakultät der Universität Leipzig
Beethovenstr. 25, 04107 Leipzig
fitschen@uni-leipzig.de

Dr. Reinhard Grütz
Katholische Akademie des Bistums Magdeburg
An der Moritzkirche 6, 06108 Halle (Saale)
reinhard.gruetz@bistum-magdeburg.de

Prof. Dr. Jürgen Kampmann
Lehrstuhl für Kirchenordnung und Neuere Kirchengeschichte
Eberhard-Karls-Universität Tübingen
Liebermeisterstraße 12, 72076 Tübingen
juergen.kampmann@uni-tuebingen.de

Helge Klassohn
Kirchenpräsident i.R.
Alte Dorfstraße 8, 15526 Bad Saarow OT Petersdorf
cah.klassohn@web.de

Dr. Lambrecht Kuhn
Ev. Martinsgemeinde Bernburg
Martinstraße 4a, 06406 Bernburg
lambrecht.kuhn@kircheanhalt.de

Autorenverzeichnis

Joachim Liebig
Kirchenpräsident i.R.
Bauhausstraße 14, 06846 Dessau-Roßlau
liebig.dessau@gmx.de

Dr. Andreas Lischke
Pfarrer i.R.
Großbeerenstraße 313, 14480 Potsdam
lischke49@googlemail.com

Günter Preckel
c/o Archiv der Evangelischen Landeskirche Anhalts
Friedrichstraße 22/24, 06844 Dessau-Roßlau
praeclarustriste@gmail.com

Dr. Cornelia Schlarb
Konvent ev. Theologinnen in der BRD e.V.
Am Lomberg 17, 35085 Ebsdorfergrund
cornelia.schlarb@theologie.uni-goettingen.de

Manfred Seifert
Oberkirchenrat i.R.
Ringstraße 31, 06844 Dessau-Roßlau
manfredwseifert@gmail.com

Marius Stachowski
Seminar für Evangelische Theologie, Universität Siegen
Adolf-Reichwein-Str. 2, 57076 Siegen
Marius.Stachowski@uni-siegen.de

apl. Prof Dr. Ulrich A. Wien
Institut für Evangelische Theologie, Campus Landau
Rheinland-Pfälzische Technische Universität Kaiserslautern Landau
Im Fort 7, 76829 Landau
wien.ulrich@rptu.de

Abbildungsverzeichnis

Abb. 1: Georg Fiedler um 1947. Als ranghöchster Geistlicher der Landeskirche trägt er das Amtskreuz. AELKA.

Abb. 2: Bischof Otto Dibelius und OKR Waldemar Schröter vor der Pauluskirche Dessau 1953. AELKA.

Abb. 3: Gespräch bei einem Besuch Martin Niemöllers in Dessau 1952 (v.l.n.r.): KR Friedrich Körmigk, KR Martin Müller, Niemöller und KR Hermann Fischer. AELKA.

Abb. 4: Martin Niemöller und OKR Waldemar Schröter in Dessau 1952. AELKA.

Abb. 5: Walter Ulbricht spricht 1957 im Theater Dessau in einer Feierstunde zur Jugendweihe. BArch.

Abb. 6: Konfirmanden in Dessau-Ziebigk im April 1957. 3. Reihe, 4. von links: Pfarrer Martin Müller. Privat.

Abb. 7: Aufnäher „Schwerter zu Pflugscharen", um 1980. Privat.

Abb. 8: Pionierpanzer in Wolfen-Nord 1981. Foto: Manfred Seifert.

Abb. 9: Friedensglocke Dessau 2024. Foto: Dietrich Bungeroth.

Abb. 10: Kirchentagsversammlung vor dem Mausoleum Dessau 1955. AELKA.

Abb. 11: Schlusskundgebung des anhaltischen Kirchentags 1962 auf dem Grünplatz in der Friedrichstraße Dessau. In der Bildmitte in schwarzer Kleidung Kirchenpräsident Martin Müller. AELKA.

Abb. 12: Elisabeth Haseloff als Pfarrerin auf der Kanzel (um 1965). Privat.

Abb. 13: Anneliese Salm, verh. Mai, bei der Segnung einer Braut (um 1970, Kirche Raguhn). Privat.

Abbildungsverzeichnis

Abb. 14: Schreiben von KOP Werner Lange als Leiter des anhaltischen Hauptbüros des Hilfswerks der EKD an das Hauptbüro in Speyer vom 2. Dezember 1949. ZASP.

Abb. 15: Merkblatt für „Dein Päckchen nach drüben" 1956, Titel. ZASP.

Abb. 16: Die Kirchenpräsidenten der Pfalz und Anhalts mit zwei Amtskollegen Ende der 1950er Jahre (v.l.n.r.): Bischof Friedrich Wilhelm Krummacher (Pommern), Kirchenpräsident Hans Stempel (Pfalz), Präses Ernst Wilm (Westfalen) und Kirchenpräsident Waldemar Schröter (Anhalt). AELKA.

Abb. 17: Hans-Werner Kars beim Kirchentag 1955 in Dessau. AELKA.

Abkürzungen

AAPV	Archiv des Anhaltischen Pfarrvereins
ADA	Anhaltische Diakonissenanstalt
AELKA	Archiv der Evangelischen Landeskirche Anhalts
AIM	Archivierter IM-Vorgang
Az.	Aktenzeichen
ArchDWEKM/Anh	Archiv des Diakonischen Werkes Evangelischer Kirchen in Mitteldeutschland e. V. / Bestand Anhalt
ArchPfStift	Archiv der Kanzler von Pfau'schen Stiftung
ApU	(Kirche der) Altpreußische(n) Union
BArch	Bundesarchiv
BK	Bekennende Kirche
BOK	Ordinarienkonferenz der römisch-katholischen Kirche in der DDR
BV	Bezirksverwaltung
CDU	Christlich Demokratische Union
DC	Deutscher Christ, Deutsche Christen, deutsch-christlich
DDR	Deutsche Demokratische Republik
DEKT	Deutscher Evangelischer Kirchentag
DFD	Demokratischer Frauenbund Deutschlands
Dr.	Doktor
Ebd.	Ebenda
EKD	Evangelische Kirche in Deutschland
EKG	Evangelisches Kirchengesangbuch
EKU	Evangelische Kirche der Union
EOK	Evangelischer Oberkirchenrat
FDGB	Freier Deutscher Gewerkschaftsbund
FDJ	Freie Deutsche Jugend
f.	folgende (Seite)
fol.	Folio (Blatt)
GI	Geheimer Informator
GKR	Gemeindekirchenrat
GM	Geheimer Mitarbeiter
HB	Hauptbüro
HW	Hilfswerk
IM	Inoffizieller Mitarbeiter

Abkürzungsverzeichnis

IMV	Inoffizieller Mitarbeiter mit Bezug auf Fälle des Verdachts auf Feindtätigkeit
KJ	Kirchliches Jahrbuch für die Evangelische Kirche in Deutschland
KK	Kirchenkreis
KKL	Konferenz der Evangelischen Kirchenleitungen in der DDR
KP	Kirchenpräsident
KPD	Kommunistische Partei Deutschlands
KOP	Kreisoberpfarrer
KR	Kirchenrat
KVP	Kasernierte Volkspolizei
Lic.	Lizenziat
LKR	Landeskirchenrat
LKT	Landeskirchentag (Synode)
MfS	Ministerium für Staatssicherheit
MVAL	Mitteilungen des Vereins für Anhaltische Landeskunde
NATO	North Atlantic Treaty Organization
NSDAP	Nationalsozialistische Deutsche Arbeiterpartei
OKR	Oberkirchenrat
PA	Personalakte
PRO	Public Record Office
r	recto (Vorderseite)
RAF	Religious Affairs Branch
RGG	Die Religion in Geschichte und Gegenwart
ROO	Regionalarchiv Ordinarien Ost
SBZ	Sowjetische Besatzungszone
SED	Sozialistische Einheitspartei Deutschlands
SMAD	Sowjetische Militäradministration
Tgb.-Nr.	Tagebuch-Nummer
TRE	Theologische Realenzyklopädie
v	verso (Rückseite)
VELKD	Vereinigte Evangelisch-Lutherische Kirche Deutschlands
ZASP	Zentralarchiv der Evangelischen Kirche der Pfalz in Speyer

Index

Adam, Torsten 271
Albrecht-Birkner, Veronika 17, 76, 323
Ammer, Heinrich 336
Arndt, Ludwig (1869-1945) 241
Arnhold, Oliver 323
Asmussen, Hans (1898-1968) 58
Assmann, Jan (1938-2024) 309
Aufderbeck, Hugo (1909-1981) 310
Auguste von Anhalt-Köthen (1794-1855) 271

Badstübner, Rolf 64
Baginski, Christophe 48
Baltzer, Eduard (1814-1887) 213
Banhardt, Sarah 253
Barlösius, Eva 213
Barth, Karl (1886-1968) 193
Bauks, Friedrich Wilhelm (1931-2003) 35
Baumgart, Marion 266
Baumgärtner, Erich (1894-1986) 94
Becher, Johannes R. (1891-1958) 214
Becker, Werner 313
Beckmann, Christopher 62
Beese, Dieter 105
Behnke, Klaus 341
Behrens, Anja 258
Bejwin, Iwan A. 71
Bell, George (1883-1958) 36, 38, 55, 60, 62
Berenbruch, Wilhelm (1897-1968) 90
Bergmann, Erich 84, 131, 188
Bergmann, Richard (1890-1972) 287, 289, 304
Besier, Gerhard 12, 25, 38, 47, 338
Beyreuther, Erich 274
Bieler, Andrea 251
Bindemann, Richard (1870-1929) 9, 10, 11
Bitz, Hilde (1929-2007) 252
Blaschke, Olaf 305
Blitt, Theophil 295, 301
Blümlein, Klaus 258
Boberach, Heinz 71
Bohse, Daniel 85
Bonkhoff, Bernhard H. 49

Bonwetsch, Bernd 66
Bordjugov, Gennadij 66
Borggrefe, Friedhelm 284, 303
Borrmann, Walther 36
Boyens, Armin (1924-2012) 35
Brademann, Jan 14, 24, 127, 242, 243, 260, 266, 321
Brand, Hugo (1910-1985) 300
Braun, Andreas 270
Braun, Hannelore 51
Brechenmacher, Thomas 38
Bretschneider, Harald 231
Brodkorb, Clemens 311
Brunner, Benedikt 95
Budde, Alexander 11
Bungeroth, Dietrich 96, 205
Bungeroth, Hans (1909-1988) 216
Bury, Matthias 246

Carola Barth (1879-1959) 253
Chandler, Andrew 36
Churchill, Winston (1874-1965) 44
Cotter, Arthur 61
Cremonese, Donata Christiana 270

Daak, Kurt von 30
Danielsmeyer, Werner 51
Delius, Walter (1899-1972) 244
Dibelius, Otto (1880-1967) 90, 172, 173, 177, 178, 187, 227, 274
Dieckmann, Johannes 229
Diehl, Ludwig 49
Diestelkamp, Joachim 83
Dietrich, Christian 280
Dietzfelbinger, Hermann (1955-1975) 252
Dilschneider, Otto (1904-1991) 71, 88
Dissemond, Paul (1920-2006) 316
Donath, Günter 90
Dorgerloh, Fritz 185
Draht, Martin 69
Drape-Müller, Christiane 254
Drebes, Theodor (1912-unbekannt) 89, 90
Drechsler, Albin (1897-1977) 174
Droege, Michael 45

349

Personenregister

Durand, Jean-Paul 46
Ebrecht, Walter (1910-1978) 283
Edmonds, Robin 44
Ehmann, Johannes 252
Ehrhard, Hermann (187-1964) 78
Ehrig, Walter 90
Eisenhower, Dwight D. (1890-1969) 54, 174
Elster, Erich (1890-1967) 95, 96
Ens, Kornelius 215
Erhardt, Timm 33
Erhart, Hannelore 253
Ericksen, Robert P. 46

Fenwick, Luke 16, 76
Fichtner, Udo (1893-1950) 91
Fiedler, Georg (1888-1949) 77, 78, 79, 81, 84, 85, 87, 88, 89, 92, 97, 99, 100, 102, 104, 108, 110, 111, 114, 116, 117, 122, 123, 125, 126, 127, 128, 129, 130, 131, 132, 136, 143, 150, 152, 153, 166, 185, 187, 274, 323
Fiedler, Wolfgang 126
Findeis, Hagen 24
Fischer, Hermann (1847-1912) 77, 122, 136, 164, 171, 186, 268, 269, 273, 274, 277, 279
Fisher, Geoffrey (1887-1972) 63
Fitschen, Klaus 23, 76
Fix, Karl-Heinz 256
Foitzik, Jan 65, 66
Forck, Gottfried (1923-1996) 337, 338
Frank, Rahel 340
Friedrich, Willy (Wilhelm) (1892-1984) 85, 92, 119, 242, 243
Fuchs, Jürgen 341
Füssl, Karl-Heinz 52

Gärtner, Robert (1887-1961) 78
Gatz, Erwin 314
Gehler, Michael 30
Gerhard, Werner (1910-1998) 191, 203, 204, 274, 281, 337, 338
Gerstenmaier, Eugen 274
Geser, Hans 15
Giese, Helmhart (1914-2010) 89, 90, 123
Gieseke, Jens 27
Gille, Gustav (1911-unbekannt) 89
Globig, Christine 252, 255

Goeckel, Robert F. 12, 321
Goerner, Martin Georg 321
Goerner, Kurt (1913-2001) 92
Goodhew, David 58
Goßler, G. A. von 271
Götting, Gerald (1923-2015) 205
Graf, Hermann (1885-1969) 84, 137, 151, 155, 183, 322
Greschat, Martin (1934-2017) 39, 57
Grotewohl, Otto (1894-1964) 177, 194, 198
Grüber, Heinrich (18991-1975) 67, 71
Grütz, Reinhard 305
Gülden, Josef (1907-1993) 311, 312
Gunkel, Theo 311
Günther, Fritz (1895-1945) 119
Günther, Paul (1867-1939) 134
Günther, Rudolf (1893-1943) 119

Hamel, Johannes (1911-2002) 197, 198
Hammarskjöld, Dag (1905-1961) 225
Hanisch, Oswald 227
Hans, Friedhelm 254, 258
Härter, Ilse (1912-2012) 254
Haseloff, Elisabeth (1914-1974) 251, 254, 256, 257
Hecht, Friedrich Wilhelm (1912-unbekannt) 89, 90
Hegen, Josef (1907-1969) 177
Heide, Walther (1890-1958) 81, 118, 123, 243, 244, 267
Heidingsfeld, Uwe-Peter 340
Heimrich, Eberhard 231
Heine, Friedrich (1865-1947) 113
Heinemann, Heinrich (1885-unbekannt) 97
Hein, Markus 30
Henke, Roland (1911-unbekannt) 86, 89, 93
Henneberg, Walter (1908-1962) 113, 276
Hennecke, Adolf (1905-1975) 214
Henze, Arnd 39
Henze, Dagmar 251, 253
Herbrecht, Dagmar 254
Herbst 89
Hermle, Siegfried 24, 38
Herold, Claus (1929-2003) 305
Herrmann, Eugen (1932-2019) 302
Herrmann, Hans-Walter 49
Hertz, Helge-Fabian 94

Hertzsch, Klaus-Peter 185
Heinrich von Anhalt-Köthen (1778-1847) 271
Hilgemann, Werner 29
Hinze, Albert (1861-1940) 130
Hitler, Adolf (1889-1945) 134
Hoffmann, Alfred 10
Hoffmann, Franz (1854-1941) 127
Hoffmann, Fritz 189, 227
Hoffmann, Heinz 229
Hoffmann, Hermann (1878-1972) 309
Hoffmann, Johannes (1873-1953) 89, 150
Höllen, Martin 307, 308
Holzapfel, Friedrich 62
Holzäpfel, Johanna 258
Honecker, Erich (1912-1994) 193, 227
Hoppe, Otwin (1912- unbekannt) 92, 93
Hoyer, Katja 27
Hübener, Erhard (1881-1958) 80, 146, 147, 151
Hüllweck, Karl (1905-1994) 203

Imhof, Anna 46
Israel, Carlotta 255

Jacob, Günter (1906-1993) 196
Jänicke, Johannes (1900-1979) 193, 205, 336, 337, 341
Jasper, Gotthard 22
Jepsen, Maria 263, 264
Jermolajew, Wsewoljod Alexandrowitsch 71
Jessen, Ralph 315
Jörg, Anders 47
Judt, Matthias 64

Kaiser, Jochen-Christoph 24
Kampmann, Jürgen 32, 51, 55, 61
Kars, Hans-Werner (1909-1977) 22, 85, 90, 92, 98, 171, 321, 322, 323, 324, 325, 326, 327, 328, 329, 330, 331, 332, 333, 334, 335, 336, 337, 338, 339, 340, 341
Kars, Otto 322
Karstein, Uta 21
Käßmann, Margot 264
Kersten-Thiele, Wilhelm (1913-1988) 86, 87, 99, 100, 137, 138
Killyen, Johannes 260
Kindscher, Bernhard (1873-1943) 107

Klassohn, Helge 13, 75, 184, 185
Klee, Ernst 49
Klein, Kerstin 257
Kleßmann, Christoph 315
Klohr, Olof (1927-1994) 202, 307
Kloos, Friedrich (1894-1966) 85, 92, 101, 102
Kluge, Ernst (1874-1961) 78, 101, 324
Knappen, Marschall (1901-1966) 54, 56
Knauft, Wolfgang 70
Köbernick, Ralf 266
Koch-Hallas, Christine 12
Koch, Karl 51, 60
Koch, Richard 76
Koch, Uwe 225
Koch, Walter (1884-1964) 80, 81, 134, 135, 138, 139
Koenig, Marie-Pierre 48
Köhler, Heike 253
Köhn, Holger 32
Kolesnitschenko, Iwan Sosonowitsch (1907-1984) 71
Kootz, Gerhard 334
Körmigk, Friedrich (1878-unbekannt) 77, 185, 186
Körner, August (1903-1975) 76, 77, 83, 86, 92, 109, 111, 112, 115, 116, 117, 118, 119, 131, 144, 150
Koselleck, Reinhart (1923-2006) 319
Kösters, Christoph 306
Krause, Paul (1885-1976) 84
Kraushaar, Wolfgang 314
Krempf, Hanna 268
Kressel, Friedrich 31
Kretzschmar, Gottfried 318
Kreutler, Erika 253
Krolzig, Günter (1903-unbekannt) 172
Krügel, Siegfried 339
Krummacher, Friedrich-Wilhelm (1901-1974) 67, 204, 206, 295
Krusche, Werner (1917-2009) 209
Kuhlendahl, Alfred (1903-1963) 86
Kuhn, Lambrecht 14, 123, 138, 188, 243
Kunert, Karl-Hermann (1911-1970) 86, 87, 89, 90, 92, 93

Laak, Dirk van 341
Lächele, Rainer 52
Lange, Renate (1892-1975) 279

Personenregister

Lange, Robert 227
Lange, Werner (1884-1975) 78, 149, 150, 215, 216, 223, 236, 274, 277, 279, 288, 289
Langhoff, Wolfgang 214
Lattard, Alain 48
Leide, Henry 341
Lepp, Claudia 11, 14, 22, 60, 71
Lewek, Gert (1923-unbekannt) 180, 181
Liebau, Max (1900-1987) 76, 86, 103, 104
Liebig, Joachim 189
Lindau, Franz (1882-1957) 77, 78, 144
Lindemann, Albrecht 16
Lindemann, Gerhard 332
Lindenberger, Thomas 307
Lischewski, Willi 312
Lohse, Hans (1909-1976) 89, 175
Loose, Rudolf (1884-1969) 77
Lotz, Gerhard (1911-1981) 326, 339
Lüderitz, Ilse (1918-1999) 222

Mager, Inge 51
Malycha, Andreas 65
Marahrens, August (1875-1950) 51
Marx, Karl (1818-1883) 228
Mau, Rudolf (1927-2021) 18
McClean, John D. 46
Meier, Kurt (1927-2022) 35, 55, 75
Meiser, Hans (1933-1955) 51, 252
Menke, Roland 89
Merten 82
Meyer, Heinrich (1904-1978) 337, 338
Mieth, Hugo 92, 93
Mitzenheim, Moritz (1891-1977) 71, 202, 235
Möhlenbrock, Tim 66
Mühling, Andreas 51
Müller-Engbers, Helmut 335, 336
Müller, Hans (1890-1949) 84, 104, 105
Müller, Ludolf 174, 196
Müller, Martin (1903-1989) 13, 17, 18, 19, 75, 77, 81, 87, 89, 104, 130, 144, 146, 147, 148, 150, 164, 166, 171, 185, 186, 190, 199, 200, 201, 207, 210, 211, 233, 237, 238, 248, 249, 281, 283, 297, 323
Müller, Udo 77, 129
Müller, Walter (1901-1958) 89, 90, 137
Müller-Zadow, Emilie (1896-1977) 105

Nachtwei, Gerhard (1944-2023) 231
Naimark, Norman M. 185
Natho, Eberhard (1932-2022) 9, 10, 12, 16, 19, 25, 2499, 283, 337, 338
Natho, Friedrich (1894-1989) 22, 78, 90, 106, 107, 108, 243 273, 274
Naumann 116
Naumann, Konrad 234
Neff, Anette 254
Neubert, Ehrhardt 70
Neuser, Wilhelm (1926-2010) 51
Nicolaisen, Carsten (1934-2017) 37, 67, 71 Niemann, Werner (1885-1960) 301
Niemöller, Martin 39, 40, 43, 56, 186, 195, 226
Nowak, Kurt (1942-2001) 14, 21, 53
Nuschke, Otto (1883-1957) 318

Oelke, Harry 60, 256
Oepke, Albrecht (1881-1955) 135 Ohler, Hildegard 301
Ohler, Walter (1927-2007) 301
Ollmert, Bernhard 309
Omansen, Thomas 29, 32
Onnasch, Martin 29
Oßwald, Johannes 302
Otte, Hans 51
Overesch, Manfred 32

Pabst, Ruth 71
Papendieck, Richard 278, 281
Paulsen, Anna 254, 261
Pegel, Michael 32
Perkins, John A. 54
Perner, Ludwig (1881- unbekannt) 91
Petrow, Nikita W. 63
Pfennigsdorf, Gottfried (1913-2000) 90, 93, 176
Pfennigsdorf, Martin (1893-1971) 85
Pfennigsdorf, Oskar (1865-1942) 110, 241, 242, 244
Pforte, Walter (1908-1988) 90, 109, 110
Philippzik, Ruth 256, 257
Pilvousek, Josef 305, 307
Plänkers, Tomas 341
Pollack, Detlef 19, 24, 312 Poschmann, Andreas 311
Preitz, Gerhard (1884-1946) 158 Pulmer, Hans-Joachim (1914-1995) 89

Raabe, Thomas 306
Raddatz-Breidbach, Carlies Maria 339
Radeloff, Alfred (1933-2023) 231, 238
Rauch, Peter (1934-2023) 80, 128, 236
Reichrath, Hans L. 49
Reuter, Anette 260
Rexin, Manfred 44
Richter, Franz 149
Richter, Hedwig 19
Richter, Holger 341
Richter, Klemens 311
Richter, Matthias 284, 294
Ritter, Wilhelm (1889-1957) 78, 89, 90, 110, 111
Robertson, Edwin H. 36, 59
Rogalla, Peter 270
Rohleder, Michael 85
Roland, Eugen (1889-1947) 49
Rönck, Hugo (1908-1990) 55
Roosevelt, Franklin D. (1882-1945) 44
Roos, Fritz (1909-1994) 299
Roth, Alfred (1884-1953) 111, 112
Roth, Erika (†1943) 111
Roth, Kuno (†1943) 111
Roth, Ulrich (†1944) 111
Ruhl, Klaus-Jörg 31
Rupieper, Herman-Josef (1942-2004) 55
Ruthendorf-Przewoski, Cornelia 17

Sachse, Wolfgang Friedrich (1910-1961) 89, 90, 112, 113, 114
Sachs, Max (1881-1943) 83
Sachs, Wolfgang (1913-1988) 83, 84, 129
Saft, Paul Franz 309
Salm, Anneliese (1931-2013) 222
Sames, Arno (1937-2019) 91
Sandau, Bärbel 264
Saschek, Kurt (1908-1996) 89, 90
Sauter, Gerhard 38
Schäfer, Bernd 306, 308, 317
Schäfer-Richter, Uta 258
Schaller, Theodor (1900-1993) 238, 259, 283, 294
Scheepers, Rajah 254
Schenke, Karl 313
Schilling, Walter 339
Schlarb, Cornelia 199, 252, 253
Schleiermacher, Friedrich (1768-1834) 183
Schlink, Edmund (1903-1984) 35
Schmidt, Dietmar 39
Schmidt-Lux, Thomas 21
Schmidt, Martin (1903-1957) 150
Schneider, Albrecht (1881-1969) 80
Schneider, Paul 226
Schneider, Rudolf (1900-1964) 268, 269, 248, 288
Schnierer, Sabine 268
Schniewind, Julius (1883-1948) 197
Schönherr, Albrecht (1911-2009) 191, 209
Schrodek, Gustav W. 323
Schröter, Christoph (1929-2022) 13, 15, 16, 75, 184, 198
Schröter, Fritz (1904-1973) 75, 80, 147
Schröter, Ulrich 321
Schröter, Waldemar (1901-1986) 81, 99, 112, 113, 116, 171, 172, 176, 194, 195, 201, 244, 245, 246, 274, 275, 276, 278, 295
Schultze, Harald (1934-2022) 13
Schulze, Nora Andrea 51
Schulze, Siegfried (1931-2014) 96, 337
Schumann, Erich 174
Schürmann, Heinz (1913-1999) 311
Schweitzer, Albert (1875-1965) 247, 248
Seefried, Elke 31
Seghers, Anna (1900-1983) 214
Seidel, J. Jürgen 16, 17, 32, 75, 152, 323
Seidel, Thomas A. 64
Seigewasser, Hans (1905-1979) 235
Seiler, Jörg 38
Siedek-Strunk, Stefanie 67
Silomon, Anke 23
Simon, Gerhard 46
Slenczka, Notger 35
Smith-von Osten, Annemarie 48
Sonntag, Franz-Peter 309
Sperk, Alexander 323
Spülbeck, Otto (1904-1970) 317, 318
Stachowski, Marius 171, 340
Staemmler, Wolfgang (1889-1970) 226
Stalin, Josef (1878-1953) 44, 194
Staritz, Dieter 306
Stauffenberg, Claus Schenk Graf von (1907-1944) 134
Stegmann, Andreas 18, 19, 20, 33, 282
Steinacker, Peter 241
Stein, Harry Walter (1907-unbekannt) 89, 114, 115
Stempel, Hans (1894-1970) 262, 263, 286, 289, 290, 295, 296, 297, 299

353

Personenregister

Stempel, Hilde 295
Stengel, Friedemann 15, 340
Stichter, Hans (1877-1948) 49
Stoltenhoff, Ernst (1879-1953) 51
Stracke, Hildegard 261
Straube, Peter-Paul 307
Strei, Carl 268
Strümpfel, Werner (1915-2015) 265, 280
Stüber, Gabriele 33
Stupperich, Robert (1904-2003) 214
Sturm, Marcel 35, 48, 49
Suckut, Siegfried 65

Taatz-Jacobi, Marianne 280
Theer, Bernhard (1888-1960) 90
Theißen, Henning 19
Thierfelder, Jörg 35, 54, 55
Thies, Jochen 30
Thieß, Herbert (1887-1957) 115, 116, 123
Tielking, Udo 62
Tillich, Ernst (1910-1985) 286, 287
Timm, Marianne (1913-1993) 262
Tindal, William (1899-1965) 58
Tjulpanov, Sergej Iwanowitsch (1901-1984) 66, 68, 69
Trebing, Wilhelm 268, 273
Trees, Wolfgang (1942-2013) 29, 32
Trilling, Wolfgang (1925-1993) 317
Tunkel, Hellmut (1909-unbekannt) 86, 89, 116

Ulbrich, Bernd G. 10, 96
Ulbricht, Walter (1893-1973) 172, 215, 219
Ullrich, Lothar 311
Ulrich, Helmut (†1942) 117
Ulrich, Paul (1878-1967) 117

Visser t'Hooft, Willem A. (1900-1985) 43
Voigt, Axel 183
Voigtländer, Leopold (1908-1985) 89, 90, 116, 118, 134, 135, 138, 172, 236, 249
Vollnhals, Clemens 14, 15, 49, 56, 339
von Hintzenstern, Herbert (1916-1996) 71
von Thadden-Trieglaff, Reinold (1891-1976) 243
von Weizsäcker, Richard (1920-2015) 31
Wächter, Meike 254
Wagner, Jens-Christian 11

Wagner, Wilhelm (1903-1917) 136
Walch, Hansgeorg (1896-1979) 78, 89, 118, 120, 121
Wanke, Joachim 306
Weber, Hans-Joachim (1913-1969) 339
Wehr, Otto (1886-1960) 49
Weidenkaff, Klaus (1905-unbekannt) 174
Weispfennig, Walter 55, 75
Weiß, Karl 213
Weitenhagen, Holger 29
Werner, Anita 260
Werner, Christoph 83, 85, 241
Werner, Gottfried (1899-1991) 204, 236, 237
Weyhe, Max (1882-1930) 78, 136, 186
Whiting, Charles (1926-2007) 29, 32
Wichmann, Ottomar (1890-1973) 85
Widrinna, Paul (1907-1991) 147
Wien, Karl (1895-1978) 288
Wierling, Dorothee 314
Wilhelm, Friedrich (1888-1967) 121, 122
Wilhelmy, Heinz (1906-1980) 298, 303
Wilkendorf, Rudolf (1897-1985) 55, 76, 103, 106
Wilm, Ernst (1901-1989) 295
Wilson, Iain 73
Windschild, Karl (1899-1958) 78, 79, 86, 87, 111, 120, 130
Winter, Friedrich 67, 327
Winters, Peter Jochen 65
Witt, Almut 255
Wohlrab-Sahr, Monika 21
Wolf, Manfred 63
Wolf, Stephan 12, 338
Wolle, Stefan 314
Wolzendorf, Hans (1914-unbekannt) 84, 131
Wurm, Theophil (1868-1953) 37, 38, 51, 55, 274
Wutschetitsch, Jewgeni (1908-1974) 231

Zeiß-Horbach, Auguste 252, 256
Zillmann, Peter 67
Zimmer, Dieter 64
Žukov, Georgi Konstantinowitsch (1886-1974) 66
Zürch, Ernst-Joachim (1912-1980) 300